COMO FAZER PESQUISA DE MARKETING

O GEN | Grupo Editorial Nacional – maior plataforma editorial brasileira no segmento científico, técnico e profissional – publica conteúdos nas áreas de ciências sociais aplicadas, exatas, humanas, jurídicas e da saúde, além de prover serviços direcionados à educação continuada e à preparação para concursos.

As editoras que integram o GEN, das mais respeitadas no mercado editorial, construíram catálogos inigualáveis, com obras decisivas para a formação acadêmica e o aperfeiçoamento de várias gerações de profissionais e estudantes, tendo se tornado sinônimo de qualidade e seriedade.

A missão do GEN e dos núcleos de conteúdo que o compõem é prover a melhor informação científica e distribuí-la de maneira flexível e conveniente, a preços justos, gerando benefícios e servindo a autores, docentes, livreiros, funcionários, colaboradores e acionistas.

Nosso comportamento ético incondicional e nossa responsabilidade social e ambiental são reforçados pela natureza educacional de nossa atividade e dão sustentabilidade ao crescimento contínuo e à rentabilidade do grupo.

WALTER NIQUE

WAGNER LADEIRA

COMO FAZER PESQUISA DE MARKETING

UM GUIA PRÁTICO PARA A REALIDADE BRASILEIRA

Acesso exclusivo a videoaulas

2ª Edição

Os autores e a editora empenharam-se para citar adequadamente e dar o devido crédito a todos os detentores dos direitos autorais de qualquer material utilizado neste livro, dispondo-se a possíveis acertos caso, inadvertidamente, a identificação de algum deles tenha sido omitida.

Não é responsabilidade da editora nem dos autores a ocorrência de eventuais perdas ou danos a pessoas ou bens que tenham origem no uso desta publicação.

Apesar dos melhores esforços dos autores, do editor e dos revisores, é inevitável que surjam erros no texto. Assim, são bem-vindas as comunicações de usuários sobre correções ou sugestões referentes ao conteúdo ou ao nível pedagógico que auxiliem o aprimoramento de edições futuras. Os comentários dos leitores podem ser encaminhados à **Editora Atlas Ltda.** pelo e-mail editorialcsa@grupogen.com.br.

Direitos exclusivos para a língua portuguesa
Copyright © 2017 by
Editora Atlas Ltda.
Uma editora integrante do GEN | Grupo Editorial Nacional

Reservados todos os direitos. É proibida a duplicação ou reprodução deste volume, no todo ou em parte, sob quaisquer formas ou por quaisquer meios (eletrônico, mecânico, gravação, fotocópia, distribuição na internet ou outros), sem permissão expressa da editora.

Rua Conselheiro Nébias, 1384
Campos Elísios, São Paulo, SP – CEP 01203-904
Tels.: 21-3543-0770/11-5080-0770
editorialcsa@grupogen.com.br
www.grupogen.com.br

Capa: Caio Cardoso
Editoração Eletrônica: Set-up Time Artes Gráficas

DADOS INTERNACIONAIS DE CATALOGAÇÃO NA PUBLICAÇÃO (CIP)
(CÂMARA BRASILEIRA DO LIVRO, SP, BRASIL)

Nique, Walter
    Como fazer pesquisa de marketing: um guia prático para a realidade brasileira / Walter Nique, Wagner Ladeira. - 2. ed. - São Paulo : Atlas, 2017.

    Glossário
    ISBN: 978-85-97-01258-3

    1. Marketing. 2. Pesquisa de mercado. I. Ladeira, Wagner. II. Título.

17-43238
CDD: 658.8
CDU: 658.8

Material Suplementar

Este livro conta com os seguintes materiais suplementares:

- Capítulos disponíveis no *site* (todos).

O acesso aos materiais suplementares é gratuito. Basta que o leitor se cadastre em nosso *site* (www.grupogen.com.br), faça seu *login* e clique em Ambiente de Aprendizagem, no menu superior do lado direito.

É rápido e fácil. Caso tenha dificuldade de acesso, entre em contato conosco (sac@grupogen.com.br).

GEN-IO (GEN | Informação Online) é o repositório de materiais suplementares e de serviços relacionados com livros publicados pelo GEN | Grupo Editorial Nacional, maior conglomerado brasileiro de editoras do ramo científico-técnico-profissional, composto por Guanabara Koogan, Santos, Roca, AC Farmacêutica, Forense, Método, Atlas, LTC, E.P.U. e Forense Universitária. Os materiais suplementares ficam disponíveis para acesso durante a vigência das edições atuais dos livros a que eles correspondem.

Recursos Pedagógicos

Para facilitar o aprendizado, este livro conta com seguinte recurso pedagógico:

- Vídeoaulas (*on-line*).

Sempre que um capítulo possuir uma videoaula correspondente, ela estará indicada com o ícone ▶.

O acesso às videoaulas é gratuito. Basta que o leitor siga as instruções apresentadas na orelha da obra.

Sumário

Apresentação, xiii

PARTE I – PRINCÍPIOS BÁSICOS DA PESQUISA DE MARKETING, 1

1 DEFINIÇÃO E CARACTERÍSTICAS DA PESQUISA DE MARKETING, 3

Vai de Uber ou de táxi?, 3

1.1 Conceito de pesquisa de marketing, 4

1.2 Funções do marketing e a pesquisa de marketing, 5

    1.2.1 Onde o marketing encontra a pesquisa de marketing, 6

1.3 Sistema de informação em marketing e a pesquisa de marketing, 7

    1.3.1 A engenharia do fluxo de informação, 9

        1.3.1.1 Agentes centrais na geração de informações, 9

        1.3.1.2 Informações internas e pesquisa de marketing: a intuição do pesquisador, 10

1.4 Pesquisa de base *versus* pesquisa aplicada, 11

    1.4.1 Entre a pesquisa de marketing e a pesquisa do consumidor, 12

1.5 Importância da pesquisa de marketing, 12

1.6 Abrangência e exemplos de pesquisa de marketing, 13

Resumo dos principais tópicos do capítulo, 14

Case 1: Por que fazer pesquisa de marketing com pessoas que moram sozinhas, no Brasil?, 15

Case 2: Quando o consumidor não decide o que comprar: a prescrição médica como tomada de decisão, 16

Questões de discussão para aplicação da teoria, 17

2 A INFORMAÇÃO E A PESQUISA DE MARKETING, 19

Dados estruturados e não estruturados: a realidade atual das pesquisas de mercado, 19

2.1 A necessidade de informação na tomada de decisão, 20

    2.1.1 Os tipos de dados existentes, 21

    2.1.2 A falta ou o excesso de informação gera um problema, 22

2.2 Pesquisa de marketing e o *Big Data*, 23

    2.2.1 Características centrais do *Big Data*, 23

    2.2.2 Fontes de dados no *Big Data*, 24

2.3 Mudanças na informação e o impacto na coleta de dados, 25

2.4 Mudanças na informação e o impacto na análise de dados, 26

Resumo dos principais tópicos do capítulo, 28

Case 3: A crise do sistema prisional: a busca de dados serve para prevermos situações futuras, 28

Questões de discussão para aplicação da teoria, 30

3 ESQUEMA GERAL DE PESQUISA DE MARKETING, 33

A satisfação dos usuários do SUS e dos sistemas privados de saúde, 33

3.1 Etapas do processo de pesquisa de marketing, 34

    3.1.1 Etapa I: diagnóstico do problema de pesquisa, 35

    3.1.2 Etapa II: abordagens e método de pesquisa, 36

    3.1.3 Etapa III: técnica e aplicações de pesquisa de marketing, 36

    3.1.4 Etapa IV: desenvolvimento do instrumento de coleta de dados, 37

    3.1.5 Etapa V: técnica de escalonamento, 37

    3.1.6 Etapa VI: processo de amostragem, 38

    3.1.7 Etapa VII: técnica de coleta de dados, 38

    3.1.8 Etapa VIII: técnica de interpretação de dados, 38

    3.1.9 Etapa IX: escrevendo e apresentando o roteiro de entrevista, 38

3.2 Envolvidos no processo de pesquisa de marketing, 39

    3.2.1 Quem pode contratar uma pesquisa de marketing?, 39

    3.2.2 Quem pode fornecer uma pesquisa de marketing?, 39

        3.2.2.1 O perfil do profissional de pesquisa de marketing, 40

        3.2.2.2 Entre fazer ou terceirizar uma pesquisa, 40

        3.2.2.3 O relacionamento entre pesquisador e cliente, 42

Resumo dos principais tópicos do capítulo, 42

Case 4: Se beber, não dirija: hábitos de consumo dos cidadãos após a Lei Seca, 43

Case 5: Por que essas pessoas correm tanto?, 45

Questões de discussão para aplicação da teoria, 45

PARTE II – PLANEJANDO UMA PESQUISA DE MARKETING, 47

4 DIAGNÓSTICO DO PROBLEMA DE PESQUISA, 49

A influência interpessoal e a diminuição no consumo de cigarros, 49

4.1 Problema de pesquisa não é literalmente um problema, 50 viii Sumário

4.2 O que é um problema de pesquisa?, 50
4.3 Relação entre problema e dados primários/secundários, 51
4.4 Uma definição clara do problema auxilia na tomada de decisões futuras, 51
4.5 A relação sintoma, diagnóstico e tratamento, 51
4.6 Operacionalização de um problema de pesquisa, 52
   4.6.1 *Briefing* inicial: detecção dos sintomas, 52
   4.6.2 Análise dos dados secundários, 53
   4.6.3 Definição formal do problema de pesquisa, 53
   4.6.4 Formulação da proposta de pesquisa, 54
   4.6.5 *Briefing* final: entrega da proposta, 54
Resumo dos principais tópicos do capítulo, 55
Case 6: Elaboração de uma proposta de pesquisa para avaliar o atendimento no setor bancário, 55
Questões de discussão para aplicação da teoria, 58

5 ABORDAGENS E MÉTODOS DE PESQUISA DE MARKETING, 61

Pesquisas eleitorais: diferenças entre enquete e *survey*, 61
5.1 Abordagens de pesquisas de marketing, 62
   5.1.1 Pesquisas exploratórias, 63
      5.1.1.1 Fases e utilidades das pesquisas exploratórias, 63
   5.1.2 Pesquisas descritivas, 64
      5.1.2.1 Amplitude, profundidade e momento da pesquisa descritiva, 65
   5.1.3 Pesquisas causais, 66
      5.1.3.1 Constatações nas pesquisas causais, 66
5.2 Diferenças entre técnicas qualitativas e quantitativas, 67
   5.2.1 Pesquisa qualitativa: a percepção do fenômeno em seu contexto, 67
   5.2.2 Pesquisa quantitativa: a importância da amostra e das inferências, 67
5.3 O problema de pesquisa e a escolha da abordagem e da técnica a serem utilizadas, 68
Resumo dos principais tópicos do capítulo, 69
Case 7: A revitalização dos centros urbanos: uma pesquisa de marketing com enfoque qualitativo e quantitativo, 69
Questões de discussão para aplicação da teoria, 72

6 TÉCNICAS E APLICAÇÕES DE PESQUISA DE MARKETING, 73

Interpretando o consumo de celulares pela ZMET, 73
6.1 Principais técnicas e aplicações, 74
   6.1.1 *Focus group*: a interação gerando informação, 74
      6.1.1.1 Formas de conduzir o *focus group*, 75
      6.1.1.2 Vantagens e desvantagens do *focus group*, 76
   6.1.2 Entrevista: o estreitar da relação, 76
   6.1.3 Observação: aproximação dos participantes, 77

   6.1.4 Etnografia: o contato com o cotidiano, 77
   6.1.5 Técnica Delphus: um oráculo para a pesquisa de marketing, 78
   6.1.6 ZMET: a evocação de metáforas, 78
   6.1.7 *Grounded Theory*: a teoria fundamentada em dados, 79
   6.1.8 Técnicas projetivas: a busca de informação não verbal, 80
   6.1.9 *Survey*: preenchimento de variáveis predeterminadas, 80
   6.1.10 *Laddering*: modelos de cadeias meio-fim, 81
   6.1.11 Experimento: relação causa e efeito entre variáveis, 81
   6.1.12 Painel: coleta e análise periódica de dados, 82
Resumo dos principais tópicos do capítulo, 82
Case 8: Valores observados pelos clientes de picapes médias, 83
Case 9: Pesquisas de marketing apontam a necessidade de um consumo *off-road*, 83
Questões de discussão para aplicação da teoria, 84

PARTE III – OPERACIONALIZANDO UMA PESQUISA DE MARKETING, 87

7 DESENVOLVIMENTO DE INSTRUMENTO DE COLETA DE DADOS, 89

Qual o estereótipo do administrador? Com a palavra, outros profissionais, 89
7.1 O que é um instrumento de coleta de dados?, 90
7.2 Roteiro de entrevista, 90
   7.2.1 Como devem ser as perguntas de um roteiro de entrevista, 91
   7.2.2 Tipos de perguntas de um roteiro de entrevista, 92
   7.2.3 O que pesquisar *versus* Como pesquisar, 93
   7.2.4 Diferença entre perguntas de uma entrevista e pergunta de pesquisa, 94
7.3 Questionário, 94
   7.3.1 A importância do *layout* do questionário: a busca da parcimônia, 94
   7.3.2 Principais diretrizes para elaboração de um questionário, 96
   7.3.3 Tipos de perguntas e respostas de um questionário, 97
   7.3.4 Como fazer com que o respondente não fique constrangido com uma pergunta, 98
   7.3.5 O uso de pré-teste em questionários, 99
   7.3.6 Desenvolvendo questionário para ser aplicado pela internet, 99
7.4 Elicitação, 99
   7.4.1 O uso de fotografias, 100
   7.4.2 O uso de vídeos, 100
7.5 Artefatos de consumo, 101
Resumo dos principais tópicos do capítulo, 102
Case 10: O consumo de água e a consciência ambiental, 102

Case 11:Não se deve falar com pessoas estranhas! E ser influenciado pode?, 104

Questões de discussão para aplicação da teoria, 105

8 TÉCNICAS DE ESCALONAMENTO, 107

O preço de um hotel pode interferir na satisfação de um hóspede?, 107

8.1 Escalas que podem ser utilizadas em um questionário, 108

8.2 Transformação de escalas, 109

    8.2.1 Lei do julgamento comparativo de Thurstone, 110

8.3 Escalas clássicas na pesquisa de marketing, 111

8.4 Dicas para usar escalas, 112

8.5 O *Repertory Grid* (RGT) na construção de características e atributos, 113

    8.5.1 Cruzando o *Repertory Grid* com a Análise de Regressão Múltipla, 114

8.6 Questionário dual, 114

8.7 Escalas internacionais: tradução reversa ou versão?, 115

Resumo dos principais tópicos do capítulo, 116

Case 12:O uso da lei de Thurstone: um teste cego com consumidores de vinhos finos, 116

Questões de discussão para aplicação da teoria, 121

9 TÉCNICAS E O PROCESSO DE AMOSTRAGEM, 123

Subcultura ou tribo? A amostragem por conveniência ajudando a entender o comportamento de surfistas e simpatizantes, 123

9.1 A amostra na pesquisa de marketing, 124

9.2 Diferenças importantes entre amostra, população e censo, 124

9.3 Razões para selecionar amostras, 125

9.4 A história da amostragem na pesquisa de marketing, 125

9.5 Características típicas de uma amostra, 127

    9.5.1 Amostragem com populações específicas ou raras, 128

    9.5.2 Amostragem pela internet, 128

    9.5.3 Amostras de consumidores e de empresas, 128

    9.5.4 Amostragens emparelhadas e independentes, 128

    9.5.5 Variação de amostras em diferentes culturas, 129

9.6 Tipologias de amostragem, 129

    9.6.1 Por conveniência, 130

    9.6.2 Por julgamento, 130

    9.6.3 Por quotas, 131

    9.6.4 *Snowball*, 131

    9.6.5 Por objetivo em mente, 131

    9.6.6 Por especialidade, 131

    9.6.7 Por diversidade, 132

    9.6.8 Aleatória simples, 132

    9.6.9 Sistemática, 132

    9.6.10 Estratificada, 132

    9.6.11 Por conglomerados, 132

    9.6.12 Por moda da população, 133

    9.6.13 Por multietapas, 133

9.7 Cálculo amostral, 134

9.8 Curiosidades sobre a amostragem, 136

    9.8.1 Como uma amostra pequena pode representar uma população?, 136

    9.8.2 Não conheço ninguém que participou de uma pesquisa, 137

    9.8.3 Qual margem de erro devo usar em uma pesquisa?, 137

9.9 Amostragem aleatória bietápica, 138

Resumo dos principais tópicos do capítulo, 139

Case 13:Tipos de amostragem e a percepção do turismo na cidade de Porto Alegre, 140

Questões de discussão para aplicação da teoria, 141

10 TÉCNICAS UTILIZADAS PARA COLETA DE DADOS, 143

Percepções sobre praças e parques, 143

10.1 Técnicas específicas para coletar dados, 144

10.2 Coleta de dados por meio de entrevistas, 144

    10.2.1 Tipologias de entrevistas, 146

        10.2.1.1 Entrevistas estruturadas diretas, 147

        10.2.1.2 Entrevistas não estruturadas diretas, 147

        10.2.1.3 Entrevistas indiretas, 147

    10.2.2 Coleta individual *versus* em grupo, 148

    10.2.3 Formas de se realizar a coleta de dados por meio de entrevista, 148

    10.2.4 Roteiro de entrevista é algo dinâmico: do neófito ao *expert*, 148

    10.2.5 O momento da entrevista, 149

10.3 Coleta de dados por meio da observação sistemática, 149

    10.3.1 Tipologias de observações sistemáticas, 150

        10.3.1.1 Estruturado *versus* não estruturado, 150

        10.3.1.2 Disfarçado *versus* não disfarçado, 151

        10.3.1.3 Natural *versus* planejada, 151

    10.3.2 Formas de aplicação de observações sistemáticas, 151

10.4 Coleta de dados por meio de questionários, 151

    10.4.1 Como capacitar pessoas para aplicar questionários?, 152

    10.4.2 Métodos de contato para aplicar questionários, 152

        10.4.2.1 Inquérito pessoal, 152

        10.4.2.2 Por telefone, 153

        10.4.2.3 Por correspondência, 153

        10.4.2.4 Por *e-mail*, 153

        10.4.2.5 Em domicílios, 154

        10.4.2.6 Pela internet, 154

        10.4.2.7 Pelo quiosque interativo, 154

    10.4.3 Responder pesquisas é algo que incomoda as pessoas?, 154

    10.4.4 Técnica de respostas aleatórias: a avaliação de assuntos considerados tabus, 155

x Sumário

10.4.5 O uso de incentivos para motivar as respostas, 156

10.5 Coleta de dados por meio de pesquisas bibliográfica e documental, 156

10.5.1 Pesquisa bibliográfica, 156

10.5.2 Pesquisa documental, 156

10.5.2.1 Cuidados necessários no momento de selecionar documentos, 156

10.6 A coleta de dados via *Amazon's Mechanical Turk* (MTurk), 157

Resumo dos principais tópicos do capítulo, 157

Case 14: Roubos e furtos: uma análise da percepção dos cidadãos, 157

Questões de discussão para aplicação da teoria, 161

11 TÉCNICAS DE INTERPRETAÇÃO DE DADOS, 163

Fatores que interferem na satisfação de usuários de transporte público, 163

11.1 A interpretação e análise dos dados como atividade multidisciplinar, 164

11.1.1 Análise de dados não é "máquina de fazer linguiça", 165

11.2 Interpretação e análise dos dados qualitativos, 165

11.2.1 O histórico da interpretação e análise dos dados qualitativos, 165

11.2.2 Níveis de análise nas pesquisas qualitativas, 166

11.2.3 Codificando e categorizando dados qualitativos por meio da análise de conteúdo, 167

11.2.4 Sugestão de passos para a interpretação de dados qualitativos, 168

11.2.5 O uso de ferramentas para interpretar e analisar os dados qualitativos, 168

11.3 Interpretação e análise dos dados quantitativos, 169

11.3.1 A estatística na interpretação de dados quantitativos, 169

11.3.2 O histórico da interpretação e análise dos dados quantitativos, 169

11.3.3 A evolução histórica do processamento de dados nos censos populacionais, 170

11.3.4 Classificação da técnica de interpretação segundo o número de variáveis, 172

11.3.4.1 Univariada: analisando uma variável por vez, 172

11.3.4.2 Bivariada: relacionando duas variáveis, 172

11.3.4.3 Multivariada: relacionando mais de duas variáveis, 173

11.3.5 Etapas para a purificação da base de dados quantitativos, 173

11.3.6 Viés: erro sistemático ou tendenciosidade em uma pesquisa quantitativa, 174

11.3.7 Crítica ao uso das análises quantitativas e qualitativas, 175

Resumo dos principais tópicos do capítulo, 176

Case 15: O mercado *pet* em números, 176

Questões de discussão para aplicação da teoria, 177

12 ESCREVENDO E APRESENTANDO RELATÓRIO DE PESQUISA, 179

Domingo é dia de descanso?, 179

12.1 O que é um relatório de pesquisa?, 180

12.1.1 Apresentação escrita, 180

12.1.2 O formato do relatório escrito, 181

12.1.3 Dicas para elaboração do relatório, 182

12.1.4 O relatório de pesquisa de marketing no formato de trabalho científico, 183

12.1.4.1 O trabalho científico e a ciência, 183

12.1.4.2 O formato do trabalho científico, 183

12.2 Apresentação oral, 184

12.2.1 Preparação do ambiente para a apresentação, 184

12.2.2 A interação no momento da apresentação, 184

12.2.3 Encerramento da apresentação, 185

12.3 Apresentação de relatórios em forma de vídeos, 185

Resumo dos principais tópicos do capítulo, 186

Case 16: Qualidade de vida: você sabe o que é?, 186

Questões de discussão para aplicação da teoria, 188

PARTE IV – TÓPICOS AVANÇADOS EM PESQUISA DE MARKETING, 189

13 MODELAGEM DE EXPERIMENTOS EM PESQUISAS DE MARKETING, 191

13.1 O conceito e as nomenclaturas principais de um experimento, 191

13.2 Ambiente de realização de um experimento, 192

13.2.1 Experimento de laboratório, 192

13.2.2 Experimento de campo, 192

13.3 Tipos de experimentos, 193

13.4 Desenhos fatoriais, 193

13.5 A importância da validade em um experimento, 193

13.6 Simulações ambientais e a validade ecológica, 193

13.7 Etapas de um experimento na prática, 194

14 A ATIVAÇÃO DE *PRIMING* EM PESQUISAS DE MARKETING, 197

14.1 O *priming* no design de experimentos, 197

14.2 Conceitos e características da ativação do *priming*, 198

14.3 Formas de ativação do *priming*, 199

14.4 Antecedentes e influenciadores da história do *priming*, 200

14.4.1 A pré-formação: antecedentes que influenciaram somente na década de 1990, 200

14.4.2 A formação: a origem nos estudos da ativação das representações, 201

14.4.3 A construção do conceito: a influência das tarefas em eventos (não) correlacionados, 201

14.4.4 O amadurecimento dos estudos: podemos desconhecer a existência de estímulos, 201

14.4.5 A diversificação dos estudos: novas possibilidades de execução de *priming*, 202

Sumário **xi**

14.4.6 Ativação de estereótipos: o efeito da representação mental nas ações paralelas, 203
14.4.7 A fase da diversificação de mecanismos de execução e de fenômenos estudados, 203
14.4.8 O futuro do *priming* e a possibilidade de promover pensamentos contraintuitivos, 204

15 O USO DE RASTREAMENTO OCULAR NAS PESQUISAS DE MARKETING, 207

15.1 O *eye tracking* como ferramenta de pesquisa, 207
15.2 Um breve passeio na fisiologia do olho humano, 208
15.3 Elementos fundamentais no uso do *eye tracking*, 208
  15.3.1 Nitidez, precisão e acuidade visual, 209
15.4 A atenção visual e os movimentos oculares, 209
  15.4.1 A formação do processo cognitivo, 210
  15.4.2 Teoria da atenção visual do marketing, 210
  15.4.3 Busca orientada *versus* busca exploratória, 211
15.5 A visão periférica e a essência da informação, 212
15.6 O histórico das pesquisas de movimento ocular no marketing, 212
15.7 Medidas de rastreamento, 215
15.8 Processamento e representação dos dados, 216
15.9 Exemplos práticos de pesquisa com *eye tracking*, 219
  15.9.1 Prateleiras, *displays* e vitrines, 219
  15.9.2 Marcas, rotulagens e embalagens, 220

15.9.3 Propagandas e anúncios impressos, 221
15.9.4 Propagandas pela internet, 223
15.9.5 Comerciais de TV, 224

16 O USO DO *SPHINX* PARA ANÁLISE DE DADOS, 229

16.1 A elaboração de um questionário, 229
16.2 Formatação da apresentação do questionário, 231
16.3 Preparação dos dados, 234
16.4 Preparação de variáveis texto, 235
16.5 Análises e relatório, 237

Glossário, 241

CAPÍTULOS DISPONÍVEIS NO *SITE* <WWW.GRUPOGEN.COM.BR>

17 O CONTEXTO HISTÓRICO DA PESQUISA DE MARKETING

18 A ÉTICA E A PESQUISA DE MARKETING

19 TENDÊNCIAS FUTURAS DE PESQUISA DE MARKETING

Apresentação

O objetivo deste livro é o de criar condições para que o aluno desenvolva uma pesquisa mercadológica seguindo preceitos teóricos e metodológicos que lhe subsidiem uma melhor tomada de decisão. De forma complementar, o aluno deve ter a capacidade de criticar construtivamente projetos de pesquisas que venham a lhe ser apresentados em situações empresariais específicas.

Sabemos que todos os livros têm um objetivo. Se podemos aqui indicar um objetivo para *Como fazer pesquisa de marketing – um guia prático para a realidade brasileira,* este seria ensinar pesquisa de marketing de maneira simples e objetiva, com técnicas e aplicações que fazem parte da breve cultura brasileira de fazer pesquisa de marketing.

Este livro trata-se de um projeto pessoal dos autores que tem como objetivo oferecer uma obra de pesquisa de marketing que seja condizente com a realidade brasileira. Hoje temos uma literatura de pesquisa de marketing no Brasil que traz em sua essência várias abordagens e exemplos internacionais. Muitas dessas abordagens não são coerentes com os problemas de marketing que temos aqui. Usar essas abordagens significa adaptá-las ao nosso contexto, o que na maioria das vezes gera o mesmo efeito que conhecemos na mitologia grega por *Leito de Procusto.*

Na serra de Elesis existia um bandido chamado Procusto, que capturava suas vítimas e as amarrava em uma cama de ferro, que tinha um exato tamanho. As suas vítimas nunca se ajustavam exatamente ao tamanho do leito. Quando elas eram maiores, Procusto cortava-lhes as partes que estavam fora da cama. Quando eram menores, esticava as pessoas até caberem no leito. Procusto foi capturado por Teseu, herói ateniense que o matou e acabou com sua série de crimes.

O que vemos como um problema central nos debates sobre pesquisa de marketing é acomodar as técnicas e aplicações de pesquisa de marketing internacional no leito de nosso contexto cultural nacional. Metaforicamente, o uso de técnicas e aplicações de pesquisa de marketing por alunos e pesquisadores brasileiros é um Leito de Procusto, pois devemos esticá-las ou encurtá-las para que elas deem conta do recado.

Quando fazemos isso, em um primeiro momento descaracterizamos as técnicas e aplicações de pesquisa de marketing existentes e, em um segundo momento, parametrizamos nossa cultura a outras encontradas nos estudos seminais. Evidentemente essas adaptações devem acontecer previamente e não através de tentativa e erro de nossos alunos e pesquisadores.

Para que não ocorra esse problema, *Pesquisa de marketing: uma orientação para o mercado brasileiro* é um livro genuinamente brasileiro pensado e redigido para a realidade dos estudos de pesquisa de marketing no Brasil. Traz exemplos de pesquisas de marketing no Brasil, que foram feitas com base em abordagens teóricas encontradas em diversas partes do mundo, ou seja, os exemplos aqui apresentados já foram testados em solo brasileiro e estão no formato para serem reaplicados.

Na construção deste livro, dois princípios foram levados em conta ao se estruturar e desenvolver os capítulos: como deve ser o aprendizado em pesquisa de marketing e qual o profissional que desejamos ter.

Vamos ver no transcorrer deste livro que os conteúdos que envolvem a cadeira de pesquisa de marketing na maioria das universidades e faculdades brasileiras abrangem vários campos de conhecimento, e esses conhecimentos têm vários níveis de complexidade. Esses conhecimentos em pesquisa de marketing vão desde noções de psicologia ou sociologia, para entender o comportamento de alguns entrevistados em dinâmicas de *focus groups,* até conhecimentos estatísticos utilizados na análise dos dados descritivos fornecidos pelas *surveys.*

Além dessa fundamentação eclética de conhecimentos, esta é uma disciplina que é alocada em diversos níveis de formação do estudante: graduação, pós-graduação, mestrados e doutorados. Além disso, esta disciplina pode também ser utilizada por profissionais de diversas áreas como: administradores, contadores, economistas, engenheiros, psicólogos, entre outros.

Aconselha-se aqui a trabalhar a pesquisa de marketing na graduação com ênfase direta na coleta de dados. No caso de cursos de pós-graduação, mestrados e doutorados a ênfase deve ser na análise de dados. No entanto, isso não significa que na graduação devem-se abandonar as técnicas de análise de dados. Na verdade, na graduação é necessário que o aluno tenha uma base de análise de dados. Assim, sugere-se o uso de técnicas univariadas e bivariadas para a análise de dados.

Nós queremos mostrar dentro do livro que hoje o profissional de pesquisa de mercado deve ser um cientista de dados, orientando não mais para visão orientada no conhecimento, mas sim para a visão orientada na ignorância. Esta não é uma opinião nossa. Boa parte dos pesquisadores atuais, devido à quantidade enorme de dados disponível, já está adotando essa visão.

Com base nessa visão, o *Como fazer pesquisa de marketing – um guia prático para a realidade brasileira* não pretende só responder perguntas. Ele pretende também fazer perguntas, para incentivar em seus leitores a reflexão. Sabemos que hoje em dia a forma livre de como os dados se encontram exige um dinamismo grande do pesquisador. Existem pesquisas hoje que são feitas em minutos pela internet (por exemplo, monitoramento de redes sociais) e que são feitas em anos (por exemplo, pesquisas

xiii

xiv Apresentação

de desenvolvimentos de protótipos de carros). Devido a essa diversificação de dados e pesquisas devemos exigir também uma certa diversificação do pesquisador.

Nosso livro, por meio de exemplos e abordagens teóricas, tenta mostrar para o leitor a importância de flexibilidade em um ambiente com muitos dados. Por isso, este livro é recomendado para pesquisadores e também para empreendedores e gestores de empresas e institutos de pesquisa de mercado.

Esses profissionais devem observar que esse ambiente onde os dados são criados e recriados em uma velocidade muita grande exige respostas diferentes das feitas antigamente. Hoje em dia os clientes de pesquisa não querem relatórios extensos, com tabelas e cálculos indecifráveis e complexos. Atualmente, esperam-se informações simplificadas, com apresentações mais enxutas e claras.

Parte I

Princípios Básicos da Pesquisa de Marketing

1

Definição e Características da Pesquisa de Marketing

OBJETIVOS DO CAPÍTULO

No final deste capítulo, o leitor deverá ser capaz de:

◆ Explicar o conceito central de pesquisa de marketing como uma função do marketing.
◆ Compreender a pesquisa de marketing dentro do sistema de informação em marketing.
◆ Diferenciar os objetivos e as intenções da pesquisa pura e da pesquisa aplicada.
◆ Entender a importância da pesquisa de marketing no mundo dos negócios.
◆ Elencar os principais tipos de pesquisa existentes, entendendo suas aplicabilidades.

VAI DE UBER OU DE TÁXI?

O serviço de transporte individual se tornou um assunto amplamente discutido no mundo todo com a entrada de empresas privadas, como a norte-americana Lyft e a chinesa Didi Kuaidi, dentro da chamada economia de compartilhamento (Share Economy). No Brasil, a chegada da *startup* Uber causou uma forte ruptura no mercado de transporte individual, gerando grande debate, especialmente entre os taxistas, antes oficialmente os detentores dos direitos monopólicos a oferecerem o serviço.

Várias cidades brasileiras viraram um verdadeiro campo de batalha entre os taxistas e os motoristas do Uber. De um lado, os primeiros usam a falta de regularização do serviço como argumento para bani-lo. Do outro lado, a nova empresa defende a sua legitimidade como negócio e seu direito de atuar, embora se argumente que a concorrência é realmente desleal, principalmente no que tange à carga tributária.

À polêmica da legalidade soma-se a ampla divulgação na mídia de situações de comportamento inadequado de alguns motoristas de Táxi, criando uma imagem negativa com relação à categoria e, consequentemente, reforçando a apoio social ao Uber, que é apontado como um serviço que não só tem preços mais acessíveis, mas também que oferece maior confiança e segurança aos usuários. Mas, afinal, essa sensação em relação

ao novo competidor é real ou trata-se de um falso senso comum sendo construído pela mídia? Existe realmente uma insatisfação popular com relação ao serviço de Táxi, que oferece terreno fértil para o Uber prosperar? Em busca de respostas, a partir de levantamentos de dados secundários, percebeu-se que não existem estudos que revelem os níveis de satisfação de usuários de serviços de transporte individual, sendo eles relacionados ao Táxi, serviço que já é oferecido ao redor do mundo desde meados do século passado, ou Uber, que entrou no mercado brasileiro recentemente, indicando a importância da realização de pesquisa que trate de assunto de tamanho interesse público.

Dessa forma, foi realizada uma pesquisa com o objetivo de identificar o nível de satisfação dos usuários dos serviços de transporte individual. Após busca de documentos, objetivando obter um conjunto satisfatório de informações para elaboração do questionário para pesquisa em campo, utilizou-se, para aprimorar as variáveis, o método de coleta de dados por grupo motivacional. O grupo motivacional consiste em uma reunião de 8 a 12 grupos de pessoas na qual são trazidos especialistas no assunto a ser discutido.

A sequência da pesquisa foi realizada por meio de uma pesquisa quantitativa, sendo o questionário com questões fechadas, instrumento utilizado para obtenção dos dados necessários à análise estatística. O questionário foi desenvolvido com base em

4 Capítulo 1

dados secundários e, principalmente, das variáveis identificadas durante a realização do grupo motivacional.

O questionário passou por cinco pré-testes, com perguntas pré-selecionadas, buscando encontrar erros e complicações no entendimento das questões, e sofreu diversos ajustes até chegar ao formato final. Os pré-testes foram aplicados em usuários, com apenas um critério de seleção: que fossem questionadas pessoas de todos os níveis escolares. Após cada pré-teste foram feitas modificações, até resultar em um questionário ajustado para a pesquisa. Para atingir o objetivo da pesquisa foi utilizado um erro amostral de aproximadamente 6% e um Nível de Confiança de 95%. O tamanho da amostra utilizada foi, portanto, de 320 moradores.

A amostra foi coletada entre os usuários de Uber e Táxi, maiores de 18 anos, e corresponde a 320 observações, sendo 163 respostas relacionadas a usuários de táxi (51%) e 157 respostas relacionadas aos usuários de Uber (49%). Em relação ao gênero dos respondentes da pesquisa, podemos observar uma leve predominância feminina com 168 respondentes (53%) com relação aos 152 respondentes masculinos (47%). A média de idade dos respondentes foi de 30 anos (desvio-padrão de 16,64). Essa variável foi estratificada em três categorias: jovens (de 18 a 29 anos), adultos (de 30 a 50 anos) e seniores (acima de 50 anos).

Como pode ser observado na Tabela 1.1, constatou-se que existe uma diferença entre o nível de satisfação do usuário do Uber com relação ao nível de satisfação do usuário de Táxi. Essa diferença foi grande quando comparamos as médias de satisfação de 3,02 (1 – muito satisfeito e 6 – pouco satisfeito) com relação ao serviço oferecido pelo Uber e de 4,19 (1 – muito satisfeito e 6 – pouco satisfeito) com relação ao serviço oferecido pelo Táxi. A tarifa demonstrou ser um dos principais diferenciais do Uber, juntamente com a uniformidade no nível de qualidade do serviço. Os atributos do veículo e do motorista também obtiveram melhores médias para o Uber do que para o táxi. No que tange os atributos do veículo, os usuários do Uber se mostraram mais satisfeitos do que os de táxi.

Tabela 1.1 Indicadores de satisfação entre usuários de táxi e Uber

Variável analisada	Média do táxi	Média do Uber
Satisfação geral	3,02	4,76
Satisfação com a tarifa	2,67	4,65
Uniformidade na qualidade do serviço	2,20	4,33
Atributo do motorista – Forma de dirigir	2,96	4,43
Atributo do motorista – Paciência	3,09	4,81
Atributo do motorista – Honestidade	3,31	4,76
Atributo do motorista – Cordialidade	3,20	4,76
Atributo do veículo – Limpeza	3,19	4,80
Atributo do veículo – Ar condicionado	3,26	3,26
Atributo do veículo – Conforto	3,28	3,80

De modo geral, pode-se concluir que os usuários de Uber consideram a qualidade do serviço melhor que a do Táxi. Essa tendência se confirma tanto nos quesitos do automóvel como do motorista e da tarifa. A tarifa e a uniformidade na qualidade do serviço são fatores em que o Uber foi significativamente melhor avaliado que o Táxi e contribuem para essa percepção dos usuários.

Os dados colhidos e analisados representam um panorama da satisfação dos consumidores. Embora acreditemos que, para uma completa análise sobre as relações causais das relações percebidas, se careça de um maior aprofundamento, o que não é o foco deste estudo, encontraram-se muitas indicações de problemas relativos à qualidade do serviço de transporte individual prestado, que podem e devem servir de guia para melhorias no setor como um todo, bem como argumentos na discussão sobre a regulamentação do Uber nas cidades brasileiras.[1]

Partimos do pressuposto de que muitas pesquisas são feitas para melhorar o serviço prestado aos consumidores, como é o caso do *case* observado acima, pois as pesquisas geram informações para podermos tomar decisões mais assertivas. Este livro é construído sob a premissa de que as informações são importantíssimas no processo de decisão. Com base nessa perspectiva, antes de entender o que é uma pesquisa de marketing é necessário compreender o exponencial crescimento de campo da pesquisa neste último século. Por isso, vamos ao estudo histórico da pesquisa de marketing.

1.1 CONCEITO DE PESQUISA DE MARKETING

O conceito de pesquisa de marketing tem sido estudado há mais de meio século por acadêmicos e profissionais de mercado. Uma das primeiras definições criadas pela AMA (American Marketing Association), em 1961, declara que a pesquisa de marketing é a coleta, o registro e a análise sistemática de dados sobre problemas relacionados ao marketing de bens e serviços. Com o passar do tempo, esse conceito foi se aperfeiçoando, juntamente com as ferramentas e técnicas que fazem parte dessa área.

Atualmente, a pesquisa de marketing pode ser entendida como o processo que visa à obtenção, à coleta, ao processamento e à análise das informações para a tomada de decisão no marketing. Além desse conceito central, a pesquisa ainda procura disseminar essas informações de forma programada, auxiliando na resolução dos problemas gerenciais das organizações. Para melhor entender esse conceito, vamos analisar separadamente as partes que compõem essa definição.

Em um primeiro momento, a pesquisa de marketing pode ser considerada um processo, pois ela se resume em um conjunto sequencial e particular de ações que visam a um objetivo comum. A origem da palavra *processo* vem do latim *procedere,* que indica uma ação de avançar ou ir para frente. Esse conjunto sequencial e particular de ações passa pelas fases de obtenção, coleta, processamento e análise. Essas quatro fases têm como objetivo produzir e transformar dados não organizados em informações gerenciais que podem ser utilizadas para a resolução de problemas ou identificação de oportunidades.

Dica	A palavra "pesquisa" significa o ato ou efeito de indagar ou buscar minuciosamente a averiguação de uma dada realidade. A pesquisa muitas vezes é utilizada como sinônimo de investigação, estudo ou inquérito.

No processo de pesquisa de marketing, procura-se obter os dados necessários para a pesquisa. Dados podem ser considerados, aqui, informações não tratadas. Muitas vezes esses dados encontram-se desorganizados ou não perceptíveis para os gestores de marketing. Por isso, é importante coletar e processar, para que se consiga analisá-los e, logo após, utilizá-los de maneira racional como informação. A informação pode ser considerada o resultado dos dados classificados, tratados e comparados a outros dados e serve diretamente para auxiliar a tomada de decisão em marketing.

As informações originadas nessas fases podem gerar um conhecimento que auxilia na identificação e solução de problemas gerenciais. Conhecimento, nesse caso, pode ser entendido como o efeito de abstrair uma ideia ou a apropriação mental de dados e informações, fazendo com que estes comecem a ter significado e aplicação prática. Por isso, a pesquisa de marketing ainda tem a função de disseminar as informações, pois esse conhecimento, que tem uma aplicação prática, pode auxiliar as organizações a identificarem e solucionarem seus problemas.

1.2 FUNÇÕES DO MARKETING E A PESQUISA DE MARKETING

A pesquisa de marketing surgiu simultaneamente ao marketing, na forma de pesquisa de mercado.[2] Foi o resultado de um longo processo histórico no qual mercadores e produtores já procuravam obter informações para resolverem seus problemas.[3] Na atualidade, a procura e o tratamento das informações deixaram de ser algo simples e direto e tornaram-se objetivo das mais sofisticadas tecnologias de pesquisa.

Palavra do especialista

Os principais desafios impostos à indústria de pesquisa nos próximos anos são mais agilidade e eficiência por meio das coletas digitais e a integração de todos esses dados extraídos em diversas metodologias. O cruzamento das informações dos consumidores com os dados obtidos nos painéis de varejo e domiciliares, acrescido de subsídios de comportamento coletados/adquiridos nas plataformas digitais, *Big Data* e nas redes sociais. Além disso, ampliar os elementos para prover *insights* na resolução das questões mercadológicas dos clientes. Return on Investment (ROI) será um fator importante nas pesquisas de mídia, principalmente no *social media*, não só pelos custos mais competitivos em relação à mídia *off-line, como também pelo alcance dos targets* específicos em relação aos produtos e serviços. No momento, esse seria o mundo ideal entre os avanços a serem conquistados na pesquisa de mercado, mas sabemos que, em breve, a tecnologia ainda nos oferecerá bons avanços na forma de conhecer e avaliar os consumidores, seus comportamentos, anseios e atitudes.

Duilio Novaes é formado em administração pela PUC-SP, é presidente da Associação Brasileira das Empresas de Pesquisa (ABEP) e sócio fundador do Grupo de Assessoria e Pesquisa (GAP).

Para entender a pesquisa de marketing, antes é necessário entender o conceito de orientação para o cliente do marketing e as suas principais funções. Marketing pode ser definido como o conjunto de atividades responsáveis pela criação de trocas, de modo que satisfaçam os consumidores e atinjam os objetivos organizacionais, segundo a AMA (American Marketing Association). Desse modo, marketing significa trabalhar com mercados para conseguir trocas, com o propósito de satisfazer necessidades e desejos humanos.

A orientação para o cliente do marketing determina que a organização existe para a satisfação de necessidades e desejos. Em termos práticos, marketing é entender e atender aos mercados.[4] Para isso, pode ser dividido em 11 funções, que são integradas para investigar o consumidor e auxiliar na tomada de decisão.

Dentro dessas 11 funções, observa-se que a pesquisa é uma das principais formas que o marketing tem de entender melhor as necessidades e os desejos dos consumidores. Todas as outras dez, para terem sucesso, devem estar apoiadas nas informações geradas pela função de pesquisa.

Tabela 1.2 Funções de marketing

Funções	Características centrais
Gerência de Marketing	Assegurar meios para realizar a função global de marketing e desenvolver estratégias e políticas de marketing.
Pesquisa	Fornecer fontes de informações para a tomada de decisão, através de coleta e processamento de dados.
Estudo e Desenvolvimento de Produtos	Conversão das informações em satisfação para os clientes, através de produtos, embalagens, marca, preço, padronização etc.
Compra e Estocagem	Aquisição de matéria-prima (indústria) e produtos acabados (comércio), e estocagem.
Vendas	Contato comercial que converte todos os esforços em pedidos (recrutamento, seleção e treinamento).
Serviços e Garantias	Evitar que os clientes de hoje se transformem em ex-clientes de amanhã.
Distribuição Física e Canais	Busca das quantidades suficientes para atender aos desejos e às necessidades, através da logística.
Propaganda	Informar, educar, comunicar e despertar o desejo de compra do consumidor.
Promoção de Vendas	Acelerar as vendas em ocasiões especiais, através de uma conexão entre propaganda e venda.
Relações Públicas	Relações da organização com os diversos públicos (*stakeholders*): consumidores, fornecedores, acionistas, funcionários e autoridades.
Controle Financeiro de Marketing	Evitar desperdícios e assegurar lucro nas atividades que envolvem o marketing.

Nesse ponto, a pesquisa como função de marketing pode ser entendida como pesquisa de marketing ou pesquisa de mercado. Na teoria, os conceitos são diferentes, apesar de na prática trazerem semelhanças. A pesquisa de mercado, por natureza, tem como limite o mercado da empresa ou de um produto desta. E a pesquisa de marketing compreende a pesquisa de todo tipo de dado que diz respeito à atividade de marketing da empresa, incluindo os elementos abrangidos pela mercadologia, como levantamentos de mercado, previsão de demanda e de vendas, pesquisas da imagem da empresa e de seus produtos, entre tantas outras.

Figura 1.1 Onde o marketing encontra a pesquisa de marketing.

1.2.1 Onde o marketing encontra a pesquisa de marketing

Apesar de muitas crenças negativas sobre a natureza do marketing, podemos pensar que o objetivo principal dele é ajudar a combinar produtos/serviços e pessoas.[5] O marketing tem um duplo sentido, pois ele orienta o desenvolvimento e a apresentação de produtos e serviços e facilita o processo de decisão de compra, pois oferece informações aos consumidores.

Os profissionais de marketing devem procurar então fornecer informações sobre o que os consumidores valorizam e querem em um produto ou serviço. Depois que o produto está no mercado, os comerciantes tentam maximizar as vendas, fazendo ofertas, estratégias de precificação, publicidade, promoções, entre outros. Como tentativas de fornecer informações básicas dos produtos, comerciantes e profissionais de marketing usam uma variedade de técnicas de pesquisa de marketing.[6]

> **Palavra do especialista**
>
> O uso conjunto de métodos de inteligência artificial e *Big Data* está tendo enorme impacto na pesquisa de marketing. Um dos principais é a possibilidade de implementação do conceito de marketing *one-to-one*. É possível prever e até mesmo antecipar necessidades e desejos individuais de cada cliente ou consumidor (*consumer data driven*), seja por meio de analisar textos ou imagens captados em redes sociais ou de dados coletados em transações em diferentes pontos de venda ou *e-commerce*. Um consumidor adentrando um shopping center pode ser biometricamente identificado e receber em seu *smartphone* mensagens de produtos e serviços que tenha probabilidade de vir a comprar. Ou transitando com seu veículo e recebendo mensagens de pontos de venda que estão em seu trajeto oferecendo promoções de seu interesse. O consumidor será cada vez mais cocriador junto às empresas. No futuro, até mesmo as emoções sentidas pelo consumidor poderão ser mapeadas e utilizadas para auxiliá-lo no processo de compra. Portanto, o principal benefício da inteligência artificial em marketing será auxiliar o consumidor nas decisões de compra e uso de bens e serviços, aumentando o seu nível de satisfação, confiança, comprometimento e lealdade a uma marca.
>
> **Dr. José Afonso Mazzon** é professor titular em Administração na FEA-USP, tendo como foco de pesquisa a modelagem do comportamento do consumidor, atuando com *Business Intelligence*, CRM, pesquisa de marketing e análise estatística multivariada.

Nesse contexto, a pesquisa de marketing auxilia as empresas na oferta de seus produtos, pois estas podem indicar o que as pessoas querem em um produto ou serviço. Desse modo, as empresas poderão elaborar estratégia de como, quando, quanto e onde melhor ofertar esses produtos e serviços.

1.3 SISTEMA DE INFORMAÇÃO EM MARKETING E A PESQUISA DE MARKETING

A pesquisa de marketing pode gerar para a empresa uma quantidade grande de informações; para auxiliar no tratamento destas, paralelamente à pesquisa de marketing tem ocorrido o avanço de tecnologias para capturar, organizar, analisar e disponibilizar as informações. Na literatura do marketing, essas tecnologias recebem o nome de Sistemas de Informações de Marketing (SIM), que consiste em pessoas, equipamentos e procedimentos para reunir, classificar, analisar, avaliar e distribuir as informações necessárias, oportunas e precisas para os tomadores de decisões de marketing.[7]

> **Dica** O sistema de informação não tem como objetivo apenas coletar e analisar dados. Este ainda tem a função fundamental de distribuir as informações necessárias precisamente para os devidos interessados.

Existe uma grande discussão na área do marketing que diz respeito às diferenças entre a pesquisa de marketing e o sistema de informação de marketing. Até para a American Marketing Association (AMA), instituição internacional que define conceitos da área, essas definições são similares. Isso ocorre porque tanto o sistema de marketing quanto a pesquisa de marketing fazem parte de um processo que envolve o mapeamento das informações, avaliação alternativa e processo de tomada de decisão, como pode ser verificado na Figura 1.2.

Em um primeiro momento, para entender essa diferença, faz-se necessária a busca de informação através do mapeamento das tendências ambientais, que consiste na interpretação das ameaças e oportunidades de possíveis negócios das empresas. Os profissionais de pesquisa de marketing devem procurar dados e informações através do mapeamento ambiental para identificar o potencial mercadológico existente. As tendências ambientais podem ser divididas em cinco forças: (a) cultural – responsável por agrupar o conjunto de valores, ideias e atitudes que são compartilhadas por um grupo em determinado período; (b) demográfica – a definição de características de uma população através de seus valores, envolvendo etnia, ocupação, gênero, idade, nível de escolaridade e renda; (c) econômica – as condições macroeconômicas que afetam as empresas e os consumidores, como renda do consumidor, inflação, crescimento econômico, entre outros; (d) tecnológica – as possíveis inovações e invenções que têm como objetivo facilitar a vida de empresas e consumidores; e (e) reguladora – consiste nas restrições impostas por governos às ações de empresas e consumidores.[8]

> **Dica** A pesquisa de marketing deve estar interligada com o sistema de apoio a decisão em marketing. Esse sistema permite aos tomadores de decisão interagir diretamente com os bancos de dados, e as pesquisas de marketing são consideradas grandes bancos de dados.

Essas cinco forças das tendências ambientais são influenciadoras diretas nas entidades de interesse da empresa (consumidores, público em geral, empregados, fornecedores e grupos de interesse). Sendo assim, essas informações devem ser avaliadas para melhor posicionar a empresa estrategicamente. Para isso é que uma empresa deve estruturar o seu sistema de informação, que pode ser dividido em quatro partes centrais: (a) dados, informações e conhecimento; (b) inteligência de marketing; (c) aparatos tecnológicos; e (d) pesquisa de mercado.

8 Capítulo 1

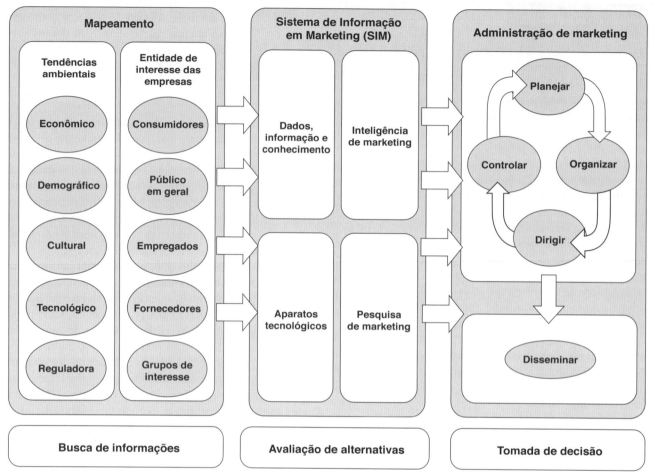

Figura 1.2 Sistema de informação e pesquisa de marketing.

Palavra do especialista

Big Data envolve coleta, armazenamento, análise, visualização e tomada de decisão, a partir de grandes bases de dados. Assim, como diversas outras áreas do conhecimento, a academia de marketing brasileira também enfrenta esse desafio em pelo menos três frentes: como treinar pesquisadores, como financiar as pesquisas e como desenvolver e aplicar o conhecimento analítico nas organizações e/ou para os consumidores. Os pesquisadores acadêmicos brasileiros terão que ser treinados para trabalhar com grande volume, variedade, velocidade e variabilidade de dados. As pesquisas com *Big Data* demandarão recursos de *hardware* e de processamento mais sofisticados, geralmente mais caros, do que usamos até hoje. Além da competência técnica e da infraestrutura, também precisaremos desenvolver parcerias com as organizações para desenvolvimento de projetos conjuntos de *Big Data*. Essas parcerias permitirão acesso a grandes bases de dados e maximizarão a contribuição das pesquisas em áreas como marketing estratégico, modelagem, métricas, *predictive* e *behavioral analytics*, entre outras.

Dr. Vinícius Andrade Brei é professor e pesquisador da Escola de Administração da UFRGS, coordenador eleito da Divisão de Marketing da ANPAD (2015-2017).

A relação entre dados, informações e conhecimento diz respeito à habilidade do departamento de marketing em encontrar dados e processá-los a ponto de virarem informações e, logo após, disseminarem com a intenção de transformar essas informações em conhecimento. Já a inteligência de marketing é um conjunto de conhecimentos derivados das atividades mercadológicas que estão no ambiente de marketing.

O aparato tecnológico é um conjunto de dados, sistemas, ferramentas e técnicas, como *software* e *hardware* de apoio, pelos quais uma organização reúne e interpreta informações relevantes da empresa e do ambiente, transformando-as em base para a ação de marketing. Como exemplo de aparato tecnológico, temos: *Customer Relationship Management* (CRM), *Business Inteligence*, *Data Mining*, entre outros. A pesquisa de mercado, por fim, deve complementar as informações já existentes nessas outras três partes.

Dica Um sistema de informação em marketing deve ter sinergia, ou seja, os seus vários fatores devem-se associar simultaneamente para ter uma ação coordenada para o devido fim.

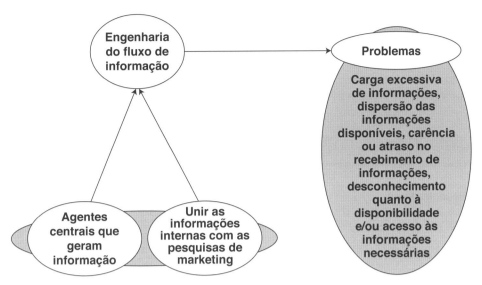

Figura 1.3 A engenharia do fluxo de informação.

Com a busca dessas informações, a empresa poderá decidir melhor as atividades de marketing. A decisão é uma escolha entre várias alternativas existentes. No marketing, os profissionais procuram tomar decisão usando informações existentes para melhor fazer a administração do marketing (planejar, organizar, dirigir e controlar). É necessário ter informações relevantes e suficientes para a tomada de decisão e, logo após, disseminar essas informações para os interessados.

Analisando a estrutura da Figura 1.2, podemos observar que a pesquisa de mercado faz parte do sistema de informação de marketing de uma empresa, pois auxilia na coleta de informação, na seleção de alternativas e na tomada de decisão estratégica em marketing. Pode-se concluir que, quando uma empresa não consegue organizar seus dados, informações e conhecimento, ou não contém uma inteligência de marketing eficiente para isso, ou ainda não está utilizando corretamente seus aparatos tecnológicos, resta apenas a realização de uma pesquisa de marketing como fonte de coleta de informações para a tomada de decisão.

1.3.1 A engenharia do fluxo de informação

Claramente devido ao seu *modus* de operação, a área do marketing é uma das que mais se expõem às informações que são originadas no mercado externo. Esse fato faz com que as empresas invistam um montante de capital em sistemas computadorizados e de armazenamento de dados dos consumidores, como *data warehouses, data mining* e sistemas de *market intelligence*. No entanto, pelo que demonstram alguns estudos de mercado, apenas uma pequena parcela desses investimentos, estimada em torno de 20%, irá produzir os resultados esperados pelas empresas.[9]

Existem no cotidiano das empresas dificuldades que impedem os profissionais de marketing de usarem produtivamente esses dados e informações. Essas dificuldades referem-se à carga excessiva de informações, à dispersão das informações disponíveis, à carência ou ao atraso no recebimento de informações, ao desconhecimento quanto à disponibilidade e/ou ao acesso às informações necessárias.[10]

Essas dificuldades surgem do que chamamos de engenharia do fluxo de informação. Muitos gestores de marketing não conseguem alinhar suas estratégias com a engenharia de informação, o que gera um descompasso na oferta de produtos e serviços. Para melhorar esse relacionamento entre engenharia do fluxo de informação e estratégias, deve-se (a) identificar quem são os agentes centrais que geram informação e (b) unir as informações internas com as pesquisas de marketing.

> **Dica** Para entendermos melhor o que é uma pesquisa de marketing, podemos pesquisar várias instituições internacionais, entre elas: Advertising Research Foundation (ARF), American Association for Public Opinion Research, American Statistical Association (ASA), Council for American Survey Research Organizations (CASRO), Council for Marketing and Opinion Research (CMOR), Market Research Society, Marketing Research Association (MRA), Pharmaceutical Marketing Research Group (PMRG), Qualitative Research Consultants Association (QRCA), World Association of Opinion and Marketing Research Professionals (ESOMAR).

1.3.1.1 Agentes centrais na geração de informações

Pensar pesquisa de marketing sem a informação é impossível. Estas estão ligadas intrinsecamente. Para se coletar mais dados do que os existentes em uma empresa, deve-se pensar em

Figura 1.4 Agentes centrais na geração de informações em pesquisas de marketing.

pesquisa de marketing, pois é elemento fundamental para o surgimento de novas informações que irão identificar problemas e definir oportunidades.

> **Palavra do especialista**
>
> A pesquisa de mercado passa por uma transformação, assim como todos os negócios que lidam com informação. O uso crescente da internet pela sociedade contribui para que o cidadão/consumidor tenha um protagonismo maior, seja trocando, gerando, compartilhando informações de seu interesse e também influenciando o seu círculo de relações. Por isso, todos os negócios que lidam com informação precisam se ajustar a essa realidade. Hoje, um único método de pesquisa já não dá mais conta de entender o cidadão/consumidor, em algumas situações. É preciso buscar outras ferramentas complementares que nos auxiliem no entendimento 360 graus da sociedade como um todo. Na área da pesquisa, por exemplo, surgem novas formas de coleta de informações e análise dos dados em função das facilidades tecnológicas. O IBOPE Inteligência tem investido na construção de um painel de internautas que conta hoje com 500 mil panelistas no Brasil para realizar pesquisas *on-line*. Outra área na qual estamos investindo é a de *datamining*, que permite integrar, qualificar e analisar grandes bases de dados. Lançamos recentemente um novo produto chamado Peoplescope, que integra várias bases de dados demográficos, comportamentais, atitudinais e de crédito para conhecer melhor e com mais detalhes o consumidor brasileiro. Outras ciências correlatas também contribuem, como é o caso da neurociência.
>
> **Márcia Cavallari Nunes** é CEO do IBOPE Inteligência e vice-presidente da Associação Brasileira de Empresas de Pesquisa (ABEP).

Além disso, a pesquisa de marketing faz as organizações compreenderem melhor a relação oferta e demanda de produtos, gerando assim informações que vão fazer com que as empresas possam determinar as atividades de marketing que gerem maior eficiência. Nessa geração de informação, três são os agentes centrais na pesquisa de marketing: pesquisador, cliente e os registros.

O pesquisador pode ser entendido como qualquer pessoa física que realiza e é responsável por uma pesquisa. Também pode ser uma pessoa jurídica. Nesse caso, os agentes envolvidos podem ser vistos como consultores, organizações, institutos, agências de pesquisa de marketing ou como um departamento interno de marketing. Todos têm como objetivo ofertar um conjunto de serviços e práticas associados à pesquisa de marketing.

O cliente é o responsável por encomendar uma pesquisa. É para ele que o pesquisador se reporta para identificar o problema no início da pesquisa e entregar/apresentar o relatório no final. Este pode ser considerado um indivíduo, uma empresa ou um próprio departamento que de dentro da empresa solicita determinada pesquisa.

O registro é qualquer documento, minuta ou solicitação em formato de proposta, questionário, identificação de entrevistado, lista, formulário, folha de registro, gravação de áudio, audiovisual ou filme, tabulação ou impressão de computador, disco ou outro meio de armazenamento, fórmula, diagrama, relatório, entre tantos, que estão relacionados a qualquer projeto de pesquisa de marketing, no todo ou em parte. Nesse caso podem ser registros ou documentos produzidos tanto pelo cliente como pelo pesquisador.[11]

1.3.1.2 Informações internas e pesquisa de marketing: a intuição do pesquisador

A interpretação de como um cliente se comporta pode ser conseguida em diversas fontes. A pesquisa de marketing é apenas uma parte. Outra forma de entender o comportamento desse cliente é através das informações fornecidas pelos funcionários que têm proximidade maior com os consumidores, por exemplo: vendedores, atendentes, caixas, entre outros.

Várias empresas têm um CRM que auxilia no acompanhamento do cliente, destinado a aumentar índices de satisfação, taxa de retenção, números de clientes fidelizados, entre outros. O pesquisador deve se apropriar desses dados ao pensar em elaborar a pesquisa. Quando este é apresentado ao CRM, deve ter uma habilidade analítica, procurando cruzar as múltiplas fontes de dados para a criação do projeto de pesquisa.

Para obter esse conhecimento, a empresa deve ter uma visão holística de todos os seus processos, o que, dependendo do tamanho da empresa, pode se tornar trabalhoso. Nesse contexto, a pesquisa de marketing deve se unir às informações internas disponíveis na empresa, na forma de complementação e não sobreposição de dados. Assim, a pesquisa de marketing deve ser entendida pelos clientes como algo que não responde na plenitude às questões solicitadas pelo encomendador da pesquisa. Nesse caso, ela exerce um papel parcial, tendo um poder construtivo na geração de *insights*.

Palavra do especialista

Os estudos sensoriais seguem protocolos bastante consagrados. Entretanto, existem possibilidades muito interessantes que exploram o "além" das declarações dos consumidores. Uma declaração é carregada de elementos perceptuais ou afetivos, que interferem na avaliação que o consumidor faz do produto. Além das suas emoções, existem interferências da interação dele com o entrevistador através do efeito "declarar o que é politicamente correto" (em inglês, *social desirability bias*), ou o "desejo de agradar", declarando que gostou mais do produto do que realmente aconteceu. Além disso, existe uma tendência a racionalizar respostas ou simplesmente não conseguir expressar verbalmente certas sensações ou emoções. Por exemplo, como expressar o turbilhão de sensações e emoções evocadas por um perfume? Tradicionalmente, a pesquisa sensorial ou de marketing tem usado a estatística para tratar dados declarados. Com medidas derivadas de um modelo estatístico, conseguimos detectar, de uma maneira mais precisa, quais são os *drivers* de satisfação ou intenção de compra de um produto do que simplesmente perguntar ao consumidor qual o motivo que o fez gostar mais desse produto. A resposta a essa pergunta sempre sofrerá influência de todos os fatores que descrevemos acima. Porém a modelagem estatística, ao contrário, entende, pelo padrão de respostas dos consumidores, quais os atributos, funcionais ou emocionais, que mais explicam a preferência. Também temos aplicado o neuromarketing para entender as reações dos consumidores com relação aos produtos (medidas implícitas, em contraposição às explícitas, ou declaradas). Conseguimos, com técnicas de neurociência, determinar, por exemplo, quais emoções e qual o nível de envolvimento (*arousal*) que foram evocados em diversos estágios da experiência com o produto. Por exemplo, no caso do detergente em pó, a fragrância do produto puro, diluído, pós-uso e a própria experiência da lavagem. Ou, no caso de alimentos, quais as emoções e o envolvimento presentes ao sentir o aroma, ver a cor e o formato do produto, durante e após a degustação. Essa possibilidade de fazer medidas implícitas sobre reações não conscientes eleva nossa capacidade de compreensão dos consumidores. Obtemos métricas sem

---

o filtro racional e sobre variáveis que dificilmente seriam verbalizadas. Essas medidas são complementadas por entrevistas e técnicas quantitativas ou qualitativas que ajudam a explicar e compreender a experiência, possibilitando um diagnóstico completo.

Rodrigo Toni tem especialização em Management no IESE (Espanha) e INSEAD (Cingapura), em Survey Methodology na University of Michigan (EUA), é fundador da flyfrog e é especialista em pesquisa de marketing do Grupo Investiga.

Por isso, aconselha-se que se trabalhem conjuntamente as informações internas que a empresa detém com o conjunto de dados que será disponibilizado pela pesquisa de marketing. Para que isso aconteça, tanto o pesquisador como o cliente devem usar a intuição para conectar esses dois conjuntos de informação. A intuição ocorre quando se tem uma comunicação de dados entre funcionários e pesquisa de marketing. Com ela, os gestores têm a capacidade de transformar informação em conhecimento. A intuição, no entanto, não é algo que se adquire nos primeiros anos de vida, como atributo associado ao fenótipo humano. Essa intuição é adquirida com o tempo, ou seja, com o exercício da função de se fazer pesquisas de marketing.

Claramente, os pesquisadores devem ter essa habilidade na detecção do problema e no fornecimento de *feedback* aos gestores.[12] A relação entre uma empresa, um pesquisador e seus clientes constitui um sistema dinâmico em que a pesquisa deve gerar resposta para entender melhor a demanda e oferta de produtos e serviços.

1.4 PESQUISA DE BASE *VERSUS* PESQUISA APLICADA

A pesquisa pode assumir dois papéis importantes nos estudos de marketing. O primeiro como pesquisa de base (ou, como muitos autores chamam, pesquisa de base acadêmica ou em marketing). Esse tipo de pesquisa tem como objetivo aprofundar os conhecimentos no campo de marketing, contribuindo para a explicação de fenômenos associados ao marketing. A pesquisa de base é fundamentada na disciplina de metodologia científica e auxilia na formulação de hipóteses, proposições de modelos e discussão sobre temas do marketing.

Nesse caso, estamos falando de pesquisas feitas em trabalhos de conclusão de curso, dissertações ou teses da área de marketing. Algumas dessas pesquisas de base são apresentadas em congressos ou revistas especializadas. Por exemplo, uma pesquisa acadêmica que investiga o comportamento de adolescentes ao comprarem roupas em determinada loja do *shopping,* ou outra pesquisa acadêmica que analisa o efeito de uma promoção em determinado segmento, podem ser consideradas pesquisas de base, que auxiliam o desenvolvimento teórico do campo de marketing.

A pesquisa aplicada, contrariamente à pesquisa de base, não tem como objetivo a contribuição teórica à disciplina de marketing. O objetivo central é a busca de soluções e oportunidades

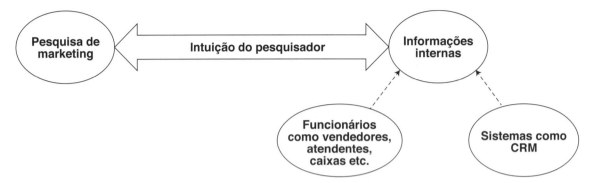

Figura 1.5 Informações internas e pesquisa de marketing: a intuição do pesquisador.

para as empresas e seus gestores. Desse modo, percebe-se que ela tem um perfil mais mercadológico.[13] Assim, ela é conhecida como pesquisa de marketing. Por exemplo, uma empresa de calçados femininos encomenda uma pesquisa para uma empresa terceira, com o intuito de saber a aceitação de um novo salto no mercado. A empresa terceira entrevistará consumidoras nos principais pontos de venda, para saber a opinião com relação ao novo produto. Outro exemplo de pesquisa aplicada pode ser a realização de uma pesquisa para analisar a influência de mulheres na compra de automóveis. A contratação da pesquisa será feita por grande montadora que gostaria de entender o papel da mulher na tomada de decisão de compras de carros. As informações coletadas ajudarão a montadora a desenvolver novos modelos de carros.

Se compararmos esses dois tipos de pesquisas, observaremos que ambas utilizam processos e técnicas semelhantes, porém têm objetivos diferentes. As aplicações podem ser as mesmas e podem até ser usadas em conjunto (por exemplo, um aluno pode entregar o seu trabalho de conclusão para uma empresa, para esta estruturar melhor suas ações de marketing; ou uma empresa pode ceder informações de pesquisas realizadas para o aluno desenvolver seu trabalho acadêmico), no entanto, seus objetivos serão diferentes.

1.4.1 Entre a pesquisa de marketing e a pesquisa do consumidor

Embora o campo de pesquisa de marketing aplicada tenha feito grandes progressos nos últimos 30 anos com relação a escopo, qualidade e quantidade de pesquisa, ainda há divergências significativas sobre como pesquisar o consumidor. Quais são seus objetivos? Como essas pesquisas devem ser conduzidas? Muitas dessas respostas podem ser dadas nas pesquisas de base do consumidor.

Através de uma análise crítica, o campo teórico que estuda o consumidor parece estar bastante fragmentado, sendo influenciado por uma multidisciplinaridade de estudos. Isso decorre do fato de que o comportamento do consumidor também é um tema central de discussão em outras disciplinas, principalmente na psicologia, que é o berço de várias abordagens teóricas sobre o consumo.

Embora a psicologia detenha a maior parte das pesquisas do consumidor nas últimas décadas, outras áreas, como a economia e a antropologia, também tiveram influência significativa. Muitos pesquisadores de consumo da psicologia, antropologia e economia tendem a utilizar técnicas que representam abordagens alternativas para a tradicional pesquisa de marketing. Consequentemente, esses campos de pesquisa de consumo têm diferentes pontos de vista sobre várias questões de métodos de investigação utilizados na pesquisa de marketing.

Muitos autores dessas áreas de pesquisa de consumo acreditam que as pesquisas aplicadas de marketing tendem a reduzir algumas abordagens metodológicas, deixando as mais acessíveis (em tempo e recursos) aos contratantes de pesquisa. É o caso da etnografia, que em estudos de antropologia demora um longo tempo para ser concretizada. Já em algumas pesquisas de marketing essa técnica é utilizada em curto período de tempo.

Outro exemplo são as séries temporais. Na economia, para se criar uma série temporal é utilizado um conjunto de dados secundário grande, que em alguns casos são analisados por diversos cálculos matemáticos e estatísticos. No caso da pesquisa de marketing, as séries temporais são utilizadas sem um rigor grande, e em alguns casos utilizam-se poucos dados históricos para fundamentar os argumentos dos pesquisadores.

1.5 IMPORTÂNCIA DA PESQUISA DE MARKETING

A pesquisa de marketing tem contribuído muito para o desenvolvimento conceitual e mercadológico da filosofia do marketing. Os estudos de pesquisa de marketing e seus temas são fundamentais para o amadurecimento e a consolidação do conceito de marketing historicamente.

Dica	Se você está procurando informações sobre o Brasil, um bom caminho é o Sistema IBGE de Recuperação Automática (SIDRA). Lá você encontrará dados sobre economia, empresas, agricultura, construção civil, emprego, indústria, entre outros.

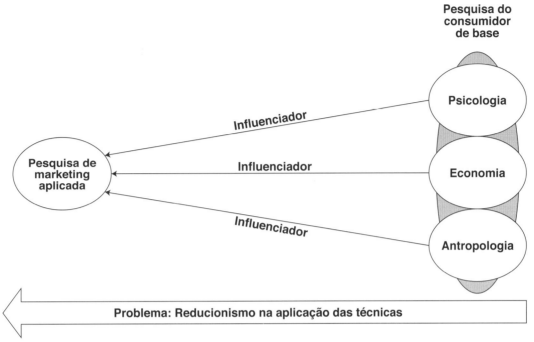

Figura 1.6 Entre a pesquisa de marketing e a pesquisa do consumidor.

A pesquisa de marketing contribui muito para a aceitação do marketing como ciência, por utilizar-se dos métodos (grupos de comparação, previsões, pesquisas amostrais) que qualificam um campo do conhecimento como tal. Desse modo, o estudo da pesquisa é importante, pois ajuda a estabelecer a identidade do marketing, informando a evolução de seus métodos, situando-a no contexto histórico.

Mesmo sendo a lista das atividades de pesquisa de marketing extensa, ela cresce continuamente, sendo possível encontrar facilmente na literatura muitas aplicações da pesquisa nas empresas, como ilustram os seguintes casos. A Coca-Cola, por exemplo, estimou a colocação de 3,2 cubos de gelo por copo, pois em pesquisas feitas com seus consumidores chegou-se a essa média. A Procter&Gamble já pesquisou se a maioria das pessoas dobra ou amassa as toalhas de papel. A Kimberly Clark calculou que uma pessoa assoa o nariz 256 vezes por ano, em média. Além disso, 38% das pessoas preferem arrancar um dente a levar o carro a uma oficina e 51% dos homens vestem primeiro a perna esquerda das calças e 65% das mulheres a perna direita.[14]

1.6 ABRANGÊNCIA E EXEMPLOS DE PESQUISA DE MARKETING

A pesquisa de marketing possui um vasto campo de aplicação, podendo ser utilizada de diversas formas, sempre com o intuito de solucionar problemas na área do marketing. Na Tabela 1.3 estão elencadas algumas aplicações da pesquisa de mercado que podem ser usadas no dia a dia de um responsável pela área de marketing.

Essa abrangência de pesquisas pode exigir tipos específicos de pesquisas. Muitas empresas de pesquisa de mercado desenvolvem um portfólio de serviços e classificam essas pesquisas de acordo com os objetivos e as características das necessidades de seus clientes, como, por exemplo: pesquisa de satisfação, pesquisa de imagem, oportunidade de vendas, pesquisa de produtos, pesquisa de distribuição, pesquisa de propaganda, pesquisa de segmentação, pesquisa de previsão, pesquisa de preço, pesquisa eleitoral, pesquisa no ponto de venda, pesquisa de mídia, pesquisas estratégicas, pesquisas-relâmpago etc.

A pesquisa de satisfação tem como objetivo identificar e entender o perfil de clientes de determinado mercado, analisando a relação entre expectativa e experiência de consumo. A pesquisa de imagem avalia o impacto das estratégias de marketing e comunicação sobre a imagem da empresa e de seus produtos e serviços.

| Dica | Uma pesquisa de marketing é capaz de avaliar a mensurabilidade de um segmento. Mensurabilidade de um segmento nada mais é do que analisar o grau pelo qual o tamanho e o poder da compra dos segmentos de mercado podem ser mensurados. |

A pesquisa de oportunidade de vendas tem como objetivo avaliar a estrutura e organização comercial da empresa. Pode envolver a melhor forma de divisão geográfica da área de vendas, remuneração dos vendedores e atuação da equipe de vendas.

14   Capítulo 1

A pesquisa de produtos tem por objetivo identificar o potencial de produtos ou a necessidade de modificações nos produtos existentes. Além disso, essa pesquisa testa novos produtos e identifica os seus diferenciais competitivos entre os concorrentes. A pesquisa de distribuição tem como objetivo identificar os melhores canais de distribuição e verificar o desempenho e a eficiência dos canais existentes.

Tabela 1.3   Abrangência da pesquisa de marketing

ABRANGÊNCIA	EXEMPLO
Melhora na utilização de outras técnicas de marketing	Pode se propor um levantamento antes da abertura de um centro de vendas, para evitar desperdício de recursos na utilização de técnicas como *telemarketing* ou *target marketing*.
Elaboração de plano de negócios	Recomenda a pesquisa de marketing como um dos componentes na elaboração de um plano de negócios, inclusive para *franchising*.
Desenvolvimento de produtos	Desenvolvimento e teste de conceitos, geração e teste de marcas, testes de mercado, testes de produtos existentes, estudos de embalagens, estudos de produtos concorrentes.
Estudos sobre consumo	Preferência por marca, atitudes em relação a marcas, satisfação com produtos, comportamentos de compra, intenções de compra, consciência de marca, estudos de segmentação.
Pesquisas e Estudos de Promoção	Motivação, meios de comunicação, de anúncios, eficácia da propaganda, imagem etc.
Estabelecimento de preços	Análises de custos e de lucros, elasticidade dos preços, análises da demanda (potenciais de mercado e de vendas, previsões de vendas), análises dos preços da concorrência.
Economia de negócios e pesquisa corporativa	Características e tendências indústria/mercado, estudos para aquisições/diversificações, análises de participação de mercado, estudos internos dos recursos humanos.
Estudos de distribuição	Localização fábricas/armazéns, desempenho dos canais, cobertura dos canais, internacionais e de exportação.

> **Dica** A pesquisa de marketing pode diretamente avaliar mercados genéricos. Mercados genéricos são consumidores ou clientes que apresentam ter as mesmas necessidades e desejos de consumo.

A pesquisa de propaganda tem por objetivo avaliar a eficiência das campanhas publicitárias e das peças promocionais. A pesquisa de segmentação identifica e agrupa diferentes consumidores, caracterizando o perfil socioeconômico e o potencial de consumo de cada um, a partir da análise de hábitos e padrões comportamentais.

A pesquisa de previsão analisa as características futuras do mercado, dimensionando o potencial de retorno financeiro do empreendimento a curto, médio e longo prazos. A pesquisa de preço analisa a elasticidade dos preços dos produtos e serviços, procurando otimizar o preço no mercado. A pesquisa eleitoral analisa a intenção de voto, assim como a percepção de cada candidato.

A pesquisa no ponto de venda revela dados imediatos sobre o cliente que está visitando a loja ou sobre as diversas variáveis que influenciam as vendas. Já a pesquisa de mídia descobre qual a melhor maneira de atingir o público-alvo, se um jornal, uma revista, rádio, TV, Internet, entre outros.

As pesquisas estratégicas são aquelas realizadas em novos projetos, programas e decisões de caráter estratégico. Por fim, as pesquisas-relâmpago são planejadas e executadas para fornecer resultados objetivos em pouco tempo, quando alguma medida necessita ser tomada em face de evento ou fato novo e de grande impacto social, mas sobre o qual ainda não se sabe a reação das pessoas.

Resumo dos principais tópicos do capítulo

A pesquisa de marketing pode ser compreendida como o processo que visa à obtenção, à coleta, ao processamento e à análise das informações para a tomada de decisão. Para entender a importância da pesquisa de marketing, antes é necessário entender o conceito de orientação para o cliente do marketing e as suas principais funções. O marketing tem 11 funções e uma das principais é a pesquisa de marketing, que auxilia as outras funções com informações. A pesquisa faz parte do sistema de informação de marketing de uma empresa, pois auxilia na coleta de informação, seleção de alternativas e tomadas de decisão estratégica em marketing. Nesse contexto, a pesquisa de marketing pode assumir dois papéis importantes. O primeiro como pesquisa de base, que tem como objetivo aprofundar os conhecimentos no campo de marketing, contribuindo com a explicação de fenômenos a ele associados. O segundo como pesquisa aplicada, que, contrariamente à pesquisa de base, não tem como objetivo a contribuição teórica à disciplina de marketing. O objetivo central é a busca de soluções e oportunidades para as empresas e seus gestores. A pesquisa de marketing tem contribuído muito para o desenvolvimento conceitual e mercadológico da filosofia do marketing e também para o sucesso de algumas empresas no mercado. Possui um vasto campo de aplicação, podendo ser utilizada de diversas formas: melhoria na utilização de outras técnicas de marketing, elaboração de

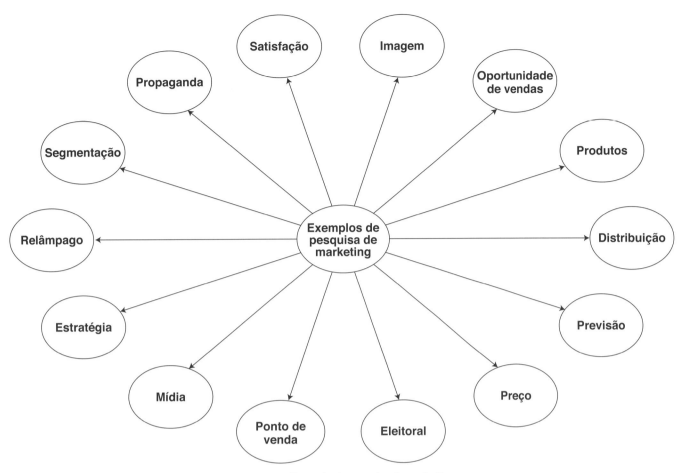

Figura 1.7 Exemplo de pesquisa de marketing.

plano de negócios, desenvolvimento de produtos, estudos sobre consumo, pesquisas e estudos de promoção, estabelecimento de preços, economia de negócios e pesquisa corporativa e estudos de distribuição. Essa abrangência de pesquisas pode exigir tipos específicos de pesquisas, como: pesquisa de satisfação, pesquisa de imagem, oportunidade de vendas, pesquisa de produtos, pesquisa de distribuição, pesquisa de propaganda, pesquisa de segmentação, pesquisa de previsão, pesquisa de preço, pesquisa eleitoral, pesquisa no ponto de venda, pesquisa de mídia, pesquisas estratégicas, pesquisas-relâmpago.

Case 1: Por que fazer pesquisa de marketing com pessoas que moram sozinhas, no Brasil?

Hoje em dia, os consumidores adquirem diferentes roupas, carros, acessórios, apresentando comportamentos distintos em relação a outros indivíduos. O Instituto Brasileiro de Geografia e Estatística (IBGE) constatou, em seu último censo, que mais de 12% dos domicílios brasileiros são ocupados por uma única pessoa, ou seja, pessoas que moram sozinhas. Esse número já chega à casa dos 6,9 milhões no Brasil e vem crescendo nos últimos anos, seguindo a tendência de países desenvolvidos, como França, Holanda, Alemanha, Bélgica, que tem quase 40% da população vivendo sozinha.

Nas teorias de marketing, podemos observar que o comportamento dessas pessoas busca diferenciação de outros consumidores, ou seja, em muitos casos buscam exclusividade. Essas pessoas buscam exclusividade quando adquirem produtos e serviços visando se diferenciar dos outros. Para esses consumidores, sentir-se excessivamente similar é um estado aversivo que o indivíduo tenta resolver, mudando suas atitudes para reafirmar sua individualidade. Desse modo, volta-se à ideia do texto sobre consumidores de *off-road*, que traz a perspectiva de que os consumidores adquirem produtos não só pela sua funcionalidade, mas também pelo que simbolizam.

Compreendendo essa situação, vários comerciantes têm desenvolvido estratégias específicas para esse público, como: venda de roupas personalizadas, enlatados que contenham menor quantidade de alimentos, apartamentos com espaços mais reduzidos, entre outros.

Os lançamentos de produtos voltados a esse tipo de consumidor têm-se centrado basicamente em produtos tradicionais, com embalagens menores, ou em produtos com facilidade de preparo. No entanto, esses consumidores evidenciam uma demanda por parte de produtos diferenciados, especialmente produtos vistos como impopulares ou que não sejam vistos como similares aos produtos utilizados por outros grupos sociais. Esse entendimento proporciona uma avenida de oportunidades às empresas, principalmente porque o IBGE constatou também que as pessoas que

16 Capítulo 1

moram sozinhas gastam mais individualmente do que as pessoas que moram com outras pessoas. Além disso, o custo de vida das pessoas que moram sozinhas é geralmente mais elevado.[15]

Em vista disso tudo, pode-se dizer que existem motivos para se fazer uma pesquisa de marketing com esse público-alvo?

Com base no estudo de caso e na abordagem teórica deste capítulo, responda às perguntas a seguir:

1. Como a definição de pesquisa de marketing pode auxiliar no entendimento das características de consumo das pessoas que moram sozinhas?
2. Ao tentar entender o comportamento das pessoas que moram sozinhas, como a pesquisa de marketing pode auxiliar as outras funções do marketing?
3. Para entender melhor o consumo das pessoas que moram sozinhas, qual a melhor abordagem de pesquisa a utilizar: de base, aplicada ou ambas?
4. Quais os tipos de pesquisa de marketing que poderiam ser utilizados para explicar o comportamento das pessoas que moram sozinhas?
5. Como esta pesquisa poderia auxiliar um sistema de informação de marketing de uma empresa que elabora produtos para esse segmento?
6. A pesquisa feita neste *case* é considerada uma pesquisa pura ou aplicada? Argumente sua resposta.

Case 2: Quando o consumidor não decide o que comprar: a prescrição médica como tomada de decisão

O uso de medicamentos através da prescrição médica é fruto de constantes estudos devido às especificidades de consumo desse segmento e principalmente do crescimento do setor farmacêutico nas últimas décadas. O mercado farmacêutico pode ser dividido em dois setores principais: medicamentos com prescrição médica e medicamentos sem prescrição médica. Os medicamentos com prescrição médica têm que ter obrigatoriamente um agente autorizado, que expressa sua decisão através de uma receita médica. A prescrição médica traduz uma relação médico/paciente substanciada na ação ou intervenção do agente médico prescritor ativo sobre o agente paciente aceptor passivo. A prescrição, como processo de tomada de decisão de um produto, tem uma característica atípica: os consumidores não são os tomadores da decisão final de compra do produto, tornando o consumo com prescrição uma das formas de consumo mais complexas para sua análise.

Com base nessa característica, foi realizada uma pesquisa com o objetivo de entender quais os fatores que influenciam um médico brasileiro a prescrever um medicamento. Para isso, foram pesquisados dados secundários (documentos e artigos) em que a prescrição médica é entendida como um ato de decisão e formulado um modelo com cinco possíveis influenciadores: custo/benefício, características do produto, informações do produto, marca e propaganda.

Para analisar essas influências, foi realizada uma pesquisa quantitativa com a aplicação em uma amostra de 232 médicos. A coleta de dados se deu através de questionários estruturados com base nos dados secundários levantados. As perguntas foram desenvolvidas em uma escala *Likert* de 1 (discordo totalmente) e 5 (concordo totalmente). Foram utilizados, na elaboração desse estudo, dados secundários extraídos: de pesquisa bibliográfica e de entrevistas preliminares realizadas com dez médicos. A intenção das entrevistas preliminares era verificar se o conteúdo dos questionários era entendido pela amostra. Nessa entrevista os médicos puderam projetar suas próprias concepções e valores a respeito do tema proposto, contribuindo para o desenvolvimento do instrumento de coleta. Os questionários foram respondidos por médicos que têm consultórios próprios e nestes fazem a prescrição de medicamentos. A seleção dos respondentes ocorreu por meio de uma amostra não probabilística por conveniência. Nesse tipo de amostra, o pesquisador seleciona membros da população mais acessível e de maneira não aleatória. Para coletar esses questionários foi solicitada ajuda a três propagandistas de laboratórios diferentes, que tinham o hábito de visitar esses médicos.

Através da análise estatística descritiva dos 232 questionários respondidos, foi identificado que 55,6% dos respondentes eram do sexo masculino e que grande parte tem acima de 30 anos (84,1%), a maioria exerce a profissão há mais de 10 anos (66,8%) e, com relação aos rendimentos, 78,3% ganham mais de 10 salários mínimos; em termos relativos, esses dados evidenciam o público-alvo da pesquisa. Com relação à especialidade, foram pesquisadas 12 categorias diferentes: 47 cardiologistas (20,3%), 40 psiquiatras (17,2%), 34 neurologistas (14,7%), 32 ginecologistas (13,8%), 30 clínicos gerais (12,9%), 18 dermatologistas (7,8%), 12 otorrinolaringologistas (5,2%), 7 cirurgiões vasculares (3,4%), 6 proctologistas (3,1%), 4 pneumologistas (1,7%) e 2 urologistas (0,9%).

No que diz respeito à influência dos cinco fatores, percebe-se que a prescrição médica está positivamente correlacionada com todos eles, ou seja, todos os fatores interferem na prescrição dos médicos, embora cada fator tenha um peso diferente na prescrição. Por exemplo, o fator que mais interfere na prescrição de um médico atualmente é o custo/benefício do remédio. Isso implica dizer que os médicos estão preocupados com o histórico do paciente, a existência de genéricos e também com o preço dos produtos ofertados na hora de tomarem a sua decisão.

Em segundo lugar, o fator que mais influencia na prescrição médica são as características do produto, ou seja, questões como interações medicamentosas, qualidade e quantidade do remédio são levadas em conta ao prescrever um remédio ao paciente. No terceiro lugar surgiram as informações do medicamento como possível influenciador da prescrição, indicando que os médicos também se preocupam com as informações dos vendedores, as explicações detalhadas nas bulas e a descrição dos efeitos colaterais.

Em um quarto momento, os médicos indicaram a marca como um influenciador no processo de prescrição, indicando que os laboratórios e novas marcas são itens importantes ao indicar um remédio. Por fim, o fator que teve menor influência na prescrição médica, segundo os entrevistados, foi a propaganda. Divulgação de produtos, realização de eventos e comunicação feita pelo laboratório influenciam, mas pouco, na prescrição médica.

Após os resultados, observa-se que a prescrição médica trata-se de um tema evidente, especialmente pela complexa relação médico e paciente/cliente como uma relação de troca, o crescimento e poder da indústria farmacêutica e a utilização cada vez mais frequente das ferramentas de marketing neste ambiente. Este estudo visa estimular novas análises tentando superar as limitações deste estudo. Investigações com mais médicos e em outros países, bem como a incorporação de outras variáveis, permitirão um avanço na construção do modelo.

Com base no estudo de caso e na abordagem teórica deste capítulo, responda às perguntas a seguir:

1. Qual foi o principal motivo que levou à elaboração e à execução dessa pesquisa?
2. Quais são as razões que demonstram que essa é uma pesquisa de marketing?
3. Quais foram os principais passos metodológicos utilizados nessa pesquisa?
4. Quais os três principais fatores que influenciam na prescrição de um médico?
5. Como a indústria de remédios e seus consumidores podem usufruir dessa pesquisa?

Questões de discussão para aplicação da teoria

1. Forme três grupos homogêneos e promova quatro debates em sala de aula. Os dois primeiros grupos defenderão uma causa e o último grupo fará o papel de júri. Faça sessões semelhantes aos debates eleitorais e faça questionamentos envolvendo quatro questões: (a) *Você acha que uma pesquisa de marketing pode ser terceirizada?* (b) *As empresas e universidades brasileiras conseguem unir pesquisa de base e pesquisas aplicadas de marketing?* (c) *Fazer uma pesquisa de marketing é sinal de que a empresa não tem uma boa inteligência em marketing?* (d) *As pesquisas de marketing realizadas no Brasil são todas éticas?* Após as sessões, promova uma reflexão sobre esses itens, fazendo uma conexão com os principais tópicos deste capítulo.

2. Conte o seguinte caso: uma empresa de sapatos quer vender seu produto em um país na África, mas há um problema: as pessoas nesse país vivem com os pés descalços, ou seja, nunca usaram sapatos. Seria necessária uma pesquisa de marketing no país para ver a aceitação do produto? Discuta e reflita de acordo com a figura do Sistema de Informação em Marketing apresentada neste capítulo.

Notas

[1] Relatório de dados da pesquisa "Vai de Uber ou de Táxi? Pesquisa sobre satisfação dos usuários de serviços de transporte individual", realizada pela turma de Pesquisa de Marketing da Universidade Federal do Rio Grande do Sul (UFRGS) no período de abril a junho de 2016, sob a tutela do Professor Dr. Walter Nique.

[2] Body, H.W. (1989). *Marketing research*: text and case. 7. ed. Homewood: New Jersey.

[3] Bartels, R. (1998). *The history of marketing thought*. Columbus: Horizons.

[4] Richers, R. (2000). *Marketing*: uma visão brasileira. São Paulo: Negócios.

[5] Ariely, D.; Berns, G.S. (2010). Neuromarketing: the hope and hype of neuroimaging in business. *Science and Society*, *11*, 284-294.

[6] Lewis, D.; Brigder, D. (2005). *Market researchers make increasing use of brain imaging*. Advances in Clinical Neuroscience and Rehabilitation.

[7] Kotler, P.; Wong, V.; Saunders, J.; Armstrong, G. (2005). *Principles of marketing*. 4. ed. London: Prentice Hall.

[8] Belk, R. (1975). Situational variable e consumer behavior. *Journal of Consumer Research*, 157-163.

[9] Henrique, L.C.J.; Barbosa, R.R. (2009). Busca da informação em marketing: a perspectiva da ciência da informação. *Revista de Administração de Empresa (RAE)*, *49*(2), 221-233.

[10] Heeks, R. (2002). Information systems in developing countries: failure, success and local improvisations. *The Information Society*, *18*(2), 101-112.

[11] ABEP. *Código de Conduta da ICC/ESOMAR*. Disponível em: <www.abep.org/Servicos/DownloadCodigoConduta.aspx?id=03>. Acesso em: 3 jul. 2017.

[12] Ryals, L.; Wilson, H. (2005). Experimental methods in marketing research: from information to insight. *International Journal of Market Research*, *47*(4), 347-366.

[13] Hubbard, R.; Norman, A.T. (2007). What impact has practitioners research had in the marketing academic? *Management Research News*, *30*(1), 25-33.

[14] Hunt, S. (1983). *Marketing theory*: the philosophy of marketing science. Homewood: Richard D. Irwin.

[15] Adaptado de Ladeira, W.J.; Dalmoro, M. (2012). Consumidores necessitam de exclusividade? Análise a partir de Consumidores Singles. *Revista Gestão.Org.*, *10*(1), 28-52.

A Informação e a Pesquisa de Marketing

OBJETIVOS DO CAPÍTULO

No final deste capítulo, o leitor deverá ser capaz de:

- Saber identificar a correlação entre informação e tomada de decisão.
- Identificar os tipos de dados que influenciam na gestão de uma organização.
- Entender as características centrais do *Big Data*.
- Perceber os desafios e impactos do *Big Data* na coleta de dados.
- Perceber os desafios e impactos do *Big Data* na análise de dados.

DADOS ESTRUTURADOS E NÃO ESTRUTURADOS: A REALIDADE ATUAL DAS PESQUISAS DE MERCADO

No mês de março de 2014 um erro em uma pesquisa gerou muito o que falar. O Instituto de Pesquisa Econômica Aplicada (IPEA) divulgou resultados de uma pesquisa com quase 4 mil pessoas. Do total dos entrevistados, 65,1% disseram que mulheres que mostram o corpo "merecem ser atacadas". Pouco tempo depois o IPEA divulgou uma nota dizendo que havia ocorrido um erro na divulgação da pesquisa. Na verdade esse valor era de 26%. A base de dados dessa pesquisa é conhecida na linguagem de pesquisa de mercado como estruturada, pois é originada em um único instrumento de coleta que foi construído para responder a um problema de pesquisa específico.

Além do erro cometido pelo Instituto, uma questão interessante de se analisar neste caso é a repercussão desse fato e o quanto isso influenciou na produção de dados. Sabemos que estamos na era dos dados, em que se criam e divulgam dados com muita facilidade. Neste caso, por exemplo, a notícia do resultado dessa pesquisa provocou uma comoção nas redes sociais. Pessoas publicaram no Facebook fotos acompanhadas da frase *"Eu não mereço ser estuprada"*. No perfil do Twitter de várias celebridades constavam respostas ao resultado dessa pesquisa. Milhares e milhares de pessoas publicaram fotos, sem falar na quantidade de outros conteúdos criados em repúdio ao resultado da pesquisa. O movimento foi noticiado na imprensa internacional, em *sites* como Huffington Post, Al Jazeera e BBC.[1] Esses dados são considerados não estruturados, pois são originados em diferentes formatos de conteúdo (fotos, vídeos, mensagens, textos etc.) e claramente não foram construídos para responder s um problema de pesquisa.

A diferença entre dados padronizados e não padronizados nos demonstra algo interessante: como os dados e as informações são propagadas hoje em dia. Estamos vivendo uma era na qual a informação tem características marcantes como volume, velocidade, variedade, veracidade e valor. Essa característica ajuda a entender o que chamamos de *Big Data*.

Em uma época em que as informações são rápidas e demonstram as opiniões das pessoas acerca de determinados assuntos, as empresas estão investindo em técnicas de coleta e análise de dados que permitam gerar resultados através de dados multifacetados. Isso porque as informações são geradas espontaneamente e refletem o sentimento das pessoas.

Essa época tem colocado em xeque muitos procedimentos de empresas tradicionais de pesquisa de mercado, pois modifica

20 Capítulo 2

a ótica como os dados são coletados e analisados. Essas empresas estão procurando investir em profissionais e estruturas que sabem lidar com a avalanche de dados que é gerada.

No cenário empresarial, atualmente podemos ver várias organizações de diferentes setores adotando esse formato de coleta e análise de dados não estruturados, que muitas vezes são multifacetados. A companhia aérea TAM usa o *Big Data* nas suas operações de manutenção de aeronaves desde 2013. Através de dados de sua série histórica ela faz a manutenção corretiva e preventiva, projetando a demanda futura por esses serviços. O *Big Data* da companhia aérea consegue planejar com antecedência de 18 meses a mão de obra e o material necessários para os serviços de manutenção, evitando desperdícios. O Itaú Unibanco investiu R$ 3,3 bilhões em um novo centro tecnológico que possui tecnologia para processar e aplicar inteligência de negócio num ambiente de *Big Data*. Esse centro logístico tem vários objetivos, um deles é entender o comportamento dos produtos e serviços do banco. Um caso recente é o da seleção alemã de futebol na Copa do Mundo em 2014. A empresa SAP desenvolveu a solução *Match Insights*, que analisou inúmeros dados de treinamentos e situações de jogo, melhorando o desempenho do time.[2] Outro caso é o da Petrobras, que investiu em *Big Data*, criando um centro de monitoramento e diagnóstico que foi implantado para gerenciar máquinas de uma termoelétrica.[3]

Voltando à questão da divulgação dos resultados do IPEA, resolvemos fazer uma pesquisa um mês após o ocorrido. Essa pesquisa foi realizada nos formatos tradicionais das pesquisas de mercado, ou seja, através de dados estruturados.[4] A ideia era comparar dados estruturados com dados não estruturados. Para isso, foi feita uma fase de *focus group* e outra fase através de uma *survey*.

No *focus group* foram entrevistados: 2 psicólogas, 2 ativistas, 1 historiador, 1 deputada federal, 1 sexóloga, 2 advogados e 1 juíza. O *focus group* apos uma seção de 1 hora e meia serviu para gerar informações para criação de questionário estruturado para ser aplicado. Esse questionário foi aplicado em uma mostra de 3.765 entrevistados, 51% do sexo masculino e 49% do sexo feminino. Os principais resultados dessa *survey* indicaram:

- ◆ 89% dos entrevistados acham que as mulheres que mostram o corpo não merecem ser estupradas.
- ◆ 94% disseram que quando uma mulher é agredida a culpa é do agressor.
- ◆ 51% dos entrevistados já tinham testemunhado violência contra mulheres na sua família ou vizinhança.
- ◆ 6 em cada 10 entrevistados acham que o destaque da mulher na sociedade pode ser considerado motivo para agressão.
- ◆ 43% não acreditam que as leis atuais protegem as mulheres contra agressões.
- ◆ 8 em cada 10 entrevistados acreditam que a estrutura familiar influencia na formação do agressor.
- ◆ 40% dos entrevistados acham que a delegacia da mulher não protege as mulheres agredidas.

Quais as diferenças entre os dados estruturados dessas pesquisas e os dados não estruturados lançados pelas pessoas

nas redes sociais? Se olharmos os resultados dessa pesquisa, chegaremos à conclusão de que eles se assemelham muito às manifestações dos dados não estruturados encontrados na *internet* após a divulgação do IPEA. Todos os resultados condenam as formas de expressão do machismo que imperam na sociedade atualmente.

Nesse caso específico, aparentemente não temos muitas diferenças de resultados dos dados estruturados para os não estruturados. Porém, na forma de coletar e analisar temos um abismo de diferenças. Existem vários motivos que nos levam a dizer isso. Este capítulo é essencial para entendermos esses motivos e compreendermos a revolução que está acontecendo hoje com os dados. Além disso, este capítulo nos propicia entender quanto a divulgação de dados está influenciando a rotina atual dos pesquisadores e das empresas de pesquisa de marketing.

2.1 A NECESSIDADE DE INFORMAÇÃO NA TOMADA DE DECISÃO

O risco na tomada de decisão de uma empresa sempre foi minimizado pela quantidade de conhecimento que o gestor tem a respeito do assunto. É uma conta bem simples: quanto mais conhecimento se tem, menor será a probabilidade de acontecer algo errado em uma tomada de decisão.

O conhecimento não é algo inato do ser humano. Na verdade, ele é construído. O ser humano adquire conhecimento durante a sua vida, através de um conjunto de informações contextuais. As informações geram o conhecimento. Porém, informações sozinhas e desconexas não geram conhecimento. É necessário que com a informação contextual estejam presentes experiências condensadas, valores e *insights*. Desse modo, um gestor de uma empresa pode ter conhecimento não só em relatórios, mas também em suas rotinas diárias, práticas, normas, processos, entre outros.[5]

Nesse sentido, a pesquisa de marketing é fundamental para a criação de conhecimento, pois ela pode gerar informações através das coletas de dados. Os dados podem ser considerados um conjunto de fatos ou registros que estão em forma bruta, sem nenhum tratamento. Os dados são caracterizados por serem facilmente estruturados, armazenados e transferíveis, isso porque eles por si sós são encontrados em forma bruta e, para virarem informação, significados devem ser atribuídos a eles. Por isso, diz-se que um conjunto de dados não necessariamente produz informação, pois entre os dados deve existir uma conexão e um sentido para virarem informação.[6]

As pesquisas de marketing são instrumentos eficientes para a transformação de dados em informação. Elas coletam dados de entrevistados e fazem uma análise sistemática. Desse modo, a pesquisa de marketing captura do ambiente dos entrevistados os dados na sua essência ou forma primária, atribuindo a estes significado e contexto, ou seja, transformando os dados em informação.

Essa informação é entregue pela pesquisa de mercado através de conhecimento para auxiliar a tomada de decisão. Esse

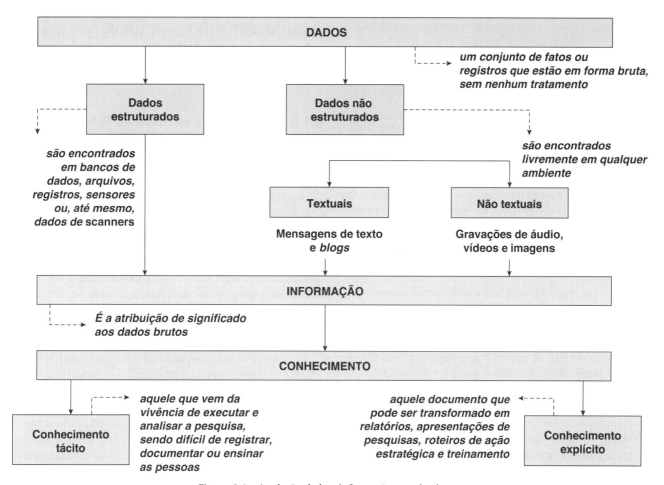

Figura 2.1 A relação dados, informação e conhecimento.

conhecimento pode ser classificado de duas formas: explícito e tácito.[7] O conhecimento explícito é aquele documentado, que pode ser transformado em relatórios e apresentações de pesquisas, roteiros de ação estratégica, treinamentos que promovam melhorias, entre outros. Já o conhecimento tácito é aquele que vem da vivência de executar e analisar a pesquisa, sendo difícil de registrar, documentar ou ensinar as pessoas, pois é difícil descrevê-lo e transmiti-lo aos demais interessados pela pesquisa.

Costumamos dizer que a pesquisa de marketing facilita a vida do gestor, pois minimiza o risco de tomada de decisão, já que reduz as incertezas. Isso acontece porque a pesquisa tem o poder de: (a) transformar dados em informação e (b) transformar informação em conhecimento. Com isso, cabe ao gestor da empresa saber empregar nas suas decisões os conhecimentos tácitos e explícitos gerados pela pesquisa de marketing.

2.1.1 Os tipos de dados existentes

Atualmente muitos profissionais de marketing vêm dizendo que existe uma quantidade grande de dados para entender melhor os consumidores. Ela pode ajudar as organizações a criarem estratégias mais coerentes para suprir as necessidades desses consumidores.

Palavra do especialista

Os *softwares* de BI em memória, na sequência batizados ferramentas de Analytics, chegaram para trazer um novo paradigma às áreas de inteligência de mercado. A falta de necessidade em encomendar soluções das áreas de tecnologia das empresas acaba oferecendo autonomia para que profissionais de inteligência de mercado possam construir suas próprias ferramentas de análise, gerando relatórios e *insights* aos negócios com muito mais velocidade e atendendo melhor os tomadores de decisão nas organizações. Dessa forma, nascerá uma nova indústria de captura e monitoramento de dados. Com a oferta de ferramentas analíticas bem suprida, a tendência é o nascimento de *players* que focarão essencialmente em capturar dados brutos e não estruturados da internet (empresas, preços, produtos, serviços, indicadores, pessoas, comportamento, intenções etc.). As leis de acesso à informação no Brasil são uma tendência global em oferecer transparência na gestão dos governos e inclusive das empresas privadas. Esse movimento acaba proporcionando um volume sem fim de dados e informações que, se capturadas, organizadas e analisadas, permitirão a interpretação ainda mais eficaz do ambiente de competição e

> proporcionarão as melhores decisões. Capturar esses dados, estruturá-los e disponibilizá-los para importação nessas ferramentas de Analytics tornarão as áreas de inteligência ainda mais robustas, podendo contribuir efetivamente nos negócios de suas organizações.
>
> **Fábio Rios** é sócio da Plugar Informações Estratégicas S/A, diretor executivo da Associação Brasileira dos Analistas de Inteligência Competitiva (ABRAIC) e embaixador brasileiro da Strategic and Competitive Intelligence Professionals (SCIP).

Antigamente, mais precisamente no século passado, os dados para decisões estratégicas em pesquisa de marketing eram gerados da forma tradicional. O pesquisador desenvolvia um problema de pesquisa. Logo após, coletava esses dados e os analisava. Desse modo, ele poderia indicar ações estratégicas mais assertivas.

Hoje em dia, esses dados estão dispostos em diversos locais e já não estão produzidos sem a definição de um problema de pesquisa. Esses dados são chamados de dados temporários e se diferenciam dos dados tradicionais. A diferença no tipo de dados decorre do fato de que os dados tradicionais estão no formato transacional estruturado, e os dados temporários são comportamentais não estruturados.[8]

Os dados tradicionais estruturados são encontrados em bancos de dados, arquivos, registros, sensores ou até mesmo em dados de *scanners*. Esses dados são produzidos sob medida a um determinado pedido por profissionais de marketing e vendas. Por exemplo, uma empresa pode querer monitorar o seu ambiente de vendas e, assim, resolve captar informações diretamente nas notas fiscais. A nota fiscal é um registro da empresa que pode fornecer dados para se tomar uma decisão estratégica. Nessas notas fiscais, a empresa obtém a informação de que as vendas de bebida acontecem em grande quantidade na sexta-feira. Desse modo, de posse dessa informação ela pode desenvolver campanhas promocionais para incentivar a venda de bebidas em outros dias da semana.

> **Dica**
>
> Uma empresa pode utilizar dados estruturados e não estruturados para interpretar as necessidades de seus clientes. Esses dados devem ser trabalhados de forma conjunta e não excludentes pelos profissionais de pesquisa de mercado.

Os dados não estruturados incluem duas categorias: os textuais e os não textuais. Os textuais são aqueles em formatos de mensagens de textos e *blogs*. Já os dados não textuais são compostos por gravações de áudio, vídeos e imagens. As mídias sociais são os principais meios de divulgação de dados textuais e não textuais. Muitos consumidores compartilham informações dos seus hábitos diários e informações pessoais para amigos, familiares e até desconhecidos. Esses dados não estruturados podem ser capturados por diferentes tipos de *softwares* e usados pelas empresas para posicionar melhor suas estratégias e seus produtos.[9] Por exemplo, um parque aquático pode procurar

vídeos no YouTube que identifique consumidores em suas dependências. Analisando o material coletado, o parque aquático pode pesquisar os comentários que as pessoas estão postando ou até mesmo analisar quão felizes estão as expressões das pessoas no momento em que foi gravado o vídeo.

2.1.2 A falta ou o excesso de informação gera um problema

No item anterior, vimos a diferença entre dados e informação. Teoricamente é fácil fazer a distinção. No entanto, na prática é complicado. No dia a dia das empresas os termos "dados" e "informações" são usados frequentemente como sinônimos. Porém, não podemos esquecer que são termos diferentes. Os dados são simplesmente fatos oriundos de certos fenômenos. Já as informações são os dados trabalhados para determinada tomada de decisão.[10] Desse modo, existem dados que não são importantes para certas pesquisas e devem ser automaticamente descartados. Quando os dados são valiosos, tornam-se informações e rapidamente ganham relevância para a tomada de decisão em marketing.[11]

O conceito de informação não se modificou muito nas últimas décadas, na prática de pesquisa de marketing. No entanto, a forma como ela é identificada e disponibilizada mudou drasticamente. Antes da década de 1990, a literatura de negócios indicava que quem tinha o maior número de informações detinha o conhecimento devido ao fato de a informação não estar disponível para acesso em grande quantidade, sendo esta considerada em alguns ramos de atividades um bem escasso.

> **Dica**
>
> A carga de informação pode ser entendida como uma variedade de estímulos que um indivíduo recebe. Pode ocorrer uma sobrecarga de informação, pois existem limites finitos para a capacidade do ser humano de assimilar e processar informações durante uma unidade de tempo determinado. Uma vez que esses limites são ultrapassados, a tomada de decisão pode se tornar confusa, menos precisa e menos eficaz.[12]

Com o advento da internet ocorreu um crescimento do número de informações existentes. Essas informações, antes escassas, agora se encontram em abundância para os profissionais de pesquisa de marketing. Para obter informações sobre uma pesquisa, um pesquisador pode procurar informações em diversas outras pesquisas que estão publicadas na internet. O problema agora não é mais a falta de informação, mas sim a qualidade da informação que está disponibilizada.

Com o aumento das informações disponíveis para se realizar pesquisa de marketing, houve também um aumento de informações errôneas disponíveis. Assim, nesta nossa fase, o melhor não é aquele que tem mais informações, mas sim aquele que sabe selecionar as melhores informações entre tantas existentes.

Devido ao grande número de informações existentes, em alguns momentos o pesquisador poderá aconselhar a não realização de uma pesquisa. Em algumas fases iniciais de elaboração da pesquisa, observa-se que a empresa tem todas as informações necessárias para resolução de seu problema concentradas em seu ambiente interno. O que ela não consegue fazer é organizar essa informação. Para isso, ela não precisa de uma pesquisa de marketing, mas sim de uma inteligência de marketing mais organizada.

2.2 PESQUISA DE MARKETING E O *BIG DATA*

A linha que separa a pesquisa de marketing da inteligência de marketing é muito tênue, pois, como vimos no Capítulo 1, ambas estão dentro do Sistema de Informação em Marketing (SIM). Além disso, ambas executam objetivos semelhantes para o SIM. O que difere na verdade são os mecanismos de atuação de ambas. No entanto, elas devem ser usadas conjuntamente, principalmente com as mudanças que estão ocorrendo com as práticas de *Big Data* que invadem as empresas.

Palavra do especialista

As pesquisas de marketing podem ajudar na compreensão dos consumidores de várias maneiras, mas aqui destaco a relevância das pesquisas de satisfação, que são um meio de verificar atitudes e emoções dos consumidores relacionadas à prestação de serviços ou ao consumo de produtos. Identificar antecedentes da satisfação do consumidor por meio de pesquisas de marketing tanto de natureza qualitativa como quantitativa ajuda as empresas no gerenciamento dessa importante variável em ambientes competitivos. Os resultantes da satisfação do consumidor mais investigados em estudos na academia brasileira se referem às intenções comportamentais dos consumidores resultantes de avaliações (atitudes), como: repetição de compra, boca a boca positivo, recomendação e lealdade. Consumidores satisfeitos são importantes para as empresas, e compreender o que leva à satisfação e às consequências desta para os mais diferentes tipos de organizações é uma das tarefas da pesquisa de marketing.

Dr. Salomão Alencar de Farias é professor e coordenador do Programa de Pós-graduação em Administração (PROPAD) da UFPE e Membro do Comitê Científico da Área de Marketing da ANPAD.

O *Big Data* é (com tradução livre para o português de "megadados") é considerado um termo utilizado pelos profissionais de tecnologia da informação para definir um conjunto de dados muito grande ou até mesmo complexo, com o qual muitos métodos de análises tradicionais não conseguem lidar. Isso porque esse conjunto grande de dados traz desafios que envolvem diretamente busca, visualização, seleção, captura, armazenamento, compartilhamento e análise.

A era do *Big Data* traz em seu cotidiano uma quantidade nova de fontes de dados. Esses dados estão cada vez mais disponíveis devido às interações que os clientes estão tendo *on-line*, nas mídias sociais e nos dispositivos móveis. Esses dados podem ser facilmente gravados, fazendo com que os consumidores se tornem um *"gerador incessante de dados estruturados e transacionais, assim como também, de dados comportamentais não estruturados e temporários"*.[13]

O volume de *Big Data* é atualmente medido em *petabytes*, *exabytes* ou *zettabytes*. Só para se ter uma ideia, 1 *petabyte* equivale a 20 milhões de arquivos tradicionais de texto. Somente o Walmart é responsável por criar 2,5 *petabytes* de dados de consumo a cada hora.[14] Imagine então todas as grandes empresas do mundo reunidas, *o quanto de informação que est*á *sendo criado neste instante?* É um valor difícil de ser calculado.

Alguns céticos poderiam estar pensando que o *Big Data* é apenas uma moda temporária, que não irá afetar tanto assim as pesquisas de mercado e que, com o tempo, voltaríamos a coletar e analisar os dados da forma tradicional. Porém, isso talvez não seja uma verdade, pois a cada dia aumenta o número de dados disponíveis de consumidores no mercado, principalmente com o crescimento explosivo da Internet das Coisas (do inglês, *Internet of Things* – IOT), em que a informatização é incorporada em carros, casas, brinquedos, eletrodomésticos, animais, entre outros. A internet das coisas é uma revolução tecnológica que busca conectar dispositivos eletrônicos utilizados no dia a dia através da *internet*. Com o aumento dessa revolução, as informações dos consumidores tenderão a aumentar gradativamente na internet.

À medida que os dados dos consumidores se tornam maiores, complexos e inexplicáveis, as limitadas capacidades mentais dos gestores de marketing colocam dificuldades na interpretação dessas informações.[15] Por isso, a pluralidade crescente desses dados exige o uso de poderosas técnicas computacionais para desvendar tendências e padrões dentro e entre esses conjuntos de dados extremamente grandes. Novos *insights* extraídos da extração de dados podem complementar de forma significativa as análises estatísticas tradicionais.[16]

2.2.1 Características centrais do *Big Data*

O que diferencia os dados de hoje em dia dos dados de antigamente é basicamente o volume, a velocidade, a variedade, a veracidade e o valor destes. Esses cinco elementos são fundamentais para entender a chamada revolução do *Big Data*, que está conduzindo os gestores de marketing a pensar novas maneiras de compreender os hábitos e o comportamento dos consumidores e, automaticamente, formular novas estratégias para atender às suas necessidades. Para caracterizar essa revolução, esses elementos foram denominado os "*5 V's do* Big Data".

A velocidade seria o primeiro elemento caracterizador da revolução do *Big Data*. A velocidade é a taxa na qual os processos digitais tornam *Big Data* ainda maior. Existe hoje uma rapidez implacável na criação de dados que faz com que os executivos de marketing tomem decisões com base em evidências de determinado momento temporal. Tal momento é repleto de dados

24 Capítulo 2

que podem ser modificados quando esse momento passar. Isso acontece pois os consumidores postam comentários em redes sociais que viram notícia em uma velocidade muito rápida, mudando a opinião de outras pessoas. Os gestores de marketing devem observar essas mudanças de informações que acontecem rapidamente e tomar decisões através de *insights*.

Palavra do especialista

Na era do *Big Data*, com o crescente volume de informações sobre consumo e comportamentos na era da Web 2.0, os pesquisadores precisarão ser capazes de integrar dados com diferentes formatos (vídeos, *blogs*, texto, imagens), que serão obtidos em velocidade cada vez maior, aos métodos tradicionais de pesquisa de marketing. Isso inclui adaptar teorias e criar modelos que darão suporte à pesquisa, seja na concepção do estudo, coleta de dados, interpretação dos resultados ou na apresentação de sugestões de ações gerenciais. Por isso cada vez mais o valor da pesquisa de marketing, do ponto de vista profissional e acadêmico, residirá na capacidade de trabalhar com equipes e talentos multidisciplinares (marketing, computação, estatística etc.) de modo paralelo e complementar aos métodos tradicionais de pesquisa, bem como entender e adaptar os métodos e as técnicas de pesquisa às novas tecnologias.

Dr. Plínio Rafael Reis Monteiro é professor adjunto no Centro de Pesquisas e Pós-Graduação em Administração do Departamento de Ciências Administrativas da UFMG, atuando na linha de administração mercadológica.

O volume de dados é outro elemento que faz parte do *Big Data*. Quantidades e mais quantidades de dados são despejados diariamente na vida das pessoas. Uma grande quantidade de dados digitais pode ser gerada por pessoas ligadas a redes sociais como Twitter, Google, Verizon, 23andMe, Facebook e Wikipédia.[17] Estima-se que a cada dois dias, devido ao volume de dados no mundo, sejam criados 5 *exabytes* de conteúdos.[18]

Os dados podem ser encontrados de diversas formas. Por isso, outro elemento importante no *Big Data* é a variedade de dados existentes. Esta se refere aos novos formatos e tipos de dados, muitas vezes dados que não estão na forma padronizada para a análise estatística tradicional, e boa parte deles consiste em palavras, imagens, vídeos ou outras expressões não numéricas do consumidor.[19] A IBM estima que até 80% das informações são "conteúdo" não estruturado de várias comunicações através de *e-mail*, textos e vídeos. Eles acreditam que os dados de conteúdo não estruturados crescem duas vezes mais do que os bancos de dados estruturados convencionais.[20]

Esses três primeiros elementos diferenciam o *Big Data* de uma base de dados de consumidores gigante. Os próximos dois elementos são importantes para gerar *insights* na coleta, extração e análise de dados. A veracidade concentra-se na necessidade do pesquisador de estar ciente da qualidade dos dados. Nem todos os dados sobre os consumidores são precisos. Assim, a veracidade de *Big Data* é uma questão importante em

um momento em que o volume, a velocidade e a variedade de dados estão aumentando constantemente.[21]

As quantidades cada vez maiores de *Big Data* levam à questão do valor. A tarefa é eliminar dados sem importância e irrelevantes, para que os dados restantes sejam úteis. Além disso, os dados pertinentes restantes precisam ser valiosos para a obtenção de *insights* e interpretação específica de domínio. O desafio é identificar o que é pertinente e, em seguida, extrair rapidamente esses dados para análise.[22]

2.2.2 Fontes de dados no *Big Data*

As pesquisas de marketing procuram na sua maioria analisar o comportamento dos consumidores. A análise dos consumidores está no epicentro de uma revolução do *Big Data*. A tecnologia ajuda a capturar dados sobre fenômeno do consumo em tempo real. Esses dados podem estar em diferentes fontes e em diferentes formatos.[23] Temos aqui cinco fontes em que grande parte das empresas está buscando os dados através dos *softwares* de *Big Data*: (1) dados públicos, (2) dados privados, (3) dados de escape, (4) dados de comunidades e (5) dados de autoquantificação.[24]

Os dados públicos são aqueles emitidos por governos, organizações governamentais e comunidades locais que podem ser usados para aplicações de negócios. Como exemplos de tais dados que estão disponíveis na internet temos os gastos do governo com educação, transporte, saúde, energia, entre outros. No caso brasileiro, temos o portal de transparência, que tem vários valores gastos pelas prefeituras, pelos estados e pela União em compras e salários. Só para ilustrar, imagine que hoje em dia uma empresa de computadores pode saber como está a situação dos computadores do Ministério da Educação. Isso porque o governo disponibiliza na internet as informações a respeito da quantidade de computadores comprados, valores, quem vendeu, quando comprou, entre outras informações. Desse modo, essa empresa, pensando no futuro, pode se planejar para uma licitação, pois tem várias informações a respeito dos computadores atuais de tal Ministério.

Os dados privados são aqueles mantidos por empresas privadas, organizações sem fins lucrativos e indivíduos que refletem informações a respeito de seu negócio. Por exemplo, informações das transações com os consumidores, da sua estrutura de cadeias de suprimentos organizacionais, informações de produtos disponíveis na internet, entre vários outros.

Os dados de escape são dados encontrados no ambiente da internet que têm valor limitado ou zero para quem coleta. Esses dados são recolhidos para uma finalidade diferente de objetivos, mas podem ser recombinados com outras fontes de dados para criar novas fontes de valor. Quando os indivíduos adotam e usam novas tecnologias (por exemplo, telefones celulares), eles geram dados ambientais como subprodutos de suas atividades cotidianas. Os indivíduos também podem estar passivamente emitindo informações à medida que falam sobre suas vidas diárias. Isso acontece em diversas formas, quando fazem compras, quando acessam cuidados básicos de saúde ou quando interagem com outras pessoas. O uso de informações

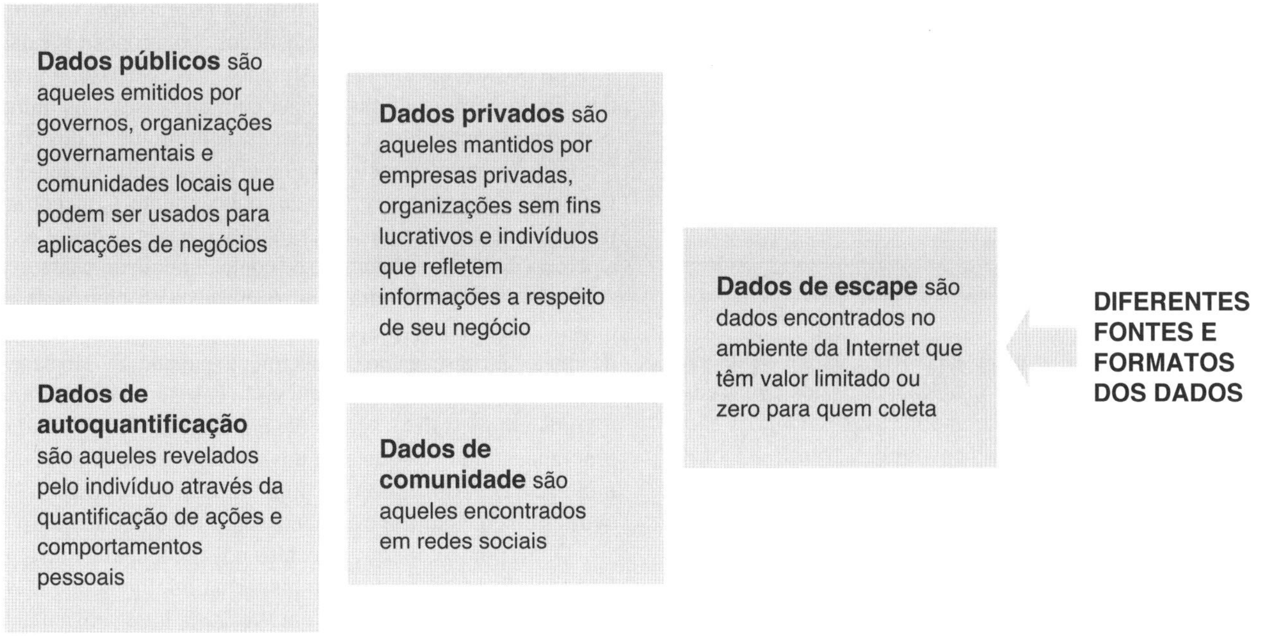

A Informação e a Pesquisa de Marketing 25

Dados públicos são aqueles emitidos por governos, organizações governamentais e comunidades locais que podem ser usados para aplicações de negócios

Dados privados são aqueles mantidos por empresas privadas, organizações sem fins lucrativos e indivíduos que refletem informações a respeito de seu negócio

Dados de escape são dados encontrados no ambiente da Internet que têm valor limitado ou zero para quem coleta

DIFERENTES FONTES E FORMATOS DOS DADOS

Dados de autoquantificação são aqueles revelados pelo indivíduo através da quantificação de ações e comportamentos pessoais

Dados de comunidade são aqueles encontrados em redes sociais

Figura 2.2 Diferentes fontes e formatos da informação.

de escape acontece muito quando um consumidor vai a um *site* de busca e procura, por exemplo, informações a respeito de um relógio. Dias depois o consumidor começa receber em seu *e-mail* oferta de relógios. Claramente alguém capturou as informações na busca e começou a enviar oferta de relógios para esse consumidor.

Os dados de comunidade são aqueles encontrados em redes sociais, e incluem comentários de produtos, *retweet*, número de curtidas no Facebook, entre muitos outros. Esses dados da comunidade podem então ser estudados para identificar padrões na estrutura social.[25]

Dados de autoquantificação são aqueles revelados pelo indivíduo através da quantificação de ações e comportamentos pessoais. Por exemplo, uma forma comum de autoquantificação são os quilômetros percorridos quando uma pessoa corre e através de um GPS joga informação para o celular e, logo depois, para uma rede social.

2.3 MUDANÇAS NA INFORMAÇÃO E O IMPACTO NA COLETA DE DADOS

A pesquisa de marketing tradicional tem um foco grande na construção inicial dos dados, e muitos dados são criados com um propósito. Isso quer dizer que na pesquisa de marketing em um primeiro momento se cria um problema de pesquisa que irá nortear a coleta e análise de dados, ou seja, os dados são criados de acordo com uma demanda inicial. A pesquisa de marketing tradicional se caracteriza por ter uma única fonte de dados endereçada a um problema de pesquisa.

O processo de coleta e análise da informação está passando por uma mudança profunda com a era do *Big Data*.

Consequentemente, as empresas de pesquisa de marketing, por produzirem informação, passam também por mudanças estruturais sem precedentes.

Essas mudanças na forma de coletar e analisar as informações ocorrem pois a quantidade de informação disponibilizada no ambiente é enorme e se altera com uma velocidade muito grande. Nesse sentido, a atividade de pesquisa de mercado está passando por mudanças nas perspectivas comercial e metodológica. Quando mencionamos aqui a perspectiva comercial, estamos tratando a pesquisa de mercado como um negócio. Quando mencionamos a perspectiva metodológica, estamos nos referindo à pesquisa de marketing como um conjunto de técnica. Ou seja, as mudanças na coleta e análise de informações estão modificando os empreendimentos de pesquisa de marketing e as técnicas usadas por estes.

Essas mudanças são claramente percebidas hoje em dia devido à quantidade de dados que temos disponíveis. Porém, uma das tantas perguntas que estão no ar com relação a isso é: *Como essa transformação vai afetar o perfil do profissional e das empresas de pesquisa?*

Em um primeiro momento, acredita-se que essas mudanças vão criar uma demanda especial por profissionais de pesquisa que tenham um domínio específico e profundo de técnica e métodos científicos. O perfil do profissional generalista que há tempos habita as pesquisas de marketing não terá espaço nesta era das grandes quantidades de dados. Os profissionais agora devem ter domínio profundo das técnicas e aplicações.

Em um segundo momento, o perfil do empreendedor de pesquisa de marketing deve modificar-se. Eles estarão atendendo clientes específicos com problemas e demandas específicas de mercado. Esse empreendedor deve incorporar novas abordagens de pesquisa para esses problemas. Para resolvê-los, os pesquisadores deveram usar múltiplas fontes de dados.[26]

26 Capítulo 2

As múltiplas fontes de dados contrariam o conceito da pesquisa de marketing tradicional, que se baseia em abordagens *single data* e *single source*. Antigamente, tínhamos empresas de pesquisas especializadas, pois a ideia era uma única base de dados. Essa nova fase vai dar espaço a profissionais que têm a capacidade de trabalhar integrando formalmente modelos analíticos para gerar respostas para os problemas de pesquisa.

Palavra do especialista

Existem transformações atuais na coleta e análise de dados que vão mudar o perfil dos profissionais e dos empreendimentos de pesquisa de mercado. Essas mudanças são decorrentes das transformações geradas pelo *Big Data*. Nessas transformações as abordagens de *single data* e *single source* não estarão tão presentes quanto antigamente. Múltiplos dados serão utilizados e isso modificará o perfil dos pesquisadores. Não será simplesmente ler um jornal de dia e outro à noite e dizer que isso é *multiple source*. É muito mais do que isso! Os empreendimentos de pesquisa deverão saber utilizar e desenvolver ferramentas que permitam formalmente coletar e analisar essas informações. Além disso, os pesquisadores deverão ter cuidado, pois essa grande quantidade de dados existente não tem propósito, ou seja, foi criada sem um propósito específico de pesquisa. Isso oferece oportunidades fantásticas de aprendizado, pois pode gerar conhecimentos sólidos nunca antes imaginados pelo pesquisador.

Luis Eduardo Pilli é doutorando na FEA-USP e sócio fundador da LARC Consultoria em Pesquisa de Marketing LTDA. Atualmente é membro do Conselho Superior da Associação Brasileira de Empresas de Pesquisa.

No entanto, a forma tradicional de se fazer pesquisa de mercado não vai ser extinta. Os projetos que envolvem *single data* vão continuar existindo. O papel do pesquisador moderno será integrar essas diversas fontes de dados existentes. Ele terá acesso a uma quantidade grande de informação através de *multiple source* e, ao mesmo tempo, terá que fazer pesquisas *single data*. Contudo, os *multiple source* não têm um propósito em sua coleta de dados, diferentemente dos *single data*. Esse tipo de dado está à disposição do pesquisador por simplesmente estar. Não foi criado nenhum problema de pesquisa para que esses dados fossem gerados e disseminados. Cabe ao pesquisador achar um propósito para tais dados, para que se possa gerar conhecimento sólido.

Os avanços tecnológicos e metodológicos originados pelo *Big Data* permitem aos pesquisadores identificar padrões nos dados sem formar hipóteses e problemas de pesquisa.[27] Tal forma de conduzir as coletas e análises de dados requer do pesquisador menos dependência do conhecimento existente e mais foco no que é desconhecido.[28]

Com a finalidade de se gerar conhecimento, o pesquisador terá a função de buscar uma necessidade específica para esses dados. As pesquisas tradicionais continuarão a existir. Porém, agora acompanhado destas *multiple source*. Esses diversos dados

serão conectados. Estes dois mundos (*single data* e *multiple source*) terão que se unir, ou seja, dados com propósitos e dados sem propósitos devem ser misturados.[29] Nesse caso, o grande desafio do pesquisador será fazer com que esses dois mundos conversem sem ruídos e confusões. A diminuição dos ruídos e confusões começa pelo fato de o pesquisador se achar um ignorante e não um ser repleto de conhecimento. Concentrar-se no desconhecido que é alvo das múltiplas bases de dados reflete a percepção de que o acúmulo de conhecimento do passado por si só não é adequado para gerar respostas a problemas de pesquisa. Coletar e interpretar os dados hoje requer uma transição de uma visão baseada no conhecimento para uma visão baseada na ignorância.[30] Em vez de uma visão baseada no conhecimento, uma empresa de pesquisa deve usar uma visão baseada na ignorância, uma vez que essa nova visão é fonte de motivação e interesse, permitindo que uma empresa descubra *insights* ocultos do consumidor e aumente sua capacidade adaptativa.[31]

Outro ponto com que devemos nos preocupar é que o profissional de pesquisa deve se pautar na inteligência e não na quantidade. Quando se pensa em *Big Data*, logo vem à mente a quantidade de dados existentes. Talvez o equívoco seja pensar só na "grandeza" dos grandes dados, que invariavelmente atrai a atenção dos pesquisadores. Entre os especialistas de mercado, há uma discussão emergente de que "grande" não é mais o parâmetro definidor para se pesquisar, mas sim como podemos ser "inteligentes" ao observar esses dados. Isso demonstra que devemos nos preocupar com os *insights* que o volume de dados pode trazer. Um exemplo claro dessa relação entre tamanho e inteligência pode ser dado ao pensar em um carro de Fórmula 1. Durante uma corrida, um carro gera 20 *gigabytes* de dados de seus 150 sensores, que podem ajudar a analisar o desempenho técnico dos componentes. Porém, o elemento humano é essencial nessa circunstância, pois o piloto pode usar de sua inteligência para atrasar uma parada de abastecimento, melhorando o desempenho global do carro.[32] No entanto, à medida que os dados se tornam maiores, mais complexos e mais inexplicáveis, as limitadas capacidades mentais dos seres humanos colocam dificuldades na decifração e interpretação de um ambiente desconhecido.[33]

2.4 MUDANÇAS NA INFORMAÇÃO E O IMPACTO NA ANÁLISE DE DADOS

Não restam dúvidas de que os desafios de coleta de dados na era do *Big Data* estão mexendo com as técnicas de coleta de dados dos pesquisadores. Mas não são só as técnicas de coleta que estão se modificando. A forma de analisar os dados também está passando por mudanças radicais. Isso porque as transformações tecnológicas e comportamentais do *Big Data* são grandes, trazendo para o pesquisador novidades na análise de dados e também para o empreendedor na gestão empresarial das empresas de pesquisa.

Prova disso é que, apesar do significativo potencial que o *Big Data* tem para o mundo dos negócios, pois transforma as atividades de marketing, mais da metade dos projetos da *Big Data* não consegue atingir seus objetivos, destacando os principais desafios para os mercados.[34]

Essas dificuldades podem ter origem em alguns problemas estruturais de análise e gestão do *Big Data*. Elencamos aqui sete problemas que devem ser evitados pelos profissionais de pesquisa de mercado que se aventurarem a trabalhar com *Big Data*: (1) escassez dos profissionais de mercado com o perfil para lidar com o *Big Data*, (2) convergência de dados multidimensionais, (3) investimentos em diferentes tipos de recursos, (4) as análises não devem procurar correlações, (5) investir pesadamente em técnicas estatisticamente robustas, (6) presença de *outliers* e (7) ausência da causalidade.

A escassez de profissionais com o perfil apropriado para o uso das ferramentas de análise do *Big Data* talvez seja o grande desafio das empresas. Existe uma carência de cientistas ou profissionais de mercado com o potencial para análise de dados do consumidor, pois os cursos na área de gestão em todo o mundo têm sido lentos em projetar currículos para gerar tal talento. Além disso, as ferramentas de gerenciamento de banco de dados estudadas em boa parte das escolas de negócios são inadequadas para lidar com o enorme conjunto de dados gerados.[35]

No mundo dos negócios, os profissionais de mercado que trabalham segundo as premissas exigidas pelo *Big Data* estão sendo chamados de "cientistas de dados" (originado no termo técnico em inglês *data scientists*). O profissional conhecido como cientista dos dados tem um conhecimento profundo de estatística aplicada ao mundo dos negócios, tem um raciocínio lógico apurado, conhece *softwares* e domina sistemas computacionais, tendo uma capacidade de comunicar suas ideias ou *insights* ao pessoal de formação técnica e estratégica.[36]

A convergência de dados multidimensionais é outra dificuldade encontrada na era do *Big Data*. Muitos profissionais acreditam que a convergência de dados multidimensionais é uma oportunidade. Eles estão certos, mas, se não souberem trabalhar com essa convergência, o que é oportunidade pode virar problema.

Essa convergência de dados oferece possibilidade de interpretações interessantes. O grande desafio está em fazer convergência dessas múltiplas fontes: texto, voz, *web*, bate-papo, celular, vídeo etc. Claramente não se discute a riqueza desses dados, mas a sua natureza multifacetada. Não podemos esquecer aqui que estamos falando de volume sem precedente, independente e não relacionado de dados. Além disso, a quantidade de dados está disposta em diferentes períodos de tempo (segundos, minutos, horas, dias, semanas, meses e anos).[37]

Apesar de essa convergência ser vista como um grande problema, já temos evidências de que, se bem trabalhada, ela pode gerar resultados interessantes. É o caso do uso do *Big Data* na reeleição do ex-presidente dos Estados Unidos Barack Obama. A estratégia do então presidente reeleito foi dar preferência ao uso do *Big Data* em vez dos canais de comunicação pela TV tradicional para arrecadar fundos para sua campanha. Os dados coletados foram armazenados e processados na *Amazon Web Service*. A grande preocupação dos idealizadores desse projeto era gerar um conjunto de base de dados que pudesse ser analisado em diferentes linguagens de programação, demonstrando

assim uma preocupação com o problema da convergência de dados existente.[38]

Outro problema gerado pelo uso do *Big Data* é o fato de o investimento em recursos acabar influenciando diretamente o alcance de vantagem competitiva alcançada pela empresa. O investimento em vários tipos de recursos (físico, humano e organizacional) deve ser alto. Apesar de existir uma redução nos custos de investimento em *Big Data*, esse valor ainda é alto para muitas empresas. Esses recursos podem influenciar diretamente o processo de coletar e armazenar os dados e o processo de extração de *insights*.[39]

> **Dica**
>
> O processo de conversão do *Big Data* em uma vantagem competitiva sustentável é dinâmico e complexo. Os gerentes deverão ser encorajados a avaliar a cultura organizacional para determinar se os membros compartilham uma visão baseada na ignorância. A visão baseada em conhecimento é algo interessante, mas que pode prejudicar a geração de *insights*.

Outro problema que influencia diretamente a análise de dados na era do *Big Data* e que quebra paradigmas de muitos pesquisadores é o fato de que as reflexões não devem procurar correlações. Na estatística tradicional das empresas de pesquisas sempre procuramos estabelecer relações significativas nas correlações encontradas. Ou seja, nos problemas de pesquisas, estão orientados a desenvolver técnicas de coleta e análise de dados que gerem como produto final correlações entre variáveis.

Estatisticamente, quanto mais coletamos dados, maior será a probabilidade de acharmos relações entre coisas que talvez não tenham conexão entre si. Um exemplo claro e tradicional da academia diz respeito ao fato de que em uma pesquisa estudaram duas séries temporais em um longo prazo: o consumo das famílias canadenses e a venda de charutos cubanos. Ao analisar essas séries, percebe-se que existe uma variação muito semelhante em percentuais na relação dessas duas variáveis. Quanto mais se abrangia o período de análise dos dados, mais clara ficava tal relação. Um pesquisador desavisado pode achar, nesse caso, que as famílias canadenses consomem charutos cubanos, pois essas variáveis oscilavam harmoniosamente ao longo do tempo. O que acontecia, entretanto, é que ambas as variáveis eram dependentes de outra variável importante: o crescimento econômico no mundo. Era a variável crescimento econômico que estava influenciando as variações de consumo de charutos cubanos e a renda das famílias canadenses.

Esse caso nos faz refletir a respeito do volume de dados. Dependendo da situação, as abordagens de estatística tradicionais vão estabelecer significância em vários tipos de correlação. Desse modo, chega-se à conclusão de que o *Big Data* gera falsas correlações muito facilmente.[40]

Esse fato demonstra que devemos investir pesadamente em técnicas estatisticamente robustas. Isso significa que necessariamente devemos nos aproximar de técnicas econométricas e

28 Capítulo 2

de modelos preditivos cada vez mais complexos e sofisticados para lidar com os problemas. Tais técnicas são derivadas de várias disciplinas, incluindo a própria estatística, informática, matemática aplicada e economia. Além disso, pode-se incluir conhecimentos em análise de *clusters*, fusão de dados, mineração de dados, algoritmo, inteligência artificial, processamento de linguagem computacional, redes neurais, processamento de sinais, simulação e análise de séries temporais.

Outro ponto que difere o *Big Data* das técnicas convencionais de pesquisas diz respeito à presença de *outliers*. Nas pesquisas clássicas de mercado, os *outliers* são retirados por ofertarem perigo no momento da análise, já que podem distorcer os valores encontrados. As técnicas tradicionais enfatizam as médias e muito pouco os *outliers*. Em muitas situações, as médias são importantes, pois revelam como as pessoas tendem a se comportar em determinadas condições, mas, na vastidão do universo *Big Data*, os *outliers* podem ser ainda mais interessantes, porque demonstram inovações, tendências, interrupções ou até mesmo revoluções que podem estar acontecendo fora das tendências centrais.

Por fim, o último problema identificado no *Big Data* diz respeito à ausência da causalidade. As pesquisas tradicionais desenvolvem problemas de pesquisa confrontando variáveis na busca de uma causalidade, ou seja, uma variável está na decorrência de outra variável. Dada a natureza não estruturada gerada em volumes grandes de dados, a causalidade não está inserida em um *design* de análise, porque os padrões observados são muitas vezes abertos, sendo impossível especular possíveis explicações causais.[41]

Resumo dos principais tópicos do capítulo

A pesquisa de marketing é fundamental para a criação de conhecimento, pois ela pode gerar informações através das coletas de dados. Os dados são considerados um conjunto de fatos ou registros que estão em forma bruta, sem nenhum tratamento. A pesquisa de marketing captura do ambiente dos entrevistados os dados na sua essência ou forma primária, atribuindo a estes significado e contexto, ou seja, transformando os dados em informação. A informação é entregue pela pesquisa de mercado através de conhecimento para auxiliar a tomada de decisão. Esse conhecimento pode ser classificado de duas formas: explícito e tácito. O conhecimento explícito é aquele documentado, que pode ser transformado em relatórios e apresentações de pesquisas, roteiros de ação estratégica, treinamentos que promovam melhorias, entre outros. O conhecimento tácito é aquele que vem da vivência de executar e analisar a pesquisa, sendo difícil de registrar, documentar ou ensinar as pessoas, pois é difícil de descrever e transmitir aos demais interessados pela pesquisa. A diferença no tipo de dados decorre do fato de que os dados tradicionais estão no formato transacional estruturado, e os dados temporários são comportamentais não estruturados. Os dados tradicionais estruturados são encontrados em bancos de dados, arquivos, registros, sensores ou até mesmo em dados de *scanners*. Os dados não estruturados incluem duas categorias: os textuais e os não textuais. Os textuais são aqueles em formatos de mensagens de textos e *blogs*. Já os dados não textuais são compostos por gravações de áudio, vídeos e imagens. O *Big Data* é considerado um termo utilizado pelos profissionais de tecnologia da informação para definir um conjunto de dados muito grande ou até mesmo complexo, com o qual muitos métodos de análises tradicionais não conseguem lidar. O que caracteriza os dados na era do *Big Data* são basicamente o volume, a velocidade, a variedade, a veracidade e o valor. Esses elementos são denominados "5 V's do Big Data". Temos cinco fontes nas quais grande parte das empresas está buscando os dados através dos *softwares* de *Big Data*: (1) dados públicos, (2) dados privados, (3) dados de escape, (4) dados de comunidades e (5) dados de autoquantificação. As dificuldades que podem originar alguns problemas estruturais de análise e gestão do *Big Data* são: (1) escassez dos profissionais de mercado com o perfil para lidar com o *Big Data*, (2) convergência de dados multidimensionais, (3) investimentos em diferentes tipos de recursos, (4) as análises não devem procurar correlações, (5) investir pesadamente em técnicas estatisticamente robustas, (6) presença de *outliers* e (7) ausência da causalidade.

Case 3: A crise do sistema prisional: a busca de dados serve para prevermos situações futuras

Será que podemos prever o futuro? Se não podemos prever, provavelmente podemos ter indícios claros de coisas que podem acontecer. A busca de dados serve para isto: prever situações e tentar remediá-las. Este *case* traz um exemplo claro disso.

O profissional de pesquisa de marketing tem como uma das suas funções básicas reunir informações do cotidiano e analisá-las com o propósito de tomar decisões mais precisas e identificar oportunidades a serem seguidas. Essas funções não dizem respeito apenas às empresas privadas. A iniciativa pública pode utilizar as informações para melhorar a gestão do dinheiro do contribuinte.

Um caso que merece bastante atenção da iniciativa pública é a situação do sistema carcerário. Com o objetivo de entender melhor a percepção da sociedade brasileira com as condições do sistema carcerário, foi realizada uma pesquisa em duas etapas.[42]

Em um primeiro momento foi realizada uma pesquisa qualitativa através de um *focus group*. Foram selecionados como participantes do *focus group*: 1 defensora pública, 1 jornalista, 1 professor de sociologia, 1 delegado, 1 advogado, 1 juíza, 1 promotor de justiça, 1 funcionário de centro de reabilitação e 3 ex-presidiários. A duração do *focus* foi de 1 hora e 45 minutos, e nesse período foram recolhidos dados importantes para a elaboração de um questionário. Esses dados tinham como intenção gerar informações através de conteúdos que ajudassem a entender a visão da sociedade com relação à situação carcerária. Algumas informações importantes dadas pelos entrevistados estão na Tabela 2.1.

A Informação e a Pesquisa de Marketing **29**

Tabela 2.1 Algumas informações dadas pelos participantes

Tempo da informação no *focus group*	Participante	Informação na íntegra
05:34	Delegado	O nosso sistema prisional está viciado, a nossa criminalidade vem a todo tempo aumentando. É realmente o que nós ouvimos falar desde criança "o presídio é escola do crime". Ela é a escola do crime e está centralizada no regime semiaberto e sinceramente opino que o sistema prisional brasileiro deve contar com o regime exclusivamente fechado, muito embora teoricamente o regime de progressão seja bom, pois a pessoa que cumpriu pena retorna ao convívio social de maneira progressiva.
09:12	Juíza	A reincidência acaba sendo recorrente e isso é difícil até para o próprio sistema, pois ela não consegue fazer com que o indivíduo se desenvolva, retorne à sociedade de forma melhor e contribua. E por isso o sistema incha e aumenta porque não conseguimos fazer com que as pessoas retornem à sociedade.
16:39	Promotora pública	No presídio central, para vocês terem ideia da dinâmica de como funciona, alguém que é levado ao presídio sem ter tido uma entrada anterior, na primeira vez que o apenado vai para o presídio, ele já deve escolher a qual facção vai se associar. Eu acredito que a finalidade da pena é o Estado como o Pai que dá uma bronca no filho que se comportou mal e é isso que o Estado faz, pega o adulto, pune e diz você errou e vai ter que ir ficar na cadeia para pensar um tempo e ver que errou e voltar melhor pra sociedade, voltando a ser um cidadão cumpridor dos seus deveres e trabalhador. E na verdade ele volta o oposto disso, volta uma pessoa muito mais violenta e mais tendenciosa a cometer os mesmos delitos que o levaram ao presídio como pessoas piores.
34:12	Ex-presidiário 1	Cada cidade deveria ter o seu presídio. Cada cidade deveria ser responsável por cuidar dos seus presos, ali moram as famílias dos presos e os presídios devem ser menores, sendo cada juiz na cidade responsável por executar as penas. Isso vai reduzir a lentidão da justiça, nesse ponto eu falei várias vezes enquanto estava preso, estou há sete anos em liberdade.
51:02	Ex-presidiário 2	O preso quando sai do presídio, depois de cinco ou dez anos, perdeu esposa e perdeu tudo, ele volta pra sociedade, mas setenta por cento dos presos irão voltar para as vagas de novo. Tem que ser modificada a forma como constroem os presídios, modificar a engenharia deles para que os presídios tenham salas de aula e que os presos sejam obrigados a estudar e quem não quiser vai para sala de contenção. Ele tem que estudar, levantar de manhã e estudar, à tarde fazer curso profissionalizante e à noite outro curso, e assim ficar ocupado e sair da ociosidade, não tendo o que pensar ou em querer pensar em vingança da justiça, vingança de juízes, vingança de policiais ou sociedade para que não saiam de lá como um bicho ou uma fera. Eu digo isso por mim mesmo, porque foi assim que eu me senti, condenado a seis anos e meio de sistema prisional e minha condenação foi de duzentos anos. Eu não sou filho de bandido, meu pai era um homem honesto, e eu fui conhecer as drogas no quartel. Conheci maconha dentro do exército. Eu não tinha nenhuma tendência de ser um marginal.
1:07:45	Professor de sociologia	Nós temos uma estrutura de desigualdades históricas que fazem com que os que estejam presos, por exemplo, por crimes com armas de fogo, sejam jovens pretos e pardos. Vou concluir minha intervenção dizendo que os problemas dos presídios não estão nos presídios, mas, sim, na dimensão política da sociedade e do Poder Legislativo.
1:16:52	Juíza	Com questão à pena de morte, eu entendo o seguinte: não é a aceitação e admissão desse tipo de pena que vai fazer a diferença, como as pessoas pensam. Na verdade o que é mais importante é que a sociedade como um todo, não só a civil, mas toda a estrutura de sociedade que tenha a partir de certas dimensões do que é realmente relevante para a nossa organização, que tenha uma resposta estatal.

A segunda fase da pesquisa foi realizada através de uma *survey* aplicada a uma amostra de 4.041 respondentes em 33 cidades brasileiras. 49% dos entrevistados eram do sexo masculino e 51% do sexo feminino, com idades que variam dos 18 aos 57 anos; 54% eram solteiros, 35% casados, 2% viúvos, 6% separados e 3% não responderam. A média da renda mensal apurada ficou com 37% entre R$ 1.734,00 e R$ 7.475,00, e 39% dos entrevistados têm escolaridade superior incompleto.

As informações apuradas na *survey* indicam que 74% dos entrevistados não gostariam que a construção de um novo presídio fosse em sua cidade, 69% concordam que o principal problema do sistema prisional é a superlotação, 54% acreditam que a remodelagem da atual gestão penitenciária seria uma das soluções para melhorar o sistema prisional e 43% afirmam que o tratamento dos detentos é péssimo.

Agora, leia uma parte das conclusões do relatório da pesquisa feito em junho de 2015: *"Pelo que podemos observar nos dados coletados no* focus group *e na* survey *todos entendem que algo deve ser mudado para que as condições de recuperar um detento melhorem. Esta mudança deve partir da sociedade civil organizada ou através do poder público, __mas precisamos resolver este problema de uma forma muito rápida, porque é iminente o risco de termos um colapso no sistema prisional brasileiro__. Todos os participantes do* Focus Group *foram tácitos que __a hora é agora, caso contrário todos estarão fadados a um desastre muito em breve__."*

Essa pesquisa foi realizada nos meses de abril a junho de 2015. No mês de janeiro de 2017, tivemos a maior crise do sistema prisional da história do Brasil. Veja as principais notícias dos jornais brasileiros: *"Massacre em Manaus já é o 2º maior em presídios no Brasil"* (Gazeta do Povo – 02.01.2017), *"31 presos são mortos em penitenciária em Roraima"* (O Globo – 06.01.2017), *"Governo do Rio Grande do Norte confirma 26 mortos em rebelião"* (Folha de S.Paulo – 15.01.2017) e *"Presas de São Paulo festejam aniversário do PCC com cocaína e maconha"* (Estado de S. Paulo – 19.01.2017).

30 Capítulo 2

Compare o trecho final do relatório de pesquisa com as manchetes dos jornais. *E, aí? Os dados gerados na pesquisa de mercado podem ajudar a adivinhar o futuro?* Pense a respeito disso!

Com base no estudo de caso e na abordagem teórica deste capítulo, responda às perguntas *a seguir:*

1. Como a pesquisa realizada em 2015 poderia ajudar a evitar a crise do sistema penitenciário brasileiro de 2017?
2. O depoimento dos entrevistados no *focus group* gera que tipos de informações importantes para o sistema carcerário brasileiro?
3. Tente explicar o que é dado, informação e conhecimento com base no *case* analisado.
4. O que é considerado um conhecimento tácito e explícito de acordo as informações do *case*?

Questões de discussão para aplicação da teoria

1. Reflita sobre a frase *"Um conjunto de dados não necessariamente produz uma informação, nem um conjunto de informações representa um conhecimento."*

2. O que quer dizer a frase: *"Quando transformados dados em informação agregamos valor a ele."*

3. Pense a respeito da seguinte declaração: *"O conhecimento pode ser formado através da combinação de ideias, regras, procedimentos, instintos e* insights.*"*

4. Descreva um ovo! Em um primeiro momento, descreva-o em uma linha. Logo após, descreva-o em 10 linhas. Por fim, tente descrevê-lo em 30 linhas. Após este exercício, irá ver como é difícil gerar informações.

Notas

[1] Oliveira, G. Korte, J., Spinacé, N. (2017). *Nem elas nem ninguém merece...* Disponível em: <http://epoca.globo.com/ideias/noticia/2014/04/nem-elas-nem-bninguem-mereceb.html>. Acesso em: 1 fev. 2017.

[2] Oliveira, E. *Big data torna possível que empresas e governos "prevejam" o futuro.* Disponível em: <http://temas.folha.uol.com.br/futuro-digital/consumo-e-sociedade/big-data-torna-possivel-que-empresas-e-governos-prevejam-o-futuro.shtml>. Acesso em: 1 fev. 2017.

[3] Presott, R., Costa P. (2017). *Petrobras avança no uso do* big data. Disponível em: <http://convergenciadigital.uol.com.br/cgi/cgilua.exe/sys/start.htm?UserActiveTemplate=site&infoid=37769&sid=16> Acesso em: 1 fev. 2017.

[4] Relatório de dados da pesquisa *"Beleza × Violência contra a Mulher"* realizada pela turma GR15001-00186 de Pesquisa Mercadológica da Universidade Vale do Rio dos Sinos (UNISINOS) no período de abril a junho de 2014, sob a tutela do Professor Dr. Wagner Junior Ladeira.

[5] Davenport, T.H.; Prusak, L. (1998). *Working Knowledge*: how organizations manage what they know. Boston: Harvard Business School Press.

[6] Beal, A. (2004). *Gestão estratégica da informação*: como transformar a informação e a Tecnologia da Informação em fatores de crescimento e de alto desempenho nas organizações. São Paulo: Atlas.

[7] Davenport, T.H.; Prusak, L. (1998). *Working Knowledge*: how organizations manage what they know. Boston: Harvard Business School Press, 1998.

[8] Erevelles, S., Fukawa, N., & Swayne, L. (2016). Big Data consumer analytics and the transformation of marketing. *Journal of Business Research*, *69*(2), 897-904.

[9] Erevelles, S., Fukawa, N., & Swayne, L. (2016). Big Data consumer analytics and the transformation of marketing. *Journal of Business Research*, *69*(2), 897-904.

[10] Fitzgerald, S.P. (2002). *Decision making.* Oxford: ExpressExec.

[11] Crouch, S.; Housden, M. (2003). *Marketing research for managers.* Boston, MA: Butterworth-Heinemann.

[12] Jacoby, J. (1977). Information load and decision quality: some contested issues. *Journal of Marketing Research*, *14*(4), 569-573.

[13] Hofacker, C. F., Malthouse, E. C., & Sultan, F. (2016). Big data and consumer behavior: Imminent opportunities. *Journal of Consumer Marketing*, *33*(2), 89-97.

[14] McAfee, A., & Brynjolfsson, E. (2012). Big data: The management revolution. Harvard Business Review, *90*(10), 60-68.

[15] Sammut, G., & Sartawi, M. (2012). Perspective-taking and the attribution of ignorance. *Journal for the Theory of Social Behaviour*, *42*(2), 181-200.

[16] George, G., Haas, M. R., & Pentland, A. (2014). Big data and management. *Academy of Management Journal*, *57*(2), 321-326.

[17] Li, J., Tao, F., Cheng, Y., & Zhao, L. (2015). Big data in product lifecycle management. *The International Journal of Advanced Manufacturing Technology*, *81*(1-4), 667-684.

[18] Breternitz, V. J., & Silva, L. A. (2013). Big data: Um novo conceito gerando oportunidades e desafios. *Revista Eletrônica de Tecnologia e Cultura*, *2*(2).

[19] Hofacker, C. F., Malthouse, E. C., & Sultan, F. (2016). Big data and consumer behavior: Imminent opportunities. *Journal of Consumer Marketing*, *33*(2), 89-97.

[20] George, G., Haas, M. R., & Pentland, A. (2014). Big data and management. *Academy of Management Journal*, *57*(2), 321-326.

[21] Erevelles, S., Fukawa, N., & Swayne, L. (2016). Big Data consumer analytics and the transformation of marketing. *Journal of Business Research*, *69*(2), 897-904.

[22] Lycett, M. (2013). "Datafication": Making sense of (big) data in a complex world. *European Journal of Information Systems*, *22*(4), 381-386.

[23] Erevelles, S., Fukawa, N., & Swayne, L. (2016). Big Data consumer analytics and the transformation of marketing. *Journal of Business Research*, *69*(2), 897-904.

[24] George, G., Haas, M. R., & Pentland, A. (2014). Big data and management. *Academy of Management Journal*, *57*(2), 321-326.

[25] Kennedy, D., & Norman, C. (2005). What don't we know? *Science*, *309*(5731), 75.

[26] Trecho da entrevista realizada com Luis Eduardo Pilli a respeito do tema "Panorama da pesquisa de mercado no Brasil" cedida no dia 18.01.2017.

[27] Lycett, M. (2013). "Datafication": Making sense of (big) data in a complex world. *European Journal of Information Systems*, *22*(4), 381-386.

[28] Sammut, G., & Sartawi, M. (2012). Perspective-taking and the attribution of ignorance. *Journal for the Theory of Social Behaviour*, *42*(2), 181-200.

[29] Trecho da entrevista realizada com Luis Eduardo Pilli a respeito do tema "Panorama da pesquisa de mercado no Brasil" cedida no dia 18.01.2017.

[30] Sammut, G., & Sartawi, M. (2012). Perspective-taking and the attribution of ignorance. *Journal for the Theory of Social Behaviour*, *42*(2), 181-200.

[31] Erevelles, S., Fukawa, N., & Swayne, L. (2016). Big Data consumer analytics and the transformation of marketing. *Journal of Business Research*, *69*(2), 897-904.

[32] George, G., Haas, M. R., & Pentland, A. (2014). Big data and management. *Academy of Management Journal*, *57*(2), 321-326.

[33] Sammut, G., & Sartawi, M. (2012). Perspective-taking and the attribution of ignorance. *Journal for the Theory of Social Behaviour*, *42*(2), 181-200.

[34] Mithas, S., Lee, M. R., Earley, S., & Murugesan, S. (2013). Leveraging Big Data and business analytics. *IT Professional*, *15*(6), 18-20.

[35] McAfee, A., & Brynjolfsson, E. (2012). Big data: The management revolution. *Harvard Business Review*, 90(10), 60-68.

[36] Davenport, T. H., Barth, P., & Bean, R. (2012). How Big Data is different. *MIT Sloan Management Review*, *54*(1), 43.

[37] George, G., Haas, M. R., & Pentland, A. (2014). Big data and management. *Academy of Management Journal*, *57*(2), 321-326.

[38] MORAES, M. (dez. 2012). Big Brother Obama. *InfoExame*.

[39] Mayer-Schönberger, V., & Cukier, K. (2013). *Big data*: A revolution that will transform how we live, work, and think. New York: Houghton Mifflin Harcourt.

[40] Erevelles, S., Fukawa, N., & Swayne, L. (2016). Big Data consumer analytics and the transformation of marketing. *Journal of Business Research*, *69*(2), 897-904.

[41] George, G., Haas, M. R., & Pentland, A. (2014). Big data and management. *Academy of Management Journal*, *57*(2), 321-326.

[42] Relatório de dados da pesquisa *"Sociedade e o Sistema Carcerário Brasileiro"* realizada pela turma GR15001-00186 de Pesquisa Mercadológica da Universidade Vale do Rio dos Sinos (UNISINOS) no período de abril a junho de 2015, sob a tutela do Professor Dr. Wagner Junior Ladeira.

3

Esquema Geral de Pesquisa de Marketing

OBJETIVOS DO CAPÍTULO

No final deste capítulo, o leitor deverá ser capaz de:

- ◆ Entender a relação entre as fases do processo de pesquisa de marketing.
- ◆ Identificar os envolvidos no processo de pesquisa de marketing.
- ◆ Saber identificar as vantagens e desvantagens de terceirizar uma pesquisa de marketing.
- ◆ Verificar os direitos e as obrigações de um pesquisador.

A SATISFAÇÃO DOS USUÁRIOS DO SUS E DOS SISTEMAS PRIVADOS DE SAÚDE

A saúde brasileira é um tema que constantemente está em discussão tendo em vista a sua importância para a qualidade de vida da população, bem como a repercussão que qualquer medida que afete a utilização de recursos destinados à saúde causa. Cotidianamente, deparamo-nos com diversos canais da mídia noticiando geralmente más notícias ao povo brasileiro, relatando as longas filas de espera, a demora em conseguir um atendimento especializado, problemas de infraestrutura e outros que a população enfrenta no que se refere ao Sistema Único de Saúde (SUS), o qual foi criado pela Constituição Federal de 1988 e regulamentado pelas Leis nº 8.080/90 (Lei Orgânica da Saúde) e nº 8.142/90 e tem como objetivo oferecer um sistema universal de saúde, ou seja, para que toda população possa ter assistência à saúde, diminuindo assim as desigualdades.

Paralelamente ao SUS, os planos de saúde privados são para aqueles que a empresa oferece como benefício uma assistência privada, ou mesmo para os indivíduos que possuem condições de arcar com as despesas de um plano de saúde e querem um atendimento diferente do oferecido pelo SUS. Mas diferente nem sempre significa melhor, e é esse o objetivo do presente estudo, que pretende analisar os níveis de satisfação tanto dos usuários da saúde pública quanto dos usuários dos planos de saúde privados.

O presente estudo foi realizado em diversas etapas, sendo a primeira um grupo motivacional com bastante diversidade de pessoas, incluindo trabalhadores da área da saúde como médicos, enfermeiros, farmacêuticos, entre outros. Além disso, participaram do grupo motivacional usuários tanto de SUS como de plano privado de saúde para que pudéssemos coletar informações relevantes sobre os pontos de vista que eles trariam à discussão. Um auditor do Tribunal de Contas da União, especialista na área da saúde no que concerne às verbas federais, também contribuiu para o enriquecimento da discussão. Com a reunião dessas informações, oriundas de dados secundários e do grupo motivacional, foi elaborado um questionário, aplicado de acordo com sorteio amostral e logo após feita análise de dados para que os alunos pudessem tirar conclusões sobre o nível de satisfação dos usuários de plano privado de saúde.

O questionário foi desenvolvido com base nos dados secundários e também das principais variáveis que foram identificadas na atividade de grupo motivacional. Após a fase de entrega dos questionários e da tabulação das respostas, chegou-se à fase final de análise dos dados, com o intuito de comparar o nível geral de satisfação com os serviços oferecidos pelo SUS com os serviços de planos de saúde privados. A amostra avaliada conta com 661 questionários aplicados na etapa de amostragem,

34 Capítulo 3

sendo 380 respostas de usuários de planos de saúde privados (cerca de 57%) e 281 respostas relacionadas aos usuários do SUS – aproximadamente 43 %.

A amostra foi coletada entre os usuários do SUS e de planos de saúde privados, maiores de 18 anos. Em relação ao gênero dos respondentes da pesquisa, pode-se observar uma predominância feminina, com 58,4% dos questionários respondidos contra os 41,6% das respostas do gênero masculino. Em relação à idade, a variável foi estratificada em três categorias: jovens (de 18 a 30 anos, representando 23,7%, seguido de adultos – de 31 a 50 anos – com 28% – e seniores – acima de 51 anos – com 47,8% –, com a maior representatividade).

Os dados coletados mostram que apenas 19% da amostra nunca utilizou os serviços de sistema de saúde suplementar, mais da metade dos entrevistados (57,4%) usufruem de algum plano privado e 23,7% em algum momento utilizaram a saúde suplementar, tendo certa propriedade para avaliar os dois sistemas.

Os usuários da saúde suplementar têm uma percepção melhor dos serviços prestados (média 3,95) em relação aos usuários do SUS. Porém, entre os usuários do SUS nota-se que a avaliação é ligeiramente melhor quando o usuário já teve plano de saúde privado anteriormente (3,31 dos que já tiveram plano de saúde, contra média 3,11 dos que nunca tiveram plano de saúde).

A comparação entre a avaliação dada pelos usuários do SUS ao sistema *versus* a nota dada pelos usuários de plano privado a ele foi comparada. Pode-se perceber que nesse quesito o plano de saúde privado aparece com uma nota superior em sua avaliação, com 0,70 pontos acima da nota do SUS. A nota (3,94) fica muito próxima da avaliação "Boa", de acordo com a escala Likert utilizada (nota 4). Nesse caso, pode-se inferir que há quesitos em que o consumidor não se sente satisfeito, podendo haver pontos de melhorias no serviço prestado. A nota do SUS de 3,24 pontos fica um pouco acima da mediana da escala (3 pontos), ou seja, na percepção dos usuários entrevistados está um pouco acima do considerado razoável.

Ao avaliar a satisfação com elementos gerais *versus* o sistema de saúde, é possível identificar que alguns itens foram classificados de forma muito semelhante comparado entre SUS e planos de saúde privados, itens esses essenciais para a definição da qualidade de ambos os sistemas.

A qualidade do atendimento médico, diagnóstico, solução de problemas, clareza na transmissão de informações e profissionalismo dos profissionais de saúde são destaques, ambos foram avaliados com média classificada como "Boa" tanto no SUS quanto no plano de saúde privado.

O profissionalismo dos médicos foi o item com melhor avaliação em ambos os sistemas de saúde, enquanto a falta de rapidez para marcação de consultas foi destaque ruim no SUS, e médio no plano de saúde.

O tempo de espera é extremamente significativo e impacta diretamente na avaliação geral; espera nas filas para marcação, tempo de espera para consulta com clínico e com especialistas têm grande peso na hora de avaliar os serviços. A melhor avaliação do sistema suplementar se dá pelo fato de não haver filas para marcação, e em alguns casos não ser necessário o encaminhamento para o especialista.

Logicamente, a ineficiência da atenção básica gera uma superlotação das emergências, que pela quantidade de pessoas que precisam atender acaba sendo demorada e caótica, o que influencia na dificuldade de manutenção de os serviços prestados serem de qualidade. Já nos planos de saúde, apesar de os usuários apresentarem uma média menor em relação aos outros itens, é menos demorada a marcação comparando-se ao SUS, pois leva-se geralmente até uma semana para marcação da consulta. Além disso, há outros benefícios, como a não necessidade de enfrentar filas para consultar, a escolha do profissional, entre outros aspectos que muitas vezes podem influenciar na satisfação.

Algumas inferências e suposições podem ser feitas a partir desse ponto. Primeiro, se calcularmos a média entre as avaliações individuais de cada item para SUS e plano de saúde, teremos uma avaliação média 3,649 (para SUS) e 4,073 (para plano de saúde), valores superiores aos apresentados nos gráficos sobre avaliação geral (questão em que os usuários respondiam unicamente sua impressão geral sobre o sistema de saúde que usam, não elencando item por item), na qual o SUS foi avaliado com média 3,24 e o sistema de saúde suplementar com média 3,94.

Observa-se que, quando forçados a pensar individualmente nos itens que fazem parte de um atendimento em saúde, os entrevistados não conseguem avaliá-los tão negativamente quanto sua avaliação geral sobre o mesmo serviço. Assim, a discrepância entre notas pode advir de outros fatores, não elencados nesta pesquisa como importantes (logo não enumerados no questionário); os quesitos analisados em separado podem ter pesos diferentes na avaliação; ou, simplesmente, a impressão geral dos entrevistados pode ser influenciada pelo senso comum ou outro tipo de fator que não contempla uma avaliação analítica dos serviços prestados. Para sanar essa dúvida, seria necessária uma pesquisa voltada para essa problemática (cruzando respostas que possam diferenciar a influência do senso comum, dos itens analisados e dos seus pesos).

Assim, pode-se concluir que de uma maneira geral os usuários da saúde suplementar consideram a qualidade do serviço melhor que a do Sistema Único de Saúde. Essa tendência se confirma nos pontos como tempo de espera em filas para marcação, tempo de espera para um especialista e espera na emergência. A disponibilidade para realizar exames foi outro ponto de insatisfação dos usuários do SUS, e é provável que a falta de investimento e estrutura contribua para essa percepção dos usuários com relação ao SUS.[1]

3.1 ETAPAS DO PROCESSO DE PESQUISA DE MARKETING

Para a realização de uma pesquisa de marketing, deve-se pensar em dividir em partes suas etapas. Primeiramente, devido à complexidade que envolve uma pesquisa, já que se necessita de uma equipe multidisciplinar para cuidar especificamente de cada parte. Em um segundo momento pois, dependendo da pesquisa de marketing, esta pode durar um longo período, sendo necessária a divisão das atividades e tarefas para um ganho de escala. Com essa divisão de atividades e tarefas, o pesquisador consegue reduzir o número de mão de obra e recursos empregados na pesquisa, deixando-a com um custo atrativo para os clientes.

> **Dica** — O processo de pesquisa de marketing deve ser algo dinâmico e o pesquisador não deve engessar os passos que o compõem. Cada problema de pesquisa irá gerar um modelo de pesquisa específico, e, para alcançá-lo, o pesquisador deve fazer com que as etapas possam ser reduzidas ou ampliadas.

Neste livro, optou-se pela divisão do processo de pesquisa de marketing em nove partes, como pode ser observado na Figura 3.1. No entanto, cabe mencionar que a utilização em ordem predefinida dessas etapas não é necessariamente obrigatória. Na verdade, o uso dessas etapas é flexível e depende diretamente do problema a ser pesquisado. A construção do processo de pesquisa de marketing neste livro só tem função pedagógica. Não é pretensão desta obra propor um guia prático que divide o processo de pesquisa de marketing em partes autoexecutáveis em uma ordem cronológica.

Desse modo, algumas etapas do processo de pesquisa de marketing aqui desenhado podem ser omitidas, segmentadas ou até mesmo unidas para um melhor desenvolvimento da pesquisa; isso, claro, como já foi dito, dependerá diretamente do problema de pesquisa identificado e da demanda dos clientes.

Para entender melhor as etapas do processo de pesquisa de marketing, elas foram divididas em três grandes segmentos: delineamento inicial da pesquisa, execução prática e comunicação. Iremos agora descrever cada uma rapidamente nos próximos tópicos, sem nos preocupar em entrar em muitos detalhes, pois nos próximos nove capítulos deste livro iremos nos aprofundar em cada uma dessas etapas.

3.1.1 Etapa I: diagnóstico do problema de pesquisa

O processo de investigação começa quando uma empresa se torna ciente de um problema geral. O problema quase sempre aparece por ter um potencial impacto negativo nas receitas. Afinal, as empresas não realizam pesquisa apenas por uma questão de curiosidade.[2] O problema está geralmente ligado a uma diminuição da receita devido à queda nas vendas. Por outro lado, um problema pode envolver a necessidade de pesquisar um novo produto que vai gerar aumento de lucro.[3]

O diagnóstico do problema de pesquisa é considerado uma das partes mais importantes do projeto de pesquisa, pois é considerado o "pontapé inicial" do projeto. É nesta fase que o pesquisador tem o contato inicial com a situação que deve ser estudada. Por

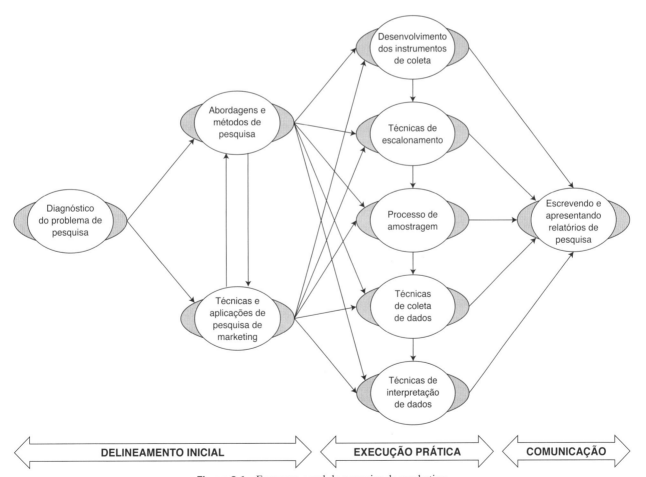

Figura 3.1 Esquema geral de pesquisa de marketing.

36 Capítulo 3

isso, o pesquisador deve ter a capacidade analítica de interpretar o que deve ser estudado e transformar isso em um problema de pesquisa e, ao mesmo tempo, ter uma capacidade de negociação de valores e recursos a serem utilizados na pesquisa.

Nesta etapa, duas questões são importantes de ser estudadas: (a) a relação dados secundários e problema de pesquisa e (b) a operacionalização do problema de pesquisa. Nesta primeira etapa, deve-se utilizar mais a capacidade analítica de interpretar o que deve ser estudado e, na segunda, a capacidade técnica de negociação com os clientes/contratantes.

A relação entre dados secundários e problema de pesquisa é complexa no processo de pesquisa de marketing. São os dados secundários e as informações disponibilizadas pelos contratantes da pesquisa que fornecerão o problema de pesquisa. Neste ponto devemos verificar se existe falta ou excesso de informação pelo contratante e ter em mente que um problema de pesquisa bem definido pode auxiliar na tomada de decisões futuras, indicando melhores abordagens, técnicas e instrumentos a serem utilizados na pesquisa.

Palavra do especialista

As pesquisas de marketing podem ajudar na compreensão dos consumidores de várias maneiras, mas aqui destaco a relevância das pesquisas de satisfação, que são um meio de verificar atitudes e emoções dos consumidores relacionadas à prestação de serviços ou ao consumo de produtos. Identificar antecedentes da satisfação do consumidor por meio de pesquisas de marketing tanto de natureza qualitativa como quantitativa ajuda as empresas no gerenciamento dessa importante variável em ambientes competitivos. Praticamente todas as empresas fazem algum tipo de planejamento, seja um planejamento estratégico de longo prazo ou um planejamento de compra de produtos que serão vendidos em uma loja de pequeno porte. Para isso muitas vezes utilizamos dados internos ou percepções do dia a dia, e, embora isso seja um bom passo, há um sério problema. Será que as nossas percepções e dados internos representam o que está acontecendo no mercado? Será que representam o que consumidor deseja? As pesquisas voltadas ao consumo servem justamente para guiar as decisões das empresas, respondendo a questões-chaves, como o que o consumidor deseja, quanto está disposto a pagar, o que precisamos fazer para melhor atendê-los etc. Uma decisão embasada pode trazer resultados muito mais assertivos, e, na grande maioria dos casos, com investimentos menores. Para isso utilizamos as pesquisas.

Daniel Costa Silveira é Executivo de Contas da Nielsen, formado em administração pela UFRGS e MBA em marketing pela FGV.

No que diz respeito à operacionalização da pesquisa, foi proposto um modelo de cinco fases, que vai desde a conversa inicial que temos com o contratante da pesquisa até a formulação e apresentação do projeto de pesquisa para este. Essas etapas são divididas em: (a) *briefing* inicial para detecção dos sintomas, (b) análise dos dados secundários, (c) definição formal do problema de pesquisa, (d) formulação da proposta de pesquisa e (e) *briefing* final: entrega da proposta.

3.1.2 Etapa II: abordagens e método de pesquisa

Há importantes razões para que na proposta de pesquisa sejam descritos as abordagens e os métodos de pesquisa. Primeiro, pois é com a visão ampla que é fornecida por essas abordagens e métodos que se desenvolve um plano de ação ou "mapa" de atuação e execução mais consistente. Em segundo lugar, esta etapa ajuda a materializar para a equipe de pesquisa o que foi fechado no contrato quando se determinou o problema de pesquisa a ser realizado.

Nesta etapa, primeiro será discutida a relação da tríade de abordagens de pesquisa de marketing: exploratória, descritiva e causal. No caso da pesquisa exploratória, será dada atenção especial para as fases e utilidades das pesquisas exploratórias, explicando as relações entre dados secundários, interrogação de *experts* e análise de situações análogas, esta última dividida em estudos de casos e simulações. No caso das pesquisas descritivas, serão estudados a sua amplitude, profundidade e momento de realização. Já nas pesquisas causais o foco será dado na causa e no efeito necessários para se ter a aplicação dessa abordagem.

Em segundo momento, será feita uma distinção entre pesquisas quantitativa e qualitativa. Com relação à pesquisa qualitativa, será feita uma descrição dessa prática mencionando a importância de estudar a percepção do fenômeno em seu contexto. No caso da pesquisa quantitativa, serão descritas as suas características com base na importância dos critérios amostrais e nas inferências necessárias para se fazer algumas análises estatísticas.

3.1.3 Etapa III: técnica e aplicações de pesquisa de marketing

Nesta terceira etapa, serão apresentadas as técnicas e aplicações de pesquisa de marketing. Esta etapa disponibiliza um conjunto de técnicas e aplicações que podem ser usadas para responder à questão de pesquisa. Não se deve presumir que aqueles que estão lendo a proposta estão familiarizados com termos e métodos de investigação; para isso, devem-se apontar e esclarecer as técnicas e aplicações que serão utilizadas. Além disso, o pesquisador deve dar as razões pelas quais as tais técnicas e aplicações devem ser realizadas.

No que tange às distinções entre técnicas e aplicações, estas não foram uma preocupação discutida diretamente nesta seção, pois a intenção é resumir as principais técnicas e aplicações encontradas e descrevê-las à medida que futuramente se consiga enquadrá-las nos instrumentos de coleta, técnica de amostra, coleta e interpretação de dados.

Dica	As três primeiras etapas do processo de pesquisa de marketing servem para o pesquisador definir o foco de atuação. Elas são importantes, pois vão definir as próximas etapas.

Partimos do pressuposto de que quando estamos falando automaticamente de técnicas e aplicações de pesquisa de marketing nos referimos a um conjunto de procedimentos metodológicos que envolve cinco esferas: instrumentos, escalonamento, amostragem, coleta e interpretação de dados.

Ao se fazerem as devidas escolhas nesta etapa, deve-se ter em mente quais são as capacidades técnicas da equipe de pesquisadores, pois cada técnica e aplicação exigem certo domínio de conhecimentos.

No conjunto de estudos realizados, foi detectada a existência de pesquisas de marketing com diversas aplicações e técnicas, sejam tradicionais ou recentes, que foram agrupadas dentro dos norteadores exploratório/descritivo/causal e quantitativo/qualitativo, vistos na Etapa II.

Hoje em dia, existe uma quantidade maior de métodos exploratórios qualitativos como: *focus group*, *laddering*, entrevista, técnicas projetivas, observação, etnografia, *delphus*, *grounded theory*, ZMET, entre outros. O método quantitativo descritivo é representado pela *survey* e pelo painel e a abordagem causal é representada pelo experimento.[4]

3.1.4 Etapa IV: desenvolvimento do instrumento de coleta de dados

A Etapa IV será a responsável por indicar os principais métodos de coleta de dados primários existentes em uma pesquisa de marketing. O instrumento de coleta de dados é um item importante na pesquisa de marketing, pois é ele que irá procurar as respostas para o problema de pesquisa. A função dos instrumentos de pesquisa tem como meta encontrar dados que serão transformados em informações. Nesse contexto, o instrumento de coleta de dados é considerado um documento através do qual questionamentos serão apresentados aos respondentes. Neste, são registrados as respostas e os dados obtidos. Com essas respostas e dados obtidos, o pesquisador terá como responder ao problema de pesquisa levantado.

A intenção de apresentar aqui os instrumentos de coleta de dados tem como objetivos explicar o que são esses instrumentos e, ao mesmo tempo, explicar como eles são elaborados. Os instrumentos a seguir discutidos são: roteiro de entrevista, questionário, elicitação (por fotografia e por vídeo) e artefatos de consumo.

Os roteiros de entrevistas são habitualmente utilizados para realização de pesquisas exploratórias, com o intuito de obter informações para se construir uma pesquisa descritiva quantitativa. Nesta etapa, é descrito como devem ser feitas as perguntas do roteiro, através de uma pequena sistemática que separa o roteiro em "O *que pesquisar?*" e "Como *pesquisar?*".

O questionário é explicado nesta etapa como um instrumento de coleta de dados em pesquisa de marketing que é preenchido automaticamente pelos informantes, sem necessitar da presença direta do pesquisador. Nesta seção, ensina-se como elaborar uma série de perguntas ordenadas (escritas ou verbais). Além disso, fala-se sobre a importância do *layout*, das principais diretrizes ao se elaborar um questionário, tipos de perguntas e respostas que podem ser utilizadas, o uso de pré-testes para melhorar os questionários e as formas existentes de fazer questionários para serem aplicados pela internet.

A elicitação é uma técnica explicada nesta seção que coleta dados junto a pessoas que detêm informações para construção de um produto, serviço ou sistema mental. Em pesquisa de marketing, os tipos mais comuns de elicitação existentes são aqueles realizados por fotos e vídeos. O uso de fotos e vídeos para coletar dados na pesquisa de marketing é comum por interpretar sinais não verbais, promovendo assim maior riqueza dos dados encontrados.

A coleta de dados por artefatos exige a construção de instrumentos que irão analisar a materialidade do espaço: dos produtos à comunicação visual, passando pela decoração. Os artefatos de consumo não são apenas os produtos em si. Esses objetos podem revelar muitas informações sobre o fenômeno estudado sob a ótica da cultura material, pois constituem a materialização das práticas de marketing adotadas pela indústria.

3.1.5 Etapa V: técnica de escalonamento

Nesta etapa, é apresentado o conceito de escala, item fundamental para se construir questionários em pesquisa de marketing. O escalonamento é explicado como um conjunto de técnicas para criar escalas. A escala é um espectro contínuo, em que o respondente pode representar, geralmente de forma quantitativa, o local de sua opinião, sendo este medido depois através da estatística.

Em um primeiro momento, foi feita uma descrição das quatro principais escalas utilizadas, analisando-as pelo entendimento dos respondentes e pelo uso de técnicas estatísticas. As quatro escalas estudadas foram a nominal, ordinal, intervalar e de razão. Após essa descrição, falou-se sobre o processo de transformação de escala com uma atenção especial para a lei do julgamento comparativo de Thurstone.

Palavra do especialista

Pesquisas num contexto B2B trazem alguns desafios particulares para o levantamento de informações valiosas que sejam ao mesmo tempo confiáveis e generalizáveis. Dentre os desafios, podemos mencionar a dificuldade de conseguir dados secundários desagregados, encontrar o respondente mais bem informado no cliente e a descrença leiga em pesquisas. Nesse contexto, existem oportunidades em duas frentes. Primeiro, precisamos considerar os dados existentes nos sistemas da empresa que permitem analisar por exemplo o perfil dos clientes baseado de dados históricos de bases do financeiro, CRM, logística, SAC, comunicação formal, para citar algumas bases proprietárias. Segundo, precisamos considerar a força de vendas ou outro ponto de contato-chave (ex.: atendente de telemarketing) como forma de levantar informações valiosas. Nada melhor que colocar a pessoa (o vendedor!) que mais conhece o cliente para extrair dados difíceis de serem levantados por um instituto de pesquisa terceiro.

Dr. Danny Pimentel Claro é professor de marketing e líder do Núcleo de Marketing Analítico do Insper. Tem Pesquisas nas áreas de Comportamento do Consumidor e Marketing Direto.

38 Capítulo 3

Em um segundo momento, apresentaram-se alguns estudos de pesquisas de marketing que contêm escalas itemizadas clássicas que são utilizadas em grande quantidade, entre elas: Likert, Stapel, Osgood, Thurstone, Alpert e Guttman. Essas escalas foram explicadas e, ao mesmo tempo, explicaram a frequência com que são utilizadas.

Por fim, foram apresentadas dicas para construção de escalas, focando principalmente a utilização da Técnica de *Repertory Grid* (RGT) para construção de características e atributos. Além disso, explicou-se a diferença entre tradução e versão quando são estudadas escalas internacionais já aplicadas em outros países.

3.1.6 Etapa VI: processo de amostragem

Esta etapa procura demonstrar a importância de conhecer os tipos de amostragem existentes e os cálculos possíveis para determinar o seu valor. Em um primeiro momento, esta etapa diferencia os conceitos de amostra, população e senso. Logo após, fornece quais são as características típicas de uma amostra, demonstrando quais são as razões que se têm para realizar uma amostra.

Em um segundo momento, são descritos os tipos de amostras, sendo estas divididas nos agrupamentos probabilísticos e não probabilísticos. Em pesquisa de marketing, foram selecionados sete tipos de amostragem não probabilísticas e cinco tipos de amostragens probabilísticas. As não probabilísticas são conhecidas como: por conveniência, por julgamento, por quotas, tipo *snowball*, por objetivo em mente, por especialidade e por diversidade. Já as amostragens probabilísticas podem ser divididas em: aleatória simples, amostragem sistemática, estratificada, por conglomerados e por moda da população. Além dessas técnicas, existe o procedimento por multietapas, que fará uma junção de técnicas probabilísticas e não probabilísticas.

Por fim, é apresentado o cálculo de amostras probabilísticas, item importante a ser realizado nas pesquisas descritivas, sendo necessário um breve conhecimento sobre estatística, principalmente no que tange à normal de frequência (curva de Gauss ou Gaussiana). É relatado que dentro de uma distribuição normal alguns itens podem tornar-se importantes para calcular uma amostra, entre eles: tamanho da população, erro estimado, desvio-padrão e probabilidade de ocorrer ou não o evento.

3.1.7 Etapa VII: técnica de coleta de dados

Esta etapa é conhecida por coletar os dados. Estes podem ser obtidos do pesquisado através de sua própria declaração, oralmente ou por escrito, ou através também de gestos. As principais formas de coletar foram explicadas: entrevista, observação, questionário e documentos/materiais bibliográficos.

A técnica de coleta de entrevista foi dividida em três partes: estruturadas diretas, não estruturadas diretas e entrevistas indiretas. Além disso, foram dadas dicas de como realizar as entrevistas, focando sempre na coleta de informações. A técnica de coleta de observação foi dividida em cinco tipos: observação humana, mecânica, através de auditoria, através de análise de conteúdo e através de análise de traços. Dentro desses cinco

tipos, ainda se fez a distinção entre a operacionalização e as características da sua execução: estruturado *versus* não estruturado, disfarçado *versus* não disfarçado e natural *versus* planejado.

A técnica de coleta de dados por questionários foi dividida em: inquérito pessoal, por telefone, quiosque interativo, pela internet, por *e-mail* e por correspondência. Ainda foram dadas dicas de como capacitar e treinar pessoas para aplicar questionários. Por fim, foram apresentadas as técnicas de pesquisa em documentos e bibliográfica.

3.1.8 Etapa VIII: técnica de interpretação de dados

Na etapa de análise e interpretação, foi feita uma descrição de como os dados poderiam ser analisados e relatados, dividindo estes em qualitativos e quantitativos. Esta seção incluiu informações sobre como devem ser feitas a codificação e a categorização das transcrições qualitativas. Mencionaram-se quais eram os níveis de análise sugeridos na pesquisa qualitativa, dando sugestões de passos para realizar as codificações e categorizações. Logo após, realizou-se uma descrição do histórico das pesquisas qualitativas e foi descrito o uso de ferramentas para interpretar dados qualitativos.

Na abordagem quantitativa, foram relatadas as diferentes formas de tratamentos de dados que podem ser dados na estatística, classificando a quantidade de variáveis e a forma de interação de análise em: univariada, bivariada e multivariada. Além disso, foi descrito um histórico da interpretação e análise dos dados quantitativos e do processamento de dados dos censos populacionais. Por fim, foram indicadas as etapas para a purificação da base de dados quantitativos, o que auxilia no emprego das análises quantitativas.

3.1.9 Etapa IX: escrevendo e apresentando o roteiro de entrevista

Esta é a etapa final do desenvolvimento da pesquisa de marketing e, por isso, torna-se de suma importância, pois é ela que comunica com o cliente os resultados finais da pesquisa. O relatório deve ser muito específico, descrevendo o que será fornecido de informação para a gestão e em que formato. Os relatórios da pesquisa podem incluir não apenas um documento final, mas também um *feedback* contínuo. Isso pode ser feito informalmente através de telefonemas e *e-mails*. Além disso, podem ser oferecidos reuniões regulares e relatórios semanais durante o processo de investigação.

Dica	O relatório final é uma etapa importante na pesquisa de marketing, pois é nesse momento que o pesquisador comunicará os resultados da pesquisa de marketing para o contratante.

Além do *feedback* contínuo e do documento entregue, esta fase pode incluir uma apresentação verbal. Isso irá permitir fazer perguntas sobre o impacto que os resultados da investigação podem ter na estratégia. Embora seja decisão da administração que ação tomar como resultado da pesquisa, os pesquisadores podem ajudar a esclarecer o significado de suas descobertas.

Por vezes, o relatório final pode ser fornecido num formato alternativo, como vídeo, ou na estrutura de um trabalho científico. Além disso, podem ser fornecidos formulários preenchidos, gravações de fitas ou vídeos de grupos de foco e arquivos de dados da pesquisa. Por essa razão, é importante que os pesquisadores tomem cuidado para manter toda a documentação durante o processo de investigação.

Depois de descrever as nove etapas que fundamentam o processo de pesquisas de marketing, cabe, antes de detalhar cada uma dessas etapas, descrever quais são os agentes envolvidos no desenvolvimento das nove etapas da pesquisa.

3.2 ENVOLVIDOS NO PROCESSO DE PESQUISA DE MARKETING

Vimos até o momento que a pesquisa de marketing é um processo sistemático e objetivo que tem como função básica coletar e analisar os dados para a tomada de decisão no marketing. Além disso, estudamos que existem vários tipos de pesquisa, como de satisfação, de imagem, de oportunidade, de desenvolvimento de produto, de distribuição, de propaganda, eleitoral, de previsão, de preço e de segmentação.

No entanto, não discutimos quem são as pessoas e organizações que precisam da pesquisa de marketing como um serviço e, também, não explicamos ainda quem são as pessoas e organizações que fazem uma pesquisa de marketing.

Nessa relação de demanda e oferta, muitos são os envolvidos em um processo de pesquisa de marketing. No entanto, dois apenas são os agentes responsáveis pela pesquisa: o contratante e o fornecedor.

3.2.1 Quem pode contratar uma pesquisa de marketing?

A contratação de uma pesquisa de marketing pode ser feita por pessoas físicas ou jurídicas, bastando a estas apenas terem a necessidade de uma informação e já estão aptas a contratar uma pesquisa. Por exemplo, um empreendedor pode contratar uma pesquisa de marketing para analisar a viabilidade de um mercado, ou um candidato político pode contratar uma pesquisa de marketing para saber a intenção de voto de eleitores.

No caso das pessoas jurídicas, são várias as organizações que contratam um serviço de pesquisa de marketing: departamentos de marketing de grandes empresas, pequenas e médias empresas, organizações sem fins lucrativos e governos.

Em sua maioria, as pesquisas de marketing são contratadas por grandes empresas. Essas grandes empresas possuem os seus próprios departamentos de marketing. No entanto, dependendo do problema de pesquisa a ser estudado, elas não têm mão de obra e *know-how* qualificados dentro do seu departamento de marketing. Por exemplo, uma empresa pode

querer comercializar o seu produto em outros países e, para isso, precisa de informações sobre os futuros consumidores. Por maior que seja essa empresa, o seu departamento de marketing não contém profissionais com experiência para realizar uma pesquisa nesse novo mercado. Por isso, ela opta por contratar uma empresa que tenha experiência internacional no novo país.

No caso de pequenas empresas, é incomum no Brasil o uso de pesquisa de marketing. Esse é um sério problema, pois a pesquisa de marketing em si tenta responder a um problema de pesquisa que afetará o futuro de uma organização. Desse modo, a pesquisa de marketing se torna um serviço necessário a todas as organizações, principalmente as pequenas e microempresas.

As pequenas e médias empresas não realizam pesquisa de marketing, pois muitas não têm condições financeiras para contratar uma empresa especializada nessa função. No entanto, uma pequena empresa normalmente opera com uma margem de lucro estreita, ficando vulnerável à concorrência do mercado. Portanto, as pequenas empresas precisam pesquisar novos produtos e serviços para seus clientes, pois elas podem perder mercado e até mesmo abrir falência.[5]

As organizações sem fins lucrativos também podem se beneficiar da pesquisa de marketing. Não é porque não comercializam algum produto ou serviço que elas devem deixar de desenvolver a pesquisa de marketing. Muitas organizações sem fins lucrativos podem precisar de uma pesquisa de marketing para entender melhor o seu público, procurando compreender suas expectativas e vontades. Além disso, através de uma pesquisa de marketing essas organizações podem avaliar a sua imagem perante a sociedade.

Por fim, governos e entidades governamentais podem utilizar a pesquisa de marketing e usá-la para saber em que melhor local (saúde, educação, transporte, infraestrutura, entre outros) devem investir o dinheiro público. Nesse contexto, eles podem determinar quais os melhores serviços sociais necessários para atender os cidadãos.

3.2.2 Quem pode fornecer uma pesquisa de marketing?

Uma pesquisa de marketing pode ser fornecida pelo departamento de marketing de uma empresa ou através da contratação de uma empresa especializada na realização de pesquisas. Aconselha-se que o departamento de marketing ou a empresa terceira tenha uma equipe capacitada para realizar todas as fases do processo de pesquisa. Uma equipe capacitada é formada por no mínimo quatro componentes: diretor de pesquisa de marketing, analista de pesquisa, assistente de pesquisa e funcionários transfuncionais.

O diretor de pesquisa de marketing é o responsável por comandar o projeto de pesquisa, liderando e integrando as equipes de trabalho. Ele tem a incumbência de gerenciar o processo administrativo que envolve as instâncias do planejamento, organização, direção e controle. Além disso, ele é responsável pela tomada de decisão nas fases e escolhas que compõem o processo de pesquisa.

O analista de pesquisa é o indivíduo responsável pelo contato direto com o cliente, fazendo o papel da supervisão

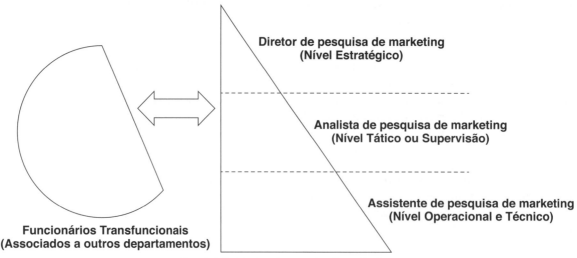

Figura 3.2 Equipe de pesquisa de marketing.

direta da preparação do problema de pesquisa, coleta e análise dos dados. Esse analista monitora as funções do assistente de pesquisa, que tem como atribuição fornecer assistência técnica nas diversas fases do projeto de pesquisa.

O assistente de pesquisa de marketing é o responsável por fazer atividade de nível operacional e técnico como coleta de questionário, transcrição de entrevistas, formatação de documentos, entre outros.

Além desses três componentes, uma equipe de pesquisa de marketing deve contar com funcionários transfuncionais. Estes são alocados temporariamente nos projetos, pois não pertencem diretamente à equipe de pesquisa. Esses funcionários são oriundos de vários departamentos da empresa contratante, como produção, financeiro, recursos humanos, marketing, entre outros. Eles são convidados a participar da pesquisa, já que estão inseridos no tema a ser pesquisado.

> **Dica** A utilização de equipes transfuncionais ajuda a construir melhor o problema de pesquisa e encontrar o melhor caminho para executar a pesquisa de marketing.

3.2.2.1 O perfil do profissional de pesquisa de marketing

Para realizar a atividade de pesquisa de marketing, os profissionais devem ter competências e habilidades importantes. Se observarmos os integrantes de uma pesquisa de marketing, vamos perceber que existem diferentes perfis, desde o diretor de pesquisa, que tem uma visão mais estratégica de longo prazo, ao assistente de pesquisa, que tem uma visão mais operacional e técnica focada no curto prazo. Além disso, as pessoas que trabalham com pesquisa devem ter uma formação multidisciplinar, pois vão lidar com profissionais de diversas áreas, como comunicação, estatística, psicologia, entre outros.

Esse profissional deve ser dinâmico e interativo, pois precisará se comunicar com diversas pessoas. É uma premissa importante que esse profissional esteja aberto a conhecer novas técnicas, ou seja, que ele goste de estudar. A cada ano, surgem novas técnicas de coleta e análise de dados e o profissional de pesquisa de marketing deve estar sempre atualizado. Por isso, ele deve prezar pelo seu aprimoramento intelectual.[6]

Ainda dentro das competências e habilidades necessárias, esse profissional deve saber fazer negociações, pois estará envolvido em relações de interesses entre partes, como o fornecedor e o contratante. Por isso, ele deve saber se comportar em reuniões e apresentações, tendo uma visão crítica do processo de pesquisa, sem ser defensivo em seus argumentos. Deve estar bem preparado para defender o projeto de pesquisa; para isso deve procurar integrar as fases de processo de pesquisa de uma maneira sistêmica.[7]

Integrar de forma sistêmica as diversas fases significa compreender o papel da informação, tendo a capacidade de lidar com as diferentes ferramentas de coleta e análise dos dados para a tomada de decisão.

O profissional de pesquisa de marketing deve, além de ter todas essas competências e habilidades, saber motivar as equipes existentes nas fases da pesquisa, procurando manter a diversidade e a interdependência entre as diferentes equipes, negociando prazos e recursos.

3.2.2.2 Entre fazer ou terceirizar uma pesquisa

O conceito tradicional de departamento de marketing, em que as atividades de marketing que geram valor são realizadas internamente, está sendo substituído por ações que envolvem o desenvolvimento das operações externamente, através, por exemplo, de empresas de propaganda, distribuição de produto, prestação de serviço de atendimento a consumidor e, principalmente, de pesquisa de marketing. Nesse contexto, a terceirização assume um papel estratégico para o desenvolvimento das operações atuais de marketing.[8]

A terceirização da pesquisa de marketing, como outras terceirizações no marketing, surgiu como uma estratégia de negócio popular, amplamente adotada na era da globalização. A década de 1990 foi caracterizada pelo crescimento inicial dos mercados emergentes (como Índia, China e Brasil), impulsionando assim a terceirização de pesquisa de marketing. Era necessário um maior conhecimento desses mercados, por isso novas empresas de pesquisa de marketing surgiram no mercado.

Quando se fala em terceirização da pesquisa de marketing, vários questionamentos surgem: *Por que devemos terceirizar? Quais fases da pesquisa devem ser terceirizadas? Como devemos conduzir a contratação de terceiros? Quais são os principais fatores de sucesso da terceirização?* Essas perguntas ainda estão sem respostas, mas a prática diz que a terceirização da pesquisa de marketing é uma realidade nas grandes empresas.

A terceirização pode abranger parte ou todas as atividades de uma pesquisa de marketing. A opção da terceirização é basicamente a decisão da utilização de um fornecedor externo de bens e serviços, em vez de usufruir de recursos internos.

3.2.2.2.1 Vantagens e desvantagens da terceirização

Contratantes e fornecedores de pesquisa de marketing são regularmente influenciados por mudanças no ambiente de negócios. Por isso esses dois agentes devem compreender as necessidades de adaptação e mudança conjuntamente. Nesse contexto, a terceirização da pesquisa de marketing tem como objetivo o melhor acesso aos dados, esperando assim fornecer à contratante maior competitividade e melhores oportunidades no mercado. Apesar desse objetivo, pode-se dizer que a terceirização da pesquisa de marketing é uma atividade complicada de ser realizada e contém várias vantagens e desvantagens.

Para se ter sucesso em uma terceirização de pesquisa de marketing, alguns fatores são importantes. Primeiro, deve-se entender os objetivos dos clientes com a terceirização. Da mesma forma que é bom garantir que o cliente saiba o que está procurando na terceirização, é importante que a prestadora de serviços saiba o objetivo de seu cliente. Fornecedores que possuem um bom entendimento dos negócios da empresa contratante terão mais chances de manter relacionamentos a médio e longo prazo.

Saber escolher o fornecedor da pesquisa de marketing é outro fator importante. O sucesso ou fracasso de uma terceirização pode depender da escolha do fornecedor. Por isso, antes da assinatura do contrato deve-se ter uma avaliação detalhada das propostas de vários fornecedores do serviço. Para localizar boas parcerias, as empresas contratantes devem analisar parcerias já existentes no mercado. Aconselha-se analisar a estabilidade, qualidade e reputação do fornecedor.

Tabela 3.1 Vantagens e desvantagens da terceirização de pesquisa de marketing

Desvantagens da terceirização	Vantagens da terceirização
Contratação errônea da empresa fornecedora da pesquisa de marketing.	Auxiliar os clientes em períodos de constante mudança de mercado.
Possibilidade de os níveis de serviços de pesquisa prestados não atenderem às expectativas do contratante.	Fornece para o contratante novas técnicas e pessoas especializadas em certos métodos.
Assimetria de poder entre contratante e fornecedor da pesquisa.	Dá uma visão externa dos problemas da empresa contratante.
Expectativas irreais com problemas inalcançáveis para a terceirização de uma pesquisa de marketing.	Integração dos funcionários da contratante com os responsáveis pela pesquisa.
Perdas essenciais de competência e habilidades internas na organização contratante.	Baixo custo de contratação dependendo do problema a ser pesquisado.
Processo de resistência à contribuição por parte dos funcionários da contratante.	Atendimento mais rápido das demandas de pesquisa e resolução do problema.
Compartilhamento de informações estratégicas com a empresa contratante.	Acesso a mercados que a contratante não tem através da fornecedora de pesquisa.

Atenção dos fornecedores para os problemas específicos do cliente é fundamental. O cliente deve fazer um esforço para esclarecer os objetivos do negócio que serão alcançados por meio da pesquisa. Qual a intenção do relacionamento: é identificar o consumidor? Fazer um mapeamento do ambiente de negócio? Fazer um posicionamento de marca? É importante observar se o fornecedor, através de sua pesquisa, consegue ajudar a empresa.

Ter contatos frequentes entre clientes e fornecedor. Não se deve ter um relacionamento impessoal na terceirização de uma pesquisa de marketing. Desse modo, procure desenvolver relações e contratos que deem flexibilidade para entender os problemas específicos. Assim, poder-se-ão construir relações de trabalho através da confiança. Para garantir um bom relacionamento, o fornecedor deve compreender os estilos, os padrões e a cultura de seu cliente.

Os recursos monetários e o tempo da pesquisa devem estar sempre no foco. A relação que envolve os ativos econômico-financeiros é essencial para o sucesso de uma terceirização. A terceirização deve sempre envolver a expectativa financeira, ou seja, deve-se procurar a lucratividade da contratante. Por isso, deve-se ter um contato direto com a alta gerência da contratante. O apoio da direção tem sido apontado como um dos principais motivos de sucesso da terceirização de pesquisas. Nesse caso, não só o apoio, mas também o envolvimento. Esse fato pode impactar no comportamento dos outros funcionários.

42 Capítulo 3

Por fim, devem-se confeccionar contratos bem estruturados. O contrato é a materialização da relação de terceirização da pesquisa. Este tem que garantir condições para um relacionamento bem-sucedido. Um contrato mal formulado pode gerar problemas no futuro e atrapalhar a parceria desenvolvida. Desse modo, um contrato tem que ser abrangente e procurar definir todas as situações possíveis. É preciso antes do fechamento discutir as obrigações de cada parte: custo, duração, termos e condições. O contrato deve ser flexível e permitir a evolução dos negócios, bem como o surgimento de novos serviços.

3.2.2.3 O relacionamento entre pesquisador e cliente

A relação entre pesquisador e cliente é algo que demanda certo cuidado em um processo de pesquisa de marketing, por ser estreita e envolver troca de informações e opiniões. Por isso, ambos, pesquisadores e clientes, devem ter uma conduta que não prejudique o desenvolvimento da pesquisa.

Dica	O relacionamento entre cliente e pesquisador deve ser o melhor possível. O cliente será o responsável por transferir várias informações do tema de pesquisa ao pesquisador. Este poderá fornecer até dados secundários existentes dentro da empresa contratante.

Pensando nisso, o Código de Conduta da ICC/ESOMAR indica algumas orientações tanto do pesquisador como do cliente. No caso do pesquisador, essas orientações são obrigações, e, do cliente, são direitos, por este último estar contratando a pesquisa. Se estes seguirem as orientações, os problemas advindos dessa relação serão minimizados.[9]

3.2.2.3.1 Obrigações do pesquisador

No que tange à figura do pesquisador, este não deve ser negligente, pois tal comportamento poderá gerar descrédito à atividade de pesquisa. Esse fato pode gerar perda de confiança pública na pesquisa. Além disso, o pesquisador, como responsável por planejar a pesquisa, deve se reforçar para ter a pesquisa mais eficiente em termos de custo e qualidade.

Na coleta de dados, o pesquisador deve garantir o sigilo dos entrevistados, assegurando a segurança dos documentos e o registro de dados. Na interpretação e divulgação dos dados, o pesquisador não deve autorizar a divulgação de dados e conclusões que não fizeram parte dos achados da pesquisa.

Aconselha-se ao pesquisador que não utilize nenhuma das informações coletadas fora da pesquisa, principalmente se elas tiverem fins promocionais e de marketing direto. O pesquisador deverá se esforçar para sempre fornecer informações técnicas necessárias para o cliente.

Com relação à concorrência, o pesquisador não deve nunca criticar outros pesquisadores, fazendo afirmações falsas sobre habilidades e experiências de outras organizações ou pessoas.

3.2.2.3.2 Direitos dos clientes

Com relação ao cliente, este tem direito de ser informado se alguma parte da pesquisa será subcontratada fora da empresa que presta o serviço. O cliente, porém, não pode exigir exclusividade do pesquisador ou da organização contratante. Na realização de vários trabalhos concomitantemente, o pesquisador deve evitar conflitos entre os vários clientes, organizando as agendas das pesquisas para que não haja problemas no cronograma das pesquisas.

É direito do cliente ter acesso aos registros da pesquisa, principalmente resumos, minutas, documentos de coleta, plano de coleta, dados coletados, relatórios, entre outros. Estes são de responsabilidade do pesquisador, mas podem ser repassados aos clientes. Cabe ao pesquisador não divulgar esses documentos a terceiros nem comentar no mercado os valores pagos pelo cliente para realizar a pesquisa.

No que se refere às entrevistas, os clientes não têm direito ao acesso das pessoas pesquisadas. Somente se os entrevistados estiverem de acordo e derem previamente a permissão explícita.

A permissão de divulgação de imagem do cliente é outro ponto importante. O pesquisador não deve revelar a identidade do cliente ou qualquer informação confidencial, salvo se o cliente solicitar que seja dito para terceiros quais pessoas estão financiando a pesquisa.

Com relação ao acompanhamento da pesquisa, este pode ser feito pelo cliente. O cliente pode ainda verificar a qualidade das tarefas desempenhadas no trabalho de campo, mas qualquer mudança na forma que gere custo deverá ser paga pelo contratante da pesquisa, no caso o cliente.

Seja qual for o veículo de comunicação que divulgará as informações, o pesquisador deverá se responsabilizar pelos dados divulgados, para que não sejam enganosos. No caso do cliente, este deve comunicar o pesquisador em que locais será publicada a pesquisa.

Resumo dos principais tópicos do capítulo

O processo de pesquisa de marketing pode ser dividido em nove etapas: diagnóstico do problema de pesquisa, abordagens e método de pesquisa, técnica e aplicações de pesquisa de marketing, desenvolvimento do instrumento de coleta de dados, técnica de escalonamento, processo de amostragem, técnica de coleta de dados, técnica de interpretação de dados e escrevendo e apresentando o roteiro de entrevista. Na relação de demanda e oferta, muitos são os envolvidos em um processo de pesquisa de marketing. No entanto, dois apenas são os agentes responsáveis pela pesquisa: o contratante e o fornecedor. A contratação de uma pesquisa de marketing pode ser feita por pessoas físicas ou jurídicas, bastando a estas apenas uma informação e já estão aptas a contratar uma pesquisa. Uma pesquisa de marketing pode ser fornecida pelo departamento de marketing de uma empresa ou através da contratação de uma empresa especializada na realização de pesquisas. Uma equipe capacitada é formada por no mínimo quatro componentes: diretor de pesquisa de marketing, analista de pesquisa, assistente de pesquisa e funcionários transfuncionais. O diretor de pesquisa de marketing é o responsável por comandar o projeto de pesquisa, liderando e integrando as equipes de trabalho. O analista de pesquisa é responsável pelo contato direto com o cliente, fazendo o papel da supervisão direta da preparação do problema de pesquisa, coleta e análise dos dados. O assistente de pesquisa de marketing é o responsável por fazer atividade de nível operacional e técnico, como coleta de questionário, transcrição de entrevistas, formatação de documentos, entre outros. Além desses três componentes, uma equipe de pesquisa de marketing deve contar com funcionários transfuncionais, que são alocados temporariamente nos projetos, pois não pertencem diretamente à equipe de pesquisa. A relação entre pesquisador e cliente é algo que demanda certo cuidado em um processo de pesquisa de marketing, por ser estreita e envolver troca de informações e opiniões. Por isso, ambos, pesquisadores e clientes, devem ter uma conduta que não prejudique o desenvolvimento da pesquisa.

Case 4: Se beber, não dirija: hábitos de consumo dos cidadãos após a Lei Seca

Talvez nunca uma lei tenha causado tanta polêmica no Brasil como a Lei Seca. Em junho de 2008, foi aprovada a Lei nº 11.705, modificando o Código de Trânsito Brasileiro. Apelidada de "Lei Seca", proíbe o consumo de praticamente qualquer quantidade de bebida alcoólica por condutores de veículos.

Lei Seca é uma alcunha popular do período em que produzir, comercializar, transportar, importar ou exportar bebidas alcoólicas se torna proibido ou ilegal. A definição se tornou célebre após a proibição ter sido adotada nos Estados Unidos em 1920. Seu cumprimento foi vastamente burlado pelo tráfico e fabrico clandestino. A Lei Seca foi abolida em 1933.

Hoje a bebida alcoólica faz parte da vida do povo brasileiro, estando sempre presente em solenidades e locais variados. Entretanto, a partir de 2008, motoristas flagrados excedendo o limite de 0,2 grama de álcool por litro de sangue – um dos limites mais rígidos do mundo – pagarão multa pesada, perderão a carteira de motorista por um ano e ainda terão o carro apreendido. Dependendo do indivíduo, basta beber uma única lata de cerveja ou uma taça de vinho para atingir o limite.

Mas por que tanta rigidez? O Brasil apresenta uma das maiores taxas de mortalidade no trânsito, e 90% dos acidentes graves são atribuídos ao uso de bebida alcoólica. Na tentativa de minimizar esses índices, o governo federal aprovou a "Lei Seca", que reduz drasticamente os limites de consumo de álcool para motoristas.

O impacto potencial que essa lei provocou na população foi o que despertou a curiosidade e fez com que esse fosse o tema escolhido de uma pesquisa: hábitos de consumo dos cidadãos após a Lei Seca. Tendo em vista a escolha desse tema, procurou-se a coleta de dados secundários visando aprofundar conhecimentos a respeito do assunto. De posse dessas informações, partiu-se para a etapa do grupo motivacional, que auxiliou na identificação de variáveis importantes para elaboração do questionário.

Essa técnica de estudo qualitativo consiste em uma entrevista em grupo, na qual especialistas no assunto em questão – pessoas que tiveram ou têm um contato diferenciado com uma ou mais variáveis do problema – são convidados a partilharem suas experiências sob a coordenação de um moderador treinado e de um conjunto de perguntas semiestruturadas (abertas).

Para que a realização do grupo transcorresse sem problemas, houve uma etapa de planejamento anterior à execução do experimento, a fim de garantir que o estudo fosse idôneo. O primeiro cuidado observado refere-se aos participantes: deve-se tomar muito cuidado ao selecionar os especialistas que farão parte do experimento, todos devem ter tido alguma experiência significativa com o problema que está sendo estudado. Também se deve evitar os respondentes profissionais, ou seja, aquelas pessoas que já participaram de mais grupos motivacionais. Esses cuidados devem ser tomados a fim de preservar a integridade das informações obtidas. O ambiente em que se realizará o estudo também merece atenção especial. Uma atmosfera relaxada, informal, acaba produzindo comentários espontâneos. Para isso, foi providenciado um *coffee* aos participantes, com salgados, café, água e sucos, que auxiliaram na descontração do ambiente e na integração dos convidados.

A seleção dos participantes foi feita com base nas informações obtidas nos dados secundários. Cada um foi convidado, primeiramente por telefone e posteriormente em vias formais, por um convite elaborado pela equipe de pesquisa. Assim, a equipe responsável pelo estudo convidou os seguintes especialistas: o diretor da Associação de Bares e Restaurantes, o presidente do Sindicato da Hotelaria e Gastronomia, o proprietário de um restaurante, um voluntário da ONG Vida Urgente; um médico que trabalha em um pronto-socorro de um hospital, um major do Batalhão de Polícia, um consumidor masculino e um consumidor feminino.

A duração do grupo motivacional foi, aproximadamente, de uma hora e quarenta minutos. Posteriormente ao término do grupo focal, foram realizadas a transcrição e a análise do debate do grupo focal, através da qual foram levantadas as variáveis para a elaboração do questionário. Após o encerramento, como forma de mostrar a gratidão com a presença e com a atenção despendida, foram entregues lembranças aos participantes, como chocolates e doces.

Na pesquisa quantitativa, a partir das informações levantadas, decidiu-se que a população da pesquisa seria maior de 18 anos, pois pessoas com idade inferior não podem consumir álcool, de acordo com a legislação brasileira. Quanto ao método da amostragem, definiu-se que a amostra seria probabilística, com um nível mínimo de confiança de 95% e um erro amostral de 3,45%. Na construção do questionário, algumas recomendações foram seguidas devido ao tema ser polêmico. Estas recomendações encontram-se na Tabela 3.2.

44 Capítulo 3

Tabela 3.2 Recomendações utilizadas na construção do questionário

Recomendações	Detalhamento
Perguntas neutras no início do questionário	Como o assunto Lei Seca é atual, polêmico e, muitas vezes, sensível para alguns, optamos por formular questões neutras no início do instrumento, com o propósito de ganhar a confiança e a cooperação dos entrevistados.
Combatendo a resistência em responder	A disposição das questões foi planejada propositalmente para diminuir a relutância em responder. Além de utilizar perguntas neutras no início do instrumento, questões de cunho pessoal, como nome, idade, estado civil e escolaridade, foram colocadas no final, pois, após certo tempo respondendo a um questionário, a desconfiança preliminar é superada e os entrevistados estão mais propensos a conceder tais respostas. Como a pesquisa aborda hábitos pessoais, algumas perguntas podem parecer indiscretas, adotando-se contra isso a técnica da terceira pessoa.
Perguntas que se referem ao passado	As pessoas têm dificuldade em memorizar os produtos consumidos ou os eventos ocorridos. Por mais que o questionário use muitos verbos no passado, estes se relacionam aos efeitos das mudanças dos hábitos de consumo vivenciados cotidianamente pelos interessados.
Empregando palavras simples, claras e diretas	Como o questionário seria aplicado em diversas pessoas, o instrumento precisava conter palavras comuns tanto para as pessoas de alto nível cultural quanto para aquelas menos favorecidas, evitando, assim, um linguajar técnico ou refinado.
Cuidando de palavras ambíguas	O vocabulário do questionário foi elaborado com palavras que tivessem um significado único para todos os entrevistados.

Feitas as recomendações e, depois da elaboração do questionário, foi realizado um pré-teste, ou seja, um teste do instrumento em uma amostra de conveniência com cinco pessoas. Vários aspectos do questionário foram testados, entre eles *layout,* vocabulário, conteúdo e a sequência das perguntas, bem como o tempo de aplicação e as dificuldades de compreensão por parte dos entrevistados. Em reuniões posteriores a essa atividade, os responsáveis relataram suas experiências, a fim de identificar e eliminar os problemas potenciais.

Foi constatado no pré-teste que o questionário estava muito longo e cansativo (tanto para o respondente quanto para o entrevistador); os itens eram redundantes e excessivamente específicos, com isso foi possível unificar itens; perguntas essenciais ligadas à Lei Seca, como frequência em dirigir e em ingerir bebidas alcoólicas, não constavam no questionário do pré-teste. Segundo essas conclusões preliminares apresentadas, o questionário foi totalmente reformulado e simplificado, chegando à sua versão final. No total foram aplicados 857 questionários.

No que tange aos resultados encontrados na pesquisa quantitativa, com relação ao conhecimento da Lei Seca, a grande maioria da amostra estudada disse saber do que se trata a lei, representando um percentual de 98,95% dos entrevistados. Já no que diz respeito à frequência de direção, 57,53% dos entrevistados afirmaram que costumam dirigir, e desses a maioria dirige diariamente, representando 40,26% do total da amostra. Uma parcela significativa da amostra, 42,12% dos entrevistados, afirmou não dirigir.

Quanto à frequência de ingestão de bebidas alcoólicas, a maior parcela da amostra, 68,73%, afirmou que ingere algum tipo de bebida com álcool, sendo 39,56% eventualmente. 31,04% dos entrevistados afirmaram não ingerir nenhum tipo de bebida alcoólica.

Quando esse aspecto é avaliado separadamente entre os sexos, nota-se a diferença no comportamento de consumo entre os gêneros. Houve diferença significativa entre os sexos, visto que 41,07% das mulheres nunca bebem, enquanto para os homens esse percentual é de 20,89%. A maior parte dos entrevistados que bebem declara que a frequência é eventual (42% das mulheres e 37,09% dos homens).

Já os que declararam beber semanalmente, o percentual cai para 34,27% para os homens e 15,55% para as mulheres, comprovando que o público masculino bebe mais que o público feminino. Houve diferença significativa também quanto à frequência com que as pessoas dirigem, e mais homens dirigem automóveis do que mulheres. Portanto, no grupo masculino encontram-se os maiores percentuais de motoristas e consumidores de bebidas alcoólicas, o que coloca os homens no grupo de risco e, portanto, provavelmente mais afetados pela Lei Seca. Aliás, a distribuição por sexo ficou bem equilibrada na amostra: dos 857 entrevistados, 431 eram mulheres e 426 homens.

De forma geral, as pessoas concordam com a afirmação de que a Lei Seca mudou a vida das pessoas. Os entrevistados apresentaram média de 3,97 para a mudança na vida, em uma escala de 1 a 5, e 80,9% dos entrevistados pelo menos concordam com tal afirmação. Essa foi a opinião da amostra como um todo, uma vez que não houve diferença significativa entre sexo, faixa etária, escolaridade e estado civil, entre os que dirigem e não dirigem e entre os que bebem e os que não bebem.

Quanto à questão "As pessoas deixaram de ir a lugares que frequentavam antes da lei", os entrevistados também mostraram tendência de concordância, com média de 3,18, sendo quase imparciais. Os entrevistados também mostraram um maior grau de concordância com a afirmação "O risco de ser punido faz com que o cidadão deixe de dirigir após consumir bebidas alcoólicas", ficando com uma média de 3,75; e com 69,9% dos entrevistados concordando com a sentença acima.

Com relação ao consumo, os entrevistados foram questionados a respeito de diversos fatores que estão na Tabela 3.3. No que se refere a opções de lazer e entretenimento, assim como de locais frequentados, é possível observar, pelas respostas obtidas nas entrevistas, que o grupo mais atingido pela lei está saindo menos de sua casa, e com isso passa a comprar as bebidas com maior frequência em supermercados, bem como chamar tele-entregas e promover reuniões em casa, frequentando menos locais típicos para consumo de álcool como bares, *pubs*, restaurantes e casas noturnas, e, quando o faz, é em locais mais próximos de sua casa.

Tabela 3.3   Mudanças de hábitos após a Lei Seca

Questões	Muito menos	Menos	Igual	Mais	Muito mais
Após a Lei Seca, passei a comprar bebidas alcoólicas em supermercados.	1,6%	3,7%	53,3%	10,4%	3,7%
Após a Lei Seca, passei a ficar em casa.	1,3%	2,6%	73,9%	15,2%	4,6%
Após a Lei Seca, passei a frequentar bares/*pubs*.	3,5%	13,4%	50,5%	1,4%	0,5%
Após a Lei Seca, passei a frequentar locais próximos de casa.	1,2%	1,6%	62%	16,7%	4,1%
Após a Lei Seca, passei a consumir água e refrigerantes.	0,2%	1,3%	76,1%	19,5%	3,9%
Após a Lei Seca, o cidadão passou a dar carona.	0,9%	1,4%	32,9%	15,2%	4,9%
Após a Lei Seca, o cidadão passou a pegar carona.	1,2	1,9%	45,2%	15,3%	5,4%
Após a Lei Seca, o cidadão passou a usar mais ônibus.	1,1%	1,8%	63%	6,1%	1,8%
Após a Lei Seca, o cidadão passou a pegar mais táxi.	1,1%	2%	47,7%	16%	6,2%

Já quanto aos aspectos relacionados a produtos substitutos ou complementares, nota-se, por parte do grupo mais atingido, um aumento de consumo de todos os tipos de bebidas não alcoólicas, exceto energéticos e cervejas sem álcool, os quais, por serem consumidos por uma pequena parcela da população, não tiveram representatividade suficiente para serem considerados estatisticamente diferentes, como aconteceu com as demais bebidas. Por outro lado, todas as bebidas alcoólicas apresentaram queda de consumo para esse grupo.

Os dados da pesquisa, adquiridos através das questões relacionadas a meios de transporte, mostram que houve, por parte dos mais atingidos, um aumento do uso da carona após a lei acima dos demais entrevistados. Tanto os índices de dar carona quanto receber e fazer rodízio com os amigos mostraram-se maiores segundo os respondentes. Estes ainda afirmam que estão utilizando com maior frequência, se comparados aos menos atingidos, todas as alternativas de transporte público ou particular que têm à disposição: ônibus e táxi. Esses dados reunidos trazem uma visão geral dos hábitos de consumo pós-Lei Seca.[10]

Com base no estudo de caso e na abordagem teórica deste capítulo, responda às perguntas a seguir:

1. Quais são as partes desta pesquisa que evidenciam as técnicas de pesquisa de marketing utilizadas neste caso?
2. Quais são as partes desta pesquisa que evidenciam as técnicas de coleta de dados?
3. Quais são as partes desta pesquisa que evidenciam as técnicas de construção de instrumentos de coleta de dados?
4. Quais são as partes desta pesquisa que evidenciam as técnicas de análise de dados utilizadas?

Case 5: Por que essas pessoas correm tanto?

Há muito tempo o hábito de correr não é mais uma atividade individual, como tomar decisões em estratégias de marketing também não se fundamenta apenas em informações individuais do senso comum dos gestores. Pelo jeito, tanto o hábito de correr quanto as pesquisas em marketing percorreram um grande percurso neste último século.

O hábito da corrida tornou-se esporte, não só de profissionais, mas também de amadores. No caso dos corredores amadores, conhecidos como *runners*, os acessórios tornaram-se um produto indispensável para a prática desse esporte. E as grandes marcas mundiais identificaram isso nas últimas décadas e investiram pesadamente nessa linha esportiva. Hoje em dia, um corredor amador, através de tecnologias de rastreamento, consegue compartilhar seu desempenho em redes sociais, traçar novas rotas de corrida, verificar se está mais saudável do que as pessoas de sua idade, entre outros.

Atualmente, quatro milhões de brasileiros estão praticando esse esporte, que já é o segundo mais popular nas grandes metrópoles brasileiras. De acordo com a Associação Brasileira de Empresas de Componentes para Couro, Calçados e Artefatos (ASSINTECAL), a indústria de calçados para o esporte tem um faturamento correspondente a 3,8% do PIB nacional e emprega cerca de um milhão de pessoas. Dados divulgados na revista norte-americana especializada em corridas *Runner's World* demonstram que os corredores amadores estão gastando mais em calçados esportivos. Esses dados mostram que os gastos na compra, feitos pelos consumidores mundiais, crescem, movimentando o montante de cerca de US$ 16,4 bilhões a cada ano.[11]

Com base no estudo de caso e na abordagem teórica deste capítulo, responda às perguntas a seguir:

1. Quais seriam as vantagens e desvantagens de fazer uma pesquisa terceirizada com este tema?
2. Explique como poderia ser composta uma equipe (pessoas envolvidas) para este tipo de pesquisa?

Questões de discussão para aplicação da teoria

1. Pense na formulação do processo de pesquisa de marketing. Imagine todas as nove etapas descritas neste capítulo.

Dividam-se em três grupos. Cada grupo ficará com três partes do processo de pesquisa. Esses grupos devem defender suas etapas demonstrando quais são suas principais vantagens e, ao mesmo tempo, no debate, devem nomear as desvantagens das outras técnicas.

2. Imagine uma situação em que você é convidado para realizar uma pesquisa eleitoral em uma cidade brasileira. Para qual das etapas discutidas neste capítulo você daria mais ênfase? Explique com detalhe seus argumentos.

3. Com o intuito de fazer uma revisão, responda em tópicos: quais seriam as obrigações e os deveres de um pesquisador perante um cliente?

Notas

[1] Relatório de dados da pesquisa "*A satisfação dos usuários do SUS e dos sistemas privados de saúde*" realizada pela turma de Pesquisa de Marketing da Universidade Federal do Rio Grande do Sul (UFRGS) no período de setembro a dezembro de 2016, sob a tutela do Professor Dr. Walter Nique.

[2] Kolb, B. (2008). *Marketing research:* a practical approach. London: Sage.

[3] Body, H.W.; Westfall, R. (1973). *Pesquisa mercadológica:* textos e casos. 2. ed. Rio de Janeiro: Fundação Getulio Vargas.

[4] Hanson, D.; Grimmer, M. (2007). The mix of qualitative and quantitative research in major marketing journals, 1993-2002. *European Journal of Marketing,* 41, (1/2).

[5] Kolb, B. (2008). *Marketing research:* a practical approach. London: Sage.

[6] Mcquarrie, E.R. (2003). *The marketing research toolbox:* a concise guide for beginners. London: Sage.

[7] Brace, I.; Adams, K. (2006). *Introduction to market and social research:* planning and using research tools and techniques. London: Kogan Page Publishers.

[8] Crouch, S.; Housden, M. (2003). *Marketing research for managers.* Boston, MA: Butterworth-Heinemann.

[9] ABEP. *Código de Conduta da ICC/ESOMAR.* Disponível em: <www.abep.org/Servicos/DownloadCodigoConduta.aspx?id=03>. Acesso em: 3 jul. 2017.

[10] Relatório de dados da pesquisa "Hábitos de consumo dos cidadãos após a Lei Seca" realizada pela turma de Pesquisa de Marketing da Universidade Federal do Rio Grande do Sul (UFRGS) no período de abril a junho de 2009, sob a tutela do Professor Dr. Walter Nique.

[11] Adaptado de: Ladeira, W.J.; Dalmoro, M. (2012). Suscetibilidade à influência interpessoal e valor percebido no consumo de tênis de corrida. *Pretexto,* (1), 134-153.

Parte II

Planejando uma Pesquisa de Marketing

Diagnóstico do Problema de Pesquisa

OBJETIVOS DO CAPÍTULO

No final deste capítulo, o leitor deverá ser capaz de:

- Definir o que é um problema de pesquisa.
- Saber identificar a falta ou excesso de informação em um problema de pesquisa.
- Entender a importância do problema de pesquisa na fase inicial.
- Compreender a diferença entre dados primários e secundários em uma pesquisa de marketing.
- Saber operacionalizar um problema de pesquisa de marketing.
- Identificar os principais critérios de uma proposta de pesquisa.

A INFLUÊNCIA INTERPESSOAL E A DIMINUIÇÃO NO CONSUMO DE CIGARROS

A cena do pai fumando na sala de espera do hospital contagiado pelo nervosismo do nascimento de seu filho só pode ser vista hoje em dia em filmes clássicos de antigamente. Essa cena hoje seria motivo de repúdio por muitas pessoas. Isso devido ao uso do cigarro ser proibido em lugares públicos como um hospital. Também não se encontram mais poltronas de aviões ou ônibus com os cinzeiros para os fumantes. Por incrível que pareça, antigamente ônibus e aviões tinham como acessórios obrigatórios os cinzeiros. *E quem não se lembra das rodas de intelectuais de antigamente com seus pensamentos filosóficos regados a cafezinho e cigarros?* Sim, isso era muito comum no meio acadêmico.

O desaparecimento desses comportamentos indica claramente uma queda no consumo de cigarros nas últimas décadas. Porém, *o que será que fez esses fatos desaparecerem do cotidiano dos brasileiros e automaticamente reduzir o número de cigarros consumidos no Brasil?* Muitos vão dizer que foi a publicação do Decreto-lei nº 9.294, de 15 de julho de 1996, que diz em seu segundo artigo que é proibido o uso de cigarros, cigarrilhas, charutos, cachimbos ou qualquer outro produto fumígeno, derivado ou não do tabaco, em recinto coletivo, privado ou público, salvo em área destinada exclusivamente a esse fim, devidamente isolada e com arejamento conveniente. No entanto, não foi apenas a regulamentação que influenciou na queda do consumo de cigarros nos Brasil. Muito tem se falado da influência de grupos de pessoas no consumo de cigarro.

Fumar deixou de ser algo legal e divertido, passando a ser visto por grande parte da população como algo prejudicial à saúde. Essa mudança de comportamento pode ser explicada talvez pelos estudos de influência de grupos de referência no consumo de produtos ou serviços.

Os estudos de grupos de referência têm mais de 70 anos de história de pesquisa no marketing. A expressão *grupo de referência* foi elaborada em um primeiro momento por Hyman em 1942, em seu clássico artigo "The psychology of status", publicado na *Archives of Psychology*. Porém, foi só em 1989 que houve um crescimento na academia de marketing desses estudos, com Richard G. Netemeyer, da Louisiana State University, William O. Bearden, da University of South Carolina, e Jesse E. Teel, da University of South Carolina. Esses pesquisadores apresentaram uma escala, no artigo "Measurement of consumer

50 Capítulo 4

susceptibility to interpersonal influence (SUSCEP)", no *Journal of Consumer Research*. Essa escala reconhece a influência interpessoal no desenvolvimento de atitudes, normas, valores, aspirações e comportamentos de compra. De acordo com seus estudos, o indivíduo tende a se comportar conforme grupos de referência e modifica as suas decisões com base na avaliação de outros, pautada em três fatores: normativa utilitária, normativa de valor e informacional.[1]

O primeiro fator é a influência normativa utilitária que ocorre quando um indivíduo está em conformidade com as expectativas de outras pessoas para ganhar uma recompensa ou evitar uma punição. Nesse caso, não fumar perante as pessoas ou em lugares públicos seja hoje motivo de recompensa, e o contrário seja motivo de punição ou constrangimento por parte do fumante. O segundo é a influência normativa de valor que acontece quando um indivíduo aceita a influência de outro indivíduo com quem ele se identifica; para entender melhor, imagine o fato de alguém mais próximo do consumidor não gostar de cigarros ou evitar o contato com fumantes. E, por fim, a influência informativa, que acontece quando os consumidores utilizam as fontes de informação interpessoal para conhecer atributos dos produtos ou ter uma melhor opção de escolha. Nesse caso, podem ser os anúncios nos maços ou encartes de cigarros que fazem uma campanha negativa ao seu consumo. Alguém pode ver esses anúncios e avisar as pessoas de seu grupo que fumar faz mal.

No caso do desenvolvimento da escala de influência de referência, nota-se que ela pode ajudar a entender muito por que as pessoas deixaram de fumar. No entanto, existem outros motivos que fizeram com que as pessoas diminuíssem o consumo de tabaco. A investigação desses outros motivos pode se iniciar através de um problema de pesquisa.

Veremos neste capítulo que um dos primeiros passos em uma pesquisa de marketing é definir o seu problema. O pontapé inicial será o desenvolvimento de um problema, assunto que discutiremos a partir de agora. Só para exemplificar, a relação entre diminuição da venda de cigarros e a possível influência interpessoal poderia ser estudada como problema de pesquisa através da seguinte pergunta: *Será que a influência interpessoal é responsável pela queda no consumo de cigarros no Brasil?*

4.1 PROBLEMA DE PESQUISA NÃO É LITERALMENTE UM PROBLEMA

Como vimos no Capítulo 1, apesar de o marketing ser uma área de estudo nova em relação a outras existentes, a sua prática não é algo recente na história da humanidade. Pessoas e empresas há muitos anos produzem e trocam bens e serviços. Para a realização dessas duas atividades, torna-se necessário que outras pessoas comercializem e comprem os bens e serviços. Dentro dessa visão, empresas que tiverem uma melhor estratégia de marketing poderão ter mais benefícios nessas atividades. Por isso, um planejamento estratégico de marketing ajuda a empresa a alcançar os seus objetivos comerciais e, ao mesmo tempo, a atender às necessidades e desejos de seu consumidor. É na visão estratégica do marketing que podemos entender a necessidade de se pensar em problemas de pesquisa.

Quando se fala em problema de uma pesquisa de marketing, não estamos utilizando diretamente a palavra "problema" como sinônimo de dor de cabeça ou sintoma de algo grave. Existe uma série de diferentes problemas em pesquisas de marketing que não são coisas maléficas para as empresas, por exemplo, a melhoria estratégica para o lançamento de um produto, a procura de um novo segmento de mercado, o posicionamento estratégico de uma marca para determinado público, entre outros. Observe-se que nesse caso o problema de pesquisa não é literalmente um problema, mas sim uma oportunidade para a empresa.

O diagnóstico de um problema de pesquisa deve ser entendido como uma descrição analítica de um contexto ou juízo do momento que envolve as características ou o comportamento do que vai ser estudado. Esse diagnóstico pode ser inferido, deduzido, previsto ou imaginado pelo profissional de pesquisa de mercado.

Para compreender a importância do diagnóstico de um problema de pesquisa e como este é usado nas pesquisas de marketing, faz-se necessário entender: (a) o que é um problema de pesquisa; (b) a relação entre problema e dados primários/secundários; e (c) a operacionalização de um problema de pesquisa.

4.2 O QUE É UM PROBLEMA DE PESQUISA?

O conceito de problema de pesquisa traz uma relação direta com informação, método e resultados.[2] *A priori*, uma empresa procura desenvolver um problema de pesquisa quando esta não tem informações suficientes do seu consumidor, ou acerca de um lançamento de um produto, ou que posicionamento ele deve ter em um mercado, entre outras situações que envolvem a área de marketing. Assim, ter um problema de pesquisa é ter algo para estudar em marketing, ou seja, é procurar informações sobre o que não se tem ou não se consegue enxergar.

> **Dica**
>
> O problema de pesquisa deve sintetizar e englobar todos os assuntos que serão explorados na pesquisa. Uma maneira de deixar mais claro o problema de pesquisa é pensá-lo juntamente com objetivos gerais e específicos.

Resumidamente, um problema de pesquisa pode ser interpretado com uma pergunta que, por enquanto, não tem respostas. Se utilizamos a estratégia de criar uma pergunta para entendermos algo na área de marketing de uma empresa, automaticamente pensaremos em uma forma de encontrar a resposta, através de um método. Esta palavra vem do grego, *methodo*, que é a união dos termos *met* (meta ou objetivo) e *hodos* (caminho para se chegar a um fim). Desse modo, quando se cria um problema de pesquisa, procura-se um método para alcançar respostas às

Diagnóstico do Problema de Pesquisa **51**

perguntas que a empresa fez. Nesse contexto, o método é um agrupamento ordenado de etapas e processos para solucionar problemas, gerando resultados.

O benefício de se criar problemas de pesquisa é que estes podem indicar métodos mais adequados, seguros e econômicos. Futuramente veremos que existem métodos peculiares para tipos específicos de problemas.

4.3 RELAÇÃO ENTRE PROBLEMA E DADOS PRIMÁRIOS/ SECUNDÁRIOS

Para resolver um problema de pesquisa, deve-se atentar para os dados existentes. Quando se fala em pesquisa de marketing, podem-se classificar os dados da pesquisa em duas categorias: primários e secundários. Essa classificação tem como natureza as diferentes fontes de dados: no caso dos secundários, são dados existentes; e os primários são dados que o pesquisador fornece através da pesquisa.[3]

Palavra do especialista

O problema de pesquisa consiste em delinear e especificar aquilo que a pesquisa pretende investigar dentro de um determinado tema; é aquela questão não resolvida que se buscará responder com a pesquisa. Em sua definição, o problema de pesquisa já norteará o método a ser aplicado para resolver o problema. Acredito que um problema de pesquisa deva estar alinhado a um tema bem delimitado, ser claro e específico, emergir a partir de um sólido conhecimento de um domínio teórico específico, considerando as teorias rivais existentes, localizando lacunas/questões ainda não exploradas, com resultados inconsistentes, divergentes e/ou contraditórios. Assim, o domínio do estado atual do conhecimento teórico é fundamental na formulação do problema, possibilitando apontar com precisão o que a pesquisa irá contribuir ao desenvolvimento do tema.

Dr. Cláudio Hoffmann Sampaio é pós-doutor em Marketing pela University of Georgia (EUA) e professor titular da Pontifícia Universidade Católica do Rio Grande do Sul.

Em alguns casos, uma empresa pode não ter dados suficientes para responder às suas perguntas de pesquisa, sendo necessário coletar dados primários. Em outros casos, a resposta a uma pergunta de pesquisa pode estar disponível, por exemplo, em outras pesquisas realizadas por outras empresas. Nesse caso estamos falando em dados secundários existentes.[4] Podemos definir os dados primários como aqueles que ainda não foram coletados antes, estando em posse dos pesquisadores, e que são coletados com o propósito de atender às necessidades específicas da pesquisa em andamento. As fontes básicas de dados primários mais comuns são: pesquisados e pessoas que tenham informações sobre o pesquisado. Por outro lado, o que denominamos

dados secundários são aqueles que um dia já foram coletados, tabulados, ordenados e analisados e estão à disposição dos interessados. As fontes básicas de dados secundários mais comuns são: a própria empresa, publicações, governos, instituições não governamentais, serviços padronizados de informações, entre outros agentes.

4.4 UMA DEFINIÇÃO CLARA DO PROBLEMA AUXILIA NA TOMADA DE DECISÕES FUTURAS

A definição do problema de pesquisa é crucial na pesquisa de marketing. Por isso, o pesquisador deve ter o maior cuidado, gastando boa parte da sua energia e envolvendo sua equipe para defini-lo. Quanto mais precisa for a definição do problema de pesquisa, mais fáceis, lógicos e automáticos serão os mecanismos para atingir a esse objetivo. Vejamos um exemplo.

Imagine que você queira ir para o "norte" e está no centro da cidade de São Paulo. Porém, *que norte é esse? Você vai para Juneau, capital do Alasca? Ou para Belém do Pará? Ou para Atibaia?* Tudo é norte de São Paulo!

Nesse caso, se você define Belém do Pará, automaticamente exclui uma série de ações que poderia tomar, ou seja, diminui o número de opções para tomar algumas decisões futuras na pesquisa. Nesse momento, você já sabe que pode ir de avião e que consegue chegar no mesmo dia. E dificilmente conseguiria ir de carro para chegar no mesmo dia respeitando as velocidades permitidas, ou, ainda, demoraria muito para ir a pé ou de bicicleta.

No entanto, você ainda pode definir melhor o lugar para onde ir. Você pode ir para a Avenida Boulevard Castilho França, no bairro Campina, pois a cidade de Belém do Pará é muito grande. Aqui fica muito claro: agora você tem a alternativa de pegar um avião de São Paulo e, quando chegar ao aeroporto Júlio Cezar Ribeiro (conhecido também como Aeroporto Val de Cans), de Belém do Pará, pegar um táxi ou um ônibus até a avenida de destino. Essa descrição faz com que você utilize parâmetros de tempo e recursos para a tomada de decisão. Suponhamos que o seu parâmetro seja percorrer esse trajeto no menor tempo e no menor custo. Então essa possibilidade comentada ser torna viável de acordo com os parâmetros escolhidos.

Esse exemplo nos mostra que, quando definimos claramente nosso problema, automaticamente e, por lógica, as alternativas se apresentam e você utiliza os parâmetros da pesquisa para coordenar a questão de custo e recursos a serem usados. Quando você define bem o problema de pesquisa, estará facilitando também a definição dos instrumentos e das técnicas de coleta de dados.

4.5 A RELAÇÃO SINTOMA, DIAGNÓSTICO E TRATAMENTO

Fazer uma pesquisa de marketing e, consequentemente, desenvolver um problema de pesquisa pode ser entendido pela metáfora da ida de um paciente ao médico em busca da cura de uma doença. Para isso, teremos que pensar em três fases importantes: sintomas, diagnóstico e tratamento.

Na maioria das vezes, quando uma pessoa vai ao médico, ela não sabe o que tem de fato. Apresenta sintomas que devem ser descritos ao médico, tais como: dor de cabeça, tontura, cansaço, entre outros. Quando alguém procura fazer uma pesquisa de mercado, tampouco sabe ao certo o que está acontecendo ou qual o problema demanda tal pesquisa. Por isso, sugere-se em um primeiro momento fazer uma descrição dos principais sintomas da situação, por exemplo: *o que está acontecendo? Por que se precisa de uma pesquisa de mercado? Quando e como começou o problema?*

Logo após a descrição dos sintomas, por mais que o médico saiba o que o paciente tem, dificilmente ele sai prescrevendo uma medicação. Primeiro, pede ao paciente uma série de exames, para ter um diagnóstico mais claro da doença e, assim, poder medicar mais eficientemente. Na pesquisa de mercado ocorre a mesma coisa: é preciso de uma série de "exames" para coletar dados e alcançar uma visão mais clara do problema de pesquisa.

Com os dados do exame coletados e analisados, o médico poderá prescrever um tratamento coerente para o paciente. A pesquisa de mercado funciona da mesma maneira: o profissional de pesquisa utiliza os dados coletados e analisados para, através de um relatório ou apresentação, indicar o melhor tratamento para a empresa.

4.6 OPERACIONALIZAÇÃO DE UM PROBLEMA DE PESQUISA

Uma vez entendido o conceito de problema de pesquisa e descritos os tipos de dados existentes, o próximo passo é operacionalizar o problema de pesquisa para que este seja apresentado aos contratantes da pesquisa. Esse processo perfaz cinco etapas, que iniciam pelo *briefing* com os principais interessados na realização da pesquisa. Logo após essa reunião inicial na qual são detectados os sintomas que vão construir o problema, é o momento de procurar os dados secundários a fim de entender melhor o problema a ser solucionado.

Dica	Muitas vezes, a pesquisa de marketing lida apenas com fragmentos de um problema maior. Isso devido à tendência de os executivos da contratante e o pesquisador entenderem o processo de tomada de decisão do consumidor como algo restrito.

Com base no conhecimento gerado pelos dados secundários, é hora de elaborar o problema de pesquisa formalmente. Quando terminar a elaboração do problema, já saberemos o que se pretende analisar e podemos calcular o que será necessário gastar de recursos, mão de obra e tempo para a pesquisa. Nessa etapa, o pesquisador deverá elaborar formalmente a proposta de pesquisa. Por fim, essa proposta é encaminhada para apreciação do contratante a fim de que seja aprovada. Na Figura 4.1, encontra-se a estruturação dessas cinco etapas, sendo explicado detalhadamente nos subitens a seguir o que deve ser feito em cada uma delas.

4.6.1 *Briefing* inicial: detecção dos sintomas

Quando uma empresa deseja realizar um processo de pesquisa de marketing, ela pode iniciar o desenvolvimento do problema através de uma conversa preliminar sobre o que está acontecendo. Chamaremos essa etapa de *briefing* inicial. A palavra "*brief(ing)*" é originada do inglês "*dossier*", que pode ser representada por um conjunto de informações, oriundas de uma coleta de dados feita em uma reunião para o desenvolvimento de um trabalho. O *briefing* é o primeiro passo para mapear o problema e ter ideias para sua solução. Desse modo, ele é uma parte fundamental para a elaboração da pesquisa de marketing, pois mapeia a necessidade do cliente.

É nessa etapa que o profissional de pesquisa de marketing procura as informações iniciais sobre o que está acontecendo. Dificilmente o responsável pela empresa conseguirá descrever claramente o que está ocorrendo. Ele provavelmente terá em mente os sintomas do que está acontecendo.

Cabe, nesse caso, ao pesquisador responsável fornecer o diagnóstico preciso do que está acontecendo. A etimologia da palavra "sintoma" origina-se do grego *sin*, que significa junção, e *tomo*, que significa pedaço. Desse modo, estudar os sintomas é juntar as peças de um quebra-cabeça. Para que isso ocorra, a interpretação dos sintomas é feita através de um interrogatório, pois sem o relato dos fatos fica complicado conhecê-los. Para isso, o pesquisador deve marcar uma reunião para conhecer os sintomas.

Os sintomas podem ser mensurados em sete características centrais (verificar Tabela 4.1). A identificação dos sintomas pode fornecer melhores informações para entender o problema e, logo após, formular o problema a ser pesquisado.

No caso de o processo de pesquisa ser terceirizado, essa etapa deve ser feita pelos profissionais da empresa contratada juntamente com os profissionais da contratante. Se a pesquisa for feita internamente na empresa, a pessoa responsável pela pesquisa deve procurar o informante da área em que ocorrerá o processo, em busca de mais informações.

Figura 4.1 Cinco etapas para a operacionalização de um problema de pesquisa.

Diagnóstico do Problema de Pesquisa 53

Tabela 4.1 Sete características para detecção dos sintomas em problema de pesquisa

Características dos sintomas	Descrição
Qualidade	É a descrição detalhada do sintoma através da percepção do respondente. Esta é feita mediante as experiências e a memória que o respondente tem do assunto. Sem dúvida, está é a característica mais complicada de ser mensurada, mas imprescindível para a detecção das outras características.
Localização	É definir onde está ocorrendo o sintoma e em que profundidade. O pesquisador deve tomar cuidado nessa característica, pois os respondentes podem não adotar uma mesma nomenclatura ao se reportar ao sintoma.
Quantidade	É a descrição da frequência e da intensidade em que os sintomas acontecem, ou seja, o número de vezes que se notam os sintomas.
Cronologia	É a identificação da sequência temporal que envolve o sintoma identificado, ou seja, especificar o tempo em que ocorre o fenômeno.
Circunstâncias	É identificar como ocorrem os sintomas, ou seja, em que momentos eles se manifestam e o que acontece no local.
Fatores atenuantes	É a descrição do que pode agravar o sintoma. Deve-se fazer uma associação entre sintomas e fatores que os geram.
Manifestações associadas	É a fase em que se demonstra a associação desse sintoma com outros possíveis sintomas que ocorrem simultaneamente.

4.6.2 Análise dos dados secundários

Após a fase do *briefing* inicial, o pesquisador deve pensar sobre o contexto em que os sintomas foram identificados. Faz-se necessário, então, analisar os dados secundários existentes. Esta é uma fase em que o pesquisador realiza com sua equipe de pesquisa, sem a presença dos interessados ou contratantes da pesquisa, uma reunião para discutir o que está acontecendo e como os dados secundários poderão auxiliar nesse processo.

Essa etapa é importante, pois é nela que se decide se é necessária a realização da pesquisa. Deve-se procurar nessa fase dados secundários existentes que possam ajudar a entender melhor os sintomas detalhados no *briefing* inicial. Esses dados secundários poderão sanar os sintomas encontrados ou indicar a necessidade de formular o problema de pesquisa.

Palavra do especialista

A pesquisa de mercado sempre exigiu profissionais com formação multidisciplinar para o seu exercício. Essa multidisciplinaridade restringia-se em três áreas de conhecimento até o começo do século XXI: a estatística, as ciências sociais aplicadas (administração e economia) e as ciências humanas (sociologia, antropologia e psicologia). Por serem áreas de conhecimento singularmente distintas, aquele que atua na pesquisa de mercado iniciava sua trajetória em uma das três áreas de conhecimento, "formando-se" nas demais ao longo do exercício da profissão. Assim, e segundo muitos dos decanos da atividade, o pesquisador de mercado demandava pelo menos 10 anos de experiência para poder ser considerado "pleno". Então chegamos à segunda década do século XXI e a complexidade aumentou. O acesso a grandes bases de dados e maiores recursos computacionais demanda competências em tratamento e análise dessas bases (*analytics* e *Big Data*), bem como habilidades de programação. Em função do grau de diferenciação das áreas de conhecimento acima citadas e esta, relacionada à ciência dos dados e computação, não é adequado imaginar "o pesquisador de mercado", mas equipes multidisciplinares de pesquisadores, cada qual com seu arcabouço de conhecimentos e competências que deverão se unir para produzir melhores análises em prazos cada vez mais exíguos, de dados cada vez mais oriundos de bases de dados de grande volume, além dos dados primários aos quais estamos habituados. Os tempos são desafiadores e ao mesmo tempo instigantes para a pesquisa de mercado, que dificilmente poderá ser entendida em 20 anos como a percebemos hoje.

Mario Rodrigues Filho é CEO do GRUPOM Consultoria Empresarial e faz parte do Conselho Fiscal da Associação Brasileira de Empresas de Pesquisa (ABEP).

O pesquisador deve ter grande domínio sobre os dados secundários mesmo que estes não atenuem os sintomas identificados. Um grande conhecimento dos dados secundários o ajudará a descrever melhor o fenômeno estudado e a construir com mais consistência a fase exploratória da pesquisa, se necessário. Ter conhecimento dos dados secundários que envolvem os sintomas é demonstrar para o interessado ou contratante da pesquisa que o pesquisador tem domínio sobre o que está sendo estudado.

4.6.3 Definição formal do problema de pesquisa

O processo de definição do problema de pesquisa não é algo simples e rápido.[5] Geralmente, definir a pergunta que norteará a construção da pesquisa é algo difícil e demorado. Por isso, o pesquisador deve tomar cuidado na formulação de seu problema de pesquisa, pois essa etapa será responsável por definir futuramente o caminho a ser percorrido. Um problema de pesquisa malformulado ou completamente errado pode gerar gasto excessivo de tempo e recursos.

54 Capítulo 4

> **Dica** — Na etapa de definição formal do problema de pesquisa, é importante que se faça um levantamento com a equipe de pesquisa. É importante que esta descreva os recursos que serão gastos e, claro, os custos associados a estes.

Para ser bem definido, um problema de pesquisa deve ser bem desenhado, direto e restrito. O pesquisador deve evitar questões amplas e imprecisas, pois podem gerar várias interpretações acerca do que vai ser estudado. Não se pode esquecer que o problema de pesquisa é algo que vai nortear as escolhas metodológicas e o comportamento dos agentes na pesquisa de campo. Por isso, ele deve ter uma linguagem clara, evitando termos imprecisos, como: *muito*, *grande parte*, *a maioria*, às vezes, *em média*, *uma pequena parte*, entre outras. Além disso, um problema de pesquisa amplo pode gerar um excesso de informação, acarretando problemas no momento de analisar os dados.

Nesse momento, aconselha-se que o pesquisador não leve em conta a experiência pessoal para elaborar o problema de pesquisa. As experiências pessoais são vistas como suposições (pensamentos que geram fatos sem prova) não comprovadas na prática científica, mas pelo senso comum (prática cotidiana). Em vez de fazer suposições, o pesquisador deve dedicar tempo pensando criticamente sobre a verdadeira natureza do problema de pesquisa, procurando associá-lo aos dados secundários existentes. A seguir, dicas para construir um bom problema de pesquisa.

a) O problema pode ser definido através das observações do método que se queira aplicar.

b) O problema pode ser definido em termos de uma atividade não resolvida ou uma identificação de oportunidade.

c) Um problema pode ser confundido com seus sintomas, por isso se aconselha o uso de uma relação causal entre problemas e sintomas.

d) O problema deve apresentar razões próprias de existência (importância, viabilidade e oportunidade), pois isso fará o pesquisador refletir sobre a sua construção.

e) Devem ser formulados problemas realistas, diretos e claros, não sendo desenvolvidos em trechos longos e cansativos.

f) O pesquisador deve estar ciente de que um problema de pesquisa pode ser desenvolvido em vários graus de abstração.

g) O problema deve ser o caminho para operacionalizar a pesquisa, por isso deve ter uma redação clara.

Se o pesquisador quiser deixar o problema mais compreensível, poderá ainda utilizar termos conhecidos do ambiente da pesquisa, tais como: objetivo, proposição e hipóteses. Um objetivo pode ser entendido como um alvo ou desígnio que se pretende atingir. Uma proposição é uma sentença linguística utilizada para descrever um conteúdo que pode ser entendido como falso ou verdadeiro. Uma hipótese é a formulação temporária, com intenções *a posteriori* de ser verificada, sendo possível ou não de ser admissível.

Em um trabalho, pretende-se definir objetivos, proposições e hipóteses suficientes para entender com mais exatidão o problema de pesquisa.

4.6.4 Formulação da proposta de pesquisa

A formulação da proposta de pesquisa é posterior à elaboração do problema de pesquisa. Terminada a formulação do problema, o pesquisador deverá confeccionar uma proposta de pesquisa para tentar responder à pergunta, tendo que calcular o tempo e os recursos necessários para execução desta.

Nesta etapa, faz-se uma sondagem de como o contratante da pesquisa vai usar a informação para sua tomada de decisão. Essa forma de uso vai determinar pontos importantes na formulação da pesquisa: *quando, onde e por quem esses dados serão utilizados?* Com essas informações, formula-se a proposta que deverá conter um valor que contemple a linha de tempo determinada e os valores necessários para execução da pesquisa.

Aconselha-se que o pesquisador demonstre a execução da pesquisa através de etapas. Para isso, pode-se utilizar o gráfico de Gantt, que ilustra o avanço de diferentes etapas em um projeto de pesquisa. Esse tipo de gráfico é formado por um eixo cartesiano, sendo que sobre o eixo horizontal são colocados os intervalos de tempo de cada atividade. Esse tipo de gráfico é útil para o controle do processo de pesquisa. Nele podem ser visualizados o início e o fim de cada etapa, com o período de tempo, os recursos necessários e os seus devidos responsáveis.

Outro ponto interessante é que a formulação da proposta de pesquisa deve ser feita pelo grupo de pesquisa e seus responsáveis. Nesse momento, não é necessária a presença do contratante da pesquisa. Após a formulação da proposta, esta deverá ser apresentada ao contratante no *briefing* final.

4.6.5 *Briefing* final: entrega da proposta

O *briefing* final é uma reunião de encerramento para entregar ao contratante da pesquisa o problema a ser pesquisado e a proposta de pesquisa a ser realizada para a resolução do problema. Deve-se procurar demonstrar ao contratante que a pesquisa irá fornecer conhecimento necessário para resolver um problema, e não apenas responder ao problema. Em muitas negociações sobre a operacionalização do problema, esquece-se desse fato, e isso faz com que a pesquisa encomendada seja apenas uma coleta de dados. Como resultado, uma pesquisa deve demonstrar em seu *briefing* final que gerará uma grande quantidade de dados sobre o problema definido.

> **Dica** — O *briefing* final é um momento em que o pesquisador disponibiliza para o contratante a proposta de pesquisa que será realizada. Nessa etapa, o pesquisador deve ter flexibilidade ao aceitar as ideias que o contratante sugere.

Nesta etapa, o contratante poderá dar um *feedback* sobre a proposta apresentada e, caso necessário, podem-se realizar ajustes no problema de pesquisa e na proposta elaborada. A operacionalização do problema de pesquisa se desenvolve em negociações, por isso que se tem um início e um término através *briefing*. Devido a esse fato, deve existir uma flexibilidade entre os interesses do contratante e do pesquisador.

Resumo dos principais tópicos do capítulo

O problema de pesquisa é uma das partes mais importantes da pesquisa de marketing, pois é nele que identificamos o que vai ser estudado. Quando falamos em problema de uma pesquisa de marketing, não estamos utilizando diretamente a palavra "problema" como sinônimo de dor de cabeça ou sintoma de algo grave. O diagnóstico de um problema de pesquisa deve ser entendido como uma descrição analítica de um contexto que envolve as características ou comportamentos do que vai ser estudado. Esse diagnóstico pode ser inferido, deduzido, previsto ou imaginado pelo profissional de pesquisa de mercado. Um problema de pesquisa pode ser interpretado com uma pergunta que, por enquanto, não tem respostas. Esse problema está associado diretamente com a quantidade de dados e informações existentes. Quando se fala em pesquisa de marketing, podem-se classificar os dados da pesquisa em duas categorias: primários e secundários. Os dados primários são aqueles que ainda não foram coletados, estando em posse dos pesquisadores, e são coletados com o propósito de atender às necessidades específicas da pesquisa em andamento. Os dados secundários são aqueles que um dia já foram coletados, tabulados, ordenados e analisados e estão à disposição dos interessados. A operacionalização do problema de pesquisa pode ser realizada em cinco etapas, e inicia pelo *briefing* com os principais interessados na realização da pesquisa. Logo após, na reunião inicial são detectados os sintomas que vão construir o problema; é o momento de procurar dados secundários, para entender melhor o problema a ser elaborado. Com base no conhecimento gerado pelos dados secundários, é hora de elaborar o problema de pesquisa formalmente. Quando terminar a elaboração do problema, é o momento de analisar e calcular o que será necessário gastar de recursos, para apreciação do contratante para ser aprovada.

Case 6: Elaboração de uma proposta de pesquisa para avaliar o atendimento no setor bancário

Todos nós sabemos que o atendimento é um dos elementos mais importantes hoje em dia, tanto nas salas de aula quanto no mundo dos negócios. Pensando nesse tema, o presente caso tem como intenção elaborar uma proposta de pesquisa de satisfação do atendimento para o setor de serviços bancários.

1. Introdução

A finalidade deste documento é apresentar ao contratante um banco brasileiro, uma proposta de prestação de serviços técnico-profissionais especializados em planejamento, execução e análise de pesquisa nacional de marketing financeiro, no que se refere a um conjunto de aspectos relacionados a atendimento bancário.

A proposição metodológica delineada nesta proposta fundamenta-se no *briefing* elaborado pela comissão de marketing financeiro da contratada, a qual objetiva identificar e avaliar a expectativa consciente do cliente, em termos de comportamento atual, relativamente a um amplo *spectrum* de itens caracterizados pelas potencialidades do conceito de atendimento bancário.

2. Objetivos da pesquisa

Define-se como objetivo geral da pesquisa identificar e avaliar a *expectativa consciente* de clientes de instituições financeiras relativamente ao atendimento bancário. Pelo conceito de expectativa consciente, entendem-se a identificação e a avaliação de aspectos que o cliente *sente* do atendimento atual. Desse modo, pretende-se verificar o posicionamento do mercado face ao atendimento existente hoje e não caracterizar expectativas em relação ao futuro – ou mesmo, ideais – ou ainda avaliações decorrentes de experiências do passado.

Como objetivos de caráter específico em termos de avaliação dessa expectativa consciente, definem-se oito áreas de abordagem associadas ao conceito de atendimento bancário para clientes pessoa física, quais sejam:

- ◆ disponibilidade e qualidade de informações;
- ◆ qualidade de atendimento;
- ◆ rapidez no atendimento;
- ◆ personalização do atendimento;
- ◆ aspectos físicos da agência/funcionário;
- ◆ atendimento extra-agência;
- ◆ atendimento comparado entre bancos e com outros setores de atividades; e
- ◆ automação na agência.

A definição dos objetivos centrados nessas oito áreas gerais de atendimento bancário deverá permitir a obtenção de um diagnóstico preciso que possibilite a implementação de estratégias e programas cooperados de marketing financeiro nessa específica área de interesse.

3. Metodologia

A filosofia desta pesquisa de marketing caracteriza-se, entre outros aspectos, pelo desenvolvimento de projetos que atendam às necessidades específicas de cada cliente. Essa postura exige uma atuação cooperativa entre nossa equipe e a contratante em todo o período de duração do projeto.

3.1 Delineamento do plano amostral

3.1.1 Dimensionamento da amostra

Tendo em vista que o atendimento bancário pode assumir conceitos distintos não somente em função das características psicossociais dos consumidores de serviços bancários localizados em diferentes regiões geográficas, mas também do(s) próprio(s) banco(s) com o(s) qual(is) trabalha, torna-se fundamental definir um tamanho total de amostras e de subamostras

56   Capítulo 4

suficientemente significativo que permita uma representação do *mix* das diferentes categorias de bancos no nível de cada uma das praças consideradas. Esse cuidado na estruturação da amostra para efeito de coleta dos dados é de extrema importância para se proceder à análise dos dados no nível agregativo ponderado "Brasil" e ainda na análise decomposta por região geográfica.

Desse modo, estima-se a amostra total em 2.200 entrevistas, distribuídas nos seguintes substratos amostrais:

Tabela 4.2   Distribuição amostral proposta

Local	Número de entrevistados
São Paulo – Capital	500
Interior de São Paulo*	400
Rio de Janeiro – Capital	300
Belo Horizonte	200
Salvador	200
Recife	200
Curitiba	200
Porto Alegre	200
Amostra total	2.200

* Distribuição proporcional em função da população e do número de agências das seguintes cidades: Santos, São José dos Campos, Sorocaba, Campinas, Ribeirão Preto, Bauru, São José do Rio Preto, Araçatuba, Presidente Prudente, Marília e Araraquara.

3.1.2 Caracterização da unidade de observação

Para efeito de identificação do universo pesquisável, definiram-se como potenciais unidades de observação elementos que satisfaçam às seguintes condições:

- pessoas físicas (exclusive funcionários de bancos);
- de classe socioeconômica A, B, C e D;
- com idade entre 21 e 65 anos;
- que mantenham contato físico com suas agências, no mínimo a cada 15 dias e que façam no mínimo três movimentações ao mês;
- ou ainda pessoa com um alto envolvimento com a instituição financeira, estabelecendo-se como critério de envolvimento a existência de conta corrente e de no mínimo três produtos dessa instituição.

Assim, os entrevistados serão submetidos a uma bateria de quesitos-filtro e sensibilizados para a natureza da pesquisa. A seleção dos entrevistados será efetuada de acordo com uma distribuição espacial estabelecida no planejamento do trabalho de campo – obedecendo a uma estratificação por classes socioeconômicas de acordo com as seguintes quotas variáveis de até 5%: A (15%), B (25%), C (40%) e D (20%) e com um controle adicional de diversificação de instituição financeira e agência.

3.2 Estruturação do instrumento de coleta de dados

Considerando o objetivo geral da pesquisa relacionado com o conceito de "atendimento hoje", o questionário será estruturado em um conjunto de blocos específicos associados a atendimento bancário, além de um referente às variáveis de segmentação do entrevistado. Os assuntos-alvo a serem incorporados ao questionário são os seguintes:

A) Disponibilidade e qualidade de informações
- qualidade das informações prestadas pelos funcionários (nível técnico);
- formas de obtenção de informações diversas (centralizadas ou descentralizadas);
- existência de centros de informação;
- quem fornece a informação;
- confiabilidade da informação recebida.

B) Qualidade do atendimento
- negocial (de balcão, caixa e do gerente);
- recepcionista;
- qualificação dos funcionários (conhecimento específico);
- qualidade do atendimento masculino e feminino (nível gerencial e nível balcão);
- atendimento × tarifação.

C) Rapidez no atendimento
- percepção do tempo de espera (por tipo de movimentação);
- fila;
- expectativa com relação ao atendimento que dependa de decisão do banco;
- expectativa com relação ao atendimento que dependa de decisão do cliente.

D) Personalização do atendimento
- rotatividade;
- atendimento da agência como um todo × atendimento de um funcionário específico;
- segmentação da clientela (gerente de contas).

E) Aspectos físicos da agência/funcionário
- instalações;
- estacionamento;
- tamanho;
- sinalização;
- segurança;
- apresentação do pessoal (uniforme, asseio etc.);
- presença de *merchandising* no ponto de venda.

F) Atendimento extra-agência
- correspondência (extrato e mala-direta, como informação e como negócio);
- telefone – para fornecimento de informações e realização de negócios;
- atendimento do domicílio/escritório;
- terminal de compra – transferência direta da conta × cheque;
- quiosques:
- tipo de utilização;
- frequência;
- grau de utilização;
- preferência × agência;

- confiabilidade na máquina;
- horário;
- segurança;
- senha (como segurança).

G) Atendimento comparado
- com outras atividades – comércio, posto de gasolina, companhias aéreas, concessionárias de veículos;
- diferença do atendimento entre os bancos que têm conta (pequeno, médio, grande).

H) Automação na agência
- terminal de cliente;
- terminal de caixa;
- *cash dispenser*;
- comparação dos três itens acima com atendimento pessoal;
- privacidade no uso do cartão (senha);
- atendimento personalizado × atendimento automatizado como fator de escolha do banco;
- disposição de pagar pelo serviço automatizado.

Para efeito de planejamento do questionário, considerar--se-ão as seguintes orientações mestras:

- estruturação em blocos por natureza de assunto;
- emprego de questões não estimuladas e estimuladas;
- utilização de escalas ordinais e de diferencial semântico nas questões estimuladas;
- tempo médio de aplicação de cerca de 40 minutos.

O questionário será pré-testado e a versão definitiva deverá ser aprovada pela contratante dentro do prazo máximo de 3 dias do encaminhamento de nossa empresa.

3.3 Levantamento dos dados

O trabalho de campo será realizado por entrevistadores devidamente treinados quanto aos objetivos da pesquisa e forma de aplicação do questionário. O processo de treinamento será realizado segundo um critério bietápico:

A) Treinamento geral e realização de uma entrevista por pesquisador.
B) Retorno das críticas dos questionários e esclarecimentos nas eventuais dúvidas ou problemas existentes. A quota definitiva será iniciada após essa etapa de retreinamento.

Os entrevistadores receberão um *kit* contendo:

- manual de instruções;
- questionários;
- conjunto de cartões para entrevista;
- carta de apresentação; e
- carta de identificação.

3.4 Crítica, codificação e consistência dos dados

A totalidade dos questionários será submetida à crítica manual pela equipe de supervisão de campo e pelo menos 20% deles serão checados junto aos entrevistados. Os questionários aprovados serão codificados e enviados para digitação e consistência eletrônica dos dados.

3.5 Processamento e análise dos dados

O processamento dos dados armazenados em um arquivo-mestre será efetuado através de um conjunto de programas específicos para utilização em pesquisa de mercado. As análises realizadas são classificadas em três tipos:

A) **Análise univariada:** consistindo na geração e interpretação de tabelas de frequência absoluta e relativa para cada uma das questões integrantes do questionário da pesquisa.
B) **Análise bivariada:** consistindo na geração e interpretação de tabelas de frequência absoluta e relativa das questões sobre atendimento bancário cruzadas pelas oito áreas de abrangência da pesquisa, por classe socioeconômica e por categorias de idade do entrevistado. Serão aplicados ainda testes estatísticos apropriados com a finalidade de permitir à equipe de análise avaliar diferenças significativas de comportamento do mercado.
C) **Análise multivariada:** consistindo na aplicação de métodos fatoriais, discriminatórios, de classificação e de associações múltiplas, de modo a permitir, de forma simples, visual e integrativa, a análise de: fatores determinantes de comportamento; tipologias de clientes em relação a atendimento bancário; e mapas percentuais dos diversos blocos de questões sobre atendimento, posicionadas diante das diversas categorias de variáveis de segmentação.

3.6 Relatório da pesquisa

Com base na análise e interpretação dos dados, será elaborado um relatório da pesquisa, estruturado nos seguintes itens:

- Objetivos e metodologia da pesquisa.
- Análise dos resultados Uni, Bi e Multivariados.
- Conclusões e recomendações de marketing.

A contratante receberá duas vias do relatório de pesquisa.

3.7 Apresentação e discussão dos resultados

Os resultados alcançados na pesquisa serão apresentados e discutidos pela equipe técnica com a comissão de marketing financeiro do banco. Para tanto, serão utilizados recursos visuais.

4. Duração da pesquisa

O prazo para a realização da pesquisa com a entrega do relatório final é de quatorze semanas, contadas a partir da data da contratação dos serviços.

5. Equipe técnica

A pesquisa será realizada pelo Núcleo de Pesquisa Aplicada da empresa contratada.

6. Orçamento

O custo total para a realização da pesquisa, envolvendo remuneração da equipe técnica, de apoio e de campo, encargos sociais, material de expediente, transportes, digitação e processamento dos dados e custos indiretos encontra-se estruturado na Tabela 4.3.

58 Capítulo 4

Tabela 4.3 Custo do projeto

Custo fixo	Custo variável por praça		Custo variável do processamento e análise da pesquisa*		
			Nº de entrevistas	Análises I e II	Análises I, II e III
15.250	São Paulo (Capital)	8.700			
	Rio de Janeiro (Capital)	6.800	< 1.000	15.500	19.900
	Salvador	4.800			
	Curitiba	4.500	1.000 a 1.500	19.000	24.600
	Recife	5.000			
	Belo Horizonte	4.500			
	Porto Alegre	5.000	> 1.500	22.200	28.900
	Interior de São Paulo	13.300			

* I = Univariada, II = Bivariada e III = Multivariada.

Dada a multiplicidade de orçamentos alternativos para a realização da pesquisa, o custo total de uma particular alternativa pode ser calculado através da seguinte expressão:

$$CT = CF + CVP + CVA$$

Onde:
CT = Custo Total
CF = Custo Fixo
CVP = Custo Variável por Praça
CVA = Custo Variável do Processamento e Análise da Pesquisa

A título de exemplificação, são apresentados alguns dos possíveis orçamentos, cujos valores encontram-se a seguir:

A) Alternativa máxima (8 regiões, 2.200 entrevistas e análises Uni, Bi e Multivariadas):

$$CT = 15.250 + [8.700 + 13.300 + 6.800 + 4.500 + 4.800 + 5.000 + 4.500 + 5.000] + 28.900 = 96.750$$

B) Alternativa acima, exceto análise multivariada:

$$CT = 15.250 + 52.600 + 22.200 = 90.050$$

C) Alternativa considerando exclusão de interior de São Paulo, Salvador e Curitiba (1.400 entrevistas):

Sem análise multivariada: $CT = 15.250 + 30.000 + 19.000 = 64.250$

Com análise multivariada: $CT = 15.250 + 30.000 + 24.600 = 69.850$

7. Desembolso financeiro
O pagamento deverá ser efetuado de acordo com o critério a seguir:

- 25% na contratação dos serviços;
- 30% na aprovação do questionário;
- 25% na conclusão do trabalho de campo; e
- 20% na entrega do relatório da pesquisa.

8. Validade da proposta
O prazo de validade da presente proposta é de 45 dias da data de encaminhamento à empresa contratada.

Questões de discussão para aplicação da teoria

1. Divida a turma em três grupos. Logo após, cada grupo deve escolher dois temas para serem pesquisados pelos outros grupos. Dê 10 minutos para que os grupos procurem fontes de dados secundários. Ganha o grupo que conseguir mais fontes de dados secundários.

2. Divida a turma em dois grupos: um grupo "A", responsável por dar a ideia do que pesquisar, e outro grupo "B", responsável por elaborar o problema de pesquisa. O grupo "A" deverá pensar em um possível tema para ser estudado. Depois de escolher esse tema, este deve comunicar ao grupo "B", o qual deve executar as cinco etapas para operacionalização de um problema de pesquisa. Tente simular com os colegas de sala a reunião de *briefing* inicial. Logo após, selecione dados secundários e procure formular o problema de pesquisa. A seguir, elabore uma proposta contendo possíveis etapas a serem cumpridas na pesquisa de campo. Por fim, faça a reunião de *briefing* final, pedindo aos colegas do grupo "A" que deem *feedback* sobre a proposta comunicada.

Notas

[1] Bearden, W.O.; Netemeyer, R.G.; Teel, J.E. (1989). Measurement of consumer susceptibility to interpersonal influence. *Journal of Consumer Research*, *15*(3), 473-481.

[2] Brace, I.; Adams, K. (2006). *Introduction to market and social research*: planning and using research tools and techniques. London: GBR Kogan Page.

[3] Thayer-Bacon, B. (2000). *Transforming critical thinking*: thinking constructively. Columbia: Teachers College Press, Columbia University.

[4] McQuarrie, E.R. (2003). *The marketing research toolbox*: a concise guide for beginners. London: Sage.

[5] KOLB, B. (2008). *Marketing research*: a practical approach. London: Sage.

5

![▶ Assista à **videoaula**]

Abordagens e Métodos de Pesquisa de Marketing

OBJETIVOS DO CAPÍTULO

No final deste capítulo, o leitor deverá ser capaz de:

- ◆ Caracterizar a abordagem exploratória, descrevendo em que momentos esta deve ser usada.
- ◆ Entender as fases das pesquisas exploratórias.
- ◆ Caracterizar a abordagem descritiva, descrevendo em que momentos esta deve ser usada.
- ◆ Saber diferenciar a amplitude e profundidade das pesquisas descritivas.
- ◆ Caracterizar a abordagem causal, descrevendo em que momentos esta deve ser usada.
- ◆ Compreender a relação de causa e efeito que caracteriza as pesquisas causais.
- ◆ Diferenciar as técnicas qualitativas das quantitativas em pesquisa de marketing.

PESQUISAS ELEITORAIS: DIFERENÇAS ENTRE ENQUETE E *SURVEY*

Quem nunca ficou curioso ao ouvir uma divulgação de uma pesquisa eleitoral? Muitas dúvidas são geradas quando escutamos na mídia a divulgação dos resultados. *Quantas pessoas preciso entrevistar para afirmar que um candidato vai ganhar? Será que tal candidato vai ganhar mesmo? Quais as pessoas que são entrevistadas?* As dúvidas com relação à operacionalização de uma pesquisa são grandes. No entanto, o que não podemos duvidar é que a pesquisa eleitoral ajudou o crescimento das pesquisas de marketing no Brasil.

A pesquisa eleitoral, sem dúvida, foi uma das maiores responsáveis pelo amadurecimento das pesquisas de marketing no Brasil. Diferentemente de países como Estados Unidos, França e Inglaterra, a pesquisa eleitoral por muito tempo foi o principal produto de algumas empresas especializadas. Nesses outros países, a pesquisa eleitoral dividiu o espaço com outros tipos de pesquisas comuns no meio mercadológico, como: pesquisa para lançamento de produtos, identificação de oportunidade de

mercado, percepção sobre satisfação, entre outros. Já no Brasil, a pesquisa eleitoral foi o principal e único produto de muitas empresas nas décadas de 1980 e 1990.

Esse amadurecimento da pesquisa eleitoral e, por consequência, sua sofisticação (processo natural de sua evolução) fizeram com que a Justiça Eleitoral criasse uma lei específica para a elaboração e divulgação das pesquisas pelas empresas prestadoras desse serviço. A Lei Eleitoral nº 9.504/1997 diz em seu artigo 33 que as entidades e empresas que realizarem pesquisas de opinião pública relativas às eleições ou aos candidatos, para conhecimento público, são obrigadas a registrar, junto à Justiça Eleitoral, até cinco dias antes da divulgação, as seguintes informações: (a) quem contratou a pesquisa; (b) o valor e a origem dos recursos despendidos no trabalho; (c) a metodologia e o período de realização da pesquisa; (d) o plano amostral e a ponderação quanto a sexo, idade, grau de instrução, nível econômico e área física de realização do trabalho, intervalo de confiança e margem de erro; (e) sistema interno de controle e verificação, conferência e fiscalização da coleta de dados e do trabalho de campo; (f) questionário completo aplicado ou a ser aplicado; e (g) o nome de quem pagou pela realização do trabalho.

A existência dessa lei auxiliou muito o enquadramento das pesquisas existentes e o aperfeiçoamento de técnicas já existentes. *Uma das decorrências dessa lei está na diferenciação entre enquete e* survey. Ficticiamente, imagine que exista um candidato a vereador em uma cidade brasileira. Esse candidato é o sobrinho de outro candidato histórico na cidade, mas que já está aposentado. Seu tio foi duas vezes prefeito e três vezes deputado estadual. Antes de lançar a sua candidatura, o sobrinho tem duas dúvidas a respeito de sua estratégia eleitoral: *Acrescentar ou não em seu nome de candidatura o sobrenome da família? Será que as pessoas votariam mais se tivesse ou não o nome de família no candidato?* Além disso, o recém-candidato gostaria de saber se tem chance de se eleger nas próximas eleições.

Para responder a essas duas dúvidas, o possível candidato contratou uma empresa especialista em pesquisa eleitoral. Esta sugeriu uma enquete, no formato de pesquisa exploratória qualitativa, para saber se deve ou não usar o sobrenome. Nessa pesquisa, seria realizado um *focus group* com pessoas de sexo, idade, renda e escolaridade diferentes. Já para saber as intenções de voto, ou seja, se tem chance de ganhar as eleições, a empresa de pesquisa indicou uma abordagem descritiva, com uma técnica quantitativa, na qual seriam entrevistadas centenas de eleitores, através de uma amostragem probabilística por questionários, caracterizando assim uma *survey*.

Na proposta entregue pela empresa ao jovem candidato, observe a diferença entre enquete e *survey*. Com base na Lei Eleitoral nº 9.504/1997 e na Resolução nº 23.364/2011 do Tribunal Superior Eleitoral, somente a pesquisa descritiva quantitativa é pesquisa eleitoral e, por isso, passível de ser divulgada. A pesquisa exploratória qualitativa, feita através da enquete, não é considerada pesquisa eleitoral. Caso o resultado dessa enquete seja divulgado como pesquisa eleitoral, prevista no artigo 33, sem esclarecimentos, isso implica divulgação de pesquisa eleitoral sem registro e autoriza a Justiça Eleitoral a aplicar sanções previstas na resolução. De acordo com essa lei, o levantamento de opiniões sem controle de amostra é considerado um levantamento feito através de participação espontânea dos eleitores, sem a utilização de métodos científicos de coleta de dados.

Neste exemplo fictício, podemos observar que para prestar um serviço de consultoria em pesquisa eleitoral o profissional de pesquisa de mercado deve saber as diferenças entre pesquisas qualitativas/quantitativas e exploratórias/descritivas, entre tantas outras nomenclaturas existentes. Caso a empresa ou o profissional não aplique de maneira correta as nomenclaturas, poderá receber sanções derivadas da Lei Eleitoral nº 9.504/1997 e da Resolução nº 23.364/2011. Para evitar essas sanções e sanar as dificuldades de nomenclatura a respeito desse tema, este capítulo fornece um conjunto de conceitos, características e finalidades que dizem respeito às abordagens e técnicas mais utilizadas nas pesquisas eleitorais.

5.1 ABORDAGENS DE PESQUISAS DE MARKETING

A pesquisa de marketing é composta por um conjunto de conceitos e características. Para simplificar o entendimento deles, usualmente utilizamos três abordagens gerais: exploratória, descritiva e causal. Essas abordagens podem ser escolhidas pelo pesquisador após o desenvolvimento do problema de pesquisa. Cada uma delas é responsável por um conjunto de métodos que contém técnicas específicas de desenvolvimento de instrumentos de coleta, amostragem, coleta, processamento e análise de dados.

Na literatura acadêmica de pesquisa de marketing não existe uma padronização clara de que abordagens devem ser usadas em determinados casos. O que existem são indicações, segundo a prática de pesquisa de marketing. Essas indicações dizem que para determinados problemas de pesquisas devem ser utilizadas

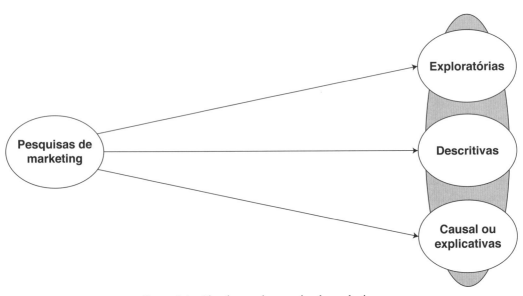

Figura 5.1 Abordagens de pesquisa de marketing.

certas abordagens de pesquisa. O uso da abordagem descritiva deve ser feito quando for necessário detalhar números sobre as pesquisas; por isso, é corriqueiro o uso dessa abordagem em pesquisas sobre dados demográficos ou frequência de compra de clientes. A pesquisa exploratória é utilizada quando se necessita de *insights* iniciais sobre algum tema, como nas pesquisas sobre motivação ou atitude de compra. A pesquisa causal é utilizada quando se precisa saber o efeito de uma mudança em um comportamento, por isso são bem comuns em pesquisas que medem o efeito de promoções no consumo de certo produto.[1]

Apesar de não respeitarem padrões gerais, essas indicações são necessárias, pois ajudam a entender os conceitos e as características das três abordagens. Ao se pensar em pesquisa de marketing aplicada, observamos que é mais necessário entender as características das três abordagens do que discutir a origem dos conceitos. Por isso, as próximas seções se dedicam mais a um entendimento das características dessas abordagens do que à sua definição.

5.1.1 Pesquisas exploratórias

As abordagens de marketing exploratórias têm como finalidade encontrar dados iniciais sobre um problema de pesquisa. Esse tipo de pesquisa também é conhecido pela expressão *desk research*. Aconselha-se o uso dessa abordagem quando não há informações preliminares sobre determinando assunto, como, por exemplo: encontrar uma nova oportunidade de mercado e mapear tendências de consumo. Nesse caso, não se sabe muito sobre o assunto. Por isso, seria necessária uma pesquisa exploratória.

Essa abordagem tem como características centrais a informalidade, a flexibilidade e a criatividade. Recomendam-se pesquisas de mercados exploratórias quando se tem a intenção de estudar atitudes, opiniões e crenças a respeito do ato consumo. Essas particularidades do ato de consumir são muito complexas e peculiares a cada indivíduo. Desse modo, torna-se difícil o acesso desses dados pelo pesquisador. Por isso, sugere-se o uso de pesquisas exploratórias, pois elas podem se tornar maleáveis e informais de acordo com a situação que se apresenta ao pesquisado. Assim, a pesquisa exploratória permite também ao pesquisador coletar dados de forma criativa.

Outro aspecto positivo dessa abordagem é que as pesquisas exploratórias servem claramente para aumentar o grau de familiaridade do pesquisado com os fenômenos estudados no problema de pesquisa. Na maioria das vezes, os problemas de pesquisa são relativamente desconhecidos. Desse modo, essa abordagem aumenta o conhecimento do pesquisador acerca do problema de pesquisa, possibilitando a ele fazer futuramente análise e interpretações mais claras acerca do fenômeno.

A pesquisa exploratória também pode servir para obter informações sobre a possibilidade de realizar uma investigação mais completa sobre um contexto particular. Essas informações poderão ser usadas depois na abordagem descritiva ou causal. Nessa perspectiva de uso, a abordagem exploratória investiga problemas comportamentais cruciais para identificar conceitos e variáveis promissoras, estabelecendo e sugerindo

afirmações para serem verificadas futuramente pelas outras duas abordagens.[2]

Um exemplo claro dessa abordagem pode ser o estudo de um segmento de mercado novo. Imagine a seguinte situação: uma empresa gostaria de lançar um produto específico para um determinado segmento de mercado que surgiu há pouco tempo. Não existem dados secundários sobre esse segmento e as informações existentes são escassas. Para que essa empresa possa identificar a viabilidade desse mercado e posicionar corretamente o seu produto, deve optar por uma abordagem exploratória. Observe que a escolha da abordagem exploratória é mais uma necessidade do estudo do que uma vontade do pesquisador.

Nesse contexto, a abordagem exploratória visa aumentar o conhecimento do pesquisador sobre o tema ou problema de pesquisa em perspectiva. Por isso, é apropriada para estágios iniciais da investigação quando a familiaridade, o conhecimento e a compreensão do problema de pesquisa são geralmente poucos ou até mesmo inexistentes.

Os estudos exploratórios podem ser realizados em pequenas ou grandes amostras, dependendo da pergunta de pesquisa que foi feita preliminarmente. No entanto, deve-se mencionar que o tamanho da amostra não é uma preocupação grande nas abordagens exploratórias, mas é uma preocupação presente sempre em alguns estudos descritivos que estão fundamentados em métodos estatísticos. As preocupações da pesquisa exploratória estão mais na escolha de quem irá participar da pesquisa e em qual tipo de informação será encontrada do que na quantidade de pessoas que serão entrevistadas.

No que diz respeito à utilidade da pesquisa exploratória, esta pode ter três funções básicas na pesquisa de marketing. Em um primeiro momento, ela pode determinar a estrutura inicial de um problema mais complexo. Essa é a forma mais utilizada de pesquisa exploratória, servindo para decompor o processo de pesquisa em subsistemas menores e interligados. Em um segundo momento, ela pode servir para o treinamento de sistemas de tomada de decisão. Nesse caso, utiliza-se como forma de jogos de empresas, tendo grande utilidade na formação e interação de variáveis. Por fim, a pesquisa exploratória pode ser utilizada para demonstrar soluções de problema de pesquisa, sem a necessidade específica de coletar dados primários.

Na abordagem exploratória, os métodos e as técnicas utilizadas são amplos e versáteis. Os métodos empregados para coleta de dados compreendem: levantamentos em fontes secundárias, levantamentos de experiências, estudos de casos selecionados e observação informal. E as técnicas de análise mais comuns incluem *focus group*, entrevistas, observação, técnicas projetivas, etnografia e *grounded theory*.

5.1.1.1 Fases e utilidades das pesquisas exploratórias

Os estudos exploratórios são conhecidos na pesquisa de marketing por terem formulação mais precisa com relação ao problema e, por consequência, terem condições de determinar claramente as variáveis mais apropriadas. Com a possibilidade de determinar variáveis mais apropriadas, automaticamente a pesquisa exploratória pode sugerir ou formular novas hipóteses para o estudo. Para se ter uma boa execução da pesquisa exploratória, sugere-se que esta seja dividida em três fases: (a) busca de informações secundárias, (b) interrogação de *experts* e (c) análise de situações análogas. A Figura 5.2 demonstra essas fases e algumas de suas características básicas.

A busca de informações secundárias pode auxiliar na resolução do problema de pesquisa, tendo um custo de informação menor do que a coleta de dados primários. Além do mais, as informações secundárias são de grande utilidade, pois contribuem para definir melhor o problema e as hipóteses quanto à sua solução. A contribuição da coleta de dados secundários não auxilia apenas no delineamento de problema e hipóteses. Ela contribui para planificar os dados primários através do exame dos métodos e das técnicas utilizadas em outras pesquisas e auxilia na definição da população, bem como da amostra a ser utilizada.

Palavra do especialista

Arnould & Thompson (2005)[3] não cunharam o termo CCT para nomear uma grande teoria. Nesse espírito, a CCT não tem um método próprio de coleta, produção ou análise de dados. Sua maior contribuição foi trazer para a pesquisa acadêmica e comercial formas de observação, produção e análise de dados oriundas de ciências como a antropologia, sociologia, semiótica, linguística, teoria literária e mesmo psicanálise. Essas visões de mundo e abordagens analíticas têm em comum a crença na centralidade do consumo na vida das pessoas. Como bem colocam Arnould & Thompson (2005), para a CCT, o consumo media relações entre formas de vida e os significados relevantes para que elas existam. Seja em entrevistas ou em observação participante, o pesquisador faz parte, mesmo que provisoriamente, do mundo onde os fenômenos de interesse acontecem. O pesquisador em CCT não procura por afastamento do fenômeno, não acredita na "neutralidade" do investigador. A CCT incorporou na vida do pesquisador de marketing fatos que, em outros paradigmas de investigação, são relegados ao *status* de literatura ou ficção. A CCT recuperou a subjetividade do pesquisador, enfim.

Dr. Eduardo André Teixeira Ayrosa é professor do PPGA-UNIGRARIO e em Metodologia da Pesquisa e tem interesse em estudos relacionados à filosofia das ciências sociais e em métodos interpretativos de pesquisa.

A interrogação de *experts* é uma fase que complementa naturalmente a busca de informações secundárias. A interrogação é feita através de uma enquete ou um conjunto de testemunhos ordenados pelo pesquisador com o fim de entender melhor a questão-problema. Nesse caso, é importante procurar pessoas que entendam do assunto para serem entrevistadas e complementarem os dados secundários existentes.

A análise de situações análogas pode ocorrer de duas maneiras, através de estudo de caso ou simulações. O estudo de caso é uma forma de analisar cuidadosamente as situações a fim de identificar e avaliar as variáveis endógenas (que *a priori* estão dentro do modelo estudado) e exógenas (que *a priori* estão fora do modelo estudado). No caso dos estudos exploratórios, os estudos de caso devem ser considerados indicações, em vez de fornecerem informações conclusivas. As simulações, por outro lado, são um conjunto de técnicas de manipulação de um modelo que reproduz uma situação real, tendo o objetivo de encontrar algumas alternativas de soluções úteis, sob o plano de situação real que é simulada.

Para entender melhor o uso de simulações nos estudos exploratórios, imagine que uma empresa fabricante de fogões queira saber se seus produtos poderiam ser passíveis de melhorias funcionais. Para isso, resolve instalar cabines nos principais pontos de venda e solicitar uma simulação de cozimento de diversos pratos (fervura, fritura, cocção etc.). Após as várias simulações, percebeu-se que a maioria dos participantes usava o mesmo tipo de queimador para o mesmo tipo de cozimento. O queimador da frente à esquerda era usado para fritura. O queimador de trás à esquerda era usado para fervura. E, por fim, o queimador de trás à direita era utilizado para a cocção lenta e outros. Com essas informações, encontradas por meio de uma pesquisa exploratória, a empresa desenvolveu um novo fogão a ser testado.

5.1.2 Pesquisas descritivas

A abordagem descritiva é muito utilizada nas pesquisas de mercado. Ela tem como finalidade principal a descrição das características de determinado fenômeno, estabelecendo relações entre as variáveis existentes no estudo. Comparada com as outras abordagens, a descritiva possui objetivos bem claros, tendo procedimentos formais e estruturados de acordo com os problemas identificados.

Figura 5.2 Fases da pesquisa exploratória.

A imensa maioria das pesquisas em marketing tem por finalidade descrever características em função do mercado, como, por exemplo: número de compradores possíveis, características socioeconômico-demográficas do mercado, parte do mercado da empresa ou dos concorrentes, entre outras. Antes de começar uma pesquisa desse tipo, o pesquisador possui certo conhecimento do problema, por já ter algum dado oriundo de fontes secundárias, enquetes, experiências naturais, experiências controladas provocadas ou simulações. Um problema dessa abordagem é que, devido ao fato de envolver grandes quantidades de recursos e amostras maiores, sua realização pode ser cara e demorada.

Essa abordagem é recomendada quando são conhecidas algumas características do fenômeno estudado e necessita-se encontrar mais informações. Assim, seu uso é comum em pesquisas que procuram obter detalhes específicos sobre consumidores e seu comportamento de compra. Esse tipo de abordagem utiliza frequentemente dados estatísticos para analisar e explicar o fenômeno estudado. Por isso, é comum encontrar pesquisas descritivas tentando provar uma suposição ou hipótese sobre os consumidores ou seu comportamento. Essa suposição ou hipótese pode ser provada dentro de determinado nível de confiança de que a resposta obtida a partir da amostra da pesquisa descritiva é verdade de toda a população. Assim, usa-se a abordagem descritiva para obter detalhes estatísticos descritivos de um dado comportamento.[4]

Para exemplificar como essa pesquisa é utilizada para obter dados estatísticos, imagine a seguinte situação: uma companhia aérea gostaria de saber qual tipo de refeição deveria usar em suas viagens. Ela trabalha com dez tipos de refeições diferentes e viagens de curta e longa distância. Os gestores já têm uma leve ideia do que pode ser feito, pois eles têm dados secundários que descrevem quais tipos de refeições são servidos nos voos nos últimos quatro anos. Na opinião dos gestores, em viagens mais longas pessoas gostam de refeições maiores, como um almoço ou um jantar. Já nas viagens curtas, os passageiros preferem lanches rápidos. Para saber qual refeição deverá servir nos voos, a companhia área resolve fazer uma pesquisa descritiva. Observe que nesse caso a companhia aérea quer testar a hipótese de que em voos curtos as pessoas querem fazer refeições rápidas; em voos longos refeições, mais completas. Para isso, os gestores deverão selecionar uma amostra, pois a população de passageiros no mês é grande. Logo após, devem coletar os dados e utilizar técnicas estatísticas para comprovar ou não a hipótese levantada.

Esse exemplo da companhia aérea pode nos fornecer dois entendimentos claros acerca da pesquisa descritiva. Primeiro, pesquisas descritivas são usadas quando já temos informações a respeito do problema de pesquisa. Nesse caso, a companhia aérea tinha dados secundários com informações dos passageiros. Segundo, a análise dos dados é feita através das técnicas estatísticas, pois a amostra é composta por um grande número de informações derivadas de muitos entrevistados diferentes. Provavelmente, o pesquisador irá usar um *software* estatístico para descrever os dados.

A pesquisa descritiva pode ser conhecida também pela expressão *ad hoc*, e os métodos de contato para aquisição de informação se dão através de entrevistas pessoais, entrevistas por telefone, questionários pelo correio, questionários pessoais e observação. A forma de coleta ocorre em sua grande maioria através de *survey*, conceito que veremos em capítulos seguintes.

5.1.2.1 Amplitude, profundidade e momento da pesquisa descritiva

As abordagens descritivas são muito utilizadas nas pesquisas de marketing. Basicamente, são conhecidos dois tipos de pesquisas descritivas: a pesquisa descritiva de levantamento de campo, que tem como característica central a grande amplitude e pouca profundidade da coleta, e a pesquisa descritiva de campo, que é caracterizada pela média profundidade e amplitude dos estudos. Note que as diferenças entre esses dois tipos de pesquisa estão na amplitude e profundidade. Cabe frisar que não temos a opção pequena amplitude e grande profundidade, pois essa é uma característica das abordagens exploratórias.

Além da amplitude e profundidade, a abordagem descritiva pode ser dividida em outros dois tipos, agora em relação ao momento em que é realizada a pesquisa: transversal e transacional. Na pesquisa transversal (conhecida também por transeccional), é levado em conta apenas o momento da pesquisa, sem a preocupação de traçar a evolução do fenômeno pesquisado. O objetivo da pesquisa transversal é descrever variáveis e analisar sua incidência e inter-relação num determinado momento. A transacional leva em conta várias etapas estruturadas no tempo, e através dessas etapas são feitas comparações entre os períodos analisados. Devido a esse fato, os estudos transversais envolvem a coleta de informação de qualquer amostra e elementos de uma população somente uma vez.

Com o intuito de diferenciar as pesquisas descritivas transversais e transacionais, observe estes dois exemplos distintos. Primeiro, uma empresa de desenvolvimento de aplicativos resolve saber quantas vezes os seus aplicativos foram utilizados nos últimos dois meses. Para isso, contabilizou o número de usuários nos últimos dois meses. Os resultados evidenciam que no último mês o número de usuário caiu 7,6%. Para chegar a essa porcentagem, a empresa comparou a incidência da variável (número de usuários) em dois períodos distintos. Por esse motivo, esse tipo de coleta e análise de dados deve ser definido como uma pesquisa descritiva transacional. Já em outro caso, imagine que um *site* de compras coletivas quer saber quantas pessoas baixaram os cupons promocionais. Para isso, em um dado mês fez as contagens dos *downloads* no *site*. Através da coleta de dados foi detectado que existiam 1.573 cupons baixados em determinado mês. Os gerentes do *site* de compras coletivas acharam que esse número estava abaixo de suas expectativas e que deveriam ser elaboradas estratégias para aumentar a divulgação do *site*. Para chegar a essa opinião, a empresa apenas contabilizou o número de cupons sem compará-lo com outro período. Por esse motivo, esse tipo de coleta e análise de dados deve ser definido como uma pesquisa descritiva transversal.

66 Capítulo 5

5.1.3 Pesquisas causais

A abordagem causal é também conhecida pelo termo "explicativa", e é aquela que tem como foco identificar os fatores que determinam ou que contribuem para a ocorrência dos fenômenos. A pesquisa causal procura aprofundar o conhecimento da realidade, pois tem como intenção explicar o porquê dos fenômenos. Devido a esse fato, é o tipo mais complexo e delicado, já que o risco de ocorrer erros aumenta.

A pesquisa causal tem a função de estudar se determinado comportamento poderá ser ou não alterado por certa mudança. Nessa abordagem, é estudada diretamente a relação de causa e efeito em um fenômeno. Como exemplo, será que uma nova campanha promocional pode alterar um consumo de uma certa marca de produtos? Para isso, a empresa poderá criar experimentos, reunindo pessoas com características semelhantes para saber se a propaganda irá aumentar o consumo. Nesse caso, trazendo para a linguagem da abordagem causal, será que a causa "propaganda" irá gerar um efeito positivo no "consumo"?

> ### Palavra do especialista
>
> O método experimental tem sua principal força na capacidade de identificar relações de causa e efeito entre variáveis. Para identificar precisamente as relações causais, diferente de outros métodos, os experimentos possibilitam ao pesquisador um controle sobre as variáveis que podem interferir na relação causal. Os experimentos são replicáveis e possuem capacidade de generalização causal dos resultados, ou seja, a possibilidade de realizar inferências acerca da relação de causa e efeito. No entanto, os experimentos geralmente envolvem amostras homogêneas e pequenas, o que diminui a capacidade de generalização dos resultados para uma população. Além disso, para ampliar a generalização causal ou validade interna dos resultados, os experimentos devem ser realizados em laboratório, o que por sua vez diminui a validade externa e incute artificialidade aos resultados. Essa escolha entre validade interna e externa pode ser contornada com a replicação de experimentos laboratoriais em contextos reais, ou seja, no campo.
>
> **Dr. Kenny Basso** é professor e pesquisador de Marketing no Programa de Pós-Graduação em Administração da IMED Business School da Faculdade Meridional.

Nós partimos da ideia de que alguns efeitos de marketing são causados por uma quantidade ilimitada de variáveis. Assim, é possível medir a relação causa-efeito; vale ressaltar que a causalidade não pode ser comprovada através de uma afirmação conclusiva, mas sim por meio de uma inferência de causa e efeito.[5] Desse modo, para entender a pesquisa causal, é necessário compreender as relações de causa e efeito. Assim, nós podemos fazer previsões específicas.

Por exemplo, imagine que você tem que acender um fósforo. Para isso, você tem suas experiências passadas. Com base nessa experiência, já tem uma análise prévia das condições da superfície do fósforo (seco ou molhado). Pode-se, nesse caso, prever com uma alta probabilidade de sucesso que, se o fósforo acender, é porque sua superfície estava seca e não molhada. Mesmo ignorando a natureza da reação química que se produz, teríamos duas possibilidades: (1) superfície seca é uma causa e acender seria um efeito e (2) superfície molhada é uma causa e não acender é um efeito.

Basicamente, os estudos causais têm como objetivo conhecer a natureza das relações existentes entre causa e efeitos previstos. As causas podem ser entendidas como se fossem deterministas ou probabilísticas. Na causa determinista, suponha que exista uma relação funcional entre dois acontecimentos X e Y. Nesse caso, X será uma condição necessária e suficiente para Y existir, ou seja, X estará determinando Y. Imagine a diminuição de 10% no preço de um produto durante três meses consecutivos. Nesses meses, observou-se um aumento de 15% nas vendas. Dizer que a diminuição de 10% é uma causa determinista é afirmar que a redução do preço determinou diretamente o aumento de 15% nas vendas desse produto. Já no caso da causa probabilística, o número de variáveis no mundo real é grande e as relações entre elas são quase sempre: complexas, susceptíveis de grandes variações e difíceis de medir. Nesse caso, teríamos $X1$ e $X2$ como independentes e influenciando conjuntamente em Y. Assim, pode-se chegar à conclusão de que uma causa probabilística é um acontecimento necessário, mas não suficiente para a realização consecutiva de outro acontecimento.

O tipo de estudo mais comum nas pesquisas causais é o experimento. Como toda boa pesquisa causal, ele se fundamenta na relação causa e efeito. Para esse tipo de estudo, podem-se utilizar amostras pequenas ou grandes, dependendo diretamente do problema de pesquisa a ser adotado. Nos próximos itens os experimentos serão explicados mais detalhadamente.

5.1.3.1 Constatações nas pesquisas causais

Ao pensar em estudos de causa e efeito, três constatações são ideais: (1) variações concomitantes, (2) série de acontecimentos e (3) ausência de outras causas prováveis. Tratando-se das variações concomitantes, podem ser de dois tipos: associações entre duas variáveis e associações entre variações de duas variáveis. As associações entre duas variáveis medem a frequência com a qual a presença de uma variável está associada à presença de outras variáveis, como, por exemplo: inflação da China *versus* inflação do Brasil. Já as associações entre variações de duas variáveis medem a frequência com a qual a variação de uma variável está associada à variação de outra, como, por exemplo: o forte aumento de vendas é impactado pelo fato de alguns vendedores terem investido em melhores treinamentos.

No que diz respeito às séries de acontecimentos, o fato de um acontecimento preceder outro não permite estabelecer a existência de causalidade, porque pode ser apenas uma mera coincidência de acontecimentos. Por isso, deve ser constatada uma série de acontecimentos para evidenciar uma relação de causa e efeito. Com relação à ausência de outras prováveis causas, é quase impossível demonstrar que outros fatores presentes não possam ser a origem de uma prática no marketing.

Por isso, deve-se tentar eliminar o maior número de variáveis para demonstrar a relação de causalidade. Nesse caso, aconselhamos selecionar poucas variáveis causais para identificar os seus possíveis efeitos.

5.2 DIFERENÇAS ENTRE TÉCNICAS QUALITATIVAS E QUANTITATIVAS

Uma das etapas importantes de uma pesquisa é determinar os métodos de pesquisa de marketing a serem aplicados. No caso das pesquisas de marketing, dois são os métodos existentes: qualitativos e quantitativos.

O método qualitativo difere do quantitativo na medida em que não adota um instrumental estatístico como base do processo de análise de um problema. A pesquisa qualitativa então não pretende numerar ou medir unidades ou categorias homogêneas.[6] Assim sendo, observa-se que as características qualitativas de uma investigação estão presentes principalmente nas informações coletadas. Se essas informações forem transformadas em dados quantificáveis, tornam-se de caráter quantitativo.

A pesquisa qualitativa pode ser entendida pela compreensão e pelos significados situacionais apresentados pelos entrevistados, em lugar da produção de medidas quantitativas. Aconselha-se para estudos de pequeno porte o uso da pesquisa qualitativa como método de investigação. No entanto, para estudos com grandes proporções, os dois tipos de pesquisas podem ser usados em conjunto.

5.2.1 Pesquisa qualitativa: a percepção do fenômeno em seu contexto

Uma pesquisa social de caráter qualitativo está associada à tentativa de alcançar dados de aspectos particulares da realidade humana e social, através da compreensão de experiências, valores, desejos e significações.[7] As pesquisas qualitativas contemplam a complexidade dos aspectos que compõem o cenário organizacional e comportamental, analisando diretamente as interações humanas, as quais extrapolam as fronteiras rigidamente delineadas pelos instrumentos quantitativos de coleta de dados.[8]

A pesquisa qualitativa é caracterizada por um aglomerado de técnicas interpretativas (grupos focais, observação, técnicas projetivas, entre outras) que buscam descrever e decodificar um complexo sistema de significados. O seu principal objetivo é compreender a ação humana, através da experiência vivida pelos sujeitos estudados, com base nos discursos destes.[9]

> **Dica**
> As técnicas qualitativas permitem estabelecer relações mais íntimas, selecionar informantes, manter diários. Nesse tipo de pesquisa, o investigador depende menos de instrumentos de registros e medições.

A pesquisa qualitativa é uma técnica amplamente empregada, que não tem como finalidade essencial contar opiniões ou pessoas, mas, ao contrário, explorar o amplo espectro de opiniões existentes e as diferentes representações que as pessoas têm sobre o assunto em questão. Nesse ponto, sua função envolve a apresentação de uma amostra do espectro dos pontos de vista que circundam os entrevistados.[10] Parte do pressuposto de que as descrições dos fenômenos estão impregnadas dos significados que o ambiente lhes proporciona, e, como são produto de uma visão subjetiva, desaprovam toda expressão quantitativa numérica. Dessa maneira, a interpretação dos resultados qualitativos surge como totalidade de uma especulação que tem como base a percepção de um fenômeno num contexto.[11]

Com base nessas informações, observa-se que a pesquisa qualitativa é a mais adequada para pesquisas que procuram descrever a complexidade de determinado problema, compreender e classificar processos dinâmicos. O caráter qualitativo de uma pesquisa tem como evidências: o ambiente natural como fonte direta de dados, seu caráter interpretativo, o mergulho nos sentidos e emoções e, principalmente, a preocupação pelo significado que as pessoas dão às coisas.[12]

> **Dica**
> Em algumas pesquisas qualitativas, como *focus group*, entrevista, observação, entre outras, é comum o pesquisador utilizar informantes, que são pessoas responsáveis por dar informações sobre possíveis entrevistados.

A pesquisa qualitativa normalmente tem poucos participantes, pois não tem como objetivo necessariamente ser representativa de toda a população. Assim, os dados encontrados nela não estão na forma de estatística, mas sim nas ideias e citações expressas pelos participantes e notas dos pesquisadores. A interpretação desses dados requer habilidades especiais, pois, se corretamente analisados, fornecem uma rica fonte de informações.[13]

Um exemplo de pesquisa qualitativa bem comum nas pesquisas de mercado envolve as estratégias para lançamento de novos produtos. Esse tipo de pesquisa utiliza a abordagem qualitativa para coletar e analisar opiniões de possíveis consumidores a respeito dos produtos. Nesse caso, as empresas, de posse dessas opiniões, conseguem criar estratégias e posicionar o produto para as demandas específicas de seus consumidores.

5.2.2 Pesquisa quantitativa: a importância da amostra e das inferências

O método quantitativo, como o próprio nome indica, tem como característica o emprego da quantificação nas modalidades de coleta e tratamento das informações por meio de técnicas estatísticas. Esse tipo de pesquisa tem a intenção de garantir a precisão dos resultados e evitar distorções da análise e interpretações. Essa intenção possibilita uma margem de segurança quanto às inferências.[14]

68 Capítulo 5

A pesquisa quantitativa traz conceitos importantes que devem ser entendidos para melhor utilizá-la na pesquisa de marketing. O conceito de amostra é importante para entender o propósito da pesquisa quantitativa, sendo esta por enquanto entendida como uma parte da população. Em capítulos futuros, iremos discutir mais o conceito de amostra.

Outro ponto interessante é que a pesquisa quantitativa utiliza a estatística como seu principal instrumento. Os principais elementos de um problema estatístico são: (a) definição clara dos objetivos do experimento e da população pertinente; (b) desenho experimental e procedimento de amostragem; (c) coleta e análise de dados; (d) procedimento de inferência; e (e) medição da qualidade (confiabilidade) da inferência.[15]

A pesquisa quantitativa utiliza a matemática para analisar os dados existentes, e existem diversas maneiras diferentes de coletar dados primários. Um dos "problemas" associados à pesquisa quantitativa decorre do uso maciço de fórmulas e cálculos matemáticos. Isso porque demanda um conhecimento muito técnico em matemática e estatística do pesquisador, que pode demorar tempo para ser adquirido.

Um exemplo claro na pesquisa de mercado da técnica quantitativa diz respeito às pesquisas de intenções de votos. Nesse tipo de pesquisa, procura-se uma representação da população através da amostra. Os cálculos estatísticos são feitos para comprovar a hipótese de que um candidato irá ganhar as eleições.

5.3 O PROBLEMA DE PESQUISA E A ESCOLHA DA ABORDAGEM E DA TÉCNICA A SEREM UTILIZADAS

Uma das questões centrais a ser decidida em uma pesquisa de marketing é qual a abordagem e o método de pesquisa que devem ser utilizados. Um pesquisador deve decidir antes de realizar a pesquisa qual abordagem e método de pesquisa serão os mais apropriados. A abordagem de pesquisa e o método escolhido dependerão da questão da pesquisa e do tipo de informação que se está buscando.

Antes de o pesquisador iniciar o projeto, ele deve fazer uma sondagem das abordagens de pesquisa a ser realizadas, podendo ser escolhidas a exploratória, a descritiva ou a causal ou uma combinação destas. Essa escolha depende diretamente dos tipos de dados que deverão ser coletados: quantificáveis ou não quantificáveis. Se a pergunta envolver questões que iniciem pelos termos *"Quantos?"* ou *"Qual deles?"*, aconselha-se o uso de pesquisas descritivas ou causais. Caso inicie com os termos *"Como?"* ou *"Por quê?"*, aconselha-se o uso de pesquisa exploratória. Além disso, dependendo do problema de pesquisa, algumas informações sobre as abordagens podem indicar a melhor escolha. Na Tabela 5.1, foram resumidas as principais diferenças entre as três abordagens que estudamos neste capítulo.

Tabela 5.1 Diferenças entre as abordagens de pesquisa de marketing

	Exploratória	Descritiva	Causal
Finalidade	Encontrar dados iniciais sobre um problema de pesquisa.	Descrever as características de determinado fenômeno, procurando estabelecer relações entre as variáveis existentes.	Identificar os fatores que determinam ou que contribuem para a ocorrência dos fenômenos.
Outras denominações	*Desk research*	*Ad hoc*	Explicativas
Características	Informalidade, flexibilidade e criatividade.	Objetivos claros, procedimentos formais e estruturados.	Complexa, difícil mensuração, suscetível de grandes variações.
Usabilidade	Quando não se têm dados preliminares e quando se quer conhecer melhor um fenômeno para se estudá-lo futuramente.	Quando se conhecem algumas características do fenômeno estudado e necessita-se encontrar mais informações.	Quando se quer testar a influência de algumas mudanças no comportamento.
Aplicabilidade	Em pesquisas sobre atitudes, opiniões e crenças sobre o consumo. Quando se quer encontrar uma nova oportunidade de mercado ou mapear tendências de consumo.	Obter detalhes específicos sobre consumidores e seu comportamento de compra.	Obter dados sobre percepção de consumo, adoção de propagandas, posicionamento de produtos e estratégias de marca.
Amostras	Pequena ou grande escala, dependendo da pergunta de pesquisa que foi feita preliminarmente. Normalmente, são amostras pequenas.	Grande escala, pois geralmente envolvem populações grandes.	Pequena ou grande escala, dependendo da pergunta de pesquisa que foi feita preliminarmente.
Métodos de análise mais comuns	*Focus group*, entrevistas, observação, técnicas projetivas, etnografia e *grounded theory*.	*Survey.*	Experimento.

Abordagens e Métodos de Pesquisa de Marketing   69

Tabela 5.2 Diferenças entre as técnicas de pesquisa de marketing

	Pesquisas qualitativas	Pesquisas quantitativas
Objetivo	Coletar, tratar e analisar dados através de aspectos particulares da realidade humana e social, pela compreensão de experiências, valores, desejos e significações.	Coletar, tratar e analisar dados através da quantificação das informações por meio de técnicas estatísticas.
Evidências	Ambiente natural como fonte direta de dados, caráter interpretativo; preocupação direta com sentidos, emoções e significado que as pessoas dão às coisas.	Coleta de dados através de observações e questionários padronizados, busca da generalização e utilização de rigor estatístico na análise dos dados.
Amostras	Reduzidas.	Mais amplas.
Participação do entrevistador	Ativa.	Limitada.
Análise das informações	Durante o processo.	Necessidade de homogeneização para fazer comparações.
Questões	Acrescentadas no momento da entrevista.	Formuladas previamente.
Instrumento	Roteiro aberto e indireto.	Questionário mais estruturado.
Escolha dos entrevistados	Entrevistados não escolhidos por amostragem.	Entrevistados escolhidos por amostragem.
Representativa	Nem sempre representativa do universo.	Representatividade é importante.

No que diz respeito às técnicas de pesquisa, estas devem ser escolhidas com base na abordagem escolhida (seja exploratória, descritiva, causal ou um conjunto destas) e no problema de pesquisa. Por exemplo, as pesquisas qualitativas são as mais utilizadas na abordagem exploratória, pois nelas as questões de pesquisa, em vez de solicitarem dados numéricos, concentram-se em necessidades, desejos, preferências e valores dos consumidores. Já as pesquisas quantitativas são utilizadas mais nas pesquisas descritivas, que buscam uma análise descritiva e inferencial do objeto de estudo, tendo em muitos casos uma grande amostra. Na Tabela 5.2, encontram-se as principais diferenças entre essas duas abordagens que podem auxiliar na tomada de decisão com relação à técnica escolhida.

Tratando-se da relação tipo de técnica e problema de pesquisa, as quantitativas são úteis para responder às perguntas de pesquisa que questionam *"Quantas?"* e *"O quê?"*. Já para perguntas que incluem *"Por quê?"* ou *"De que maneira?"* um estudo qualitativo é mais indicado. Por isso, a pesquisa qualitativa é utilizada para descobrir atitudes, crenças e opiniões dos consumidores.

Resumo dos principais tópicos do capítulo

A pesquisa de marketing basicamente pode ser dividida em três abordagens gerais a serem escolhidas pelo pesquisador após o desenvolvimento do problema de pesquisa: exploratória, descritiva e causal. As **pesquisas de marketing exploratórias** têm como finalidade encontrar dados iniciais sobre um problema de pesquisa, servindo para aumentar o grau de familiaridade com os fenômenos identificados. Usualmente, a pesquisa exploratória também pode servir para obter informações sobre a possibilidade de realizar uma investigação mais completa sobre um contexto particular, que se dará depois com a abordagem descritiva ou causal. Para se ter uma boa execução da pesquisa exploratória, sugere-se que esta seja dividida em três fases: busca de

informações secundárias, interrogação de *experts* e análise de situações análogas. Essa última pode ocorrer por meio de estudo de caso ou simulações. A **abordagem de pesquisa descritiva** tem como finalidade principal a descrição das características de determinado fenômeno, estabelecendo relações entre as variáveis existentes no estudo. De todas as abordagens, esta é a que possui objetivos claros e definidos, com procedimentos formais e estruturados de acordo com os problemas identificados. Com relação à amplitude e à profundidade, a pesquisa descritiva pode ser dividida em levantamento de campo e pesquisa de campo. Em relação ao momento em que é realizada, pode ser dividida em transversal e transacional. A **pesquisa causal** estuda a relação de causa e efeito em determinado fenômeno. Nesse sentido, ela tem como foco identificar os fatores que determinam ou contribuem para a ocorrência dos fenômenos. Basicamente, os estudos causais têm como objetivo conhecer a natureza das relações existentes entre causas e efeitos previstos. As causas podem ser entendidas como se fossem deterministas ou probabilísticas. Além da abordagem de pesquisa, o pesquisador deve elencar os métodos de pesquisa de marketing a serem aplicados. No caso das pesquisas de marketing, dois são os métodos existentes: qualitativos e quantitativos. O **método quantitativo** adota um instrumental estatístico como base do processo de análise de um problema. A **pesquisa qualitativa** pode ser entendida pela compreensão e pelo significado situacionais apresentados pelos entrevistados, em lugar da produção de medidas quantitativas.

Case 7: A revitalização dos centros urbanos: uma pesquisa de marketing com enfoque qualitativo e quantitativo

Ítalo Calvino, em sua obra *Le città invisibili* (em português: *As cidades invisíveis*), mencionava que as cidades são como os sonhos.[16] Elas são construídas por desejos e medos, ainda que o fio condutor de seu discurso seja secreto, que as suas regras

70 Capítulo 5

sejam absurdas. Além disso, ele mencionava que jamais se deve confundir uma cidade com o discurso que a descreve. Contudo, existe uma ligação entre eles. Até parece que Ítalo Calvino ao formular esses pensamentos estava pensando nos centros das grandes cidades brasileiras, com todo o seu movimento, berço de encontro de pessoas com personalidades diferentes.

Nos últimos tempos, tem-se discutido muito a revitalização do centro de grandes capitais brasileiras, como São Paulo, Rio de Janeiro, Belo Horizonte, Salvador, Porto Alegre, entre outras. Diversos projetos públicos e privados ocupam-se desse tema e trazem à tona as dificuldades de abordar matéria tão complexa, alvo de diversas interpretações.

Jane Jacobs, reconhecida ensaísta americana, escreve em seu clássico *Morte e vida de grandes cidades* que a maneira de decifrar o aparentemente indomável comportamento misterioso das grandes cidades é pela observação direta dos acontecimentos mais comuns.[17] Com base nessa citação, resolvemos fazer uma pesquisa sobre os centros das grandes cidades. A pesquisa aqui realizada não pretende esgotar tema tão complexo; procura, isso sim, inquirir, através das técnicas da pesquisa em marketing, qual a percepção do residente das grandes cidades brasileiras sobre o seu centro, buscando a partir daí tirar algumas conclusões.

Para entender esse tema, a pesquisa de marketing aqui realizada constou de uma etapa exploratória e de uma etapa descritiva. A etapa exploratória da pesquisa incluiu a busca de informações secundárias e a realização de uma etapa qualitativa, visando a uma melhor compreensão do tema.

Na abordagem qualitativa utilizada neste trabalho, pode-se notar entrevistas em profundidade e a realização de grupos de foco, também conhecidos como grupos motivacionais ou *focus groups*. Ferramenta de pesquisa originada da sociologia, os grupos de foco tiveram sua utilização ampliada a partir da década de 1980 nas pesquisas de mercado.

Para o debate do grupo motivacional direcionado à pesquisa foram escolhidas previamente pessoas que têm conhecimentos, percepções e relações as mais diversas a respeito do centro das grandes cidades, como moradores, trabalhadores, comerciantes, representantes de órgãos públicos com relação direta ao centro, jornalistas, pessoas que declararam anteriormente amar ou odiar o centro. Fizeram parte do grupo: dono de uma loja no centro, donos de banca de especiarias em mercado público localizado no centro, morador do centro e jornalista, Major Comandante de um batalhão de polícia, uma pessoa que não gosta do centro e uma pessoa que trabalha e não gosta do centro.

Com a escolha desses entrevistados, procurou-se obter os mais diversos pontos de vista a respeito do centro, possibilitando a determinação das variáveis que teriam mais importância nessa pesquisa. Também foi elaborado com antecedência um roteiro para a condução do *focus group*, o qual continha, além da sequência lógica dos eventos da reunião, vários pontos-chave que deveriam ser abordados no debate: comércio, cultura, segurança, moradia, transporte, história, turismo e limpeza. A análise da transcrição do debate do grupo motivacional em conjunto com o material coletado através da pesquisa de dados secundários permitiu a identificação das principais variáveis que deveriam nortear o instrumento de coleta de dados primários – o questionário. Todas elas foram abordadas no grupo de foco

com maior ou menor intensidade, e ratificadas pela pesquisa aos dados secundários. As principais variáveis estão elencadas na Tabela 5.3.

Tabela 5.3 Principais variáveis elencadas

O sentimento das pessoas em relação ao centro.
A percepção dos limites geográficos do centro, uma vez que ocorrem variações de pessoa para pessoa.
Os motivos pelos quais as pessoas frequentam o centro.
As percepções das pessoas em relação ao centro como opção de lazer, de moradia e de turismo.
A qualidade e a quantidade de atrações, eventos, oportunidades, comércio e serviços que o centro proporciona.
A percepção das pessoas quanto à segurança pessoal e coletiva no centro.
O conhecimento que as pessoas possuem a respeito dos pontos turísticos do centro.
Como as pessoas percebem o trânsito do centro.
Como as pessoas percebem a limpeza, a iluminação e a infraestrutura da área central.
Como as pessoas veem o comércio do centro.

O método utilizado para a coleta dos questionários foi o de entrevista pessoal, pela qual os entrevistados foram abordados em suas residências. A elaboração do questionário foi realizada através de várias etapas até chegar à sua versão final. Primeiramente, todo o grupo de pesquisa envolvido na elaboração do questionário realizou o levantamento dos fatores relevantes e os tópicos principais abordados nas etapas prévias: exploratória (pesquisa de dados secundários) e qualitativa (*focus group*). A partir desses dados, elaboraram-se questões sobre o centro e, após o levantamento delas, fizeram-se filtragens em grupos de discussão para avaliar quais questões eram realmente pertinentes e quais necessitavam de alguns ajustes. Com as questões definidas, o *layout* e a ordem das perguntas foram estruturados e um pré-teste foi aplicado para realizar eventuais ajustes.

O pré-teste foi realizado em uma amostra de conveniência de 76 pessoas. Logo após, foram discutidos os aspectos observados na aplicação dele. A partir disso, foram feitas modificações no questionário. O pré-teste revelou necessidade de ajuste na ordem das questões, vocabulário e novas opções de resposta e introdução ou exclusão de perguntas.

O questionário foi construído utilizando, basicamente, dois tipos de estrutura de perguntas: perguntas de múltipla escolha e perguntas escalonadas. As perguntas de múltipla escolha oferecem aos entrevistados uma gama de respostas, das quais ele poderá optar por uma (fechada) ou mais de uma (aberta). As alternativas continham todas as respostas possíveis (inclusão da alternativa "outros"), eram mutuamente excludentes e abordavam apenas um tópico por alternativa. As alternativas foram selecionadas e dispostas com o intuito de minimizar a tendenciosidade do entrevistado, cujo raciocínio mecânico condiciona a marcar a primeira ou última questão de uma lista.

Nas perguntas escalonadas, foi utilizada a escala do tipo Likert, com cinco categorias de alternativas e diferentes formas de escalonamento. Uma das escalas mais utilizadas foi a de grau de concordância, com os itens: discordo totalmente, discordo em parte, indiferente, concordo em parte, concordo totalmente. As escalas e as opções de escolha foram utilizadas em forma de cartões, dando ao entrevistado a possibilidade de visualizar as alternativas de respostas. Outro recurso utilizado foi a criação de um glossário, no qual foi colocado o significado de algumas palavras que eventualmente poderiam causar dúvida no entrevistado. Isso possibilita a padronização de um conceito, amenizando o viés do entrevistador.

Com base nas definições apresentadas do questionário, decidiu-se que a população da pesquisa seriam moradores maiores de 16 anos e que a amostra seria probabilística, o que, por sua vez, permite que os resultados identificados nesse estudo sejam representativos e possam ser generalizados para a população. No total, foram entrevistadas 527, com 95% de confiança, possuindo uma margem de erro de 4,27%.

Analisando o sexo dos entrevistados, percebemos que não há diferença significativa na amostra; homens tiveram uma percentagem de 48% de questionários respondidos; as mulheres, 52%. Com base nos resultados, o centro é um espaço *sui generis* das grandes cidades. Os dados coletados indicam que ele é uma área na cidade com a qual a população interage pelo menos em algum momento no ano. Poucos foram os entrevistados que afirmaram não frequentar o centro. 40% dos participantes da pesquisa o frequentam uma vez por mês ou menos, e 20,4% o fazem de duas a três vezes por mês.

Os motivos da interação do cidadão com o centro são vários e não são mutuamente excludentes: profissionais, compras, lazer, cultura, turismo, moradia e serviços. Possivelmente, em razão das várias razões para se ir ao centro, grande parte dos entrevistados expressou ter algum sentimento, positivo ou negativo, sobre essa área da cidade.

O questionamento com a população residente iniciou-se com uma pergunta que objetivava mensurar o sentimento do respondente em relação ao centro das cidades. Observou-se um equilíbrio de opostos nas respostas obtidas entre os espectros positivos: "gosto" (30,9%) e "gosto muito" (8,2%), e negativos: "não gosto" (32,8%) e "odeio" (8,6%). Entretanto, tal equilíbrio dos sentimentos não ocorre de forma equânime entre os sexos. 46,6% das mulheres afirmaram odiar ou não gostar do bairro, enquanto, entre os homens, 35,7% possuem essa opinião. Dos homens que participaram do questionário, 25,4%, um quarto dos respondentes, responderam ter sentimento de indiferença. Tal percepção da parcela feminina da amostra decorre da constatação de que as mulheres frequentam menos o centro do que os homens entrevistados. 46,5% das mulheres entrevistadas vão ao bairro uma vez por mês ou menos, enquanto 32,9% dos homens se deslocam ao bairro nessa frequência.

As pessoas que possuem sentimentos negativos em relação ao centro o frequentam pouco, se comparadas com as que manifestaram indiferença ou sentimentos positivos. Das que manifestaram odiar o bairro, 75,6% vão até três vezes por mês ao ele, e 62,2% das que não gostam do bairro vão a ele com essa frequência. Já 41,4% das pessoas que gostam do centro o

frequentam pelo menos uma vez na semana, e 23,3% das pessoas que gostam muito do centro o frequentam todos os dias.

No que tange ao turismo, o centro é uma alternativa, pois possui vários locais onde parcela expressiva da amostra levaria uma pessoa de fora da cidade. Seja qual for o motivo da ida ao centro, o tempo de permanência dos respondentes nele não é extenso. Dos que vão ao bairro principalmente para realizar compras, 86,7% lá permanecem até três horas. Quanto aos que frequentam o centro em função do lazer, 87,8% permanecem esse mesmo período de tempo. Esse alto percentual de permanência de até três horas ocorre também para quem frequenta o centro por outro motivo, com 74,2% das respostas. Já para quem tem no trabalho o seu principal motivo para ir ao bairro, 60% dos respondentes permanecem até três horas nele, o que permite inferir que essas pessoas não trabalham no centro, mas sim que o trabalho envolve a sua ida até a área central. Foi constatado na pesquisa que o centro, pela sua importância histórica, abrigou e ainda resiste como polo de geração e difusão de atividades culturais, pois tem a presença marcante de centros culturais, teatros, prédios e monumentos históricos.

O tema dos camelôs revelou-se o mais polêmico da pesquisa. A presença maciça dos vendedores ambulantes, legalizados ou não, e as discussões em torno da implantação de um local específico para sua atuação, conhecido como camelódromo, despertaram em nossos entrevistados sentimentos e percepções bastante contundentes. A pergunta sobre o posicionamento dos entrevistados contra ou a favor dos camelôs apresentou uma resposta com alto nível de discordância sobre a sua presença (62%). Quando perguntados se os camelôs são uma boa opção, as respostas se dividem: 48% não os acham uma boa opção de compra e 44,3% respondem positivamente. Podemos inferir que o camelô cumpre uma função comercial importante como fornecedor de produtos, e a importância de sua atuação é percebida por boa parte dos entrevistados. A pergunta que segue revela que, quanto a prejudicar o comércio legal, não há praticamente dúvidas: 82,3% consideram que os camelôs concorrem e prejudicam o comércio legal.

Além de prejudicar a circulação, a presença maciça dos camelôs faz com que essas áreas se tornem foco de insegurança; para 55,1% dos entrevistados, os camelôs tornam o centro mais perigoso. O perigo pode estar relacionado à atividade ilícita inerente ao comércio ilegal – contrabando ou descaminho – ou à presença de ladrões e batedores de carteira, que se aproveitariam da multidão e grande concentração de barracas para agir.

Sobre a sensação de andar pela área central, a maioria não se sente segura (75,1%). No item a seguir, procurou-se verificar se as pessoas já haviam sido assaltadas. Praticamente 73% dos respondentes revelaram nunca ter sido assaltados no centro, o que permite a inferência de que a sensação de insegurança não está diretamente ligada ao fato de já haver sido assaltado. Praticamente 93% dos entrevistados tomam cuidados para não serem assaltados no centro, o que parece conduzir a uma percepção unânime de insegurança; embora essa percepção possa estar relacionada à cidade como um todo, ela parece ser mais direcionada ao centro.

Com base nos resultados alcançados pela pesquisa, observa-se que o centro são vários centros. É o centro da história

72 Capítulo 5

da cidade, dos prédios e da cultura que o fez ter seu apogeu e quase decadência; é o centro das repartições públicas; é o centro do comércio de todos os tipos, hoje praticamente voltado às classes mais populares, uma vez que a classe mais aquinhoada elegeu os *shoppings* como preferência para o consumo. É o centro que resiste bravamente à degradação; é memória da cidade, dos moradores, alguns teimosos, outros apaixonados, mais experientes ou jovens, unidos no amor e ódio que nutrem pelo bairro e lutam pela sua revitalização.

Com base no estudo de caso e na abordagem teórica deste capítulo, responda às perguntas a seguir:

1. Quais abordagens de pesquisa foram utilizadas para entender a percepção dos cidadãos com relação aos centros urbanos?
2. Quais técnicas de pesquisa foram utilizadas no estudo?
3. Com respeito à pesquisa qualitativa, como foi feita a interrogação de *experts*?
4. Em relação ao momento em que é realizada a pesquisa quantitativa, podemos dizer que ela é transversal ou transacional?
5. De acordo com os resultados, a cultura influencia na ida das pessoas ao centro?
6. Como a amostra vê a situação dos camelôs nos grandes centros?

Questões de discussão para aplicação da teoria

1. Pense na formulação de uma pesquisa descritiva transacional em que o problema de pesquisa seja o mesmo para todos os períodos. Não se esqueça de que esta leva em conta várias etapas estruturadas no tempo e através dessas etapas são feitas comparações entre os períodos analisados. Você terá que fazer cinco perguntas sobre determinado tema que será questionado nas três décadas que já se passaram. Elenque cinco perguntas para cada década. Você deverá formatá-la com as características de cada década. Depois, compare as possíveis respostas. Logo após, responda: as respostas estão condicionadas ao período de tempo em que a pergunta foi feita?

2. Imagine que você recebeu a missão de fazer uma pesquisa de mercado sobre o perfil das pessoas que compram apartamentos em cidades grandes. Para isso, vai realizar uma pesquisa exploratória. Como técnica, escolheu a interrogação de *experts* para complementar naturalmente a busca de informações secundárias. Você vai fazer uma enquete ou um conjunto de testemunhos ordenados pelo pesquisador com o fim de entender melhor a questão problema. Com base no problema de pesquisa, quem seriam as pessoas entrevistadas na enquete. Por quê?

Notas

[1] Kolb, B. (2008). *Marketing research*: a practical approach. London: Sage.

[2] Eisenradt, K.M. (1989). Building theories from case study research. *The Academy of Management Review*, *14*(4), 532-550.

[3] Arnould, E. J., & Thompson, C. J. (2005). Consumer culture theory (CCT): twenty years of research. *Journal of consumer research*, *31*(4), 868-882.

[4] Kolb, B. (2008). *Marketing research*: a practical approach. London: Sage.

[5] Sobel, M. (2000). Causal inference in the social sciences. *Journal of the American Statistical Association*, *95*, 647-651.

[6] Richardson, R.J. (Coord.) (1999). *Pesquisa social*: métodos e técnicas. 4. ed. São Paulo: Atlas.

[7] Chanlat, J. (2000). *Ciências sociais e management*: reconciliando o econômico e o social. São Paulo: Atlas.

[8] Triviños, A.N.S. (1987). *Introdução à pesquisa em ciências sociais*: a pesquisa qualitativa em educação. São Paulo: Atlas.

[9] Maanen, J.V. (1979). Reclaiming qualitative methods for organization research: a preface. *Administrative Science Quarterly*, 24(4), 520-526.

[10] Bauer, W. & Gaskell, G. (2002). *Pesquisa qualitativa com texto, imagem e som*. Petrópolis: Vozes.

[11] Daymon, C. & Holloway, I. (2002). *Qualitative research methods in public relations and marketing communications*. London: Routledge.

[12] Chizotti, A. (1991). *Pesquisa em ciências humanas e sociais*. São Paulo: Cortez.

[13] Carson, D.; Gronhaug, K.; Perry, C. & Gilmore, A. (2001). *Qualitative marketing research*. London: Sage.

[14] Franses, P.H. & Paap, R. (2001). *Quantitative models in marketing research*. Cambridge: Cambridge University Press.

[15] Chatfield, C. & Collins, A.J. (1980). *Introduction to multivariate analysis*. London: Chapman and Hall.

[16] Calvino, I. (2003). *As cidades invisíveis*. Rio de Janeiro: O Globo.

[17] Jacos, J. (2001). *Morte e vida de grandes cidades*. São Paulo: Martins Fontes.

6

Técnicas e Aplicações de Pesquisa de Marketing

OBJETIVOS DO CAPÍTULO

No final deste capítulo, o leitor deverá ser capaz de:

◆ Entender o uso de técnicas qualitativas, como *focus group*, *laddering*, entrevista, técnicas projetivas, observação, delphus, etnografia, *grounded theory* e ZMET.

◆ Compreender os princípios do experimento como método causal.

◆ Entender a operacionalização de uma *survey*.

◆ Identificar as características da técnica painel.

INTERPRETANDO O CONSUMO DE CELULARES PELA ZMET

O início do século XXI consolidou uma das grandes inovações do homem: o telefone celular. Essa invenção foi criada em um laboratório nos EUA e permite a transmissão bidirecional de voz e dados através de ondas eletromagnéticas. Houve crescimento modesto nos fins do século passado, através da geração analógica e digital, esta última em fase inicial.

Acompanhada de diversas tecnologias, essa inovação foi responsável, neste novo século, pelo *boom* de consumo em diversas partes do mundo. De acordo com dados da Organização das Nações Unidas (ONU), em 2013 houve uma mudança importante no cenário mercadológico: o número de telefones móveis ultrapassou o número de pessoas no planeta. Só no Brasil, já existem mais de 250 milhões de linhas ativas de telefonia móvel, de acordo com informações divulgadas pela Agência Nacional de Telecomunicações (Anatel). A média de aparelhos celulares vendidos no Brasil era de 46 para 100 pessoas em 2005 e depois de sete anos já era de 123 pessoas, segundo o Banco Mundial (BM).

O reflexo desses números é o crescente consumo dos produtos e serviços derivados da telefonia móvel. O crescimento desse mercado tem transformado a vida das pessoas e a maneira como elas se comunicam. Por isso, o marketing deve estar atento aos fatores que influenciam a intenção de consumo das pessoas.

Em uma pesquisa de marketing realizada com consumidores de celulares, foi constatado que as empresas que trabalham com esse produto devem estar preocupadas diretamente com a liberdade, a tranquilidade, a segurança e as relações pessoais de seus consumidores. Por isso, devem desenvolver estratégias que prezem o controle, a invasão da privacidade e o baixo custo.

A técnica de pesquisa de marketing utilizada para chegar a essas conclusões foi a ZMET, técnica que utiliza metáforas (imagens sensoriais) para analisar o que o consumidor leva em conta no momento do consumo. Segundo os entrevistados, a metáfora do celular remete à ideia de um *container* de recursos, conectando pessoas e transformando suas vidas. Para um consumidor entrevistado: "*Não importa onde eu estiver eu vou falar com quem eu quero, então eu estou aqui e posso pedir uma pizza, ou falar com alguém;*" já para outro: "*Eu acho que o celular é como um pássaro, ele voa para tudo quanto é lugar. Com o celular também, tu voa, fala com alguém que está lá do outro lado. Eu sinto liberdade, sensação de poder voar.*"[1]

De posse dessas entrevistas e da metáfora gerada, podem-se traçar inúmeras formas de comunicar o produto e criar estratégias mais eficientes. A intenção das técnicas de pesquisa de marketing, como a ZMET nesse caso, é fornecer às empresas

74 Capítulo 6

informações para que elas entendam melhor seus consumidores e possam fornecer produtos e serviços com mais qualidade.

6.1 PRINCIPAIS TÉCNICAS E APLICAÇÕES

Como vimos nos capítulos anteriores, após definido o problema de pesquisa, a preocupação central volta-se para o delineamento que envolve a tomada de decisão de se adotar as abordagens exploratória, descritiva e causal e os métodos quantitativo ou qualitativo. Ao término dessa etapa, o pesquisador voltará sua atenção para a escolha dos métodos de pesquisa.

Em pesquisa de marketing, existem diversos métodos (tradicionais e recentes) que são alocados dentro dos norteadores exploratório/descritivo/causal e quantitativo/qualitativo. Hoje em dia, existe uma quantidade maior de métodos exploratórios qualitativos, como: *focus group*, *laddering*, entrevista, técnicas projetivas, observação, etnografia, *delphus*, *grounded theory*, ZMET, entre outros. O método quantitativo descritivo é representado pela *survey* e pelo painel, e a abordagem causal é representada pelo experimento.[2] No total, esses 12 métodos serão apresentados neste capítulo.

6.1.1 *Focus group*: a interação gerando informação

O *focus group* é uma técnica que reúne um grupo de indivíduos que são incentivados e estimulados a compartilhar suas opiniões e preocupações. A diferença dessa técnica para as entrevistas individuais é que nesta os indivíduos respondem comentários feitos por outros indivíduos, fazendo com que se tenha uma discussão ampla da resposta inicial.

Dica	
	Em *focus group*, o moderador deve ter cuidado para não deixar aflorar a agência dentro das discussões. Agência é capacidade de uma pessoa agir sobre uma outra ou de influenciar um conjunto de relações sociais, determinando assim uma ação individual ou coletiva.

Para realizar um *focus group* é necessária a presença de um moderador, que tem como função promover o debate entre os indivíduos, encorajando vários tipos de respostas.[3] Ele deve motivar os indivíduos a debaterem sobre um assunto, sem dar sua opinião pessoal. Nesse caso, o moderador deve ser isento nos assuntos abordados e, ao mesmo tempo, estimular a troca de informação entre os participantes. Aconselha-se o emprego de moderadores externos, ou seja, pessoas que não têm um envolvimento direto com o tema discutido, pois isso garante que ele não dará sua opinião na dinâmica ou introduzirá ideias preconcebidas. O moderador não precisa entender do processo todo de pesquisa de marketing, mas tem que ter habilidades

básicas de relacionamento interpessoal, como a escuta, a comunicação e a interpretação.

O *focus group* é aconselhado para pequenos grupos, tendo um planejamento antecipado do moderador com relação ao que vai ser debatido pelos integrantes.[4] Essa técnica é muito utilizada por empresas que desejam saber a opinião de seus consumidores sobre seus produtos e serviços. Para isso, a empresa deverá selecionar consumidores-chave, que representam uma totalidade das pessoas que costumam comprar o serviço.

O local de realização de um *focus group* pode ser em qualquer lugar, desde uma sala simples até salas especialmente projetadas para esse tipo de pesquisa, que são chamadas de salas de espelho.

No que tange à escolha dos respondentes, estes devem obedecer ao propósito da pesquisa. Os fatores mais comuns que levam à escolha dos respondentes são: sexo, idade, escolaridade, rendas e diferença de opiniões com relação ao que se vai pesquisar. Para uma melhor condução da técnica, podemos dividir a preparação e aplicação do *focus group* em três fases importantes, como mostra a Tabela 6.1.

Tabela 6.1 Dicas do que deve ser feito antes, durante e após o *focus group*

Antes do *focus group*	Durante o *focus group*	Após o *focus group*
Definir objetivo, duração, identificar participantes, elaborar questões, *script*, selecionar o facilitador (moderador), escolher o local, preparar materiais, disposição da sala, som e alimentação.	O moderador deve chegar antes dos participantes, recebê-los, apresentar a equipe e os objetivos, informar sobre a gravação, explicar como vai ser a dinâmica, pedir a cada participante que se apresente, conduzir o grupo como planejado.	No fechamento, deve-se fazer os agradecimentos, falar da oportunidade para futuras contribuições (via *e-mail*, telefone), como os dados vão ser utilizados, quando a pesquisa terminará e onde os resultados estarão disponíveis. Logo após, transcrever, analisar e escrever o relatório.

O moderador deve estar atento a algumas questões antes de aventurar-se a mediar um *focus group*: deve aprender mais sobre o tema ou a questão analisada no *focus group*, conhecer o comportamento dos entrevistados e encorajar a discussão sobre o tema a todo tempo. Além disso, ele deve criar entusiasmo a partir da combinação dos comentários dos participantes. Com o intuito de obter sucesso na condução do *focus group*, alguns conselhos são importantes, como:

a) "Quebrar o gelo": participantes podem e devem se divertir, sentindo-se bem durante a seção.

b) Certificar-se de que cada participante é escutado (fazer com que os mais quietos falem).

c) Obter respostas completas (ex.: não apenas "nós precisamos de mais dinheiro", mas "nós precisamos de mais dinheiro para contratar uma recepcionista para atender telefonemas").

d) Monitorar o tempo (evitar exceder prazos definidos).

e) Manter a discussão de pé, ou seja, tentar responder a todas as questões.
f) Desviar discussões sobre itens individuais (ex.: assuntos íntimos ou específicos demais que não respondem aos objetivos da pesquisa).
g) Se uma ou duas pessoas estiverem dominando o Grupo Moderador (GM), deve-se chamar os outros para a discussão (considerar usar uma abordagem de mesa-redonda, seguindo uma direção e solicitando que cada pessoa responda a questão em 1 minuto).
h) Se a "dominação" persistir, relembrar o grupo da importância da participação de todos e solicitar ideias ao grupo do que fazer para que todos possam participar.

i) Após um tema ser abordado por completo, "repetir" com suas palavras os pontos ou argumentos principais abordados pelos respondentes (bloco de anotações) – buscar um "fechamento".

Uma das principais utilizações do *focus group* tem sido avaliar protótipos em lançamentos de produtos, o que é importante, pois favorece perguntas abertas e permite a leitura da linguagem corporal e do comportamento. Além do *focus group*, outras técnicas podem ser utilizadas para garantir o sucesso de um produto no mercado, como pode ser verificado na Tabela 6.2.

Tabela 6.2   Técnicas que auxiliam o desenvolvimento e lançamento de produtos[5]

	Focus group	*Surveys*	Métodos de simulação	Testes de marketing
O que ele mede?	Respostas abertas, linguagem corporal e comportamento	Pondera a importância de vários atributos do produto	Escolha entre produtos	Decisão de compra e escolha de produtos
Tipo de respostas esperadas?	Especulativa, exceto quando usado para avaliar protótipos	O participante deve tentar determinar ponderações de sua decisão através da introspecção e, em seguida, mapear essas ponderações para a escala de resposta	A escolha hipotética relacionando compra efetiva e consequências monetárias	Uma escolha real
Uso típico em processos de desenvolvimento de novos produtos	Logo no início, para ajudar *designers* de produtos em geral	Fase de projeto, ao determinar os atributos importantes para o cliente	Fase de concepção do produto. Pode também ser utilizado como uma ferramenta de previsão	Final do processo, a previsão de vendas e medidas a resposta a outros elementos, tais como a comercialização e o preço
Custo e risco competitivo	Baixo custo. O risco vem apenas de utilização abusiva dos dados por parte do pesquisador	Custo moderado e algum risco de alertar concorrentes	Custo moderado (elevado se estiver usando protótipos em vez de descrições) e algum risco de alertar concorrentes	Alto custo e risco elevado de alertar concorrentes.
Habilidade exigida	Habilidades de moderação para dentro do grupo e habilidades etnográficas para observadores e analistas	Desenho do questionário e análise estatística	Delineamento experimental e análise estatística (incluindo modelagem de escolha)	Entender do mercado e fazer previsão (altamente especializada)

6.1.1.1 Formas de conduzir o *focus group*

A maneira mais comum de realizar um *focus group* é com a presença de um moderador e de uma equipe de apoio, que o auxiliará em atividades operacionais, como: áudio, gravação, servir o cafezinho, conduzir o tempo, entre outros. No entanto, existem variações (formas de conduzir) do *focus group* que podem ser usadas dependendo diretamente da organização dos entrevistados e do moderador; são elas: *focus group* com a presença de dois moderadores, *focus group* com moradores em conflitos, *focus group* moderado pelos respondentes, *focus group* com a análise de um grupo, *focus group* com clientes, *focus group short* e *focus group* por teleconferência ou *on-line*.

O *focus group* com a presença de dois moderadores é utilizado dentro de uma estratégia de controle da participação dos entrevistados. O primeiro moderador é o responsável por controlar e administrar a sessão de debates, enquanto o outro tem a função de deixar que os tópicos sejam discutidos claramente na dinâmica. Na verdade, nessa composição um moderador auxilia o outro na condução do grupo.

O *focus group* com moradores em conflitos é utilizado quando dois moderadores estimulam as discussões de dois grupos ao mesmo tempo, confrontando as opiniões entre os participantes. Esse tipo de moderação faz com que os entrevistados posicionem e contra-argumentem a resposta de outras pessoas. Nesse caso, os moderadores devem tomar cuidado para não deixar as discussões virarem conflitos entre os participantes.

O *focus group* moderado pelos respondentes é aquele em que algum ou alguns entrevistados são convidados no exato momento da dinâmica a moderar o debate. Essa moderação pode ocorrer em toda a dinâmica ou temporariamente, reservando um espaço do debate para atuação do respondente/moderador. Nesse caso, aconselha-se escolher um respondente que não seja tão crítico e que demonstra ser imparcial com as respostas dadas na dinâmica até aquele momento.

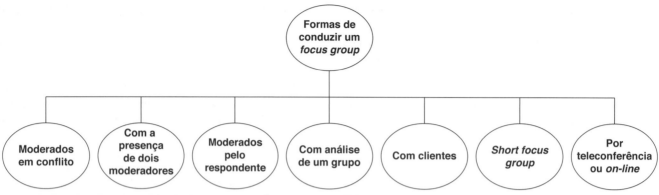

Figura 6.1 Formas de conduzir o *focus group*.

O *focus group* com a análise de um grupo é utilizado quando o moderador divide os entrevistados em dois grupos. Um primeiro grupo observa os comentários do segundo grupo e, logo após, o primeiro grupo discute e analisa as interações feitas pelo segundo grupo. Essa maneira de conduzir o grupo faz com que os participantes tenham uma visão crítica do comportamento de pessoas semelhantes, fazendo surgir explicações mais claras sobre o comportamento dos envolvidos.

O *focus group* com clientes é aquele em que são selecionados clientes da empresa contratante para representar os respondentes. Aconselha-se que esse tipo de abordagem seja feito com o uso de salas e espelhos, pois assim os representantes da empresa contratante podem observar o comportamento dos seus clientes. Essa dinâmica pode ser conduzida aberta ou de forma anônima no que diz respeito à divulgação do nome da empresa contratante.

O *focus group short* é aquele em que o moderador resolve reduzir o número de participantes. Em média, o *focus group* tem entre 8 a 12 pessoas. Os *short focus groups* usam entre 4 a 5 pessoas. A vantagem de escolher poucas pessoas é que o moderador consegue prestar mais atenção nas discussões existentes. Além disso, para moderadores inexperientes, ou seja, que estão realizando as primeiras moderações, aconselha-se o uso de *short focus group*.

O *focus group* por teleconferência ou *on-line* é aquele em que se empregam meios de telecomunicação para a realização do debate. É comum nesse caso o uso de *softwares* específicos para conduzir o debate. Por não ter a presença física dos respondentes, este é um tipo de debate que exige muito do moderador, pois ele deve estar atento à participação de todos.

6.1.1.2 Vantagens e desvantagens do *focus group*

O *focus group*, como qualquer técnica de pesquisa de marketing, tem suas vantagens e desvantagens. Como vantagem, é considerado relativamente barato, ou seja, tem um custo inferior a outras técnicas de pesquisa. Em curto período de tempo, podem ser recolhidas diferentes opiniões. Além disso, a sua organização é rápida, necessitando apenas de um conjunto de respondentes, um local físico e aparatos tecnológicos para gravar as dinâmicas.

Devido à dinâmica de interação dos respondentes, essa técnica fornece opiniões acerca do que se está discutindo, não se limitando a respostas dicotômicas e curtas, como sim ou não. Tem a vantagem de fazer com que o respondente discuta os conteúdos existentes e faça reflexões acerca deles. Por isso é que ele é muito usado em pesquisas que têm o objetivo de testar a opinião dos entrevistados com relação ao uso de um produto.[6]

Nesse caso, o *focus group* tem como vantagem o fato de poder explicar uma experiência de consumo, pois durante o debate conduzido pelo moderador os entrevistados são convidados a fornecer informações sobre o que pensam e como agem.

A principal desvantagem dessa técnica reside no não controle das opiniões por parte do moderador. Dependendo do perfil dos entrevistados, pode haver divergência de opiniões entre estes, o que prejudica a condução e o andamento da dinâmica. Por isso, é necessária a presença de um moderador que consiga manter a discussão equilibrada, sem a influência de líderes de opinião dentro da dinâmica. Além disso, o *focus group* é uma técnica que não gera resultados representativos.[7]

6.1.2 Entrevista: o estreitar da relação

A entrevista é uma técnica de pesquisa que permite que o pesquisador desenvolva uma estreita relação com as pessoas envolvidas. É uma estratégia de pesquisa que procura examinar o fenômeno dentro do seu contexto, sendo uma técnica fundamental utilizada nas pesquisas de caráter qualitativo. Tratando-se de pesquisa de marketing, três são as principais técnicas de entrevista existentes: em profundidade, de interceptação ou por especialista.

A entrevista em profundidade (do inglês *in-depth*) tem como característica o aprofundamento do assunto por meio de diversas perguntas. Nesse tipo de entrevista, o entrevistado responde a uma pergunta inicial e, de acordo com a sensação do pesquisador, várias outras perguntas podem ser encaminhadas para aprofundar o assunto abordado na primeira pergunta. Esse tipo de entrevista é utilizado para conhecer melhor o problema a ser pesquisado, pois ela fornece uma quantidade grande de informações.

Dica	A entrevista é uma técnica que tem como foco aproximar o entrevistado do pesquisador, trazendo informações e detalhes que outras técnicas não conseguem.

Além disso, esse tipo de entrevista é aconselhado para usar em entrevistado que tem respostas dicotômicas e curtas, no caso, ou seja, respondem sempre com expressões como: sim, não, talvez, não sei, é claro, entre outras. Esse tipo de entrevista faz com que o entrevistado responda com mais informações, pois ele é questionado em cima de uma resposta dada inicialmente. O problema é que pode demorar mais que as outras devido à quantidade de perguntas que são feitas na sequência.

A entrevista de interceptação (do inglês *intercept*) tem como característica o questionamento de perguntas aos respondentes na rua, por isso é muitas vezes conhecida como enquete com pessoas de rua. Devido a essa característica, essas entrevistas são planejadas para serem executadas em um período curto de tempo e estão limitados a tópicos específicos. Em média, a realização dessas entrevistas dura entre três e cinco minutos. A desvantagem desta técnica é o fato de não poderem ser feitas perguntas de aprofundamento, e sua principal vantagem é ter um período curto de tempo para coleta.[8]

A entrevista com especialista (do inglês *expert*) é aquela realizada com pessoas que entendem diretamente dos assuntos pesquisados. Por isso, são convidados para essas entrevistas especialistas ou *experts* dos assuntos tratados. Em pesquisas de marketing, não se utilizam consumidores potenciais ou atuais, mas sim indivíduos que têm conhecimento específico.

6.1.3 Observação: aproximação dos participantes

A observação consiste em um registro sistemático dos padrões de comportamento de consumidores, objetos e eventos a fim de obter informações sobre o fenômeno de interesse. Desse modo, a técnica de observação é aquela que se dá por monitoramento do comportamento de um consumidor. É um método qualitativo que exige uma coleta de dados formalizada por meio da observação dos comportamentos, como, por exemplo: a compra de um produto, o atendimento em uma loja, entre outros.[9]

> **Dica**
>
> A observação direta é aquela em que há naturalmente o registro, e o investigador, nesse caso, não precisa criar um ambiente artificial. Já no ambiente artificial o pesquisador cria um ambiente para testar algumas hipóteses.

Essa técnica, devido às suas características de aplicação, é considerada de baixo custo, por isso é recomendada em casos em que não se tem verba para realizar uma pesquisa de campo. A vantagem é que ela fornece informações precisas sobre o fenômeno analisado, por existir um acompanhamento de perto por parte do pesquisador.

6.1.4 Etnografia: o contato com o cotidiano

A etnografia é uma técnica que não depende de aplicação de questionários e roteiro de entrevistas, pois é realizada através do contato cotidiano entre o pesquisador e os participantes. A etnografia requer um pesquisador que interaja com os indivíduos pesquisados, observando diariamente o que está acontecendo no cotidiano dos participantes.

A etnografia é uma técnica de pesquisa que se originou na antropologia e sociologia. Ela permite reunir informações sobre o comportamento em grupo, através da observação do comportamento dos seus integrantes, avaliando atitudes e valores que sustentam o comportamento do grupo.

> **Dica**
>
> Quando for realizar uma etnografia, deve-se tomar cuidado para não deixar acontecer o oculcentrismo, que é o possível favorecimento da visão de uma realidade da sociedade contemporânea em detrimento de todos os sentidos.

A realização da etnografia se justifica quando métodos de pesquisas tradicionais não conseguem buscar as informações necessárias, devido a estarem enraizadas no cotidiano das pessoas e, por isso, são difíceis de ser descritas. Além da observação do pesquisador, é comum nas etnografias a coleta de informações por meio de fotos e vídeos.

Essa técnica de pesquisa é realizada no local onde estão os sujeitos da pesquisa, seja a sua casa, onde compram, onde trabalham, entre outros. A etnografia não tem como objetivo escutar resposta diretamente dos participantes, mas sim captar e analisar o que realmente eles fazem. Por envolver uma análise do cotidiano, é necessário que o pesquisador tenha conhecimento da cultura em que o estudo está inserido.[10] Devido a esse fato, essa técnica é utilizada há várias décadas. Na pesquisa de marketing, ultimamente é utilizada para estudar experiência de consumo, principalmente quando se quer entender o comportamento de um indivíduo dentro de uma cultura.[11]

A grande vantagem da pesquisa etnográfica é que, além de observar o comportamento, o pesquisador vivencia e compartilha experiência com os sujeitos da pesquisa. A desvantagem reside no fato de ela ser uma técnica demorada, devido ao tempo que os indivíduos se adaptam à figura do pesquisador. As relações entre pesquisador e pesquisados devem ter um desdobramento natural no contexto pesquisado, e isso pode demorar certo tempo.

Palavra do especialista

A etnografia foi apresentada à pesquisa de marketing por antropólogos que buscavam compreender o significado social e cultural do consumo. O resultado dessa aproximação proporcionou uma nova forma de olhar a realidade social que envolve os mercados, capaz de descrever os significados que envolvem os bens e as ações de consumo. A coleta de dados etnográficos permite, a partir da interação entre pesquisado-pesquisador, desvendar textos culturais complexos, como valores e crenças difíceis de ser descritos utilizando outros métodos. Além disso, ao esclarecer formas

78 Capítulo 6

> culturais, comportamentos e experiências, a pesquisa etnográfica possibilita construir representações de como uma cultura está presente no dia a dia do consumidor ou em um contexto mercadológico específico. Contudo, o sucesso na utilização da etnografia nas pesquisas de marketing passa pelo profundo comprometimento do pesquisador com o método, especialmente buscando uma descrição densa do contexto social no qual a atividade de marketing ocorre, e não somente a atividade em si.
>
> **Dr. Marlon Dalmoro** é professor do Programa de Pós-Graduação em Sistemas Ambientais Sustentáveis na UNIVATES e coordenador dos grupos de pesquisa: Grupo de Pesquisa em Sistemas Agroindustriais Sustentáveis (GPSAS) Grupo Interinstitucional de Pesquisa em Marketing e Consumo (GIPEM&C).

Para realização da etnografia em um primeiro momento deve-se determinar o grupo e o comportamento que será pesquisado. Após, deve-se encontrar o melhor local para realizar a pesquisa. O ideal é que o lugar em que a coleta de dados ocorrerá seja onde os sujeitos de pesquisa socializam seu comportamento. Logo após, inicia-se o trabalho de campo, tendo o pesquisador a função de estabelecer confiança com os sujeitos da pesquisa. Estabelecida a confiança, o pesquisador começa anotar o comportamento dos sujeitos por intermédio de pessoas-chave. Caso seja necessário, podem ser feitas entrevistas informais para esclarecer possíveis dúvidas. No caso da necessidade de mais dados, além daqueles que foram observados e escutados, pode-se usar registros visuais de fotos e vídeos. Depois, todos os dados serão analisados através de padrões comportamentais comuns.[12]

6.1.5 Técnica Delphus: um oráculo para a pesquisa de marketing

A técnica de pesquisa Delphus (que em português é conhecida pela tradução Delfos) corresponde a uma abordagem exploratória que tem como intuito reunir a opinião de um grupo de *experts* sobre determinado assunto e coletar as suas opiniões. Essas opiniões são coletadas diretamente em várias rodadas de negociação. Com o surgimento de cada rodada, os especialistas são informados sobre a opinião dos outros *experts*.

Essa técnica tem a terminologia associada ao Oráculo de Delfos. O Oráculo é um ser que tinha o dom de ofertar conselhos sábios e opiniões proféticas na Grécia Antiga. No caso do Oráculo Delfos, este residia em uma cidade antiga denominada Delfos, situada perto do Monte Parnaso, e se dedicava principalmente a Apolo.

Dica	A técnica Delphus necessita de especialista e certo tempo para se obter as informações. As rodadas de negociação das informações podem demorar devido ao fato de os especialistas analisarem e darem as respostas.

O princípio básico dessa técnica é que as previsões são mais confiáveis vindo de especialistas (estudiosos) do que pessoas comuns. Sua aplicabilidade mais comum hoje em dia é na economia preditiva, em projetos e nas previsões empresariais. Essa técnica é muito usada para obter o consenso a respeito da condição econômica de um país ou um risco de projeto ou administrativo.

Aconselha-se no uso dessa técnica manter o anonimato entre os *experts*, controlando estatisticamente a interação entre os *feedbacks*. A vantagem é proporcionar aos especialistas desenvolverem uma opinião em comum, sem revelar a identidade das pessoas e suas opiniões, até que estes cheguem a um objetivo comum.

Para entender melhor essa técnica, imagine-se que iremos realizar uma pesquisa para saber a respeito da evolução das relações comerciais entre o Brasil e a Argentina nos próximos dez anos. É uma pesquisa inicialmente exploratória. Você não entende bem sobre esse assunto. Então, você irá pegar algumas pessoas, por exemplo, exportadores e importadores da Argentina, alguns executivos do Itamarati, conselheiros, alguns representantes de câmaras comerciais, entre outros. Então você reúne um conjunto de pessoas e diz assim: "O que acontecerá, na sua opinião, com as relações comerciais entre Brasil e Argentina nos próximos dez anos?" Faça essa pergunta aberta e peça a eles para responderem em poucas palavras.

Digamos que você planejou 30 pessoas, no caso aqui *experts*. Destes, 28 responderam às perguntas, tendo uma mortalidade de 28 respondentes. Desses 28, você calcula a média, o ponto médio ou a mediana, depende de como você vai trabalhar. Logo após, você reenvia as perguntas dizendo: "na sua posição anterior você disse que ia diminuir 3% ao ano a relação comercial com a Argentina, os outros da amostra dizem que vão aumentar 5%, você mantém a sua posição ou revê a sua posição?" Aí o *expert* responde. Esta é a segunda onda de perguntas, o segundo envio. Logo depois, teremos a terceira e a quarta onda de perguntas. Habitualmente, teremos de três a quatro ondas de perguntas, pois aí já se consegue estabilizar as respostas.

O que você vai observar? Você vai ver que sua amostra está dividida em uma maioria e uma minoria. Tanto a maioria quanto a minoria têm uma visão. Podemos classificar em otimista ou pessimista. Além dessa classificação, você tem o dimensionamento dela, devido à opinião de *experts*. Hoje em dia, essa técnica é muito comum para estimar os índices de inflação e as taxas de crescimento econômico, pois é uma técnica exploratória para quando não há informações suficientes para medir as variáveis.

6.1.6 ZMET: a evocação de metáforas

A Zaltman Metaphor Elicitation Technique, conhecida na pesquisa em marketing mais pela sigla ZMET, é uma técnica de pesquisa patenteada pelo professor Gerald Zaltman, que mescla conhecimento das disciplinas antropologia, psicologia cognitiva, linguística, neuromarketing e sociologia. Assim, a ZMET torna-se uma ferramenta de pesquisa multidisciplinar.

> **Dica** A técnica Zaltman Metaphor Elicitation Technique (ZMET) pode ser utilizada em conjunto com a técnica de coleta de dados através da elicitação fotográfica.

Essa técnica utiliza metáforas, símbolos e outras comunicações que não são verbais para entender o comportamento das pessoas. Tem como principal objetivo a evocação de metáforas (imagens sensoriais) dos consumidores.[13]

O princípio da ZMET fundamenta que as decisões que os consumidores tomam não são racionais na sua grande maioria, mas sim emocionais. Desse modo, a resposta de questionários ou roteiro de entrevistas não serve para explicar na totalidade o comportamento do consumidor. Para entender a técnica ZMET, faz-se necessário antes compreender as suas premissas,[14] que podem ser divididas em oito e estão explicadas na Tabela 6.3.

Tabela 6.3 As oito premissas da ZMET

Premissas	Explicações
O pensamento é baseado em imagens, não em palavras.	O pensamento se origina a partir de imagens, isso porque a maioria das imagens é visual. Cerca de 70% de todo o estímulo que chega ao cérebro vem através do sistema visual.
Grande parte da comunicação é não verbal.	Apesar de não haver pesquisas que comprovem, a regra é que cerca de 80% da comunicação humana é não verbal. Muito do significado da comunicação verbal é determinado pela comunicação não verbal, o que inclui expressões faciais, gestos, paralinguagem, toque, sinais espaciais e contato visual.
As metáforas são unidades centrais para o pensamento.	As metáforas são fundamentais para a formação do pensamento e do conhecimento. Elas não são só meios de expressão dos pensamentos, mas ativamente criam e modelam o pensamento.
Os modelos mentais são representações de histórias.	O consumidor tem modelos mentais que representam seu conhecimento e comportamento. Histórias são metáforas do conhecimento. Elas proporcionam as relações entre os construtos que são capturados pelos pesquisadores e dispostos como diagramas, representando os modelos mentais, que são ideias (conceitos e construtos) inter-relacionadas e sustentadas por um indivíduo ou grupo sobre algum problema de pesquisa.
Estruturas profundas do pensamento podem ser acessadas.	Os consumidores possuem tanto pensamentos conscientes quanto inconscientes, ideias que não reconhecem ter, mas que desejariam compartilhar, uma vez descobertas. No entanto, necessitam de auxílio especial para expressá-las. Para trazer essas informações à tona, acessando estruturas profundas, existem técnicas.
Razão e emoção agem em conjunto.	Raramente se considera a emoção nas tomadas de decisão e nos métodos de pesquisa, os quais são normalmente voltados para a razão. Razão e emoção não são independentes e devem ser tratadas como forças coadjuvantes.
A cognição está embasada na experiência sensorial.	O pensamento abstrato é moldado pelas experiências motoras e perceptivas, transformando-se em uma extensão das experiências sensoriais. Isso quer dizer que o pensamento abstrato é organizado pela projeção sobre os padrões de experiência sensorial.
O pensamento não é domínio de um só indivíduo.	Apesar de nascermos com predisposições cerebrais que variam de indivíduo para indivíduo, a mente e o modo de pensar são inerentemente sociais, ou seja, fortemente influenciados pelas interações sociais e pelo ambiente que nos cerca.

Na prática, a técnica ZMET propõe uma abordagem em que o pesquisador solicita a um grupo de pessoas que coletem algumas imagens e delas retirem suas ideias. Por meio de metáforas, o comportamento dessas pessoas vai sendo analisado, pois elas não conseguiriam verbalizar através das técnicas rotineiras de pesquisa de marketing seus reais motivos da decisão de compra.[15] Devido a esse fato, essa técnica vem sendo utilizada por grandes empresas como: Nestlé, Mitsubishi, Itaú, Microsoft, Ambev e outras.

6.1.7 *Grounded Theory*: a teoria fundamentada em dados

A *Grounded Theory*, conhecida em português pela expressão *Teoria Fundamentada em Dados*, é uma técnica de pesquisa utilizada no marketing para entender certa situação. A ideia é pesquisar um fenômeno sem uma teoria a ser testada, mas, ao contrário, apenas com base em induções oriundas da análise sistemática de dados. Essa técnica refuta as técnicas mais clássicas de pesquisa de marketing baseadas nos testes hipotéticos dedutivos, ou seja, não procura testar teorias, muito menos hipóteses.[16]

Grande parte dos estudos em pesquisa de marketing provém de uma certa teoria existente (fundamentada muitas vezes na pesquisa de base) para se chegar a uma conclusão na prática. No caso da *Grounded Theory*, essa ordem é invertida: primeiro se estuda a prática para se encontrar um comportamento que pode ser desdobrado em uma teoria.[17] A lógica é que na teoria é onde se encerra a pesquisa, e não o seu princípio, ou seja, a teoria não é o problema de pesquisa, mas a sua conclusão. Observe que a grande diferença é a maneira que a metodologia se desenvolve durante o processo de investigação.[18]

A técnica *Grounded Theory* não necessita de um processo extenso de busca de dados secundários. Em vez disso, o pesquisador pode iniciar o processo de pesquisa de campo mais rápido possível. Devido a esse fato, o pesquisador não necessita de nenhum conhecimento prévio do que será pesquisado.

80 Capítulo 6

> **Dica** A *Grounded Theory* é uma técnica qualitativa que surgiu no contexto dos estudos sociológicos, ligada diretamente à Escola de Chicago. Essa técnica surgiu na obra de Glaser e Strauss intitulada *The Discovery of Grounded Theory: Strategies for Qualitative Research* e procurou valorizar o envolvimento direto do pesquisador no processo de investigação.

O intuito dessa técnica de pesquisa de marketing é entender como consumidores agem de determinadas maneiras e como suas ações se desdobram. Por meio de diversas formas de coleta de dados, o pesquisador reunirá uma quantidade de informações sobre o que está sendo estudado. Essas informações devem ser comparadas e codificadas, procurando extrair uma normalidade no comportamento dos envolvidos. Através dessa normalidade, o pesquisador tira suas conclusões, com algumas teorias que surgiram da análise sistemática realizada.

O primeiro passo na realização da *Grounded Theory* é determinar o comportamento do grupo a ser estudado. Após essa etapa, é feita a observação de perto desse grupo. Depois de observar seu comportamento, os sujeitos da pesquisa são imediatamente questionados para esclarecer alguns pontos do comportamento observado. A informação coletada é utilizada para escolher outros sujeitos da pesquisa. Nesse ponto, também se pondera se é necessário mudar o comportamento analisado. Esse processo é repetido várias vezes, até que uma teoria possa ser determinada do comportamento.[19]

Para exemplificar o uso dessa técnica, imagine que pretendemos estudar o comportamento de um grupo de surfistas. Em primeiro lugar, procuramos coletar informações do comportamento diário desse grupo. Observe que nesse momento não iremos utilizar nenhuma hipótese ou teoria que explique o comportamento do grupo. Após uma coleta inicial desses dados, procuramos outro grupo que tem características semelhantes. Com esse segundo grupo, são recolhidas mais informações. Na sequência, são estudados outros grupos semelhantes. A definição do número de grupos a ser pesquisado dependerá se em algum momento emergir uma teoria desses dados. Se emergiu a teoria, não será preciso estudar mais os grupos. Então, logo após, realiza-se uma análise criteriosa desses dados e tiram-se as conclusões. Essas conclusões podem ser consideradas teorias, que são fundamentadas em dados coletados durante a realização da pesquisa.

6.1.8 Técnicas projetivas: a busca de informação não verbal

As técnicas projetivas (do inglês *projective techniques*) utilizam como forma de coleta de dados entrevistas individuais ou em grupos. Elas obtêm informações através de outras formas que não a verbal. Famosas na área da psicologia, utilizam técnicas como associação de palavras, completar frases e até testes de desenhos animados.

> **Palavra do especialista**
>
> Apesar de as ações de promoções de vendas serem amplamente operacionalizadas por empresas no Brasil, pouco se tem estudado, academicamente, sobre o assunto. Isso faz com que esse campo seja fértil para realização de pesquisas. Nessa linha, estudos realizados têm demonstrado que os tipos de promoção de vendas tendem a gerar respostas distintas nos consumidores. Enquanto a promoção monetária está vinculada a respostas imediatas de consumo e ressalta aspectos racionais da compra, as ações não monetárias se atrelam a aspectos afetivos de compra e respostas de longo prazo, como, por exemplo, reforço de marca e ganho de *marketing share*. Dessa forma, abrem-se diversas janelas para melhor investigar esses dois conjuntos de promoção sob os mais diversos moderadores, como atratividade, cultura e tipos específicos de campanhas promocionais.
>
> **Dr. Fernando Oliveira Santini** é professor do Núcleo de Estudos em Marketing da Escola Superior de Propaganda e Marketing (ESPM-Sul) e Universidade do Vale do Rio dos Sinos (UNISINOS).

A técnica de associação de palavras é feita através de associações de fotos ou eventos a um indivíduo, isoladamente ou em grupo. É solicitado a um dos participantes que associe uma palavra a uma foto ou evento mostrado pelo pesquisador. É utilizada muito na pesquisa de marketing para avaliar marcas. O intuito é que o respondente procure utilizar a emoção em sua comunicação em vez do intelectual. Os desenhos animados são utilizados na forma de tiras de quadrinho. Utilizam-se personagens com falas próprias que se comunicam com outros personagens. Um personagem questionará algo como: *O que você acha dessa marca? Essa marca é de boa qualidade? Quais os atributos dessa marca?* Como resposta, terá um personagem em que o pesquisado deverá ter que dar a resposta, colocando assim sua perspectiva sobre o assunto.

As técnicas projetivas trabalham a criatividade dos respondentes e, por isso, estão sendo utilizadas ultimamente com grande frequência em pesquisas de marketing que têm como objetivo entender o comportamento do consumidor.[20]

6.1.9 *Survey*: preenchimento de variáveis predeterminadas

As *surveys* são realizadas por instrumentos de pesquisa que procedem a uma série de variáveis predeterminadas. As variáveis podem ser respondidas de duas formas distintas: na primeira, assinalando as diversas respostas sugeridas e, na segunda, respondendo às variáveis abertas com as próprias palavras. A coleta de dados da *survey* pode ser conduzida de diversas maneiras, incluindo inquéritos pessoal, por telefone, por correio ou *on-line*.

Uma das vantagens da *survey* é que o pesquisador pode tabular e analisar as respostas de forma comparativa, pois as variáveis são semelhantes para todos os participantes. Essa é uma característica que distingue a *survey* das técnicas exploratórias, nas quais existe uma flexibilidade do pesquisado com relação às variáveis utilizadas na pesquisa de campo. As variáveis nas pesquisas exploratórias podem ser acrescentadas e excluídas no contato com os participantes. No caso da *survey*, ela é por natureza padronizada e deve ser mantida durante toda aplicação do questionário.

> **Dica**
>
> Com o surgimento de novas tecnologias, a *survey* começou a ser explorada com mais frequência na pesquisa de marketing. Muitos questionários agora são preenchidos *on-line*, não sendo necessário o contato interpessoal na coleta de dados.[21] Nesse caso, não se utiliza papel para coleta de dados, mas sim a internet para o respondente ter contato com as variáveis.[22]

Com relação ao uso de técnicas que não têm o contato direto com o entrevistado, como *on-line*, telefone ou correspondência, existe uma crítica de alguns estudiosos de pesquisa de marketing. Para eles, essas técnicas de coleta não mantêm as características necessárias de uma *survey*. Na opinião deles, a *survey* é caracterizada como uma técnica em que existe o contato direto para se ter uma amostragem, e o contato não direto faz com que o pesquisador não possa identificar quem está respondendo à pesquisa. Nesse caso, não teria como ter certeza da amostra que está sendo coletada.

A desvantagem desse tipo de técnica reside no fato de se ter um cuidado rigoroso na elaboração do instrumento de coleta, o que dispende grande tempo. Em muitos casos, quando se realiza uma pesquisa de marketing o tempo é escasso, pois se trata de um problema que deve ser sanado em pouco tempo. Para se ter uma boa elaboração do formulário de coleta de dados, recomenda-se que se façam pré-testes com participantes para se aperfeiçoar o instrumento de coleta. O pré-teste evita que as variáveis fiquem ambíguas, repetidas ou cansativas.[23] Além disso, o instrumento deve ser atrativo para motivar o respondente a participar voluntariamente da pesquisa.[24]

6.1.10 *Laddering*: modelos de cadeias meio-fim

A técnica *laddering* se origina nos estudos da psicologia clínica, tendo como intuito entender, através de um modelo, crenças e costumes de uma dada amostra de pessoas. Logo após a sua idealização, a técnica *laddering* se transformou em uma ferramenta para compreender o significado de certos comportamentos, cujo foco é a investigação de opiniões e atitudes.[25] A técnica *laddering* cresceu em popularidade na psicologia clínica, estendendo-se para outros campos de conhecimento como arquitetura, tecnologia da informação, gestão organizacional, publicidade e, principalmente, marketing.[26] Especificamente no marketing, numerosos estudos têm demonstrado que a técnica *laddering* é adequada para aplicações em: segmentação de mercado, promoção de produtos, desenvolvimento de estratégias de publicidade, análise de metas de consumo,

expectativas dos clientes e conhecimento do produto por parte dos consumidores. Em consequência desse fato, hoje em dia a *laddering* faz parte de um conjunto de técnicas utilizadas no campo da pesquisa mercadológica, sendo empregada para analisar os modelos de cadeias meio-fim, do inglês *Models of the Means-End Chain* (MEC).

De forma ampla, a *laddering* pode ser entendida como uma técnica qualitativa, que utiliza entrevista semiestruturada para compreender como os consumidores correlacionam os atributos dos produtos e serviços em valores. Essa técnica incorpora a cadeia meio-fim para associar atributos (A) de produtos com consequências (C), estabelecendo os valores (V) associados pelo indivíduo no momento do consumo. As associações ACV (escadas ou redes) representam muitas vezes as unidades básicas que motivam o comportamento do consumidor.

A *laddering* é uma técnica *one-on-one* na qual se faz uma entrevista em profundidade para desenvolver as associações significativas dos atributos da cadeia meio-fim de consumo. Esta envolve a adaptação de uma entrevista, utilizando o formato de uma série de questionamentos que gira em torno da pergunta: "Por que é importante para você?" Essa questão tem o objetivo expresso de determinar os conjuntos de ligações entre os principais elementos de percepção dos atributos, consequências e valores. A associação destes refere-se a uma orientação da percepção que representa combinações de elementos que servem de base para distinção entre tipos diferentes de consumo. A *laddering* é modelada como um conjunto de hierarquias que revelam significados quando associadas em uma cadeia (conhecida na literatura também como *ladder* ou sequência ACV). Observa-se então que um pequeno conjunto de perguntas é usado para extrair conhecimentos e explicações de determinado fenômeno. Os questionamentos concentram-se em determinar conexões entre os atributos, consequências e valores, formando assim conjuntos de cadeias.[27]

> **Dica**
>
> O uso da *laddering* se justifica pelo fato de que quando se estuda o consumo não se pode analisar tão somente a procura pelos atributos do produto, deve-se tentar associá-lo ao conjunto de consequências desejáveis e indesejáveis. Essas consequências são responsáveis por gerar os valores ou um estado final desejado.

6.1.11 Experimento: relação causa e efeito entre variáveis

A técnica de experimento é utilizada costumeiramente em abordagens causais, pois ela procura mensurar as relações causais entre variáveis. A causalidade é considerada um princípio pelo qual causa e efeito são estabelecidos entre duas variáveis. Para que exista a relação causal, é necessário um grau suficiente de associação entre as duas variáveis, ou seja, que uma variável ocorra antes da outra. Nesse caso, uma variável deve ser claramente o resultado da outra.[28]

82   Capítulo 6

A relação de causalidade pode ser descrita pelos termos "X", que significa causa, e "Y", que significa efeito.[29] No marketing, uma variável recebe influência de diversas outras, por exemplo, o sucesso de uma marca (Y) pode ser influenciado pela propaganda (X1), equipe de vendas (X2), *merchandising* (X3), entre outros. Observe que o sucesso da marca pode ser causado por múltiplas variáveis, em uma relação entre causa e efeito que tende a ser probabilística.

O princípio básico para que se estabeleçam as relações causais é pautado em três critérios: variação concomitante ou associação (ou seja, se X causa Y, então X e Y devem ser correlacionados), ordenação sequencial ou direcionamento (a relação da causalidade ocorre da causa para o efeito) e explicações concorrentes ou isolamento (na ausência da causa não se observa a resposta).

O Capítulo 13 traz mais informações teóricas e práticas de como construir um experimento. Além disso, trará toda a nomenclatura usada nos experimentos atualmente.

6.1.12 Painel: coleta e análise periódica de dados

O painel é uma técnica muito utilizada na pesquisa de marketing, por permitir coletar os dados periodicamente e de maneira ininterrupta. Várias empresas necessitam ter informações que possam ser comparáveis temporariamente, permitindo uma avaliação contínua do comportamento estudado. Por exemplo, as variações mensais das vendas ou a pesquisa de satisfação dos funcionários de uma empresa podem ser consideradas um painel, pois são realizadas periodicamente e de maneira evolutiva.

Esse tipo de técnica é realizado por meio do levantamento de dados padronizados em uma dada amostra ao longo de um período de tempo regular. Ela pode ser utilizada de diversas formas, através de telefone, pessoal, correio ou eletrônica.

A composição dos painéis pode ser feita por indivíduos, famílias e empresas que se comprometem a dar informações em certo período de tempo. Com o acúmulo dessas informações, pode-se medir a mudança de um período para outro. Atualmente, o uso de painéis é cercado de tecnologias, como computadores, *scanners* e aparelhos que são colocados em rádios e televisores. No entanto, essa é uma técnica utilizada há muitas décadas. O uso mais antigo dela ocorreu nos anos 1930 com a empresa AC Nielsen de pesquisa. Em seus primeiros trabalhos, a AC Nielsen utilizava painéis para medir o comportamento de consumidores em supermercados nos Estados Unidos.[30]

O desenvolvimento da técnica de painel nas últimas décadas não foi marcado pelo aprimoramento nas técnicas de amostragem e coleta de dados, mas sim pelo tamanho e pela natureza das pessoas que começaram a participar dessa técnica. A quantidade de computadores e programas existentes no mercado para a realização dos painéis fez com que essa técnica se tornasse mais barata e mais rápida. Desse modo, pode-se avaliar mais variáveis por meio de aplicações em mais pessoas ao mesmo tempo.

Resumo dos principais tópicos do capítulo

Em pesquisa de marketing, existem diversos métodos de pesquisas que são alocados dentro dos norteadores exploratório/descritivo/causal e quantitativo/qualitativo. A primeira técnica apresentada foi o *focus group*, uma técnica que reúne um grupo de indivíduos que são incentivados e estimulados a compartilhar suas opiniões e preocupações. Para realizar um *focus group*, é necessária a presença de um moderador. Depois, apresentou-se a entrevista, uma técnica de pesquisa que permite que o pesquisador desenvolva uma estreita relação com as pessoas envolvidas. Essa estratégia de pesquisa procura examinar o fenômeno dentro do seu contexto, sendo uma técnica fundamental utilizada nas pesquisas de caráter qualitativo. Logo após, apresentou-se a técnica observação, que consiste em um registro sistemático dos padrões de comportamento de consumidores, objetos e eventos a fim de obter informações sobre o fenômeno de interesse. A técnica de observação é aquela que se dá por monitoramento do comportamento de um consumidor. Também foi apresentada a técnica qualitativa da etnografia, que requer um pesquisador que interaja com os indivíduos pesquisados, observando diariamente o que está acontecendo no cotidiano dos participantes. Foi apresentada em seguida a *Zaltman Metaphor Elicitation Technique* (ZMET), uma técnica que utiliza metáforas, símbolos e outras comunicações que não são verbais para entender o comportamento das pessoas. Tem como principal objetivo a evocação de metáforas (imagens sensoriais) dos consumidores. Na sequência, apresentou-se a *Grounded Theory*, conhecida em português pela expressão *teoria fundamentada em dados*, uma técnica que pesquisa um fenômeno sem uma teoria a ser testada, mas, ao contrário, apenas com base em induções oriundas da análise sistemática de dados. Foram explicadas as técnicas projetivas, que utilizam como forma de coleta de dados entrevistas individuais ou em grupos, obtendo informações por meio de outras formas que não a verbal. Logo depois, apresentou a técnica de pesquisa *Delphi*, que corresponde a uma abordagem exploratória com intuito de reunir a opinião de um grupo de *experts* sobre determinado assunto e coletar as suas opiniões. Essas opiniões são coletadas diretamente em várias rodadas de negociação. Apresentaram-se também as *surveys*, que são realizadas por instrumentos de pesquisa que procedem a uma série de variáveis predeterminadas. As variáveis podem ser respondidas de duas formas distintas. Na primeira, assinalando as várias respostas sugeridas e, na segunda, respondendo às variáveis abertas com as próprias palavras. A coleta de dados da *survey* pode ser conduzida de diversas maneiras, incluindo inquéritos pessoal, por telefone, por correio ou *on-line*. Logo após, foi explicada a *laddering*, uma técnica qualitativa que utiliza entrevista semiestruturada para compreender como os consumidores correlacionam os atributos dos produtos e serviços em valores. Essa técnica incorpora a cadeia meio-fim para associar atributos (A) de produtos com consequências (C), estabelecendo os valores (V) associados pelo indivíduo no momento do consumo. Também foram feitas algumas considerações sobre a técnica de experimento, utilizada costumeiramente em abordagens causais, pois procura mensurar as relações causais entre variáveis. Por fim, comentou-se sobre o painel, técnica muito utilizada na pesquisa de marketing, por permitir coletar os dados brutos periodicamente e de maneira ininterrupta.

Case 8: Valores observados pelos clientes de picapes médias

A percepção é uma dimensão relevante no comportamento humano. O elemento-chave no processo de percepção é o indivíduo, pois este demanda atributos de acordo com suas expectativas, gerando um valor esperado. A relação atributo/valor tradicionalmente atrai vários estudiosos do campo de marketing e, recentemente, o consumo no setor automobilístico no Brasil tem se tornado uma área fértil para o desenvolvimento desses estudos, principalmente em virtude do crescimento desse setor.

Com base nessas constatações, foi realizada uma *laddering* com proprietários de picapes médias, que fazem parte do segmento de veículos comerciais. Esse mercado, no Brasil, engloba todos os veículos vendidos com peso bruto total de até 3,5 toneladas, o que compreende as picapes pequenas, derivadas dos carros de passeio, as picapes médias, as grandes e as vans, passando pelos furgões e utilitários esportivos. Para melhor ilustrar, seguem alguns exemplos de picapes médias vendidas atualmente: Mitsubishi L200, Nissan Frontier, Toyota Hilux, Volkswagen Amarok, Chevrolet S10 e Ford Ranger.

O setor de caminhonetes picapes médias tem uma participação importante no setor de comerciais leves, com uma porcentagem atual nos últimos anos de mais de 20%, segundo a Federação Nacional da Distribuição de Veículos Automotores (Fenabrave).

A aplicação da *laddering* aconteceu com 13 proprietários de caminhonetes picapes médias, sendo este número determinado após atingir a saturação teórica das respostas, com a identificação de cadeias completas de valor.

Ao observar o mapa hierárquico de valor, é possível destacar algumas cadeias de valor que possuem maior relevância entre os entrevistados. Os atributos mais importantes mencionados pelos proprietários das picapes foram: *design*, visual atrativo, tamanho, relacionamento social, desempenho, acessórios, robustez e conforto proporcionados por sua picape. As consequências mais importantes geradas por estes atributos são: visual atrativo, imposição no trânsito, viajar mais, reconhecimento social, durabilidade, melhor visão para dirigir, espaço interno, tranquilidade e maior praticidade. A grande maioria dos entrevistados acredita que essas consequências estão diretamente relacionadas com os valores: ser funcional, estar seguro, autoestima, integração, prazer e felicidade.

Com base nessa cadeia atributo/consequência/valores, as empresas que têm marcas nesse segmento devem investir em estratégias de desenvolvimento de produto, comunicação e vendas que enfatizem esses valores para o consumidor.[31]

Com base no estudo de caso e na abordagem teórica deste capítulo, responda às perguntas a seguir:

1. Explique o que é uma *laddering*. Não se esqueça de falar sobre seus objetivos e finalidades.

2. Escolha uma técnica da abordagem exploratória e explique como ela poderia ser utilizada no caso das picapes médias.

3. Escolha uma técnica da abordagem descritiva e explique como ela poderia ser utilizada no caso das picapes médias.

4. Escolha uma técnica da abordagem causal e explique como ela poderia ser utilizada no caso das picapes médias.

Case 9: Pesquisas de marketing apontam a necessidade de um consumo *off-road*

Ultimamente se observa, em ruas e estradas brasileiras, uma quantidade grande de modelos *off-road*. É comum, nos congestionamentos das cidades grandes, haver carros parados esperando pelo movimento, para que possam mostrar a potência do seu motor, ou seu *design,* ou ainda seus acessórios de entretenimento, feitos para andar em trilhas no campo ou na praia. Esse modelo é conhecido como "fora da estrada". O termo em inglês *off-road* significa atividade esportiva, praticada em lugares não pavimentados, calçados ou com qualquer estrutura urbana. Esses modelos, entretanto, não são totalmente *off-road*. Eles trazem características também dos carros feitos para andar em ruas e avenidas de cidades grandes. O que está levando as grandes montadoras instaladas no Brasil a lançar modelos de carros com o estilo *off-road,* para serem consumidos por pessoas que trabalham em grandes cidades? Pesquisas de marketing já apontam o motivo do lançamento desses modelos, que está associado a características de consumo do brasileiro.

Veículos, historicamente, são objetos de beleza, paixão e desejo do consumidor brasileiro. Possuir um carro é uma experiência de consumo de alto envolvimento, já diziam alguns proprietários dos antigos Fuscas e Chevettes. Dependendo do consumidor, em alguns momentos os veículos são considerados uma segunda pele, e espelham seus gostos, valores e preferências. Na verdade, para alguns consumidores existe um relacionamento mágico entre o homem e a máquina. Desse modo, os atributos de escolha de um carro não podem ser avaliados apenas em função do bom funcionamento de um motor. Tão importante quanto isso são estilo, estética, conforto, acessórios e estilo de vida e prestígio que o veículo proporciona.

Dentre os mais variados modelos do universo automotivo, uma categoria de produtos se destaca pelo potencial natural de vivência de consumo: é a de automóveis *off-road*. Esses veículos são uma espécie de "faz tudo", com a capacidade de enfrentar lamaçais, terrenos arenosos e asfalto, podendo ser utilizados no campo e na cidade, seja para uso esportivo ou civil. A filosofia que está por trás desses modelos de automóveis prega o contato com a natureza e com os obstáculos que ela impõe aos consumidores e seus automóveis.

Claramente, para os consumidores *off-road*, não são só os atributos funcionais que levam as pessoas a comprarem esses modelos. Existem objetos pessoais, como assessórios dos *off-road*, roupas, chapéus, que, apesar de não possuírem um benefício utilitário, contribuem para experiência de consumo.

84 Capítulo 6

Nesse contexto, a experiência com veículos "fora de estrada" é sempre compartilhada com um grupo de amigos, mesmo que desconhecidos, ou seja, ter um modelo *off-road* significa ter um convívio mais social, com experiência de consumo mais prazerosa do que funcional.

Várias pesquisas de marketing podem nos mostrar que a emoção, a sensação e o pensamento são experiências individuais. Já ação vivenciada é construída e compartilhada com as outras pessoas. Desse modo, uma pessoa que vive em grandes centros, cercada do estresse das atividades diárias, pode procurar um modelo *off-road* para ter sensações mais prazerosas no seu cotidiano.[31]

Com base no estudo de caso e na abordagem teórica deste capítulo, responda às perguntas a seguir:

1. Como você avalia a possibilidade de fazer *survey* com o público-alvo do *case*? Quais seriam as vantagens e desvantagens?
2. Como você avalia a possibilidade de fazer uma entrevista estruturada com o público-alvo do *case*? Quais seriam as vantagens e desvantagens?
3. Como você avalia a possibilidade de fazer *focus group* com o público-alvo do *case*? Quais seriam as vantagens e desvantagens?

Questões de discussão para aplicação da teoria

1. Divida os colegas em grupos de quatro pessoas. Pense em um tema de estudo do marketing. Após a escolha do tema, crie um problema de pesquisa. Definido o problema de pesquisa, pense em uma abordagem, um método e uma técnica de pesquisa de marketing ideal. Logo após, promova uma reflexão com os outros grupos sobre as escolhas feitas.

2. Uma empresa de cosméticos gostaria de lançar um novo produto de beleza no mercado. Para isso, ela selecionou dez possíveis consumidoras de seu produto novo. Qual técnica de pesquisa você recomendaria para essa empresa? Explique os motivos que levaram você a indicar esta técnica.

Notas

[1] Adaptado de: Kraft, S., Nique, W. M. (2002). Desvendando o consumidor através das metáforas: uma aplicação da Zaltman Metaphor Elicitation Technique (ZMET). XXVI ENANPAD, *Anais...*

[2] Hanson, D., Grimmer, M. (2007). The mix of qualitative and quantitative research in major marketing journals, 1993-2002. *European Journal of Marketing, 41*(1/2).

[3] Tuckel, P., Wood, M. (2001). Respondent cooperation in focus groups: a field study using moderator ratings. *International Journal of Market Research, 43*(4).

[4] Tuckman, B. (1965). Developmental sequence in small groups. *Psychological Bulletin, 63*(6).

[5] Ariely, D., Berns, G.S. (2010). Neuromarketing: the hope and hype of neuroimaging in business. *Science and Society, 11*, 284-294.

[6] Greenbaum, T.L. (1998). *The handbook of focus group research.* 2. ed. London: Sage.

[7] Kruger, R. (1995). *Focus groups*: a practical guide for applied research. Thousand Oaks, CA: Sage.

[8] Lowes, L., Gill, P. (2006). Participants experiences of being interviewed about an emotive topic. *Journal of Advanced Nursing, 55*(5).

[9] Lee, N., Broderick, A. J. (2007). The past, present and future of observational research in marketing. *Qualitative Market Research: An International Journal, 10*(2).

[10] Canniford, R. (2006). Moving shadows: suggestion for ethnography in globalised cultures. *Qualitative Market Research: An International Journal, 8*(2).

[11] Agafonoff, N. (2006). Adapting ethnographic research methods to ad hoc commercial research. *Qualitative Market Research: An International Journal, 9*(2).

[12] Kolb, B. (2008). *Marketing research*: a practical approach. London: Sage.

[13] Zaltman, G. (1997). Rethinking market research: putting people back. *Journal of Marketing Research.*

[14] Kraft, S., Nique, W.M. (2002). Desvendando o consumidor através das metáforas: uma aplicação da Zaltman Metaphor Elicitation Technique (ZMET). XXVI ENANPAD, *Anais...*

[15] Catchings-Castello. (2000). The ZMET Alternative. *Marketing Research*. Summer.

[16] Locke, K. (2001). *Grounded theory in management research.* Thousand Oaks: Sage.

[17] Glaser, K., Strauss, A. (1967). *The discovery of grounded theory*: strategies for qualitative research. Chicago: Aldine.

[18] Daengbuppha, J., Hemmington, N., & Wilkes, K. (2006). Using grounded theory to model visitor experiences at heritage sites: methodological and practical issues. *Qualitative Market Research: An International Journal, 9*(4).

[19] Kolb, B. (2008). *Marketing research*: a practical approach. London: Sage.

[20] Ramsey, E., Ibbotson, P., & Mccole, P. (2006). Application of projective techniques in an e-business research context. *International Journal of Market Research, 48*(5).

[21] Saunders, J., Jobber, D., & Mitchell, V. (2006). The optimum prepaid monetary incentives for mail surveys. *Journal of the Operational Research Society, 57*(10).

[22] Mcgorry, S.Y. (2006). Data in the palm of your hand. *Marketing Education Review, 16*(3).

[23] Teisel, M., Roe, B., & Voida, M. (2006). Incentive effects on the response rates, data quality and survey administration cost. *International Journal of Public Opinion Research, 18*(3).

[24] Teisel, M., Roe, B., & Voida, M. (2006). Incentive effects on the response rates, data quality and survey administration cost, *International Journal of Public Opinion Research, 18*(3).

[25] Kaciak, E., Cullen, C.W. (2009). A method of abbreviating a laddering survey. *Journal of Targeting, Measurement and Analysis for Marketing*, *17*, 105-113.

[26] Veludo-de-Oliveira, T. M., Ikeda, A. A., & Campomar, M.C. (2006). Laddering in the practice of marketing research: barriers and solutions. *Qualitative Market Research: An International Journal*, *9*(3), 297-306.

[27] Reynolds, T., Whitlark, D. (1995). Applying laddering data to communications strategy and advertising practice. *Journal of Advertising Research*, *35*, 9-16.

[28] Sobel, M. (2000). Causal inference in the social sciences. *Journal of the American Statistical Association*, 95, 647-651.

[29] Banks, S. (1965). *Experimentation in marketing*. New York: McGraw-Hill.

[30] Sudman, S., Monroe, G., & Cowan, D. (1988). Sampling rare and elusive populations. *Science*, 240, 991-995.

[31] Adaptado: Zilles, F.P. (2006). *Se meu Jipe falasse*: a experiência de consumo dos usuários de veículos *off-road*. Dissertação (Mestrado) – Universidade Federal do Rio Grande do Sul.

Operacionalizando uma Pesquisa de Marketing

Desenvolvimento de Instrumento de Coleta de Dados

OBJETIVOS DO CAPÍTULO

No final deste capítulo, o leitor deverá ser capaz de:

◆ Entender o uso de roteiro de entrevista na coleta de dados qualitativos.
◆ Saber as principais regras para construção de roteiro de entrevista.
◆ Entender o uso do questionário na coleta de dados quantitativos.
◆ Saber as principais regras para construção de entrevistas.
◆ Identificar as técnicas de elicitação por fotografia e vídeos.
◆ Compreender a importância dos artefatos de consumo na coleta de dados.

QUAL O ESTEREÓTIPO DO ADMINISTRADOR? COM A PALAVRA, OUTROS PROFISSIONAIS

Cada profissão tem suas características específicas. Essas características auxiliam na formação dos estereótipos profissionais. A etimologia da palavra "estereótipos" vem do grego *stereos* e *typos*, que dão origem ao termo *impressão sólida*, ou seja, são generalizações que os seres humanos fazem sobre características de outros seres humanos. As generalizações, para se tornarem estereótipos, devem ser amplamente aceitas na cultura.

Esse conceito de estereótipo nos leva a refletir a respeito das características de determinadas profissões. Uma profissão que nos interessa muito e é carregada de estereótipos é a do administrador.

A figura do administrador hoje em dia é emblemática, pois é ele que ajuda a organizar a sociedade, as empresas e até as relações mais pessoais. Ser administrador é um estado comportamental de todo o ser humano. No entanto, para ter o título de administrador é necessário cursar uma graduação. Essa graduação em administração perfaz um conjunto de habilidades e competências. Para entender melhor essas habilidades e competências, elaboramos uma pesquisa. Essa pesquisa teve como pergunta de pesquisa: *Qual o estereótipo do administrador na atualidade?* Ou: *Como as outras profissões enxergam a figura do administrador?* Para responder a essa pergunta, foi feito um levantamento da percepção de outros profissionais acerca do perfil do administrador.

O levantamento das variáveis relacionadas à percepção do administrador ocorreu por meio do mecanismo denominado *focus group*. Essa técnica é um encontro de pessoas que têm conhecimento sobre determinado tema. Em nosso caso, foram convidados profissionais de diversas áreas de conhecimento (exceto administração) para discutir o perfil do profissional de administração. A utilização do *focus group* se dá através de uma técnica de entrevista semiestruturada, exploratória preliminar e não conclusiva, que naturalmente apresenta vantagens e desvantagens com relação a outras formas de entrevista.

Para a realização do *focus group*, foram convidados 29 profissionais de áreas diversas que tivessem conhecimento, vivência ou contato com profissionais de administração. Dentre os 29 convidados, 9 pessoas compareceram ao encontro. Participaram do *focus group* profissionais de Relações Públicas, Economia, Direito, Engenharia Civil e Metalúrgica, Psicologia, Veterinária, Enfermagem e Ensino Universitário.

90 Capítulo 7

O encontro do *focus group* foi realizado em uma sala própria para a construção dessa dinâmica, a qual dispunha de equipamentos de filmagem e microfones. Além disso, a dinâmica foi feita pela internet, sendo possível ainda a interação dos pesquisadores com os mediadores em tempo real através de um *chat* disponibilizado em um *website*.

O mediador foi um pesquisador especialmente treinado para o evento, com a ajuda de observadores também especialmente treinados. A discussão entre os convidados foi direcionada de forma que se mantivesse o foco no tema proposto, com a abordagem de assuntos de interesse para a pesquisa e de forma que todos os convidados participassem. Em pauta, formam colocados em discussão os seguintes aspectos: atributos/características do administrador, hábitos, habilidades, comportamento (valores/atitudes) e conhecimentos.

Os resultados do *focus group* na percepção dos entrevistados demonstraram que o administrador em geral é mais definido como um estrategista do que um empreendedor ou um inovador. Na concepção dos entrevistados, o administrador é um profissional que ganha muito. Estes discordam que o administrador é um profissional que trabalha pouco. Além disso, o administrador foi considerado um profissional organizado, flexível, competente, extrovertido, especialista, otimista, dominador, liberal, formal e racional.

A profissão de administrador como atividade é percebida como desafiadora e interessante pelos participantes do *focus group*. Vale a pena ressaltar que essa profissão também é percebida pelos entrevistados como burocrática. Isso mostra uma aparente incoerência, pois a mesma atividade é considerada desafiadora, interessante e burocrática; esta por sua vez é uma característica relacionada a trabalhos repetitivos, monótonos e rotineiros.

Em relação às características pessoais do administrador, ele é percebido como inovador, honesto e autoritário pelos entrevistados. Nota-se, também, que a solidariedade não é vista como uma característica marcante do administrador.

Uma análise sobre o conjunto de respostas sobre as habilidades revela que o administrador é percebido como uma pessoa com capacidade de negociação, decisão e liderança. Aspectos que não foram claramente percebidos foram a capacidade de adaptação a mudanças, capacidade de resolver problemas, capacidade de delegação, capacidade de visão de futuro e capacidade de comunicação. Os entrevistados percebem que o administrador, na tomada de decisão, está mais preocupado com a obtenção de rentabilidade e menos preocupado com a proteção do meio ambiente.

Para coletar as informações no *focus group*, a pesquisa utilizou um instrumento de coleta de dados denominado entrevista. O uso do instrumento de coleta é essencial para a descoberta de novas informações na pesquisa de mercado. Sem um instrumento de coleta, não poderiam ser coletados todos os dados a respeito do estereótipo dos administradores no *focus group*. Neste capítulo, iremos entender o que é um instrumento de coleta de dados e, além disso, caracterizamos instrumentos que servem para a coleta de dados na pesquisa de marketing, como: roteiro de entrevista, questionário, vídeos, fotografias e artefatos de consumo.

7.1 | O QUE É UM INSTRUMENTO DE COLETA DE DADOS?

A pesquisa de marketing tem como função a coleta de informações necessárias para responder ao problema de pesquisa. O pesquisador tem então como meta encontrar dados que serão transformados em informações. Essa procura de dados, na pesquisa de marketing, pode ser feita através de instrumento de coleta de dados, um documento por meio do qual questionamentos serão apresentados aos respondentes. Neste são registrados as respostas e os dados obtidos.

A escolha do instrumento de coleta de dados a ser usado é feita tendo em vista a questão ou o problema selecionado para estudo pelo investigador. Nesses instrumentos os pesquisados fornecem a maioria dos dados para responder ao problema de pesquisa.

Os instrumentos de coleta de dados mal elaborados tendem a gerar informações errôneas. Um instrumento pode ter questões confusas, escalas impróprias, respostas confusas, entre outras. Por isso, é importante entender a construção dos principais instrumentos de coleta de dados mais utilizados na pesquisa de marketing, nesse caso, o roteiro de entrevista e o questionário.

7.2 | ROTEIRO DE ENTREVISTA

No Capítulo 6, nós descobrimos que existem três tipos de métodos de entrevistas: em profundidade, de interceptação ou por especialista. Esses três métodos necessitam de um instrumento de coleta de dados para que se possam conseguir coletar as informações. Esse instrumento de coleta de dados recebe o nome de roteiro de entrevista.

Os roteiros de entrevista, em pesquisa de marketing, geralmente são utilizados para a realização de pesquisas exploratórias, com o intuito de obter informações para construir uma pesquisa descritiva quantitativa. Nesse sentido, ela serve para coletar dados e definir possíveis hipóteses de pesquisa.

Os roteiros têm como característica o fato de serem formados por um conjunto de perguntas que procuram coletar informações com os respondentes. Essas perguntas podem ser abertas, semiabertas ou fechadas. As questões abertas são aquelas em que se dá um grau de liberdade total ao respondente nas indagações feitas. Já as questões fechadas são aquelas que oferecem opções para o que será respondido, não podendo o respondente extrapolar o que está nas respostas. As respostas semiabertas são aquelas em que existe uma quantidade de respostas fechadas, porém existe a possibilidade de o respondente expressar algo ainda na pergunta.

Dica	Antes de realizar uma entrevista, o pesquisador deve estar bem preparado, mesmo que ele esteja com um roteiro predeterminado. Aconselha-se que antes da entrevista o pesquisador estude os dados secundários coletados nas fases iniciais de construção do problema de pesquisa.

Desenvolvimento de Instrumento de Coleta de Dados

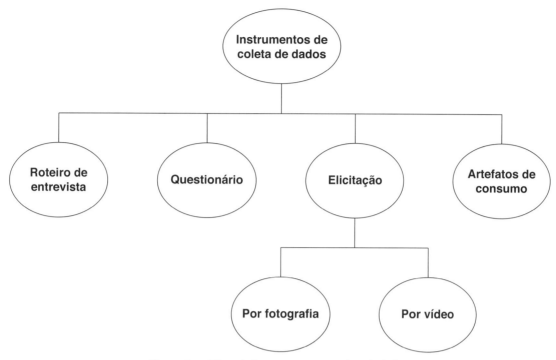

Figura 7.1   Tipos de instrumento para coleta de dados.

Os roteiros de entrevistas são formados por perguntas abertas devido às características típicas das entrevistas. Devido a esse fato, as vantagens das entrevistas, na pesquisa de marketing, residem no fato de elas fornecerem motivos subjacentes para o comportamento do consumidor, sendo possível compreender aspectos relacionados a crenças e atitudes. Além disso, quando uma resposta for considerada rasa ou simples, o pesquisador poderá fazer outras perguntas para aprofundar e sondar melhor as respostas. As desvantagens incluem um contato com poucos sujeitos (entrevistados), devido à necessidade de aprofundamento existente nas pesquisas exploratórias. Há dificuldade natural de codificar, catalogar e comparar os dados, pois estes não são coletados de maneira uniforme e padronizada. Além disso, cada entrevista é única, sendo difícil fazer comparações.

7.2.1 Como devem ser as perguntas de um roteiro de entrevista

Uma das principais responsabilidades do pesquisador é criar perguntas para serem feitas nas entrevistas. No entanto, confeccionar perguntas não é uma tarefa tão simples como aparenta ser à primeira vista. O pesquisador deve ter em mente que todas as perguntas deverão tentar auxiliar a resposta ao problema de pesquisa, ou seja, deve-se fazer perguntas no intuito de construir respostas ao problema e aos objetivos da pesquisa. Existe um conjunto de regras gerais que podem facilitar a construção das perguntas de um roteiro. Separamos aqui dez dessas regras, que estão simplificadas na Tabela 7.1.

Como primeira regra, sugerimos que as questões sejam gramaticalmente bem escritas. Quando mencionamos isso, estamos nos referindo ao fato de que o pesquisador deve utilizar corretamente a pontuação e as concordâncias nas questões elaboradas. Problemas de pontuação e concordância podem levar a interpretações errôneas das perguntas de um roteiro de entrevista.

Tabela 7.1   Regras gerais para elaboração de um roteiro de entrevista

1	As questões devem ser gramaticalmente bem escritas.
2	Procurar utilizar nas perguntas uma linguagem ou um estilo que o respondente compreenda.
3	Criar perguntas que o entrevistado realmente consiga responder.
4	Fazer um pré-teste com possíveis respondentes.
5	É aconselhável fornecer uma explicação da pergunta, quando necessário.
6	Fazer uma pergunta por vez.
7	Evitar perguntas em duplicidade.
8	O *design* do roteiro de entrevista não é algo importante em uma entrevista.
9	As respostas podem ser feitas com base em experiência ou em hipóteses.
10	Desenvolver perguntas com flexibilidade para o pesquisador mudar de tema.

Além das questões gramaticais, um bom roteiro de entrevista deve utilizar perguntas na linguagem do entrevistado. Se a entrevista for realizada com pessoas que tenham uma alta escolaridade, a linguagem pode ser mais sofisticada. Se o entrevistado tiver baixa escolaridade, sugere-se uma linguagem mais associada ao seu cotidiano. Resumindo, como segunda regra, deve-se usar perguntas com uma linguagem e um estilo que o respondente compreenda. Desse modo, faz-se

92   Capítulo 7

necessário conhecer bem o perfil dos entrevistados. Nota-se que a linguagem escrita é mais formal do que a linguagem falada. Portanto, a pergunta escrita deve ser "traduzida" para a linguagem cotidiana dos participantes para que eles entendam o que está sendo questionado.[1]

> **Dica**
>
> Antes de iniciar uma entrevista, verifique se o vocabulário contido no roteiro de entrevista é condizente com o perfil do entrevistado. Caso o pesquisador identifique diferença entre o vocabulário do roteiro e o vocabulário do respondente, este pode fazer uma adaptação das perguntas para que o respondente entenda melhor a pesquisa.

Uma dica interessante pode ser o uso de termos regionais para o entendimento do respondente. É importante para o pesquisador que ele esteja familiarizado com a forma como os participantes usam a linguagem. Isso inclui a linguagem técnica e os jargões. O uso de uma linguagem própria do entrevistado irá auxiliar ao escrever as perguntas e também será importante na comunicação com o entrevistado, pois vai ajudar na legitimidade e na confiança com a pesquisa que está sendo realizada.

Como terceira regra, sugerimos a criação de perguntas que o entrevistado realmente consiga responder, ou seja, que ele tenha conhecimento. Essa diretriz pode parecer simples, no entanto, os pesquisadores em busca de informações podem escrever perguntas sem considerar se os sujeitos da pesquisa têm conhecimento para respondê-las.

Para verificar se o respondente consegue responder ou entender a pergunta, é aconselhável fazer um pré-teste com possíveis respondentes. Fazer o pré-teste é regra de número quatro. Nele, poderemos observar se a linguagem está apropriada ao público. O processo é simples, pede-se a um possível entrevistado que leia as perguntas. Logo depois, o pesquisador questiona se existe alguma pergunta que não foi compreendida. Caso haja, em um segundo momento, o pesquisador deve pedir ao respondente que reformule a pergunta em suas próprias palavras. Esse teste permite aos pesquisadores substituir as palavras que não são compreendidas.[2]

> **Dica**
>
> Se o pesquisador perceber no momento da entrevista que o entrevistado está desconfiado das perguntas, este pode entregar uma cópia do roteiro de entrevista para o respondente. Se isso acontecer, o pesquisador deverá mencionar novamente o objetivo da pesquisa e dizer que será mantido o anonimato.

Caso haja necessidade de explicar certa terminologia, os pesquisadores podem fornecer uma descrição dentro da própria pergunta. É comum as pessoas no momento de uma entrevista ficarem com dúvidas com relação ao que foi questionado. Para isso, o pesquisador pode fazer uma nota explicando melhor a pergunta, tomando o cuidado para não influenciar o posicionamento do respondente.

A regra de número seis menciona que deve ser feita uma pergunta por vez, dando ao entrevistado a possibilidade de refletir sobre o que foi questionado.[3] Além disso, deve-se evitar perguntas em duplicidade dentro de um mesmo questionamento, como, por exemplo: Você costuma comprar sempre aqui e aproveitar as promoções? Observe que uma pergunta pode não estar associada a outra. Se o respondente disser que não compra, como ele vai poder responder sobre promoções?

Com relação ao *design* do roteiro de entrevista, não é algo importante em uma entrevista, já que *a priori* é algo que vai ser utilizado apenas pelo entrevistador. Existem algumas entrevistas em que o entrevistado pede antes o roteiro de entrevista para verificar o que vai ser questionado ou quanto tempo pode durar a entrevista. Nesse caso, a questão do *design* torna-se importante, já que ele demonstrará organização por parte do pesquisador.

No que tange às perguntas elaboradas, estas podem ser feitas para que se tenham respostas por experiência ou hipoteticamente. Os respondentes podem responder à pergunta porque eles já tiveram a experiência, ou seja, já experimentaram ou tiveram a vivência. Se eles não tiveram a vivência, podem responder hipoteticamente. Geralmente, perguntas hipotéticas são usadas em entrevistas para discutir estratégias de lançamento de produtos.

Por fim, as perguntas devem ser formuladas de maneira que deem flexibilidade para o pesquisador mudar de tema. Isso implica dizer que as perguntas poderão ser mudadas de ordem no momento da entrevista sem prejudicar a coleta de dados.

7.2.2   Tipos de perguntas de um roteiro de entrevista

As perguntas de uma entrevista devem ser feitas de uma maneira que o entrevistado consiga expressar suas ideias.[4] Desse modo, deve-se evitar questionamentos que tragam respostas diretas, como: não, sim, talvez, às vezes etc. O pesquisador deve formular perguntas que façam o entrevistado discorrer sobre o tema pesquisado. Tratando-se de entrevistas em pesquisas de marketing, as perguntas mais comuns podem ser divididas em quatro grupos: perguntas descritivas, causais, de consequência e não direcionais.[5]

As perguntas descritivas devem ser feitas no início de uma entrevista, pois são indicadas para medir diretamente o comportamento dos entrevistados. Na prática, essas são mais fáceis de responder, por isso são estratégicas para "quebrar o gelo" inicial da entrevista.

> **Dica**
>
> Já que uma das grandes vantagens das entrevistas é fazer com que se tenha uma coleta de dados flexível, em que o respondente tem liberdade de expressar suas ideias, aconselha-se o uso de perguntas abertas. As perguntas fechadas que são padronizadas devem ser utilizadas em questionários.

As perguntas no formato causal indicam como uma variável influencia outra variável pesquisada. Para isso, o pesquisador deve selecionar algumas variáveis e procurar relação entre elas. Se as perguntas descritivas avaliam o comportamento, as causais abordam as motivações que levam a esse comportamento.

As perguntas de consequência são as mais difíceis de responder, pois exigem do entrevistado a construção de um argumento, através de um exemplo hipotético em sua mente. Esse tipo de pergunta tem o intuito de explorar certo tipo de comportamento que pode resultar em outros tipos de comportamentos.

No último tipo de pergunta, as não direcionais, os questionamentos procuram evidenciar a relação entre dois fatos.

A pergunta é feita com o intuito de encontrar um aspecto positivo ou negativo para essa relação. A diferença desse tipo de pergunta para a causal é que esta se preocupa apenas com a relação existente entre as variáveis, não focando a implicação de causa e efeito.

Para exemplificar esses quatro tipos de perguntas, imagine que queremos entender o que leva uma pessoa a frequentar um *shopping*. Na Tabela 7.2, temos os tipos de perguntas, o que elas pretendem e alguns exemplos com essa situação. Por meio de exemplos você verá a diferença desses três tipos de entrevistas.

Tabela 7.2 Tipos de entrevistas

Tipos de entrevistas	Características	Exemplos
Descritivas	Mensuração inicial e direta do comportamento.	– Quantas vezes por semana você costuma ir ao *shopping*? – O que você costuma comprar no *shopping*? – Quais lojas você costuma frequentar?
Causais	Indicam se uma variável influencia (causa) outra.	– Você costuma comprar no *shopping*, pois este é o que tem mais qualidade? – Por que você costuma frequentar o *shopping*? – Fazer compras para você no *shopping* é uma terapia?
De consequência	Exploram certo tipo de comportamento na intenção de gerar outro.	– Como você se sente depois de ter comprado algo no *shopping*? – Comente como você faz suas compras? Sozinho ou acompanhado? – Já aconteceu algo que o levou a comprar algo de que não precisava? Explique melhor.
Não direcionais	Procuram evidenciar se existe relação entre duas variáveis.	– Você costuma pedir informações antes de ir ao *shopping*? – Você procura lojas que tenham um bom atendimento no *shopping*? – Se você está se sentindo bem, costuma ir mais ao *shopping*?

7.2.3 O que pesquisar *versus* Como pesquisar

Uma forma fácil de construir um roteiro de entrevista é utilizar a lógica "O que pesquisar? *versus* Como pesquisar?". Para exemplificar esse tipo de construção, primeiramente precisamos saber qual é o problema de pesquisa. Suponhamos que seja entender o comportamento e os motivos que levam as pessoas a comprarem TV. Para isso, será feita uma entrevista com 10 pessoas que compraram uma TV nos últimos dois anos.

Com base no problema de pesquisa, o pesquisador resolveu dividir os tópicos a serem pesquisados em três partes: dados socioeconômicos, motivos de compra e influenciadores da compra. Os dados socioeconômicos foram divididos em oito perguntas, que ficam alocadas na coluna "Como pesquisar?" (*vide* Tabela 7.3). Isso significa que para avaliar os dados socioeconômicos o pesquisador deverá questionar essas oito perguntas.

No que se refere aos motivos de compra, quatro perguntas podem ser feitas. A ordem para a pergunta não importa. Se na prática o pesquisador preferir fazer duas ou três perguntas, devido a condições ambientais da entrevista, ele poderá fazer. Esse roteiro auxilia o pesquisador no momento de coletar as informações e dá flexibilidade para ele conduzir a entrevista. O importante é que o pesquisador consiga avaliar "O que pesquisar?" No caso do item "O que pesquisar?", a mesma

lógica é aplicada: são quatro perguntas, que podem ser feitas de maneira aleatória.

Tabela 7.3 O que pesquisar *versus* Como pesquisar

O que pesquisar?	Como pesquisar?
Dados socioeconômicos	Sexo? Idade? Renda? Escolaridade? Remuneração? Estado civil? Bairro onde reside? Cidade onde reside?
Motivos de compra	Quais as principais razões que levaram você a comprar uma TV? A tecnologia da TV é um atributo importante no momento da compra? O preço é algo que sempre costumo pesquisar antes de comprar uma TV? O tamanho da TV é importante na minha tomada de decisão?
Influenciadores da compra	Você costuma fazer compras com seus amigos? Você acha importante a opinião de sua família quando compra? Você costuma procurar informações de produtos na internet? Você costuma se importar com a opinião dos vendedores?

A estrutura desse roteiro permite ao pesquisador poder mudar de assunto ou esgotar um assunto antes da hora, devido ao que foi perguntado e ao que foi respondido no momento da entrevista. É muito comum no momento da entrevista o entrevistado responder a uma pergunta antecipadamente (antes de o pesquisador fazer a pergunta) ou até mesmo ficar constrangido com algum tipo de pergunta. Nesse formato de roteiro, o pesquisador poderá mudar a ordem das perguntas ou até mesmo omitir uma pergunta, para tentar se adaptar ao perfil do entrevistado.

7.2.4 Diferença entre perguntas de uma entrevista e pergunta de pesquisa

Em muitas ocasiões, a pergunta do roteiro de entrevista é confundida com a pergunta de pesquisa, que expressa, em diversos casos, o problema de pesquisa. A pergunta de pesquisa é algo amplo e serve para definir a estratégia de pesquisa, direcionar a construção de instrumentos, definir a amostra, entre outros. Esta não deve ser respondida através de um único questionamento, pois é ampla e complexa, mas de diversos métodos empregados na pesquisa e da percepção do pesquisador.

As perguntas de entrevistas, que estão materializadas nos roteiros de entrevistas, são mais específicas e direcionadas a um público restrito. Estas, se somadas com outras perguntas e métodos, podem ajudar a responder a pergunta de pesquisa criada.

Exemplificando, podemos ter uma pergunta de pesquisa que indica: *O que as pessoas esperam em um atendimento eletrônico dentro de uma agência bancária?* Para isso, pode ser construído um roteiro de entrevista que será aplicado a clientes de um banco, que contém perguntas: *Você acha boa a qualidade dos atendimentos nos caixas eletrônicos? O que você acha das filas dos caixas eletrônicos? Você acha difícil de encontrar o que procura no sistema do caixa eletrônico?*, entre outras.

7.3 QUESTIONÁRIO

O questionário pode ser definido como um dos instrumentos de coleta de dados em pesquisa de marketing que é preenchido pelos informantes, sem necessitar da presença direta do pesquisador. Ele pode ser identificado por uma série de perguntas ordenadas (escritas ou verbais) que certa amostra deve responder. Esse instrumento é o mais utilizado em pesquisas quantitativas, principalmente quando se mencionam pesquisas de grande escala no marketing.

O questionário não deve ser entendido como um formulário que não tem reflexão, pois é um instrumento que busca mensurar algo nas pesquisas de marketing. Um profissional de pesquisa de marketing que diz que a formulação de um questionário é tarefa fácil está contando uma grande mentira. A ausência de livros e regras sobre a formulação de questionários faz recair sobre o profissional da área de pesquisa de marketing a responsabilidade pela construção do instrumento. Por isso, dois itens são importantes para a formulação de um questionário: a experiência e a criatividade do profissional de pesquisa de marketing.

7.3.1 A importância do *layout* do questionário: a busca da parcimônia

No caso de pesquisa de marketing, os instrumentos autoadministrados (sem a presença direta do pesquisador na coleta de dados) e o *layout* das perguntas e respostas são importantíssimos. O *design* ou desenho diz respeito à aparência geral do instrumento entregue ao respondente. Este deve ser limpo no sentido de que as perguntas e respostas precisam ser claramente identificadas e separadas por espaço razoável.

> **Dica** Deve-se utilizar no início do questionário perguntas-filtro com a intenção de selecionar apenas pessoas qualificadas, ou seja, o público-alvo que foi definido na amostragem. Um questionário mal formatado pode confundir os participantes e resultar em perguntas sem resposta. Além disso, pode levar os respondentes a cometer erros de preenchimento. Desse modo, a apresentação visual é um fator crítico com que o pesquisador de marketing deve se preocupar.[6]

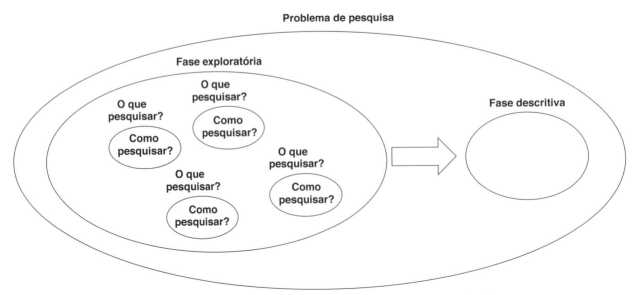

Figura 7.2 Problema de pesquisa: O que pesquisar? e Como pesquisar?

Desenvolvimento de Instrumento de Coleta de Dados **95**

Desse modo, o pesquisador deve-se preocupar com o impacto visual do instrumento de coleta. Para isso, deve-se tomar cuidados simples, como: qualidade da folha utilizada (no caso de inquéritos pessoais), tamanho das margens, espaçamento e fontes. Além disso, ele deve procurar formatar o questionário em um pequeno número de páginas, para que dê impressão ao respondente de que o preenchimento do questionário não vai demorar muito.

> **Dica**
>
> É muito comum utilizar em questionários perguntas-pivô. Essas perguntas são utilizadas como forma de filtros para determinar uma ordem de perguntas. Deve-se então utilizar uma pergunta para indicar uma segunda pergunta que será feita. Como, por exemplo: Você já foi a este restaurante? Se sim, responda a próxima pergunta, se não, vá para a pergunta de número sete.

Com relação ao tempo de resposta e ao tamanho do questionário, o pesquisador deve buscar a parcimônia entre os interesses dos contratantes da pesquisa e dos entrevistados. O tamanho do questionário deverá respeitar claramente a abrangência do problema de pesquisa e também o método de contato com os respondentes. Normalmente, os contratantes querem uma quantidade grande de informações na pesquisa realizada, e isso implica um questionário com muitas perguntas. Já os respondentes têm preguiça em responder questionários extensos e cansativos, preferindo instrumentos menores.

E o que fazer? Questionários pequenos ou grandes? Dizemos nesse caso que não existe "fita métrica" ou "balança" para medir o tamanho de um questionário. O que o pesquisador deve ter é parcimônia, procurando negociar os interesses dos contratantes com os dos respondentes. O que deve ficar claro é que um questionário não poderá ter poucas informações (um questionário pequeno pode comprometer o problema de pesquisa,

Tabela 7.4 Diretrizes para elaboração de um questionário

Diretrizes para elaboração	Modo errado de fazer	Modo certo de fazer
Manter um sequenciamento lógico das perguntas no questionário	1. Quais os fatores interferem no consumo em um supermercado? ( ) Qualidade ( ) Atendimento ( ) Preço 2. Sexo? ( ) Masculino ( ) Feminino 3. Quais os dias em que você vai ao supermercado? ( ) Durante a semana ( ) No fim de semana 4. Idade? ( ) 18 a 30 anos ( ) 31 a 50 anos ( ) Acima de 51 anos	1. Sexo? ( ) Masculino ( ) Feminino 2. Idade? ( ) 18 a 30 anos ( ) 31 a 50 anos ( ) Acima de 51 anos 3. Quais os dias em que você vai ao supermercado? ( ) Durante a semana ( ) No fim de semana 4. Quais os fatores que interferem no consumo em um supermercado? ( ) Qualidade ( ) Atendimento ( ) Preço
As perguntas e as respostas não devem ser hipotéticas	Como você se sentiria se não fosse bem atendido em uma loja de sapatos? ( ) Ficaria chateado(a) ( ) Ficaria nervoso(a) ( ) Ficaria tranquilo(a) ( ) Outros: _____ ( ) Não consigo imaginar	Você já foi mal atendido em uma loja de sapatos? Se sim, como você se sentiu? ( ) Fiquei chateado(a) ( ) Fiquei nervoso(a) ( ) Fiquei tranquilo(a) ( ) Outros: _____ ( ) Nunca fui mal atendido
Formule uma pergunta por vez	1. Você acha o atendimento e a qualidade importantes na hora de comprar um celular?	1. Você acha o atendimento algo importante na compra de um celular? 2. Você acha a qualidade algo importante em um celular?
Usar termos simples e compatíveis com o nível de escolaridade do público-alvo	Você já teve alguma lide devido a ter encontrado prazo de validade vencido de uma mercadoria?	Você já brigou por ter comprado um produto vencido?
Procure evitar a voz passiva	Na minha residência as compras são feitas por mim.	Eu costumo fazer as compras na minha residência.
Procure ser imparcial ao formular as perguntas e as respostas	Qual a sua opinião sobre o melhor e mais vitorioso time de futebol do Brasil?	Qual a sua opinião sobre o time pesquisado?
Deve-se evitar palavras e expressões vagas	Você costuma ir algumas vezes ao cinema? ( ) Sim ( ) Não	Com que frequência você costuma ir ao cinema? ( ) Semanalmente ( ) Quinzenalmente ( ) Mensalmente
Deve-se evitar perguntas constrangedoras	Você já teve alguma passagem pela polícia?	Não se deve fazer este questionamento.
Faça perguntas e respostas em que o respondente consiga lembrar da época	Quando era criança você costumava observar as vitrines das lojas de calçados?	Não se deve fazer este questionamento.

96 Capítulo 7

já que questões importantes podem ficar sem resposta) nem ser grande a ponto que os respondentes se neguem a preenchê-lo ou deixem respostas em branco.

Além da questão da parcimônia, é importante que se tenha um cabeçalho no questionário que traga informações relevantes para o respondente. Junto com o questionário, deve-se enviar uma nota ou uma carta, no formato de cabeçalho, explicando a natureza da pesquisa, sua importância e a necessidade de obter informações, tentando despertar o interesse do respondente. Essas informações não podem ser redundantes nem resumidas demais. O cabeçalho deve propiciar um esclarecimento aos respondentes, sem a presença do pesquisador, sendo este autopreenchido. Deve então conter instruções diretas sobre o tema de que trata a pesquisa e como deve ser respondido o formulário.

7.3.2 Principais diretrizes para elaboração de um questionário

O processo de concepção de um questionário exige sérios cuidados na seleção das questões e respostas.[7] Basicamente, deve-se levar em consideração se essas perguntas e respostas oferecem condições para obtenção de dados primários válidos.

Há dois componentes básicos em um questionário: o texto da pergunta e as possíveis respostas. As mesmas regras que se aplicam para escrever as perguntas se aplicam para escrever as respostas. Como cada resposta consiste em poucas palavras, é extremamente importante que essas palavras sejam as mais corretas possíveis. Existem algumas diretrizes ou orientações gerais de que os pesquisadores devem se lembrar quando desenvolvem um questionário.

Uma primeira diretriz diz que se deve preocupar com o sequenciamento das perguntas, pois elas não podem ser feitas ao acaso. Costumeiramente, utilizam-se as primeiras perguntas do roteiro para identificar os respondentes (dados socioeconômicos) ou trazer questões amplas (de natureza geral da pesquisa) que explicam para o respondente o que será pesquisado. Essa definição do que deve ser abordado antes depende diretamente do problema de pesquisa.

Em uma segunda diretriz, podemos dizer que as perguntas não devem ser hipotéticas, pois alguns entrevistados podem ter dificuldade em imaginar certas situações. As perguntas hipotéticas devem ser usadas em *focus group*, pois a dinâmica dessa técnica permite a interação entre os participantes, fazendo com que estes imaginem a situação e, posteriormente, comentem a situação. Assim, sugere-se que as perguntas da pesquisa de um questionário só devem focar eventos ou assuntos que os participantes já conhecem ou já experimentaram.

Outra diretriz importante é que o pesquisador formule uma pergunta por vez, para não confundir o pesquisador. Duas perguntas podem atrapalhar o entendimento do que se quer avaliar. Se um participante não tiver certeza da questão que se coloca, a resposta será inútil.

Como quarta diretriz, procure usar termos simples nos questionamentos. A linguagem deve ser clara e compatível com o nível de escolaridade do público-alvo da pesquisa. Os investigadores devem sempre procurar escrever perguntas usando as palavras que são comumente conhecidas do público-alvo. É preciso entender que, em muitos casos, os entrevistados não têm o mesmo nível de escolaridade dos pesquisadores. Os pesquisadores terão um conhecimento maior das palavras e das sentenças gramaticais, por isso devem incentivar o uso de frases simples, fáceis e rápidas de interpretar.

Além disso, procure evitar a voz passiva. Aconselha-se que as frases sejam redigidas na voz ativa. Procure utilizar a ordem direta (sujeito, verbo e complemento), evitando interlocuções.

Na sexta diretriz, recomendamos que o pesquisador seja imparcial ao formular as perguntas e respostas, de modo a não direcionar as respostas dos entrevistados. Além disso, deve-se construir perguntas curtas para que os respondentes fiquem motivados a responder. Como sétima diretriz, mencionamos que se deve evitar palavras e expressões vagas, como: algumas vezes, frequentemente, constantemente. Esses termos fazem com que os entrevistados não tenham um ponto de referência.

Palavra do especialista

O cenário previsto para o setor bancário brasileiro é extremamente positivo para o consumidor, com a coexistência do atendimento pessoal e digital. Esses formatos impactaram a formação de preços e a formatação de novos produtos/serviços. Atualmente sete em 10 consumidores globais estão dispostos a utilizar consultorias e serviços bancários sem orientação humana, criando um desafio ao setor, que é encontrar equilíbrio entre humanos e robôs.[8] Nesse contexto, cuja experiência do cliente e a diversidade de tipos de relacionamentos se tornaram relevantes, as pesquisas de marketing também avançaram para formações "híbridas", sendo aplicadas tanto no foco tradicional, com a avaliação da satisfação e do valor percebido, como na tecnologia em finanças, na identificação do envolvimento e do engajamento do consumidor. Entretanto, ambos os objetivos da pesquisa de marketing permanecem visados, o de solucionar problemas e identificar oportunidades negociais.

Dr. Jorge Henrique é professor da Faculdade Alves Faria (Alfa/GO) e tem experiência na área de Administração, com ênfase em Marketing e Tecnologia da Informação.

Aconselha-se também que não sejam feitas perguntas constrangedoras para os entrevistados. Esse tipo de pergunta pode fazer com que o respondente assinale uma resposta incorreta ou a deixe em branco. Ele pode ficar chateado e desistir de responder ao questionário. Além disso, procure fazer perguntas e respostas em que o respondente consiga lembrar da época em que aconteceu, ou seja, faça perguntas sobre um passado não distante. Por fim, sugere-se que as perguntas de questionários construídos em outras línguas sejam testadas antes da aplicação, para um correto adequamento ao contexto do pesquisado, pois existem palavras difíceis de traduzir.

7.3.3 Tipos de perguntas e respostas de um questionário

Como mencionado anteriormente, as questões a serem respondidas de um questionário podem ser divididas em duas partes: perguntas e respostas. O conjunto de perguntas e respostas pode ser elaborado de maneira que o respondente expresse sua opinião, aberta; e com respostas predeterminadas para assinalar, nesse caso específico, fechadas.

> **Dica** Em um questionário, não elabore perguntas direcionadas, ou seja, perguntas que sugerem ao respondente marcar tal resposta. Tente ser imparcial na confecção das perguntas e das respostas possíveis, sem influenciar na escolha do respondente.

As perguntas abertas são raras nos estudos descritivos. Elas permitem que os participantes da pesquisa forneçam suas próprias respostas, que eles devem preencher no formulário. Nas perguntas e respostas abertas, aos entrevistados é apenas fornecida uma linha em branco. Os respondentes podem preencher o que quiserem e, devido a isso, as perguntas abertas são difíceis de ser tabuladas.

> **Dica** A coleta de dados através da técnica projetiva é um meio indireto de realizar um conjunto de questionamentos que possibilita ao entrevistado demonstrar suas crenças e sentimentos sobre outra pessoa ou objeto em uma dada situação.

Grande parte dos questionários, na pesquisa de marketing, é formada por perguntas fechadas, aquelas em que o pesquisador fornece possíveis respostas, a partir das quais o respondente deve escolher. Essas perguntas e respostas são determinadas com base em uma pesquisa qualitativa anterior, originada de observação, grupos de foco ou entrevistas. As perguntas fechadas podem ser reclassificadas em: dicotômicas, forçadas, de múltipla escolha, de *check-list*, de *ranking* e de classificação.

As perguntas e respostas dicotômicas permitem aos entrevistados escolher uma de duas respostas, que são geralmente opostas. Uma questão dicotômica possui somente duas alternativas de resposta: sim ou não, concordo ou não concordo. As questões dicotômicas devem ser usadas quando o pesquisador possui motivos para acreditar que o entrevistado pensa sobre o tópico em forma de sim ou não. Quando o entrevistado está altamente envolvido em um assunto ou possui grande conhecimento sobre ele, a questão de múltipla escolha ou de escala pode ser mais apropriada do que a dicotômica. Na maioria das vezes, os respondentes poderão assinalar "sim" ou "não". Uma pergunta dicotômica aborda diretamente a questão de pesquisa e obriga os participantes a fazerem uma escolha.

As perguntas e respostas forçadas são aquelas em que os participantes podem escolher entre duas respostas. No entanto, as respostas não precisam ser opostas. Na verdade, elas podem não ter relação direta uma com a outra. Pesquisadores usam esse tipo de pergunta quando querem determinar qual das duas respostas é mais importante.

As perguntas e respostas de múltipla escolha são aquelas em que os respondentes têm uma série de variáveis que podem afetar a escolha.[9] Desse modo, as respostas estão em forma de lista que foram descobertas em uma possível pesquisa exploratória ou em fonte de dados secundários. A quantidade de respostas é algo importante a ser determinado. Se muitas são as respostas, os respondentes podem ter dificuldade de marcá-las. Normalmente, entre quatro e cinco é o número de respostas possíveis colocadas pelo pesquisador. É muito comum que nesses casos o pesquisador opte por colocar a expressão *nenhuma das anteriores* ou permita que o respondente coloque uma resposta pessoal, deixando um espaço em branco como resposta.[10]

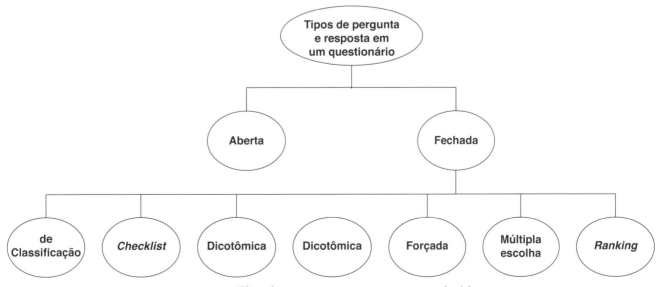

Figura 7.3 Tipos de perguntas e respostas em um questionário.

98 Capítulo 7

Tabela 7.5 Tipos de perguntas e respostas

Tipos de perguntas e respostas	O que é?	Exemplo
Aberta	São aquelas que permitem que os participantes forneçam suas próprias respostas.	Como você avalia a sua satisfação com o serviço prestado pela sua operadora de celular? _____
Fechada dicotômica	São aquelas que permitem aos entrevistados escolher uma de duas respostas que são geralmente opostas.	Você é a favor da Lei Seca? ( ) Sim ( ) Não
Fechada forçada	São aquelas em que os participantes podem escolher entre duas respostas, que não precisam ser opostas.	Quais as melhores marcas de vinho? ( ) Nacionais ( ) Importadas
Fechada de múltipla escolha	São aquelas em que os respondentes têm uma série de variáveis que podem afetar a escolha.	Para você, qual é o atributo mais importante em um restaurante? ( ) Preço ( ) Atendimento ( ) Qualidade ( ) Limpeza
Fechada de _check-list_	São semelhantes às de múltipla escolha, mas neste caso mais de uma resposta pode ser assinalada.	Para você, quais são os atributos mais importantes em um restaurante? ( ) Preço ( ) Atendimento ( ) Qualidade ( ) Limpeza
Fechada de _ranking_	São aquelas em que existe uma variedade de respostas. O respondente vai marcar a resposta que acha correta, dando uma hierarquia de valores para as que considera mais importantes.	Enumere em ordem de importância qual o atributo mais importante em um restaurante. ( ) Preço ( ) Atendimento ( ) Qualidade ( ) Limpeza
Fechada de classificação	São aquelas que têm a estrutura de múltipla escolha, e podem ser feitos vários _rankings_.	Enumere em ordem de importância o atributo mais importante em um restaurante. Logo após, enumere os atributos do restaurante que costuma frequentar. ( )( ) Preço ( )( ) Atendimento ( )( ) Qualidade ( )( ) Limpeza

As perguntas e respostas de _check-list_ são semelhantes às de múltipla escolha, com a diferença de que mais de uma resposta pode ser assinalada. As perguntas e respostas de _ranking_ são aquelas em que existe uma variedade de respostas. Nestas, o respondente vai marcar as que acha corretas, dando uma hierarquia de valores para as que considera mais importantes. Isso implica dizer que o respondente vai classificar as respostas em uma ordem cronológica. As perguntas e respostas de classificação são aquelas que têm a estrutura de múltipla escolha, e podem ser feitos vários _rankings_. Elas permitem que o respondente forneça várias hierarquias de um mesmo tipo de pergunta, gerando várias classificações.

7.3.4 Como fazer com que o respondente não fique constrangido com uma pergunta

Quando se pensa no desenvolvimento de um questionário, uma das primeiras coisas que devem ser ponderadas é como elaborar perguntas e respostas que aumentem a taxa de resposta. A taxa de resposta corresponde ao número de questionários que foram entregues e corretamente respondidos dividido pelo número de pessoas que foram contatadas para participar da resposta. Quanto maior essa taxa, mais eficiente foi a coleta de dados.

Para ter uma boa eficiência na coleta de dados, um questionário deve ser construído de maneira que não constranja ou embarace o respondente, ao ponto de este deixar questões em branco ou mesmo se negar a responder ao questionário. Por isso, toda vez que houver questões desse tipo, deve-se fazer declarações apaziguadoras antes de introduzir a pergunta.

> **Dica**
> Procure colocar em destaque no questionário as declarações apaziguadoras. Esse tipo de declaração é feito quando se tem uma pergunta que pode embaraçar o entrevistado. Essa declaração irá informar o respondente, tentando deixar a questão menos embaraçosa.

Além disso, pode-se utilizar a técnica de representação de papéis, em que o entrevistado é convidado, através da pergunta, a imaginar uma cena em que uma terceira pessoa responda. Na verdade, o respondente estará projetando sua opinião em um determinado sujeito dentro de um cenário. Essa técnica também pode ser encontrada, na pesquisa de marketing, com o nome de técnica da terceira pessoa.

Outra maneira de evitar o constrangimento do entrevistado é confeccionando perguntas por meio da técnica funil, que tem como objetivo elaborar perguntas gerais antes das perguntas específicas, a fim de fazer com que o entrevistado se sinta à vontade com o tema de pesquisa, não obtendo assim respostas enviesadas.

7.3.5 O uso de pré-teste em questionários

Após a construção do questionário, este deve ser encaminhado para um pré-teste, ou seja, deve ser entregue e aplicado a um pequeno grupo de representantes da população-alvo, antes, claro, de iniciar a coleta de dados. Essa etapa pode ser chamada de teste piloto para adequação do questionário. Em média, esse teste é feito com 15 a 30 indivíduos da amostra.

O questionário deve ser testado com participantes que fazem parte dos sujeitos das pesquisas. Caso a amostra seja constituída por uma série de subgrupos, pelo menos alguns dos participantes do teste devem ser de cada grupo. Sugere-se que o pesquisador esteja presente em alguns testes, para analisar a participação dos respondentes.

Dica	Diversas técnicas podem ser usadas para avaliação de questionários. Essas técnicas são alocadas no pré-teste. Entre elas as mais recomendadas são: entrevistas individuais, *focus group*, painéis, entre outras.[11]

O teste de questionário é útil para identificar problemas no entendimento do texto das perguntas, nas opções de resposta, no esquema de saltos de questões ou no *layout* do impresso. Nesse teste, pode ser identificado também o ponto de fadiga dos respondentes e se existem certos trechos do questionário em que os respondentes tendem a parar de responder e outras considerações. Pode-se testar, além das perguntas e respostas, a duração do tempo que leva para se responder ao instrumento. É importante observar que o tempo de duração terá um efeito sobre a taxa de resposta do questionário.[12] Se forem observados pelos respondentes grandes problemas com o formulário de pesquisa, o pesquisador deve fazer alterações nas perguntas e no *layout* do instrumento.[13]

7.3.6 Desenvolvendo questionário para ser aplicado pela internet

Um questionário desenvolvido para ser aplicado pela internet, além de seguir todas as dicas e regras que um questionário que será aplicado *face to face*, deve tomar alguns cuidados, pois este se encontra em um meio diferente do físico, com características próprias.

O que se deve pensar prioritariamente quando se confecciona um questionário que não terá o contato direto do pesquisador com o entrevistado é no formato e na linguagem. Estes devem ser simples e rápidos de ser respondidos. Para isso, deve-se pensar até em realizar uma ajuda interativa, que nada mais é do que enviar um questionário pela internet com um suporte de tempo real para tirar dúvidas e solucionar problemas.

A ajuda interativa é um recurso que encarece a pesquisa. Devido a esse fato, não é muito comum ver esse tipo de prática corriqueiramente nas pesquisas de marketing pela internet. Outro recurso interessante que pode substituir a ajuda interativa é o uso de caixas *pop-up*, que são mensagens que aparecem perto das perguntas contendo informações aos respondentes.

Existe um conjunto de conceitos que podem auxiliar na confecção de questionários pela internet. Um deles é o pedido de *opt-in* (ou consentimento). Devido ao receio que as pessoas têm de responder a questionários pela internet (devido a questões de segurança), sugere-se que eles venham com um pedido de permissão para que o respondente identifique antes de quem é o questionário e, assim, opte ou não por respondê-lo.

No caso de perguntas fechadas, aconselha-se em questionários pela internet o uso de botões que auxiliam o respondente a preencher o instrumento, entre eles podemos citar: *radio button* e *push button*. O *radio button* (do português *botão seletor*) é um ícone ou botão que o respondente ativa ou desativa quando escolhe uma questão, ou seja, para responder a uma pergunta deve-se pressionar o *radio button*. Já o *push button* (do português *botão que aciona*) é o botão de submeter a resposta. Em um primeiro momento, responde-se através do *radio button*, e logo após se envia a resposta através do *push button*.

No caso de questões abertas, aconselha-se em questionários pela internet o uso de caixas que auxiliam o respondente a preencher o instrumento, como a caixa aberta e a caixa de diálogo. A caixa aberta é um lugar reservado em que o respondente pode escrever a resposta à pergunta feita. Normalmente, essa caixa tem um número mínimo e máximo de caracteres. A caixa de diálogo é um local onde o respondente pode introduzir uma informação. A diferença da caixa de diálogo para a caixa aberta é que a primeira não necessariamente é uma pergunta.

Por fim, tanto para uma pergunta aberta quanto para uma pergunta fechada sugere-se o uso de barras de *status*. A barra de *status* em um questionário pela internet é um indicador visual que menciona ao entrevistado que tal pergunta ou parte do questionário já foi respondida.

7.4 ELICITAÇÃO

A elicitação é uma técnica de coletar dados junto a pessoas que detêm informações para construção de um produto, serviço ou sistema mental. Em pesquisa de marketing, os tipos mais comum de elicitação existentes são as fotos e os vídeos.

O uso de fotos e vídeos para coletar dados na pesquisa de marketing é justificado por interpretar sinais não verbais, promovendo maior riqueza dos dados encontrados. A linguagem verbal, nesse tipo de coleta de dados, pode ser completada pela linguagem visual e sonora. Desse modo, uma foto ou um

100 Capítulo 7

vídeo pode capturar e expressar melhor o conhecimento em uma pesquisa feita com consumidores.

7.4.1 O uso de fotografias

O uso de fotos como recursos de pesquisa oferece um registro poderoso, pois fornece informações das ações temporais dos objetos de estudos. As fotos, em si, permitem enquadrar muitas informações, enriquecendo a representação textual, além de sua análise posterior evocar lembranças do trabalho de campo no momento de relatar experiências vividas.

Palavra do especialista

O método videográfico apresenta vantagens nas etapas de coleta de dados, interpretação e apresentação de resultados de pesquisas qualitativas. Durante a coleta de dados, a filmagem registra, com profusão de detalhes, aspectos materiais do contexto, como formas, cores e movimentos. Ela captura silêncios e linguagem corporal dos participantes. Ela pode aprofundar respostas dos entrevistados, provocando revelações emocionais. Durante a interpretação, a filmagem melhora a compreensão do que foi dito e incentiva *insights* que surgem das discrepâncias entre o que entrevistados dizem e o que realmente fazem. Durante a disseminação dos resultados, a videografia entrega apresentações mais dinâmicas, com a exibição de videoclipes das entrevistas em vez de trechos escritos. Ela encoraja a identificação entre espectadores e entrevistados. Ela pode atingir públicos mais amplos, fornecendo estímulos visuais que facilitam a compreensão de questões complexas. Não se deve imaginar, contudo, que as videografias retratem a realidade crua e absoluta, pois elas contêm, como todo relato etnográfico, a expressão crítica do pesquisador. Essa subjetividade é impressa não apenas na interpretação dos dados de campo, mas também nos enquadramentos de câmera, na escolha de cenas e música e na edição. Tampouco há garantia de que pesquisados agirão de maneira genuína. Técnicas projetivas e de triangulação podem tentar minimizar encenações diante da câmera, mas não é possível assegurar sua completa eliminação. Subjetividade e performatividade devem ser entendidas como inerentes ao método.

Dra. Luciana Castello da Costa Leme Walther é professora da Universidade Federal de São João del Rei e seus interesses de pesquisa estão ligados às interfaces entre consumo, cultura, gênero e sexualidade.

Na antropologia, essa é uma técnica bem tradicional de coleta de dados e é conhecida por *Photo Elicitation Technique* (PET). A PET tem origem em trabalhos publicados em 1957 e 1967. Na época, as fotos eram usadas para expressar a realidade de culturas exóticas. No marketing, foi a partir da década de 1990 que a fotografia foi utilizada em grande quantidade, principalmente devido aos trabalhos de Gerald Zaltman e Robin Coulter com a técnica *Zaltman Metaphor Elicitation Technique* (ZMET). Por meio das fotos, a ZMET permite o desenvolvimento de mapas mentais a respeito das percepções e intenções de consumo do indivíduo.

Em pesquisa de marketing, é muito comum o processo de *autodriving* para estudar as fotografias. Nesse processo, os participantes (respondentes) selecionam fotos e as entregam ao pesquisador no momento da entrevista, trazendo assim estímulos relacionados à sua própria vida. Esse processo faz com que o informante tenha voz ativa e seja estimulado a interpretar, por exemplo, o seu evento de consumo. Ele estimula a introspecção e promove a reflexão de várias camadas de sentimentos dos entrevistados, por meio de exposições de fotos.

Dica | O processo de *autodriving* como coleta de dados auxilia o pesquisador no encontro de informações mais concretas, pois faz com que os participantes assumam um papel de importância na coleta e comecem a comentar sobre o conhecimento que detêm a respeito do assunto que está exposto na fotografia.

Há algumas vantagens na utilização de fotos em pesquisa. Primeiro, elas podem oferecer uma apresentação mais abrangente e holística dos fatos coletados. Segundo, permitem ao pesquisador transgredir suas análises dentro dos limites de tempo e espaço. Terceiro, através das fotos os registros podem ser detalhados e classificados em fatos. Quarto, permitem o arquivamento dos artefatos em retratos, capturando símbolos, fatos e processos que seriam muito rápidos ou complexos ao olho humano. Por fim, permitem registro não reativo das observações, ficando à disposição de outras pessoas para serem reanalisadas.[14]

As fotos em uma coleta de dados podem representar vários itens. Elas podem ser consideradas inventários visuais de objetos, pessoas e artefatos.[15] Além disso, podem ser expressas como imagens que descrevem partes de um passado coletivo. Por fim, elas podem representar dimensões íntimas das interações sociais.[16]

Podemos observar quatro tipos de interações entre pesquisador e pesquisado, quando se usam fotografias para coletar informações. Em um primeiro momento, o pesquisador pode demonstrar ou exibir fotografias para um entrevistado, fazendo-lhe questionamentos a respeito delas. Segundo, o pesquisador pode tirar fotos do respondente, utilizando este como um modelo de estudo. Em terceiro, o pesquisador, como espectador, pode solicitar aos pesquisados que tirem fotografia sobre determinado tópico e certo período. Por fim, o pesquisador pode observar o respondente enquanto ele tira fotos e, depois, o pesquisador faz uma análise crítica das fotos tiradas.[17]

7.4.2 O uso de vídeos

O uso de vídeos não é uma técnica recente no campo dos estudos qualitativos, mas uma técnica que proporciona coletar dados de maneira diferente das técnicas convencionais de entrevista em profundidade. O aumento dessa técnica nas últimas décadas é decorrente da redução dos custos de se realizar esse tipo de coleta. Hoje em dia, um pesquisador pode produzir um vídeo com qualidade de transmissão, devido às possibilidades tecnológicas, como equipamentos para filmar e produzir vídeos digitais através de computadores.

As imagens visuais são recomendadas quando se vão coletar pontos de vista de sujeitos, procurando documentar sua atividade social. Essas pesquisas visuais são realizadas com frequência também por antropólogos em seus estudos de cultura, sociólogos em seus estudos de comportamento de grupo e com psicólogos para fins de projeções nos estudos de terapia.[18]

O uso mais comum do vídeo ainda são as entrevistas, seja gravando um indivíduo ou grupo interagindo, como se fosse um *focus group*. Elas podem ser realizadas em instalações próprias ou em ambiente de campo, preservando as características originais de onde acontecem os eventos. A gravação dessas entrevistas oferece uma poderosa vantagem sobre as fitas de áudio mais convencionais, pois nela pode-se observar a linguagem e a expressão corporal, muitas vezes consideradas importantes, pois uma pessoa tem o hábito de se comunicar oralmente e por meio de gestos. Nos vídeos, esses gestos são capturados, diferentemente dos áudios. Após a captura, esses dados podem ser codificados e analisados posteriormente.[19]

Para coletar dados sobre o comportamento de consumo em pesquisa de marketing tem sido utilizado com frequência o *mindcam*, que é uma abordagem de coleta de dados através de vídeos. Nesse método, objetiva-se coletar dados de consumo exclusivamente filmados a partir do próprio consumidor. O vídeo real, feito pelo entrevistado, é então utilizado como um estímulo durante uma entrevista de profundidade, o que resulta em um processo único para a realização de uma interpretação da realidade do consumo. Uma vez que o reconhecimento é uma medida mais sensível e perspicaz de memória, proporciona um estímulo visual, incluindo movimento, cor e som e estimulando a memória do entrevistado.

O *mindcam* emprega equipamentos altamente técnicos, mas a essência do método é conceitual. *Insights* são derivados não a partir do equipamento, mas a partir da forma conceitual na qual ele é utilizado. Existem dois fundamentos básicos para o conceito de *mindcam*: o vídeo é passivamente (sem a operacionalização do sujeito) coletado a partir do ponto de vista dos sujeitos da pesquisa e a interpretação utiliza o vídeo como uma maneira de os sujeitos explicarem seus pontos de vista.

Dica | O *mindcam* pode ser utilizado em pesquisas que visam avaliar as experiências de compra. A câmera de vídeo tem como ideia captar um registro exato e objetivo, que é semelhante a campos próprios do sujeito de visão e audição. Isso inclui os contatos visuais e de audição que os sujeitos têm em interações interpessoais com detalhes do visual e auditivo do ambiente, registrando movimentos espaciais, tempo decorrido e aspectos simbólicos.

Nesses parâmetros, o tipo de equipamento de vídeo utilizado é bem complexo. A aparelhagem é composta de equipamentos de vídeo escondidos, usando uma pequena câmera de vídeo com microfone. Esta deve ser discreta e quase invisível. Aconselha-se que o pesquisador arrume uma maneira de a câmera se mover com a pessoa, não sendo necessário atenção ou esforço para operá-la. Pode-se montar a câmera na cabeça do consumidor, escondendo-a em um chapéu, em armações de óculos, no corpo do consumidor, em uma bolsa, em um botão, joia ou na carcaça do telefone celular.

Dica | Para evitar constrangimentos na hora de filmar uma entrevista ou um *focus group*, não coloque a câmera perto do alcance dos olhos do entrevistado. Procure colocá-la em uma posição em que o respondente não fique olhando para ela a todo tempo. Isso pode constranger o entrevistado e fazer com que ele não responda às perguntas corretamente. O uso de tripé é aconselhável, pois assim o pesquisador pode manter a câmera a uma distância física confortável do entrevistado.

A videografia, embora seja superior à fotografia e às descrições verbais na tarefa de capturar a experiência dos consumidores, continua a ser uma representação da realidade e, por isso, deve-se ter cuidado ao coletar os dados. Os vídeos podem causar alguns constrangimentos nos entrevistados. Existem várias pessoas que ficam tímidas ao verem uma câmera e são capazes até de modificar o seu comportamento, com receio de se comprometerem pelo que estão falando.[20]

7.5 ARTEFATOS DE CONSUMO

Os estudos do comportamento do consumidor estão em uma abordagem de análise holística e dinâmica, que incorpora a cada dia novas técnicas. Ao fazer uma coleta de dados em pesquisa de marketing, é importante observar aspectos visuais e materiais do comportamento de consumo. Para isso, torna-se necessário fazer uma análise dos artefatos de consumo. Artefatos de consumo de material incluem marcas, logotipos, *folders*, matérias publicitárias, músicas, pacotes, embalagens, anúncios, panfletos, *websites*, entre outros.

Artefatos podem ser considerados a materialidade do espaço: dos produtos à comunicação visual, passando pela decoração. Os artefatos de consumo não são apenas os produtos em si. Esses objetos podem revelar muitas informações sobre o fenômeno estudado sob a ótica da cultura material, pois constituem a materialização das práticas de marketing adotadas pela indústria.

O uso de artefatos permite analisar como o consumo é transmitido pelos diversos agentes e como os consumidores recebem as informações. Sua utilização é uma demanda atual

102 Capítulo 7

no estudo da cultura do consumidor, pois proporciona dados complementares para análise do fenômeno estudado.

A análise de artefatos é importante na pesquisa de marketing, pois ela vai além da análise de conteúdo feita nas entrevistas individuais ou coletivas, visto que documenta as dimensões, características e propriedades existentes em um ambiente de análise.

Esse tipo de coleta de dados é mais comum em estudos de *design*. Com relação à utilização em países, ele é encontrado com maior frequência na Europa e com alguns estudiosos dos Estados Unidos. Nesses países, oferecem uma riqueza de fundamentação teórica social para estudos de cultura material de artefatos de consumo. Além disso, pode ser encontrada uma série de pistas valiosas de trabalhos teóricos e epistemológicos, que propõem o desenvolvimento de taxonomias de objetos, relacionando-os com categorias culturais e esquemas de percepção.[21]

Resumo dos principais tópicos do capítulo

A coleta de dados primários em pesquisa de marketing é feita por meio de instrumentos, como roteiro de entrevista, questionários, vídeos, fotografias e artefatos de consumo. Os roteiros de entrevista, em pesquisa de marketing, geralmente são utilizados para a realização de pesquisas exploratórias, com o intuito de obter informações para construir uma pesquisa descritiva quantitativa. Nesse sentido, ela serve para coletar dados e definir possíveis hipóteses de pesquisa. O questionário pode ser definido como um dos instrumentos de coleta de dados em pesquisa de marketing que são preenchidos pelos informantes, sem necessitar da presença direta do pesquisador. Ele pode ser identificado por uma série de perguntas ordenadas (escritas ou verbais) a que certa amostra deve responder. Esse instrumento é o mais utilizado em pesquisas quantitativas, principalmente quando se mencionam pesquisas de grande escala no marketing. Após a construção do questionário, este deve ser encaminhado a um pré-teste, ou seja, deve ser entregue e aplicado a um pequeno grupo de representantes da população-alvo, antes, claro, de iniciar a coleta de dados. Essa etapa pode ser chamada de teste-piloto para adequação do questionário. Em média, esse teste é feito com 15 a 30 indivíduos da amostra. A elicitação é uma técnica de coletar dados junto a pessoas que detêm informações para construção de um produto, serviço ou sistema mental. Em pesquisa de marketing, os tipos mais comuns de elicitação existentes são as fotos e os vídeos. O uso de fotos e vídeos para coletar dados na pesquisa de marketing é justificado por interpretar sinais não verbais, promovendo maior riqueza dos dados encontrados. A linguagem verbal, nesse tipo de coleta de dados, pode ser completada pela linguagem visual e sonora. Desse modo, uma foto ou um vídeo pode capturar e expressar melhor o conhecimento em uma pesquisa feita com consumidores. Artefatos podem ser considerados a materialidade do espaço: dos produtos à comunicação visual, passando pela decoração. Os artefatos de consumo não são apenas os produtos em si, podem revelar muitas informações sobre o fenômeno estudado sob a ótica da cultura material, pois constituem a materialização das práticas de marketing adotadas pela indústria. O uso de artefatos permite analisar como o consumo

é transmitido pelos diversos agentes e como os consumidores recebem as informações. Sua utilização é uma demanda atual no estudo da cultura do consumidor, uma vez que proporciona dados complementares para análise do fenômeno estudado.

Case 10: O consumo de água e a consciência ambiental

Qual a bebida mais consumida no Brasil? Esta é fácil de responder: é a água! Porém, muitos ainda não conseguem ver a água como um produto comercializado por meio das técnicas de marketing. E, por isso, objeto de estudo da pesquisa de marketing.

Atualmente, existe uma grande preocupação em nível mundial a respeito do uso da água e sua utilização como recurso de fonte limitada. Existem diversos estudos elaborados por órgãos nacionais e internacionais a respeito da boa utilização e da perpetuidade desse recurso. É consenso mundial que a água deve ser mais bem utilizada. Para tanto, há a necessidade constante de conscientização da população mundial sobre a importância do seu uso racional, bem como o monitoramento dessas percepções, a fim de direcionar as ações que visam preservá-la.

Com o passar dos anos, podemos observar que o desenvolvimento das cidades sem um correto planejamento ambiental resulta em prejuízos significativos para a sociedade, como o acréscimo da poluição doméstica e industrial, que cria condições ambientais inadequadas e propicia, entre outros problemas, a contaminação da água subterrânea. Os efeitos dessa realidade fazem-se sentir nos recursos hídricos, no abastecimento de água, no transporte e no tratamento de esgotos cloacal e pluvial.

O sistema urbano típico de uso da água apresenta hoje um ciclo imperfeito. A água é bombeada de uma fonte local, é tratada, utilizada e, depois, retorna para o rio ou lago para ser bombeada novamente. Mas a água que é devolvida raramente tem as mesmas qualidades que a água recebida (ou a água original, como foi extraída da natureza). Há a inclusão de sedimentos, devido à desproteção das superfícies, produção de resíduos sólidos (lixo), deterioração da qualidade da água, devido à lavagem das ruas, ao transporte de material sólido e a ligações clandestinas de esgoto cloacal e pluvial.

Nessa realidade, o objeto de estudo deste trabalho dá-se pelo levantamento da percepção dos hábitos de consumo de água dos moradores de grandes cidades. Nosso objetivo é identificar como esses fatores afetam os hábitos de consumo dos habitantes e verificar qual a percepção e a relação que o morador da cidade tem com a água que consome, seja ela fornecida pelo sistema público ou adquirida em estabelecimentos comerciais.

Com base na coleta de dados secundários sobre o consumo de água nas grandes cidades, partiu-se para a etapa de concepção da pesquisa descritiva, utilizando-se para isso o método de *survey*, que se baseia no interrogatório dos sujeitos da pesquisa a fim de descobrir a percepção, a motivação e o comportamento deles acerca do tema apresentado.

Para a realização da *survey*, foi confeccionado um questionário. Um questionário é uma técnica estruturada para coleta de dados, que consiste em uma série de perguntas a que um entrevistado deve responder. A elaboração desse questionário foi dividida em 10 etapas, o que é demonstrado na Tabela 7.6.

Desenvolvimento de Instrumento de Coleta de Dados **103**

Tabela 7.6   Elaboração do questionário

Etapas	Descrição
Informações que devem ser medidas	Realizou-se uma busca por dados secundários e, com base na análise das informações obtidas, o tema foi dividido em três grandes blocos: hábitos de consumo gerais, hábitos de substituição do consumo da água e consciência do meio ambiente.
Especificar o tipo de método de entrevista	Decidiu-se que as entrevistas seriam realizadas pessoalmente e os entrevistados abordados em seus domicílios.
Determinar o conteúdo das perguntas	O primeiro bloco abordaria questões como: diferença entre água da rede pública e água mineral, situações em que a água é utilizada, gasto médio com água. O segundo trataria da substituição do consumo de água por outras bebidas ou por outro tipo de água (no caso da água da rede pública *versus* água mineral). Por fim, o terceiro bloco revelaria questões ligadas à consciência e ao meio ambiente, tais como ações para conscientização e para evitar o desperdício.
Rever as questões de modo a superar a incapacidade e/ou a relutância do entrevistado em responder	Para isso, foram considerados fatores como: desinformação e/ou falta de lembrança do entrevistado sobre determinados assuntos, incapacidade para formulação de certos tipos de respostas, nível de esforço exigido, contexto e legitimidade das questões e a técnica da terceira pessoa. Além disso, procurou-se esclarecer as possíveis dúvidas dos entrevistados através de um "dicionário" que continha as questões do questionário explicadas e foi distribuído aos entrevistadores.
Decidir sobre a estrutura das questões	Na presente pesquisa, foram utilizadas perguntas abertas e fechadas (com escolha simples, múltipla, dicotômica e escalonadas do tipo Likert). Além disso, foram utilizadas perguntas encadeadas. Para facilitar a aplicação do questionário, foram desenvolvidos cartões com as respostas da maior parte das perguntas.
Determinar o fraseado das questões	As questões foram novamente revisadas e procurou-se visualizar aspectos como dubiedade, tendenciosidade, dificuldade no entendimento, generalizações, entre outros, no enunciado de cada pergunta.
Disposição das questões em ordem adequada	Tópicos indiscretos foram colocados no final do questionário e algumas questões foram alocadas onde os entrevistados estariam mais propensos a responder.
Formular o *layout* do questionário	Na pesquisa em questão, procurou-se dividir o questionário em três partes (as mesmas nas quais se baseou a formulação das questões). Além disso, ficou definido que o questionário deveria ocupar somente uma folha frente e verso, o que não "assustaria" os entrevistados e seria mais prático quando da aplicação.
Reprodução do questionário	Deve-se ter extremo cuidado com a aparência do questionário, pois ele precisa aparentar profissionalismo, o que estimula a confiança dos entrevistados.
Realizar um pré-teste	O pré-teste também revelou necessidade de ajuste na ordem das questões, vocabulário e novas opções de resposta, assim como a eliminação de algumas perguntas e formulação de outras novas.

Feitas as alterações necessárias, estava pronto o questionário final. Finalizando o processo, foi montado um *kit*, composto pelo questionário final, os cartões, um conjunto de instruções para aplicação do questionário, um material com instruções de amostragem, o "dicionário", um "porta-crachá", uma caneta e uma pasta da Escola de Administração. Para o estudo em questão, foi selecionada uma amostra de 675 entrevistados. É possível identificar na estratificação da amostra por gênero uma representatividade significativa de mulheres (58,1%) em relação à incidência de homens entrevistados (41,9%), visto que a diferença entre os gêneros é de 16,2%. Observa-se que a amostra está, em mais de 70%, baseada em domicílios onde o chefe de família possui grau de instrução igual ou superior ao ensino médio completo.

O tipo de domicílio foi classificado em três categorias: "casa", "apartamento" e "condomínio de casas". Essa divisão tem como objetivo analisar o comportamento dos moradores de acordo com os recursos que eles possuem em seu domicílio. A amostra apresenta um percentual de moradores de casa, somado ao de moradores de condomínios de casas, de 74%, restando apenas um número relativamente pequeno de habitantes de apartamento. A amostra por estado civil teve 49,5% dos entrevistados que são casados, enquanto o percentual de solteiros é de 30,5%. Além disso, existe um número considerável de pessoas enquadradas no termo "*outros*"; 12,7%, são estes: separados, divorciados ou em regime de concubinato.

Questionando-se aos respondentes quantos litros de água pura são consumidos por dia, verificou-se que 39,1% dos entrevistados consomem entre 1 e 2 litros de água, no período solicitado. Ou seja, nota-se que, de acordo com as respostas, 84,1% da população urbana da capital ingere até dois litros de água por dia. Quando questionados em quais atividades do dia toma-se mais água pura, é possível verificar que o consumo de água durante o trabalho e durante ou após atividades físicas foi o mais citado, apresentando um percentual equilibrado. Supõe-se que as citações referentes ao consumo no trabalho se devem ao fato de que é o local onde as pessoas passam a maior parte do seu tempo.

Analisando em especial o consumo de água mineral, questionou-se qual o tamanho da embalagem escolhida no momento da compra. Relatou-se que 59,2% dos entrevistados selecionam a embalagem de 20 litros. Presume-se que esse resultado se dá pelo custo/benefício que esse tipo de embalagem proporciona ao consumidor em potencial. Outro fator questionado foi o que influencia a decisão de compra dos consumidores de água mineral: 34,2% dos entrevistados afirmaram que o que pesa no momento da escolha é a marca do produto, seguida, com pouca vantagem, pelo preço, com 24,7%.

Verificou-se que, quando é realizado o cruzamento entre o consumo de água mineral e a instrução do chefe de família, quanto maior a escolaridade, maior o consumo de água mineral. Apesar de parecer uma constatação óbvia devido à maior renda dos grupos

104 Capítulo 7

com grau de instrução elevado em relação aos demais, essa análise permite um questionamento em relação ao real motivo – maior renda ou maior conhecimento – que levou esses entrevistados a optarem pela água mineral em detrimento da água da torneira.

Com relação a higiene e limpeza aliadas à consciência dos respondentes em relação ao consumo de água em sua residência, dentre as atividades mencionadas aquelas que merecem maior atenção são as que demonstram o percentual de entrevistados que deixam o chuveiro aberto enquanto ensaboam-se, cerca de 40%, e aqueles que escovam os dentes com a torneira aberta, cerca de 20%.

Tabela 7.7 Atividades realizadas com a torneira aberta

Atividades	Frequência	Percentagem
Escovar dentes	247	20,1%
Banho	514	41,8%
Lavagem de louça	235	19,1%
Lavagem de carro	50	4,1%
Fazer a barba	77	6,3%
Nenhuma das alternativas	106	8,6%
Total de citações	1229	100%

Outro dado constatado no estudo foi em relação ao desperdício passivo do recurso. Tivemos um percentual pequeno, mas relevante, dos entrevistados que afirmaram possuir algum tipo de vazamento de água em suas residências.

No estudo realizado, podemos levantar diversas questões pertinentes aos hábitos de consumo de água pelos moradores de grandes cidades, que servem tanto para a análise da percepção das pessoas como também na maioria das vezes possibilitam detectarmos espaços em que cabem ações preventivas e corretivas no sentido de melhorar os serviços oferecidos e conscientizar a população acerca do uso racional da água.[22]

Com base no estudo de caso e na abordagem teórica deste capítulo, responda às perguntas a seguir:

1. Qual o instrumento de coleta utilizado nessa pesquisa? Como ele foi elaborado?
2. Quais outros instrumentos você indicaria para coletar mais dados para essa pesquisa?
3. Qual das dez etapas apresentados no caso você considera a mais importante na construção de um instrumento? Explique.
4. Explique o que é formular o *layout* de um questionário.
5. Qual a importância do pré-teste no *case* estudado?
6. De que forma o instrumento utilizado nessa pesquisa ajuda a responder o problema de pesquisa?

Case 11: Não se deve falar com pessoas estranhas! E ser influenciado pode?

Imagine a seguinte situação: você entrando em uma loja para escolher uma blusa. Você olha para o lado e tem outra pessoa escolhendo uma blusa. Você vê a blusa e pensa: *Hum! Aquela pessoa tem bom gosto, eu poderia comprar aquela blusa!* Isso já aconteceu com você? Isso é que chamamos de influências dos outros no marketing.

Nos últimos anos, um corpo considerável de estudos sobre o impacto que os outros consumidores podem exercer na experiência de varejo/entrega de serviço vem se formando. Com atenção para essa carência, autores norte-americanos[23] desenvolveram, nos Estados Unidos, uma escala capaz de mensurar a Percepção dos Outros Clientes (OCP) na entrega de serviço. Essa escala é voltada para a mensuração do impacto que a presença e o comportamento dos outros clientes exercem sobre um cliente, sem implicar, necessariamente, a ocorrência de uma interação direta entre eles. Essa escala foi dividida em três grupos: similaridade, aparência física e comportamento adequado.

A similaridade está ligada ao fato de que os clientes tendem a ir para ambientes com os quais eles são mais compatíveis. A aparência física são as características físicas e a aparência geral de outros clientes no ambiente de serviço percebida pelo consumidor individual. Comportamento adequado é a extensão em que um consumidor individual sente que os outros clientes no ambiente de serviço se comportam de forma adequada (*i.e.*, os atributos).

Com a intenção de aplicar essa escala no contexto foram distribuídos 710 questionários, sendo 133 no pré-teste e 577 na versão final da escala. Para a definição do contexto de experiência ao qual o questionário iria se referir, buscou-se referência em pesquisas existentes. O contexto que se destaca é o de experiências em restaurantes, como um ambiente onde os outros clientes são grandes influenciadores da experiência de consumo. Por exemplo, em um restaurante alguém pode querer experimentar um prato que alguém está comendo, só por ter visto o outro pedi-lo ou comê-lo.

A amostra principal foi composta por 54% de homens, e a faixa etária mais frequente foi a de 18 anos a 23 anos (61,4%). Também se verificou que 87,2% dos respondentes eram solteiros e a faixa de renda familiar de predominância foi de R$ 1.001 a R$ 5.000 (48,7%). Em relação ao tipo de serviço oferecido pelos restaurantes, 43,9% dos respondentes se referiram a experiências em restaurantes de serviço *à la carte*; 31,9% se referiram a restaurantes de serviço do tipo *buffet*; 13,8% se referiram a restaurantes de serviço do tipo rodízio; e 10,02% se referiram a restaurantes do tipo *fast-food* ou restaurantes de praça de alimentação.

Com relação à escala, esta foi construída com os três blocos que representam a influência dos outros: similaridade, aparência física e comportamento. No total foram feitas 13 perguntas fechadas, sendo utilizadas escalas que iriam de 1 (discordo muito) a 7 (concordo muito). Na Tabela 7.8, pode-se ver a escala que foi aplicada aos respondentes.

Os resultados demonstram altas médias para os três fatores, e aparência física teve o maior resultado das médias, seguido pelo comportamento adequado e, por fim, a busca pela similaridade. Apesar desses resultados, observa-se que, embora a relevância da influência social na relação consumidor-consumidor seja reconhecida, percebe-se que existe pouco conhecimento empírico que contribua com explicações de como ocorre a influência

Tabela 7.8 Escala OCP adaptada

Similaridade							
Eu poderia me identificar com os outros clientes no local.	(1)	(2)	(3)	(4)	(5)	(6)	(7)
Eu sou semelhante aos outros clientes no local.	(1)	(2)	(3)	(4)	(5)	(6)	(7)
Os outros clientes são como eu.	(1)	(2)	(3)	(4)	(5)	(6)	(7)
Os outros clientes vêm de um contexto semelhante ao meu.	(1)	(2)	(3)	(4)	(5)	(6)	(7)
Eu combino com os outros clientes desta loja.	(1)	(2)	(3)	(4)	(5)	(6)	(7)
Aparência física							
Eu gostei da aparência dos outros clientes.	(1)	(2)	(3)	(4)	(5)	(6)	(7)
Os outros clientes estavam vestidos adequadamente.	(1)	(2)	(3)	(4)	(5)	(6)	(7)
Os outros clientes tinham uma boa aparência.	(1)	(2)	(3)	(4)	(5)	(6)	(7)
Os outros clientes tinham um visual parecido com o meu.	(1)	(2)	(3)	(4)	(5)	(6)	(7)
Comportamento adequado							
O comportamento dos outros clientes era adequado para a situação. Os outros clientes foram simpáticos comigo.	(1)	(2)	(3)	(4)	(5)	(6)	(7)
Achei que os outros clientes se comportavam bem.	(1)	(2)	(3)	(4)	(5)	(6)	(7)
O comportamento dos outros clientes era agradável.	(1)	(2)	(3)	(4)	(5)	(6)	(7)

social entre consumidores no encontro de serviço. Inclui-se nessa carência a falta de instrumentos para avaliar como ocorre a relação consumidor-consumidor e quais são os seus efeitos.

Em face disso, essa pesquisa representa uma relevante contribuição para a área de comportamento do consumidor, e, por sua vez, atende a importante função de reforçar a influência dos outros, demonstrando que em um ambiente de varejo os proprietários devem estar atentos às ações de todas as pessoas, e não somente daquelas que estão comprando. Por exemplo, uma pessoa que está apenas vendo uma vitrine pode ser influenciadora de um potencial comprador.[24]

Com base no estudo de caso e na abordagem teórica deste capítulo, responda às perguntas a seguir:

1. Como você classifica a escala utilizada nessa pesquisa?
2. Depois dessa pesquisa, você acha que os donos de estabelecimento devem se preocupar com as pessoas que não estão comprando, mas que estão no ambiente da loja?
3. Quais são as contribuições dessa pesquisa para os donos de restaurantes e de lojas?

Questões de discussão para aplicação da teoria

1. Imagine que você deve coletar informações com especialistas. Você consegue apenas cinco especialistas para realizar essa atividade. Qual seria o melhor método de coleta de dados que

você usaria: entrevista ou questionário? Explique o porquê da sua escolha.

2. Você foi contratado para fazer uma pesquisa para avaliar o consumo em uma rede de supermercados de uma grande cidade. Elabore um questionário com dez perguntas para serem aplicadas na porta do supermercado. Atente-se para o fato de que provavelmente os respondentes estarão ocupados e terão pouco tempo para responder às perguntas.

Notas

[1] Seidman, I. (2006). *Interviewing as qualitative research*: a guide for researchers in education and the social sciences. New York: Teachers College.

[2] Gubrim, J.F., Holstein, J.A. (2002). *Handbook of interview research:* context and method. London: Sage.

[3] Rubin, H., Rubin, I. (2005). *Qualitative interviewing:* the art of hearing data. London: Sage.

[4] Denzin, N.K., Lincoln, Y.S. (2005). *The Sage handbook of qualitative research.* London: Sage.

[5] Ember, C.R., Ember, M. (2001). *Cross-cultural research methods.* Boston: Alta Mira.

[6] Tourangeau, R., Smith, T.W. (1996). Asking sensitive questions: the impact of data collection mode, question format, and question context. *Public Opinion Quarterly*, *60*(20), p. 275-304.

[7] Jenkins, S. (2000). Automating questionnaire design and construction. *Journal of the Marketing Research Society*, 79-95.

8 Accenture, 2017. Disponível em: <https://newsroom.accenture.com/news/seven-out-of-10-consumers-globally-welcome-robo-advice-for-banking-insurance-and-retirement-services-according-to-accenture.htm>. Acesso em: 06.02.2017.

9 Blunch, N.J. (1984). Position bias in multiple-choice questions. *Journal of Marketing Research* (21).

10 Martin, E., Poliviska, A.E. (1995). Diagnostic for redesigning survey questionnaires. *Public Opinion Quarterly*, *59*(4), 547-567.

11 Czaja, R. (1998). Questionnaire pretesting comes of age. *Marketing Bulletin*, *9*, 52-66.

12 Hansen, K.M. (2007). The effects of incentives, interview length, and interviewer characteristics on response rates in a CATIstudy. *International Journal of Public Opinion Research*, 19(1).

13 Diamantopolous, A., Schlegelmich, B.B., & Reynolds, N. (1994). Pretesting in questionnaire design: the impact of respondent characteristics on error detection. *Journal of the Market Research Society*, *36*, 295-314.

14 Flick, U. (2004). *Uma introdução à pesquisa qualitativa*. 2. ed. Porto Alegre: Bookman.

15 Harper, D. (2002). Talking about pictures: a case for photo elicitation. *Visual Studies*, *17*(1), 13-26.

16 Patton, M.Q. (2001). *Qualitative research and evaluation methods*. 3. ed. London: Sage.

17 Flick, U. (2004). *Uma introdução à pesquisa qualitativa*. 2. ed. Porto Alegre: Bookman.

18 Sayre, S. (2006). Using video-elicitation to research sensitive topics: understanding the purchase process following natural disaster In: BELK, R. W. *Handbook of Qualitative Research Methods in Marketing*. Toronto: Kraft Foods Canada Chair of Marketing, pp. 230-244.

19 Belk, R.W., Kozinets, R.V. (2005). Videography in marketing and consumer research. *Qualitative Market Research: An International Journal*, *8*(2), 128-141.

20 Star, R.G., Fernandez, K.V. (2007). The Mindcam methodology: perceiving through the native's eye. *Qualitative Market Research: An International Journal*, *10*(2), 168-182.

21 Peñaloza, L., Cayla, J. (2006). Writing pictures/taking field-notes: towards a more visual and material ethnographic consumer research. In: Belk, R.W. *Handbook of Qualitative Research Methods in Marketing*. Glos: Edward Elgar.

22 Relatório de dados da pesquisa "Hábitos de consumo de água" realizada pela turma de Pesquisa de Marketing da Universidade Federal do Rio Grande do Sul (UFRGS) no período de abril a junho de 2003, sob a tutela do Professor Dr. Walter Nique.

23 Brocato, E.D., Voorhees, C.M., & Baker, J. (2012). Understanding the influence of cues from other customers in the service experience: a scale development and validation. *Journal of Retailing*.

24 Adaptado de: Ladeira, W.J., Falcão, C.A., & Nique, Walter M. (2013). Other customer perception scale adaptation for the Brazilian Context. EMAC – European Marketing Academy. 42nd Annual Conference, *Anais...*

8

Técnicas de Escalonamento

OBJETIVOS DO CAPÍTULO

No final deste capítulo, o leitor deverá ser capaz de:

- ◆ Identificar o que é uma técnica de escalonamento.
- ◆ Descrever as escalas nominais, ordinais, intervalares e de razão.
- ◆ Entender o uso das principais escalas na pesquisa de marketing.
- ◆ Entender o uso do Julgamento Comparativo de Thurstone.
- ◆ Compreender a técnica de *Repertory Grid* para construção de escalas.
- ◆ Saber avaliar o uso de escalas internacionais.

O PREÇO DE UM HOTEL PODE INTERFERIR NA SATISFAÇÃO DE UM HÓSPEDE?

A tarefa de manter os clientes satisfeitos no setor da hotelaria brasileira tem-se tornado difícil nas últimas décadas, principalmente devido ao fato de os hóspedes terem uma variedade maior de informações à sua escolha. Isso faz com que esses clientes se tornam exigentes com relação ao serviço prestado. Por exemplo, um hóspede pode comparar preços, acomodações e localização de hotel na internet antes de fazer uma reserva.

Nesse cenário, para criar vínculo com o hóspede é necessário compreender a relação existente entre expectativas (inclui-se aqui o nível de serviço que ele espera do hotel) e avaliação que este faz *in loco* (inclui-se aqui o vivencial que ele teve dos serviços prestados). Da comparação feita entre experiência de consumo e expectativa, pode-se ter a satisfação ou insatisfação do hóspede com o hotel. A satisfação pode ser derivada de diferentes antecedentes e experiências.

Um estudo foi realizado em hotéis para avaliar três possíveis componentes que geram a satisfação dos hospedes: antecedentes de consumo, experiência de consumo e, também, o preço ofertado pelo hotel. Sabemos que o preço não só na hotelaria, mas em diversos setores, é um fator importante na determinação da satisfação.

Para a realização do estudo, foi feita uma pesquisa por meio de um experimento, manipulando as variáveis utilizadas. O desenho experimental realizado nos três hotéis da pesquisa foi fundamentado em três fases centrais. Em uma primeira fase, analisou-se a relação funcional existente entre antecedentes de consumo, experiência de consumo e satisfação. Logo após, na segunda fase identificamos o quanto a experiência de consumo dentro de um hotel pode influenciar a satisfação de um hóspede. Os respondentes deveriam comparar o que estavam vivenciando no hotel com outras experiências acumuladas em outros hotéis. Por fim, na última fase foi analisado o impacto de diferentes precificações oferecidas aos hóspedes, demonstrando, assim, quanto o valor cobrado pela tarifa influenciaria na relação antecedentes de consumo, experiência de consumo e satisfação.

A mensuração das duas primeiras fases foi feita através de escalas. Os respondentes recebiam um conjunto de perguntas e deveriam marcar em uma escala contínua que variava de 1 (muito insatisfeito) até 5 (muito satisfeito) a sua opinião. Os clientes avaliavam situações que estavam vivenciando no hotel e as comparavam com outras situações semelhantes em outros hotéis. Como exemplo, usando essa escala, eles avaliam o atendimento do hotel que estavam recebendo e o atendimento em outros hotéis que tinham frequentado. Várias questões foram avaliadas dessa maneira: acomodações, localizações, café da manhã, segurança, entre outros. Através da escala os respondentes podiam comparar os serviços prestados, demonstrando se estavam ou não satisfeitos.

Na terceira fase, utilizou-se como estratégia coletar os dados em dois períodos (amostras) distintos. Na primeira amostra, que durou uma semana, os hóspedes respondiam ao questionário vivenciando a experiência de consumo e relatando sua satisfação. Nesse primeiro cenário, as tarifas cobradas pelos hotéis eram acima do padrão normal. O período de coleta foi feito na época da realização de um evento grande nas cidades dos hotéis. Geralmente nesse período os hotéis têm a lotação máxima. No segundo cenário, que também durou uma semana, coletaram-se questionários em uma época em que a demanda não era alta e, devido a isso, os hotéis da região praticavam preços mais baixos.

Com base nesses dois cenários, o experimento manipulou a variável "preço" em relação às demais variáveis utilizadas no experimento. Foi constatado que, quando o preço do hotel é alto, as pessoas tendem a compará-lo mais com suas experiências passadas. Quando o preço é baixo, as experiências passadas e as expectativas são reduzidas. Esse resultado reforça a ideia de que os hóspedes que não têm expectativas formadas, quando entram num hotel de preço baixo, dão mais importância à experiência vivida no momento e provavelmente ficarão satisfeitos.[1]

Esse experimento usou uma ferramenta interessante para comparar as opiniões dos entrevistados: uma escala; ela é tradicionalmente usada nas pesquisas quantitativas de marketing e tem um papel importante para mensurar construtos e comparar opiniões, atitudes, valores e crenças de consumidores. Essa ferramenta é tão importante nas pesquisas de marketing, que reservamos este capítulo exclusivamente para ela.

8.1 ESCALAS QUE PODEM SER UTILIZADAS EM UM QUESTIONÁRIO

A prática das pesquisas de mercado nos ensina muitas coisas. Uma delas é que não há um padrão ideal de questionário com relação ao conteúdo ou ao número de perguntas existentes. Deve-se tentar manter a parcimônia entre os interesses do pesquisado e do respondente. Nessa busca pela parcimônia, deve-se escolher escalas para medir as perguntas. Entende-se como escala uma medida de quantificação (atribuição de números ou símbolos) na forma de uma combinação de itens organizada em uma sequência progressiva, baseada em um valor ou magnitude.

A escala também pode ser entendida como um espectro contínuo. A ideia central de se propor uma escala é representar, geralmente de forma quantitativa, o local de um espectro, sendo este medido depois pela estatística.

> **Dica** Se o pesquisador precisa avaliar apenas um atributo sozinho, sem a necessidade de comparação, ele pode utilizar a escala de pontuação gráfica, que permite ao respondente pontuar um objeto dentro de uma faixa contínua gráfica.

Os pesquisadores de marketing usam muitos sistemas numéricos, existindo várias classificações. Usualmente, tendemos a classificar as escalas de medições com base em comparações matemáticas permitidas por elas. Os quatro tipos de escala

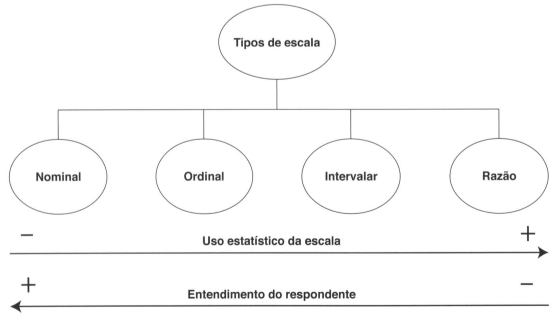

Figura 8.1 Tipos de escalas.

mais citados em pesquisa de marketing são: nominal, ordinal, intervalar e de razão.

A escala nominal é aquela na qual os números ou as letras atribuídos aos objetos servem como rótulos de identificação ou de classificação, como, por exemplo: sexo, estado civil, cidade onde mora, cor do cabelo, entre outros. Deve-se pensar na escala nominal como uma escala que tem um esqueleto figurativo de rotulagem representado por números, que devem ser vistos apenas como números que vão gerar um rótulo, ou seja, são apenas atribuídos a um objeto com a intenção de classificação.

Dica	Se você for fazer uma pesquisa que deve comparar dois produtos ou marcas, poderá utilizar a técnica de medição de comparação pareada. Essa técnica consiste na apresentação de dois objetos aos respondentes pedindo que escolham o preferido. Se quiser utilizar a comparação de mais de dois produtos ou marcas, pode-se fazer. No entanto, as comparações devem ser feitas em pares.

A escala ordinal é aquela que organiza os objetos ou as alternativas de acordo com sua magnitude em um relacionamento ordenado, como, por exemplo: salário, idade, entre outros. A sua essência é a organização em forma de *ranking*, sendo utilizados para isso números, símbolos ou letras. Estes vão nomear, identificar e elencar segundo a comparação feita pelos entrevistados.

A escala intervalar organiza os objetos de acordo com as suas magnitudes, distinguindo esse arranjo ordenado em unidades de intervalos iguais. Essa escala, por apresentar distâncias numericamente iguais, permite a comparação entre diferentes variáveis. A essência dessa escala está no fato de descrever o posicionamento e o distanciamento em relação às perguntas de um questionário.

Já a escala de razão possui quantidades absolutas em vez de relativas a zero absoluto, em que um determinado atributo está ausente. Esta última escala tem todas as propriedades das anteriores (nominal, ordinal e intervalar), possuindo um ponto de zero absoluto. Essa escala permite comparação ou classificação, podendo dispor as perguntas em ordem hierárquica, vendo as diferenças entre elas.

Podemos distinguir essas quatro escalas pelo interesse em responder ao questionário e pelos resultados almejados pelo pesquisador. Para um respondente, escalas nominais e ordinais são mais fáceis de responder, por se tratar de perguntas e respostas padronizadas que, muitas vezes, estão no seu cotidiano, como o seu sexo, a sua idade ou a renda. Assim, os entrevistados tendem a preferir escalas nominais e ordinais. Já para o pesquisador, as escalas intervalares ou de razão são as preferidas, pois possibilitam o uso de diversas técnicas estatísticas. Para o respondente, essas escalas se tornam mais difíceis de responder, pois exigem maior reflexão, por exemplo: Qual a sua satisfação com relação ao preço do arroz em uma escala de 1 a 7. Observe que primeiro o respondente deve imaginar o preço do arroz e depois fazer uma associação em uma escala de 1 a 7. Esse processo pode ser demorado para o respondente. No entanto, para o pesquisador existe a possibilidade de comparar estatisticamente a satisfação do arroz com a de outros gêneros alimentícios.

No que tange às discussões sobre escalas, estas podem ser gráficas ou itemizadas. As gráficas, também conhecidas como contínuas, envolvem uma escala em que o respondente tem a possibilidade de responder classificando os objetos dentro de uma reta sinalizada por dois extremos. Nesse caso, o entrevistado atribui pontuações dentro dessa reta; os exemplos mais clássicos de extremos são: desfavorável/favorável, pior/melhor, discordo/concordo, insatisfeito/satisfeito, entre outros.

As escalas itemizadas são aquelas em que o respondente já tem números associados a uma categoria. Essas categorias são previamente associadas a termos e posicionadas na escala. O que difere as escalas itemizadas das gráficas é o fato de associar diretamente um número a um objeto ou característica, por exemplo: 1 é insatisfeito, 2 é satisfeito e 3 é muito satisfeito.

8.2 TRANSFORMAÇÃO DE ESCALAS

Existe um debate na pesquisa de marketing que recai sobre a eficiência da escala intervalar. Existem correntes na pesquisa de marketing que afirmam que a escala intervalar não existe; existem sim apenas as escalas nominal, ordinal e de razão. Isso é um erro exacerbado; como todo fundamentalismo, essa afirmação peca exatamente por ser radical, mas é claro que devemos ter o cuidado de não transformar tudo em escala intervalar.

Palavra do especialista

Na construção e no uso de escalas, deve-se levar em conta as pesquisas preliminares para justificar a importância e a utilidade da escala, e, se houver pouco conhecimento, serão necessárias pesquisas qualitativas para definir o nome do conceito de modo que fique claro o que ocorre quando seu escore aumenta, identificar seus usos e significados, para se chegar à definição conceitual e se deveriam ser usados indicadores reflexivos ou formativos. Nos casos em que existe uma definição conceitual, mas há dúvidas quanto à dimensionalidade do conceito, a análise fatorial exploratória pode ser útil, enquanto os métodos confirmatórios são usados quando se têm as dimensões *a priori*. Finalmente, se existe escala publicada, as opções seriam traduzir e adaptar ou justificar porque ela não é adequada e iniciar pelas pesquisas qualitativas. A quantidade de etapas depende dos resultados dos pré-testes, que podem demandar revisões até mesmo nas definições.

Dr. Diógenes de Souza Bido é mestre e doutor em Administração de Empresas pela FEA-USP, Pós-doutor pelo Instituto de Pesquisas Energéticas e Nucleares e professor adjunto no PPGA da Universidade Presbiteriana Mackenzie.

110   Capítulo 8

Na verdade, a diferença de uma escala para outra é a quantidade de informação que ela fornece. Comparando a escala nominal com a ordinal, temos mais informação na ordinal que na nominal. Acrescentando nessa comparação a escala intervalar, esta tem mais informação que a ordinal e a nominal. E, por fim, a de razão é o máximo que se pode conseguir de informação em uma escala.

Um exemplo dessa quantidade de informação pode ser dado com as notas atribuídas a três alunos: 9,8; 7,3 e 7,2. Se olharmos essa escala de razão veremos que há diferenças grandes da primeira para a segunda nota e que há uma diferença pequena da segunda para a terceira. No entanto, se transformarmos essa escala de razão para nominal, perderemos essa informação. A única informação que teremos é que um é primeiro, o outro é segundo e, por fim, temos o terceiro, ou seja, não conseguiremos ver a diferença entre as três notas.

> **Dica**   O pesquisador poderá utilizar uma escala de soma constante para ver qual atributo é melhor em relação aos restantes. O procedimento é simples: deve-se pedir aos respondentes que dividam uma soma constante, por exemplo, 100, entre vários atributos, identificando assim a importância de cada atributo.

É complicado sair de uma escala de um nível mais baixo de informação para um nível maior de informação, isso é muito raro. Existe, porém, uma exceção, a possibilidade de passar de uma escala ordinal pra uma escala intervalar. Esse é um método chamado de Método de Thurstone ou lei do julgamento comparativo.

8.2.1   Lei do julgamento comparativo de Thurstone

Um *continuum* em uma escala psicológica pode ser entendido como a disposição de valores ou atributos que representam estímulos posicionados e ordenados logicamente. Nesse caso, os respondentes atribuem valores a um estímulo por meio de processos discriminatórios, nos quais se identifica, distingue ou reage a um estímulo.

Esse processo é o que o estudioso Thurstone define como a capacidade que as pessoas têm de medir as "diferenças discriminatórias" de um mesmo estímulo no *continuum psicológico* do indivíduo.[2]

Devido às variações momentâneas no organismo dos indivíduos, um dado estímulo não desperta sempre o mesmo processo discriminatório. Assim, os respondentes, quando questionados, podem reagir de maneira diferente a um mesmo estímulo em momentos diferentes, atribuindo valores mais altos ou mais baixos a eles.

Essa visão é o que nomeamos *lei do julgamento comparativo de Thurstone*, que incita um indivíduo a julgar os estímulos em pares, identificando qual dos estímulos tem maior valor para ele. Com a aplicação da lei, pode-se capturar o valor que o indivíduo atribui a um mesmo estímulo em momentos diferentes (comparado a estímulos diferentes) no seu *continuum psicológico*. Esse

valor é apresentado na forma de um *ranking* da preferência do indivíduo pelos estímulos no *continuum psicológico*.

Em pesquisa de marketing, aprendemos que a maneira usual encontrada para medir posições de preferência do consumidor quanto a uma série de objetos é a escala ordinal, como visto em seções anteriores. O uso de escalonamento, em pesquisa de marketing, consiste na criação de um *continuum* no qual se localizam os objetos que serão medidos pelos respondentes. No escalonamento ordinal, os entrevistados organizam os objetos atribuindo-lhes números (posições) para indicar até que ponto os objetos possuem a característica analisada e se possuem em maior ou menor grau outro objeto.[3]

Desse modo, pode-se dizer qual objeto é preferido em primeiro lugar e qual é preferido em segundo lugar, entretanto, não se pode mensurar o quanto essas posições estão próximas ou afastadas uma das outras, pois o importante na escala ordinal é a ordem dos objetos.

Para saber o quanto estão afastadas uma das outras, deve-se fazer o uso de uma escala intervalar, que permite medir numericamente a diferença entre os objetos. Com a escala intervalar, cria-se um intervalo com distâncias numericamente iguais nas quais cabe ao entrevistado posicionar a sua preferência.[4]

Pensando nisso, Thurstone propôs uma escala intervalar, que se diferencia das convencionais utilizadas na pesquisa de marketing por não ser criada arbitrariamente pelo pesquisador. Dessa forma, a escala sugerida não tem unidades de medidas preestabelecidas e o entrevistado deve indicar o seu grau de preferência. O princípio dessa escala é que devemos desvendar a escala psicológica (ou *continuum psicológico*) que existe na mente do consumidor. É nesse *continuum psicológico* que o indivíduo compara os estímulos e posiciona suas preferências com base nos julgamentos que ele faz em relação a tais estímulos.[5]

O meio encontrado por Thurstone para descobrir a escala psicológica do indivíduo é a transformação de uma escala ordinal em uma escala intervalar pelo uso de um modelo matemático conciso. A escala ordinal é obtida pelo uso da técnica de escalonamento comparativo, a qual, utilizando as equações da lei baseada em julgamentos comparativos, criada pelo autor, transforma a escala ordinal em intervalar.

Os julgamentos comparativos nos quais a lei se baseia são fundamentados em dois fatores: (1) a separação (ou diferença) entre as magnitudes dos dois estímulos; (2) a mensuração do poder de discriminação em termos de senso de distância ou diferenças perceptíveis.

Para a aplicação da lei, faz-se necessário colocar o indivíduo em contato com pares de estímulos para que ele possa fazer julgamentos do tipo "estímulo 1" é mais (melhor, mais bonito, mais agradável etc.) do que o "estímulo 2", não sendo permitidas avaliações de igualdade. Desse modo, o número de pares de estímulos que um indivíduo deverá julgar é definido pela seguinte fórmula:

$$TP = \frac{n(n-1)}{2}$$

onde n é o número de estímulos que se pretende comparar.[6]

A lei do julgamento comparativo de Thurstone estimula o indivíduo a encontrar pequenas diferenças perceptíveis em estímulos aparentemente iguais por meio de um processo chamado "processo discriminatório", que é uma função psíquica e/ou psicológica do organismo através do qual ele identifica, distingue ou reage a um estímulo.

Thurstone afrima que nem sempre certo estímulo provocará o mesmo processo discriminatório por causa das flutuações momentâneas do organismo. Entretanto, essas variações entre os processos discriminatórios para um estímulo repetido – a dispersão discriminatória – seguem uma distribuição normal. Sabe-se, contudo, que alguns processos discriminatórios ocorrem mais frequentemente com uns estímulos do que com outros, sendo chamados de "processo discriminatório modal".

Nesse contexto, a escala psicológica (ou *continuum psicológico*) é um espaço linear particular, definido pelas frequências dos respectivos processos discriminatórios modais, que são os valores na escala dos estímulos. As divisões de intervalos da escala são formadas pelas magnitudes dos estímulos, e as distâncias do intervalo são formadas pelas diferenças discriminatórias, que são a separação psicológica entre as divisas no *continuum psicológico*.

Para exemplificar o uso da lei de Thurstone, imagine que você trabalha na secretaria pública de sua cidade e que precisa organizar os brinquedos da praça para as crianças de 4 a 8 anos. Como é que você vai saber quais brinquedos as crianças querem na praça? Vai perguntar para os pais das crianças o que eles querem? Não, você tem que perguntar para as crianças. O problema das crianças é que elas não sabem expressar claramente sua vontade, elas não têm o mesmo discernimento que tem um adulto.

Imagine você pedindo a uma das crianças da sua cidade de 4 a 8 anos para responder a uma escala intervalar de cinco pontos. Essa criança não conseguirá responder. Provavelmente ela deve dar uma nota máxima para todos os brinquedos. Assim, você não pode distinguir qual o melhor brinquedo.

Então você opta por fazer uma seleção dos tipos de brinquedo que poderia colocar na praça e elenca cinco: pula-pula, escorregador, balanço, carrossel e escalada. Pegamos uma foto de cada um dos cinco brinquedos e mostramos às crianças com pares, dois a dois, dizendo assim: "entre este brinquedo e este outro brinquedo, qual você prefere?" Eu terei assim uma combinação. No caso de cinco, você terá A, B, C, D e E brinquedos. Teremos A com B; A com C; A com D, A com E; B com C; isso vai gerar dez comparações.

Depois de coletar os dados com várias crianças, você tem uma frequência de quais brinquedos elas mais gostam por ordem, caracterizando uma escala ordinal. Utilizando a lei de Thurstone, você consegue modificá-la para intervalar.

8.3 ESCALAS CLÁSSICAS NA PESQUISA DE MARKETING

Os estudos de marketing utilizam escalas clássicas que já foram aplicadas em diferentes contextos. Essas escalas têm como característica o fato de serem itemizadas. As escalas mais utilizadas são: Likert, Stapel, Osgood, Thurstone, Alpert e Guttman.

Dica	O uso da escala Likert em um questionário deve ser feito quando se pretende questionar algo para o entrevistado que exija uma gradação (por exemplo: 1, 2, 3, 4 e 5) de oposição (por exemplo, discordo é 1 e 2 e concordo é 4 e 5), sendo aceita uma situação intermediária (por exemplo, o número 3, que seria ficar em "cima do muro").

A escala Likert (nome do autor que inventou a escala) mensura uma resposta por meio de cinco pontos, variando entre discordo totalmente e concordo totalmente.[7] A escala Likert utiliza um procedimento que tenta medir atitudes individuais em dadas localizações dos itens no *continuum* sequencial. Ao construir uma escala de Likert, um grande número de itens preliminares é desenvolvido de tal forma que cada item

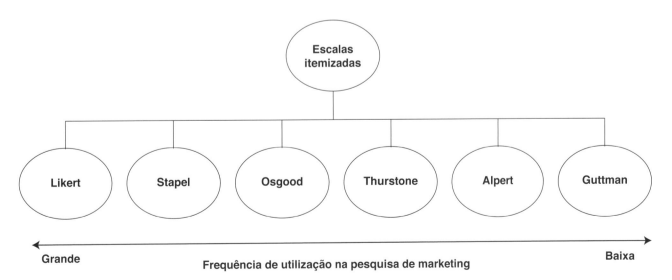

Figura 8.2 Escalas itemizadas mais utilizadas nas pesquisas de marketing.

112 Capítulo 8

claramente expressa uma opinião negativa, neutra ou positiva.[8] Os participantes geralmente são solicitados a indicar o quanto eles discordam ou concordam de cada item usando uma escala gradual de discordar/concordar.

A escala de Likert nunca forneceu um modelo teórico para justificar seu método. O uso dessa escala se tornou clássico no marketing e com o tempo foi sendo adicionado em alguns casos mais contínuos. Para muitos autores, a vantagem dessa escala reside no fato de ser reconhecida pela sensibilidade de mensurar conceitos, trazendo como características: a gradação, a oposição entre contrários e a possibilidade de uma situação intermediária.[9]

> **Dica**
>
> A escala de Likert é uma medida de atitude na qual os entrevistados dão um grau de discordância ou concordância. Devido a esse fato, as frases devem ser cuidadosamente construídas, expressando atitude em relação a um objetivo. Essa atitude tem que variar de um extremo negativo a um positivo.

A escala Stapel mensura uma resposta através de 10 pontos, e vai de −5 a +5, não existindo um ponto neutro. É considerada uma medida de atitude que consiste em um único adjetivo no meio da escala, que terá à direita o mesmo número de valores encontrados à esquerda. Os respondentes deverão mensurar um objeto ou uma frase por meio de uma técnica de escalonamento que contém a possibilidade de marcar a direção e a intensidade de sua resposta.[10] Aconselha-se o uso dessa técnica em pesquisas feitas por telefone, pois para o respondente é fácil imaginar uma escala gradual negativa/positiva. Um ponto forte dessa escala é que o respondente não visualiza uma escala bipolar de adjetivos.[11]

A escala Osgood (nome do primeiro autor dos três que a inventaram), também conhecida como de Diferencial Semântico (DS), mensura uma resposta através de sete pontos cujos extremos são associados a características bipolares, como: ruim/bom, simples/complexo, racional/emocional, entre outros. Desse modo, a característica básica dessa escala é a mensuração de atitude, opiniões, percepções, imagens sociais, preferências e interesses que tenham extremos opostos.

Normalmente, a escala de Osgood é encontrada com sete a cinco pontos, tendo objetivos opostos (negativos e positivos), e por meio dela o respondente avalia o seu conceito e o marca na posição mais próxima de sua preferência.[12]

> **Dica**
>
> Deve-se utilizar a escala de Osgood em um questionário quando se pretende questionar algo para o entrevistado que exija uma posição de oposição sem que este fique em "cima do muro". Por exemplo, qual é o grau de atendimento de um serviço, em uma escala de seis pontos, em que quanto mais próximo de 1 ele estará insatisfeito e mais próximo de 6 ele estará satisfeito.

Essa escala não oferece claramente a presença de um ponto médio, não gerando assim uma relação adequada entre a precisão e a acurácia da mensuração, como na escala de Likert.[13] No entanto, a oposição semântica que fica implícita na escala de Likert pela presença do ponto médio veio a ser mais tarde estudada e desenvolvida por Osgood, com a sua escala do diferencial semântico. Likert e Osgood ocupam um espaço importante no desenvolvimento de estratégias psicométricas, não visando diretamente à mensuração. Porém, são valiosas as suas contribuições para a concepção de medidas qualitativas.[14]

> **Dica**
>
> A escala de diferencial comportamental é uma variação da escala de diferencial semântico. Nela é utilizada uma escala desenvolvida para avaliar comportamento dos entrevistados em relação às suas ações futuras.

A escala de Thurstone para avaliar atitude envolve duas etapas principais. Na primeira etapa, um grande número de características é descrito para abranger toda a gama de opiniões possíveis, e os elementos são dimensionados no que diz respeito a pontos negativos e positivos para uma dada atitude. Na segunda etapa, participantes são convidados a indicar declarações com relação às dimensões das atitudes, com as quais concordam ou discordam, escolhendo assim as melhores dimensões. A característica de funcionamento da escala de Thurstone parte de um ponto ideal em que o indivíduo subscreve um item, e logo após a opinião do indivíduo deve refletir um *continuum* da atitude subjacente.[15]

> **Dica**
>
> A escala de Thurstone tem dois problemas: demora muito tempo para ser construída e é relativamente cara. No entanto, ela tem a vantagem de ser uma escala de fácil compreensão pelos respondentes, já que foi testada por outros respondentes.

8.4 DICAS PARA USAR ESCALAS

Com tantas classificações sobre escala, algumas dicas podem ser importantes para o melhor desenvolvimento de medidas.[16] Primeiramente, deve-se tomar cuidado em desenvolver escalas dicotômicas (com dois pontos apenas), pois estas, apesar de terem fácil interpretação pelo respondente, estatisticamente não permitem muitas análises.

Outra dica relevante é a busca pela minimização do efeito *halo*, que decorre de generalizações muitas vezes infundadas. O efeito *halo* é a possibilidade de que um item possa interferir no julgamento de outro item, contaminando o resultado geral. Existem vários casos de efeito *halo* em repostas de questionário. Isso é comum porque o respondente sempre busca referências para classificar sua escolha e, por consequência, acaba gerando o efeito *halo* na sequência de suas respostas.

Com relação ao uso de escalas em formato de carinhas animadas (termômetros e sorrisos em uma escala), estas são recomendadas para avaliar o comportamento de crianças e quando o respondente não tem muita paciência ou está em um ambiente em que as pessoas procuram responder rápido, como restaurantes e hospitais. O importante é que o pesquisador tenha um critério para classificar em ordem numérica o valor de cada desenho.

As escalas de pontos que vão de 0 a 10 geram dificuldades estatísticas para o pesquisador, apesar de serem de fácil de assimilação pelos respondentes. Muitos autores de pesquisa de marketing mencionam que essas escalas para o respondente estão associadas ao seu período escolar, e isso distorce o valor estatístico das respostas na mente do respondente. Por exemplo, para alguns respondentes, os conceitos 6 ou 7 são médias, pois na escola estas são consideradas a média que o aluno deve ter para aprovação. E sabemos que nesse caso a média da escala não corresponde a esses valores. Isso é um sério problema, pois o respondente não está materializando perfeitamente na escala o seu pensamento ou as suas opiniões.

A escolha por escalas pares ou ímpares dependerá diretamente dos objetivos do pesquisador com o questionário. Deve ficar claro que escalas pares não permitem um posicionamento central para o respondente. Também não é recomendado fazer uma escala ímpar e, depois de respondido, retirar os pontos centrais, transformando-a em uma escala par.

Por fim, aconselha-se não usar escalas com grandes contínuos, em que o respondente perde o ponto de referência central, como escalas de pontos com valores de 9, 11, 13 e assim por diante. Para perceber isso, pergunte para um colega qual é o ponto do meio de uma escala de nove pontos. Muitos terão dificuldade de responder a essa pergunta ou gastarão muito tempo pensando.

8.5 | O *REPERTORY GRID* (RGT) NA CONSTRUÇÃO DE CARACTERÍSTICAS E ATRIBUTOS

A construção de uma escala é algo que exige bastante atenção do pesquisador. Deve-se atentar para todas as características e atributos que se pretende mensurar. Quando o pesquisador não tem muito claro ainda na sua mente quais características e atributos medir, ele pode recorrer a uma técnica denominada *Repertory Grid* ou Tríade de Kelly.

A técnica de *Repertory Grid* é específica para a construção de questionário. O pesquisador poderá encontrar um conjunto de variáveis mensuráveis que contenham características e atributos sobre determinado assunto.[17]

Esse método foi desenvolvido por Kelly para explorar os sistemas pessoais de constructos; é uma tentativa de ver o mundo das pessoas da mesma forma que elas o veem. Além de revelar as dimensões mais profundas subjacentes ao processo individual de decisão, a técnica de *Repertory Grid* também auxilia os respondentes na articulação de respostas sobre um tópico complexo no qual o questionamento direto está mais sujeito aos vieses do respondente.[18]

> **Dica**
>
> A vantagem da técnica de *Repertory Grid* sobre as abordagens tradicionais da pesquisa de marketing é que as dimensões pelas quais os objetos são avaliados não são impostas aos respondentes; em vez disso, essas dimensões são declaradas espontaneamente pelos entrevistados, utilizando a sua própria linguagem, de acordo com a importância que eles dão a cada uma delas.

O *Repertory Grid* é uma técnica de suporte aos dados secundários e ao *focus group*. É sabido que antes de construir um questionário um pesquisador deve levantar os dados secundários sobre o assunto de pesquisa e, logo após, realizar um *focus group* com especialistas da área. Essas informações ajudarão o pesquisador a entender melhor o problema de pesquisa e também a construção do questionário.

Essa técnica consiste na comparação aleatória de possíveis objetos, fazendo com que o pesquisador gere características e atributos em uma escala. Para exemplificar essa técnica, imagine que iremos realizar uma pesquisa sobre a satisfação nos serviços prestados nos restaurantes de uma cidade. A pergunta que nos vem à cabeça é: *como vou gerar variáveis que mensurem a satisfação neste estabelecimento?* Como descrevemos há pouco, existem vários caminhos, por exemplo, dados secundários que podem ser encontrados na prefeitura do município e sindicatos ou em conversas com *experts* que frequentam esses estabelecimentos: jornalistas, críticos gastronômicos, *chefs* de cozinha, entre outros.

Para iniciarmos o uso do *Repertory Grid*, selecionaremos uma amostra de 30 restaurantes da cidade com características extremamente opostas, por exemplo: tamanho, preço, qualidade, conforto, atendimento, entre outros. Depois colocaremos o nome, a logomarca ou a foto desses restaurantes em cartões. No total, teremos então 30 cartões, contendo cada um, individualmente, a identificação dos restaurantes. Esses cartões podem ser confeccionados semelhantes às cartas de um baralho.

Logo após a confecção das 30 cartas, passamos para próxima etapa, que é convidar pessoas a comparar essas cartas. Primeiramente, chama-se uma pessoa e pede-se a ela para observar atentamente as 30 cartas. Em uma próxima etapa, deve-se pedir à pessoa para separar os restaurantes que conhece dos que não conhece. Conhecer não significa ter ido ao local. Ela pode ter uma impressão sobre o local, pois o consumidor pode ter uma imagem ou uma percepção daquele restaurante. Suponhamos que o entrevistado separe dez restaurantes que não conhece. Então, o pesquisador deverá retirar estes dez cartões e continuar a técnica com os outros 20 estabelecimentos conhecidos.

114 Capítulo 8

Depois de retirar as cartas de restaurantes desconhecidos, o pesquisador vai embaralhar os 20 cartões, tirar três na sequência e apresentá-los ao entrevistado, por isso o nome tríade de Kelly, pois o pesquisador separa e coloca na frente do respondente três cartas.

Com os três cartões na mesa, o pesquisador indaga ao entrevistado qual dos três restaurantes apresentados aleatoriamente são mais semelhantes. Quando ele selecionar os dois mais parecidos, o pesquisador solicitará a ele os critérios que fazem esses dois restaurantes semelhantes. Logo após, o pesquisador questiona qual a diferença dos dois restaurantes selecionados para o terceiro. Quando o entrevistado responder, ele dará atributos que diferenciam esses cartões.

Após a comparação feita entre esses restaurantes, novos cartões são adicionados na discussão, sempre no formato de tríade, e o mesmo processo de semelhança e distinção é feito. O pesquisador deve promover várias rodadas de tríade até observar que os atributos que assemelham e separam os restaurantes estão sendo repetidos nas tríades.

Para a realização dessa técnica, sugere-se que se grave toda a conversa com os participantes, para depois os pesquisadores selecionarem as características e os atributos que separam os estabelecimentos. Recomenda-se que essa técnica seja repetida diversas vezes com outras pessoas nos moldes das entrevistas individuais que vimos nos estudos qualitativos.

Como se pode perceber, com essa técnica os entrevistados vão fornecer informações que aproximam ou distanciam os estabelecimentos. Além disso, eles dizem as razões pelas quais eles são mais parecidos. Eles podem responder que o critério de semelhança é a qualidade ou o preço e que o de diferenciação é a música ao vivo e o estacionamento. Observe que espontaneamente os entrevistados acabam descrevendo características e atributos para formar a escala, mesmo que eles não sejam especialistas, ou seja, sem ter um conhecimento profundo de restaurantes. Isso acontece pois o respondente será estimulado a dar respostas o tempo todo.

Após a coleta de dados, o pesquisador irá transcrever as conversas e aproximar os atributos que estão sobrepostos, elencando-os em categorias: estacionamento, ambiente interno e cozinha podem fazer parte da categoria infraestrutura, por exemplo. Desse modo, começam a surgir categorias que podem ser avaliadas no questionário. Claramente, alguns itens não poderão ser utilizados, pois foram usados com baixa frequência pelos entrevistados. Estes são considerados marginais e devem ser descartados. No fim desse processo de análise, o pesquisador irá selecionar um conjunto de variáveis que serão avaliadas em uma escala quantitativa. Nesse momento, o pesquisador tem prontas variáveis e escalas que avaliam as características e os atributos dos restaurantes.

Após a explicação dessa técnica, podemos ver que o uso do *Repertory Grid* pode auxiliar na construção de variáveis e escalas, pois ela está fundamentada em princípios da psicologia e tende a fornecer critérios entre objetos distintos, procurando comparar concorrentes mais próximos e longínquos por meio de escolhas inconscientes.

8.5.1 Cruzando o *Repertory Grid* com a Análise de Regressão Múltipla

Como vimos no exemplo anterior, com a realização do *Repertory Grid*, teremos uma quantidade razoável de atributos que vão avaliar a satisfação na prestação de serviços de restaurantes. É comum após a realização do *Repertory Grid* o pesquisador observar que existe algum atributo que apareceu com mais frequência nas entrevistas. *Será esse o atributo que gera maior influência na satisfação?* Para responder a essa pergunta, o pesquisador poderá utilizar uma técnica quantitativa de análise de dados conhecida como análise de regressão múltipla.

A regressão múltipla é uma técnica paramétrica que analisa a influência de variáveis independentes em uma única variável dependente. O seu princípio é representado por um modelo matemático que descreve uma equação que associa a influência das variáveis independentes na variável dependente.

No caso de nosso exemplo, a variável dependente é a satisfação na prestação de serviços em restaurantes, e as variáveis independentes são os itens gerados no *Repertory Grid*. Feita a análise de regressão múltipla, o pesquisador terá condições de provar se o item mais comentado no *Repertory Grid* é a variável independente que mais influencia na satisfação. A união dessas duas técnicas auxilia o pesquisador a identificar uma hierarquia de critérios.

8.6 QUESTIONÁRIO DUAL

Os consumidores avaliam marcas e produtos por meio de atributos dados a esses critérios. Especificações do produto guardam um poder de discriminação, ou seja, são mais ou menos influentes na escolha. As características que definem a tomada de decisão são pautadas em critérios. Alguns critérios, entretanto, são mais cruciais que outros na tomada de decisão. E como podemos encontrar esses critérios?

Uma resposta para esaa pergunta está na técnica denominada questionário dual, técnica utilizada para medição de atributos e construção de questionário considerada semiestruturada. Esse tipo de técnica tem como objetivo medir os atributos determinantes e a diferenciação percebida entre as marcas. Os atributos assim obtidos com escores elevados de importância de diferenciação são escolhidos como determinantes. As fases desse método podem ser divididas em quatro partes: (a) definir o que se quer medir, (b) escores de determinância, (c) obtenção do escore de determinância médio e (d) seleção dos atributos determinantes mediante o escore médio.[19]

A primeira parte se resume a uma lista extensiva do que se quer medir. A identificação dos critérios de seleção de um atributo é um pré-requisito para entender a tomada de decisão e, assim, buscar diferenciais no desenvolvimento de estratégias de segmentação e posicionamento de produtos e serviços. Deve-se identificar através de técnicas exploratórias uma lista de características que podem ter um papel importante na escolha de decisão, independentemente da sua importância percebida pelo pesquisador. Sugere-se que se coloque essas características em cartões e que nessa classificação os atributos estejam em ordem aleatória e não por ordem alfabética ou por importância. A segunda parte é a obtenção dos escores de determinância para cada característica. Um atributo é determinante se o respondente o avalia como importante e vê significância na diferença percebida entre as marcas. A medição da importância indicará os escores de importância na percepção dos entrevistados. Essa medição vai de 1 (baixa importância) a 5 (alta importância). A medição da diferença percebida indica o escore de diferenciação dado pela amostra. Essa medição vai de 1 (sem diferenciação) a 5 (extrema diferenciação). A medição para cada característica e cada indivíduo é feita pelo escore de determinância (escore da importância multiplicado pelo escore da diferenciação).[20]

A terceira fase é a obtenção de um escore de determinância médio, para cada característica, por meio do cálculo da média dos escores de determinância individuais da amostra.

Por fim, a última fase é a seleção dos atributos determinantes mediante o escore médio das características listadas. Essa fase procura eliminar as características redundantes. Para um atributo ser selecionado como decisivo, ele deve ter uma pontuação média de alta determinância. O processo de seleção leva em conta a manutenção dos atributos na lista final que estão acima da média de determinância, desde que não sejam redundantes.

Esse método tem como vantagem identificar as noções de importância e diferença percebida, por meio de uma interpretação de dados simples. Suas desvantagens estão na redundância de atributos e na dificuldade de medir determinância.

8.7 ESCALAS INTERNACIONAIS: TRADUÇÃO REVERSA OU VERSÃO?

A tradução reversa é utilizada na confecção de instrumentos de coleta de dados. Alguns pesquisadores, por mais experientes que sejam, às vezes esquecem da importância da tradução reversa. Quando realizamos uma escala, esta tem algumas características que estão presentes no contexto em que ela foi gerada. Esse fato pode gerar dois problemas. O primeiro seria que toda escala tem erro associado à construção dela, que é o erro do instrumento. Isso implica dizer que, por mais cuidadosa que seja a confecção de um instrumento, este sempre poderá conter erros. O segundo é o fato de o instrumento estar condicionado à cultura do local onde está sendo aplicado o questionário, trazendo aspectos e peculiaridades locais.

Hoje em dia, temos muitas escalas que não são geradas no Brasil, como as norte-americanas, inglesas, francesas, entre outras. *E essas escalas nos servem? Será que temos a mesma cultura?* A resposta a essas perguntas tem que ser cuidadosa. Com o auxílio da internet e de dicionários, é muito fácil atualmente traduzir essas escalas para o português. Porém, a tradução pode distorcer o verdadeiro sentido do que se quer avaliar.

Na realidade, há um aspecto importante que deve ser ponderado nessa questão. Deve-se fazer uma versão, e não uma tradução literal. Muitos utilizam "tradução reversa", mas este é um termo que traz problemas conceituais. Por isso, não devemos fazer apenas a tradução, mas, sim, uma versão que se enquadra na linguagem do local em que será utilizado o questionário. Para facilitar essa versão, devemos entender que toda fala gera uma imagem. Quando uma pessoa tem algum tipo de

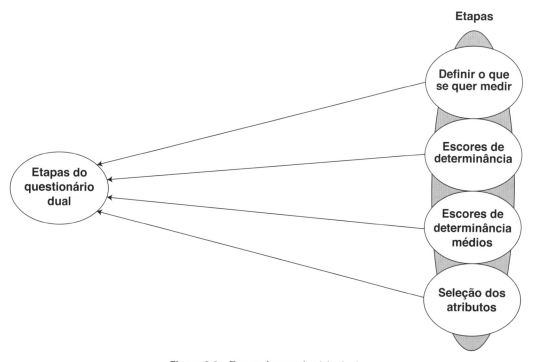

Figura 8.3 Etapas do questionário dual.

estímulo, ele gera uma imagem em sua cabeça. Em um questionário é semelhante, uma vez que precisamos que o estímulo gere a mesma imagem em várias cabeças. O importante não é que a palavra traduzida seja a mesma, mas sim que a imagem que o respondente faça seja a mesma. Esse fato vai lhe dar a diferença entre tradução e versão.

Palavra do especialista

O principal problema que pode ocorrer ao utilizarmos uma escala desenvolvida e testada em outro país é mensurar erroneamente um construto (ou analisar um fenômeno). Esse erro pode ocorrer pois culturalmente o construto ou fenômeno em análise é de uso corriqueiro em um país, mas não em outro. Portanto, a necessidade de adaptação de uma escala para fins de mensurar corretamente o fenômeno no Brasil, com adaptações para a nossa cultura (ex.: palavras, termos, sentidos e entendimentos) e para o público em questão (ex.: consumidores ou empresas), é fundamental. Uma forma de resolver o problema é não utilizar uma escala desenvolvida e testada em outro país, mas sim elaborar uma nova, após extensa revisão de literatura e de geração de indicadores pela pesquisa qualitativa do tipo exploratória. Essa nova escala criada pode corresponder de modo mais confiável à realidade do estudo e ao construto ou fenômeno em análise.

Dr. Valter Afonso Vieira atualmente é Professor na Universidade Estadual de Maringá (PPA-UEM). Seus trabalhos centram temas como Vendas, Marketing, Comportamento do Consumidor e Desempenho.

Vamos pegar um exemplo em espanhol. No interior do Uruguai, a palavra "*fogon*" quer dizer "fogão". Já na capital do Uruguai (ou em alguns lugares do Chile e da Argentina) a palavra "*cosina*" significa fogão. A palavra "*cosina*" em espanhol tende a gerar imagens diferentes, sendo possível a interpretação por cozinha ou fogão, dependendo da região onde nos encontramos. Desse modo, é importante ter um estímulo que gere a mesma imagem na cabeça dos respondentes.

Quando se faz a tradução reversa, tem-se que procurar um sujeito do país onde será utilizada a escala, pois há interpretações diferentes. Ele fará uma interpretação de acordo com a cultura do lugar, logo depois, outra pessoa do país de origem da escala avalia a tradução, para conferir se é uma versão que gera a mesma imagem na cabeça dos respondentes.

Resumo dos principais tópicos do capítulo

A escala em um questionário pode ser entendida como um espectro contínuo. A ideia central de se propor uma escala é representar, geralmente de forma numérica, uma opinião. Os quatro tipos de escala mais citados em pesquisa de marketing são: nominal, ordinal, intervalar e de razão. A escala nominal é aquela na qual os números ou as letras atribuídos aos objetos servem como rótulos de identificação ou de classificação, como: sexo, estado civil, cidade onde mora, cor do cabelo,

entre outros. A escala ordinal é aquela que organiza os objetos ou as alternativas de acordo com sua magnitude em um relacionamento ordenado, como: salário, idade, entre outros. A escala intervalar organiza os objetos de acordo com as suas magnitudes, distinguindo esse arranjo ordenado em unidades de intervalos iguais. Essa escala, por apresentar distâncias numericamente iguais, permite a comparação entre diferentes variáveis. Já a escala de razão possui quantidades absolutas em vez de relativas a zero absoluto, em que determinado atributo está ausente. A lei do julgamento comparativo de Thurstone incita um indivíduo a julgar os estímulos em pares, identificando qual deles tem maior valor. Com a aplicação da lei, pode-se capturar o valor que o indivíduo atribui a um mesmo estímulo em momentos diferentes (comparado a estímulos diferentes) no seu *continuum psicológico*. Esse valor é apresentado na forma de um *ranking* da preferência do indivíduo pelos estímulos no *continuum psicológico*. Nos estudos de pesquisas de marketing, algumas escalas itemizadas clássicas são utilizadas em grande quantidade, entre elas: Likert, Stapel, Osgood, Thrustone, Alpert e Guttman. A escala de Likert mensura uma resposta através de cinco pontos, variando de discordo totalmente a concordo totalmente. A escala de Stapel mensura uma resposta através de 10 pontos, que vão de -5 a $+5$, não existindo um ponto neutro. A escala Osgood, também conhecida de Diferencial Semântico (DS), mensura uma resposta através de sete pontos cujos extremos são associados a características bipolares, como: ruim/bom, simples/complexo, racional/emocional, entre outros. A escala de Thurstone é utilizada para avaliar atitude que envolve duas etapas principais. Na primeira etapa, um grande número de características é descrito para abranger toda a gama de opiniões possíveis, e os elementos são dimensionados no que diz respeito a pontos negativos e positivos para uma dada atitude. Na segunda etapa, participantes são convidados a indicar declarações com relação às dimensões das atitudes, com ais quais concordam ou discordam, escolhendo as melhores dimensões. A escala de Alpert tem por finalidade comparar dois objetos, produtos ou marcas dentro de um *continuum* predeterminado pelo pesquisador. A escala de Guttman é utilizada quando se quer determinar a ordem de grandeza entre os atributos que avaliam um objeto. Utilizam-se escalas acumulativas, e as escalas são comparadas ao final da pesquisa. O *Repertory Grid* é uma técnica específica para a construção de questionário na qual o pesquisador poderá encontrar um conjunto de variáveis mensuráveis que contenham características e atributos sobre determinado assunto. Essa técnica consiste na comparação aleatória de possíveis objetos, fazendo com que o pesquisador gere características e atributos em uma escala.

Case 12: O uso da lei de Thurstone: um teste cego com consumidores de vinhos finos

A percepção é um processo em que os consumidores selecionam um estímulo por meio dos seus canais sensoriais, obtendo informações desse estímulo. Essas informações são organizadas e interpretadas levando em consideração as características individuais de quem está interagindo com o estímulo. A obtenção das informações pelo estímulo pode ser feita nas pesquisas de marketing por meio de testes cegos.

Como forma de analisar a percepção de consumidores, foi realizado um teste cego com pessoas que tinham o hábito de tomar vinho. A intenção do trabalho foi comparar a preferência por vinhos tintos finos com a aplicação da lei de Thurstone (preferência pelas características sensoriais do estímulo) com a preferência manifestada pelo indivíduo (preferência relacionada não apenas com características do produto/estímulo, mas também com a situação na qual as pessoas o consomem).

Os vinhos escolhidos para ser avaliados nos testes cegos de degustação, com a aplicação da lei do julgamento comparativo de Thurstone, foram: *Merlot*, *Cabernet Sauvignon*, *Cabernet Franc* e *Tannat*. A escolha dos tipos de vinhos foi baseada nas variedades mais processadas no Brasil.

Em um primeiro momento, foi realizada uma fase exploratória, que teve como finalidade aprofundar o tema e escolher os produtos (tipos de vinhos finos) para o teste. Na segunda etapa, foram feitos estudos quantitativos, através de testes cegos, em que o entrevistado era convidado a degustar os produtos e indicar sua preferência. A pesquisa quantitativa, realizada em uma amostra de consumidores de vinhos finos tintos, dividiu-se em duas etapas. Na primeira, a aplicação de testes cegos, utilizando a Lei do Julgamento Comparativo de Thurstone, para verificar a preferência do consumidor diante da degustação de produtos. Na segunda, questionamentos sobre qual o vinho tinto preferido, dentre as sete opções disponibilizadas, para identificar a preferência manifestada dos participantes.

Para a utilização da Lei de Thurstone, houve necessidade de adequar o número de produtos a ser utilizado (pois um número muito grande de amostras poderia prejudicar a capacidade do entrevistado em distinguir as diferenças dos produtos), a forma de aplicação dos testes e o local do levantamento de dados.

Assim, foram testados quatro tipos de vinhos, em entrevistas individuais, num local específico para a degustação de vinhos: o Laboratório de Análise Sensorial da Embrapa Uva e Vinho. Para evitar erros durante a coleta de dados, os vinhos foram servidos em copos previamente marcados. O entrevistado não teve acesso ao significado da marcação dos copos, não teve conhecimento do tipo de vinho que estava sendo analisado nem do número de vinhos que estavam sendo utilizados, para que o teste fosse completamente às cegas.

A população-alvo da pesquisa foi o consumidor de vinhos finos residente em Bento Gonçalves-RS. Um dos motivos para essa escolha foi a disponibilidade de local adequado para a aplicação dos testes: o Laboratório de Análise Sensorial da Embrapa Uva e Vinho. Outro motivo foi que Bento Gonçalves possui um tradicional consumidor de vinhos finos, que tem o hábito de beber vinhos, seja por costumes herdados dos imigrantes italianos, seja por circunstâncias profissionais, pois é a região onde estão sediadas as maiores e mais importantes vinícolas do país. O consumidor de Bento Gonçalves, além de consumir vinhos em todas as estações do ano, tem interesse em conhecer mais sobre a bebida.

Foi retirada dessa população uma amostra não probabilística, por conveniência de 100 pessoas, de forma a contemplar todas as faixas etárias e uma paridade entre os sexos. Para a composição da amostra, foram convidadas a participar da pesquisa pessoas pertencentes às classes A e B que fossem consumidoras de vinhos finos tintos.

Para cada entrevistado foram providenciadas 12 taças com a mesma quantidade de vinhos (para não prejudicar a análise da cor), uma taça com água e uma porção de biscoitos sem sabor de doce ou salgado sobressalente. As 12 taças de cada participante foram dispostas nas celas e marcadas com número de três dígitos. A apresentação dos vinhos ficou disposta na seguinte ordem: 164, 172, 286, 943, 621, 880, 844, 980, 273, 532, 588 e 337. Após a marcação dos copos (em todas as entrevistas foi utilizada a mesma numeração), serviu-se 23 ml do vinho que correspondia ao número da taça com o auxílio de um pipetador automático (Oxford). Todo o vinho de uma garrafa era utilizado no mesmo dia. Todos os copos foram cobertos com folhas de papel para evitar a entrada de resíduos no vinho e a perda do aroma. Por fim, foram colocados os copos para água, as garrafas de água mineral, os biscoitos e os guardanapos sobre a mesa de cada cela.

Os entrevistados ocuparam uma mesa com as taças e uma folha contendo os atributos e sinonímias. Receberam as explicações sobre o procedimento a ser seguido para expor a sua preferência. Em seguida, foi colocado diante do entrevistado o primeiro par de vinhos (4 e 3, correspondentes às taças 164 e 172). Diante do par de vinhos, o entrevistado fazia uma análise visual respondendo qual era a cor preferida entre os dois vinhos. Logo após, ele fazia uma análise olfativa e escolhia o aroma o mais agradável entre o par. A partir de então, iniciou-se a análise gustativa e o entrevistado informava qual vinho apresentava melhor corpo, melhor maciez, melhor sabor, considerando sua preferência pessoal. Por fim, o entrevistado indicou qual dos vinhos era o melhor do par, considerando o conjunto de atributos acima. Seguiu-se trocando o par já degustado pelo par subsequente e assim sucessivamente. O entrevistado fez uso da água mineral e dos biscoitos quando julgou necessário. Ao final, foi lhe entregue um cartão redondo, contendo algumas alternativas de vinhos e lhe foi pedido para ordenar três vinhos de acordo com a sua preferência. Cada entrevistado levou, em média, 20 minutos para realizar todo o teste.

Foram entrevistadas 10 ou 20 pessoas por dia (uma garrafa de vinho servia 10 pessoas). Segundo profissionais da área, os melhores horários para degustação de vinhos são das 10:30 às 12:00 e das 17:00 às 19:00. Por questão de conveniência, os testes foram realizados apenas no horário da tarde. Foram realizadas, simultaneamente, três entrevistas, marcadas a cada 20 minutos. Cada entrevistador conduzia os entrevistados a uma cela, orientando-os para que não ficassem próximos uns dos outros, evitando que uma entrevista interferisse na outra, iniciando então o procedimento de coleta de dados.

Foi realizada uma análise sensorial, no laboratório de Análise Sensorial da Embrapa Uva e Vinho, com dois especialistas da empresa, com o objetivo de descrever as propriedades dos produtos utilizados na análise de resultados. Esse grupo de controle descreveu os vinhos antes da etapa de realização dos testes. Os especialistas degustaram os quatro vinhos em taças com a identificação das variedades para que pudesse ser avaliada a tipicidade varietal do vinho. O procedimento utilizado foi uma entrevista em profundidade, na qual os entrevistados descreviam as propriedades do vinho.

A partir das respostas dos 100 entrevistados da amostra, foi possível realizar análises de frequência e intensidade das preferências pelos produtos testados. Por meio do grupo de controle, obteve-se a descrição consensual dos vinhos em relação aos atributos analisados. Embora as características aqui descritas estejam presentes nos vinhos, os consumidores, em geral, não têm condições de distingui-las conscientemente em face das particularidades do produto. No entanto, essas características têm influência na sua decisão. Na avaliação dos especialistas, os vinhos avaliados são representativos do produto brasileiro, sem grande tipicidade varietal e outros atributos reconhecidos internacionalmente em vinhos de alta qualidade.

Vinho Tannat: segundo a opinião dos especialistas, dentre todos os vinhos testados, o Tannat era o que possuía a melhor tonalidade e intensidade de cor. Por possuir mais matéria corante que os demais (característico da uva Tannat), era levemente opaco, o que, no entanto, não chegava a prejudicar a análise visual. O aroma possuía boa tipicidade varietal e era o mais harmônico de todos. Possuía uma boa qualidade de corpo e taninos melhores que os demais. Graças a esses taninos, o vinho possuía uma persistência melhor na boca. O Tannat era o vinho mais harmônico e com um bom equilíbrio olfato-gustativo. É o vinho mais jovem (com características de jovialidade mais presentes) e o mais conservado.

- Cor: "vermelho rubi a violeta".
- Aroma: "madeira, serragem, aromas animais (couro cru) e lembrando amora".
- Gosto: "bastante ácido, porém macio, bom corpo, mais encorpado que os demais vinhos, bom retrogosto (pode ser considerado o sabor) das frutas encontradas no aroma (amora)".

Vinho Merlot: foi referido como um bom representante do vinho tinto brasileiro: sem maiores atributos, mas também sem defeitos. Possuía a segunda melhor tonalidade e intensidade de cor, um bom aroma e um retrogosto moderado, sendo considerado melhor no aroma do que na boca. Era um vinho magro (pouca estrutura de boca, excessivamente ligeiro, pouco persistente) e áspero (o que confere uma sensação de secura na boca). Seus taninos eram de baixa qualidade, conferindo um sabor um pouco amargo ao vinho. Entretanto, era o segundo na classificação de tipicidade varietal.

- Cor: "vermelho rubi com tons violáceos (com menos corante que o Tannat)".
- Aroma: "frutas secas (uva passa e ameixa passa)".
- Gosto: "um pouco amargo, menos macio que o Tannat, magro, pouco persistente, retrogosto moderado das frutas encontradas no aroma".

Vinho Cabernet Franc: em relação à cor, o Cabernet Franc é o terceiro colocado tanto na intensidade quanto na tonalidade de cor. No aroma, percebe-se a presença de carvalho, o que lhe tira a tipicidade varietal (também é terceiro colocado na tipicidade varietal). Os efeitos do carvalho também são percebidos no gosto, sendo considerado extremamente ácido e adstringente (essas características podem ter sido ocasionadas pelo desequilíbrio provocado pelo carvalho). É um vinho magro e fugaz (possui pouca persistência). Possui características de vinho que não deverá apresentar maiores evoluções.

- Cor: "vermelho, com leve toque atijolado".
- Aroma: "baunilha (provocado pelo carvalho) e herbáceo".
- Gosto: "ácido, adstringente, magro e com pouco retrogosto".

Vinho Cabernet Sauvignon: o Cabernet Sauvignon apresentou a quarta colocação em todos os quesitos. É o vinho com menor tonalidade e intensidade de cor e menor tipicidade varietal. A cor é a mais distante da cor do Tannat. É um vinho bem mascarado pelo excesso de carvalho, o que lhe confere a classificação de mais aromático, entretanto esse aroma descaracteriza o vinho e evidencia a madeira de carvalho. É desequilibrado: percebe-se tanto a sensação do amargor provocado pelo excesso de carvalho quanto uma sensação levemente adocicada no fundo da boca. A estrutura não comporta tanto carvalho, afetando a cor, o aroma e o estágio de oxidação do vinho. Para um vinho ser valorizado pelo envelhecimento em carvalho, ele deve ter uma boa estrutura que se harmonize com o carvalho.

- Cor: "vermelho tijolo (amarronzado)".
- Aroma: "baunilha e café (causados pelo carvalho)".
- Gosto: "possui uma sensação desagradável na boca, por ser desarmônico, sendo o mais amargo de todos".

No que tange à preferência revelada nos testes de degustação, foram avaliados os atributos cor, aroma, corpo, maciez e sabor. No atributo cor, o Tannat obtém a primeira colocação na preferência do participante (preferido, em média, por 94,4% dos entrevistados em relação aos demais produtos), seguido pelo Merlot (preferido, em média, por 61,48% dos entrevistados em relação aos demais), Cabernet Franc (preferido, em média, por 35,03% dos entrevistados em relação aos demais vinhos)

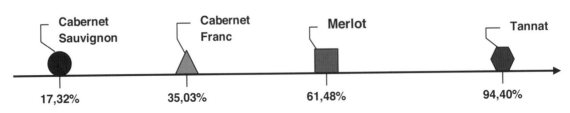

Figura 8.4 Atributo cor.

e Cabernet Sauvignon (preferido, em média, por 17,32% dos entrevistados em relação aos demais).

O intervalo dos índices intensidade de preferência de cor é o maior entre todas as avaliações, significando que as posições de primeiro, segundo, terceiro e quarto lugares estão mais bem definidas. Pode-se dizer que o participante distingue a diferença entre as cores e que as classifica distantes umas das outras, mostrando o quanto elas são menos preferidas.

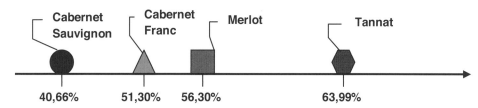

Figura 8.5 Atributo aroma.

O aroma preferido pelo participante é o do vinho Tannat, que, segundo especialistas, lembra amora, madeira, serragem e alguns aromas animais como o couro cru. O aroma escolhido pelos entrevistados foi considerado mais harmônico pelos especialistas, isto é, todos os componentes do aroma encontram-se em perfeito equilíbrio, e nenhum deles sobressai sobre os demais. Nesse atributo, em média, 63,99% dos entrevistados preferem o Tannat em relação aos outros vinhos. O Merlot é o vinho preferido por 56,30% dos entrevistados quando comparado aos outros vinhos. Já o Cabernet Franc tem a preferência de, em média, 51,30% dos entrevistados em relação aos outros vinhos. E, em média, 40,66% dos entrevistados gostaram do aroma do Cabernet Sauvignon quando comparado aos outros aromas.

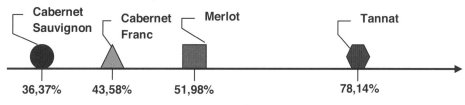

Figura 8.6 Atributo corpo.

O corpo é a sensação tátil de um vinho na boca que lhe dá peso (sensação de boca cheia). Em relação ao atributo corpo, o vinho Tannat também é o preferido dos entrevistados, numa intensidade menor que o atributo cor. Para 78,14% dos entrevistados, o corpo do vinho Tannat é melhor do que o dos outros vinhos. O corpo do vinho Merlot é preferido, em média, por 51,98% em relação aos outros vinhos. O vinho Cabernet Franc é preferido por, em média, 43,58% dos entrevistados quanto ao atributo corpo, comparado ao corpo dos demais. E, por fim, 36,37% dos entrevistados gostam do corpo do vinho Cabernet Sauvignon em relação aos outros três.

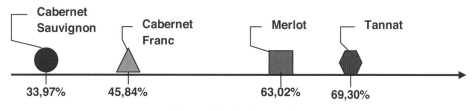

Figura 8.7 Atributo macio.

"Um vinho macio é um vinho justamente alcoólico, com bom teor de glicerina e pouca acidez." Em relação a esse atributo, o vinho Tannat também é o preferido. Comparado aos demais vinhos, obtém, em média, a preferência de 69,30% dos entrevistados. Na segunda colocação está o vinho Merlot, com uma média de 63,02% da preferência dos entrevistados quando comparado aos outros vinhos. Em terceiro lugar está a maciez do vinho Cabernet Franc, que é escolhida por 45,84% dos entrevistados em algum dos pares em que o vinho aparece. E em quarto lugar fica o Cabernet Sauvignon, com 33,97%, em média, da preferência dos entrevistados em relação aos outros vinhos. A pequena distância entre o primeiro e o segundo colocado significa que para os entrevistados a maciez dos vinhos Tannat e Merlot é bastante semelhante.

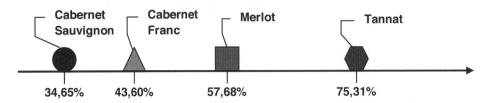

Figura 8.8 Atributo sabor.

No atributo sabor, o Tannat é preferido, em média, por 75,31% da amostra. Seu gosto é mais ácido do que os demais (característico da variedade), e no retrogosto lembra o sabor de amora encontrado no aroma. O Merlot ficou com a segunda colocação, com a preferência de 57,98% dos entrevistados em relação aos demais. O gosto do Merlot é um pouco amargo e no retrogosto lembra as frutas secas encontradas no aroma (uva e ameixa passa). Na terceira posição na preferência do participante aparece o Cabernet Franc, com uma média de preferência de 43,60% dos entrevistados quando comparado aos outros colocados. E novamente o Cabernet Sauvignon, na última colocação na preferência do participante, é preferido, em média, por 34,65% dos entrevistados em relação aos demais vinhos.

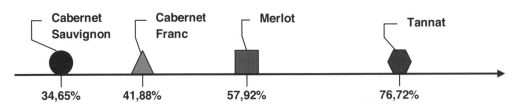

Figura 8.9 Análise geral dos atributos.

Entre os quatro vinhos utilizados nessa pesquisa, na análise geral, o participante prefere aquele que possui características de jovialidade mais presentes. O Tannat está na primeira colocação da preferência dos entrevistados, sendo preferido, em média, por 76,72% dos entrevistados em relação aos outros três produtos. O segundo colocado, o Merlot, é preferido, em média, por 57,92% dos entrevistados. O Cabernet Franc, que ocupa a terceira posição, é preferido, em média, por 41,88%. E o último colocado, o Cabernet Sauvignon, é preferido em média por 34,65% dos entrevistados. A intensidade de preferência é medida sempre em relação aos outros três produtos.

Resumidamente, os atributos que mais influenciam a escolha dos vinhos são cor, sabor e corpo. Entre todas as características avaliadas, o vinho Tannat obteve a maior preferência em todos os atributos, o que pode justificar a sua escolha. No caso do Merlot, a maciez é a característica que o participante mais aprecia, seguida da cor e do sabor.

Comparando a preferência manifestada pelos participantes da amostra com a preferência revelada nos testes cegos, percebemos que as posições de segundo e terceiro lugares são idênticas, mudando apenas as posições de primeiro e último lugares. Isso leva a crer que esse participante tem uma boa noção do que gosta, e apenas não tinha conhecimento desse novo produto no mercado brasileiro – o vinho Tannat. A posição de primeiro lugar para o vinho Cabernet Sauvignon na preferência manifestada pode ser um reflexo da notoriedade do produto e não da preferência propriamente dita. Caso contrário, pode indicar que o fato de um vinho ter sido elaborado a partir de castas Cabernet Sauvignon não é suficiente para ser escolhido pelo consumidor. Ou seja, se o vinho não for harmônico, não possuir características da variedade e não tiver estrutura para comportar carvalho, mesmo se for um Cabernet Sauvignon, ele não será escolhido pelo consumidor.

Na comparação dos dois métodos para a ordenação da preferência do consumidor (preferência manifestada – escala ordinal, preferência revelada – *continuum psicológico* de Thurstone), pode ser observado o quanto é válido saber a distância entre as posições de primeiro, segundo, terceiro e quarto lugares. Pela escala ordinal, sabe-se que o vinho Merlot ocupa o segundo lugar na preferência do consumidor, contudo, não se sabe o quanto deve aumentar seu índice de preferência para se tornar o primeiro lugar. Com a escala proposta por Thurstone, sabemos que, na mente dos consumidores, a diferença discriminatória entre o primeiro e o segundo lugar representa 18,80% de intensidade da preferência Assim, este é o incremento da intensidade de preferência que o vinho Merlot (segundo colocado) deve alcançar para se igualar ao primeiro colocado.

Com base no estudo de caso e na abordagem teórica deste capítulo, responda às perguntas a seguir:

1. Descreva como foi a coleta de dados no teste cego.
2. Qual tipo de escala foi utilizado para avaliar as diferenças entre os vinhos?
3. Explique quais as características da amostra coleta? Ela é coerente para o tipo de estudo feito?
4. Qual a importância do uso da Lei de Thurstone neste caso?

5. Qual a importância do uso dos dois especialistas entrevistados nessa pesquisa?

6. Descreva resumidamente como foram descritos os atributos no teste cego.

Questões de discussão para aplicação da teoria

1. Você deverá fazer uma pesquisa para avaliar a satisfação dos alunos de uma faculdade. Para isso, deve construir um questionário com 20 perguntas. Elabore as perguntas com respostas fechadas. Logo após, classifique as escalas utilizadas em nominal, ordinal e intervalar.

2. Divida a turma em dois grupos. Cada grupo deve pesquisar um tema e elaborar uma estrutura de pesquisa que contemple o *Repertory Grid* como técnica de criação de questionário e escala. Procure selecionar uma amostra e definir um objeto de estudo. No final, descreva as principais dificuldades com a aplicação da técnica.

3. Desenvolva um teste cego com seus colegas em sala de aula, usando a Lei de Thurstone. Para isso, utilize como produtos quatro refrigerantes ou chocolates diferentes. Nesta tarefa, é interessante que você não deixe os participantes enxergarem rótulos e marcas. Logo após a coleta de dados, compare os atributos encontrados nas marcas.

Notas

[1] Adaptado de: Ladeira, W., Santini, F., Costa, G. (2013) Antecedentes e dimensões da experiência de consumo em hóspedes de hotéis brasileiros. *Revista Turismo em Análise*, *24*(1), 119-144.

[2] Nique, W.M., Freire, K.M.F. (2002). A preferência dos consumidores de vinhos tintos finos determinada por testes cegos de degustação. *Read*, *8*(2), 1-20.

[3] Thustone, L.L. (1959). *The measurement of values*. Chicago: University of Chicago Press.

[4] Shet, N.J., Mital, B., & Newman, I.B. (2001). *Comportamento do cliente*. São Paulo: Atlas.

[5] Nique, W.M., Freire, K.M.F. (2002). A preferência dos consumidores de vinhos tintos finos determinada por testes cegos de degustação. *Read*, *8*(2), 1-20.

[6] Thurstone, L.L. (1959). *The measurement of values*. Chicago: University of Chicago Press.

[7] Dalmoro, M., Vieira, K.M. (2008). Dilemas na construção de escalas tipo Likert: o número de itens e a disposição influenciam nos resultados? Encontro da ANPAD, Rio de Janeiro. *Anais…*

[8] Roberts, J.S., Laughlin, J.E., & Wedell, D.H. (1999). Validity issues in the Likert and Thurstone approaches to attitude measurement. *Educational and Psychological Measurement*, *59*, 211-231.

[9] Pereira, J.C.R. (1999). *Análise de dados qualitativos*: estratégias metodológicas para as ciências da saúde, humanas e sociais. São Paulo: Edusp/Fapesp.

[10] Kinnear, T.C., Taylor, J.R. (1991). *Marketing research:* an applied approach. New York: McGraw Hill.

[11] Churchill, G. (1989). *Marketing research:* methodological foundations. 3. ed. New York: The Dryden Press.

[12] Pereira, C.A. (1986). *O diferencial semântico*: uma técnica de medidas nas ciências humanas e sociais. São Paulo: Ática.

[13] Pasquali, L. (2003). *Psicometria*: teoria dos testes na psicologia e na educação. Petrópolis: Vozes.

[14] Pereira, J.C.R. (1999). *Análise de dados qualitativos*: estratégias metodológicas para as Ciências da Saúde, Humanas e Sociais. São Paulo: Edusp/Fapesp.

[15] Roberts, J.S., Laughlin, J.E., & Wedell, D.H. (1999). Validity issues in the Likert and Thurstone approaches to attitude measurement. *Educational and Psychological Measurement*, *59*, 211-231.

[16] Kalton, G., Schuman, H. (1982). The effect of the question on survey responses: a review. *Journal of the Royal Statistical Society Series,* 44-45.

[17] Kelly, G.A. (1995). *The psychology of personal constructs*. New York: Norton, 1955. v. 1 e 2.

[18] Goffin, K. (1994). Understanding customer's views: an example of the use of Repertory Grid technique. *Management Research News*, *17*(10/11), 17-28.

[19] Apert, M. (1981) Identification of determinant attributes: a comparison of methods. *Journal of Marketing Research*, *8*, 184-191.

[20] Pras, B., Tarondeau, J.C. (1981). *Le comportement de l'acheter*. Paris: Sirey.

9

Técnicas e o Processo de Amostragem

OBJETIVOS DO CAPÍTULO

No final deste capítulo, o leitor deverá ser capaz de:

- ◆ Diferenciar uma amostra de uma população.
- ◆ Entender as origens históricas da amostragem.
- ◆ Entender os diversos tipos de amostragem probabilística e não probabilística.
- ◆ Identificar os fatores que interferem no cálculo amostral.
- ◆ Realizar cálculos amostrais.

SUBCULTURA OU TRIBO? A AMOSTRAGEM POR CONVENIÊNCIA AJUDANDO A ENTENDER O COMPORTAMENTO DE SURFISTAS E SIMPATIZANTES

Consumir um produto não é ter apenas algo material ou funcional. O consumo de um produto pode representar uma simbologia, pois os bens possuem influência na identidade do indivíduo, que busca produtos para se associar a grupos ou a subgrupos. Subculturas de consumo, comunidades de marca e tribos têm se tornado grupos cada vez mais estudados na pesquisa de marketing, como, por exemplo, a figura do surfista. Esse grupo possui uma visão diferente do mundo, falando uma linguagem própria e possuindo símbolos como a prancha de *surf*, roupas, acessórios, filmes e músicas que o caracterizam. O *surf* é um dos esportes que apresentam anualmente um dos maiores crescimentos em número de praticantes em todo o mundo. No Brasil, essa indústria fatura mais de 5 bilhões de reais por ano. O Brasil é o segundo país do mundo que mais consome artigos relacionados ao *surf*. De acordo com a Associação Europeia da Indústria do *Surf*, o mercado do *surf* movimenta mais de 30 bilhões de dólares anualmente. Esse estilo de vida do surfista é atraente, pois o diferencia da sociedade como grupo. Nesse

sentido, pesquisas apontam que no Brasil cerca de 90% desse consumo de produtos relacionados ao *surf* se dá por simpatizantes do esporte e do estilo de vida do surfista.

Uma pesquisa realizada no Brasil teve a intenção de investigar a existência de uma subcultura de consumo relacionada ao *surf* no Brasil. Para esse fim, foi feita uma abordagem qualitativa multimétodos, com a utilização e integração das técnicas de videografia, observação não participante, entrevistas em profundidade e elicitação visual. A utilização dessas diversas técnicas se deu pela complexidade do tema, que exige o uso de diferentes técnicas para aprofundar as diferentes dimensões das vivências dos indivíduos. A amostra era composta por entrevistas com surfistas, simpatizantes e representantes de empresas ligadas ao esporte, no caso gerentes de loja e gerentes de marketing. As observações ocorreram nas lojas de *shoppings* de grande movimentação, após contato e autorização dos gerentes delas.

No total foram realizadas ao todo 27 entrevistas em profundidade. Esses participantes também estavam em posição de acesso direto do pesquisador (amigos de amigos etc.), o que caracteriza uma seleção não probabilística por conveniência.

Os resultados apontaram a não existência de uma subcultura de consumo do *surf*, mas de uma tribo identificada na figura do surfista. Essa tribo se integra por um estilo de vida comum, baseado em ideais como o amor ao esporte, a comunhão com a natureza, um estilo de vida saudável e uma linguagem própria. Os resultados também apontam que o simpatizante simboliza e está inserido em uma grande cultura de consumo, em que ele busca roupas e acessórios para ser identificado dentro da sociedade. Observa-se também a ação das marcas de *surf* na apropriação dos ideais e do estilo de vida do surfista para vender um cenário e um estilo de vida ao simpatizante.[1]

Este exemplo de pesquisa nos traz um conceito importante, o de amostragem não probabilística por conveniência. Esse problema e objeto de estudo, como pode ser percebido nas entrelinhas do texto, não pode ser estudado com uma amostragem probabilística, devido às questões associadas à cultura desse tipo de consumo. Veremos neste capítulo o que é uma amostra na pesquisa de marketing. Além disso, estudaremos as diferenças entre população, censo e amostra, para, depois, fazer as divisões da amostragem em probabilística e não probabilística.

9.1 A AMOSTRA NA PESQUISA DE MARKETING

Como foi visto em capítulos anteriores, a pesquisa de marketing procura desenvolver projetos formais com o propósito central de obter informações para a solução de problemas. Foi explicado como um pesquisador define um problema, como ele faz o delineamento dos principais métodos a serem utilizados, como desenvolve os instrumentos de coleta de dados e como operacionaliza a coleta de dados; porém, não foi descrito ainda como escolhemos as pessoas para coletar os dados, ou seja, como definimos, calculamos e representamos a amostra desejada.

Essa é uma fase importante da pesquisa, pois ela vai depender diretamente do problema, dos métodos e instrumentos escolhidos. Escolher uma amostra não é simplesmente indicar pessoas, mas sim selecionar pessoas que têm o perfil para disponibilizar os dados, seja na pesquisa qualitativa, em que em grande parte tem-se amostras com poucas pessoas, seja em pesquisas quantitativas, caracterizadas em sua maioria por uma quantidade grande de pessoas selecionadas.

9.2 DIFERENÇAS IMPORTANTES ENTRE AMOSTRA, POPULAÇÃO E CENSO

A população é considerada o agrupamento de todos os elementos de um grupo de interesse da pesquisa, dentro de sua totalidade.

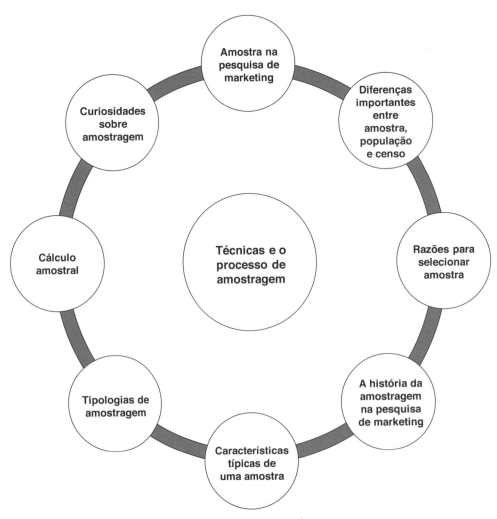

Figura 9.1 Técnicas e o processo de amostragem.

Uma população seria então um conjunto que representaria todas as dimensões de interesse da pesquisa.[2]

Seria ideal em uma pesquisa de marketing serem aplicadas as entrevistas ou os questionários em toda a população. Isso, entretanto, elevaria o seu custo e a deixaria inviável financeiramente, pois existem limitações, como tempo de realização da pesquisa, tamanho muito grande da população, logísticas e recursos envolvidos para coleta de dados. Por exemplo, imagine essas limitações se realizássemos uma pesquisa de marketing em que teríamos que aplicar questionários em toda a população brasileira. É claramente impossível a realização de uma pesquisa nessa proporção.

> **Dica**
>
> Uma população pode ter uma série de populações em sua formação, que, dependendo da pesquisa, pode ou não implicar formalmente uma amostra. Por exemplo, temos a população brasileira que está dentro da população dos países da América do Sul.

Para solucionar esse problema, temos a amostra. Recomenda-se que a coleta de dados primários com participantes de uma pesquisa seja feita através da seleção de uma amostra. Essa amostra é constituída de representantes selecionados de um grupo de indivíduos, que denominamos população. A diferença entre população e amostra é clara. Se um conjunto de dados consiste em todas as observações possíveis (concebíveis ou hipotéticas), é chamado uma população; se consiste apenas em uma parte dessas observações, é chamado uma amostra.[3]

A amostra em geral é selecionada pelo perfil dos membros de uma população devido às características demográficas (sexo, idade, escolaridade, profissão etc.), geográficas (rua, bairro, cidade, estado etc.) e psicográficas (estilo de vida ou opiniões). Resumindo, a amostra é um subconjunto selecionado da população ou do universo que tenha características comuns.

Em pesquisa de marketing, quando a amostra é igual à população, temos o conceito de censo. Desse modo, o processo de coleta de informações de toda uma população é conhecido como censo. Assim, o censo acontece quando todos os elementos selecionados da amostra constituem a população. Na prática, é um conceito difícil de ser encontrado, visto ser complicado encontrar todas as pessoas de uma população.

9.3 RAZÕES PARA SELECIONAR AMOSTRAS

Podemos considerar a amostragem uma forma de classificação que represente convenientemente um grande conjunto de indivíduos, de modo que possa ser compreendido o problema de pesquisa mais facilmente e as informações obtidas sejam mais eficientes.

Os dados coletados em amostras podem fornecer uma descrição concisa dos padrões de semelhanças e diferenças dos comportamentos. Por exemplo, estudos de marketing podem ser úteis para agrupar um grande número de respondentes de acordo com as suas preferências. Isso pode ajudar a identificar um nicho de mercado para um tipo específico de consumidor. Como se pode observar, a escolha pela amostra pode ser vantajosa em uma pesquisa de marketing. Outro exemplo é a necessidade que se tem de resumir conjuntos de dados. Devido ao crescente número de grandes bancos de dados disponíveis no marketing, é interessante a exploração de dados em uma menor escala, pois esta pode proporcionar um resumo útil dos dados.

Além dessas vantagens, há questões de ordem mais práticas em uma pesquisa de marketing para optarmos pela amostra. Por exemplo, existem situações em que o acesso à população é difícil, seja por problemas de logística, seja por questões legais, entre outros; nesse caso, recomenda-se a amostragem. Suponhamos que uma pesquisa deva ser realizada em uma tribo de índios que vive em uma reserva ambiental grande. A amostra será recomendada, pois aí teria um menor número de entrevistados, de deslocamentos, menos esforços etc. Além disso, o custo da coleta de dados ficaria inferior ao do censo, necessitando de menos recursos, já que se realiza número menor de entrevistas. Além de tudo isso, o tempo necessário para realizar a pesquisa pode ser menor.

9.4 A HISTÓRIA DA AMOSTRAGEM NA PESQUISA DE MARKETING

É comum os profissionais de pesquisa de marketing afirmarem que a questão cultural é a principal razão para explicar o uso de diferentes técnicas de coleta de dados em diferentes países. Por exemplo, sabemos que em países como os Estados Unidos a coleta de dados por telefone é bem comum e tem uma aceitação grande da população. Diferentemente do caso brasileiro, em que se tem uma baixa adesão por parte dos respondentes.

Essa diferença pode ser explicada pelo fato de que culturalmente no Brasil as pessoas se sentem ressabiadas em dar informações pessoais por telefone. Talvez por terem medo de serem assaltadas ou por questões de insegurança. É comum uma mãe pedir ao seu filho para não dar informações ao telefone quando o deixa em casa sozinho. Desse modo, a violência culturalmente influenciou na coleta de dados por telefone no Brasil. O caso dos Estados Unidos é diferente, pois as pessoas, em sua grande maioria, sempre foram favoráveis a dar informações por telefone.

Sabemos que a questão cultural é influenciada por fatores históricos. Assim, para entender a influência cultural na coleta de dados, é preciso conhecer a história e, além disso, como ela se relaciona com os métodos de coleta de dados utilizados na pesquisa de marketing.

Historicamente existem registros de censos e pesquisas que remontam aos tempos bíblicos. Porém, a amostragem é uma prática que remete ao século XX. Foi com a *Gallup Poll* (na época chamada de *American Institute of Public Opinion*), empresa de pesquisa e opinião dos Estados Unidos, fundada

126 Capítulo 9

em 1930 pelo estatístico George Gallup, que a amostragem probabilística deu os seus primeiros passos.

Na década de 1930, a porção de domicílios norte-americanos que continha telefone era baixa, desse modo, as primeiras amostras tiveram uma tendência a selecionar pessoas de alta renda. No entanto, o grande acontecimento que mudaria a história da amostragem se deu em 1936 nas eleições para presidente dos Estados Unidos entre Alf Landon e Franklin Delano Roosevelt.

O jornal norte-americano *The Literary Digest* realizou uma pesquisa com 2.376.583 entrevistados para avaliar o provável cenário dessas eleições. Depois de várias semanas, o resultado da pesquisa previu a vitória de Alf Landon sobre Franklin Roosevelt. Ao contrário do resultado encontrado, o *American Institute of Public Opinion*, de George Gallup, previu a vitória de Franklin Roosevelt entrevistando apenas 3.000 pessoas.

Os céticos da época não acreditaram no resultado. Foi constatado que os resultados da Gallup estavam exatamente iguais aos resultados oficiais da eleição, enquanto os resultados fornecidos pela *The Literary Digest* obtiveram margem de erro de 19%.

Após o acontecido, várias mudanças foram feitas nas pesquisas de amostragem. Em primeiro lugar, a questão de custo e tempo de amostragem começou a ser analisada com cuidado. Além disso, os especialistas começaram a se preocupar mais com a seleção dos entrevistados do que com a quantidade de entrevistados.

Logo após a Segunda Guerra Mundial, em países desenvolvidos o método de coleta de dados mais utilizado em pesquisas de marketing era por telefone, diferentemente do caso brasileiro. Existem três razões para o aumento das pesquisas por telefone nesses países. O primeiro diz respeito ao aumento do número de linhas de telefones residenciais pós-Segunda Guerra Mundial. Países como os Estados Unidos na década de 1970 já tinham mais de 90% das suas residências com telefone. A segunda razão é o aumento crescente dos custos das pesquisas feitas porta a porta. A terceira razão é o aumento do número de mulheres que ingressaram no mercado de trabalho. Esse fato fez com que as pessoas que realizam a pesquisa porta a porta não encontrassem ninguém nas casas, tendo que voltar em outros momentos, aumentando a despesa com viagens.

Na época, o *American Institute of Public Opinion* optou por fazer uma amostragem por quotas em vez de coletar os dados via correio ou telefone. A amostragem por quotas envolveu uma divisão geográfica das pessoas entrevistadas em cidades, vilas e áreas rurais. O número de pessoas nessas três regiões geográficas era escolhido proporcionalmente ao tamanho da sua população original. Nas grandes cidades ainda ocorreu uma subdivisão de gênero e renda. As pesquisas eram feitas de duas maneiras: de porta em porta ou em locais públicos, como ruas e parques.

Logo após a contribuição dos estudos do *American Institute of Public Opinion*, no início da Segunda Guerra Mundial, Morris Hansen liderou um grupo de estatísticos do governo americano que desenvolveu a amostragem probabilística por área. Essa amostragem propunha estratificar mais as amostras por quotas. Foram selecionados segmentos com base na probabilidade proporcional das populações estimadas, determinando as famílias a serem pesquisadas nos blocos. Esse tipo de pesquisa eliminava a influência do pesquisador na escolha da amostra.

Cada pesquisador agora deveria sair para realizar uma pesquisa com o mapa da região e os blocos a serem entrevistados, o que tornava as pesquisas mais caras devido ao deslocamento.

A grande mudança nas amostras ocorreu nas eleições de 1948, quando grande parte da amostragem por quotas deu a vitória ao republicano Thomas Dewey sobre Harry Truman. Na época, Truman venceu as eleições e essa abordagem de amostragem probabilística foi extremamente criticada. Apesar de muitos estudiosos indicarem que o erro na previsão da eleição se deu pelo fato de a coleta de dados ser realizada muito cedo, o que gerou uma mudança de última hora na preferência dos eleitores, a popularidade da amostragem por quotas reduziu drasticamente nos institutos de pesquisa norte-americanos.

Palavra do especialista

Jovens e adolescentes constituem um mercado crescente para produtos e serviços no Brasil e no exterior. Por isso, a pesquisa de marketing pode ajudar empresas a identificarem os desejos dos jovens, entendendo também onde e com quem preferem comprar ou consumir determinados produtos, como avaliam os canais de compra (varejo físico e virtual), qual valor atribuem a determinadas características ou serviços agregados, que atributo de marca é mais atraente e gera vínculos afetivos, entre outros. Tais informações podem ajudar as empresas a definirem os padrões de comportamento do seu público jovem e a buscarem formas de conquistá-lo e satisfazê-lo, geralmente diferentes do público adulto. Além do entendimento da formação dos desejos de consumo dos jovens e do seu comportamento, a pesquisa de marketing tem sido aplicada para analisar a influência exercida pela família e pelos amigos nesse processo. Sabe-se que nessa etapa da vida, o contexto social tem papel preponderante na definição do que se quer consumir e de como se consomem produtos e serviços. Em função da forte presença da internet no cotidiano dessa geração, essa influência pode ser física ou virtual. Em sentido inverso, a pesquisa de marketing também ajuda a entender como o jovem influencia o consumo familiar de produtos de uso mais cotidiano e rotineiro – como cereal, café, leite – ou de produtos e serviços especializados e, muitas vezes, com valor elevado – como viagens, cursos, tecnologia. Por exemplo, os jovens influenciam a família nos tipos de produto que compra, nas marcas às quais é fiel e nos preços que está disposta a pagar. Além do setor lucrativo, a pesquisa com consumidores jovens também é útil para ajudá-los a consumir de forma mais consciente e responsável. Em investigações recentes sobre a relação do jovem com o dinheiro e com as posses materiais, o valor atribuído às marcas e sua preocupação com a sustentabilidade têm contribuído para a educação de um consumidor, que tem um longo período de prática pela frente, que pode influenciar sua família e seus pares e exigir das empresas práticas de mercado mais justas e confiáveis.

Dra. Rita de Cássia de Faria Pereira é professora associada de Marketing do Departamento de Gestão da UFPB e tem como temas de interesse redes sociais virtuais, marketing de relacionamento e marketing e sociedade.

As pesquisas então começaram a ser feitas nas residências. Caso o respondente não se encontrasse, o pesquisador procurava uma casa próxima. Esse tipo de pesquisa ganhou popularidade e se estendeu a outros países, como Inglaterra, França e Alemanha, consolidando-se, assim, nas práticas de pesquisa de marketing.

Historicamente, a coleta de dados por correspondência tem baixa aceitação quando se pretende coletar dados em residência. Essa baixa aceitação pode gerar um viés de amostragem, comprometendo a qualidade das informações adquiridas. No entanto, para outras populações, como profissionais liberais e empresas, essa coleta de dados tem-se mostrado mais eficiente. Em países como os Estados Unidos e o Canadá, muitas empresas de pesquisa de marketing utilizam a estratégia de solicitar antecipadamente a permissão do respondente. Por exemplo, o caso de um cliente de uma loja que recebe o convite no ponto de venda e se compromete a responder a uma pesquisa em sua residência enviada pelo correio. Quando o cliente é comunicado antes, há mais chances de respostas aos questionários enviados.

Já as pesquisas realizadas em quiosques interativos têm historicamente uma grande aceitação, principalmente quando acontecem em *shoppings* e supermercados. Elas se tornaram populares devido ao aumento do comércio nas últimas décadas, evidenciado pelo crescente número de *shoppings* e supermercados. Por ser coletada em pontos de fluxos (grande movimento), esse tipo de pesquisa não tem histórico de amostragens com grande rigidez metodológica. O grande problema no Brasil é a obtenção de consentimento para a entrevista nesses locais, já que são estabelecimentos privados. Muitos *shoppings* não permitem nenhuma entrevista em suas instalações, de modo que as amostras de probabilidade não são possíveis.

Por fim, a coleta de dados feita pela internet surge em meados da década de 1990. Essas coletas são recentes e ainda esperam melhores métodos de amostragem. Muitos autores ainda não chegaram ao consenso de como coletar esses dados e como identificar quem deverão ser os respondentes. O que se sabe é que esse tipo de coleta recebeu influência direta de pesquisas realizadas em outros meios de comunicação, como jornais, revista e televisão. Mesmo que milhares de pessoas respondam aos questionários pelo computador de sua residência ou ambiente de trabalho, ainda assim a amostragem pode ser enganosa, pois não há como descobrir quem são as pessoas que responderam e enviaram os formulários. Nesse caso, não há como afirmar que a amostra é representativa da população. Esse fato inviabiliza uma pesquisa probabilística, pois esta pressupõe que o pesquisador conheça a população que responde aos questionários. Apesar de reconhecer esse problema, tais pesquisas continuam a proliferar, devido à grande facilidade e ao baixo custo dessa técnica, tanto que muitos especialistas acreditam que haverá uma migração das pesquisas realizadas pelo telefone para as pesquisas realizadas pela internet.[4]

9.5 CARACTERÍSTICAS TÍPICAS DE UMA AMOSTRA

O processo de amostragem é influenciado diretamente por características típicas de algumas populações. Quanto mais atípica for uma população, mais o pesquisador deverá ter cuidado. Para entender um pouco essas amostras, selecionamos aqui quatro tipos de amostragem que merecem um tratamento cuidadoso: (a) amostragem com populações específicas ou raras, (b) amostragem pela internet, (c) amostras de consumidores e

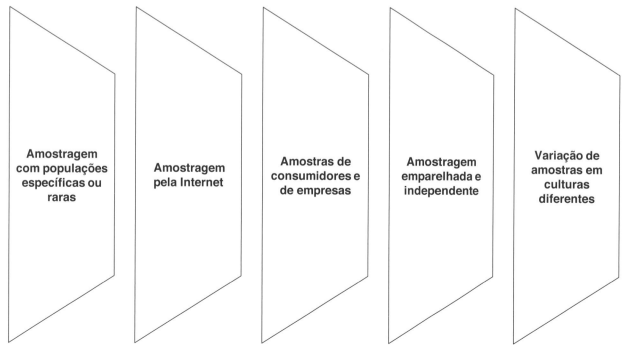

Figura 9.2 Características típicas de uma amostra.

128 Capítulo 9

de empresas, (d) amostras emparelhadas e independentes e (e) variação de amostra em diferentes culturas.

9.5.1 Amostragem com populações específicas ou raras

Nas últimas décadas, tem aumentado o número de pesquisas que procuram amostras com grupos menores e mais específicos. Esse fato se dá pela diminuição de estudos em amostragens mais amplas. Esses grupos mais específicos ou raros podem ter como representantes grupos étnicos, famílias com alta renda, idosos, entre tantos outros que têm membros em mercados de consumo mais restritos.

Por esses grupos pertencerem a uma pequena parcela da população, o seu processo de amostragem deve ser feito com cuidado. Em primeiro momento, sugere-se uma contagem preliminar da possível população, sendo feita uma lista com as pessoas que têm as características dessa parcela. Logo após, é realizada uma análise do custo e da qualidade dos entrevistados. Por ser uma amostra complicada de se encontrar, devido ao reduzido número de participantes, esses dois critérios passam a ser fundamentais.

Amostras específicas ficam mais fáceis de ser realizadas quando as pessoas se encontram próximas geograficamente, como um grupo indígena, um assentamento de sem-terra ou até mesmo clientes de um supermercado. Nesses casos, a amostra-coleta do próprio local é mais indicada. No entanto, se as pessoas não estiverem próximas geograficamente o processo de amostragem se torna complicado e pode gerar custo maior para a coleta de dados.[5]

Uma solução para encontrar pessoas dispersas geograficamente é a indicação de pessoas pelo próprio entrevistado (amostra bola de neve). Os respondentes devem dar informações que possibilitem ao pesquisador encontrar possíveis respondentes.[6]

9.5.2 Amostragem pela internet

Cada nova tecnologia de coleta de dados disponibilizada no campo da pesquisa de marketing impacta diretamente as técnicas de amostragem existentes. No entanto, a evolução dessas tecnologias é influenciada pelas noções básicas de amostragens existentes.

Tratando-se da coleta de dados pela internet, as amostras que são formadas por indivíduos conhecidos do pesquisador (intencional ou por conveniência) têm sido as mais indicadas, pois nestas o pesquisador consegue exercer um controle mais constante. Esses tipos de amostras têm apresentado o retorno mais constante de respostas. Já as coletas de dados que têm uma estrutura de escolha da amostra aleatória têm gerado mais dificuldade aos pesquisadores, apresentando mais constantemente o viés de amostra. Isso pelo fato de o pesquisador não conhecer pessoalmente os respondentes e, por isso, não conseguir um controle mais constante da amostra devido à aleatoriedade da amostra.

Apesar de toda essa discussão de coletar dados com pessoas conhecidas ou não do pesquisador, a amostragem

pela internet pode ser útil em alguns casos, por exemplo para ser realizada com funcionários de empresas, pois estes têm em seu ambiente de trabalho o computador. Também poderá ser utilizada em clientes que disponibilizam no banco de dados da empresa o seu *e-mail*. Deve-se, antes de enviar o questionário, solicitar aos clientes a autorização do envio de *e-mail* com a pesquisa.

Em empresas de *e-commerce* também é interessante o uso de amostragem pela internet. Quando o cliente entra no *site* para comprar um produto, ele encontrará um *link* para responder à pesquisa. O fato de o *link* estar dentro de uma página que o respondente tem o hábito de visitar dará maior segurança para ele responder ao questionário. Além disso, a empresa poderá controlar pelo *site* da empresa o número de pessoas que estão respondendo ao questionário.

9.5.3 Amostras de consumidores e de empresas

As pesquisas com consumidores foram as responsáveis historicamente pela evolução dos estudos em amostragem. Apesar de evoluções em pesquisas como satisfação e avaliação de novos produtos terem sofrido um aumento considerável nas últimas décadas, as técnicas e os procedimentos de amostragem não mudaram tanto. Já a pesquisa com empresa sofreu grandes mudanças, principalmente com o *business to business*.

Há várias características que distinguem as amostras em empresas e com consumidores. A mais significativa é a enorme variabilidade no tamanho das empresas. Outra questão é a escolha de qual unidade é a mais adequada a ser estudada dentro de uma empresa. É toda empresa, um departamento ou uma linha de negócio? Essa escolha depende principalmente do tema de estudo.

9.5.4 Amostragens emparelhadas e independentes

Em pesquisa de marketing, o conceito de inferência estatística é importante para entender a diferença entre amostras emparelhadas e independentes. O processo de inferência estatística é aquele em que as amostras estudadas são representativas da população teoricamente estimada.

Partindo do conceito de inferência estatística, o que difere amostras independentes e emparelhadas é a ausência de relação entre as amostras pesquisadas. Se existir relação entre os elementos das amostras, dizemos que estas são independentes. Assim, a probabilidade de um elemento pertencer a mais de uma amostra é nula. Esse tipo de amostragem é muito utilizado em experimentos, que necessitam ter pessoas diferentes nos diversos grupos. Se existir uma relação entre as amostras, ou seja, estas serem formadas por indivíduos que estão nas duas amostras, dizemos que são amostras emparelhadas. Esse tipo de amostragem é utilizado com frequência em painéis com estudos longitudinais, nos quais é necessário coletar dados periodicamente com as mesmas pessoas.[7]

9.5.5 Variação de amostras em diferentes culturas

A escolha da técnica de amostragem é influenciada diretamente pela cultura na qual os pesquisados estão inseridos. Em alguns países, existe o predomínio de técnicas quantitativas; em outros, o foco é a técnica qualitativa. Esse fato influencia diretamente a técnica de amostra existente em cada país. Por exemplo, em países desenvolvidos como Estados Unidos e Canadá existe a predominância da amostragem probabilística por quotas, devido ao histórico de pesquisa quantitativa em seu contexto sociocultural.

Já a amostragem *snowball* pode ser indicada em países onde existem populações raras. Nesse caso, os entrevistados são difíceis de alcançar, por isso, sugere-se o procedimento por bola de neve. Já as amostragens aleatórias simples e sistemáticas são influenciadas por questões de precisão, confiabilidade e custo. Essas influências fazem com que essa aplicação da técnica varie de país para país.[8]

No que se refere à comparação de técnicas entre países, a falta de um padrão internacional e a inacessibilidade de alguns respondentes (como, por exemplo, mulheres em países árabes) fazem com que as técnicas de amostragem probabilísticas sejam utilizadas em menores escalas.[9] No entanto, esse cenário pode mudar em um futuro próximo, pois o desenvolvimento de novas tecnologias de coleta de dados irá permitir maior uso de técnicas de amostragem probabilística. O crescente uso de métodos de pesquisa por telefone e pela internet facilitará o emprego de técnicas de amostragem probabilística em contextos internacionais.

9.6 TIPOLOGIAS DE AMOSTRAGEM

Em marketing, vários são os problemas que aparecem no cotidiano dos profissionais, como: *Qual a melhor estratégia do composto de marketing que devo usar? Como devo segmentar meu mercado? Qual a melhor forma de desenvolver um produto? Será que alguns públicos-alvo têm viabilidade para o meu tipo de produto? Qual o perfil de meu consumidor?*, entre tantos outros. Imagine se tivéssemos que fazer uma pesquisa para solucionar cada um desses problemas. Provavelmente, cada pergunta iria exigir um tipo de abordagem de pesquisa diferente e, ocasionalmente, uma forma de alinhar diferentemente a amostra.

O alinhamento de uma amostra pode ser entendido como uma técnica utilizada para identificação dos indivíduos a serem pesquisados. Essa identificação dependerá diretamente do tipo de método que será usado. Desse modo, o problema de pesquisa irá influenciar a escolha do método, que automaticamente irá impactar o alinhamento amostral. Em pesquisa de marketing existem dois guarda-chuvas que abrigam vários tipos de amostragem, que se ajustam a diversos problemas e abordagens de pesquisa: a amostragem probabilística e a não probabilística.

A amostragem probabilística (também conhecida como aleatória) é aquela em que se selecionam aleatoriamente as pessoas em uma amostra. O conceito de aleatoriedade nesse caso significa um procedimento de escolha dos indivíduos de uma amostra através do acaso. A palavra acaso vem do latim "*a casu*", que significa sem causa, ou seja, um procedimento que acontece sem algo precedê-lo.

Devido à causalidade, a amostragem probabilística utiliza técnicas estatísticas, pois todos os elementos têm igual probabilidade de ser escolhidos, minimizando erros nos processos de inferência, sem uma relação com um evento passado. Para que o risco de erros seja mínimo, as amostras devem ser aleatórias, ou seja, todos os elementos da população-alvo de estudo devem ter a mesma probabilidade de figurar na amostra.[10]

Nesse tipo de amostragem, cada indivíduo da população tem a mesma chance de ser selecionado, ou seja, todos os indivíduos têm iguais condições de ser sorteados. A probabilidade de escolha nessa amostra passa a ser então igual a todos indivíduos e, consequentemente, diferente de zero.

Esse tipo de amostragem é recomendado para prever a intenção de votos em uma eleição. Como grande parte das populações é dividida em vários estratos (como gênero, renda, escolaridade, idade, estado civil, bairro, entre outros), deve-se fazer um processo de escolha aleatória dos indivíduos da amostra, para que estes consigam representar toda a população.

A amostragem não probabilística (também conhecida como não aleatória) é aquela em que não se selecionam aleatoriamente as pessoas em uma população. Ela utiliza o julgamento de um pesquisador para fazer a seleção. Nesse tipo de amostragem, os indivíduos não têm a mesma probabilidade dos outros indivíduos, ou seja, a chance de escolha de um indivíduo não é igual à do restante dos indivíduos.

Se não existem possibilidades iguais e aleatórias de escolha, automaticamente a amostragem não probabilística passa a não ter a representatividade da população em estudo. Esse fato implica dizer que não há garantia de que a amostra represente corretamente a população. Assim, não se pode fazer generalizações dos resultados obtidos na coleta de dados.

Os critérios para selecionar a amostra nesse tipo de amostra são subjetivos, de acordo com a experiência do pesquisador e os objetivos da pesquisa. Desse modo, esse tipo de amostra baseia-se quase integralmente no julgamento pessoal do pesquisador.

Por mais que se tenha uma preferência nos estudos de marketing por pesquisas que são construídas com a amostragem probabilística, cabe ressaltar que existem alguns fenômenos que podem e devem ser estudados por meio de técnicas de amostragens não probabilísticas, pois seu problema de pesquisa requer uma abordagem em que o pesquisador ou alguém indique os entrevistados.

É o caso da pesquisa para testar novos produtos. Muitas empresas utilizam pequenos grupos de consumidores com amostras que já tenham utilizado algum produto semelhante antes. Para isso, essa amostra deve ser indicada por possíveis vendedores que já conhecem bem os consumidores existentes de produtos similares. Esse tipo de amostra, além de rápido, tem um pequeno custo, devido ao menor número de pessoas a serem entrevistadas.

Em pesquisa de marketing existem quatro tipos de amostragens não probabilísticas e quatro tipos de amostragens probabilísticas. As não probabilísticas são conhecidas como:

por conveniência, por julgamento, por quotas, tipo *snowball*, por objetivo em mente, por especialidade e por diversidade. Já a amostragem probabilística pode ser dividida em: aleatória simples, amostragem sistemática, estratificada, por conglomerados e por moda da população. Além dessas técnicas, existe o procedimento por multietapas, que fará uma junção de técnicas probabilísticas e não probabilísticas.

9.6.1 Por conveniência

Teoricamente, esse tipo de procedimento de amostragem é o mais fácil de ser encontrado. Nele, o pesquisador seleciona as pessoas a serem pesquisadas da maneira mais conveniente ou por estarem disponíveis em algum lugar. Os elementos amostrais são escolhidos porque o pesquisador acha adequado ou porque estão ao seu alcance, sendo mais vantajoso para os pesquisadores. Esse procedimento também pode ser conhecido como amostragem voluntária, casual ou acidental.

Dica	O pesquisador deve estar bem preparado para definir quem vai ser o pesquisado na técnica por conveniência. Sugere-se que o critério não seja apenas a redução de custo quando se opta por esse tipo de técnica.

Esse tipo de amostragem é utilizado quando o problema de pesquisa não requer uma escolha criteriosa das pessoas que vão fazer parte da amostragem. É comum nesses casos que as informações necessárias possam ser recolhidas com qualquer pessoa, sem necessidade de seleção de perfil.

Para entender melhor o uso dessa amostragem, imagine uma pesquisa que procure avaliar a qualidade do atendimento de um supermercado em um bairro residencial. Sabemos que somente pessoas desse bairro frequentam o supermercado. Por isso, o pesquisador achou interessante colocar um ponto de aplicação do questionário na frente do supermercado, devido à conveniência de encontrar pessoas que estejam comprando no supermercado naquele momento.

9.6.2 Por julgamento

Esse tipo de amostragem tem um papel importante do pesquisador, semelhante à pesquisa por conveniência. Nesse caso, o pesquisador vai escolher as pessoas que vão fazer parte da amostra pelo seu próprio julgamento. No entanto, é claro que esse julgamento vai ser fundamentado na busca de informações para solucionar o problema elencado. Essa técnica é costumeiramente chamada de amostragem por julgamento ou intencional.

Nessa amostragem, o pesquisador deve fazer a avaliação de uma série de fatores para que tome uma decisão embasada, para isso ele deve usar suas capacidades cognitivas. Esse tipo de amostragem é muito utilizado em pesquisas exploratórias, pois o pesquisador pode optar por conveniência em entrevistar especialistas para melhor entender o que será pesquisado futuramente. Devido a esse fato, sugere-se o uso de pesquisadores experientes, pois eles têm experiência para escolher os possíveis entrevistados.

Para exemplificar o uso dessa técnica, imagine que será realizada uma pesquisa para entender o perfil de pessoas que compram apartamentos e casas. No entanto, antes é preciso saber as tendências atuais desses imóveis. Nesse caso, um pesquisador pode selecionar por julgamento um conjunto de arquitetos, engenheiros e vendedores para saber os motivos que levam à compra desses imóveis. Por conveniência, o pesquisador vai procurar profissionais que estejam mais perto do seu alcance.

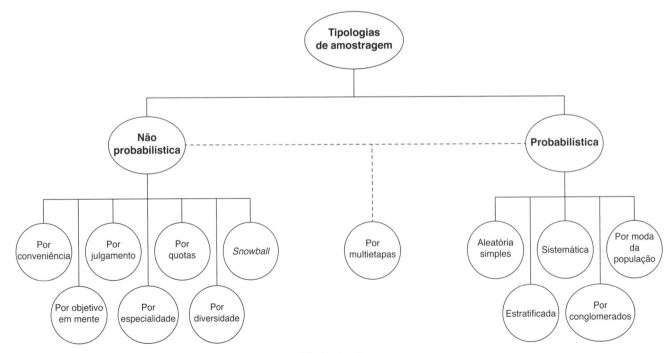

Figura 9.3 Tipologias de amostragem.

9.6.3 Por quotas

Esse tipo de amostragem é semelhante à amostragem estratificada, no entanto tem o enfoque não probabilístico. Nesse caso, a escolha das pessoas é feita por conveniência ou julgamento do pesquisador, respeitando quotas da população. Essa quota pode ser considerada a divisão da população em subgrupos (proporcional ou não) que tenham características que o pesquisador acha necessário para responder ao problema de pesquisa.

A composição da amostra deve seguir a mesma que é definida na população, segundo as variáveis de interesse. No entanto, o pesquisador irá escolher dentro das cotas as pessoas para realizar a pesquisa. Porém, a escolha dos elementos amostrais não é aleatória, e sim por julgamento ou conveniência.

Para entendermos melhor essa abordagem, suponhamos que iremos realizar uma pesquisa sobre a qualidade da educação no Brasil. Definimos que a melhor estratégia seria entrevistar alunos em sala de aula. Para alcançar todo o nosso público-alvo, resolvemos selecionar cotas da nossa amostra, por isso vamos dividir em alunos do ensino fundamental, médio e superior. Após essa divisão, o entrevistado deverá selecionar as pessoas que achar conveniente ou julgar mais adequadas de acordo com o perfil das cotas.

9.6.4 *Snowball*

Esse tipo de amostragem inicia-se com a definição de uma pessoa para fazer parte da amostra pelo pesquisador. Este vai verificar o problema de pesquisa e escolher um representante que se encaixe nas características do público-alvo. Logo após realizada a pesquisa, o pesquisador vai pedir ao pesquisado que indique alguém para ser entrevistado. A próxima pessoa tem que estar no perfil da amostra do trabalho. O pesquisador vai realizar a pesquisa com essa pessoa e, na sequência, pedir a ela que indique outra pessoa, e daí por diante.

A coleta de dados na amostragem tipo *snowball* ou bola de neve (também conhecida como progressão geométrica) acontece da seguinte forma: a primeira pessoa é indicada pelo pesquisador e as seguintes pelas próprias pessoas que fazem parte da amostra, obedecendo ao mesmo critério. Claramente, essa abordagem não garante amostras representativas. No entanto, ela é bastante útil quando a população é de difícil acesso, quando precisa de indicação ou quando esta é de difícil definição das características comuns.

> **Dica**
>
> A amostragem por *snowball* deve ser utilizada quando a população estudada é de difícil acesso e quando o pesquisador não se sente confortável para definir os integrantes desta. Para isso, ele deve pedir ajuda de integrantes da amostra para fornecer informações de possíveis entrevistados.

Em alguns casos, a amostragem *snowball* pode ser feita por meio do procedimento de escolhas aleatórias dos primeiros participantes. Os respondentes que procedem são obtidos através do conjunto de informações que são repassadas pela primeira amostra aleatória.

Para entendermos melhor o porquê da utilização dessa abordagem, suponhamos que devemos realizar uma pesquisa sobre uma tribo urbana, no caso os *skatistas*, que têm o hábito de praticar esse esporte diariamente. Se formos selecionar as pessoas pelas roupas que elas utilizam, podemos cometer um sério erro, pois existe uma tendência da moda com roupas de *skatistas*, ou seja, pessoas que se vestem como *skatistas*, mas não praticam o esporte. A maneira mais fácil de encontrar pessoas representativas desse público é perguntar diretamente para as pessoas que praticam o *skate* como esporte se elas podem indicar um amigo que anda de *skate*. Dessa maneira, o pesquisador tenderá a não encontrar pessoas que não fazem parte da amostra. Esse tipo de procedimento faz com que o pesquisador inclua na amostra indivíduos que por alguns motivos (como acessibilidade, anonimato, entre outros) são difíceis de ser encontrados em outros tipos de amostragem.

9.6.5 Por objetivo em mente

A amostragem por objetivo em mente, também conhecida como procedimento de amostra objetiva, é aquela em que existe uma seleção de pessoas com base em critério estabelecido previamente pelo pesquisador. Esse critério, em vários casos, tem relação direta com o problema de pesquisa, ou seja, o pesquisador irá definir a amostragem de acordo com as proposições iniciais feitas no projeto, que dizem respeito aos objetivos estudados. Essa amostragem tem como vantagem a identificação e a coleta de dados rápidos de determinados subgrupos.

Para entender melhor essa amostragem, imagine que você deverá selecionar uma amostra para entender o comportamento de consumidores da terceira idade que viajam de férias na baixa estação nos últimos três anos. Para isso, você decide selecionar consumidores da terceira idade que estão aposentados, pois possivelmente eles têm tempo para viajar na baixa temporada. Essa decisão de escolha teve como motivo a resposta do problema de pesquisa, por isso pode ser classificada como objetivo em mente.

9.6.6 Por especialidade

O procedimento por especialidade, também conhecido como amostragem de especialistas, é aquele em que os representantes das amostras têm um conhecimento específico e, por isso, devem ser os selecionados de uma população. A amostragem por especialidade é muito utilizada em pesquisas exploratórias, em que o pesquisador deve buscar informações para entender melhor o problema de pesquisa. Para isso, ele deverá selecionar entrevistados que conheçam profundamente determinada área.

Para exemplificar, imagine uma pesquisa que pretende identificar o perfil dos compradores de apartamentos menores que 80 metros quadrados em grandes cidades. Para saber as últimas tendências da área imobiliária, o pesquisador deverá procurar em um primeiro momento entrevistar especialistas que entendam das últimas tendências, como arquitetos, engenheiros

132 Capítulo 9

e vendedores. Nesse caso, chamaremos esse processo de escolha de procedimento por especialidade.

9.6.7 Por diversidade

O procedimento por diversidade, também conhecido como amostragem heterogênea, seleciona os indivíduos de uma população pelas suas preferências, motivações e atitudes. As preferências são baseadas em percepções das características e da avaliação de seus atributos, moderadas por fatores individuais e contextuais. Já as motivações são o que nos projeta a fazer ou querer coisas que não temos. Por fim, as atitudes são consideradas predisposições a se comportar de maneira sistemática em relação a algo.

Essa técnica tem como vantagem a seleção de pessoas que são diferentes a ponto de terem preferências, motivações e atitudes distintas. Por exemplo, se fôssemos realizar uma pesquisa de marketing para analisar os pontos fortes e fracos das leis que regulamentam a venda de tabaco, deveríamos selecionar pessoas que têm preferências, motivações e atitudes distintas com relação a esse produto. A seleção por diversidade nesse caso poderia evitar o surgimento de resultados tendenciosos.

9.6.8 Aleatória simples

A amostra aleatória simples é aquela em que se retira uma parcela da população sem uma preocupação direta com as diferenças ou os agrupamentos de pessoas existentes, ou seja, o procedimento é direto. Procura-se uma população finita em que o número de pessoas não é elevado. Na sequência, extrai-se uma amostra numérica dessa população. Aconselha-se para o uso desse tipo de amostragem que a população tenha características homogêneas.

> **Dica** Grande parte das amostras feitas hoje em dia no meio acadêmico é por conveniência. É complicado encontrarmos uma amostra probabilística, pois esta é difícil de planejar e executar.

Nesse tipo de amostragem, os pesquisados são escolhidos aleatoriamente, tendo cada membro da população a mesma probabilidade de ser escolhido, ou seja, eles serão selecionados independentemente um do outro. Desse modo, é assegurada a cada representante da população a mesma chance de ser sorteado para compor a amostra.

Exemplificando esse caso de amostragem, imagine que gostaríamos de fazer uma pesquisa para entender a opinião dos alunos de administração com relação à perspectiva do futuro de sua profissão. Na definição de nossa população, somente serão elencadas pessoas que fazem o curso de administração. Nessa condição, elas são consideradas uma população homogênea, desse modo poderemos utilizar a amostragem aleatória simples.

9.6.9 Sistemática

Esse tipo de amostra, diferentemente da amostragem simples, vai se completando com o tempo, pois está condicionada pelo primeiro sorteio. O primeiro selecionado é sorteado aleatoriamente e depois recebe um critério com base no primeiro item selecionado. Antes de iniciar esse tipo de amostragem, é preciso criar uma classificação, para que, quando for sorteada a primeira, já se tenha um critério definido.

Esse procedimento parte então de um ponto de partida em que é selecionado alguém aleatoriamente. Logo após, seleciona-se cada enésimo número dos componentes da população.

Por exemplo, imagine um banco de dados com milhares de clientes de uma loja de autopeças. Nesse banco de dados, existem várias classificações com relação a esses clientes, como, por exemplo, o nome por ordem alfabética. Daí realizamos um sorteio aleatório para escolher a primeira pessoa a ser entrevistada. O primeiro sorteado teve o nome de João. Logo após, resolve-se se adotar o critério de que serão entrevistadas todas as pessoas cujo nome comece com a letra jota.

9.6.10 Estratificada

Este tipo de amostragem, diferentemente da simples e da sistemática, tem como característica central a diferenciação entre os elementos que compõem a população. Devido a esse fato, ela é considerada heterogênea. No caso de a população ser heterogênea, aconselha-se dividi-la em subpopulações ou estratos internamente homogêneos sem relação com a variável de interesse e mutuamente excludentes. Em seguida, aplica-se o processo de Amostragem Aleatória Simples (AAS) em cada estrato.

Esse procedimento parte do pressuposto da divisão da amostra em subamostras mais simples, que tem como objetivo agrupar respondentes de acordo com as características comuns. A vantagem desse tipo de procedimento é que ele garante a representatividade de todos os agrupamentos existentes em uma grande população.

Imagine que estamos realizando uma pesquisa para saber a intenção de votos para presidente do Brasil. Sabemos que a população brasileira é heterogênea. Nesse caso, nem estamos falando especificamente dos estereótipos regionais, mas sim das questões socioeconômicas, como sexo, idade, renda, estado civil, escolaridade, entre outras.

Assim, para fazer uma amostragem estratificada, resolve-se selecionar duas variáveis para a amostragem, no caso renda e escolaridade. Elas serão confrontadas e organizadas em quatro segmentos: (a) pessoas que ganham pouco e têm baixa escolaridade, (b) pessoas que ganham pouco e têm alta escolaridade, (c) pessoas que ganham bem e têm baixa escolaridade e (d) pessoas que ganham bem e têm alta escolaridade. Cada um desses segmentos formará uma população, e dessas quatro populações será calculada uma amostragem aleatória simples.

9.6.11 Por conglomerados

A amostragem por conglomerados é uma variação da amostragem aleatória simples. Ela consiste em dividir uma área em blocos, no caso aqui denominados conglomerados homogêneos, e sortear aleatoriamente elementos comuns a esses grupos. Esse tipo de amostragem é aconselhável quando se tem uma população espalhada por uma área muito grande. Outra sugestão é que cada conglomerado seja mutuamente excludente.

Esse procedimento privilegia as diferenças entre os grupos existentes em uma população, pois a subdivisão promove a semelhança entre os membros dos grupos e as diferenças entre membros de grupos distintos. Por isso, a amostragem por conglomerados é também chamada de procedimento de amostra por *cluster*, grupos ou áreas.

É o caso de realizarmos uma pesquisa fazendo uma segmentação regional no Brasil, seja por regiões, seja estados federados. No caso, a população de cada região ou estado deve ter características em comum. Por meio desse exemplo, podemos observar que esse procedimento é bastante útil quando temos indivíduos dispersos geograficamente em uma população. Assim, essa técnica traz como vantagem ser economicamente mais eficiente que as amostras probabilísticas homogêneas.

9.6.12 Por moda da população

O procedimento por moda, também conhecido como amostragem modal, é aquele em que se selecionam entrevistados que estejam em torno da moda da distribuição normal da população. Esse procedimento prioriza a seleção de entrevistados semelhantes entre si, tentando buscar a homogeneidade dos envolvidos. A amostra por moda prioriza pessoas que têm comportamento semelhante, em detrimento dos comportamentos que fogem do padrão, ou seja, não são tão frequentes.

Para entender melhor esse procedimento, imagine a população de uma cidade que tem grande parte dos moradores com renda elevada. Nessa população, é sabido que temos poucas pessoas de renda baixa. Provavelmente a moda dessa distribuição se concentrará com as pessoas que tenham renda alta. Por isso, a amostra será selecionada em torno dessa moda, ou seja, a concentração de pesquisados terá renda alta.[11]

9.6.13 Por multietapas

O procedimento por multietapas, também conhecido como amostragem por múltiplos estágios, é toda técnica que envolve um somatório das técnicas vistas anteriormente. Essas técnicas devem ser combinadas, não importando se são probabilísticas ou não probabilísticas. Essas combinações podem ser feitas com duas ou mais técnicas diferentes. Por exemplo, pode ser feita uma combinação entre as técnicas por especialidade e *snowball*. Pode-se selecionar especialistas e, depois, solicitar que estes façam indicações de especialistas conhecidos, através da técnica de bola de neve.

Dica	Para entender problemas que têm caráter de uma abordagem qualitativa e quantitativa ao mesmo tempo, seria interessante o uso de uma amostragem multietapas.

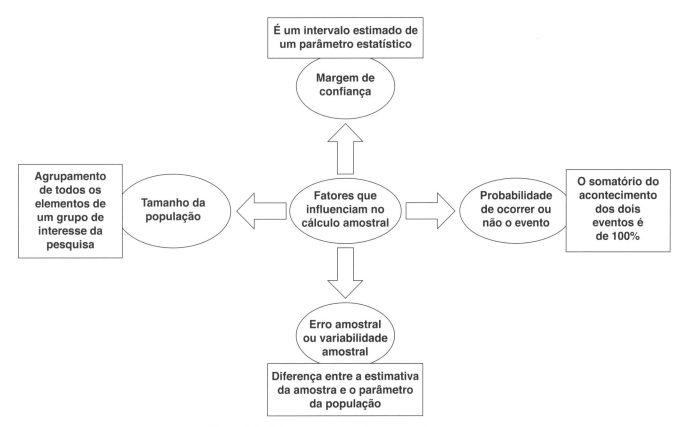

Figura 9.4 Fatores que influenciam no cálculo amostral.

134 Capítulo 9

9.7 | CÁLCULO AMOSTRAL

O cálculo de amostras probabilísticas é um item importante a ser feito nas pesquisas descritivas, sendo necessário um breve conhecimento sobre estatística. Devido ao fato de o cálculo ser feito através de conceitos estatísticos, as populações e também as amostras devem ter distribuição normal de frequência (curva de Gauss ou Gaussiana).

A distribuição normal parte do pressuposto de que a sua propriedade mais importante provém do Teorema do Limite Central, que descreve que toda soma de variáveis aleatórias independentes de média finita e variância limitada é aproximadamente normal, dentro da condição de que o número de termos da soma seja suficientemente grande.

Além da distribuição normal, esse cálculo amostral traz como característica a simetria das frequências, a presença das principais medidas de tendência central (média, mediana e moda) no mesmo ponto e a presença de desvios-padrão. Com base nessas características, alguns itens podem tornar-se importantes para calcular uma amostra, entre eles tamanho da população, erro estimado, desvio-padrão e probabilidade de ocorrer ou não o evento.

No que tange ao tamanho da população, a fórmula pode ser dividida entre populações finitas (fórmula A) e infinitas (fórmula B). A população finita é aquela cujo número de elementos de um grupo não é muito grande, possibilitando a contagem. Já a população infinita é aquela que tem o número de elementos elevado, sendo difícil a contagem. O número de desvios utilizados representará a margem de segurança dada ao cálculo da amostra, influindo diretamente na sua amplitude, pois, quanto maior a margem de segurança ou o intervalo de confiança, maior será a amostra. Por exemplo, se afirmamos que o nosso cálculo amostral foi realizado com uma margem de segurança de 95%, significa que foi utilizado para seu cálculo um desvio-padrão igual a 1,96. Em pesquisa de marketing, é usual a utilização das seguintes margens de segurança e dos respectivos desvios-padrão:

– 68% com $Z = 1$
– 95% com $Z = 1,96$
– 95,5% com $Z = 2$
– 99,7% com $Z = 3$

Além de normalidade e desvio-padrão, também se utiliza o conceito de erro amostral, que representará, no cálculo amostral, qual a proporção dos elementos da amostra que estará fora dos valores previstos. Por exemplo, se realizarmos o cálculo amostral para um estudo e afirmarmos que foi elaborado com 5% de erro, isso significa que deveremos considerar que há uma variação de 5%, para mais ou para menos, nos resultados obtidos.

Para exemplificar o uso das fórmulas de amostragem, imagine que você precisa coletar uma amostragem aleatória simples de uma cidade de 10.000 habitantes. Para isso, você decidiu ter uma margem de erro de 5% e um intervalo de confiança de 95,5% (desvio-padrão de valor 2). O critério de probabilidade do evento será dado pelo sexo dos respondentes. Estimou-se que a população de homens era de 50%; logo, a população de não homens (mulheres) é de 50%. Como a população é conhecida, utiliza-se a fórmula A. Para esses valores, o número de respondentes (amostra) de acordo com a fórmula seria de 384,65; arredondados, 385. Se neste exemplo não fosse identificado o número da população, utilizar-se-ia a fórmula B para a população infinita. Depois dos cálculos, observa-se que o valor é de 400 entrevistados.

Na Tabela 9.1, está exposto o cálculo da amostra para os intervalos de confiança de 95% e 95,5%, com as margens de erro de 1%, 2%, 3%, 4% e 5%. Observe que na tabela há vários tamanhos de população, que vão de 500 a 5.000.000.

Fórmula A

$$n = \frac{Z^2 * \hat{p} * \hat{q} * N}{e^2(N-1) + Z^2 * \hat{p} * \hat{q}}$$

Fórmula B

$$n = \frac{Z^2 * \hat{p} * \hat{q}}{e^2}$$

Onde: n = Amostra
N = População
Z = Intervalo de confiança
e = Erro amostral
$\hat{p}$ = Probabilidade de acontecer o evento
$\hat{q}$ = Probabilidade de não acontecer o evento

Figura 9.5 Fórmulas de amostragem.

Tabela 9.1 Número da população e amostras

Tamanho da população	Intervalo de Confiança = 95% (com Z = 1,96)					Intervalo de Confiança = 95,5% (com Z = 2)				
	1%	2%	3%	4%	5%	1%	2%	3%	4%	5%
500	475	413	340	273	217	476	416	345	278	222
1.000	905	706	516	375	277	909	714	526	384	285
1.500	1.297	923	623	428	305	1304	937	638	441	315
2.000	1.655	1.091	696	461	322	1666	1111	714	476	333
2.500	1.983	1.225	748	484	333	2000	1250	769	500	344
3.000	2.286	1.333	787	500	340	2307	1363	811	517	353
3.500	2.565	1.424	817	512	346	2592	1458	843	530	359
5.000	3.288	1.622	879	536	356	3.333	1.666	909	555	370
10.000	4.899	1.936	964	566	369	5.000	2.000	1.000	582	385
20.000	6.488	2.143	1.013	582	376	6.666	2.222	1.052	606	392
25.000	6.938	2.190	1.023	586	378	7.143	2.272	1.063	609	393
50.000	8.056	2.291	1.044	593	381	8.333	2.380	1.086	617	396
100.000	8.762	2.344	1.055	596	382	9.090	2.439	1.098	621	398
500.000	9.423	2.389	1.064	599	383	9.803	2.487	1.108	624	399
1.000.000	9.512	2.395	1.065	599	384	9.900	2.493	1.109	624	399
5.000.000	9.585	2.399	1.066	600	384	9.980	2.498	1.110	624	399

Vamos exemplificar: por meio de uma amostragem estratificada, utilizamos as condições estatísticas: margem de erro de 10%, intervalo de confiança de 95,5%, critério de probabilidade do evento dado também pelo sexo dos respondentes, 50% de homens e 50% de mulheres. A população será de 50.000 habitantes, e as variáveis utilizadas para estratificar são renda e escolaridade.

Tabela 9.2 Cálculo amostral

Caçulo amostral	Renda					
	Abaixo de dois salários		Entre dois e 10 salários		Acima de 10 salários	
	População	Amostra	População	Amostra	População	Amostra
Escolaridade						
Ensino fundamental	4.000	97,58	7.000	98,61	5.000	98,05
Ensino médio	10.000	99,01	5.000	98,05	6.000	98,37
Ensino superior	8.000	98,77	2.000	95,28	3.000	96,81

Na Tabela 9.2, pode-se observar as populações desses estratos cruzados e a quantidade de amostra que deveremos coletar. Por exemplo, na cidade a população das pessoas que têm ensino fundamental e ganham abaixo de dois salários é de 4.000. Se realizarmos a amostragem específica nesse estrato, deveremos coletar 97,58 pessoas, ou seja, 98 pessoas devem ser pesquisadas para ter uma amostra coerente.

O cálculo amostral não pode ser caracterizado como uma certeza matemática ou algo incontestável. Exemplo disso são as interpretações que estão por trás do intervalo de confiança e do erro amostral. O pressuposto matemático indica que um intervalo de confiança de 99% deve ser interpretado da seguinte maneira: em 100 casos, 99% vão seguir o padrão desejado e 1% pode estar totalmente equivocado. Além do mais, há a margem de erro, que indica a diferença de variação que pode ocorrer na pesquisa.

9.8 CURIOSIDADES SOBRE A AMOSTRAGEM

O cálculo da amostragem probabilística nos explica muito sobre o processo de seleção aleatória em uma pesquisa de marketing. No entanto, é sabido que algumas dúvidas são frequentes na cabeça de entrevistados e pesquisados, como, por exemplo: *"Como uma amostra pequena pode representar uma população?"* Ou *"Não conheço ninguém que participou de uma pesquisa."* Ou *"Qual margem de erro devo usar em uma pesquisa?"* Essas perguntas são respondidas se pensarmos nos princípios que envolvem a estatística, como da causalidade e da probabilidade.

9.8.1 Como uma amostra pequena pode representar uma população?

Imagine que você está querendo comprar um saco de laranja, cada um com 200 laranjas. No entanto, você tem receio de encontrar várias laranjas podres dentro do saco. Para que isso não aconteça, você escolhe um saco e retira uma laranja. Após descascar essa laranja e experimentá-la, você chega à conclusão de que ela não está estragada. Logo após, você faz esse procedimento com mais quatro laranjas na sequência. E, consequentemente, descobre que nenhuma das laranjas está estragada. Você não precisa experimentar todas as laranjas para dizer que o saco estava bom. Por meio de uma pequena amostra, você pode esperar que o restante das laranjas esteja em boas condições. É o que chamamos em estatística do princípio da probabilidade.

Esse princípio pressupõe que o número de testes corretos é o que chamamos de grau de confiança. É óbvio que, quanto maior o número de testes, mais confiança terão as inferências do pesquisador. Em pesquisa de marketing, entretanto, o fator custo é importantíssimo. Talvez seja mais interessante uma amostra reduzida com menor grau de confiança e, consequentemente, menor preço do que uma grande amostra com uma confiabilidade grande e um custo elevado.

> **Dica** É melhor se preocupar com a qualidade na coleta de dados de uma amostra do que com o tamanho que esta deve ter. Isso implica dizer que em algumas situações é melhor ter uma equipe bem treinada e coletar poucos dados do que ter uma equipe mal preparada e coletar uma grande amostra.

A definição do tamanho da população é um critério importante ao determinar a quantidade de pessoas de uma amostra, porém não deve ser o único. O tamanho da população pode ser considerado um problema. No entanto, este não deve ser mais importante do que a composição da amostra.

O princípio da probabilidade vai depender diretamente do quão homogênea ou heterogênea é a população que está sendo estudada. Por exemplo, imagine que você vai coletar sangue para fazer um exame de diabetes. A pessoa responsável vai coletar apenas uma amostra de sangue, pois este é homogêneo no corpo. Claro que podem existir algumas diferenças com relação à quantidade de glóbulos vermelhos, glóbulos brancos, plasma e plaquetas, porém a distribuição do sangue encontra-se homogênea em diversas partes do corpo.

Agora imagine que você fará um exame de avaliação física em uma academia e seu professor irá avaliar o seu percentual de gordura. No entanto, ele diz que retirará apenas uma amostra de sua barriga e, com essa amostra, calculará o seu percentual de gordura corporal. Esse procedimento estará errado, pois ele deverá retirar amostras de gordura de várias partes do corpo (barriga, braço, perna, costas, entre outros) para depois fazer

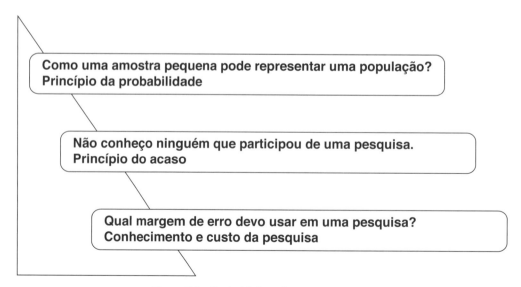

Figura 9.6 Curiosidades sobre a amostragem.

uma média e chegar a um valor final. Esse fato é explicado porque a gordura no corpo tem distribuição heterogênea e, por isso, deverá ser coletada uma amostra grande.

> **Palavra do especialista**
>
> Estudar alimentos orgânicos tem sido interesse de diferentes campos científicos devido ao seu apelo nutricional, saudável e ambiental. A pesquisa na área de comportamento do consumidor em relação aos alimentos orgânicos despontou no Brasil a partir dos anos 1990, sendo alavancada nos anos 2000. O consumo de orgânicos aumenta a cada ano devido à melhor informação por parte dos consumidores e à indicação de médicos e nutricionistas. A coleta de dados na forma primária, ou seja, diretamente com o consumidor de alimentos orgânicos, é a mais indicada, visto que, principalmente no Brasil, os dados secundários até então são pouco confiáveis e não possuem contexto longitudinal, o que prejudica o levantamento dos dados. O contato com o consumidor de orgânicos aponta características próprias, motivado pelas especificidades desse mercado consumidor, o qual é segmentado e detentor de uma cultura própria, que leva em consideração a qualidade de vida e o interesse na preservação do meio ambiente e principalmente da coletividade e do bem comum. Nesse sentido, os grupos focais são recomendados, como a observação de campo tanto antes como durante e após o consumo. As *surveys* são também indicadas por meio de questionários estruturados pessoais, utilizando escalas intervalares do tipo Likert, com base teórica. Por fim, o estudo além do consumidor final é interessante no caso dos orgânicos, visto que a produção e o varejo têm papel fundamental no processo de incentivo ao consumo desse tipo de alimento. A cadeia logística do orgânico diferencia-se devido ao contexto da valorização desde a plantação, colheita, distribuição e o consumo residencial e varejista.
>
> **Dr. Danilo de Oliveira Sampaio** é coordenador de Pesquisa e do Curso de Mestrado Acadêmico em Administração (PPGA) na FACC/UFJF, tendo como temas de pesquisa comportamento do consumidor, desenvolvimento sustentável, marketing internacional, marketing de relacionamento, marketing social e marketing no setor público.

De acordo com o princípio da probabilidade, populações homogêneas (indivíduos com grandes semelhanças) devem ter pequenas amostras e populações heterogêneas (indivíduos com grandes diferenças) devem ter amostras grandes. Isso nos leva a acreditar que amostras pequenas podem trazer inferências de populações, caso essa população tenha características comuns entre os entrevistados.

> **Dica**
>
> Quanto mais heterogênea for uma população, maior será a quantidade de dados que devo coletar para esta ser representativa de uma população, e, quanto mais homogênea, menor será a quantidade de dados que devo coletar para esta ser representativa de uma população.

9.8.2 Não conheço ninguém que participou de uma pesquisa

Perguntas como *"Por que nunca conheci uma pessoa que foi entrevistada em uma pesquisa que teve uma amostragem probabilística aleatória?"* ou *"Por que eu nunca fui sorteado para uma amostragem probabilística aleatória?"* são comuns na grande maioria da população. A resposta a esse tipo de pergunta está na própria questão: o fato de a amostragem ser probabilística aleatória.

> **Palavra do especialista**
>
> A pesquisa de marketing é o instrumento utilizado para conhecer os consumidores. Ela é a ligação ou a ponte entre as teorias do comportamento do consumidor e as percepções dos gestores e acadêmicos de marketing, com o seu processo decisório – notadamente nos 4 p's de marketing – ou com o desenvolvimento e teste de novas teorias e conceitos. A pesquisa de marketing é capaz de identificar e mensurar os diversos fatores que influenciam o comportamento do consumidor (cultura, grupos sociais, demografia, psicografia, valores, personalidade, aprendizado e afins) em determinadas circunstâncias específicas em termos de produtos, serviços ou mesmo de comportamentos sociais e éticos. A pesquisa de marketing é ainda uma poderosa ferramenta para a identificação e mensuração de segmentos de mercado. Em suma, a pesquisa de marketing é um instrumento indispensável para aqueles que trabalham com o marketing, seja em termos profissionais ou acadêmicos.
>
> **Dr. Luiz Rodrigo Cunha Moura** é professor adjunto do Mestrado em Administração do Centro Universitário (UNA). Tem experiência na área de Administração, com ênfase em Mercadologia.

Quando mencionamos que a amostra será aleatória, significa que a probabilidade de cada pessoa fazer parte dessa amostra é a mesma. Para não ser tendencioso nesse tipo de pesquisa, sugere-se que a escolha seja ao acaso. Isso implica dizer que, se você não foi escolhido para uma pesquisa, é tão somente fruto do acaso, pois todas as pessoas têm a mesma chance de ser escolhidas.

Estatisticamente, ser escolhido para uma pesquisa envolve toda a população brasileira, e tem quase a mesma proporção que ganhar na loteria. Por haver mais pesquisas que sorteios na loteria, provavelmente as pessoas devem conhecer mais pessoas que responderam a pesquisas do que pessoas que ficaram milionárias ganhando na loteria.

9.8.3 Qual margem de erro devo usar em uma pesquisa?

Essa é uma pergunta que deve ser respondida tendo um profundo conhecimento do problema de pesquisa, do objeto de estudo que está sendo investigado e do custo envolvido na coleta de dados. Imagine que devemos realizar uma pesquisa com vendedores de

138 Capítulo 9

carro no Brasil. Se pesquisarmos todos os vendedores de carro no Brasil e se estes forem honestos em suas respostas, teremos uma margem de erro equivalente a zero. Nesse caso, a amostra (subconjunto extraído do universo) seria igual à população. Esse fato seria inviável devido aos custos associados (mão de obra, impressão do material, passagens aéreas e terrestres, entre tantos outros que podem surgir em uma pesquisa de campo) às entrevistas que deveriam ser feitas. Desse modo, opta-se por entrevistar alguns vendedores, apenas.

Dica	Para definir uma margem de erro, procure levar em conta o problema de pesquisa, o objeto de estudo e o custo associado à coleta de dados. As pesquisas de marketing costumam utilizar margens de erro de 2%, 3% e 5%.

Ao optar por entrevistar alguns vendedores apenas, claramente não teremos o mesmo resultado do que se estivéssemos entrevistando todas as pessoas da população. A margem de erro nesse caso nada mais é do que a diferença entre os resultados da amostra com poucos vendedores e a amostra que seria igual à população. Como não conseguimos realizar a amostra igual à população, não poderemos afirmar corretamente qual é a margem de erro. Para isso, utilizamos uma oscilação de mais e menos da margem de erro.

Agora que sabemos o que é margem de erro, fica fácil de definir o seu valor. Costumamos dizer que se deve avaliar o problema, o objeto de estudo e o valor de se fazer a pesquisa. Isso tudo tem a ver com o risco percebido pelo pesquisador de não errar. Por exemplo, um médico deve sempre buscar uma margem de erro pequena em suas cirurgias, pois trabalha com vidas. Podemos dizer que em cada 100 mil cirurgias uma pessoa pode morrer, o que nos dá uma margem de erro de 0,001%. Em outro caso, um agrônomo deverá diminuir sua margem de erro ao colocar agrotóxico em uma lavoura. Podemos dizer que em cada 50 mil hectares, ele perderá 100 hectares de produção, o que nos dá uma margem de erro de 0,1%. Já o pesquisador de marketing não precisa ter uma precisão tão grande. Ele pode trabalhar com valores de margem de erro mais altos. Por isso, é comum achar em pesquisa de marketing margens de erro de 2%, 3% e 5%.

9.9 AMOSTRAGEM ALEATÓRIA BIETÁPICA

A amostragem aleatória bietápica é um processo estratégico que mistura o processo aleatório e a localização das pessoas selecionadas. Esse processo dispensa a necessidade de listagens dos elementos da população, mas em contrapartida exige a utilização de mapas detalhados de ruas e bairros, onde estes são transformados em quadras. Essa definição em quadras pode ser identificada como uma amostragem probabilística selecionada por conglomerado, aquela em que a população-alvo é dividida em subpopulações mutuamente excludentes e coletivamente exaustivas.

Para a realização desse processo de amostragem, duas etapas são importantes. Na primeira, é feito o sorteio probabilístico das pessoas, e, na segunda, desenvolve-se um método para encontrar essas pessoas nos locais determinados.

Na primeira etapa, realiza-se sorteio de uma amostra aleatória simples pelo seguinte método: cartas de baralho são separadas de acordo com o seu número, independentemente de naipe. Logo após, são colocadas em quatro grupos que correspondem aos dígitos do total de quadras enumeradas no mapa (no caso aqui pensamos em quatro dígitos, por exemplo, 5.376 quadras); o 0 é representado pela carta Rei; e o número 1, pela carta Ás. O primeiro grupo com seis cartas, de 0 a 5; o segundo, terceiro e quarto grupos com 10 cartas de 0 a 9. No caso do sorteio, deve ser observado se o número sorteado não excede o número máximo de 5.376, e, caso isso ocorra, será automaticamente eliminado do sorteio.

Sugere-se o sorteio de 60 quadras, para um total de 25 entrevistadores, e 10 são reservadas para substituição, caso seja necessário. Cada entrevistador seria responsável por duas quadras, nas quais seriam aplicados 10 questionários em cada uma, totalizando 500.

A segunda parte inicia-se com a escolha dos domicílios, nas respectivas quadras, e segue o seguinte critério: os pesquisadores procedem à contagem dos domicílios iniciando pelo ponto noroeste da quadra, obedecendo ao sentido horário (ver Figura 9.7). Divide-se o total de domicílios por 10 (número de questionários por quadra) para determinar o "salto" entre as residências entrevistadas.

Palavra do especialista

O Brasil ainda está aprendendo o que é marketing esportivo. No geral, os times, os clubes e as federações confundem marketing esportivo com vendas. Marketing esportivo vai muito além das vendas. Isso é algo importante de se entender. As pesquisas envolvendo as atividades de marketing esportivo no Brasil estão numa fase inicial e poucos são os pesquisadores que realmente buscam ir além de replicar trabalhos. Se por um lado isso parece ruim, por outro mostra que temos um vasto campo a ser explorado. Nesse sentido, a pesquisa sobre patrocínios vem ganhando destaque. O patrocínio é fundamental para o esporte. Não existe esporte sem patrocínio hoje. Assim, entender os objetivos dos patrocinadores e os resultados das ações nos consumidores (torcedores) é fundamental. Hoje é imprescindível conhecer o consumidor, seu comportamento, seu "DNA". Por quê? Porque os profissionais que querem trabalhar com esporte no Brasil devem estar capacitados para oferecer ao patrocinador ações que tragam resultados além da simples exposição da marca na tevê.

Dr. Fernando A. Fleury é Diretor de Marketing da Confederação Brasileira de Futebol Americano e trabalha com projetos de pesquisa nas áreas de comportamento de consumidor esportivo, marca no esporte, patrocínio e marketing de emboscada.

Por exemplo, na quadra "x" existem 124 domicílios (124 divididos por 10 questionários = 12,4). Faz-se sempre o arredondamento para baixo, ou seja, o salto seria de 12 domicílios. Isso significa que a cada 12 domicílios o questionário deve ser aplicado, ou seja, aplica-se no 1º e depois no 13º.

Caso não fosse possível aplicar o questionário (ninguém em casa, não quer responder, menor de 16 anos etc.), deveriam ser pulados cinco domicílios e o questionário aplicado no 6º. Exemplo: apartamento 101 não foi possível – conte 102, 103, 104, 201, 202 e aplique no 203.

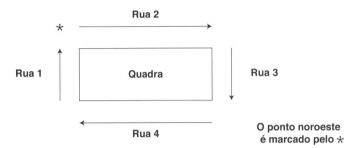

Figura 9.7 Critério de direção na quadra.

Nos edifícios, o critério de contagem é a partir do térreo até o último andar, considerando cada apartamento um domicílio. Para efeito de amostragem, os estabelecimentos comerciais e industriais não são contabilizados como domicílios.

Nos casos em que houve necessidade de substituição de quadras, utilizou-se o seguinte critério: (a) qualquer quadra que não tiver 30 domicílios passa a ser considerada desqualificada para a aplicação de questionários; e (b) para as quadras que apresentassem algum problema no dia da aplicação ou caso não seja possível aplicar todos os 10 questionários após várias tentativas e voltas na quadra, será adotado o *critério das quadras vizinhas,* que deve partir para a quadra superior "A". Se os problemas não forem resolvidos, deve-se seguir a sequência das quadras "B", "E" e "D", como é demonstrado na Figura 9.8.

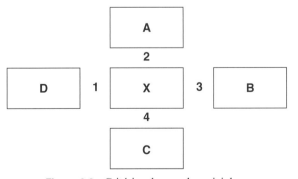

Figura 9.8 Critérios das quadras vizinhas.

Um exemplo desse processo aconteceu em uma fase histórica da França. No dia 10 de maio de 1981, na França, por volta das vinte horas, havia três canais de televisão estatais. Nesse mesmo horário eles entraram em cadeia e o jornalista disse assim: *"Na França metropolitana são oito horas e o novo presidente da república é François Mitterrand."* Era o dia do segundo turno da eleição presidencial que disputava o candidato François Mitterrand, único presidente francês socialista, até então eleito pelo voto universal, depois de 23 anos de poder ocupado por gaullistas e giscardistas. E a previsão dizia: ele obteve 52,28% dos votos. Após essa notícia, muitos perguntaram como eles conseguiram prever esse resultado com as duas casas depois da vírgula. Eles tinham usado a amostragem bietápica.

A França é dividida em comunas. Na época, havia por volta de 34 a 35 mil comunas. Cada comuna tem um número de habitantes. Há comunas pequenas e enormes. Para realizar a amostragem bietápica, eles pegaram 2.700 comunas ao acaso e dentro destas eles procuraram uma pessoa que tenha votado. E perguntaram para a pessoa, após o voto *"Em quem você votou?".* Tudo isso foi feito durante o dia e às 20 horas eles tinham aquele valor. O resultado final, quer dizer o consolidado, das eleições foi de 54,22%. Eles erraram apenas duas casas.

Resumo dos principais tópicos do capítulo

Amostra é um subconjunto selecionado da população ou do universo que tenha características comuns. Já a população é considerada o agrupamento de todos os elementos de um grupo de interesse da pesquisa, na sua totalidade. Em pesquisa de marketing, quando a amostra é igual à população, temos o conceito de censo, que consiste no processo de coleta de informações de toda uma população. Existem várias razões para selecionar amostras e, por consequência, não estudar toda a população. A principal delas seria a redução de custo e tempo. O processo de amostragem é influenciado diretamente por características típicas existentes em algumas populações. Algumas merecem um tratamento cuidadoso, como amostragem com populações específicas ou raras, amostragem pela internet, amostras de consumidores e de empresas, amostras emparelhadas e independentes e variação de amostra em diferentes culturas. Em pesquisa de marketing, existem dois guarda-chuvas que abrigam vários tipos de amostragem, que se ajustam a diversos problemas e abordagens de pesquisa: a amostragem probabilística e a não probabilística. A amostragem probabilística (também conhecida como aleatória) é aquela em que se selecionam aleatoriamente as pessoas em uma amostra. A amostragem não probabilística (também conhecida como não aleatória) é aquela em que não se selecionam aleatoriamente as pessoas em uma população. Nesse tipo de amostragem, os indivíduos não têm a mesma probabilidade do que os outros indivíduos, ou seja, a chance de escolha de um indivíduo não é igual à do restante. Podemos ainda discriminar quatro tipos de amostragens não probabilísticas e quatro tipos de amostragens probabilísticas. As não probabilísticas são conhecidas como: por conveniência, por julgamento, por quotas, tipo *snowball*, por objetivo em mente, por especialidade e por diversidade. Já a amostragem probabilística pode ser dividida em: aleatória simples, amostragem sistemática, estratificada, por conglomerados e por moda da população. Além dessas técnicas, existe o procedimento por multietapas, que fará

140 Capítulo 9

uma junção de técnicas probabilísticas e não probabilísticas. O cálculo de amostras probabilísticas é um item importante a ser feito nas pesquisas descritivas, sendo necessário um breve conhecimento sobre estatística. Com base na estatística, alguns itens podem tornar-se importantes para calcular uma amostra, entre eles tamanho da população, erro estimado, desvio-padrão e probabilidade de ocorrer ou não o evento.

Case 13: Tipos de amostragem e a percepção do turismo na cidade de Porto Alegre

Atualmente, o turismo representa uma das atividades econômicas mais significativas, com uma das maiores taxas de crescimento no contexto econômico mundial. Os motivos que impulsionam os turistas a ir de um lugar para outro para conhecer ou mesmo para satisfazer a sua curiosidade são diversos. Dessa forma, é importante que os habitantes percebam o potencial turístico de sua cidade, pois o apoio da população é determinante no desenvolvimento do turismo local, que, por consequência, vai refletir na melhoria geral dos serviços oferecidos ao turista e ao próprio cidadão.

No Brasil, existem várias cidades de potencial turístico devido aos seus aspectos locais, culturais e profissionais. Uma dessas cidades é Porto Alegre, que tem um posicionamento estratégico interessante, pois está situada no corredor do Mercosul. Nesse contexto, este estudo teve por objetivo mensurar a percepção dos porto-alegrenses quanto ao turismo na sua própria cidade. Para tanto, o estudo foi realizado em duas etapas: primeiramente uma pesquisa qualitativa, seguida de uma pesquisa quantitativa.

Na fase qualitativa, por meio da técnica *focus group*, aqui denominada grupo motivacional, houve a participação de 12 especialistas na área do turismo, escolhidos por amostragem não probabilística. Nessa etapa, identificaram-se as variáveis mais significativas, que serviram de subsídio para a etapa seguinte. O grupo motivacional teve duração de aproximadamente duas horas, permitindo a discussão sobre a percepção e a identificação de vários aspectos do turismo a serem explorados na pesquisa. O debate foi filmado por duas pessoas e gravado com o auxílio de microfones para facilitar a posterior transcrição. Esse método permitiu uma grande flexibilidade no modo de conduzir o debate, através de um roteiro pré-elaborado. Assim, os participantes tiveram ampla liberdade de expressar as suas opiniões e percepções a respeito do tema abordado.

Na segunda etapa, de posse das principais variáveis, constituiu-se o instrumento de coleta de dados (questionário), que teve por objetivo mensurar a percepção dos porto-alegrenses quanto ao turismo na sua própria cidade. O questionário foi aplicado em aproximadamente 800 moradores da cidade, escolhidos por um processo aleatório.

Primeiramente, definiu-se a população de pesquisa: os habitantes da cidade de Porto Alegre com, no mínimo, 18 anos. Posteriormente, o tamanho da amostra foi estabelecido com base em um nível de confiança de 95%, com uma margem de erro de 5%, que deveria abranger aproximadamente 800 entrevistas.

Para selecionar a amostra, utilizou-se um procedimento probabilístico bietápico. A amostragem aleatória bietápica dispensa a necessidade de listagens dos elementos da população, mas em contrapartida exige a utilização de mapas detalhados de ruas e bairros. Para essa pesquisa, utilizou-se o mapa das quadras numeradas da cidade de Porto Alegre, que contém 5.376 quadras. Logo após, realizou-se sorteio de uma amostra aleatória simples pelo seguinte método: utilizando-se quatro baralhos, sortearam-se quatro quadras, e cada naipe correspondia a um dígito do número da quadra. Sortearam-se 76 quadras, e a cada entrevistador corresponderiam duas quadras para aplicação de 10 questionários em cada uma. Portanto, o número de questionários aplicados deveria ser 760. Foram ainda sorteadas 20 quadras para substituição, caso fosse necessário.

A escolha dos domicílios, nas respectivas quadras, seguiu o seguinte critério: os pesquisadores procederam à contagem dos domicílios iniciando pelo ponto noroeste da quadra, obedecendo ao sentido anti-horário. Dividiu-se o total de domicílios por 10 (número de questionários por quadra) para determinar o "salto" entre as residências entrevistadas. Ex.: uma quadra possuía 53 domicílios. Divide-se 53 por 10 e obtém-se 5,3. Fez-se sempre o arredondamento para baixo, ou seja, o salto seria de cinco domicílios. Para iniciar, contaram-se cinco casas e na 5ª aplicou-se o questionário.

Nos edifícios, o critério de contagem foi a partir do térreo até o último andar, considerando cada apartamento um domicílio. Para efeito dessa pesquisa, os estabelecimentos comerciais e industriais não foram contabilizados como domicílios. Caso não estivesse alguém em casa, não quisesse responder ou não preenchesse os requisitos (maior de 18 anos), os entrevistadores adotaram o seguinte critério: contar um domicílio e entrevistar o próximo, passando a nova contagem a ser feita a partir do domicílio entrevistado.

Nos casos em que houve a necessidade de substituição de quadras, utilizou-se o seguinte critério: (a) qualquer quadra que não tivesse 30 domicílios passaria a ser considerada desqualificada para a aplicação de questionários e (b) para as quadras que foram desclassificadas, adotou-se o critério das quadras vizinhas a partir do outro lado da rua.

Tabela 9.3 Principais razões para visitar Porto Alegre

	Nº cit.	Freq.
Visita a familiares/amigos	425	57,20%
Negócios	405	54,51%
Eventos Esportivos	229	30,82%
Compras	218	29,34%
Estudo	212	28,53%
Teatro, Cinema, *Shows*	199	26,78%
Feiras	188	25,30%
Natureza	161	21,67%
Evento Científico	92	12,38%
Outra	33	4,44%
TOTAL OBS.	743	

Após o trabalho definitivo de campo, foram elaboradas a análise e a interpretação dos dados coletados. De acordo com a Tabela 9.3, observa-se que na visão dos entrevistados as pessoas que vão para Porto Alegre têm como objetivo primário visitar familiares e amigos (57,20%) e fazer negócio (54,51%), seguido de ir a eventos esportivos (30,82%), fazer compras (29,34%), estudar (28,53%) e ir a teatro, cinema ou *shows* (26,78%).

A análise dos resultados chegou a conclusões de extrema valia para apoiar uma política municipal de turismo em Porto Alegre. A conclusão a que se chegou é de que os respondentes concordam, mas apenas em parte, que a cidade é turística, porque eles percebem Porto Alegre como uma cidade de negócios e em seu entendimento isso não é turismo. Eles não percebem que as pessoas que vêm à cidade a negócios podem fazer turismo ao mesmo tempo. E acreditamos que não está bem claro na cabeça dos porto-alegrenses que, ao levarem seus parentes ou amigos para passearem pela cidade, estão todos fazendo turismo.[12]

Com base no estudo de caso e na abordagem teórica deste capítulo, responda às perguntas a seguir:

1. A técnica de *focus group* utilizou amostragem probabilística ou não probabilística no estudo de caso? Detalhe a sua resposta dando evidências da técnica utilizada.
2. O processo bietápico mencionado no texto utilizou qual técnica de amostragem aleatória?
3. Quais as principais diferenças entre as técnicas de amostragem utilizadas no caso?

Questões de discussão para aplicação da teoria

1. Imagine que uma empresa de pesquisa de marketing irá realizar uma pesquisa com amostragem probabilística e, para isso, optou-se pela técnica aleatória simples. A população dessa pesquisa é considerada infinita e propõe-se um intervalo de confiança de 95%. No entanto, a equipe de pesquisa está com uma dúvida: utilizar uma margem de erro de 2% ou de 4%? Na sua opinião, qual das margens de erro incorreria em um custo menor para a empresa?

2. Um instituto de pesquisa irá realizar uma amostragem aleatória e para isso fixou a margem de erro em 2%, tendo um intervalo de confiança de 95,5%. Com relação à quantidade de pessoas existentes na população, foi constatado um número de cerca de 50 milhões de possíveis entrevistados. Esse instituto está com uma dúvida: caracteriza a população como infinita ou como finita? Na sua opinião, qual seria a melhor caracterização? Explique, justificando os motivos para sua resposta.

3. Uma empresa de calçados irá realizar uma pesquisa para saber a opinião das clientes que compraram os seus sapatos pelo menos duas vezes nos últimos três anos. O que você aconselha para essa empresa: realizar uma pesquisa por conveniência ou estratificada? Justifique aqui sua resposta utilizando argumentos teóricos.

4. Uma rede de supermercados deseja fazer uma pesquisa para saber a satisfação de seus clientes com os serviços prestados pelos atendentes. Para isso, ela resolve fazer um censo, entrevistando todas as pessoas que compraram no último mês neste supermercado. Tendo como base esse cenário, quais as vantagens e desvantagens da realização desse censo?

Notas

[1] Adaptado de: Segabinazzi, R.C., Nique, W. M., & Pinto, D.C. (2011). O estilo de vida da tribo do *surf* e a cultura de consumo que a envolve. XXXV Encontro da EnANPAD. Rio de Janeiro, 4 a 7 de setembro de 2011, *Anais...*

[2] Mendenhall, W. (1990). *Estatística para administradores*. México: Iberoamérica.

[3] Freund, J., Simon, G. (2000). *Estatística aplicada*: economia, administração e contabilidade. 9. ed. Porto Alegre: Bookman.

[4] Sudman, S., Blair, E. (1999). Sampling in the twenty-first century. *Journal of the Academy of Marketing Science, 27*(2), 269-277.

[5] Sudman, S., Monroe, G., & Cowan, D. (1998). Sampling rare and elusive populations. *Science, 240*, 991-995.

[6] Sudman, S., Blair, E. (1999). Sampling in the twenty-first century. *Journal of the Academy of Marketing Science, 27*(2), 269-277.

[7] Marôco, J. (2011). *Análise estatística com o SPSS Statistic*. 5. ed. Pero Pinheiro: Rolo & Filhos II.

[8] Malhotra, N., Peterson, M. (2001). Marketing research in the new millennium: emerging issues and trends. *Marketing Intelligence & Planning, 19*(4), 216-235.

[9] Saeed, S., Jeong, I. (1994). Cross-cultural research in advertising: an assessment of methodologies. *Journal of the Academy of Marketing Science, 22*, 205-215.

[10] Freund, J., Simon, G. (2000). *Estatística aplicada*: economia, administração e contabilidade. 9. ed. Porto Alegre: Bookman.

[11] Marôco, J. (2011). *Análise estatística com o SPSS Statistic*. 5. ed. Pero Pinheiro: Rolo & Filhos II.

[12] Relatório de dados da pesquisa "*A percepção do turismo na cidade de Porto Alegre*" realizada pela turma de Pesquisa de Marketing da Universidade Federal do Rio Grande do Sul (UFRGS) no período de abril a junho de 2007, sob a tutela do Professor Dr. Walter Nique.

> ▶ Assista à
> **videoaula**

10

Técnicas Utilizadas para Coleta de Dados

OBJETIVOS DO CAPÍTULO

No final deste capítulo, o leitor deverá ser capaz de:

- ◆ Caracterizar a entrevista como técnica de coleta de dados, descrevendo em que momentos ela deve ser usada.
- ◆ Caracterizar a observação como técnica de coleta de dados, descrevendo em que momentos ela deve ser usada.
- ◆ Caracterizar o questionário como técnica de coleta de dados, descrevendo em que momentos ele deve ser usado.
- ◆ Caracterizar a pesquisa bibliográfica e documental como técnicas de coleta de dados, descrevendo em que momentos elas devem ser usadas.

PERCEPÇÕES SOBRE PRAÇAS E PARQUES

A busca por uma qualidade de vida melhor faz com que as pessoas procurem alternativas para relaxar, cuidando da mente e do corpo. Nesse contexto, os parques são verdadeiros recantos onde se pode ingressar em um mundo à parte, cheio de peculiaridades. Além disso, os parques e as praças podem servir como atividade social e de lazer para encontrar amigos, passear com o animal de estimação ou conferir algum evento que está ocorrendo.

Os parques e as praças muitas vezes podem representar, diante da rotina conturbada e estressante dos grandes centros urbanos, um refúgio. É um local onde ainda é possível recuperar a tranquilidade, traçando os caminhos em meio ao verde, redescobrir a infância, participando do mundo descontraído e encantado das crianças, exercitar o corpo, usufruindo dos equipamentos esportivos, saborear pipoca ou, ainda, compartilhar uma gostosa maçã do amor.

É nesse mundo que pretendemos adentrar para conhecer um pouco mais dessa realidade, desse pedaço de natureza inserido em um ambiente urbano. Terminologicamente, "parque" significa um espaço normalmente livre de edificações e caracterizado pela abundante presença de vegetação, geralmente utilizado para fins de recreação dos habitantes da cidade ou de preservação do meio ambiente natural.

Tendo em vista o papel cultural e social de um parque ou de uma praça, foi proposta uma pesquisa para analisar a experiência de uso dos parques e praças pelos moradores das grandes cidades. Com o intuito de entender esse tema, foi realizada uma pesquisa de marketing de caráter exploratório e qualitativo.

Verificando a amplitude desse tema e os diversos outros assuntos que ele abrange, tornou-se necessária a realização de uma etapa qualitativa na pesquisa, que possibilitasse tanto uma melhor compreensão do tema e definição das fronteiras da pesquisa quanto o levantamento das variáveis a serem utilizadas na construção do instrumento de coleta de dados, que vem a ser a etapa quantitativa do trabalho, tratada posteriormente. A opção utilizada foi a realização do grupo motivacional, ou *focus group*, técnica em que um moderador treinado, utilizando-se de um roteiro de questões abertas previamente desenvolvido, guia a discussão de aspectos do tema da pesquisa por um grupo.

Para o grupo focal, foram convidados profissionais que atuavam na área de parques e praças, assim como usuários desses ambientes. É importante ressaltar que a discussão foi enriquecida pela multidisciplinaridade dos participantes, que

143

trouxeram diferentes pontos de vista para o debate. Os convidados que participaram do grupo focal foram os seguintes: o representante da Associação dos Artesãos, um tecnólogo em meio ambiente (usuário/frequentador de parques/praças), uma arquiteta urbanista, uma jornalista, um frequentador de praça e um engenheiro agrônomo.

Para a realização do grupo focal, foi elaborado um roteiro de perguntas abertas a serem colocadas pelo moderador para nortear a discussão no grupo. Esse roteiro consistiu nos seguintes tópicos: hábitos de consumo, utilização dos parques e das praças, segurança, preservação e conservação, razões para ir ou não ir a parques/praças e sentimento em relação a estes. Posteriormente ao término do grupo focal, foram realizadas a transcrição e a análise do debate do grupo focal, por meio das quais foram levantadas as seguintes variáveis: motivos para ir ao parque; característica do público frequentador, hábitos de consumo e principais problemas.

Na perspectiva dos motivos de ida aos parques e às praças, os convidados destacaram especialmente o lazer, a prática de esportes, o contato com a natureza e o convívio social. Além disso, foi destacada a importância da localização como motivo de escolha.

Um fator muito discutido foi a diferenciação do público que frequenta parques e praças durante a semana e os frequentadores que vão apenas nos finais de semana. O público que vai aos parques durante a semana é, segundo os convidados, mais habitual e observa como fator principal de escolha a proximidade do parque à sua residência. Já os frequentadores de finais de semana geralmente são constituídos de famílias, que vão esporadicamente e não dão tanta importância para a localização.

Em referência aos hábitos de consumo, foram destacados: pipoca, algodão-doce, sorvete e refrigerantes. Além disso, foram mencionados os problemas observados nos parques e nas praças. Um dos principais problemas é a centralização dos eventos em um número muito pequeno de parques e praças. Os *shows* e eventos foram considerados prejudiciais à manutenção da qualidade, principalmente devido ao público que costuma frequentá-los. A falta de lixeiras e o estado precário dos banheiros também foram aspectos muito criticados. Quanto ao causador dos principais problemas das praças e dos parques, os convidados chegaram a um consenso: a própria população, independentemente de classe social, gênero e idade.

Em uma das falas de um participante, pode-se ver esse posicionamento: *"O que as pessoas fazem nos parques. Se a gente discutir isso, que já é um tema amplo, né? A gente vai bater no seguinte, no problema de, hãã, da educação do povo, que é uma das coisas que eu vi que Ana estava falando. Não todos evidentemente, mas uma boa parte da população, ela age como se ela fosse um predador do parque, não um usuário, são verdadeiros predadores."*

Propositalmente, o tema cercamento foi deixado para o final da discussão, pois acreditava-se que seria o ponto mais polêmico do grupo motivacional. De acordo com as expectativas, o cercamento foi defendido por parte do grupo, enquanto outra parte se mostrou cética em relação à eficiência dessa política. Foram usados exemplos de praças cercadas, inclusive de outros países,

como forma de defender o cercamento. Entretanto, também foi mencionada a particularidade de cada praça e parque, não sendo possível fazer uma generalização dos resultados.

Por fim, observamos que a maioria das pessoas frequenta parques e praças para passear com a família e para ter contato com a natureza, além de que quase metade dos respondentes afirmou que a proximidade é um fator de decisão para ir ou não a parques e praças. Um percentual muito baixo de pessoas afirmou que frequenta esses ambientes para assistir a *shows* e eventos. Percebeu-se ainda que boa parte dos entrevistados acredita que os parques e as praças estão ligados a uma boa qualidade de vida.[1]

10.1 TÉCNICAS ESPECÍFICAS PARA COLETAR DADOS

Vimos no capítulo anterior o quanto é importante saber elaborar um instrumento de coleta de dados. No entanto, por mais que ele seja bem elaborado, se não houver pessoas capacitadas para coletar os dados, a pesquisa está fadada ao fracasso. Por exemplo, a latência da voz em uma entrevista ou observação deve ser algo notado. A latência da voz é o tempo em que o entrevistado leva para responder a uma pergunta. O tempo de resposta pode ser diretamente associado à incerteza. Se um entrevistado demora a responder às perguntas, é sinal de que ele talvez não esteja entendendo o que foi perguntado. Ou a intensidade da voz pode dizer muito. A modificação da voz dos respondentes pode indicar uma reação emocional (raiva, alegria, descontentamento, euforia, entre outros) e pode estar associada ao que foi perguntado.

Devido a essas questões apontadas, este capítulo terá como intenção descrever e explicar os principais modos de coleta de dados em pesquisa de marketing. A coleta de dados pode ser obtida do pesquisado por sua própria declaração, oralmente ou por escrito ou por gestos. Em pesquisa de marketing, as principais formas de coletar dados são: entrevista, observação, questionário e documentos/materiais bibliográficos.

10.2 COLETA DE DADOS POR MEIO DE ENTREVISTAS

Quando se pensa em fazer uma entrevista em pesquisa de marketing, imagina-se uma técnica para coletar dados não documentados que tem como diferença central das outras formas de contato de coleta de dados a estreita relação entre o pesquisador e as pessoas envolvidas. Assim, a entrevista é uma forma de interação social.

Ao fazer uma entrevista, o pesquisador procura encontrar o que as pessoas pensam. Na entrevista, pode-se identificar as percepções e opiniões, as necessidades e os hábitos de consumo. Além disso, essa técnica pode fornecer características do perfil dos consumidores e do que leva à satisfação destes na compra de produtos e serviços.

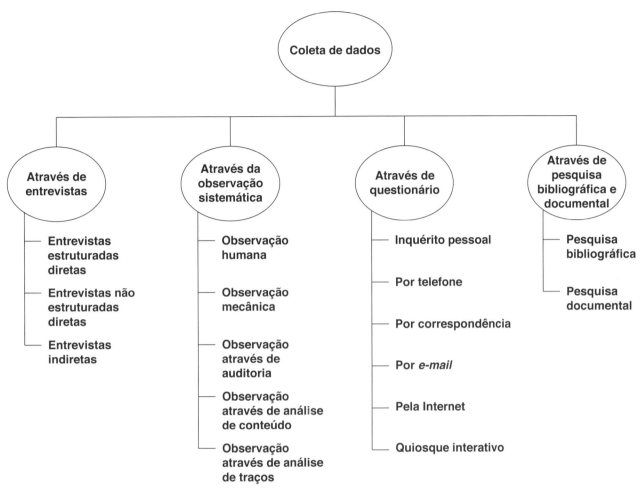

Figura 10.1 Técnicas de coleta de dados.

Fazer uma entrevista não é uma tarefa fácil, exige prática e experiência do pesquisador. É importante dizer para os pesquisadores iniciantes não ficarem desanimados. Provavelmente, as primeiras entrevistas serão mais complicadas. Dependendo do entrevistado, as dificuldades serão maiores. Existem entrevistados que têm dificuldade de falar ou expressar suas ideias. Nesses casos, pesquisadores mais experientes conseguiriam mais informações.

Dica	Antes de iniciar uma entrevista, o pesquisador poderá fazer algumas perguntas que não têm relação com o tema da pesquisa para quebrar o gelo e fazer com que o entrevistado tenha confiança. É importante que, logo depois dessas perguntas, o entrevistador explique para entrevistado o objetivo da pesquisa.

O importante é que o pesquisador tente questionar todas as perguntas que foram elaboradas no roteiro. Tente fazer da entrevista um bate-papo com o entrevistado, buscando um diálogo em que este se sinta bem. Nesse ponto, o pesquisador deve-se atentar às expressões gestuais do entrevistado, preocupando-se em observar se há algum assunto ou alguma pergunta que o está deixando desconfortável. O entrevistador deve evitar esse constrangimento e modificar as perguntas para que a entrevista transcorra bem.

Palavra do especialista

Os dados secundários fornecem uma primeira abordagem do pesquisador em relação ao problema de pesquisa. Eles são essenciais para uma boa construção de projeto. Diversas fontes devem ser utilizadas (artigos em congressos, dissertações, teses e revistas acadêmicas – jornais), com o objetivo de complementar a compreensão do problema. Por exemplo, o que outras pesquisas (IBGE, Nielsen, dados de mercado) têm a nos dizer sobre o problema em questão? Recomendo também uma ida a campo informal para coletar dados e complementar as informações obtidas com os dados secundários. Em pesquisas de mercado, independentemente de qualitativa ou quantitativa, é importante que o pesquisador tenha contato com o campo. Essa ida a campo informal (exemplo: visita a lojas, conversa com consumidores, cliente oculto) ajuda o pesquisador a interpretar os resultados do

146 Capítulo 10

> estudo. Combinada com os dados secundários, essa busca ajuda a enriquecer a pesquisa e, às vezes, até a responder ao problema, tornando-se uma solução mais rápida e acessível para as decisões de negócios.
>
> **Dr. Diego Costa Pinto** é professor do Núcleo de Estudos em Marketing e Coordenador da área de Pesquisa na ESPM Sul e líder do Grupo de Pesquisa em Marketing e Consumo da ESPM Sul.

Existem várias razões para coletar dados através de entrevistas. Uma primeira razão seria o fato de existirem pessoas que precisam de auxílio para explicar o que foi questionado. Alguns entrevistados geralmente precisam de pessoas para traduzir o que se quer medir. Para essas pessoas, a presença do pesquisador é importante para detalhar as perguntas e, se possível, sanar as possíveis dúvidas que vão surgir no momento da entrevista. Um problema que pode acontecer na coleta de dados de qualquer instrumento é o fato de alguns entrevistados responderem a perguntas sem saberem o que está sendo perguntado.

Tabela 10.1 Razões para se fazer uma entrevista

Existem entrevistados que precisam do auxílio de uma pessoa para explicar o que foi questionado.
Alguns entrevistados respondem à pergunta sem saberem o que está sendo perguntado.
As pessoas podem responder a algo e ter um comportamento ao contrário.
Indicada para avaliar atitudes, crenças, opiniões e hábitos.
Às vezes, é necessário um conjunto de perguntas, intercaladas estrategicamente, para se entender algo.
A alteração de ordem ou de formato de uma pergunta pode gerar diferentes respostas.
O contexto cultural interfere no que vai ser respondido pelo entrevistado.

Além desse fato, muitas pessoas respondem algo que não fazem. Isso pode gerar um grande erro ao coletar os dados, pois pode distorcer os resultados. Os respondentes podem modificar sua opinião por diversos motivos: timidez, vergonha, constrangimento, entre outros. Na presença do pesquisador, este pode verificar se as pessoas têm algum comportamento que demonstre desconforto e acabem modificando a resposta.

Outro ponto positivo da entrevista na pesquisa de marketing é que esta é recomendada para avaliar atitudes, crenças, opiniões e hábitos. Sabemos que esses itens não são bem esclarecidos em questionamentos rápidos. Às vezes, é necessário um diálogo em forma de entrevistas para se esclarecer as dúvidas.

O diálogo é necessário também quando se tem por objetivo fazer um conjunto de perguntas que são intercaladas estrategicamente. Nesse caso, é importante a interação entre entrevistados e respondentes. Nessa interação, o pesquisador poderá estender, encurtar ou alterar o assunto, dependendo do tipo de informação encontrada.

O pesquisador deve agir como um condutor nessa interação, responsabilizando-se pelas informações coletadas. Assim, ele pode alterar a ordem ou o formato de algumas perguntas para gerar diferentes respostas. Na verdade, ele deve se esforçar para que exista uma clara comunicação nessa interação.

Por fim, em alguns casos observa-se que o contexto cultural poderá interferir no que vai ser respondido pelo entrevistado. Sabemos que é quase impossível eliminar as interferências culturais em uma entrevista. No entanto, com a presença do pesquisador será fácil identificar quando isso acontece. Nesse caso, o pesquisador deve conduzir a interação, tentando reduzir a influência do ambiente cultural.

10.2.1 Tipologias de entrevistas

A forma como ocorre a interação entre respondente e pesquisador nas entrevistas é extremamente importante para a obtenção de informações sobre determinado assunto ou tema. A tipologia que define as entrevistas possui duas classificações: (a) quanto à formalização dos procedimentos de coleta de dados e (b) quanto à manifestação dos objetivos da coleta.

A interação quanto à formalização dos procedimentos pode ocorrer de duas formas, dependendo da maneira como é utilizado o roteiro de entrevista: estruturado e não estruturado. Em uma entrevista estruturada, a forma de interação é aquela em que o entrevistado segue um roteiro previamente estabelecido, em que o entrevistado não tem liberdade para desenvolver cada situação, ou seja, ele segue religiosamente o que o roteiro está dizendo, sem alterar, omitir ou adicionar perguntas no momento da entrevista. Resumindo, utiliza-se uma rotina formal com ordem preestabelecida, pois os objetivos e a informação a ser coletada já foram definidos *a priori*.

> **Palavra do especialista**
>
> Para que um pesquisador ou empresário tenha certeza de que um potencial consumidor realmente prestou atenção à/ao sua/seu propaganda/produto/marca/vitrine da loja etc., a aplicação de questionários indagando se ele prestou atenção ou não ao estímulo não é o ideal. Isso porque a atenção acontece muito rápida e automaticamente, inclusive fora do controle consciente do consumidor.[2] Nesse sentido, e para o pesquisador/empresário ter certeza se o consumidor prestou ou não atenção ao estímulo, a movimentação dos olhos do consumidor serve como mecanismo fisiológico efetivo para a atenção.[3] Para tanto, utiliza-se o *eye-tracking* para medir a atenção do consumidor a partir da captura da (frequência e duração) fixação dos olhos[4] pelo rastreamento de toda a movimentação dos olhos ao ser exposto ao estímulo.
>
> **Dr. Martin de La Martiniere Petroll** é professor e orientador de mestrado e doutorado no Programa de Pós-Graduação em Administração (PPGAdm/UFSC) e do Curso de Administração (CAD-UFSC) e do Núcleo de Inteligência Competitiva Organizacional em Marketing e Logística (NICO).

Já a entrevista não estruturada é aquela em que a interação não segue parcialmente um roteiro previamente estabelecido. Assim, o entrevistado tem total liberdade para desenvolver cada pergunta e situação em qualquer direção que considere coerente. Nesse caso, os questionamentos não são apoiados diretamente em teorias e hipóteses, oferecendo um amplo campo de perguntas, fruto de novas ideias que vão surgindo à medida que se recebem as respostas do entrevistado. Nesse tipo de interação, as perguntas são formuladas no momento da entrevista. Resumindo, ocorre através da conversação e o problema ainda não foi formulado com precisão.

No que se refere à manifestação dos objetivos da coleta, o pesquisador poderá conduzir a entrevista de duas formas: direta e indireta. A entrevista direta é aquela em que o objetivo da pesquisa é manifestado para o entrevistado, ou seja, antes de acontecer a entrevista o pesquisador informa ao respondente o que acontecerá. Na entrevista indireta o objetivo da entrevista não é manifestado, ou seja, o pesquisador omite do respondente o porquê de estar sendo realizada a pesquisa.

Se confrontarmos as duas classificações, quanto à formalização dos procedimentos de coleta de dados e quanto à manifestação dos objetivos da coleta, podemos ter três tipos diferentes de combinações de entrevistas, como pode ser observado na Tabela 10.2.

Tabela 10.2 Tipologias de entrevistas

		Quanto à formalização dos procedimentos de coleta de dados	
		Padronizada	Não padronizada
Quanto à manifestação dos objetivos da coleta	Direta	Entrevistas estruturadas diretas	Entrevistas não estruturadas diretas
	Indireta	Entrevistas indiretas	

10.2.1.1 Entrevistas estruturadas diretas

As entrevistas estruturadas diretas utilizam um roteiro formalizado, constituído de questões que não são disfarçadas. As informações nessa entrevista são pedidas de maneira ordenada e sistemática (formuladas com antecedência), o que diminui os riscos de incompreensões e de indução de respostas.

> **Dica**
>
> A entrevista pessoal em domicílio é conduzida diretamente na residência do respondente. No entanto, ela pode ser respondida também no local de trabalho do indivíduo.

Aconselha-se que antes de aplicar as perguntas seja feito um pré-teste do instrumento, principalmente com a formulação de perguntas e a ordem destas. Uma vantagem clara das entrevistas estruturadas diretas é o fato de se perguntar aos entrevistados as mesmas questões na mesma ordem. Com isso, o pesquisador pode ter um controle da variabilidade devido às diferenças entre os entrevistadores. Outro ponto favorável é o fato de não se ter uma exigência com as aptidões do entrevistador, ou seja, não

é necessário ter um pesquisador experiente, pois ele vai seguir um roteiro prévio. Além disso, as questões padronizadas e as respostas registradas de maneira uniforme facilitam a tabulação, análise e apresentações.

Uma desvantagem dessa técnica é o fato de não se obterem respostas complexas, pois não há como fazer perguntas complementares que aparecem no momento da entrevista. Desse modo, existe um viés do próprio instrumento de coleta que vai direcionar perguntas específicas preconcebidas. Além do mais, existem dificuldades relativas à motivação dos entrevistados e a prospecção de fatores de caráter pessoal, pois, como o roteiro é preestabelecido, as perguntas já estão formuladas, sem poder adaptá-las ao contexto da entrevista.

10.2.1.2 Entrevistas não estruturadas diretas

As entrevistas estruturadas não diretas são aquelas em que o entrevistador adapta-se ao pesquisador, pois não há um roteiro previamente formulado. Desse modo, o entrevistado não segue uma sequência direta, pois não utiliza questões previamente formuladas. Assim, o pesquisador está livre para utilizar as questões que achar mais convenientes.

Devido a essas características, as entrevistas não estruturadas diretas são bastante utilizadas em estudos exploratórios, pois possibilitam a melhor compreensão do problema de pesquisa. Elas podem ser úteis para estudos motivacionais. Nesse caso, entretanto, o pesquisador está limitado pelo tempo e pelos dados. Por não ter um roteiro a seguir, ele não tem ideia do tempo que vai gastar nem dos dados que vai encontrar.

Uma vantagem dessa técnica é que ela é conduzida de maneira informal, pois é com a evolução da conversa que se determina a natureza das questões. Assim, deve existir por parte do entrevistador uma capacidade de se adaptar ao vocabulário do entrevistado, o que torna a entrevista mais agradável para o entrevistado. A principal desvantagem é o fato de ela exigir um pesquisador experiente. Desse modo, os custos unitários da entrevista ficam mais elevados. Além disso, as entrevistas são mais longas, o que gera maior complexidade na tabulação, análise e apresentação dos resultados, devido às diversidades de questões e respostas, que dependem do contexto da entrevista.

10.2.1.3 Entrevistas indiretas

As entrevistas indiretas são aquelas cujas técnicas são fundamentadas na projeção. Por isso, são recomendadas em situações que geram certo desconforto ao entrevistado. Desse modo, o entrevistador tem que ter experiência em entrevistas, pois as entrevistas indiretas geram resistência nos entrevistados. Em pesquisa de marketing, essa técnica é bastante utilizada. Porém, em áreas como a psicologia e antropologia, a entrevista indireta possui pouco valor de diagnóstico.

Recomenda-se para as entrevistas indiretas o uso da técnica da terceira pessoa. Deve-se perguntar a opinião do entrevistado sobre o que "um vizinho" ou "um parente" ou "a maioria das pessoas" faz e por quê. O indivíduo possui a tendência de projetar suas próprias concepções, valores etc., sem que se sinta submetido a uma pressão social, para fornecer uma resposta aceitável.

10.2.2 Coleta individual *versus* em grupo

Como já foi mencionado, as entrevistas têm como intenção conhecer em profundidade o assunto estabelecido em um problema de pesquisa. As entrevistas podem ser feitas individualmente ou em grupo. As entrevistas pessoais ou individuais são aquelas em que se tenta conhecer as motivações e atitudes diante de temas sensíveis ou muito técnicos. Em relação à profundidade, a entrevista individual é mais aconselhada, pois explora a vida dos diferentes entrevistados, analisando especificamente suas experiências individuais.

Aconselha-se que a entrevista individual ocorra dentro de uma sequência de narrativas e que os questionamentos surjam naturalmente. Assim, pode-se mapear a realidade dos respondentes, de forma mais clara, através da interpretação de sua fala.

Dica	Sugere-se que as entrevistas de interceptação feitas em *shoppings* sejam conduzidas pessoalmente e a abordagem do pesquisador seja feita em lugares de grande tráfego dos respondentes. No entanto, deve-se tomar cuidado com os lugares de abordagens. Por exemplo, não é aconselhável conversar com os respondentes na praça de alimentação, pois eles podem estar com fome e querer responder rápido às perguntas.

No que tange à quantidade de pessoas a serem entrevistadas, esta depende do problema de pesquisa e dos dados coletados com os entrevistados. *A priori*, define-se um número de pessoas a serem entrevistadas de acordo com o problema de pesquisa. Nesse caso, muitos autores mencionam que em pesquisas qualitativas deve-se ter uma amostra pequena de pessoas a serem entrevistadas. Dependendo das entrevistas, o pesquisador pode decidir parar a coleta, achando que já possui informações disponíveis o bastante.

Com relação à entrevista em grupo, ela pode auxiliar na análise das atitudes e opiniões do entrevistado, pois incentiva a discussão entre os participantes da entrevista. Nesse tipo de entrevista, pequenos grupos respondem simultaneamente às questões, de maneira informal. As respostas são organizadas posteriormente pelo entrevistador, numa avaliação geral. A característica central dessa modalidade de entrevista é o incentivo ao debate em grupo. Ela é mais adequada para analisar o envolvimento emocional dos entrevistados.

Aconselha-se o uso de pessoas com perfis diferentes, pois assim se pode entender as opiniões divergentes. A representação e o número de entrevistados dependem diretamente do problema de pesquisa e das características dos entrevistados.

10.2.3 Formas de se realizar a coleta de dados por meio de entrevista

Basicamente, existem quatro formas de coletar dados por meio de entrevistas: face a face, postal, telefônica e internet. Cada uma tem suas características, vantagens e problemas específicos.

A entrevista face a face tem como principal vantagem a possibilidade de obter uma amostra que atinja todas as unidades estatísticas com mais segurança, minimizando assim o impacto da "não resposta" a algumas perguntas. Esse tipo de entrevista é considerado o mais longo, pois se tem o contato direto com o entrevistado. Desse modo, pode-se obter um maior número de informações. O principal problema é o alto custo unitário em relação a outras entrevistas Além disso, existe o risco devido ao viés dos entrevistadores.

A entrevista via telefone é recomendada quando se tem a urgência de ter informações, ou seja, quando as informações devem ser recolhidas rapidamente. Recomenda-se o uso dessa entrevista em casos em que a quantidade de informação a ser recolhida pelo entrevistado seja pequena. Ela é muito usada em pesquisas com orçamento bem reduzido.

Recomenda-se a entrevista por telefone para estudos rápidos de audiência. Para esse caso, a pesquisa por telefone é muito bem adaptada. Primeiramente, deve-se fazer uma breve apresentação. Logo depois, fazer os seguintes questionamentos: *Você está vendo televisão? Caso positivo, que programa? O que está acontecendo neste momento? Quem patrocina este programa? Você o vê regularmente?* E, por fim, deve-se fazer os agradecimentos.

Esse tipo de entrevista pode ser bem útil para a realização de enquetes rápidas. Além do mais, ela pode ser utilizada como filtro e/ou preparação de uma entrevista face a face. O problema dessa abordagem é o seu caráter limitado de informações que se pode obter e o viés inerente a uma amostra de assinantes (renda, local geográfico etc.).

A entrevista postal é aquela em que se envia o roteiro de entrevista pelo correio para o entrevistado. A vantagem é o baixo custo unitário de aplicação, permitindo flexibilidade de tempo para a resposta. Além do mais, permite o anonimato de quem responde, gerando o efeito de confidencialidade. O problema é que a velocidade de retorno das respostas e a taxa de resposta são baixas.

A entrevista pela internet é aquela em que o pesquisador envia um esquema de entrevista estruturada (padronizada) pela internet. Nesse caso, o entrevistador usa um esquema de questões sobre determinado tema, a partir de um roteiro (pauta) previamente preparado e realizado por *e-mail*, por Skype, entre outros.

10.2.4 Roteiro de entrevista é algo dinâmico: do neófito ao *expert*

O motivo principal de se fazer uma pesquisa qualitativa em pesquisa de marketing é não se ter conhecimento claro de algo que irá ser pesquisado, por isso ela tem uma tendência a ser classificada por diversos autores como exploratória.

Mas, nesse caso, quais são as pessoas que o pesquisador deve entrevistar? Essa resposta é fácil! Na verdade, ele terá que entrevistar pessoas que podem lhe dar informação sobre o tema de sua pesquisa. E quantas pessoas ele deve entrevistar? Ele deve entrevistar 10 ou 15 pessoas? Já esta pergunta não é tão fácil de responder. *A priori*, no início da pesquisa não temos como informar esse valor corretamente, pois estamos em uma fase exploratória. A única coisa que teremos bem definida é o roteiro,

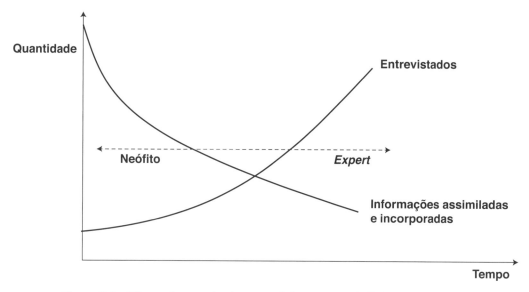

Figura 10.2 Número de entrevistados *versus* informações assimiladas e incorporadas.

que foi criado com um conjunto de dados secundários que foram coletados previamente para formular o problema de pesquisa.

Com esse roteiro, o pesquisador entrevistará a primeira pessoa selecionada. Essa pessoa dará um conjunto de *insights* que o pesquisador vai transformar em informações. Essas informações vão enriquecer a pesquisa e ao mesmo tempo modificar o roteiro de entrevista, pois coisas novas foram descobertas na primeira entrevista.

Na verdade, na primeira entrevista ocorreu um aprendizado. Esse aprendizado tenderá a aumentar no decorrer das entrevistas. Chegará um momento em que o critério de redundância irá diminuir, ou seja, as informações geradas de um entrevistado para outro não terão tantas diferenças. Nesse momento, o pesquisador poderá decidir parar de coletar os dados, pois já terá uma quantidade grande de informações e todas as outras serão marginais, ou seja, trarão contribuições, mas não na quantidade das anteriores.

Desse modo, observamos que o número de entrevistados se dá nas pesquisas qualitativas por exaustão ou esgotamento das informações disponibilizadas. Quanto mais se aumentar a quantidade de entrevistados, menor será a agregação de informações. Esse fenômeno não acontece nas primeiras entrevistas, pois consideramos aqui o pesquisador neófito (refere-se a algo novo incorporado, novato, grau inicial de algo), e, ao passo que ele vai ganhando informação, tenderá a ficar *expert*.

Muitos pesquisadores acham que fazer uma entrevista é fazer um questionário e sair realizando as mesmas perguntas. Isso não tem sentido, pois o roteiro de entrevista tem um processo diferente de aprendizagem, uma vez que o conhecimento necessita de um tempo para assimilação e para isso precisamos de decantação. Desse modo, o número de pessoas que devemos entrevistar é algo de que teremos certeza só depois da coleta de dados.

10.2.5 O momento da entrevista

Não existe um padrão de como acontece uma entrevista, pois cada entrevista é uma entrevista. No entanto, ela pode ser planejada tentando alcançar os objetivos e minimizando os erros. O que temos que imaginar é que o conhecimento adquirido em uma entrevista tem relação direta do número de entrevistados, mas ele pode variar de acordo com quatro itens centrais: perguntas mal elaboradas, conhecimento do entrevistado a respeito do tema, experiência do pesquisador e local onde está sendo feita a entrevista.

Esses quatro itens centrais fazem com que se reduza em muito o tempo de saturação da entrevista. Quanto mais bem elaboradas as perguntas, mais conhecimento do entrevistado, maior a experiência do pesquisador e mais apropriado o local, mais rápido se chegará à saturação do conhecimento e com uma quantidade menor de entrevistados.

A Figura 10.3 traz um exemplo interessante de coleta de dados. Nela podemos observar que foram entrevistadas seis pessoas até o ponto de corte, ponto esse em que o comportamento e a opinião dos entrevistados começam a se repetir, fazendo com que não seja necessário entrevistar mais ninguém. Na mesma figura podemos observar que a duração da primeira entrevista foi de 50 minutos, da segunda entrevista de 85 minutos, da terceira entrevista de 35 minutos e assim por diante. Também podemos notar que o entrevistado que gerou mais conhecimento foi o segundo, pois a sua reta teve uma maior inclinação. Por fim, podemos observar que, quanto mais entrevistados, menor será o crescimento do conhecimento.

10.3 COLETA DE DADOS POR MEIO DA OBSERVAÇÃO SISTEMÁTICA

Essa técnica tem como objetivo o registro, de forma sistemática e organizada, dos padrões de comportamento das pessoas, objetos e eventos, tendo como intenção obter informações sobre o fenômeno mencionado no problema de pesquisa. A observação

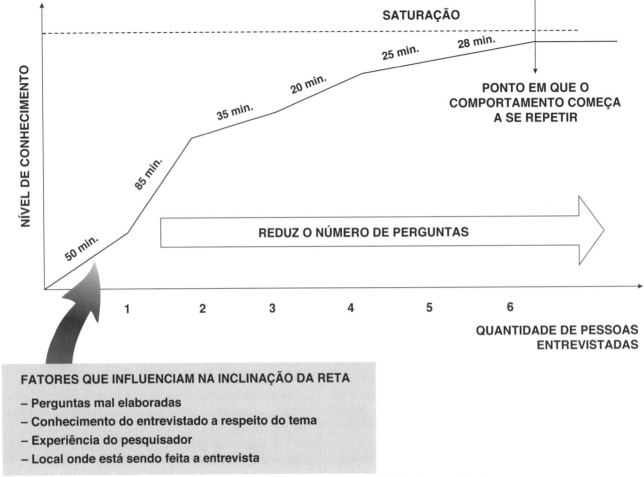

Figura 10.3 Nível de conhecimento *versus* quantidade de entrevistados.

sistemática procura observar as pessoas no que elas fazem. Por isso, é comum realizar essa técnica em comportamento e experiência de compra dentro dos pontos de venda e também no uso de um produto ou serviço.[5]

Na coleta de dados, essa técnica assume um formato estruturado e controlado, podendo ocorrer em situações de campo ou laboratório. O pesquisador no caso observado não interroga nem se comunica com as pessoas, a fim de obter informações. É extremamente útil quando o respondente não tem habilidade para reportar seu comportamento, o que ocorre corriqueiramente quando se tenta avaliar o comportamento afetivo.

A desvantagem dessa técnica é que ela não pode ser usada para medir variáveis que são inobserváveis diretamente como variáveis psicológicas. Por exemplo, não se pode observar motivos, atitudes ou intenções, pois deve-se levar em consideração a subjetividade do observador. Corriqueiramente ela é utilizada como suplemento a outro instrumento, considerando o comportamento atual como parte integral do *design* de pesquisa. Por fim, outro problema dessa técnica é o *viés* de análise do observador. O pesquisador assume uma responsabilidade grande, pois ele deve identificar, catalogar e analisar os dados.

10.3.1 Tipologias de observações sistemáticas

Com relação aos tipos de observações sistemáticas, existem três divisões básicas, que são diferenciadas de acordo com a operacionalização e características da sua execução: (a) estruturado *versus* não estruturado, (b) disfarçado *versus* não disfarçado e (c) natural *versus* planejado.

10.3.1.1 Estruturado *versus* não estruturado

Nas observações sistemáticas estruturadas, os comportamentos a serem observados e os métodos pelos quais serão avaliados são claramente definidos. Desse modo, os objetivos são definidos e a informação desejada é claramente manifestada aos participantes. Ela é recomendada quando já existe uma quantidade interessante de informações. As observações não estruturadas envolvem o monitoramento de um pesquisador de todo e qualquer fenômeno, sem especificar antecipadamente os detalhes. Essa técnica é recomendada quando o problema ainda não foi formulado com precisão, pois permite ao pesquisador encontrar maiores informações sobre o fenômeno pesquisado.

10.3.1.2 Disfarçado *versus* não disfarçado

No caso das observações sistemáticas disfarçadas, os respondentes não sabem que estão sendo observados. Essa técnica é interessante, pois coleta informações através do comportamento natural dos entrevistados. Devido a essa característica, ela é recomendada na abordagem de cliente oculto, também conhecida como cliente misterioso. É uma ferramenta utilizada por empresas em pesquisa de marketing com a intenção de mensurar a qualidade de atendimento ou procurar informações sobre seus produtos e serviços. Os pesquisadores nessa abordagem, conhecidos como *shoppers*, se passam por clientes e tentam comprar um produto ou serviço da empresa contratante em seu estabelecimento. Logo depois, fornecem um relatório detalhando como foi a experiência no estabelecimento.

Dica	A observação deve ser vista como um processo sistemático de registro dos padrões de comportamento das pessoas. Dizer que está observando sem ter um raciocínio lógico por trás do método inviabiliza a técnica.

Nas observações sistemáticas não disfarçadas, os entrevistados têm conhecimento de que estão sendo observados. Um questionamento que se tem dessa abordagem é até que ponto interfere o fato de não disfarçar. Alguns pesquisadores dizem que o efeito tem duração curta. Porém, outros acreditam que isso pode influenciar o padrão de comportamento.

10.3.1.3 Natural *versus* planejada

As observações sistemáticas naturais são aquelas em que se tem uma mensuração do comportamento dentro do ambiente natural. Em muitos casos, essa mensuração ocorre dentro dos Pontos de Venda (PDV). A sua principal vantagem é refletir com maior precisão o comportamento verdadeiro.

As observações sistemáticas planejadas são aquelas em que o comportamento é observado em um ambiente artificial, como, por exemplo, uma loja em que os elementos são manipulados. Uma vantagem dessa técnica é que ela evita o custo de espera da ocorrência do fenômeno e também evita as influências de outras variáveis.

10.3.2 Formas de aplicação de observações sistemáticas

Conhecidos os possíveis tipos de observações sistemáticas, é preciso entender como se dá a forma de aplicação de métodos de observação. Na pesquisa de marketing, existem cinco formas de aplicação de observações sistemáticas: observação pessoal, observação mecânica, auditoria, análise de conteúdo e análise de traço.[6]

A observação humana é aquela em que as pessoas são observadas no seu cotidiano, como ao comprar determinado produto. Essa técnica pode ser estruturada ou não estruturada,

tendo como vantagem prover *insights* adicionais ao que está sendo observado. A observação humana permite a integração com o grupo pesquisado ao mesmo tempo em que são sistematizados os procedimentos de recolhimento de informações.[7]

A observação mecânica é aquela que não utiliza a percepção humana diretamente. Esta é auxiliada por aparelhos eletrônicos e tem a vantagem da acuracidade, ou seja, permite maior controle e conferência. Devido a essa característica, ela permite que muitos dados a respeito de uma categoria de produto sejam armazenados. Tanto a observação mecânica como a humana, devido às suas características, são consideradas observações diretas.

A observação através de auditoria é aquela em que o pesquisador investiga algum tipo de marca, produto ou embalagem na residência do consumidor. O pesquisador examina os registros físicos na residência, sendo contabilizados os itens encontrados.

A observação através da análise de conteúdo é aquela em que o pesquisador analisa o conteúdo manifestado de uma comunicação feita por um indivíduo ou grupo de indivíduos. O pesquisador é responsável por coletar, sistematizar e quantificar o conteúdo manifestado na observação.

A observação através da análise de traços é aquela em que a coleta está fundamentada nos traços físicos ou nas evidências de um comportamento passado. Os traços coletados podem ser deixados pelo grupo observado intencionalmente ou não. A observação através da análise de traços, através da análise de conteúdo e através de auditoria, devido às suas características, são consideradas observações indiretas.

10.4 COLETA DE DADOS POR MEIO DE QUESTIONÁRIOS

A técnica mais comum quantitativa na pesquisa de marketing para coleta de dados primários é o questionário. Ela parte do pressuposto de que todos os respondentes envolvidos devem responder às mesmas perguntas predeterminadas. Esse método é utilizado para obter informações baseadas no interrogatório dos participantes, aos quais se fazem várias perguntas padronizadas e ordenadas sobre seu comportamento, intenções, atitudes, percepção, motivações e características demográficas e estilo de vida.

Essa forma de coleta de dados apresenta uma série de vantagens e desvantagens. A principal vantagem é que a coleta se dá de maneira simples, sem a necessidade de uma especialização de quem vai aplicar o questionário, como em outras técnicas. Desse modo, pode-se economizar tempo abrangendo uma área geográfica grande.[8]

Devido à padronização e ordenação das perguntas, há menor risco da distorção das respostas, gerando uma uniformidade na avaliação, tendo pouca variabilidade dos resultados, fazendo com que os dados fiquem mais confiáveis. Desse modo, essa técnica de coleta de dados permite decodificação, análise e interpretação simples.

Com relação às desvantagens, existe a probabilidade de existir um número de perguntas sem resposta, pelo fato de o pesquisador muitas vezes não estar presente. Também pode

152 Capítulo 10

ocorrer uma demora na resposta e na devolução do instrumento, pois os entrevistados podem relutar em dar a informação desejada ou não responder se acharem as perguntas delicadas e pessoais. Além do mais, é complicado formular as perguntas adequadas, uma vez que algumas respostas podem influenciar outras. Cabe ainda ressaltar que esse tipo de coleta de dados não deve ser aplicado a pessoas analfabetas.

Grande parte dessas desvantagens pode ser atenuada se o pesquisador tiver uma preocupação de capacitar as pessoas que vão fazer a pesquisa de campo. Desse modo, o sucesso da aplicação de um questionário está associado diretamente à capacitação de quem vai aplicar o questionário.

10.4.1 Como capacitar pessoas para aplicar questionários?

A coleta de dados por meio de questionário depende diretamente das pessoas que farão a abordagem aos respondentes em campo, ou seja, farão o contato direto com os respondentes, seja este pessoalmente ou por telefone. Sabemos que essas pessoas devem estar preparadas para convencer os respondentes a se interessarem pela pesquisa. Desse modo, o sucesso de uma coleta por meio de questionários depende diretamente das pessoas que vão coletar os dados.

As pessoas que vão coletar os dados não precisam ser pesquisadores profissionais de marketing. Hoje em dia, muitas empresas de pesquisas de marketing contratam e capacitam pessoas para executar essa função. Como grande parte dessas pessoas não tem experiência em coleta de dados por meio de questionário, faz-se necessário elaborar um treinamento para elas.

> **Dica**
>
> Sabemos o quanto é difícil uma pessoa se disponibilizar a responder a um questionário. Uma maneira de atraí-las para essa função é dizer que quando terminar a pesquisa você lhes entregará um consolidado dos resultados. Pense: se ela é objeto de estudo, possivelmente terá interesse em seus resultados.

Nesse treinamento, deve-se informar aos participantes, em um primeiro momento, quais os objetivos da pesquisa a ser realizada. Logo após, deve-se explicar a estrutura do questionário e por que cada pergunta está sendo feita. As pessoas que vão coletar os dados devem saber que poderão esclarecer dúvidas sobre o questionário, mas sem interferir diretamente na opinião dos entrevistados.

Deve-se ainda orientar os aplicadores do questionário a solucionar problemas eventuais na pesquisa, como, por exemplo: a escolha de quem vai ser o entrevistado, a recusa de uma resposta com grosseria e hostilidade, reclamações sobre as perguntas, entre outros. Todos esses eventos devem ser padronizados e os aplicadores devem ter uma norma de conduta a seguir em cada caso. Um aplicador de questionário nunca pode entrar em conflito com um respondente, uma vez que pode prejudicar a reputação da organização que conduz a pesquisa.

Uma vez que a formação dos aplicadores tenha sido concluída, o pesquisador deve monitorar o andamento da coleta de dados, estando disponível para os aplicadores se surgir um eventual problema no campo. Para minimizar o risco de problemas na coleta de dados, sugere-se uma sequência cronológica e formal, que deve ser adotada com todos os respondentes: primeiro, na abordagem ao respondente faça uma introdução, através de uma apresentação pessoal do aplicador do questionário e da empresa que está representando, caso esta não exija anonimato. Logo após, explique o propósito da pesquisa e o perfil da amostra. Em seguida, explique a estrutura da pesquisa e as razões para as perguntas. Importante que nesse exato momento seja mencionado o tempo de duração do questionário. Se o respondente der o consentimento, realize a pesquisa, esclarecendo dúvidas quando necessário. Por fim, agradeça à pessoa por sua participação.

10.4.2 Métodos de contato para aplicar questionários

O questionário, por ser um instrumento de coleta padronizado, permite vários tipos de contato com os respondentes. Em pesquisa de marketing, as formas de aplicar esse instrumento são conhecidas como métodos de contatos, e podem ocorrer de diversas formas. No entanto, na literatura de pesquisa de marketing seis são os métodos de contato mais utilizados: inquérito pessoal, telefone, correspondência, em domicílio, *e-mail*, internet e quiosque interativo.[9]

10.4.2.1 Inquérito pessoal

Tradicionalmente, o inquérito pessoal é o método de coleta de dados mais utilizado na pesquisa de marketing, devido às suas vantagens. Esse método obtém o maior número de informações possível do entrevistado, embora haja sempre o contato direto presencial de uma pessoa, no caso os aplicadores.

> **Palavra do especialista**
>
> As principais vantagens da coleta de dados *on-line* são: agilidade, eficiência, maior controle dos dados e do campo, amplitude na coleta e, além disso, em boa parte dos casos, mais economia. Não podemos deixar de falar das possibilidades multimídias que um questionário *on-line* nos permite, deixando o respondente mais confortável e seguro em suas respostas, sejam elas via *desktop* ou *mobile*. Pode ter estudos de gameficados, vídeos, exportar fotos, *conjoint*, *maxdiff*, *drag drop*, identificação facial e ocular, utilização do GPS para a localização exata do respondente, plataformas de estudos qualitativos, como: *Focus group on-line* e Comunidades *on-line* (MARKET RESEARCH ONLINE COMMUNITIES: MROCs). A coleta de dados *on-line* permite estar na vanguarda das inovações tecnológicas que se desenvolve ano após ano.
>
> **Cassiano Albuquerque** é sales management da multinacional NETQUEST e um dos precursores da coleta de dados *on-line* no Brasil.

Existem vantagens claras ao se realizar um inquérito pessoal. Primeiro, se um participante da pesquisa não entende o significado de uma pergunta, o pesquisador pode ajudar a esclarecer o mal-entendido. Isso irá assegurar que a questão seja entendida corretamente e, portanto, resultar em dados de pesquisa mais confiáveis. Segundo, há algumas pessoas que podem desconfiar da pesquisa de marketing e decidir não responder ao questionário. Com a presença do pesquisador, este pode sanar as dúvidas e gerar confiança aos respondentes.

Por fim, outra vantagem é que o pesquisador pode incentivar um participante a responder a todas as questões e preencher o questionário. O respondente da pesquisa pode, inicialmente, concordar em participar de uma pesquisa, porque não quer parecer rude quando convidado a participar. No entanto, uma vez com o questionário, ele pode se lembrar de que está com pressa para fazer algo. Porque está com pressa, o participante pode pular ou apenas deixar em branco as perguntas. Se estiver acompanhado de um pesquisador, ele vai notar essas omissões e solicitar ao participante que responda a todas as perguntas do formulário. Isso implica dizer que a presença do pesquisador aumenta as taxas de resposta.[10]

10.4.2.2 Por telefone

A pesquisa por telefone é uma coleta de dados em que se tem um questionário feito pelo telefone, com o auxílio de um telefonista. Esse tipo de coleta tem a vantagem de ser um meio rápido de obter informações, permitindo alcançar participantes geograficamente dispersos. A pesquisa por telefone pode alcançar sujeitos onde quer que eles vivam com um pequeno custo extra, já que não existem despesas com deslocamento. Para algumas amostras, essa forma de abordagem é muito convencional, como, por exemplo, aposentados.

Outra grande vantagem das pesquisas por telefone é o fato de permitirem o anonimato dos respondentes. Os entrevistados podem fornecer informações sem se identificarem, facilitando até os *feedbacks* negativos, o que em um inquérito pessoal poderia ser constrangedor para o respondente.

No entanto, a prática dessa abordagem evidencia que existe um desinteresse por parte dos entrevistados em responder, ocorrendo maior número de recusas do que na abordagem de inquérito pessoal. O fato de entrar em contato por telefone hoje em dia é um problema na pesquisa de marketing. Muitas pessoas estão abandonando os telefones fixos (residências), trocando-os pelos celulares. Quando se liga para um telefone fixo, sabemos que a pessoa está em casa e talvez tenha tempo de responder ao telefonista. Já no caso do celular, ela pode estar no trabalho, na rua, em uma festa, entre outros lugares. Esse fato resulta provavelmente em uma taxa de resposta pequena, pois nesses ambientes o respondente não tem tempo para responder.[11]

Outra dificuldade nesse tipo de abordagem é o número de pessoas que têm identificador de chamadas. Essas pessoas usualmente não atendem ao telefone se o número não for conhecido. Além disso, no Brasil a cada ano as leis de privacidade por telefone estão ficando mais rígidas, limitando o uso de pesquisa por telefone.

10.4.2.3 Por correspondência

O método de coleta de dados através de correspondência é útil para atingir distâncias longas e alcançar grande número de respondentes. Ele tem como característica ser autopreenchível, pois é enviado para os respondentes pelo correio. No entanto, não é utilizado com grande frequência no Brasil.

Apesar da não utilização corriqueira, existem vantagens significativas no uso de pesquisas pelo correio. Uma pesquisa pelo correio vai chegar ao destino de um indivíduo através de um endereço físico. Esse questionário exige que o instrumento seja claro e sintético para não suscitar dúvidas impossíveis de serem resolvidas, pois nesse caso não haverá a presença do pesquisador.

10.4.2.4 Por *e-mail*

Ultimamente tem crescido o número de questionários que são enviados por *e-mail*. Nesse método, não há interação pessoal entre respondente e pesquisador. O questionário é enviado para o *e-mail* particular dos respondentes. É comum que no corpo do *e-mail* venha uma explicação e, logo após, um *link* que leva ao acesso do questionário.

Existem pacotes comerciais de pesquisas *on-line*, com o auxílio de *softwares*, que podem ser comprados. Eles irão auxiliar no planejamento da pesquisa, na coleta e na tabulação dos resultados. Nesse tipo de coleta deve-se tomar cuidado pois, embora as perguntas não sejam alteradas, a forma como as perguntas são apresentadas pode se tornar diferente dependendo do computador do respondente.

A principal diferença entre a pesquisa por *e-mail* e as outras abordagens de pesquisa é que os resultados dessa abordagem costumam aparecer imediatamente. Isso permite aos pesquisadores controlar o número de respostas e enviar lembretes de *e-mail* para aqueles que não responderam. Também permite que os pesquisadores alterem qualquer uma das perguntas que parecem estar causando confusão, apesar de essa prática não ser muito recomendada na aplicação de questionários.

Como desvantagem, o questionário enviado por *e-mail* traz o problema dos *spams*. Muitos possíveis respondentes ficam receosos em abrir *e-mails* que são destinados a muitas pessoas, pois ficam com medo de encontrar algum vírus. Além disso, o envio por *e-mail* de questionário é destinado a certo grupo de pessoas que utiliza *e-mail*. Nem todos os públicos têm o hábito de responder a questionários por *e-mail*.

No caso da aplicação de questionário via *e-mail*, recomenda-se que no corpo do *e-mail* o pesquisador explique qual o objetivo da pesquisa e por que o respondente foi selecionado como amostra.

Também se pode fornecer detalhes metodológicos da pesquisa e o contato para eventuais dúvidas. Esses detalhes podem assegurar ao respondente a confiança necessária para começar a responder ao questionário. Além disso, tente mostrar a importância da pesquisa e quanto tempo em média o questionário pode ser respondido. Inclua ainda instruções de preenchimento e o *link* que leva ao questionário. Por fim, no

154   Capítulo 10

término do questionário, coloque uma nota de agradecimento e disponibilize um *e-mail* para contato.

10.4.2.5   Em domicílios

O conceito de família pode ser entendido como um subgrupo dentro de uma classificação mais ampla que chamamos de domicílio nos estudos de pesquisa de marketing. Os domicílios são formados por todas as pessoas que vivem em um mesmo teto, casais, filhos, parentes, colegas que dividem o imóvel, entre outros.

Um domicílio constitui uma unidade essencial no mercado de numerosos produtos e serviços. Por essa razão, uma das tarefas mais importantes da pesquisa de marketing é conhecer com precisão o comportamento de compra nos domicílios. Nesse tipo de coleta de dados, três informações são extremamente importantes: posse ou intenção de compras de bens, rendimentos do domicílio e a identificação das pessoas influentes no processo de compra. Além dessas informações, é interessante observar informações que classificam o domicílio em classes sociais.

A coleta de dados em domicílios se propõe a analisar as informações com relação ao comportamento do casal que vive maritalmente (legalmente ou não) em um domicílio. As informações podem ser obtidas por entrevistas com um dos componentes do casal ou mesmo com os dois, sendo entrevistados independentemente. Sugere-se a entrevista individual devido ao fato de o casal nem sempre estar de acordo com o seu papel no processo de compra.[12]

É interessante salientar que existe uma relação de congruência das respostas com a idade do casal e seu tempo de casamento, isto é, com o ciclo de vida de família. Nota-se que a congruência diminui nas últimas etapas do ciclo de vida.[13]

10.4.2.6   Pela internet

Esse tipo de técnica é um levantamento em que o questionário autopreenchível é publicado em determinado *website*. O respondente preenche as respostas que aparecem na tela, clicando em um ícone ou codificando uma resposta.

> **Palavra do especialista**
>
> Basicamente, as dificuldades se concentram em dois pontos principais: quando a coleta de dados tiver como foco eventos retrospectivos (*surveys*), ela dependerá da memória do consumidor sobre o processo de recuperação, o que pode acarretar em uma menor confiabilidade das informações fornecidas. Para reduzir esse problema, pode-se limitar o tempo de ocorrência do evento (p. ex.: relato de falhas ocorridas no último mês). Além disso, se os dados forem coletados em *sites* como MTurk ou CrowdFlower, há uma maior suspeita de que possam ser forjados, isto é, que o sujeito responda sobre um processo de recuperação fictício, apenas para receber o pagamento. Quando a coleta se der através do método experimental, a principal dificuldade é

> gerar no respondente, através de cenários, emoções semelhantes às geradas em um evento real (p. ex.: raiva). De outra forma, submetê-lo a uma situação de falha e recuperação real (i.e., "manipulada" pelo pesquisador) para se aumentar a validade ecológica acarretaria, além de problemas éticos, dificuldades em convencer empresas a submeterem seus clientes, de propósito, a situações de falhas, para avaliar suas repercussões.
>
> **Dra. Cristiane Pizzutti dos Santos** é professora da Escola de Administração da Universidade Federal do Rio Grande do Sul e tem experiência na área de Administração, com ênfase em Mercadologia, atuando principalmente com os seguintes temas: gerenciamento de reclamações, serviços, comportamento do consumidor e confiança.

Uma das grandes vantagens de utilizar pesquisas pela internet é que elas são baratas e rápidas. A coleta de dados pela internet permite que os profissionais de pesquisa alcancem grande público de modo rápido e a um custo bem razoável. Outra vantagem é o apelo visual e a interatividade. O pesquisador pode usar questionamento com base nas respostas anteriores dos respondentes. Por fim, a coleta pela internet acontece em tempo real, já que a interação ocorre de computador para computador, as respostas são introduzidas diretamente no computador do pesquisador assim que o questionário é respondido.

Há também desvantagens nas pesquisas pela internet. Primeiro, os entrevistados devem ter acesso ao computador. Eles também devem se sentir confortáveis ao responder a perguntas *on-line*. Outra desvantagem é que os potenciais participantes se concentraram nas parcelas mais jovens da população e com alto índice de escolaridade. No entanto, se a amostra da pesquisa exige respostas a partir de uma variedade de tipos demográficos e psicográficos, a pesquisa pela internet não é recomendada.

10.4.2.7   Pelo quiosque interativo

A pesquisa em quiosques interativos é aquela realizada por um computador com tela sensível ao toque. É comum ver esses quiosques em exposição, em conferências de negócios, em aeroportos ou em outros locais de tráfego intenso para conduzir um levantamento interativo. Esse tipo de coleta é caracterizado pela rapidez e eficácia, capturando os dados em tempo real. O controle dos *retornos* dos questionários preenchidos é também conferido *in loco*. A principal desvantagem é o fato de que ele não mantém o sigilo do que responde, pois a abordagem é feita em lugar público.

10.4.3   Responder pesquisas é algo que incomoda as pessoas?

Como pode ser percebido, existem vários métodos de contato que um pesquisador pode utilizar. Mas, dentre estes, qual o mais eficiente? Qual aquele em que se consegue obter mais informações para uma pesquisa de marketing? Na verdade, essas são perguntas que não dependem diretamente apenas do método, mas também do que se pretende pesquisar e da popularidade do método.

> **Dica**
> Nenhum método de aplicação de questionário é superior a outro. A aceitação do uso de coleta de dados depende das características de cada país. Por exemplo, os métodos de coleta de dados feitos por painel ou computador dependem diretamente do nível de desenvolvimento tecnológico do país.

Sabemos, por exemplo, que o brasileiro não tem o hábito de responder a perguntas na rua e, em alguns casos, o respondente acha a pesquisa por telefone uma invasão de privacidade. Esse fenômeno se repete em países que passaram por um desenvolvimento econômico tardio. Grande parte da população dos países em desenvolvimento tardio só começou a usar telefone nas últimas décadas, não estando acostumada a receber contato telefônico de empresas de pesquisas.

> **Dica**
> Ao comparar dados que foram coletados entre países diferentes, é preciso garantir a equivalência e a comparabilidade entre os países. Diferentes métodos podem testar a confiabilidade em diferentes países.

Em países como Estados Unidos e Canadá, há uma aceitação grande de pesquisas em domicílios e por telefone. Esses são os modos dominantes nesses países. Essa situação acontece semelhantemente em outros países europeus como a Suécia.[14] As entrevistas feitas em *shoppings* não são tão bem aceitas na maioria dos países europeus, salvo exceção para alguns países como a Suécia e a Suíça. Já a abordagem feita na rua ou nas praças tem grande aceitação na França e nos países baixos.[15]

> **Dica**
> O uso de coleta de dados em *shoppings* depende da liberação da administração do *shopping* e das lojas que compõem o ambiente de varejo. Ao elaborar uma pesquisa para ser realizada dentro de um *shopping*, o pesquisador deve estar atento, pois aquele é um lugar em que as pessoas têm o hábito de consumidores e, em alguns casos, estes não gostam de responder a perguntas.

Com relação à coleta de dados pela internet, esta é bem aceita em países que têm um alto nível de escolaridade. Nesses locais, as pessoas não ficam chateadas em responder às perguntas que são endereçadas pela internet. São exemplos de países que aceitam bem as pesquisas pela internet: Holanda, Islândia, Canadá, Dinamarca, Noruega, Estados Unidos, entre outros. Na Ásia, África e América do Sul não se tem o uso tão corriqueiro de pesquisas pela internet e painéis, devido ao fato de existir uma baixa escolaridade nestes. Além disso, boa parte dessa população vive em zonas rurais.[16]

10.4.4 Técnica de respostas aleatórias: a avaliação de assuntos considerados tabus

Existem assuntos que são complicados de se avaliar por meio de um questionário, pois são considerados tabus, como uso de drogas, sexo, violência, voto, entre outros assuntos polêmicos ainda nos dias de hoje. Quando questionadas sobre esses assuntos, as pessoas tenderão a mentir, por isso é complicado aplicar questionários, pois os respondentes podem querer esconder algo.

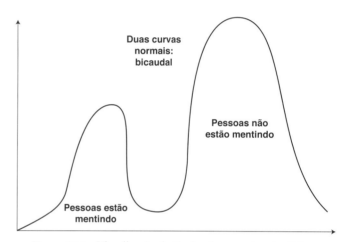

Figura 10.4 Visualização da técnica de respostas aleatórias.

O método das respostas aleatórias é usado para os casos em que as pessoas tendem a esconder e responder erroneamente a um questionário. Consiste em associar duas curvas de distribuição normal, em que o pesquisador distingue uma curva da outra. Necessariamente neste caso teremos que trabalhar com um conjunto de entrevistados que nos gere curvas normais de distribuição.

O modelo é bem simples. Podemos pegar um dado não viciado e dizer para o entrevistado o seguinte: Se sair as faces 1 e 2, você responde mentindo, e se sair 3, 4, 5 e 6, você conta a verdade. O respondente fica em uma cabine isolada e joga o dado. Se sair, por exemplo, o número 5, ele vai responder sinceramente a todas as perguntas, caso saia o 2 ele mentirá em suas respostas.

Isoladamente, o pesquisador não consegue ver qual entrevistado está mentindo. Porém, no coletivo sim, pois ele vai ver a composição de duas curvas normais dentro da distribuição. A curva maior é aquela em que as pessoas estão contando a verdade, pois estatisticamente ela terá mais ocorrência. Desse modo, o pesquisador poderá escolher a curva em que as pessoas estão dizendo a verdade, separar os respondentes desta e fazer uma análise estatística do resultado.

156 Capítulo 10

10.4.5 O uso de incentivos para motivar as respostas

O uso de incentivos para motivar as pessoas a responderem aos questionários é bem comum nas pesquisas de marketing. Um cuidado especial que se deve tomar é não deixar que o respondente fique influenciado pelo incentivo. Exemplificando, se for uma pesquisa sobre a marca de um produto, o respondente poderá elogiar em excesso a marca por estar recebendo um incentivo no momento de responder às perguntas do questionário.[17]

O incentivo também pode ser direto. Um produto gratuito, um brinde ou um cupom de desconto poderia ser dado a quem responder a toda a pesquisa. Esse tipo de incentivo tem a vantagem de motivar a participação e também o preenchimento completo e sem erros do questionário.[18]

Aconselha-se o uso de incentivos indiretos, como o sorteio de um prêmio. No caso, se for uma pesquisa sobre consumo de cosméticos, pode-se sortear uma cesta de materiais de beleza. Cada respondente ganha uma senha. No fim da pesquisa, ocorrerá um sorteio. O vencedor leva a cesta com os cosméticos. Nesse caso, o entrevistado vai querer participar, motivado pela chance de ganhar o prêmio. O incentivo escolhido deve ser de interesse para a amostra da população a ser pesquisada.

10.5 COLETA DE DADOS POR MEIO DE PESQUISAS BIBLIOGRÁFICA E DOCUMENTAL

As pesquisas bibliográficas e documentais são duas formas de se coletar dados secundários na pesquisa de marketing. Por não ser considerados dados originados na própria pesquisa, existem cinco requisitos básicos que devem ser respeitados no momento de se coletar dados secundários: (a) relevância – devem abordar a questão de pesquisa; (b) credibilidade – a fonte de origem da informação deve ser confiável; (c) oportuno – os dados não devem estar desatualizados; (d) preciso – os dados devem estar corretos; e (e) acessível – se não tiver acesso livre, o pesquisador poderá arcar financeiramente pelos dados.[19]

10.5.1 Pesquisa bibliográfica

A pesquisa bibliográfica é oriunda das fontes de conhecimento acadêmicas que relacionam periódicos sobre determinado tema estudado. Diz respeito ao conjunto de conhecimentos humanos reunidos em obras, como, por exemplo: trabalhos de conclusão, dissertações, teses e artigos. Tem como principal finalidade conduzir o leitor a determinado assunto e proporcionar produção, coleção, armazenamento, reprodução, utilização e comunicação das informações coletadas para o desempenho da pesquisa.

Os dados secundários que resultam de estudos realizados por pesquisadores acadêmicos podem ser muitas vezes encontrados em publicações de congressos e revistas acadêmicas. Grande parte desses estudos é de pesquisa básica e não aplicada. Desse modo, recomenda-se o uso desses dados para fornecer *insights* sobre as causas de um problema. Eles raramente vão responder a uma pergunta de pesquisa diretamente.

Essas pesquisas bibliográficas podem ser de caráter quantitativo, em que as informações são apresentadas numericamente, ou qualitativo, em que as informações não são estatísticas.

10.5.2 Pesquisa documental

A pesquisa documental é aquela realizada com documentos considerados cientificamente autênticos. Os documentos contemporâneos ou retrospectivos são considerados dados secundários e podem ter sido coletados como parte de uma pesquisa realizada por instituições de ensino, órgãos de governo, representantes de classe, empresas privadas ou empresas de pesquisa.

Uma vez aprovada uma proposta de pesquisa, os pesquisadores são tentados a começar imediatamente a busca de dados primários. No entanto, muitos podem ser encontrados em documentos, sem ser necessária a busca de dados primários. Há ocasiões em que apenas a análise de documentos é suficiente. Ao analisar os documentos, pode-se encontrar uma resposta para um problema de pesquisa.[20]

Além disso, os documentos podem fornecer informações que ajudarão a projetar pesquisas futuras e definir metodologia a ser seguida na coleta dos dados primários, como, por exemplo, a criação de um questionário ou a elaboração de um *focus group*.

10.5.2.1 Cuidados necessários no momento de selecionar documentos

Os documentos têm a vantagem de ter um menor custo, pois os custos associados a encontrar dados primários envolvem o desenho da metodologia de investigação, a determinação e obtenção de uma amostra, a coleta e análise dos resultados. Além do custo, os documentos costumam economizar tempo dos pesquisadores. Porém, aconselha-se o uso de documentos somente quando eles forem relevantes e disserem respeito ao problema de pesquisa. Caso contrário, os dados secundários podem fazer com que o pesquisador fuja do foco central da pesquisa.

No entanto, nem todos os documentos são gratuitos. Se forem obtidos a partir de um fornecedor comercial, pode haver um custo envolvido. Se esse for o caso, os investigadores podem achar que o custo dos documentos é ainda muito mais baixo do que o custo da obtenção dos dados através de pesquisa primária.[21]

Os documentos selecionados devem ser acessíveis e confiáveis. Os pesquisadores devem tomar cuidado ao verificar a credibilidade das fontes de dados para garantir que estes venham de organizações de renome e reputação. Caso a fonte da informação seja um *site* ou um *blog*, pode ser mais difícil determinar credibilidade e reputação. Cabe ao pesquisador verificar a organização responsável pelo conteúdo de um *site* ou de um *blog*.

10.6 | A COLETA DE DADOS VIA *AMAZON'S MECHANICAL TURK* (MTURK)

Tecnologias atuais e emergentes permitem aos pesquisadores recrutar participantes de diferentes maneiras. Uma dessas tecnologias é o *Amazon's Mechanical Turk* (MTurk). Essa tecnologia é basicamente um *site* de coleta de dados que contém elementos necessários para conduzir pesquisas pela internet: um sistema integrado de remuneração de participantes, um grande grupo de participantes e um processo simplificado de *design* de estudo e recrutamento de participantes.[22] O MTurk funciona como um balcão ou leilão único para se fazer pesquisa, reunindo as pessoas e ferramentas que permitem a criação de tarefas, recrutamento e compensação de mão de obra para a coleta de dados.[23]

O *site* possui uma centena de milhares de respondentes de pesquisa com um potencial alto de diversificação, espalhados em mais de 100 países. Os pesquisadores podem criar e publicar praticamente qualquer tarefa que possa ser feita em um computador (por exemplo, pesquisas, experimentos etc.) usando modelos simples ou *scripts* técnicos ligados a pesquisas *on-line* (por exemplo, *SurveyMonkey*, *qualtrics*, entre outros). Os pesquisadores se inscrevem postando suas pesquisas e podem selecionar perfil de respondentes apropriados para sua demanda. Os respondentes são remunerados pelos questionários que respondem. Os respondentes podem consultar as tarefas disponíveis e são pagos após a conclusão com êxito de cada tarefa.

Os pesquisadores depositam dinheiro em uma conta usando um cartão de crédito e definem o valor da compensação antes de lançar uma tarefa. A compensação no MTurk é monetária, mas a quantidade concedida é tipicamente pequena (por exemplo, dez centavos para tarefas de 5 a 10 minutos). Os pagamentos para os respondentes podem ser concedidos automática ou manualmente com base na qualidade de cada resposta. Em média, a Amazon cobra uma taxa de 10%.[24]

Ao compararmos coletas de dados através de participantes recrutados via Amazon's Mechanical Turk (MTurk) e participantes de redes sociais como Twitter, Facebook e Reddit, percebemos que os respondentes do MTurk são mais heterogêneos socioeconômica e etnicamente.[25] Outro ponto importante é que os respondentes do MTurk conhecem mais pesquisas, pois estão habituados a preencher rotineiramente pesquisas. Isso quer dizer que eles estão mais treinados a responder a pesquisas.

Os pontos positivos do MTurk referem-se ao fato: (1) de ser uma coleta rápida de dados, (2) de ter uma ampla representação global e (3) de a relação custo-benefício não ser alta.[26] Os pontos negativos do MTurk referem-se ao fato: (1) de as pesquisas não serem supervisionáveis, (2) de não se saber o ambiente de resposta dos respondentes e (3) de serem motivadas por interesses financeiros.[27]

Resumo dos principais tópicos do capítulo

A coleta de dados pode ser obtida do pesquisado por meio de sua própria declaração, oralmente ou por escrito ou também de gestos. Em pesquisa de marketing, as principais formas de coletar dados são: entrevista, observação, questionário e documentos/materiais bibliográficos. A entrevista é uma forma de interação social. Ao fazê-la, o pesquisador procura encontrar o que as pessoas pensam. A tipologia que define as entrevistas pode acontecer através de duas classificações: (a) quanto à formalização dos procedimentos de coleta de dados e (b) quanto à manifestação dos objetivos da coleta. Se confrontarmos as duas classificações, podemos ter três tipos diferentes de combinações de entrevistas: entrevistas estruturadas diretas, entrevistas não estruturadas diretas e entrevistas indiretas. A observação sistemática procura observar as pessoas no que elas fazem. Na coleta de dados, essa técnica assume um formato estruturado e controlado, podendo ocorrer em situações de campo ou laboratório. O pesquisador no caso observado não interroga nem se comunica com as pessoas, a fim de obter informações. Com relação aos tipos de observações sistemáticas que podem ser feitas, existem três divisões básicas, diferenciadas de acordo com a operacionalização e as características da sua execução: (a) estruturado *versus* não estruturado, (b) disfarçado *versus* não disfarçado e (c) natural *versus* planejado. Na pesquisa de marketing, existem cinco formas de aplicação de observações sistemáticas: observação pessoal, observação mecânica, auditoria, análise de conteúdo e análise de traço. O método de aplicação por meio de questionários é utilizado para obtenção de informações baseada no interrogatório dos participantes, aos quais se fazem várias perguntas padronizadas e ordenadas sobre seu comportamento, intenções, atitudes, percepção, motivações e características demográficas e de estilo de vida. Dentro da literatura de pesquisa de marketing, seis são os métodos de contato mais utilizados: inquérito pessoal, telefone, correspondência, em domicílio, *e-mail*, internet e quiosque interativo.

Case 14: Roubos e furtos: uma análise da percepção dos cidadãos

Nos últimos tempos, tem-se discutido muito o aumento da violência no mundo. Todos os dias, os telejornais nos mostram guerras intermináveis, pessoas que assassinam outras por nenhum motivo concreto e várias notícias de assaltos e sequestros. Isso já se tornou tão comum em nosso dia a dia, que achamos normal esse tipo de situação e muitas vezes, após sofrermos algum tipo de violência, dizemos: "ainda bem que fiquei vivo".

Essa "normalidade" com que as pessoas tratam os roubos foi o que motivou a realização dessa pesquisa. Inicialmente, procuramos dados concretos sobre as ocorrências registradas nas delegacias, buscando informações sobre a reação das pessoas, sobre os abalos psicológicos. A partir desses dados levantados, foi decidido o tema de pesquisa: percepção sobre furtos e roubos na visão dos cidadãos brasileiros.

O método pelo qual se pretendeu atingir o objetivo proposto nesse trabalho foi dividido entre abordagens exploratórias e descritivas, e foram buscados, respectivamente, o aprofundamento sobre o assunto estudado e a coleta e análise de dados primários.

Na abordagem exploratória ocorreu a coleta de dados secundários, visando à caracterização do conteúdo com dados

158 Capítulo 10

próximos à realidade da população estudada, realizada por meio de consulta a *sites*, a informativos de organizações não governamentais (ONGs) e a dados estatísticos de órgãos do governo, como o Instituto Brasileiro de Geografia e Estatística (IBGE) e a Fundação de Economia e Estatística (FEE).

A fim de aprimorar a determinação das variáveis relativas à percepção em relação a furtos e roubos, foi realizado um grupo motivacional ou *focus group*. Essa técnica permite que os participantes, liderados por um moderador, discutam profundamente determinado tópico ou conceito.

O critério principal da seleção dos participantes foi o das informações que podem ser obtidas deles. Para o grupo focal, foram convidados profissionais que atuam na área de segurança, assim como pessoas que tiveram ou que não tiveram experiências com furtos e roubos. Os convidados que participaram do grupo focal foram os seguintes: uma delegada, uma vítima de assalto, uma assistente social, um irmão de uma vítima que morreu em um assalto, um jornalista, um gerente de banco que foi vítima, um proprietário de uma empresa de segurança privada, uma psicóloga, uma pessoa que nunca foi assaltada, um policial civil, um comerciante que já foi assaltado e um sociólogo que trabalha em um grupo de pesquisa sobre violência e cidadania.

Para a realização do grupo motivacional, foi elaborado um roteiro de perguntas que norteou a discussão. Os tópicos relacionados foram os seguintes:

- percepção geral sobre furtos e roubos;
- mudança de hábitos após ter ocorrido o furto ou roubo;
- opiniões sobre os locais mais suscetíveis a furtos e roubos;
- opiniões sobre os meios de transporte mais suscetíveis a furtos e roubos;
- opiniões sobre a estrutura geral de polícia;
- opiniões sobre as políticas públicas.

O debate ocorreu em uma sala e foi gravado em arquivo de vídeo digital. Posteriormente ao término do grupo focal, foram realizadas a transcrição e a análise do debate do grupo focal, através das quais foram levantadas as seguintes variáveis:

- investimentos realizados em relação a furtos e roubos;
- objetos mais atraentes aos assaltantes;
- desconforto após situação traumática; e
- estrutura de segurança.

Após o encerramento do grupo motivacional, como forma de mostrar gratidão com a presença e com a atenção despendida, cada convidado recebeu uma planta e uma carta de agradecimento.

Na segunda etapa do método, foi aplicado um questionário, dividido em cinco partes:

- Parte 1 – Percepção sobre furtos e roubos;
- Parte 2 – Experiência pessoal (ou mais marcante);
- Parte 3 – Mudança de comportamento;
- Parte 4 – Afirmações relacionadas a furtos e roubos; e

- Parte 5 – Coleta de dados socioeconômicos e demográficos.

Após a construção do questionário, foi realizado um pré-teste para avaliar a necessidade ou não de alteração de questões, a compreensão das perguntas por parte dos entrevistados, se há ou não tendenciosidade e propostas de melhoria, para evitar os problemas potenciais da aplicação do questionário. Foram realizados 40 pré-testes e a necessidade de alterações foi relacionada à modificação de termos ou de enunciados e à inclusão do cartão com as escalas.

Com base nos pré-testes, decidiu-se que a população da pesquisa seria de pessoas maiores de 16 anos e que a amostra seria probabilística, o que, por sua vez, permite que os resultados identificados sejam representativos e possam ser generalizados para a população considerada. Mais precisamente, o processo de amostragem foi feito por "conglomerado".

O processo de amostragem iniciou-se com o sorteio das quadras a partir do mapa das cidades envolvidas, o qual possuiu 5.376 quadras numeradas. Foram sorteados 90 números, de 1 a 5.376. Dessa forma, as 64 primeiras quadras sorteadas foram agrupadas de duas em duas e cada um dos 32 coletadores recebeu duas quadras para a aplicação de 10 questionários para cada quadra, totalizando 20 questionários por coletador. Conforme metas estabelecidas no início da pesquisa e descritas na caracterização da amostra, objetivou-se atingir um nível mínimo de confiança de 95% e um erro amostral de 4,27%.

Os números restantes foram utilizados para eventuais dificuldades que pudessem ser encontradas nas quadras ou que impossibilitassem a coleta de dados. Algumas trocas foram necessárias, visto que algumas quadras não possuíam número mínimo de 20 domicílios, o que impossibilitava a coleta dos dados.

A aleatoriedade da coleta em cada quadra foi definida pelo "salto", dado da seguinte forma: dividir o número total de domicílios por 10 (número de questionários por quadra), e do resultado obtido desconsidera-se a casa decimal. O número que resultar será o "salto" da quadra. Caso o entrevistado não esteja em casa ou se negue a responder, deverá "voltar" um domicílio e realizar a pesquisa no anterior. O coletador deveria seguir nessa regra até conseguir efetivar a entrevista. A partir daí, então, voltar à contagem de "salto" em "salto". Se após uma "rodada" ao redor da quadra a entrevista se der em um domicílio já entrevistado, o pesquisador deverá consultar o domicílio imediatamente seguinte. Em edifícios residenciais, obedecer à ordem numérica decrescente dos apartamentos, incluindo o do zelador. Cada apartamento é considerado um domicílio. As quadras que não atenderam à exigência de 20 domicílios foram substituídas por outras que já haviam sido sorteadas anteriormente, mas que haviam sido deixadas na espera, caso fosse necessária a troca. Cada aluno recebeu duas quadras para a realização da pesquisa, devendo, obrigatoriamente, realizar 10 pesquisas em cada quadra.

No que tange aos resultados, dos 600 entrevistados, 48,8% eram do sexo masculino e 51,2% do masculino. Foi apurado na pesquisa que o cidadão experimenta furtos e roubos em maior intensidade do que mostram os números oficiais de ocorrências.

Quanto maior o nível escolar do cidadão, maior a probabilidade de ser roubado. Não houve registro na polícia em 35% dos roubos relatados em nossa pesquisa. A falta do hábito do registro tende a aumentar entre as pessoas com ensino fundamental. A ausência de registro é certamente favorecida num contexto em que 73% da população está insatisfeita com a estrutura de segurança da cidade e 77% com as políticas governamentais relacionadas, insatisfação essa capitaneada pelas pessoas mais escolarizadas. Tal insatisfação, curiosamente, não dependeria das experiências pessoais de roubo vividas pela pessoa ou por amigos ou familiares. Apuramos que parte da insatisfação da população com a estrutura de segurança é explicada por sua insatisfação com a quantidade e localização de policiais, e, em menor grau, com as viaturas e delegacias.

Na Tabela 10.3, pode-se notar que os respondentes apresentam certa tendência associativa entre o objeto que lhes foi roubado e as suas percepções quanto aos objetos que são mais atraentes aos ladrões. Os dados da tabela demonstram que entre as pessoas que afirmaram que carteira/bolsa é o objeto que mais atrai os meliantes 35,5% tiveram dinheiro, cheque ou cartão roubados. Essa análise também se aplica a telefone celular (24,1%) e a automóveis (24,6%).

Tabela 10.3 Relação entre objetos mais atraentes e objetos roubados

Objetos mais visados	Objetos mais roubados								
	Dinheiro, cheque ou cartão	Celular	Roupas	Acessórios (bonés, relógios, joias etc.)	Automóveis	Aparelhos (computador, MP3, máquina fotográfica, TV etc.)	Outro veículo	Outros bens	Total
Não resposta	20% (1)	20% (1)	–	–	40% (2)	20% (1)	–	–	100% (5)
Carteira ou bolsas	35,5% (93)	19,8% (52)	6,9% (18)	12,6% (33)	12,2% (32)	8,4% (22)	–	4,6% (12)	100% (262)
Telefone celular	31% (54)	24,1% (42)	4,6% (8)	14,4% (25)	13,8% (24)	6,9% (12)	0,6% (1)	4,6% (8)	100% (174)
Roupas e calçados	29,3% (12)	22% (9%)	19,5% (8)	14,6% (6)	2,4% (1)	2,4% (1)	-	9,8% (4)	100% (41)
Acessórios (bonés, relógios, joias etc.)	27,9% (12)	18% (11)	3,3% (2)	16,4% (10)	11,5% (7)	9,8% (6)	1,6% (1)	11,5% (7)	100% (61)
Automóveis	24,6% (67)	18,8% (51)	7,4% (20)	11,8% (32)	24,6% (67)	5,9% (16)	0,4% (1)	6,6% (18)	100% (272)
Aparelhos (computador, MP3, máquina fotográfica, TV etc.)	27,4% (26)	21,1% (20)	11,6% (12)	12,6% (12)	5,3% (5)	15,8% (15)	–	6,3% (6)	100% (95)
Residência	21,4% (6)	10,7% (3)	3,6% (1)	14,3% (4)	7,1% (2)	25% (7)	–	17,9% (5)	100% (28)
Outros	26,9% (7)	10,2% (5)	–	11,5% (3)	11,5% (3)	3,8% (1)	–	26,9% (7)	100% (26)
Não sabe	29,4% (10)	14,7% (5)	8,8% (3)	11,8% (4)	8,8% (3)	11,8% (4)	5,9% (2)	8,8% (3)	100% (34)
Total	29,4% (293)	19,9% (199)	7,1% (71)	12,9% (129)	14,6% (146)	8,5% (85)	0,5%(5)	7% (70)	100% (998)

Outro ponto importante de mencionar é que, como a resposta quanto ao objeto mais atraente era única (o entrevistado poderia citar apenas uma alternativa) e a resposta quanto a objetos roubados era múltipla (o entrevistado poderia citar mais de uma alternativa), alguns objetos roubados estão vinculados aos definidos como mais atraentes conforme a conveniência encontrada pelo contraventor. Portanto, para as pessoas que entendem como mais chamativos telefone celular, roupas e calçados, acessórios (boné, colar, relógio...), veículos e aparelhos eletrônicos (máquina fotográfica, TV, DVD, computador, rádio, mp3 player...), nota-se que grande parcela deles teve dinheiro, cheque ou cartão roubados (31,0%, 29,3%, 27,9%, 24,6% e 27,4%, respectivamente). Da mesma maneira, percebemos que, entre os que mencionaram residência, 25,0% tiveram aparelhos eletrônicos (máquina fotográfica, TV, DVD, computador, rádio, MP3 player...) levados, sinalizando que esses podem ser os objetos que mais motivam o roubo a domicílios.

Na Tabela 10.4, na qual os percentuais foram calculados em linha, pode-se notar que os respondentes que foram assaltados na rua ou tiveram amigos ou parentes também assaltados na rua tendem a se sentir mais seguros em suas próprias residências. Dos respondentes que se sentem seguros em suas residências, 17,2% foram assaltados nelas.

Outro ponto importante de mencionar é que a resposta quanto ao lugar mais seguro era única (o entrevistado poderia citar apenas uma alternativa) e a resposta quanto ao local que ocorreu o assalto era múltipla (o entrevistado poderia citar mais de uma alternativa). Podemos perceber que das pessoas que acham que em nenhum lugar estão seguras, 54,7% foram assaltadas na rua.

160 Capítulo 10

Tabela 10.4   Lugar mais seguro e local em que ocorreu o roubo

Lugar mais seguro	Local em que ocorreu o roubo							
	Em uma residência	No trabalho	No *shopping*	Na rua	No carro	No transporte coletivo	Outros	Total
Sua casa	17,2% (55)	6,3% (20)	–	60,3% (193)	7,8% (25)	4,4% (14)	4,1% (14)	100% (320)
Rua	11,1% (1)	11,1% (1)	–	77,8% (7)	–	–	–	100% (9)
Trabalho	15,8% (6)	–	–	68,4% (26)	7,9% (3)	7,9% (3)	–	100% (38)
Shopping	18,3% (11)	1,7% (1)	–	63,3% (38)	8,3% (5)	3,3% (2)	5% (3)	100% (60)
Escola ou Universidade	23,1% (3)	7,7% (1)	–	61,5% (8)	–	–	7,7% (1)	100% (13)
Bar ou Restaurante	–	–	16,7% (1)	66,7% (4)	–	16,7% (1)	–	100% (6)
Cinema	100% (2)	–	–	–	–	–	–	100% (2)
Posto de gasolina	–	–	–	100% (1)	–	–	–	100% (1)
Igreja	21,4% (3)	7,1% (1)	–	42,9% (6)	7,1% (1)	21,4% (3)	–	100% (14)
Delegacia	100% (1)	–	–	–	–	–	–	100% (1)
Em nenhum lugar	22,1% (19)	7% (6)	1,2% (1)	54,7% (47)	4,7% (4)	7% (6)	3,5% (3)	100% (86)
Total	18,3% (101)	5,6% (31)	0,4% (2)	59,9% (330)	6,9% (38)	5,3% (29)	3,6% (20)	100% (551)

Pode-se apurar que um grande contingente de pessoas compra produtos/serviços para aumentar sua segurança. A maioria dessas compras não aconteceria após a pessoa ter sido vítima de um roubo. Dinheiro, telefone celular e automóvel parecem ser percebidos pela população como os objetos mais atraentes aos ladrões, ao passo que, coincidentemente, aparecem nos roubos mais marcantes recordados pela população. O automóvel parece ser percebido como o veículo mais seguro, mas também como aquele que mais atrai assaltantes, razão pela qual constitui um dos destinos potenciais dos gastos com soluções para segurança. Além do automóvel, cerca de 70% dos cidadãos revela adquirir soluções para segurança em sua residência, percebida como o local mais seguro pela maioria da população, especialmente pelas pessoas cuja experiência de roubo mais marcante ocorreu na rua. Quanto maior a escolaridade da pessoa, mais caros os produtos adquiridos.

Da mesma forma que os roubos pouco influenciam na compra de produtos de segurança, ser vítima de um roubo pouco impactaria na mudança dos hábitos do cidadão, no sentido de ele passar a evitar situações potencialmente perigosas após o roubo. A existência de amigos ou familiares vítimas também não parece favorecer a alteração dos hábitos dos porto-alegrenses. Isso não significa que ser roubado não afeta as pessoas. A maioria dos porto-alegrenses roubados sente-se arrasada e/ou deprimida nos dias que se seguem, especialmente as mulheres e os idosos, ao contrário dos jovens, mais habituados à violência imutável da contemporaneidade.

Na realidade, os roubos estão ligados intimamente ao sentimento pessoal de segurança do cidadão. A percepção de que seus bens estão seguros e de que inexistem roubos parece ser o principal fator explicativo de seu sentimento de segurança. Tal sensação também dependeria, em menor grau, do sucesso das autoridades em controlar os roubos e da confiança no trabalho dos policiais. Em menor grau ainda, o sentimento de segurança relaciona-se à possibilidade de as pessoas serem livres para saírem de casa à noite. Também apuramos que tal sensação teria ligação com a recusa à crença de que ruas iluminadas têm menos roubos, crença um tanto "ingênua" nos tempos atuais.

Uma possível contribuição desse estudo está no auxílio a políticas públicas, pois os resultados buscam mostrar também que elementos da segurança pública e da estrutura de segurança transmitem ao cidadão uma sensação de segurança em relação a furtos e roubos.

Da mesma forma que contribui com o gestor público, esse estudo também é relevante ao gestor de organização interessada no mercado de produtos/serviços de segurança. Também avaliaremos as experiências e as percepções do consumidor acerca da compra de produtos/serviços para sua própria segurança, bem como seus hábitos preventivos. Os resultados da pesquisa permitirão ao gestor visualizar com mais clareza as características dos consumidores aos quais suas ofertas serão dirigidas.[28]

Com base no estudo de caso e na abordagem teórica deste capítulo, responda às perguntas a seguir:

1. Descreva quais as principais técnicas de coleta mencionadas no *case*.
2. Quais foram os principais resultados trazidos pela pesquisa?
3. Quais as principais recomendações gerenciais que a pesquisa descreveu?

Questões de discussão para aplicação da teoria

1. Imagine que você deve coletar dados em uma cidade que contém 30.000 habitantes. A sua amostragem deve conter 600 respondentes. Na sua opinião, qual seria o melhor método de contato a ser utilizado: inquérito pessoal, telefone, correspondência, em domicílio, *e-mail,* internet ou quiosque interativo? Explique por quê.

2. Você foi convidado para realizar uma pesquisa em um *shopping center* de uma grande cidade. Sua missão será analisar o comportamento de compra das pessoas que estão andando pelos corredores. No entanto, você não poderá abordar essas pessoas para conversar. Qual seria a técnica de coleta de dados que você utilizaria?

Notas

[1] Relatório de dados da pesquisa "Pesquisa sobre usuários de parques e praças" realizada pela turma de Pesquisa de Marketing da Universidade Federal do Rio Grande do Sul (UFRGS) no período de abril a junho de 2005, sob a tutela do Professor Dr. Walter Nique.

[2] Brasel, S.A., Gips, J. (2011). Media multitasking behavior: Concurrent television and computer usage. *Cyberpsychology, Behavior, and Social Networking*, *14*(9), 527-534.

[3] Krugman, D.M., Cameron, G. T., & White, C.M. (1995). Visual attention to programming and commercials: The use of in-home observations. *Journal of Advertising*, *24*(1), 1-12.

[4] Wedel, M., Pieters, R. (2000). Eye fixations on advertisements and memory for brands: a model and findings. *Marketing science*, *19*(4), 297-312.

[5] Lee, N., Broderick, A.J. (2007). The past, present and future of observational research in marketing. *Qualitative Market Research: An International Journal*, *10*(2).

[6] Malhotra, N. K., Birks, D.F. (2007). *Marketing research*: an applied orientation. 3. ed. London: Prentice Hall.

[7] Lee, N., Broderick, A.J. (2007). The past, present and future of observational research in marketing. *Qualitative Market Research: An International Journal*, *10*(2).

[8] Lietz, P. (2010). Research into questionnaire design: a summary of the literature. *International Journal of Marketing Research*, *52*(2), 249-272.

[9] Malhotra, N. K., Birks, D.F. (2007). *Marketing research*: an applied orientation. 3. ed. London: Prentice Hall.

[10] Kolb, B. (2008). *Marketing research*: a practical approach. London: Sage.

[11] Van Der Vaart, W., Ongena, V., Hoogendoorn, A., & Dzjkstra, W. (2006). Do interviewers voice characteristics influence cooperation rates in telephone surveys? *International Journal of Public Opinion Research*, *18*(4).

[12] Davis, H., Rigaux, B. (1974). Perception of marital roles in decision process. *Jornal of Marketing Research*, *1*, 51-62.

[13] Wilkes, R. (1975). Husband-wife influence in purchase decision: a confirmation and extention. *Journal of Marketing Research*, *12*, 224-226.

[14] Huang, C.L. (1998). Canadian business pursuits in the PRC, Hong Kong and Taiwan, and Chinese perception of Canadians as business partners, *Multinational Business Review*, *6*(1), 73-82.

[15] Han, C.M., Lee, B.Y., & Ro, K.K. (1994). The choice of a survey mode in country image studies. *Journal of Business Research*, *29*(2), 151-162.

[16] Grosh, M.E., Glewwe, P. (1996). Household survey data from developing countries: progress and prospects. *American Economic Review*, *86*(2), 15-19.

[17] Teisel, M., ROE, B., Voida, M. (2006). Incentive effects on the response rates, data quality and survey administration cost. *International Journal of Public Opinion Research, 18*(3).

[18] Saunders, J., Jobbber, D., & Mitchell, V. (2006). The optimum prepaid monetary incentives for mail surveys. *Journal of the Operational Research Society, 57*(10).

[19] Kolb, B. (2008). *Marketing research*: a practical approach. London: Sage.

[20] Dillon, W.R., Madden, T., & Firtle, N.H. (1994). *Marketing research in a research environment*. 3. ed. Homewood, Illinois: Irwin.

[21] Green, P.E., Tull, D.S., & Albaum G. (1993). *Research methods for marketing decisions*. 5. ed. New York: Prentice Hall.

[22] Hauser, D.J., Schwarz, N. (2016). Attentive Turkers: MTurk participants perform better on online attention checks than do subject pool participants. *Behavior research methods*, *48*(1), 400-407.

[23] Buhrmester, M., Kwang, T., & Gosling, S.D. (2011). Amazon's Mechanical Turk a new source of inexpensive, yet high-quality, data? *Perspectives on psychological science*, *6*(1), 3-5.

[24] Buhrmester, M., Kwang, T., & Gosling, S.D. (2011). Amazon's Mechanical Turk a new source of inexpensive, yet high-quality, data? *Perspectives on psychological science*, *6*(1), 3-5.

[25] Casler, K., Bickel, L., & Hackett, E. (2013). Separate but equal? A comparison of participants and data gathered via Amazon's MTurk, social media, and face-to-face behavioral testing. *Computers in Human Behavior*, *29*(6), 2156-2160.

[26] Buhrmester, M., Kwang, T., & Gosling, S.D. (2011). Amazon's Mechanical Turk a new source of inexpensive, yet high-quality, data? *Perspectives on psychological science*, *6*(1), 3-5.

[27] Hauser, D.J., & Schwarz, N. (2016). Attentive Turkers: MTurk participants perform better on online attention checks than do subject pool participants. *Behavior research methods*, *48*(1), 400-407.

[28] Relatório de dados da pesquisa "Percepção com relação a roubos e furtos" realizada pela turma de Pesquisa de Marketing da Universidade Federal do Rio Grande do Sul (UFRGS) no período de abril a junho de 2008, sob a tutela do Professor Dr. Walter Nique.

11

Técnicas de Interpretação de Dados

OBJETIVOS DO CAPÍTULO

No final deste capítulo, o leitor deverá ser capaz de:

◆ Entender as técnicas de interpretação de dados qualitativas.
◆ Entender as técnicas de interpretação de dados quantitativas.

FATORES QUE INTERFEREM NA SATISFAÇÃO DE USUÁRIOS DE TRANSPORTE PÚBLICO

O transporte público tem sido motivo de discussões fortes nos últimos anos, principalmente o feito por ônibus, pois tem caráter essencial para o deslocamento urbano nas grandes cidades. Boa parte da população é extremamente dependente desse meio de locomoção, principalmente a classe dos trabalhadores assalariados. Em função de sua importância social, a prestação desse serviço deve ser confiável e de qualidade. Para se prestar um serviço de qualidade é necessário conhecer as necessidades dos usuários e trabalhar para satisfazê-las. Mais que isso, é fundamental medir e monitorar o nível de satisfação dessas necessidades.

Dado o contexto em que o setor se insere, é importante que as prestadoras de serviço tomem conhecimento do nível de satisfação de seus clientes em relação às principais variáveis que compõem o conceito percebido como satisfação, para que essa informação possa ser usada como apoio no momento de tomar decisões. Pensando nisso, foi realizada uma pesquisa para mensurar o nível de satisfação dos usuários de ônibus em relação aos serviços prestados.

Para a realização da pesquisa, utilizaram-se os estudos qualitativo e quantitativo. No estudo qualitativo, foram identificadas as variáveis necessárias para a elaboração do questionário através da pesquisa exploratória e do grupo motivacional (*focus group*), sendo esta uma técnica de entrevista não estruturada preliminar e não conclusiva. Compareceram ao *focus group* 11 pessoas, sendo dois usuários de ônibus e nove representantes das empresas e instituições de transporte público.

A partir de variáveis identificadas no grupo motivacional, iniciou-se o estudo quantitativo no sentido de obter informações mais precisas, quantificáveis e possíveis de ser extrapoladas para a população.

Primeiramente, definiu-se a população de pesquisa: pessoas que tinham no mínimo 16 anos e eram usuários de ônibus. Posteriormente, o tamanho da amostra foi definido com base em um nível de confiança de 95%, com uma margem de erro de 5%, a qual deveria abranger aproximadamente 500 entrevistas.

O instrumento de coleta de dados foi um questionário estruturado não disfarçado, estruturado da seguinte forma: dados de identificação, questões fechadas e suas respectivas escalas. Consistiu em um instrumento de coleta de dados a ser respondido diretamente pela população-alvo da pesquisa e preenchido pelos entrevistadores. Na maioria das questões, foram utilizados cartões de resposta para que o entrevistado pudesse visualizar as alternativas possíveis.

No que tange ao perfil dos entrevistados, 58,26% eram do sexo masculino, 295 pessoas tinham idade entre 16 e 50 anos e 42,61% eram casados; 48,91% usavam o transporte coletivo para trabalhar, 17,83% usavam para estudar, 27,61% para passear e 34,33% para outros fins. Com relação à frequência do uso, 36,09% se autointitulam *light user* e 63,91% *heavy user*. Com base no número de linhas que utilizam semanalmente, 31,52% usam apenas uma, 51,30% utilizam de duas a três, 13,48% utilizam de quatro a cinco e 3,7% utilizam seis ou mais linhas.

164 Capítulo 11

Por meio da análise da média das respostas dos entrevistados, observa-se que o nível de satisfação geral dos usuários em relação ao transporte público de ônibus é de 73,89%, correspondendo a uma média de 3,69 numa escala de satisfação de 1 a 5, sendo 1 "muito insatisfeito" e 5 "muito satisfeito". Isso mostra que a avaliação está entre a indiferença e a satisfação, tendendo para esta última. Apesar desse resultado positivo, deve-se observar os 26,2% que restam na escala de satisfação dos usuários, pois isso indica que ainda há espaço para melhorar o serviço. Na Tabela 11.1, podem ser vistos a média e o desvio-padrão de cada variável analisada.

Tabela 11.1 Média de satisfação das variáveis

Variáveis	N	Média	Desvio-padrão	Variáveis	N	Média	Desvio-padrão
Número de paradas de ônibus disponíveis	458	3,89	0,75	Facilidade de acesso na entrada do ônibus	460	3,45	0,99
Apresentação pessoal do motorista	434	3,87	0,66	Conforto dos assentos	460	3,44	0,99
Acesso à campainha de solicitação parada	455	3,83	0,82	Nível de ruído dentro do ônibus	454	3,41	0,92
Cordialidade do motorista	457	3,81	0,8	Linhas de ônibus disponíveis	454	3,4	1,17
Distância entre as paradas de ônibus	459	3,79	0,8	Temperatura interna	457	3,31	1,04
Apresentação pessoal do cobrador	422	3,79	0,74	Calçamento da parada	457	2,23	1,10
Iluminação dentro do ônibus à noite	350	3,75	0,73	Ventilação	458	3,21	1,03
Conservação do ônibus	457	3,68	0,98	Pontualidade do ônibus na parada	443	3,05	1,21
Cordialidade do cobrador	425	3,66	0,88	Cobertura da parada	459	3,03	1,15
Limpeza	459	3,63	0,91	Lotação	459	2,94	1,16
Conduta do motorista ao volante	460	3,59	0,95	Divulgação de informação sobre linhas/ trajetos	427	2,94	1,17
Tempo gasto para deslocamento em relação ao trajeto	457	3,49	1	Divulgação de informações sobre horário	430	2,81	1,18
Sinalização da parada	456	3,48	0,99	Tempo de espera na parada de ônibus	460	2,77	1,16
Espaço entre os bancos destinados aos passageiros	459	3,46	0,99	Iluminação das paradas à noite	460	2,57	1,13

Percebe-se que a conservação do número de paradas de ônibus disponíveis é a variável que mais impacta na satisfação geral, seguida da apresentação pessoal do motorista. Assim, mudanças nessas duas variáveis tendem a ter reflexos mais efetivos sobre o nível de satisfação geral dos usuários. Evidentemente, as outras variáveis também influenciam a satisfação geral, embora não o façam de forma tão pronunciada.

Por último, foi realizada uma análise fatorial, agrupando as 28 variáveis analisadas em quatro grupos que resumem de forma eficiente os aspectos avaliados pelos usuários. Os grupos são: qualidade do ônibus, serviço dos funcionários, estrutura das paradas e qualidade dos serviços prestados. Com esses agrupamentos, torna-se mais fácil entender as variáveis e percepções dos usuários quanto ao sistema, facilitando o processo de decisão gerencial.

Observamos nessa pesquisa que para entender melhor as variáveis que influenciam na satisfação do usuário de ônibus foram utilizadas técnicas de interpretação e análise, entre elas a média/desvio-padrão e análise fatorial. Este capítulo se resume a entender essas técnicas de interpretação e análise de dados.

11.1 A INTERPRETAÇÃO E ANÁLISE DOS DADOS COMO ATIVIDADE MULTIDISCIPLINAR

Na atualidade, grande parte dos fenômenos sociais é complexa e associada a vários campos de conhecimento que pertencem a diferentes disciplinas.[1] Semelhante a esses fenômenos sociais, os estudos em pesquisa de marketing são pertencentes a diferentes disciplinas. Por essa razão, uma melhor compreensão desses fenômenos requer uma abordagem de interpretação e análise de resultados multidisciplinares. Para isso, podemos pensar na interpretação e análise de dados através das abordagens qualitativas e quantitativas, que exigem conhecimento de diferentes campos do conhecimento.

Nas abordagens qualitativas e quantitativas, encontramos diversas técnicas de interpretação de dados nas pesquisas de marketing que podem ser feitas com diferentes ferramentas.

Essas ferramentas podem ser guias práticos ou *softwares* que ajudam nas entradas de dados, processamento e saídas de informações na pesquisa de marketing.

Além do uso dessas ferramentas, é necessário que o pesquisador tenha conhecimento em diversas outras áreas de estudo, devido à multidisciplinaridade que envolve o processo de interpretação dos dados. O pesquisador deverá buscar aprofundamento em áreas do conhecimento como: antropologia, sociologia, psicologia, comunicação, economia, estatística, entre outras tantas, utilizadas nas pesquisas de marketing.

11.1.1 Análise de dados não é "máquina de fazer linguiça"

Fazer uma análise de dados é algo que requer concentração e análise crítica por parte do pesquisador e de sua equipe de trabalho. As pesquisas qualitativas e quantitativas não devem ser resumidas em pegar os dados brutos disponibilizados em um roteiro de entrevista ou questionário e processar em um *software* como se fosse uma "*máquina de fazer linguiça*" e, logo depois, disponibilizar as informações ao público interessado, sem uma visão crítica.

O pesquisador deve ter consciência de que a sua contribuição na análise dos dados é fundamental para que a pesquisa alcance os resultados esperados quando foi formulado o problema de pesquisa. É comum encontrar relatórios de pesquisas cujos gráficos são explicados apenas descritivamente, como, por exemplo, 30% discordam e 70% concordam, ou 40% estão satisfeitos e 60% insatisfeitos, ou 10% não comprariam de novo e 90% voltariam a comprar.

Em pesquisa de marketing, o pesquisador deve ter um posicionamento e expressar uma opinião, não se apoiando apenas na cientificidade das informações encontradas. Espera-se que ele forneça informações para a tomada de decisão, e o seu posicionamento é importante, pois ele teve contato direto com várias partes da etapa do processo de pesquisa.

11.2 INTERPRETAÇÃO E ANÁLISE DOS DADOS QUALITATIVOS

A interpretação e a análise de dados qualitativos servem para investigar fenômenos complexos na pesquisa de marketing. Essas interpretações dos dados qualitativos são usadas quando há documentos, observações ou entrevistas que demonstram comportamento da vida real das pessoas ou descrições de manifestações que não podem ser refletidas por documentos padronizados.[2]

Apesar de existir uma extensa literatura, apoiada em artigos e livros, ainda nos deparamos com carência de um método sistemático para construção, interpretação e análise dos dados. Esse fato deve-se claramente à multidisciplinaridade de técnicas que envolve o campo da interpretação dos dados qualitativos.[3]

Devido à complexidade da interpretação dos dados qualitativos, aconselha-se que cada vez mais o pesquisador tenha conhecimentos em diversos campos de atuação e procure manter uma equipe de pesquisa multidisciplinar.[4]

> **Dica**
>
> É comum nas pesquisas quantitativas que as pessoas que coletaram os dados não sejam as mesmas que transcreverão a base de dados. No caso das pesquisas qualitativas, sugere-se que a mesma pessoa que fez, por exemplo, uma entrevista a transcreva para uma posterior análise. Nas pesquisas qualitativas, é importante que na transcrição das entrevistas o pesquisador relate perfeitamente o que aconteceu em campo.

Assim, seleção, treinamento, supervisão e avaliação das pessoas que vão trabalhar na interpretação dos dados requerem cuidados fundamentais. O uso de pessoas para interpretação de dados com formação específica do que está sendo pesquisado é desejável, pois estarão familiarizadas com a técnica e forma de disposição de dados. Por exemplo, um antropólogo seria aconselhável para a realização de uma etnografia.

11.2.1 O histórico da interpretação e análise dos dados qualitativos

O histórico da interpretação dos dados qualitativos se resume em um período pouco maior que 100 anos. Para melhor entender as contribuições da interpretação e análise dos dados qualitativos, podemos dividir esse período em cinco fases.[5] Em sua primeira fase, que decorre dos anos de 1900 até os primeiros anos da década de 1950, houve o período em que as interpretações qualitativas estudavam diferentes grupos de pessoas, dentro dos valores da cultura ocidental. Essa fase foi conhecida por período tradicional e teve a contribuição direta de pesquisadores da sociologia e antropologia. Em sua essência, existiam formas de conhecimento escritas através do método científico que eram superiores às outras formas de conhecimento.

A segunda fase, das interpretações qualitativas, foi denominada "modernismo" e se estendeu de 1950 a 1970. Os pressupostos dessa fase foram herdados do período tradicional, no entanto novos grupos de estudos começaram a fornecer dados para serem analisados. A terceira fase ocorreu depois do modernismo e foi denominada "gêneros misturados". Representava a emergência de novos métodos e estratégias, contaminados pelas mudanças sociais da década de 1960.

No campo da psicologia, por exemplo, os anos 1960 foram responsáveis pelo aparecimento de abordagens de pesquisa qualitativa que foram usadas pelos pesquisadores para obter uma compreensão mais naturalista, contextual e holística dos seres humanos em sociedade. Essas abordagens se centraram no estudo de fenômenos em seus ambientes naturais, que se esforçam para lhes dar sentido ou interpretá-los com respeito aos significados que as pessoas trazem para eles.

A quarta fase é conhecida como crise da representação e durou poucos anos, de 1986 a 1990. Nessa época, as interpretações qualitativas receberam vários questionamentos com relação ao seus critérios de validade, generalização e fidelidade. Após os anos 1980, na última fase, a interpretação dos dados qualitativos começa a ser mais bem aceita em diversos campos do conhecimento.[6]

11.2.2 Níveis de análise nas pesquisas qualitativas

Em uma pesquisa de marketing, não apenas o foco das câmeras deve estar bem ajustado em *focus group* ou os gravadores devem estar bem posicionados em uma entrevista; além disso, o foco e a audição dos pesquisadores devem estar apurados também.

As técnicas de análise qualitativas não são tão simples quanto muitos podem pensar, principalmente porque analisar os indivíduos, o que eles dizem e o que eles fazem é extremamente complexo. Esse exame exige muito estudo. Podemos aqui dividir o nível de análise de dados qualitativos em três partes: verbal, gestual e subliminar.

O primeiro, chamado de linguagem verbal, é o mais simples. É procurar com que o pesquisador se comunique na mesma língua dos entrevistados. Isso quer dizer, estou falando português e estou entendendo português, ou seja, procurar comunicar e compreender o que os entrevistados estão argumentando. Devemos, então, procurar nos comunicar na mesma linguagem. Não é uma coisa tão difícil, eu preciso falar a sua língua.

A linguagem é o sistema no qual os indivíduos manifestam seus sentimentos e ideias através da fala, escrita ou sinais convencionais. No seu dia a dia, o ser humano faz o uso da linguagem verbal e não verbal. Em linguagem verbal, nos comunicamos pela fala e escrita, do ponto de vista oral/auditivo. Isso implica dizer que o pesquisador deve estar atento à fala dos entrevistados. Deve entender os jargões e a cultura da linguagem verbal dos entrevistados, seja em uma aldeia de índios, em uma cidade do interior, em uma tribo de surfistas, em um conjunto de empresários, entre tantos outros lugares em que haja jargões e cultura de linguagens verbais diferentes. Então, deve-se entender que quando estamos fazendo uma pergunta estamos realizando um processo de comunicação. Isso é fundamental!

> **Palavra do especialista**
>
> A Teoria do Discurso é uma combinação de pensamento social pós-marxista e linguística pós-Saussuriana, que Laclau e Mouffe fundem em uma única teoria abrangente do mundo social.[7] Como pós-marxistas, criticam a estrita divisão entre base material-econômica e superestrutura. Avançam o conceito gramsciano de hegemonia, o que implica que a superestrutura é mais do que um simples reflexo da realidade material na medida em que pode contribuir para a criação da própria realidade social. Por sua vez, o discurso do marketing acadêmico pode ser abordado a partir de duas hegemonias. Por um lado, o marketing pode ser percebido concentrando-se em questões de consumo e, portanto, preocupado com a compreensão das escolhas dos consumidores no mercado e como as organizações podem ganhar conhecimento sobre essas escolhas e afetá-las. Por outro lado, o marketing pode ser percebido como um discurso gerencial focado na prescrição de determinada gestão organizacional orientada para o mercado. Então, a construção de uma teoria do discurso de marketing pode contribuir de fato para o entendimento da dinâmica produtora de determinada hegemonia.
>
> **Dr. Sérgio Carvalho Benício de Mello** é professor associado da Universidade Federal de Pernambuco, atuando principalmente com os seguintes temas: Tecnologia e Modernidade, Economia Política da Mobilidade, Mobilidades e Cidadania, Política e Práticas Discursivas, Pós-Estruturalismo e Teoria do Discurso.

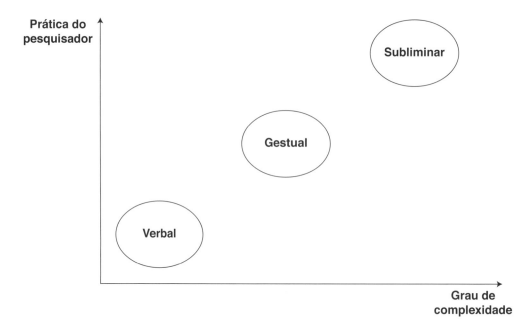

Figura 11.1 Níveis de análise do pesquisador.

O segundo nível é aquele em que não se preocupa apenas com a escrita, mas também com o gestual. Dizemos que é preciso ver o que ele está falando. Eu preciso perceber em todos os sentidos o que ele realmente quer dizer. Desse modo, começamos a entender que o processo de comunicação é mais complexo, pois incluímos a comunicação não verbal, que faz parte da linguagem corporal do entrevistado. O ser humano tende a realizar certos movimentos corporais que podem transmitir mensagens e intenções comportamentais.

Nesse nível, tentamos entender a linguagem gestual, que é um conjunto de movimentos que têm significados comuns a muitas pessoas. Por exemplo, existem algumas pessoas que quando ficam desconcertadas começam a transpirar ou dar algumas risadas sem graça, demonstrando nesses gestos o seu estado de espírito.

Imagine uma pessoa respondendo a um questionamento em uma entrevista. O gesto que ela faz durante o processo pode dizer muito. Por exemplo, uma pessoa que está respondendo a uma pergunta em pé, com as pernas fechadas, os braços cruzados e os punhos cerrados pode dar uma impressão de que está discordando das perguntas feitas, por mais que em discurso verbal ela indique diferente. Nesse caso, podemos ver que a linguagem não verbal não está em plena harmonia com a linguagem verbal do entrevistado.

Existe um descompasso, uma incongruência entre aquilo que está sendo falado e o que o corpo está dizendo. Desse modo, o pesquisador deve exercitar não só a linguagem, mas a percepção. Por isso, este segundo nível de análise qualitativa é mais complexo, mais difícil e exige muita leitura do cenário e preparação do pesquisador.

> **Dica**
> As técnicas qualitativas permitem estabelecer relações mais íntimas, selecionar informantes, manter diários. Nesse tipo de pesquisa, o investigador depende menos de instrumentos de registros e medições.

O terceiro nível é o mais complexo, pois é aquele que analisa o subliminar de um discurso ou fala. Nessa fase você não lê apenas aquilo que está dito e gravado, mas o que está nas entrelinhas. Se passar, por exemplo, dois meses em contato com uma pessoa, você poderá ter informações de qual é o seu candidato preferido nas eleições, pois você conhecerá seus valores, princípios, ideologias e opções políticas. Isso acontece porque de maneira subliminar ela vai lhe passando informações.

Existem falas que não podem ser captadas na comunicação verbal e não verbal, ou seja, os indivíduos não conseguem captar algumas comunicações através do processo de reconhecimento consciente dos sentidos. O subliminar é algo que está abaixo do limiar (menor intensidade de estímulo capaz de produzir uma reação), ou seja, não é identificado através das capacidades de detecção humana; é, na verdade, imperceptível.

Nesse caso, o pesquisador tem que ter um faro para encontrar e analisar as informações, o que necessita de uma aproximação (conhecimento maior) do entrevistado. Pare e pense: muitas vezes uma pessoa próxima a você (marido/esposa, namorado/namorada, pai/mãe, irmão/irmã, amigo/amiga, entre outros) diz algo e você responde: estava pensando na mesma coisa! Isso ocorre porque, quando condicionado por um determinado estímulo, você faz gestos. E essa pessoa, por estar sempre próxima a você, conhece seus gestos. Sendo assim, ela consegue perceber o seu comportamento e fazer a mesma leitura das entrelinhas. Desse modo, o pesquisador deve conhecer o outro sujeito e os temas de que está falando para poder entender as entrelinhas.

Este terceiro é o mais difícil de todos quando falamos em análise qualitativa, pois ocorre quando o sujeito não diz. Então, eu tenho que saber muito, e muito mais do que ele, para dizer por que ele não falou aquilo. Por exemplo, o entrevistado falou sobre A, B, C e não falou nada de D. Por que ele não falou sobre D? Eu tenho que saber a existência de A, B, C e D. Para dizer "porque ele falou isto e não aquilo. O fato de ele não falar em D implica o quê?". Por isso, é importante entender o subliminar. Resumidamente, esses são os três níveis que o pesquisador tem que ter para ser capaz de interpretar o que o outro realmente está querendo dizer.

11.2.3 Codificando e categorizando dados qualitativos por meio da análise de conteúdo

A interpretação e a análise de dados qualitativos podem ser feitas através de diversas técnicas. Uma dessas técnicas que auxilia na interpretação de dados é a análise de conteúdo. Ela é muito útil para organizar os dados qualitativos por codificação e categorização.

A análise de conteúdo procura interpretar os dados pelas inferências de um texto focal, oriundos de entrevistas, observações e documentos, para seu contexto social, de maneira bastante objetiva. Desse modo, a análise de conteúdo é um conjunto de técnicas de análise das comunicações que utiliza procedimentos sistemáticos e objetivos de descrição de conteúdos de mensagens, procurando conhecer aquilo que está por trás das palavras a cujo estudo se dedica.[8] O intuito da análise de conteúdo é evidenciar para o pesquisador aquilo que está escondido, latente e oculto em qualquer mensagem.

> **Dica**
> A análise de conteúdo pode ser vista como uma observação sistemática e categórica dos dados. Esta pode ter uma descrição quantitativa e qualitativa do conteúdo manifestado na comunicação dos entrevistados.

A análise de conteúdo se resume a procedimentos especiais para o processamento de dados qualitativos, podendo acontecer de várias formas, adaptáveis a um vasto campo de aplicações. As fases da análise de conteúdo podem ser organizadas cronologicamente em três segmentos: em primeiro lugar, a pré-análise, que é a fase de organização, e visa operacionalizar e sistematizar as ideias, elaborando um esquema preciso para o

168 Capítulo 11

desenvolvimento do trabalho. Geralmente abrange três tópicos: a escolha do material, a formulação de hipóteses e objetivos e a elaboração dos indicadores para a interpretação dos resultados. Em segundo lugar há a análise de material, que consiste na codificação, categorização e quantificação das informações coletadas. E, por fim, o tratamento dos resultados, a inferência e a interpretação. Nessa etapa, o pesquisador buscará conciliar as duas fases anteriores, retratando, através de reflexões, os resultados encontrados nos dados.[9]

Ao se pensar em vantagens da análise de conteúdo, devemos enfatizar sua visão sistêmica no uso, principalmente, de dados brutos. Também se deve pensar no tratamento de grandes quantidades de dados e no oferecimento de um conjunto de procedimentos maduros e bem documentados. Suas limitações são a separação de unidades de análise, que pode acarretar inexatidões de interpretação, e a concentração excessiva na frequência dos dados.

11.2.4 Sugestão de passos para a interpretação de dados qualitativos

Uma interpretação de dados qualitativos tem como objetivo a transformação dos dados que foram coletados em forma bruta para informações que levem o entendimento de um problema de pesquisa. Para que isso aconteça, alguns passos podem ser seguidos. Enumeramos seis etapas a serem seguidas.

Tabela 11.2 Etapas para a interpretação de dados qualitativos

1ª Etapa	Mapear as fontes dos dados coletados.
2ª Etapa	Garantir que os dados qualitativos sejam comparáveis entre si.
3ª Etapa	Transformar os dados qualitativos brutos existentes em unidades.
4ª Etapa	Categorizar as unidades encontradas.
5ª Etapa	Descrever e interpretar as categorias que resumem as unidades.
6ª Etapa	Proceder à validação estrutural das codificações.

Em um primeiro momento, deve-se mapear as fontes dos dados coletados, catalogando onde e como eles foram coletados. Esse processo inclui a identificação de tipos de dados e a sua fonte de dados, tais como documentos, observação, entrevistas, entre outros. Por exemplo, se foi entrevista, deve-se nomear os responsáveis por terem dado as respostas.

Em uma segunda etapa, o pesquisador deve garantir que os dados qualitativos sejam comparáveis entre si. Antes de analisá-los, o pesquisador deve garantir que os dados fornecidos são comparáveis entre os entrevistados. Por exemplo, os dados podem ter que ser ajustados para estabelecer equivalências métricas. Além disso, procura-se a padronização ou normalização deles, para fazer comparações significativas e alcançar resultados consistentes.[10] Nessa etapa, o pesquisador deve preparar os dados, identificando diferentes amostras a serem analisadas, estabelecendo dessa forma códigos que possibilitem localizar e classificar rapidamente cada elemento a ser analisado.

Na terceira etapa, o pesquisador deve-se preocupar em transformar os dados qualitativos brutos existentes em unidades de acordo com o que o problema de pesquisa está se propondo a estudar. Assim, ele deve ler e reler os dados selecionados e descobrir sua relação com problemas de pesquisa. Seu resultado é uma lista de unidades.

A próxima etapa consiste na categorização das unidades encontradas. O objetivo dessa fase é estudar cada unidade, enfatizando seus principais atributos, características e pressupostos, para, posteriormente, organizar e categorizar os conteúdos de acordo com as suas características e funções. Nessa categorização, ocorre uma classificação das unidades em categorias. Esse procedimento de agrupar dados tem como norma as características em comum existentes entre eles, classificando-os por semelhança ou analogia. O resultado dessa etapa é uma tabela que contém várias categorias que resumem as unidades encontradas anteriormente.

A quinta etapa é a descrição e a interpretação das categorias que resumem as unidades. É caracterizada pela construção de um texto para cada categoria, expressando nele um conjunto de significados. A descrição das categorias deve seguir regras específicas para processar os dados de um texto, permitindo a representação do conteúdo do texto. Essa fase não deve se limitar à descrição, é preciso fazer inferências para atingir uma compreensão mais aprofundada das categorias.[11]

Por fim, sugere-se a validação estrutural das codificações, que diz respeito ao grau que uma codificação representa aquilo que está se propondo a medir, ou seja, a categorização precisa. A questão é se a estrutura proposta de codificação e suas unidades fazem sentido não só para o pesquisador, mas também para o problema de pesquisa. *Será que a categorização apresenta uma resposta razoável ao problema de pesquisa?* A validação estrutural das codificações é um processo que se inicia com o pesquisador e pode ser feita com o auxílio de outras pessoas, envolvidas ou não na pesquisa que está sendo realizada.

11.2.5 O uso de ferramentas para interpretar e analisar os dados qualitativos

Várias são as razões para o crescimento contínuo do uso de dados qualitativos em pesquisa de marketing. Em primeiro lugar, o aumento exponencial do número de dados qualitativos devido à difusão de computadores, tecnologias digitais e dispositivos de telecomunicações. Esses avanços permitiram que os dados qualitativos fossem analisados rapidamente, fornecendo *insights* sobre o significado das experiências de consumo de indivíduos e grupos e reduzindo drasticamente os custos e o tempo de pesquisa.[12]

Na atualidade, três são os *Softwares* de Análise de Dados Qualitativos (SADQ) mais utilizados pelos pesquisadores: *MAXqda*, *Atlas.ti* e o *NVivo*. Cabe ressaltar que nenhum SADQ realiza por si só uma análise sozinho, eles prestam na verdade uma assessoria na organização e categorização dos dados brutos. Esses três programas incluem a utilização de recursos flexíveis para trabalhar os dados qualitativos, gerando categorias que devem ser interpretadas pelo pesquisador.[13]

11.3 INTERPRETAÇÃO E ANÁLISE DOS DADOS QUANTITATIVOS

A evolução que se tem hoje na pesquisa de marketing com relação às técnicas de análise quantitativa é quase exponencial. Por exemplo, se você fosse utilizar hoje o pacote estatístico SPSS versão 2.0, que foi lançado no início da década de 1980, e tentasse rodar uma regressão múltipla, demoraria em torno de oito minutos. Isso, claro, já formatado o questionário e digitalizado o banco de dados no programa. Hoje em dia, dependendo do computador, rodar uma regressão leva entre um e cinco segundos.

Esse fato é evidenciado pelo crescimento do uso de interpretação e análise de dados quantitativos, pois os sistemas de apoio à decisão em marketing cada vez estão se tornando mais automatizados. Esse crescimento está associado ao aumento de dados disponíveis para tomada de decisão dos gestores, que estão cada vez mais acessíveis em um curto período de tempo, fazendo com que as inovações e o surgimento de novos mercados sejam algo corriqueiro nas grandes empresas.

Esse fato faz com que os pesquisadores utilizem cada vez mais os dados quantitativos para melhor pautar suas decisões. A interpretação de dados quantitativos pode ser feita através de tecnologias que permitem a organização, mineração (*data-mining*) e interpretação de dados, auxiliando a capturar e gerenciar enormes quantidades de dados. O uso dessas tecnologias em pesquisa de marketing tem aumentado as aplicações que estudam segmentação de mercado, posicionamento de mercado, desenvolvimento de novos produtos, alterações importantes no comportamento do cliente e o descobrimento de padrões de satisfação.[14]

11.3.1 A estatística na interpretação de dados quantitativos

O uso dessas tecnologias de interpretação de dados quantitativos está associado a *softwares* que fazem a análise estatística dos dados encontrados. O uso da estatística hoje em pesquisa de marketing se tornou um caminho sem volta.

A interpretação de dados quantitativos caracteriza-se pelo emprego da quantificação tanto nas modalidades de coleta de dados e quanto tratamento destes por meio de técnicas estatísticas. Essas técnicas podem ser resumidas nas mais simples, como percentual, média, desvio-padrão, até as mais complexas, como coeficiente de correlação, análise de *cluster*, análise fatorial e análise de regressão, entre outras.

> **Dica**
>
> Banco de dados é um agrupamento de dados brutos feito pelo pesquisador, tendo uma disposição que auxilie no armazenamento e processamento de informações. Esses bancos de dados são analisados por *softwares* específicos, dependendo diretamente da análise que o pesquisador irá realizar.

Quando se pensa na abordagem estatística aplicada à pesquisa de marketing, duas são as técnicas de inferência que podemos utilizar: paramétrica e não paramétrica. As inferências paramétricas são aquelas cujos resultados são normalmente distribuídos dentro da curva normal. Já a não paramétrica difere das paramétricas, pois não utiliza distribuição de resultados que não obedeça à normalidade.

A ordenação dos dados quantificáveis quando estão dentro das condições da distribuição normal pode ter como pontos centrais os conceitos de probabilidade e incerteza. A probabilidade, do latim "*probare*" (provar ou testar), em si não tem nada a ver com números, mas com a estrutura de raciocínio em eventos incertos ou conhecidos. A incerteza é uma propriedade do nosso conhecimento acerca dos eventos, e não do evento em si, que menciona a falta de conhecimento a respeito de um resultado ou ação.

> **Dica**
>
> Conversão de dados é o processo de modificar a forma inicial dos dados adaptando-os a um formato apropriado, pensando sempre em atingir os objetivos da pesquisa.

11.3.2 O histórico da interpretação e análise dos dados quantitativos

Os modelos de pesquisa em marketing nos anos 1930 com relação aos estudos de consumo têm uma evolução considerável devido a dois nomes representativos: Link, como teórico, e Gallup, como um prático da pesquisa. Nessa época, a pesquisa quantitativa fundamentava-se no questionamento das pessoas que faziam parte do mercado para assim descobrir seus gostos e preferências, tomando como base as respostas obtidas. Tem-se nesse período o desenvolvimento da análise fatorial a fim de simplificar os materiais colhidos com os indivíduos, reduzindo-os a um pequeno número de fatores.

No final da década de 1970, não tivemos grandes avanços nas técnicas utilizadas na pesquisa quantitativa para conhecer os consumidores, não sofrendo assim alterações fundamentais desde que foi elaborada durante a década de 1930, muito embora tenha depois passado por aperfeiçoamentos empíricos. Em outras palavras, apesar de alterar as técnicas de absorção dos dados, a base da pesquisa quantitativa é sempre a mesma: um objeto bem delimitado, uma amostra da população, um conjunto de variáveis e uma análise dessas variáveis que, quando são cruzadas, se transformam numa análise multifatorial ou multidimensional.[15]

Esses aperfeiçoamentos empíricos são da ordem de mudança na forma e não no conteúdo das técnicas, pois, com as características mercadológicas diferentes de tempos anteriores, começou-se a questionar a fidedignidade das análises quantitativas. Um exemplo era a situação da divisão de classes econômicas, sendo pautada em renda, prestígio, entre outras. Era basicamente outra segmentação nos anos 1970.

Nesse momento, começaram também a ser utilizadas as abordagens qualitativas para auxiliar os dados quantitativos, tanto que o auge da abordagem qualitativa se deu nos anos 1950, pós-Segunda Guerra Mundial, quando se tentava entender o *American way of life*, que exercia grande influência nos hábitos de consumo.

Na década de 1980, quando emerge a crise do fordismo e, ao mesmo tempo, começa a revolução tecnológica, adentrando a década de 1990, é que surgem os novos *softwares* com a esperança de entender estatisticamente melhor o comportamento do consumidor. Antes de entrar na década de 1980, um autor chamado Gilbert Churchill já tinha indicado como estaria fundamentada a área de pesquisa quantitativa no marketing.[16]

Esse autor escreveu o artigo denominado "*Paradigm for developing better measures of marketing constructs*", que versava sobre o desenvolvimento de um conjunto de métodos para validar instrumentos de coleta de dados em pesquisa de marketing.[17] A intenção do artigo era trazer elementos críticos na evolução do conhecimento de medidas e, consequentemente, da sua aplicação prática.[18]

Nesse artigo, Churchill trazia aplicações estatísticas existentes em outras áreas do conhecimento, propondo uma abordagem mais sistemática e rigorosa para construir instrumentos de coleta de dados. Ele procurou refletir sobre o uso complexo de ferramentas estatísticas no desenvolvimento de multiescalas para medir variáveis nas pesquisas de marketing.

Com esse artigo, Churchill lançou as bases e os procedimentos para a próxima geração de especialistas em marketing, tornando-se um "*divisor de águas*" na pesquisa de marketing. Após a publicação de seu artigo em 1979, o quadro que mencionava que não existia rigor para avaliar as métricas utilizadas rapidamente foi modificado, pelo menos nos principais *Journals* do mundo. Entre 1980 e 1989, foram publicados por volta de 750 casos de multiescalas nas seis principais revistas de marketing.

O artigo procurou desenvolver um *framework* na área de marketing, adotando vários procedimentos estatísticos para dar maior padronização e rigidez à mensuração de variáveis, como pode ser verificado na Figura 11.2.[19]

O *framework* desenvolvido por Churchill pretendia aprimorar os métodos de validade de um instrumento. De modo geral, a validade refere-se ao grau pelo qual o instrumento consegue medir verdadeiramente as construções que eles estão destinados a medir. Isso se refere à validade do conteúdo, que é a avaliação do grau de correspondência entre os itens selecionados para construir uma escala múltipla e sua definição conceitual. A validade de um instrumento é uma questão *sine qua non* nos diversos campos da ciência, e com o estudo de Churchill o marketing pôde evoluir nessa área.[20]

11.3.3 A evolução histórica do processamento de dados nos censos populacionais

As pesquisas realizadas com base no levantamento total de pessoas de uma população sempre foram um desafio para os profissionais de pesquisa de marketing. Se hoje, com toda tecnologia que auxilia o processo de coleta e análise de dados, já é complicado alcançar um censo populacional, o que dizer em épocas em que não tínhamos o auxílio do computador?

Quando falamos em censos populacionais segundo dados históricos, foi na China, no Egito e na Roma Antiga que surgiram os primeiros censos. O censo da China foi realizado 2.000 anos antes de Cristo; no Egito, 1.700 antes de Cristo. Eles tinham a finalidade diferente da que encontramos hoje. O foco desses censos eram assuntos fiscais e militares. Na Roma Antiga, o censo serviu para coletar dados populacionais das pessoas e informar o Estado sobre as condições da população, no entanto, sem um planejamento direto do próprio Estado.

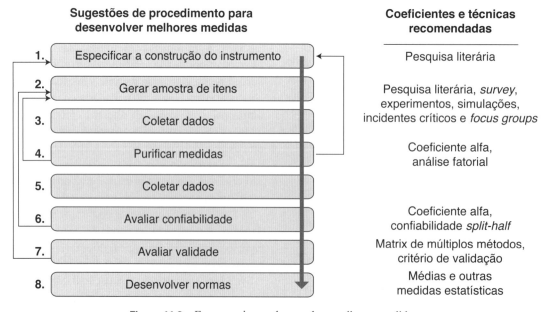

Figura 11.2 *Framework* para desenvolver melhores medidas.

Palavra do especialista

Métodos tanto quantitativos quanto qualitativos são utilizados na pesquisa de marketing de moda. Atualmente, é muito utilizada a abordagem interpretativista (que estabelece o fenômeno de pesquisa como gerador de seu próprio significado). Nesta abordagem destaca-se a etnografia, que tem o propósito de descrever uma cultura e/ou comportamento social, e a netnografia, na qual o Facebook e o Instagram são novos locais da interação social. Outro método de destaque é o uso da semiótica e a análise de textos culturais, que tanto podem ser feitas sobre imagens paradas, como fotos de celebridades, campanhas, editoriais de moda, e sobre imagens em movimento, como cenas de filme, desfiles, programas de youtubers etc. Os grupos focais e as entrevistas em profundidade são recursos importantes para que aconteça a triangulação de métodos e a discussão dos achados de pesquisa.

Dra. Ana Paula Celso de Miranda é pesquisadora em consumo de moda, diretora de marketing da Associação Brasileira de Estudos e Pesquisas em Moda (ABEPEM) e Coordenadora do Núcleo de Design – CAA/UFPE.

Na idade das trevas, conhecida historicamente por Idade Média, não temos muitos relatos de censos demográficos devido à falta de estrutura administrativa de muitos reinos. Historiadores mencionam que o primeiro censo organizado e planejado por um Estado já tem mais de 250 anos. Em 1749, a Suécia realizou um censo demográfico com intenção de saber as pessoas que possuíam terra e qual a condição econômica destas.

Dados históricos demonstram que um censo realizado em 1880, todo este contabilizado manualmente, demorou sete anos e meio para ser catalogado e analisado. Em 1890, o Congresso Americano decretou que a cada dez anos deveria se realizar um censo da população norte-americana e, nesse mesmo ano, o americano Herman Hollerith criou uma máquina capaz de processar dados baseada na separação de cartões perfurados. Essa máquina realizou o mesmo censo em dois anos e meio.

O princípio dessa máquina era bem básico: tabulava e ordenava os cartões com o auxílio da eletricidade como força motriz. As informações das pessoas eram descritas e armazenadas por meio de perfurações em locais existentes no cartão. Era como se fosse um contador mecânico; existia um pino que passava por um furo e este chegava a uma jarra de mercúrio, fechando assim um circuito elétrico.

Não podíamos ainda naquela época pensar nessas máquinas como computadores. Eram apenas dispositivos computacionais, como hoje um ar-condicionado. Ele não é um computador, mas utiliza dispositivos computacionais para funcionar.

Claramente, o que se pretendia com essas máquinas de cartões era facilitar os cálculos matemáticos, não se tinha o pensamento sistêmico e interligado que fundamentava a computação. O objetivo era apenas processar mais rápido; por exemplo, pensava-se que uma máquina de cartão deveria ser mais rápida que uma régua de cálculo. Quem trabalhava naquela época com esses maquinários eram engenheiros; mais tarde

na história os programadores e os profissionais de sistema de informação receberam a herança dessas máquinas.

Na década de 1920, o mesmo Hollerith fundou uma companhia de máquinas de tabulação, que passou a se chamar com o tempo *International Business Machines* (IBM). Os antigos cartões perfurados serviram como os precursores da memória usada em computadores.

Esses cartões eram do tamanho de uma cédula de dinheiro hoje, pois na época os cartões eram levados nas carteiras dos recenseadores. Após preenchidos os cartões, estes eram levados para grandes máquinas, que foram nomeadas de *main-fraime*. Esses computadores compilavam e faziam a leitura desses cartões perfurados e conseguiam realizar a análise dos dados. Nesse caso já estamos falando de computadores, pois eles conseguem programar uma sequência de instruções. Os dispositivos realizavam funções específicas, como calculadoras; já os computadores precisavam da figura de um programador para indicar uma sequência de instruções. Os cartões eram o meio de incluir dados e comandos no computador e antecederam as linguagens computacionais de programação de dados como *C++*, Java, Delphi (Pascal), PHP, Visual Basic, entre outras.

No transcorrer da Segunda Guerra Mundial, muitos países não promoveram os seus censos em decorrência da situação internacional vivida por vários países. Logo após a Segunda Guerra Mundial, devido à situação econômica e política, que demonstrava a necessidade de se ter um controle estatístico das variáveis socioeconômicas, muitos países iniciaram a coleta de censos.

O uso de cartões aconteceu em grande escala nos países desenvolvidos após a década de 1940, através da central de Processamento de Dados (CPD), que alimentava os *mainframes*. No Brasil, há relatos da utilização do uso de cartões perfurados até a década de 1980.

> **Dica**
>
> Atualmente é muito comum em pesquisa de audiência o uso de *meter*. Este é o nome dado ao aparelho que capta as informações. Existem os *set meters*, que identificam a sintonia dos canais, e os *people meters*, que indicam, além da sintonia, o registro da audiência individual.

O principal problema do uso de cartões perfurados é que estes não tinham uma ordem numérica. Quando se tirava um cartão da ordem, deveria se refazer todo o processo de alimentação dos *main-frames* e, dependendo da pesquisa, isso poderia demorar horas ou dias. Além disso, o processo era muito artesanal e dependia claramente da atenção dos pesquisadores responsáveis.

Atualmente, os censos populacionais são realizados com o apoio de várias tecnologias que facilitam a vida dos pesquisadores, como *palms*, computadores e *softwares* estatísticos que conseguem processar todos os dados sem um grande período de tempo.

No Brasil, o responsável pela realização do censo populacional é o Instituto Brasileiro de Geografia e Estatística (IBGE), criado em 29 de maio de 1936, sendo então obrigatório o censo

172 Capítulo 11

a cada dez anos. No início, o IBGE era chamado de Instituto Nacional de Estatística, fundado pelo estatístico Mário Augusto Teixeira de Freitas. O Decreto-lei nº 218, de 26 de janeiro de 1938, rebatizou o instituto com a sigla IBGE. Porém, antes da sua criação, já haviam sido realizados quatro censos no Brasil: 1872, 1890, 1900 e 1920.

11.3.4 Classificação da técnica de interpretação segundo o número de variáveis

A principal classificação estatística é aquela que a subdivide em dois grupos de técnicas: descritiva e inferencial. A estatística descritiva é aquela que descreve as condições variáveis por meio de gráficos e tabelas. Sua principal função é o manejo de dados com a intenção de resumi-los e descrevê-los de maneira mais simples e clara, sem fazer inferências mais profundas.

Desse modo, o objetivo da estatística descritiva é coletar, agrupar, resumir e apresentar os dados em gráficos e tabelas; para isso, pode-se utilizar técnicas como: de tendência central (médias, mediana e moda) e de dispersão (amplitude ou intervalo, variância e desvio-padrão), percentis, quartis e decis.

A estatística inferencial é aquela que tem como objetivo obter ou formular inferências, predições ou decisões sobre uma população com base em informações contidas em uma amostra. Desse modo, a inferência estatística consiste em estimar propriedades de uma grande população a partir de dados coletados de uma amostra desta.

Relacionando a estatística descritiva e inferencial com a forma de interpretação dos dados quantitativos, pode-se notar a presença de tipos de análise: univariada, bivariada e multivariada. As técnicas estatísticas de análise de dados quantitativos podem ser classificadas nesses tipos de análise.

11.3.4.1 Univariada: analisando uma variável por vez

A abordagem univariada é aquela em que se analisa separadamente cada variável, ou seja, um conjunto de dados quantitativos de uma variável é analisado separadamente dos outros. Ela é indicada quando se lida com grandes conjuntos de dados, tendendo a obter uma boa visualização e todos os dados coletados, agrupando-os em certo número de classes, intervalos ou categorias.

> **Dica**
> A distribuição de frequência é um conjunto de dados organizados por meio da totalização do número de vezes em que tal valor ocorre, dentro de uma tabela ou gráfico. Utilizamos a distribuição de frequência para entender melhor a estrutura dos dados coletados, pois ela transforma dados brutos em dados mais simples, através da reorganização, ordenação e manipulação.

Nesse enfoque, a abordagem univariada tenta condensar grandes conjuntos de dados de uma forma fácil de assimilar, apresentando-os em tabelas ou gráficos. As principais técnicas utilizadas em pesquisa de marketing são:

Tabela 11.3 Principais técnicas univariadas

Técnicas univariadas	Conceito
Frequência	Indica o número de ocorrência de um evento através de determinado intervalo.
Média	É o quociente da divisão da soma dos valores das variáveis pelo número deles.
Moda	Valor que ocorre com maior frequência em uma dada série de valores.
Mediana	É o número que se encontra no centro de uma série de números, estando estes dispostos em uma ordem.
Quartis	Valores de uma série que a dividem em quatro partes iguais.
Percentis	Os 99 valores que separam uma série em 100 partes iguais.
Amplitude total	É a diferença entre o maior e o menor valor observado.
Curtose	É o grau de achatamento de uma distribuição em relação a uma distribuição padrão denominada curva normal.

11.3.4.2 Bivariada: relacionando duas variáveis

O enfoque da análise bivariada está voltado para a inferência de resultados e ocorre quando relacionamos diretamente duas variáveis de um instrumento de coleta de dados, ou seja, quando relacionamos dois conjuntos de dados oriundos de duas variáveis diferentes. Desse modo, a abordagem bivariada permite a análise simultânea de duas variáveis, determinando se as diferenças entre a distribuição dessas variáveis são estatisticamente significativas. Essa abordagem é aconselhada para testar hipóteses.

> **Dica**
> A tabulação cruzada também pode ser chamada de tabela de contingência. É uma distribuição de frequência conjunta das observações sobre dois ou mais conjuntos de variáveis.

Um exemplo comum de abordagem bivariada é o cruzamento de dados, denominado *crosstabs*. Esse método consiste no cruzamento de dados de duas variáveis distintas para obter uma combinação de resultados, gerando novas informações. Essas novas informações são derivadas da interação dessas duas variáveis. Outro exemplo é o coeficiente de correlação de Pearson ou produto-momento, que mede o grau de correlação (positiva e negativa) entre duas variáveis.

Os estudos que procuram investigar a correlação entre variáveis são fundamentais para as diversas ciências, porque permitem controlar, simultaneamente, grande número de variáveis e, por meio de técnicas estatísticas de correlação, especificar o grau pelo qual diferentes variáveis estão relacionadas, oferecendo

Técnicas de Interpretação de Dados **173**

ao pesquisador entendimento do modo pelo qual as variáveis estão operando.[21]

11.3.4.3 Multivariada: relacionando mais de duas variáveis

A abordagem multivariada é aquela em que os dados são registrados e comparados por meio de mais de duas variáveis para um conjunto de indivíduos ou objetos. Os dados da abordagem multivariada podem ser analisados com vários métodos. Vamos citar três: análise fatorial, análise de *cluster* e regressão múltipla.

> **Dica** A análise de Variância (ANOVA) é uma técnica recomendada para testar hipóteses que determinam se existem diferenças estatisticamente significativas entre as médias de três ou mais grupos.

A análise fatorial é um nome genérico dado a uma classe de métodos estatístico multivariados que têm como propósito definir uma estrutura implícita em uma matriz de dados. O problema de analisar as correlações entre o grande número de variáveis é resolvido determinando um arranjo de dimensões implícitas, conhecidas como fatores.

Com a análise fatorial, o pesquisador pode identificar as dimensões separadas de uma estrutura e então determinar a extensão de quanto cada variável é explicada em cada dimensão. Após essas dimensões e a explicação de cada variável ser determinada, os dois principais objetivos da análise fatorial podem ser alcançados: concisão e redução de dados. Quando realizada, da sumarização dos dados derivam dimensões implícitas que, uma vez interpretadas e entendidas, descrevem os dados em um número bem menor de conceitos do que as variáveis individuais originais.

Nota-se que a análise fatorial é muito útil para extrair informação de uma ampla base de dados e estabelecer dados inter-relacionados. Os pontos fracos apontados desse método são: existem muitas técnicas para executar a análise fatorial e existem controvérsias a respeito de qual técnica é a melhor; os aspectos subjetivos são bastante presentes (decisão de quantos fatores extrair); e, por fim, o problema da confiabilidade, comum às outras técnicas estatísticas, que se origina da imperfeição dos dados variáveis.[22]

A análise de *cluster* pode ser usada para reduzir a população de uma amostra em grupos menores. Se pudermos entender as atitudes de uma população identificando os principais grupos dela, reduzimos os dados de toda população em perfis de um número de grupo. A análise de *cluster* é comparada à análise fatorial, uma vez que seu objetivo é avaliar as estruturas, entretanto a análise de *cluster* avalia grupos de objetos, enquanto a análise fatorial está preocupada em avaliar grupos de variáveis.

A análise de *cluster* é uma técnica multivariada que agrupa indivíduos ou objetos de maneira que os objetos de um mesmo grupo são mais similares entre si do que em outros grupos. O seu objetivo central tem por base a maximização da homogeneidade dos objetos dentro de cada agrupamento e ao mesmo tempo maximizar a heterogeneidade entre os agrupamentos.

A análise de regressão múltipla é uma técnica estatística usada para analisar a realização entre uma única variável dependente (variável que está sendo prevista ou explicada) e diversas variáveis independentes (variáveis que explicam a variável dependente). A intenção dessa técnica é utilizar variáveis independentes cujos valores são conhecidos para prever os valores da variável dependente selecionada pelo pesquisador.

11.3.5 Etapas para a purificação da base de dados quantitativos

Antes de aplicar as técnicas estatísticas descritivas e inferenciais para análise de dados, recomenda-se que o pesquisador faça uma purificação da base de dados, que nada mais é do que eliminar questionários de respondentes considerados *outliers*. Ao fazer a tabulação dos dados, que é a organização de dados quantitativos de forma coerente em um formato resumido, o pesquisador pode encontrar algumas respostas que foram mal respondidas.

Os *outliers* são considerados respostas às perguntas com uma combinação única de características identificáveis, sendo diferentes das outras respostas. São considerados observações atípicas que parecem ser inconsistentes com o restante dos dados encontrados na amostra.

Essas observações atípicas podem gerar dados perdidos ou que chamamos em pesquisa de marketing de *missing values*. Consideram-se dados perdidos qualquer evento sistemático externo ao respondente (como erro na entrada de dados ou problemas na coleta de dados) ou ações por parte do respondente (recusa de responder) que conduzem a valores perdidos que comprometem os resultados. Nesse caso, a preocupação do pesquisador de marketing é determinar as razões inerentes aos dados perdidos, compreendendo os processos que conduzem a esses dados, a fim de selecionar o curso de ação apropriado.

É complicado selecionar esse curso de ação adequado, pois é difícil reconhecer um *missing value*. Este pode se dar de diversas maneiras, pelo erro de digitação, pelo erro de coleta de dados, pela falta de resposta por constrangimento ou preguiça ou pelo erro dos respondentes por desconhecerem o que está sendo pesquisado.

O que facilita a descoberta de *missing value* é o fato de que, em muitas pesquisas, os dados perdidos estão concentrados em um pequeno subconjunto de observações, e sua exclusão reduz substancialmente a extensão dos dados perdidos. Uma maneira de encontrar os *missing value* é a execução de uma análise de frequência em todas as questões do questionário a fim de verificar a existência de um grande número de não respostas nas questões. Essa é uma forma de identificar questões que não foram bem compreendidas pelos respondentes, talvez por não terem sido bem traduzidas ou formuladas adequadamente.

A retirada dos *missing values* do banco de dados é o que chamamos de limpeza do banco de dados. Essa limpeza aumenta a validade e a confiabilidade do estudo, que são pontos importantes da pesquisa quantitativa. A validade se refere a quão bem

174 Capítulo 11

o conceito é definido pelas medidas, enquanto a confiabilidade consiste na consistência da medida, ou seja, ela é o grau em que uma variável ou conjunto de variáveis é consistente com o que se quer medir.

11.3.6 Viés: erro sistemático ou tendenciosidade em uma pesquisa quantitativa

Os vieses em pesquisa de marketing são eventos corriqueiros e fazem parte do cotidiano do pesquisador. Viés significa uma tendência das pessoas envolvidas na pesquisa de adotarem ou assumirem uma perspectiva em relação à outra. Os vieses podem acontecer de diversas maneiras. Nas pesquisas quantitativas, a sua manifestação pode ser expressada pelo erro sistemático ou pela tendenciosidade.

Terminologicamente, o conceito de erro sistemático, em pesquisa de marketing, significa algum tipo de vício no processo de pesquisa realizado, podendo ocorrer por causas humanas ou que são inerentes às técnicas de pesquisa. Como diz o velho ditado, "errar *é humano*". Em pesquisa de marketing, errar é mesmo humano, ou seja, o processo de pesquisa de marketing está condicionado a falhas humanas. Também está condicionado a erros técnicos, promovidos por abordagens, técnicas e aplicações. Cabe ao pesquisador reduzir essas falhas para que a pesquisa transcorra dentro do planejado no *briefing* inicial.

Já a tendenciosidade é uma intenção (consciente ou inconsciente) de impor uma ideia ou opinião diferente das existentes. Também é uma manifestação comum nas pesquisas quantitativas. Neste tópico, vamos descrever 10 erros sistemáticos e 10 tendenciosidades que são comuns nas pesquisas de marketing e acabam gerando viés de pesquisas.

Tabela 11.4   Erro sistemático *versus* tendenciosidade

Erro sistemático	Tendenciosidade
Definição: algum tipo de vício no processo de pesquisa realizado, podendo ocorrer por causas humanas ou inerentes às técnicas de pesquisa	Definição: É uma intenção (consciente ou inconsciente) de impor uma ideia ou opinião diferente das existentes
1. De gestão	1. Do subsídio da pesquisa
2. Sistêmico	2. Do posicionamento social
3. De detecção dos sintomas da pesquisa	3. Do pesquisador
4. Seleção da amostra	4. De outros participantes
5. De estruturação da amostra	5. Concordância com todas as perguntas
6. Repostas fornecidas pelos entrevistados	6. Em cima do muro
7. De preenchimento do formulário	7. Busca pela extremidade
8. De inclusão de *outliers*	8. Hierarquia das perguntas
9. Estatístico	9. Dos grandes questionários
10. De tabulação de dados	10. Da pergunta reversa

O primeiro erro que se pode ter em um processo de pesquisa é o erro de gestão, conhecido também como erro administrativo. Esse erro ocorre quando o responsável pela pesquisa falha na responsabilidade de delegar a execução de uma tarefa a alguém. Esse erro é cometido pelo diretor de pesquisa de marketing ou por um analista de pesquisa de marketing, dependendo do nível estratégico ou tático de que partiu o erro de gestão.

O segundo erro está associado à organização com o todo do processo de pesquisa, por isso é chamado de erro sistemático. Sabemos que as várias etapas de uma pesquisa de marketing devem ser interligadas, da definição do problema às etapas exploratórias e descritivas. Esse fato indica que as técnicas de amostragens, criação de instrumentos, escolha de coletas e interpretações devem estar alinhadas. No entanto, pode acontecer um erro de comunicação que prejudique esse alinhamento e consequentemente a estruturação sistêmica da pesquisa.

O terceiro erro é o de detecção dos sintomas da pesquisa. Quando é feita a reunião de *briefing*, o contratante da pesquisa tenta explicar ao contratante o que está acontecendo e qual o cenário que o levou a contratar a pesquisa. Nesse momento, o pesquisador deve detectar os sintomas da pesquisa e formular o problema de pesquisa. Pode ocorrer um erro de interpretação desses sintomas, o que vai interferir diretamente na execução da pesquisa, pois, para solucionar um problema, antes se deve identificá-lo com clareza.

O quarto erro é o da seleção da amostra. É um erro administrativo causado pelo planejamento e pela execução indevidos de um procedimento de amostragem. Por exemplo, a seleção de uma amostragem não probabilística, quando a pesquisa exija uma amostra probabilística, e vice-versa.

Além do erro na seleção da amostra, temos um quinto tipo de erro, conhecido como erro da estruturação da amostragem. É gerado quando a população não é representada pela amostra coletada. Nesse caso, alguns elementos da amostra são excluídos por omissão ou distração dos pesquisadores.

Um sexto erro está associado às respostas fornecidas pelos entrevistados. Muitos respondentes, por constrangimento ou vergonha, acabam preenchendo os formulários com respostas incorretas. Por exemplo, acontece em algumas pesquisas de o respondente dizer que tem uma renda superior à que tem, por se sentir inferiorizado no momento do questionamento.

Por outro lado, temos o sétimo erro, de preenchimento do formulário, que acontece devido à distração do entrevistador. Por algum deslize na hora de aplicar o questionário, o entrevistador fez uma pergunta e ao colocar a resposta este marcou errado o formulário das respostas, gerando um erro no preenchimento do formulário.

Um oitavo erro é gerado quando do processamento dos dados; é um erro de tabulação de dados. Logo após a coleta de dados, os questionários devem ser tabulados em um programa estatístico, para uma posterior análise. Ao passar essas informações, o responsável pode digitar algum valor errado. Para evitar isso, muitas pesquisas utilizam *scanners* que leem e digitalizam as respostas.

O nono erro sistemático é considerado inclusão de *outliers*. Muitas pessoas deixam partes do questionário em branco ou marcam mais de duas opções quando deveriam ter marcado uma opção ou rasuram os questionários. Estes são nomeados como *outliers*. Manter *outliers* na amostra para dizer que tem uma coleta grande pode gerar resultados errôneos na pesquisa de marketing.

No último erro, temos o estatístico associado às pesquisas quantitativas. Ele ocorre quando um resultado gera uma significância estatística quando o que na verdade aconteceu foi uma obra do acaso.

Com relação às tendenciosidades, estas acontecem muito no momento da coleta da informação. A primeira que nos chama atenção é a tendenciosidade de quem está subsidiando a pesquisa. Esse viés acontece quando o entrevistador diz para o entrevistado qual empresa ou marca encomendou a pesquisa. E, logo após, os respondentes demonstram uma inclinação a responder, sendo influenciados por essa empresa ou marca. Em alguns casos, podemos até rotulá-la como viés de quem patrocina a pesquisa.

Outra tendenciosidade comum na coleta de dados é a do posicionamento social do entrevistado. Muitos entrevistados mentem nas respostas com o intuito de demonstrarem um *status* ou prestígio social diferente do que têm na realidade.

Outros dois tipos de tendenciosidade são gerados pela influência direta do pesquisador ou de outros respondentes. A influência do pesquisador acontece no momento de uma entrevista ou da aplicação de um questionário. Talvez um comentário do pesquisador no momento de contato com o respondente pode influenciá-lo e fazer com que ele mude de opinião. O mesmo acontece quando temos outros respondentes no mesmo ambiente, que podem influenciar uma resposta dada por um respondente. Isso ocorre com frequência em *focus group*, pois sempre existe o posicionamento mais crítico de uma pessoa.

Como quinta tendenciosidade, temos a concordância com todas as perguntas por parte dos entrevistados. Alguns respondentes têm o hábito de concordar com todas as perguntas que estão sendo feitas, tendo o receio de criar uma reação de desconforto com a discordância. Similar a essa tendenciosidade é aquela em que o respondente marca todas as respostas do meio do questionário, tendo a mesma preocupação da anterior, não criar desconforto com o seu posicionamento. É o famoso "em cima do muro".

A sétima tendenciosidade existente diz respeito à busca pelas extremidades em escalas como a de Likert. Essas escalas são utilizadas para analisar as diferentes posições de discordância ou concordância e muitos respondentes tendem a marcar as colunas que estão nos extremos, ou à direita, ou à esquerda.

Em oitavo, citamos a tendenciosidade pela hierarquia das perguntas. Algumas pessoas tendem a responder a algumas perguntas com base em uma pergunta que as influenciou no início do questionário. Esse respondente irá sempre marcar uma resposta com base na escala da pergunta que o influenciou.

Em nono lugar, temos a tendenciosidade dos grandes questionários. Em alguns casos, quando o questionário é extremamente extenso, antes de chegar ao fim o respondente pode desistir de responder às perguntas e assinalar ao acaso as respostas subsequentes. Seria o famoso "chutar" uma resposta para terminar logo de responder ao questionário. E, por fim, pode ocorrer a tendenciosidade da pergunta reversa, aquela que modifica a direção das afirmações, sendo utilizadas expressões como *não*, *inversamente*, *contrário*, entre outras. Se o respondente não estiver atento a essa mudança semântica, poderá marcar erradamente a sua opinião.

11.3.7 Crítica ao uso das análises quantitativas e qualitativas

Embora utilizados ainda intensamente nos estudos de pesquisa de marketing, os tradicionais modelos de pesquisas quantitativos e qualitativos ainda são alvo de fortes críticas por parte de um amplo grupo de profissionais do marketing, na medida em que eles não estariam dando mais conta da complexidade da situação em que se encontra a sociedade atual. Isso porque, explicam os especialistas no assunto, ao ser convidado para participar de uma pesquisa, o sujeito vira um personagem: abandona sua espontaneidade, intuição, caprichos e esconde qualquer vestígio de excentricidade. Assume ares de uma personalidade madura e racional. O resultado disso é um retrato fora de foco. São respostas tão formais e politicamente corretas quanto irreais.[23]

É certo que hoje as mudanças ocorrem de forma tão imprevisível que a experiência deixou de ser um bom guia nas pesquisas, levando muitos empresários a trocar todo o raciocínio analítico pelo instinto. Nesse cenário de desafios, a pesquisa em marketing precisa ter a capacidade de interpretar o "estado das coisas", na medida em que o profissional de pesquisa de marketing deve captar aquilo que é moldado na sociedade.

O uso de informações em uma pesquisa de marketing hoje faz as empresas agirem dentro do que já existe. Por isso, é preciso pensar as abordagens qualitativas e quantitativas como ferramentas de agregação de valor nas organizações, e não como um conjunto passivo de informações.

176 Capítulo 11

Resumo dos principais tópicos do capítulo

Nas abordagens qualitativas e quantitativas, encontramos diversas técnicas de interpretação de dados nas pesquisas de marketing que podem ser feitas com diferentes ferramentas. Essas ferramentas podem ser guias práticos ou *softwares* que ajudam nas entradas de dados, no processamento e nas saídas de informações na pesquisa de marketing. A interpretação e a análise de dados qualitativos servem para investigar fenômenos complexos na pesquisa de marketing. Essas interpretações dos dados qualitativos são usadas quando se têm documentos, observações ou entrevistas que demonstram o comportamento da vida real das pessoas ou descrições de manifestações que não podem ser refletidas por documentos padronizados. A interpretação e a análise de dados qualitativos podem ser feitas com diversas técnicas. Uma dessas técnicas que auxilia na interpretação de dados é a análise de conteúdo, muito útil para organizar os dados qualitativos através da codificação e categorização. A análise de conteúdo procura interpretar os dados através da inferência de um texto focal, oriundo de entrevistas, observações e documentos, para seu contexto social, de maneira bastante objetiva. Desse modo, a análise de conteúdo é um conjunto de técnicas de análise das comunicações que utiliza procedimentos sistemáticos e objetivos de descrição de conteúdos de mensagens, procurando conhecer aquilo que está por trás das palavras a cujo estudo se dedica. O seu intuito é evidenciar para o pesquisador aquilo que está escondido, latente e oculto em qualquer mensagem. A interpretação de dados quantitativos caracteriza-se pelo emprego da quantificação tanto nas modalidades de coleta de dados quanto no tratamento destes por meio de técnicas estatísticas. Essas técnicas podem ser resumidas nas mais simples, como percentual, média, desvio-padrão, até as mais complexas, como coeficiente de correlação, análise de *cluster*, análise fatorial e análise de regressão, entre outras. Quando se pensa na abordagem estatística aplicada à pesquisa de marketing, duas são as técnicas de inferência que podemos utilizar: paramétrica e não paramétrica. As inferências paramétricas são aquelas cujos resultados são normalmente distribuídos dentro da curva normal. A não paramétrica difere da paramétrica pois não utiliza como distribuição de resultados a normalidade. A principal classificação estatística dos dados quantitativos é aquela que a subdivide em dois grupos de técnicas: descritiva e inferencial. A estatística descritiva é aquela que descreve as condições das variáveis através de gráficos e tabelas. A estatística inferencial é aquela que tem como objetivo obter ou formular inferências, predições ou decisões sobre uma população com base em informações contidas em uma amostra. Relacionando a estatística descritiva e inferencial com a forma de interpretação dos dados quantitativos, pode-se notar a presença de tipos de análise: univariada, bivariada e multivariada. Os vieses em pesquisa de marketing são eventos corriqueiros e fazem parte do cotidiano do pesquisador. Viés significa uma tendência das pessoas envolvidas na pesquisa de adotarem ou assumirem uma perspectiva em relação a outra. Os vieses podem acontecer de diversas maneiras. Nas pesquisas quantitativas, a sua manifestação pode ser expressada pelo erro sistemático ou pela tendenciosidade.

Case 15: O mercado *pet* em números

Com o passar dos anos, podemos observar que o mercado referente aos animais de estimação cresceu consideravelmente, fazendo com que supermercados disponibilizassem prateleiras exclusivas para esse tipo de consumo, além do surgimento de lojas prestadoras de serviços e fornecedoras dos mais variados tipos de produtos para animais de estimação.

Atualmente, os animais de estimação não são mais considerados apenas animais para companhia ou proteção, mas membros da família, ocupando um lugar importante na vida de seu proprietário. As pessoas passaram a tratar seus animais de estimação como se fossem seus filhos ou crianças, e, dessa forma, têm cuidados especiais com eles, além de comprar mimos, como roupas, brinquedos, produtos de beleza e usufruir de serviços não convencionais como planos de saúde, técnicas de embelezamento e relaxamento, entre outros. Assim, há um número cada vez maior de consumidores de produtos e serviços referentes a animais de estimação, e a quantidade consumida por proprietário também aumentou, consequência da forte divulgação realizada pela mídia desse novo mercado, que parece ter um grande potencial.

Devido a essa importância, foi realizada uma pesquisa para identificar o perfil das pessoas que têm animais de estimação atualmente. Ela foi realizada somente com pessoas que possuem animais de estimação, visando retratar fielmente como os donos desses animais pensam e agem em relação a eles.

A amostra foi constituída por 462 respondentes, tendo 95% de nível de confiança e uma margem de erro de 3,77% para mais ou para menos em uma população considerada infinita. Além dessa coleta de dados, que foi presencial, outra amostragem foi feita verificando por telefone 20% dos questionários aplicados, a fim de garantir a autenticidade e a validade das informações, para então realizar a análise dos dados coletados.

Na amostra, identificou-se que 29,2% dos entrevistados têm 2º grau completo, seguido de 28,6% com superior completo e, em terceiro lugar, 18,4% de pessoas cursando o nível superior. Ao analisar as idades dos entrevistados, viu-se que a maior concentração está entre 20 e 60 anos. As pessoas entrevistadas nessas faixas etárias compõem uma parcela da população economicamente ativa (PEA). Nessa amostra, 24% moram em apartamento e 76% em casa.

Do total de entrevistados, 72,7% possuem cachorros e 27,3% possuem gatos. Mais da metade dos entrevistados possuem animais de porte míni e pequeno, representando respectivamente 22,7% e 39,4%. Essa preferência pode ser relacionada com estudos realizados nos EUA que dizem que animais de estimação têm grande influência na autoestima e no bem-estar geral das pessoas. Boa parte dos entrevistados, 46% das citações, diz ter ganhado seus animais de estimação. Em segundo lugar, ficaram os que procuraram direto um criador. Ainda, encontrou-se um considerável número de pessoas que acharam na rua e adotaram seu animal, o que representou 18% dos entrevistados.

A partir dos resultados apresentados na pesquisa, pode-se inferir que cada vez mais os animais têm um papel importante no âmbito familiar, podendo concluir que são tratados com regalias. Em vista disso, pode-se explicar o crescimento do mercado que envolve cuidados especiais para *pets*.

A frequência do uso do *pet shop* pode ser facilmente relacionada com os motivos de uso do *pet shop*. Normalmente, ela traduz a frequência de banho e tosa e da compra de ração para os animais, que é mensal ou quinzenal, tendo ainda aqueles que frequentam o *pet shop* uma vez por semana. Podemos relacionar também a frequência do uso do *pet shop* com o nível de afetividade que a pessoa tem com seu animal. Quanto maior a importância do animal em nosso dia a dia, mais tempo e dinheiro os donos estão dispostos a despender com ele e com tudo que se relacione a ele.

Sobre as clínicas veterinárias, viu-se que a utilização desse serviço ocorre somente quando o animal apresenta problemas de saúde (45% dos casos) ou a cada seis meses (19%), geralmente para fazer vacinações. A indicação de amigos e parentes ou profissionais da área na hora de escolher a clínica veterinária foi vista como muito importante, pois representou 228 dos 462 entrevistados. Isso significa que a satisfação de uma pessoa com os serviços de uma clínica cria a oportunidade de obter novos clientes.

Após analisar todos os dados coletados e entender o perfil desse consumidor, podem ser dadas algumas informações às empresas que estão nesse setor para que elas se tornem mais competitivas. Como poderiam fazer os *pet shops* para atrair mais clientes para a compra de ração, visto que é o produto mais consumido? A resposta dessa pergunta pode aumentar significativamente o faturamento dos *pet shops*, além de unir a questão da lealdade e/ou fidelidade a um estabelecimento. Por que não ter sempre um veterinário qualificado disponível para fazer atendimento dentro de cada *pet shop?* Esse diferencial une as compras às consultas veterinárias e otimiza o tempo dos clientes, que buscam rapidez e qualidade nos serviços prestados a eles, como identificado na resposta dos questionários.

Ainda com base nos resultados coletados, a divulgação das lojas especializadas em animais de estimação deve acontecer no bairro onde ela se situa, e os preços de seus produtos e serviços devem estar de acordo com o poder aquisitivo da região onde ela procurou se estabelecer. Dizemos isso porque, mesmo o preço não sendo o fator crucial na hora da compra de alguns tipos de produtos como rações, facilitará a compra conjunta de acessórios "por impulso", já que isso reflete na afetividade do dono com seu animal.

Já os serviços novos oferecidos ao mercado *pet* devem ser bem segmentados, pois de nada adianta oferecer serviços a pessoas que nem têm interesse em adquiri-los.

Geralmente, os serviços são intangíveis, portanto a percepção dos clientes em relação ao atendimento, ao ambiente, à qualificação e ao conhecimento dos profissionais se torna extremamente importante. A conquista de novos clientes e a retenção e fidelização dos atuais dependem muito desse ponto.

Identificou-se que, independentemente dos perfis sociais da amostra estudada em virtude do método aleatório de pesquisa, o significado dos animais de estimação é bastante similar para todos. O que muda é o valor que se é possível gastar como forma de demonstrar o afeto que se tem pelo *pet*.[24]

Com base no estudo de caso e na abordagem teórica deste capítulo, responda às perguntas a seguir:

1. Descreva quais as principais informações sobre o método que o pesquisador disponibilizou no estudo de caso.

2. Quais foram os principais resultados que a pesquisa trouxe?

3. Quais as principais recomendações gerenciais que a pesquisa descreveu?

Questões de discussão para aplicação da teoria

1. Uma pesquisa de marketing foi realizada em uma rede de lojas. Nos resultados, foram apresentados gráficos e tabelas. Os gráficos continham frequência e as tabelas médias e desvio-padrão. Na sua opinião, qual análise quantitativa foi utilizada: univariada, bivariada ou multivariada?

2. Imagine que você recebeu a missão de fazer uma pesquisa de mercado sobre o perfil das mulheres no mercado de trabalho. Para isso, vão realizar uma pesquisa exploratória. Como técnica de coleta de dados escolheu-se o *focus group*. Com base na técnica de coleta, qual seria o melhor método para análise de dados: qualitativo ou quantitativo?

Notas

[1] Jabareen, Y. (2009). Building a conceptual framework: philosophy, definitions, and procedure. *International Journal of Qualitative Methods*, *8*(4), 49-62.

[2] Nastasi, B.K., Schensul, S.L. (2005). Contributions of qualitative research to the validity of intervention research. *Journal of School Psychology*, *43*, 177-195.

[3] Myers, M.D. (2009). *Qualitative research in business and management.* London: Sage.

[4] Patton, M.Q. (2002). *Qualitative research and evaluation methods.* 3. ed. Thousand Oaks, CA: Sage.

[5] Denzin, N., Lincoln, Y. (1994). *Handbook of qualitative research.* Thousand Oaks, CA: Sage.

[6] Leech, N.L., Onwuegbuzie, A.J. (2007). An array of qualitative data analysis tools: a call for data analysis triangulation. *School Psychology Quarterly*, *22*(4), 557-584.

[7] Laclau, Ernesto, Chantal Mouffe, and Slavoj Žižek. (1999). New theories of discourse. Oxford: Blackwell.

[8] Bardin, L. (1977). *Análise de conteúdo.* Lisboa: Edições 70.

[9] Bardin, L. (1977). *Análise de conteúdo.* Lisboa: Edições 70.

[10] Malhotra, N., Peterson, M. (2001). Marketing research in the new millennium: emerging issues and trends. *Marketing Intelligence & Planning,19*(4), 216-235.

[11] Boyatzis, R. (1998) *Transforming qualitative information:* thematic analysis and code development. Thousand Oaks, CA: Sage.

[12] Leech, N. L., Onwuegbuzie, A.J. (2007). An array of qualitative data analysis tools: a call for data analysis triangulation. *School Psychology Quarterly*, *22*(4), 557-584.

[13] Gibbs, G. (2009). *Análise de dados qualitativos.* Porto Alegre: Artmed.

178 Capítulo 11

[14] Malhotra, N., Peterson, M. (2001). Marketing research in the new millennium: Emerging issues and trends. *Marketing Intelligence & Planning, 19*(4), 216-235.

[15] Langneu, G. (1981). *A sociologia da publicidade.* São Paulo: Cultrix e Edusp.

[16] Levy, S.J. (2002). Revisiting the marketing domain. *European Journal of Marketing, 36*(3), 299-304.

[17] Lee, N., Hooley, G. (2005). The evolution of "classical mythology" within marketing measure development. *European Journal of Marketing, 39*(3/4), 365-385.

[18] Ladeira, W.J. (2010). Três décadas do Modelo de Churchill: utilização da análise fatorial e do Alpha de Cronbach na Validação de instrumentos de coleta de dados no marketing. *Revista Brasileira de Pesquisas de Marketing, Opinião e Mídia (PMKT), 2*, 40-48.

[19] Eiriz, V., Wilson, D. (2006). Research in relationship marketing: antecedents, traditions. *European Journal of Marketing, 40*(3/4), 275-291.

[20] Churchill, G.A. (1979). Paradigm for developing better measures of marketing constructs. *Journal of Marketing Research, 16*, 64-73.

[21] Richardson, R.J. (1999). *Pesquisa social:* métodos e técnicas. 4. ed. São Paulo: Atlas.

[22] Hair, J.F., Anderson, R.L., Tathan, L.I., & Black, W.C. (1998). *Multivariate data analysis.* 5. ed. Upper Saddle River: Prentice Hall.

[23] Blecher, N. (1998). Jura dizer a verdade? Não espere que o cliente diga tudo o que sente sobre o seu produto. Por quê? Ele não pode. *Exame*, 75-78.

[24] Relatório de dados da pesquisa "Consumo e tendência no mundo dos PET's" realizada pela turma de Pesquisa de Marketing da Universidade Federal do Rio Grande do Sul (UFRGS) no período de abril a junho de 2008, sob a tutela do Professor Dr. Walter Nique.

12

Escrevendo e Apresentando Relatório de Pesquisa

OBJETIVOS DO CAPÍTULO

No final deste capítulo, o leitor deverá ser capaz de:

◆ Entender a formatação de um relatório de pesquisa.
◆ Compreender como um pesquisador deve proceder ao apresentar um relatório oralmente.
◆ Entender como um trabalho científico pode ser utilizado em relatório de pesquisa de marketing.

DOMINGO É DIA DE DESCANSO?

Quem é que nunca procurou algo para comprar no domingo e quando chegou ao local encontrou-o fechado? Imagine como seria bom se em todos os domingos encontrássemos estabelecimentos abertos, prontos para atender às nossas demandas. Sem dúvida para os consumidores seria uma maravilha, pois haveria produtos e serviços disponíveis em um dia livre. No entanto, será que para as empresas esta seria uma boa ideia?

Pensando nisso, foi feita uma pesquisa quantitativa com 716 pessoas. Dessas pessoas, 58,8% (421 pessoas) eram do sexo feminino e 41,2% (295 pessoas) eram do sexo masculino. Elas foram consultadas sobre ser a favor ou contra a abertura do comércio aos domingos. Do total de observações, 79,7% (571) são a favor; destes, 327 são do sexo feminino e 244 do sexo masculino. O restante, 20,3% (145), é contra; destes, 94 são do sexo feminino e 51 do sexo masculino.

A fim de compreender o perfil socioeconômico dos entrevistados, as informações pertinentes à classe social dos respondentes são igualmente importantes. Nessa pesquisa, das cinco classes sociais básicas, apresentaram-se com significância estatística as classes A, B, C e D. Pode-se perceber que as classes B e C dividem-se, percentualmente, de maneira igual nas duas opções apresentadas (a favor e contra). A classe A tende a ser mais receptiva à opinião favorável à abertura; a classe D tende a ser contra a abertura. Percebe-se, de igual forma, que

mais da metade dos respondentes (67,6%) pertence à classe média (B e C).

Entre as várias informações relevantes para a análise, há uma certa tendência no que se refere à idade dos respondentes e sua opinião quanto à abertura do comércio aos domingos. Pessoas a partir de 52 anos são mais favoráveis à abertura; pessoas que possuem menos de 22 anos, em sua maioria, são contrárias à abertura.

Em uma primeira análise, as pessoas que são contra a abertura aos domingos estão satisfeitas com o horário de funcionamento de todos os tipos de comércio pesquisados. Quando questionadas sobre o horário de funcionamento dos supermercados e *shopping centers* atualmente, elas apresentavam um grau de satisfação em torno de 87% e 70%, respectivamente. Quanto ao horário de funcionamento das lojas de bairro e das lojas do centro das cidades, 66% e 61% das pessoas, respectivamente, estão satisfeitas com o horário de abertura e fechamento desses estabelecimentos comerciais.

Em determinado momento da entrevista, era-lhes perguntado quais motivos justificariam a abertura do comércio aos domingos. Os mais citados foram as razões relacionadas à criação de mais empregos (54%), à atração de um maior fluxo de turistas (46%) e ao aumento na renda do trabalhador lojista com a abertura do comércio aos domingos (42%).

Quando questionadas sobre os meios de comunicação utilizados para informarem-se a respeito da abertura do comércio

180 Capítulo 12

aos domingos, 49% das pessoas citaram a televisão e 24% o jornal. Apenas 7% das pessoas ficam sabendo da abertura do comércio por folhetos promocionais do varejo e 14% por intermédio de anúncios em rádio.

Quando questionadas sobre qual horário mais lhes satisfaria, caso o comércio viesse a abrir com regularidade aos domingos, 33% desse agrupamento de pessoas responderam que as lojas deveriam estar abertas nos turnos da manhã e tarde. Quanto aos produtos que deveriam estar disponíveis aos domingos, podemos perceber uma procura bastante significativa por alimentos (40%), vestuário (23%) e eletrodomésticos (14%).

Dos 571 entrevistados favoráveis à abertura do comércio aos domingos, 71,3% (407) responderam que discordam da justificativa de que o comércio não deveria abrir por falta de capital circulante no mercado, que levaria as empresas comerciais a aumentarem seus custos operacionais sem um retorno correspondente. Da mesma forma, quando questionados se o comércio não deveria abrir por razões familiares, 66,7% (380) discordam que esse motivo tenha força suficiente para frear a abertura do comércio aos domingos.

Desse grupo de pessoas, 365 (63,9%) discordam da razão exposta por alguns segmentos da igreja, que afirmam que o comércio não deveria abrir por interferir nos costumes religiosos. Nesse mesmo sentido, 58,3% discordam da justificativa de que o comércio não deveria abrir pela falta de hábito do consumidor porto-alegrense. E, finalmente, 63,8% responderam discordar da justificativa que defende a não abertura do comércio aos domingos pela falta de infraestrutura da cidade de Porto Alegre.

Com relação às pessoas que não gostariam que o comércio ficasse aberto aos domingos, elas mencionaram os principais motivos pelos quais ele não deveria abrir aos domingos. Por ordem de importância, obtiveram-se os seguintes resultados: razões ligadas à redução do convívio familiar (67%); razões relacionadas à falta de infraestrutura da cidade (43%); e razões relativas à falta de hábito da população de consumo aos domingos (37%).

Com base no apresentado, podemos inferir que a maioria das pessoas acredita que o comércio deva abrir aos domingos para atender às necessidades dos consumidores e dos trabalhadores lojistas. Acredita também que a abertura do comércio criaria mais empregos. No entanto, a justificativa que obteve maior índice de concordância à abertura foi a de que as lojas deveriam estar abertas para aumentar as opções de compra dos consumidores.

Os dados acima apresentados apontam para uma modificação nos padrões de compra das pessoas, que passam pela escolha de novos espaços de compra em detrimento das tradicionais regiões centrais de comércio. Observou-se que há um grande potencial para as empresas que desejam abrir seus comércios aos domingos. No entanto, estas devem cercar-se de um planejamento, a fim de explorarem todas as possibilidades de ganho. Programas de comunicação, estudos de mercado e segmentação tornam-se atividades primordiais ao sucesso das empresas varejistas em um cenário de desregulamentação do trabalho aos domingos.

Para podermos entender melhor esse conjunto de informações ofertado pela pesquisa, podíamos detalhá-lo em um relatório de pesquisa ou fazer uma apresentação oral dos principais resultados. Porém, como isso é possível? O que devo colocar em um relatório de pesquisa? Na hora da apresentação, o que devo falar? Para responder a essa pergunta é que formulamos este capítulo.[1]

12.1 — O QUE É UM RELATÓRIO DE PESQUISA?

Finalmente chegamos à última parte da pesquisa de marketing, considerada uma das mais importantes. Neste ponto, já realizamos a coleta e a análise de dados, com base no instrumento de coleta que estava fundamentado no problema de pesquisa a ser respondido. Chegou o momento de comunicar os principais resultados da pesquisa. Faremos isso através do relatório de pesquisa.

O relatório de pesquisa é um documento elaborado pelo pesquisador com o intuito de divulgar e comunicar os resultados da pesquisa para quem encomendou o projeto. Nesse documento, o contratante da pesquisa terá informações e recomendações para tomar sua decisão estratégica com relação ao tema estudado.

O formato de entrega do relatório pode acontecer em três formatos: por escrito, na forma oral ou na forma de vídeo. A apresentação por escrito é aquela em que o pesquisador entrega um documento com várias informações da pesquisa para o contratante. A forma oral trata-se de uma apresentação em que o pesquisador divulgará os principais resultados para o contratante, fornecendo a possibilidade de debate e esclarecimento de dúvidas no momento. Por fim, a forma de apresentação por vídeo é uma tendência que vem crescendo nas últimas décadas.

12.1.1 Apresentação escrita

A apresentação escrita do relatório de pesquisa deve ser um documento formal e personalizado. Isso implica dizer que deve ter um aspecto profissional e ao mesmo tempo deve ser adaptado a quem vai lê-lo. Se o leitor do relatório for um executivo ou gerente da empresa, recomenda-se relatório que não contenha muitas informações metodológicas e técnicas. Para esse público, o relatório deve trazer mais resultados e implicações gerenciais estratégicas. No entanto, se o relatório for entregue para pessoas que têm um conhecimento técnico, ele deverá trazer mais informações metodológicas, descrevendo em detalhes como foram feitas a pesquisa de campo, a escolha e a aplicação dos métodos.

Dica	Logo após a entrega do relatório final, deve-se dar um tempo para o cliente lê-lo. Quando ele terminar, deve ser feito um *follow-up*, que é um reencontro para que o cliente tenha chance de tirar as dúvidas com relação ao relatório, sendo possível esclarecer informações adicionais.

Para essa elaboração, aconselha-se o uso da sensibilidade do pesquisador, ou seja, a sua capacidade de medir o perfil de quem vai ler o relatório. Além da sensibilidade, o pesquisador deverá ter a capacidade de adaptação do conteúdo da pesquisa para um formato mais técnico ou não, dependendo do perfil do destinatário.

12.1.2 O formato do relatório escrito

Como mencionado anteriormente, o relatório de pesquisa é um documento a ser entregue e apresentado ao contratante de um estudo, que pode ser uma empresa ou um empreendedor. O formato desse documento deve ser direcionado ao perfil do contratante. O pesquisador deve manter sempre em mente o propósito do relatório ao selecionar as etapas do relatório.

Não existe uma regra clara do que deve conter um relatório de pesquisa. O que há são boas práticas que indicam partes fundamentais em um relatório de pesquisa: página inicial, carta de finalização e entrega do relatório, carta de autorização, sumários, resumo executivo, introdução, descrição dos métodos, descrição dos resultados, considerações e recomendações e anexos.

O pesquisador poderá optar por colocar ou não alguns desses itens, pois existem partes que são obrigatórias e outras opcionais, como pode ser observado na Tabela 12.1. O que deve ser observado é que essas partes não podem transparecer um registro desordenado de fatos. Elas devem fornecer ao leitor a facilidade de acompanhamento. Na Tabela 12.1 é descrito o conteúdo que deve existir em cada uma dessas partes.

Palavra do especialista

O consumo esportivo é um tema que tem ganhado destaque entre os pesquisadores brasileiros, principalmente a partir de 2010. Existe uma grande variedade de produtos esportivos – como uniformes de times, ingressos para jogos, *pay-per-view* de campeonatos, entre vários outros produtos e serviços – que pode ser comercializada para diferentes tipos de consumidores – torcedor fanático de um time, apreciador de um esporte, indivíduos que buscam atividades de lazer, entre outros –, gerando uma variedade de interesses e motivações que podem influenciar essa atividade de consumo. Mas as especificidades da indústria esportiva exigem dos pesquisadores seriedade metodológica e, ao mesmo tempo, criatividade para melhor compreender o consumidor esportivo. Por isso, é essencial conhecer de forma aprofundada as distintas metodologias e estratégias de pesquisa que podem ser utilizadas para estudar esse tipo de consumidor, para garantir a qualidade da pesquisa, e, consequentemente, atingir os objetivos dos pesquisadores ou gestores que a desenvolvem.

Dr. André Francisco Alcântara Fagundes é professor do Programa de Pós-Graduação em Administração (PPGA) da FAGEN/UFU e tem experiência profissional e acadêmica na área de Administração, com ênfase em Marketing.

Tabela 12.1 Partes do relatório de pesquisa

Parte	Uso	O que deve conter
Página Inicial	Obrigatório	Deve conter a identificação de quem realizou a pesquisa (se for uma empresa contratada, coloque a marca dela). Além disso, procure colocar centralizado o título da pesquisa e, logo abaixo, o nome de quem a encomendou.
Carta de finalização e entrega do relatório	Opcional	Documento formal direcionado ao contratante da pesquisa. Nele é informado o fim da pesquisa e uma síntese dos seus principais achados. Costuma-se mencionar os recursos utilizados no projeto. Aconselha-se que não deva existir um aprofundamento dos dados.
Carta de autorização	Opcional	Documento formal que indica os principais responsáveis pela pesquisa. Neste documento, são formalmente transferidos os direitos das informações contidas no relatório para o contratante.
Sumário	Obrigatório	Indica a divisão dos próximos capítulos com as subseções que o compõem. Etapa fundamental, pois em um primeiro momento auxilia o leitor a visualizar por completo o formato do relatório.
Resumo executivo	Obrigatório	Traz informações sintetizadas de todo relatório. É como o cartão de visita da pesquisa. Por isso, deve ser bem escrito e, além de tudo, sucinto. Aconselha-se o desenvolvimento em 20 linhas, contendo aspectos introdutórios, metodológicos e algumas considerações.
Introdução	Obrigatório	A parte na qual se apresenta a pesquisa. Nela devemos mencionar o problema de pesquisa, os objetivos e a justificativa para a realização dela. É comum colocar as vantagens que a empresa tem com a utilização das informações contidas no relatório. Nesta parte é comum encontrar muitos dados secundários.
Descrição dos métodos	Obrigatório	Deve descrever a descrição dos procedimentos metodológicos, como construção dos instrumentos, definição da amostragem, forma de coleta de dados, técnicas e *softwares* utilizados para analisar os dados.
Descrição dos resultados	Obrigatório	É a parte em que o pesquisador irá descrever as principais informações levantadas na coleta de dados primários e secundários. Aconselha-se o uso da forma narrativa dos dados, sendo utilizados gráficos, tabelas e quadros.
Considerações finais e recomendações	Obrigatório	Nesta parte o pesquisador irá disponibilizar as conclusões e opiniões com base nas informações geradas nos resultados da pesquisa. O pesquisador também deverá fazer comentários que auxiliem o contratante a solucionar o problema.
Anexos	Opcional	Deve apresentar qualquer material que auxiliou na construção da pesquisa. Aconselha-se a postagem dos materiais mais técnicos, como os instrumentos de coleta e o cálculo amostral. Não se aconselha que se coloque aqui os questionários respondidos.

182 Capítulo 12

12.1.3 Dicas para elaboração do relatório

Como foi mencionado antes, não existe um padrão definido de relatório. No entanto, há algumas dicas importantes ao escrever um relatório. Em primeiro lugar, ele não deve ser longo demais, ou seja, cansativo para quem está lendo. Deve trazer informações que agreguem conhecimento sobre o problema de pesquisa. Para isso, o pesquisador deve se preocupar com a ideia de vender o conteúdo que foi pesquisado, sem, no entanto, exagerar, trazendo informações desnecessárias.

O pesquisador deve evitar um relatório longo. As frases devem ser diretas e precisas. Não se deve construir frases longas e cansativas. Quanto mais direta a construção das frases, mais agradável será a leitura. Além do conteúdo escrito, o pesquisador deve utilizar gráficos, tabelas e quadros.

Palavra do especialista

Há alguns anos, quando as marcas começaram a perceber que a comunicação não era mais unilateral, que os consumidores haviam encontrado um espaço para serem emissores também, o monitoramento foi fundamental. No entanto, era feito de forma simplista, às vezes manualmente, sem ajuda ferramental, para mapear e responder. Agora, com o grande número de redes sociais disponível e com o brasileiro passando quase quatro horas diárias conectado a esses canais, o jogo mudou. O retorno que pode ser retirado das redes sociais não é apenas aquele que cita a marca especificamente, mas aquele que ajuda a área de produto, marketing, vendas, *customer success* e até Rh a ter *insights* e *feedbacks* consistentes. É nas redes sociais, com amigos e familiares, que o consumidor se sente à vontade para dizer o que realmente pensa e traduzir seus anseios. O que ele espera de um produto? Qual é o sentimento atrelado ao produto? Onde ele consome esse produto? Quem o influencia na decisão de compra? São diversas facetas a serem exploradas no monitoramento – e isso tratando apenas do monitoramento de uma marca ou produto. As possibilidades são ainda mais extensas quando se monitoram temas variados, como concorrentes, atividades, emoções, locais, eventos, acontecimentos. Se eu quero associar minha marca a um campeonato esportivo, não é necessário conhecer a fundo o que envolve esse campeonato? Há problemas com violência, transporte, preço dos ingressos? E a partir dessas informações cabe a decisão, muito mais embasada, de patrocínio ou não, por exemplo. Até para análises posteriores. Minha marca foi a principal patrocinadora de bebidas do Carnaval, com mídia *on-line* e *off-line*. Minhas ações deram resultado ou a concorrente, atuando em outras frentes, saiu-se melhor? Quantas pessoas falaram de mim nas redes sociais? Essa atenção foi positiva? De posse desses dados, torna-se possível criar um *report* muito mais assertivo. As possibilidades são inúmeras, mas há uma nova tecnologia, já explorada pela *Sprinklr*, que é o monitoramento de imagens para retirada de *insights* visuais.

Às vezes, seu consumidor não cita explicitamente o produto, mas tira uma foto com ele na mão, tira uma *selfie* na frente do ponto de venda, posta imagens usando um moletom da marca. Isso não seria algo importante de ser mapeado? A linguagem gráfica pode ser tão ou mais importante que a textual em termos de engajamento, afinal já temos dados que provam que *posts* com imagem geram mais interações. Quanto vale então investir em ações que gerem esse interesse em compartilhar imagens e conseguir medir esse engajamento sem o uso das *hashtags*? Acreditamos que essa é a tendência mais imediata em monitoramento.

Diego Blanco é gerente de marketing da Sprinklr e possui pós-graduação em Marketing e Sales Management pela Saint Paul Business School.

Gráficos, tabelas e quadros devem ser elaborados de maneira atrativa e ajudar a comunicar o que foi escrito. A utilização deles auxilia visualmente o que está escrito no relatório. Mesmo que o relatório seja rico em gráficos, tabelas ou outra ajuda visual, a palavra escrita sempre será a mais importante. O uso de infográficos também é recomendado. O infográfico é um recurso que une textos breves com ilustrações explicativas para o leitor entender o conteúdo. Este deve ser usado onde a informação deve ser mais explicada de forma dinâmica. Este é utilizado em muitos casos através de combinação de fotografias ou desenhos, gráficos e textos.

Com relação à linguagem, aconselha-se não utilizar palavras de entendimento apenas de pesquisadores. Deve-se utilizar expressões mais simples e de fácil entendimento. Salvo, apenas, quando o pesquisador identificar que o leitor tem conhecimentos para entender o linguajar da pesquisa. Desse modo, é recomendável não utilizar no relatório uma abordagem metodológica que tenha conteúdos técnicos ou jargões de pesquisa.

Tabela 12.2 Principais dicas para elaboração de um relatório de pesquisa

O relatório não deve ser longo demais.
As frases do relatório devem ser curtas.
Gráficos, tabelas e quadros devem ser utilizados na dosagem certa, auxiliando a compreensão do que foi escrito.
Quando necessário, é aconselhável o uso de infográficos.
Não utilizar na linguagem uma abordagem metodológica que tenha conteúdos técnicos ou jargões de pesquisa.
Fornecer resultados que possibilitem generalizações e provas ao leitor.
Fazer considerações e sugestões com implicações gerenciais importantes.
Dar tempo para o contratante ler o relatório e tirar as possíveis dúvidas.

Com relação à estrutura do projeto, recomenda-se que o pesquisador forneça resultados que possibilitem generalizações, que tenham a possibilidade de fornecer provas de confiabilidade e validade. O pesquisador deve ter cuidado nas interpretações feitas no relatório. Aconselha-se que ele peça a outro pesquisador para conferir o que foi redigido no relatório e se não está equivocado ou, dependendo do caso, ofensivo.

Além de explicações claras dos resultados, que são os dados primários, o relatório de pesquisa deve fazer considerações e sugestões com implicações gerenciais importantes para o contratante da pesquisa. No caso, se existirem dados secundários, eles devem ser mencionados citando as principais fontes.

Por fim, o pesquisador deve dar tempo para o contratante ler o relatório e tirar as possíveis dúvidas. No fim, deve-se oferecer uma assessoria para o contratante, caso ele tenha alguma dúvida específica sobre o projeto.

12.1.4 O relatório de pesquisa de marketing no formato de trabalho científico

Recentemente, muitas empresas de pesquisa de marketing têm utilizado o padrão científico para divulgar os seus relatórios de pesquisas. Quando se fala em padrão científico aqui, estamos nos referindo às estruturas encontradas em trabalhos de conclusão, dissertações, teses e artigos científicos. Dois seriam os grandes motivos que estão levando as empresas a tomarem essa decisão.

O primeiro motivo é o fato de o padrão científico apresentar em sua estrutura a organização e a padronização das fases de pesquisa, trazendo uma reflexão fundamentada teoricamente sobre os dados coletados. Além disso, a sistematização de um trabalho científico pode dar mais credibilidade às informações em uma pesquisa de marketing. O segundo motivo seria o fato de que muitos gerentes de marketing têm o ensino superior completo e já realizaram em algum momento de sua formação um trabalho científico. Desse modo, para esses gestores a estrutura de um trabalho científico é comum, o que torna o uso do relatório de pesquisa mais fácil para ele na estrutura científica.

12.1.4.1 O trabalho científico e a ciência

O conhecimento científico sempre esteve voltado para a explicação dos fenômenos que rodeiam os seres humanos. Por isso, ele pode ser usado na pesquisa de marketing, pois esta procura subsidiar o processo decisório com informações, e para isso se deve estudar o que acontece. Na verdade, a pesquisa de marketing pode ser considerada, simploriamente, o estudo de um fenômeno que influencia as atividades comerciais das empresas.

No que se refere à explicação de fenômenos, podemos pensar em quatro maneiras de propagar o conhecimento. Essas maneiras auxiliam também a sistemática de estudo desses fenômenos; são elas: senso comum, filosófico, teológico e científico.

O conhecimento do senso comum é conhecido também como empírico ou vulgar e emana da experiência cotidiana das pessoas. Esse tipo de conhecimento valoriza a experiência pessoal e as emoções vivenciadas. Ele não se mostra metódico e muito menos sistemático, tendo como característica a não padronização das estruturas de análise. Exemplificando, o conhecimento do senso comum pode ser associado ao conhecimento que um vendedor adquire ao praticar a gestão comercial por 30 anos. Todo o seu conhecimento adveio do dia a dia, sem que existisse um estudo analítico e sistemático dos eventos que ele presenciou.

Diferentemente do conhecimento do senso comum, o filosófico é considerado racional e sistemático, pois parte de hipóteses que são oriundas de observações cotidianas. Esse tipo de conhecimento difere do senso comum, pois surge da experiência, e não da experimentação. O conhecimento filosófico procura identificar as causas mais profundas através da razão que circunda os dados observados.[2]

O conhecimento teológico, também conhecido como religioso, baseia-se nos fundamentos da crença e da fé e em doutrinas que contêm argumentações sagradas, explicadas pelo sobrenatural.

O conhecimento científico é aquele que menciona que a interpretação dos fenômenos está pautada em sua regularidade e que devido a esse fato pode ser testada objetivamente em qualquer momento. Uma característica-base desse conhecimento é a racionalidade, que procura desvincular o pesquisador de seus sentimentos, deixando-o mais impessoal para analisar os dados. O trabalho científico procura incentivar a reflexão das pessoas sobre um problema identificado através de um método de investigação criterioso e sistemático. Esse conhecimento é uma conquista recente do homem e foi promovido pelos trabalhos de Galileu Galilei.

O conhecimento científico é medido através de um método que se resume em um conjunto de regras e de procedimentos que possibilitam o surgimento do que chamamos hoje de ciência, entendida como um processo de investigação que procura descobrir a relação existente entre fatos, acontecimentos e fenômenos. A metodologia científica seria o caminho para se chegar a algum resultado. O economista sueco Gunnar Myrdal uma vez disse que a ciência nada mais é do que o senso comum disciplinado.

12.1.4.2 O formato do trabalho científico

Um trabalho científico consiste em um projeto formal que na sua concepção busca obter dados empiricamente, utilizando uma abordagem sistêmica e objetiva para a solução de problemas. Desse modo, o trabalho científico é considerado um processo intelectual em que o pesquisador adquire conhecimento por meio da investigação de um problema e da busca de novas informações.

Semelhante a uma pesquisa de marketing, um trabalho científico é dividido em etapas. Vamos verificar que coincidentemente muitas dessas etapas são semelhantes às estudadas na pesquisa de marketing. As etapas mais comuns de um trabalho científico são: delineamento da pesquisa (problema, objetivos, hipóteses e justificativa), revisão de literatura, aspectos metodológicos, resultados e considerações finais.

O delineamento da pesquisa diz respeito ao planejamento inicial do projeto científico, focando na construção das primeiras etapas do trabalho, estimando a previsão de coleta de dados e a interpretação dos resultados. Para que o delineamento da pesquisa seja construído coerentemente, alguns pontos têm que ser bem fundamentados.

O primeiro é o problema de pesquisa científica, que reflete algo a ser estudado, ou seja, uma lacuna do conhecimento. Na

184 Capítulo 12

verdade, esse problema é entendido como um fenômeno que ainda não foi resolvido ou que está em vias de ser resolvido. O problema de pesquisa limita a realidade a ser estudada, definindo o objeto de estudo e a teoria a ser estudada. Na maioria dos trabalhos científicos, o problema de pesquisa é construído em forma de uma pergunta. Espera-se que com a execução e a análise da pesquisa tenha-se a resposta para essa pergunta.

Palavra do especialista

O profissional de comunicação deve trabalhar com ideias, conceitos e resultados. A pesquisa de marketing deve atuar junto da comunicação. Comunicar com resultado requer estratégia, criatividade e objetividade. Falar o que o cliente quer ouvir, mostrar o que ele quer ver, na dose certa, na hora certa, no local certo! Para isso, saber onde ele está, quais seus anseios e comportamento é fundamental. A pesquisa de marketing pode ser a diferença entre "gastar" e "investir" em comunicação.

Jean Caetano é diretor de criação da AGENTE Comunica.

Outro ponto que deve ser planejado também em um projeto de pesquisa é a definição de objetivos. Os objetivos são considerados sentenças que têm em sua composição verbos no infinitivo, que dão sentido de ação ao problema de pesquisa. Existem dois tipos de objetivos: o geral e os específicos. O objetivo geral norteia a estrutura do trabalho, tendo como função representar uma possível resposta ao problema de pesquisa. Os objetivos específicos são considerados o caminho para se chegar ao objetivo geral, por isso este deve ser estruturado ordenadamente a fim de dar suporte à execução da pesquisa. Sendo assim, os objetivos, seja o geral, sejam os específicos, são determinados para que se possa ter informações que solucionem o problema de pesquisa científica.

A hipótese é um conceito que traz uma ou várias suposições que antecedem a constatação do fenômeno. Uma hipótese é criada para que possa ser comprovada, ou seja, aceita ou rejeitada. Já a justificativa é a relevância ou importância de estudar tal fato. Transformando para a linguagem de pesquisa de marketing, a justificativa é composta de dados secundários e deve ser referenciada com suas devidas fontes.

A fundamentação teórica de um trabalho científico fornece a construção de um entendimento inicial do problema de pesquisa, através de livros, artigos científicos, entre outros, que representam o conjunto de conhecimentos de determinado assunto. Ela delineia o que deve ser estudado e traz visões críticas a respeito das várias suposições teóricas.

O desafio da estruturação dos aspectos metodológicos consiste em descrever o que foi feito de pesquisa no trabalho, ou seja, indicar os entrevistados, demonstrar como foi construído o instrumento de coleta de dados, identificar as formas de coleta de dados, informar as técnicas de análise de dados, entre outros.

A análise de resultados tem como função apresentar as informações contidas na coleta de dados feita na pesquisa científica.

É nesse item que o pesquisador expressa os principais achados da pesquisa. Por fim, elaboram-se as considerações finais, que são compostas de uma conclusão sobre os dados coletados, recomendações e implicações gerenciais e acadêmicas, indicações de pesquisas futuras e limitações do trabalho.

12.2 APRESENTAÇÃO ORAL

A apresentação oral deve ser uma síntese do relatório de pesquisa escrito. O pesquisador deverá enfocar os principais itens que estão no relatório, de maneira a responder ao problema de pesquisa e auxiliar o contratante na reflexão e no surgimento de novas ideias. Desse modo, a apresentação, além de refletir os principais itens do relatório, deve ser reflexiva.

Sugere-se que a apresentação seja no formato de uma curta reunião e que envolva as pessoas que trabalharam na pesquisa com os contratantes. Para uma boa apresentação oral, sugerimos sua divisão em três partes: (a) preparação do ambiente para a apresentação, (b) interação no momento da apresentação e (c) encerramento da apresentação.

12.2.1 Preparação do ambiente para a apresentação

A preparação do ambiente para a apresentação oral é de extrema importância para uma comunicação eficiente do relatório de pesquisa. Além disso, ela pode gerar credibilidade para o contratante. Imagine como seria desagradável em uma apresentação se os recursos audiovisuais dessem problema ou se faltassem cadeiras para as pessoas, entre outros. Por isso, é fundamental preparar o ambiente para a apresentação.

Como primeiro passo, o pesquisador deverá procurar um lugar prático e aconchegante em que seja possível usar de maneira mais eficiente os recursos audiovisuais. Desse modo, é preciso verificá-los antes de iniciar e confirmar a quantidade de cadeiras e o espaço existente.

Com relação ao aspecto visual do material apresentado, deve ser direto e atrativo. Quando o pesquisador estiver preparando a apresentação, deve procurar imaginar sempre o que o contratante tem como prioridade e conduzir a apresentação com o intuito de sanar essa prioridade.

12.2.2 A interação no momento da apresentação

Logo após a preparação do ambiente do material, começa a apresentação do relatório de pesquisa. Nesse momento, a pessoa responsável deve manter uma sequência lógica em sua apresentação, iniciando pelo contexto (problema, objetivos e justificativa), procedimentos metodológicos, resultados e implicações gerenciais.

Na apresentação, essa pessoa deve transmitir entusiasmo, procurando manter a atenção das pessoas no recinto, trazendo informações importantes da pesquisa. Ela pode até fazer

Escrevendo e Apresentando Relatório de Pesquisa **185**

declarações descontraídas e bem humoradas. No entanto, deve evitar brincadeiras de mau gosto. A pessoa que está apresentando deve estar atenta aos diversos perfis de pessoas no ambiente. Portanto, algo que é engraçado para alguém pode ser desconcertante ou ofensivo para outra.

O pesquisador deve indicar cinco itens importantes do resultado, como se fosse um resumo, para enfatizar na apresentação. Esses cinco itens têm que ser atrativos e chamar a atenção dos ouvintes para a pesquisa realizada.

12.2.3 Encerramento da apresentação

Ao término da apresentação, não faça o encerramento, reserve um tempo para tirar dúvidas dos participantes. Não faça a apresentação se tornar cansativa, com um tempo de duração muito grande. Procure fazer uma apresentação no período de 45 minutos. Uma apresentação eficiente terá curta duração e uma adequação ao público.

O momento de tirar as dúvidas é importante, pois o pesquisador deverá defender e explicar melhor os resultados da pesquisa. Nesse momento, ele não poderá ter apenas uma postura defensiva aos resultados da pesquisa, deverá demonstrar a quem está questionando pontos de vista que convençam o respondente, sem ser agressivo nas respostas.

12.3 APRESENTAÇÃO DE RELATÓRIOS EM FORMA DE VÍDEOS

Pesquisadores do comportamento do consumidor e profissionais de marketing cada vez mais apreciam o potencial da produção de vídeo para gerar *insights* sobre comportamentos das pessoas. Nesse contexto, a videografia surge atualmente como uma das formas de se apresentar um relatório para uma empresa contratante.[3]

Ao mesmo tempo em que a crescente produção de vídeo tem aumentado rapidamente, a demanda de estudos que interpretam as expectativas dos consumidores e clientes usando vídeos também cresceu. Por exemplo, recentemente a Nissan contratou dois consultores (John Schouten e Jim McAlexander) para realizar pesquisas sobre a percepção das marcas entre os proprietários de seus veículos. A empresa insistiu que o produto acabado fosse entregue em forma de vídeo, sem material de apoio escrito. Este não é mais um pedido incomum entre as empresas. A cada dia está mais frequente.[4]

A empresa BOX 1824 recentemente fez uma pesquisa sobre a tendência de comportamento e consumo de jovens brasileiros. Essa pesquisa tinha como objetivo mapear as tendências desses consumidores através de *insights*. A ideia era buscar um novo olhar e entendimento sobre a sociedade, encontrando assim novas tendências. Essa pesquisa foi conhecida como *Sonho brasileiro* e teve parte do seu relatório confeccionada em vídeo e disponibilizada na internet.

Palavra do especialista

Penso que a investigação a respeito das dinâmicas que envolvem qualquer grupo ou subgrupo seja uma subcultura, uma tribo, uma comunidade de marca ou qualquer outro tipo de organização grupal a ser pesquisada sob a ótica da disciplina de Marketing, demanda uma visão abrangente e ao mesmo tempo próxima, subjetiva do pesquisador. Isso significa perceber o ambiente, as características e interações dos diferentes atores relacionados ao fenômeno em níveis macroambientais, bem como estabelecer contato direto com o grupo e até mesmo se sentir parte dele, para então estabelecer conexões teórico-práticas. Do ponto de vista metodológico, a etnografia é o caminho normalmente adotado para a imersão no fenômeno. A partir desse posicionamento, o uso de técnicas como a observação participante, não participante e a entrevista em profundidade são alguns dos recursos que fazem parte da "caixa de ferramentas" utilizada pelo pesquisador nesse processo. O estudo do ambiente pode vir através da análise de pesquisas de mercado, levantamento de dados, histórico da prática, da região, grupo ou realidade a ser analisada. No entanto, os valores e as características que formam um grupo ou subgrupo, e que "conversam" com a realidade do mercado em torno dos mesmos, normalmente só são percebidos pelo contato direto do pesquisador com o grupo. Reforçando esse argumento, em estudos clássicos a respeito de subculturas de consumo, como a Harley Davidson (Schouten e McAlexander, 1995), os pesquisadores perceberam tanto os movimentos da marca como uma instituição, um agente do mercado ao se posicionar de uma forma específica, como realizaram um esforço etnográfico em manter contato e até mesmo tornarem-se "motoqueiros". Ao penetrar nesse mundo, convivendo e conversando com pessoas relacionadas a ele, os pesquisadores perceberam que existem diferentes grupos atuando naquela subcultura, sejam os praticantes ativos da atividade, os praticantes de final de semana etc. A compra de uma motocicleta envolvia mais do que apenas as características utilitárias de um produto, mas a comunhão com um grupo que reforça valores como patriotismo, liberdade, espírito fora da lei, entre outros. A marca Harley Davidson apropria-se de práticas, hábitos e valores desse grupo para desenvolver uma narrativa, uma história em torno das motocicletas que atraia também o comprador e usuário de final de semana. Assim como no caso mencionado, o mercado do esporte Surf também envolve uma interação direta entre uma tribo, que possui uma linguagem, valores e uma ética comuns em torno do esporte, os simpatizantes (não praticantes), que são os grandes consumidores desse mercado (até 95% de todo o consumo), e as empresas de Surf, tanto marcas locais como globais. A tribo do Surf possui uma linguagem específica, utiliza termos próprios para falar do oceano e da prática do esporte, termos esses apenas compreendidos pelos integrantes da tribo. Os hábitos e a linguagem dessa tribo são difundidos e organizados em ambientes de varejo pelas marcas para atrair não praticantes para o consumo de produtos indiretamente relacionados ao esporte. Essas informações surgiram a partir da imersão do pesquisador nesse ambiente, observando diretamente comportamentos, convivendo com surfistas e conversando com gestores de marcas de Surf.

Rodrigo Costa Segabinazzi é integrante da equipe multidisciplinar do Centro de Educação a distância da CNEC EAD e professor do curso de Administração da Faculdade Cenecista de Osório.

186 Capítulo 12

A utilização de vídeos para descrever um relatório de pesquisa é interessante, pois mescla todo o rigor científico que deve estar por trás de uma pesquisa de marketing, com a arte que está presente na produção videográfica. Essa combinação de rigor científico e arte cinematográfica é uma boa dica para deixar as apresentações dos resultados da pesquisa mais atraentes para quem encomendou a pesquisa.

Resumo dos principais tópicos do capítulo

O relatório de pesquisa é um documento elaborado pelo pesquisador com o intuito de divulgar e comunicar os resultados da pesquisa para quem encomendou o projeto. Nesse documento, o contratante da pesquisa terá informações e recomendações para tomar sua decisão estratégica com relação ao tema estudado. O formato de entrega desse relatório pode ser de três tipos: por escrito, na forma oral ou na forma de vídeo. A apresentação por escrito é aquela em que o pesquisador entrega um documento com várias informações da pesquisa para o contratante. A forma oral consiste em uma apresentação em que o pesquisador divulgará os principais resultados para o contratante, fornecendo a possibilidade de debate e esclarecimento de dúvidas no momento. Por fim, a forma de apresentação por vídeo é uma tendência que vem crescendo nas últimas décadas. Não existe uma regra clara do que deve haver em um relatório de pesquisa, o que se têm são boas práticas que indicam partes fundamentais em um relatório de pesquisa, e que podem ser: página inicial, carta de finalização e entrega do relatório, carta de autorização, sumários, resumo executivo, introdução, descrição dos métodos, descrição dos resultados, considerações e recomendações e anexos. O pesquisador poderá optar por colocar ou não alguns desses itens, pois existem partes que são obrigatórias e outras opcionais. Recentemente, muitas empresas de pesquisa de marketing têm utilizado o padrão científico para divulgar os seus relatórios de pesquisas. Quando se fala em padrão científico, estamos nos referindo às estruturas encontradas em trabalhos de conclusão, dissertações, teses e artigos científicos. Dois seriam os grandes motivos que estão levando as empresas a tomarem essa decisão. O primeiro é o fato de o padrão científico apresentar em sua estrutura a organização e a padronização das fases de pesquisa, trazendo uma reflexão fundamentada teoricamente sobre os dados coletados. Além disso, a sistematização de um trabalho científico pode dar mais credibilidade às informações em uma pesquisa de marketing. O segundo motivo seria o fato de que muitos gerentes de marketing têm o ensino superior completo e já realizaram em algum momento de sua formação um trabalho científico. Desse modo, para esses gestores a estrutura de um trabalho científico é comum, o que torna o uso do relatório de pesquisa mais fácil na estrutura científica.

Case 16: Qualidade de vida: você sabe o que é?

Certamente todos têm um conceito pessoal acerca do que seja qualidade de vida, porém, ao se colocar essa questão de forma objetiva, a resposta possivelmente não será obtida com muita facilidade. Por ser o conceito de qualidade de vida um tanto subjetivo e, portanto, variável, há dificuldade em delimitá-lo de forma concisa.

Vários fatores influem na qualidade de vida, tais como estresse, sono, alimentação, saúde e lazer. Os fatores presentes no conceito de qualidade de vida de uma pessoa podem não estar presentes segundo a concepção de outra. Ainda que diversas pessoas possam compartilhar semelhantes ideias sobre a definição do conceito, é provável que atribuam diferentes pesos aos seus componentes, avaliando em diversos graus de importância cada um dos fatores integrantes da concepção. Nesse contexto, a presente pesquisa teve como objetivo aferir a percepção quanto à qualidade de vida, ou seja, o que é importante na qualidade de vida.

Para entender o que é qualidade de vida na percepção das pessoas, foi realizada uma pesquisa descritiva, através do método *survey*, que se baseia no interrogatório dos sujeitos da pesquisa a fim de descobrir a percepção, a motivação e o comportamento deles acerca do tema apresentado. Como instrumento de coleta de dados foi escolhido o questionário, formatado por uma série de perguntas a que um entrevistado deve responder.

A elaboração do questionário desta pesquisa passou por várias etapas até chegar à versão final. Primeiramente, dividiu-se a equipe de pesquisa em grupos de três pessoas e cada grupo ficou responsável por elaborar perguntas relacionadas aos tópicos determinados na coleta de dados secundários. Finalizada essa etapa, foram realizadas reuniões entre os componentes responsáveis pela elaboração do questionário a fim de discutir as questões propostas pelo grande grupo. Após a análise delas, foi realizada uma seleção levando em consideração a pertinência ou não das questões sugeridas, compondo, assim, a estrutura básica do questionário que foi utilizado para a aplicação do pré-teste.

Quanto aos critérios de definição das questões, levou-se em conta, primeiramente, a necessidade de o questionário abranger todos os temas relacionados à qualidade de vida. Dessa forma, foi possível levar aos entrevistados todos os aspectos importantes apresentados na etapa qualitativa da pesquisa. Outro ponto considerado foi a formulação das questões segundo a técnica projetiva. A grande maioria das perguntas não buscou diretamente saber a opinião do entrevistado sobre o tema, mas projetar o questionamento para a terceira pessoa. Por exemplo, em vez de questionar "quantas horas você trabalha por dia", foi perguntado "quantas horas as pessoas dessa cidade trabalham por dia". Isso permitiu que os entrevistados projetassem suas motivações, crenças, atitudes ou sensações subjacentes no problema em estudo. Ao utilizar tal técnica, foi possível criar uma íntima relação com o próprio objetivo da pesquisa, que não era apenas medir a qualidade de vida das pessoas entrevistadas, mas sim saber a percepção delas a respeito da qualidade de vida.

As perguntas estruturadas especificam um conjunto de respostas alternativas e o formato da resposta. Foram utilizados no questionário dois tipos de perguntas estruturadas: perguntas de múltipla escolha e perguntas escalonadas. O que se procurou fazer ao elaborar o questionário foi misturar esses diversos tipos de perguntas para exigir que o entrevistado realmente pensasse ao respondê-las. Elas também foram construídas objetivando responder ao problema traçado: verificar a percepção sobre qualidade de vida.

A equipe responsável pelo questionário elaborou um formulário de perguntas-padrão para ser utilizado nos casos em que o entrevistado não compreendesse a pergunta original. O formulário de perguntas-padrão visa esclarecer quaisquer dúvidas a respeito da questão, sem o entrevistador ter que explicar com suas palavras. Assim, o viés do entrevistador é amenizado.

No que tange à população da pesquisa, esta foi composta por pessoas de idade entre 18 e 80 anos, tendo uma amostra probabilística, o que, por sua vez, permite que os resultados identificados sejam representativos e possam ser generalizados para a população considerada. Mais precisamente, o processo de amostragem foi feito por conglomerado, tendo um número de 481 respondentes, sendo destes 203 (42,2%) do sexo masculino e 278 do sexo feminino (57,8%).

Iniciando a análise de resultados, parte-se da percepção da importância de alguns aspectos em relação à qualidade de vida. Ao serem perguntados sobre quais aspectos da qualidade de vida são mais importantes, o aspecto saúde foi o que obteve maior frequência de citações. Do total de pessoas entrevistadas, 50,3% acreditam que saúde é o aspecto que mais influencia na qualidade de vida. A pergunta ofereceu a possibilidade de menção de três aspectos, ordenados de acordo com a opinião do entrevistado. Dentre as pessoas que responderam, 75,20% marcaram "saúde" como pelo menos um dos três aspectos mais importantes para a qualidade de vida. A Tabela 12.3 apresenta o *ranking* das respostas, demonstrando a frequência obtida para cada um dos aspectos em relação à sua importância para a qualidade de vida.

Tabela 12.3 Aspectos da qualidade de vida

Aspectos da qualidade de vida	Frequência	Percentagem
Saúde	243	50,52%
Sono	3	0,62%
Esporte	9	1,87%
Trabalho	50	10,4%
Estresse	28	5,82%
Cultura	14	2,91%
Educação	33	6,86%
Transporte	9	1,87%
Lazer	13	2,7%
Segurança	73	15,18%
Poluição	2	0,42%
Religiosidade	3	0,62%
Outros	1	0,21%
Total de Observações	481	100%

Nota-se que os entrevistados atribuíram à saúde a maior frequência. No entanto, ao se aprofundar na análise sobre a percepção em relação à saúde, obtém-se que, do total dos entrevistados, 62,20% discordam totalmente ou em parte na afirmação de que as grandes cidades tenham hospitais e postos de saúde suficientes. Outro aspecto considerado mais importante para a qualidade de

vida pelos entrevistados foi a segurança. Apesar de ser considerado o segundo mais importante, na questão em que se afirma: "A sua cidade é segura", o grau de discordância apontado pela pesquisa é alto. Percebe-se, portanto, uma tendência dos respondentes em acreditar que há uma carência de segurança na cidade.

Quando perguntado aos entrevistados quais os aspectos que mais os impedem de saírem de casa para o lazer, a falta de segurança foi o item mais citado, sendo apontado dessa forma por 44,91% da amostra, seguido das condições financeiras, que tiveram uma percentagem de 41,37%. Em terceiro lugar, mas com uma percentagem bem menor, está a falta de tempo, com 6,86%.

Tabela 12.4 Dificuldades de lazer

Dificuldades de lazer	Frequência	Percentagem
Falta de segurança	216	44,91%
Condições financeiras	199	41,37%
Transporte Ineficiente	12	2,49%
Clima	4	0,83%
Falta de tempo	33	6,86%
Falta de opções para sair	15	3,12%
Outros	2	0,42%
Total de Observações	481	100%

As dificuldades financeiras por que passam, a realidade ou a iminência do desemprego, a segurança e o trânsito são, nessa ordem, os principais causadores de estresse na vida dos entrevistados. Pode-se inferir, portanto, ao analisar estas duas últimas questões, que o desemprego é a principal causa de estresse na vida dos entrevistados e que ele é, sim, preocupante, afetando a qualidade de vida de quem está desempregado e também de quem está empregado, mas tem medo de perder seu emprego.

Tabela 12.5 Causas do estresse

Causas do estresse	Frequência	Percentagem
Dificuldade Financeira	261	28,40%
Desemprego	251	27,31%
Segurança	151	16,43%
Trânsito	118	12,84%
Trabalho	59	6,42%
Falta de tempo	26	2,83%
Relacionamentos	25	2,72%
Família	24	2,61%
Outros	4	0,44%
Total de Observações	481	
Citações	919	

188 Capítulo 12

Quando questionado sobre o meio de transporte, 88,6% da amostra entrevistada acredita ser o ônibus o meio mais utilizado para se locomover, seguido pela opção do carro, que soma 6,2%, e a pé, com 2,10%. As demais opções somam juntas 2,2%. Esse resultado demonstra que o ônibus está muito presente na realidade da população, possivelmente de maneira tão forte que até mesmo não usuários acreditam ser esse o meio de locomoção mais utilizado pela maioria. Simultaneamente, a maioria da população concorda totalmente ou em parte com a afirmação de que os entrevistados têm facilidade de locomoção dentro da cidade.

O meio ambiente foi um dos fatores menos citados como principal fator para a qualidade de vida, como poluição, ficando com apenas 0,4% das respostas. Apenas 2,9% o citaram como pelo menos um dos três aspectos mais importantes. Outra resposta que permite identificar o assunto meio ambiente como uma questão de menor relevância entre os entrevistados é de que apenas 52,6% (resultado da soma dos percentuais de concordância) tendem a valorizar e se preocupar com essa questão.

A alimentação, prática de esporte e o sono foram indicados pelos entrevistados indiretamente como importantes para a qualidade de vida. Porém, esses dois temas, principalmente a alimentação, estão intimamente ligados à saúde, primeira colocada como o aspecto mais importante.

Tabela 12.6 Importante para vida saudável

Importante para vida saudável	Frequência	Percentagem
Praticar Esporte	223	24,53%
Dormir bem	112	12,32%
Lazer	92	10,12%
Visitar Médico	118	12,98%
Alimentar-se Bem	346	38,06%
Não Fazer Nada	6	0,66%
Outro	12	1,32%
Total de Observações	481	52,92%
Citações	909	100%

Após essas análises, questiona-se: os entrevistados afinal têm ou não têm qualidade de vida? A análise das respostas demonstra que, apesar de todos os aspectos negativos levantados nas análises anteriores sobre saúde, trânsito, meio ambiente, segurança, não há impacto tão forte sobre a percepção sobre a qualidade de vida, com mais de 65% dos entrevistados concordando com a afirmação.

Outra questão que reforça o que foi dito ocorre quando questionados sobre a afirmação de gostarem de morar nas cidades: quase 90% dos entrevistados concordaram com essa afirmação. Pode-se, portanto, inferir que os respondentes, embora não se sintam plenamente atendidos em questões básicas como saúde, educação e segurança, gostam de morar em sua

cidade e a consideram um local que oferece qualidade de vida a seus moradores. Essa é a contradição encontrada pela análise de dados e talvez o principal fato encontrado por esta pesquisa.[5]

Com base no estudo de caso e na abordagem teórica deste capítulo, responda às perguntas a seguir:

1. A técnica de interpretação utilizada na pesquisa foi qualitativa ou quantitativa? Explique.
2. Por que se optou pelas técnicas projetivas na criação do questionário?
3. Por que podemos dizer que a saúde é um dos principais problemas dos entrevistados?
4. No que diz respeito à qualidade de vida, os resultados da pesquisa demonstram que uma das maiores preocupações dos entrevistados é com o meio ambiente. Está correta essa afirmação? Justifique.
5. O que se pode concluir com a pesquisa realizada sobre a qualidade de vida?

Questões de discussão para aplicação da teoria

1. Divida os colegas em grupos. Depois, cada grupo deve discutir e definir itens necessários e desnecessários em um relatório de pesquisa. Logo após, faça um contraponto dessa discussão com os outros grupos.
2. Encontre algum relatório de pesquisa disponível na internet e o formate para uma apresentação de 30 minutos. Imagine que você é o pesquisador e terá de defender os resultados encontrados na pesquisa.

Notas

[1] Relatório de dados da pesquisa "Estudo o trabalho no dia de domingo" realizada pela turma de Pesquisa de Marketing da Universidade Federal do Rio Grande do Sul (UFRGS) no período de setembro a dezembro de 2011, sob a tutela do Professor Dr. Walter Nique.

[2] Rampazzo, L. (2002). *Metodologia científica*: para alunos dos cursos de graduação e pós-graduação. 2. ed. São Paulo: Loyola.

[3] Sayre, S. (2006). Using video-elicitation to research sensitive topics: understanding the purchase process following natural disaster In: Belk, R. W. *Handbook of qualitative research methods in marketing*. Toronto, Kraft Foods Canada Chair of Marketing. pp. 230-244.

[4] Belk, R.W.; Kozinets, R.V. (2005). Videography in marketing and consumer research. *Qualitative Market Research: An International Journal*, 8(2), 128-141.

[5] Relatório de dados da pesquisa "Estudo da percepção da qualidade de vida" realizada pela turma de Pesquisa de Marketing da Universidade Federal do Rio Grande do Sul (UFRGS) no período de setembro a dezembro de 2008, sob a tutela do Professor Dr. Walter Nique.

Parte IV

Tópicos Avançados em Pesquisa de Marketing

13

Modelagem de Experimentos em Pesquisas de Marketing

OBJETIVOS DO CAPÍTULO

No final deste capítulo, o leitor deverá ser capaz de:

- ◆ Entender o conceito e as nomenclaturas de um experimento.
- ◆ Diferenciar os ambientes de laboratório e campo.
- ◆ Saber diferenciar os tipos de experimentos.
- ◆ Entender os diferentes tipos de validade em um experimento.
- ◆ Entender as etapas de um experimento na prática.

13.1 O CONCEITO E AS NOMENCLATURAS PRINCIPAIS DE UM EXPERIMENTO

Grosso modo, "*entender um experimento requer pensar em um acontecimento na prática e depois verificar como este se dá teoricamente*". Isso para muitos pesquisadores é um grande desafio, pois nossos pensamentos, ideias e raciocínio quase sempre estão pautados em teorias.

Na classificação de pesquisa de marketing, um experimento é visto como uma pesquisa explicativa ou causal. Por isso, não se deve confundir o experimento com uma abordagem exploratória ou descritiva. A função básica do experimento é explicar as relações causais que envolvem determinado fenômeno.

A distinção do experimento para as abordagens exploratórias e descritivas está pautada em dois pontos centrais. Primeiro, existe uma manipulação das variáveis que aqui chamaremos de variáveis independentes. Segundo, existe uma condição de causalidade entre variáveis independentes e dependentes.

A causalidade é considerada um princípio pelo qual causa e efeito são estabelecidos entre duas variáveis. Para que exista a relação causal, é necessário um grau suficiente de associação entre as duas variáveis, ou seja, que uma variável ocorra antes da outra. Nesse caso, uma variável deve ser claramente o resultado da outra.[1] Assim sendo, as condições de causalidade são: (1) a causa está relacionada ao efeito, (2) a causa precede o efeito e (3) não existe outra explicação plausível para o efeito.[2]

A relação de causalidade pode ser descrita pelos termos "X", que significa causa, e "Y", que significa efeito.[3] No marketing, uma variável recebe influência de diversas outras, por exemplo, o sucesso de uma marca (Y) pode ser influenciado pela propaganda (X1), equipe de vendas (X2), *merchandising* (X3), entre outros. Observe que o sucesso da marca pode ser causado por múltiplas variáveis, em uma relação entre causa e efeito, que tende a ser probabilística.

O princípio básico para que se estabeleçam as relações causais é pautado em três critérios: variação concomitante ou associação (ou seja, se X causa Y, então X e Y devem ser correlacionados), ordenação sequencial ou direcionamento (a relação da causalidade ocorre da causa para o efeito) e explicações concorrentes ou isolamento (na ausência da causa, não se observa a resposta). Na Tabela 13.1 são ordenadas algumas nomenclaturas dessa técnica com o seu respectivo significado.

191

192 Capítulo 13

Tabela 13.1 Nomenclatura e significado de termos importantes nos experimentos

Nomenclatura	Significado
Experimento	É o processo de manipulação de uma ou mais variáveis independentes. Nele é avaliado o efeito de uma ou mais variáveis dependentes, procurando controlar os efeitos de variáveis estranhas.
Delineamento experimental	É o planejamento de um conjunto de procedimentos que especifica: as unidades de teste, as variáveis independentes, dependentes e estranhas.
Unidades de testes	São indivíduos, organizações ou outras entidades cuja resposta às variáveis independentes ou aos tratamentos está sendo examinada.
Variáveis independentes	São variáveis ou alternativas que são manipuladas e cujos efeitos são medidos e comparados.
Variáveis dependentes	São as variáveis que medem o efeito das variáveis independentes sobre as unidades de teste.
Variáveis estranhas	São todas as outras variáveis, excluindo as independentes, que afetam a resposta das unidades de teste. São variáveis que o pesquisador tenta controlar para que não afetem o experimento.

Para exemplificar o uso dessa técnica e entender sua nomenclatura, suponhamos que vamos realizar um experimento. Foram selecionados como unidade-teste consumidores dentro de uma loja de roupas femininas de um *shopping*. Observe que nesse ponto definimos o espaço geográfico do experimento. O delineamento utilizará como variável dependente as vendas dessa loja no período de uma semana. Como variáveis independentes foram selecionados: abordagem feita na entrada da loja pelos vendedores, desconto nos produtos e parcelamento da compra.[4] Como variável estranha, o pesquisador tentou controlar a propaganda feita pela loja e a rotatividade de vendedores. Esse experimento tenta analisar o impacto da abordagem feita na entrada da loja pelos vendedores, dos descontos nos produtos e do parcelamento da compra nas vendas da loja. Para isso, o pesquisador manteve a mesma equipe de vendas e não fez nenhuma promoção no período. Estas duas últimas ações demonstram a intenção de controlar as variáveis estranhas no experimento.

13.2 AMBIENTE DE REALIZAÇÃO DE UM EXPERIMENTO

O experimento consegue coletar dados multilateralmente, pois tenta analisar algo e observar os seus efeitos. Nesse contexto, a essência de um experimento é manipular uma ou mais variáveis independentes, de tal modo que se possa medir os seus efeitos em variáveis dependentes.[5]

Para entender essa relação, podemos distinguir dois locais básicos onde se dão os experimentos: laboratório e campo.

13.2.1 Experimento de laboratório

É o tipo de experimento mais clássico que existe. Nele ocorrem algumas atividades e tarefas cuidadosamente projetadas e controladas em um ambiente físico. A dinâmica mais utilizada é aquela em que se realizam dois experimentos, um com tratamento, outro sem tratamento. Isso implica dizer que em um grupo as variáveis independentes serão controladas e em outro

não. Logo após as seções de debates, a variável dependente é analisada. Os pesquisadores tentarão ver se existiu diferença entre os grupos nas variáveis dependentes.

Devido ao fato de um grupo ser tratado e outro não, esse tipo de experimento também é conhecido como "antes e depois". A vantagem desse tipo de experimento é que ele elimina consideravelmente as variáveis estranhas que poderiam influenciar na variável dependente, que nesse caso é mensurada quantitativamente. E a escolha das variáveis estranhas pode acontecer randômica ou sistematicamente.

A principal vantagem do experimento de laboratório é o fato de ele isolar variáveis específicas. Esse fato faz com que se tenha validade interna no experimento, isto é, que cada causa identificada gere um efeito esperado.

13.2.2 Experimento de campo

O experimento de campo é aquele realizado fora do laboratório. O campo, nesse caso, pode ser um contexto de compra, como um *shopping*, uma loja, um supermercado, entre outros. Esse experimento é feito usando um "antes e depois", com um grupo de controle. Semelhante ao experimento de laboratório, as variáveis estranhas são selecionadas aleatória e sistematicamente. Além disso, essas variáveis são avaliadas quantitativamente.[6]

> **Dica**
> A aleatoriedade é fundamental em um experimento. Com ela, espera-se que as diferenças individuais estejam distribuídas de tal forma que cada unidade amostral possa ser considerada equivalente, antes que os sujeitos sejam expostos ao estímulo.

O experimento de campo supre as fraquezas do experimento de laboratório a ponto em que este consegue mediar a genuína relação existente no experimento, pois ele acontece no ambiente natural, ou seja, no espaço físico onde se dá o fenômeno. O desafio dessa técnica é convencer os gestores de marketing da importância de se realizar esse tipo de experimento, pois não podemos esquecer que ele requer manipulação. Assim, a rotina diária de um experimento de campo vai interferir no comportamento daquele local, e isso pode desagradar os clientes ou possíveis consumidores presentes no momento.

13.3 | TIPOS DE EXPERIMENTOS

Para entendermos melhor o uso dos experimentos nas pesquisas de marketing, podemos classificá-los em três tipos: experimentais, quase experimentais e pré-experimentais.

Os estudos que compõem a classificação de experimento pressupõem o uso da atribuição aleatória aos sujeitos envolvidos no experimento. Nesse caso, entendemos que o pesquisador tem o controle das variáveis estranhas existentes. Os estudos quase experimentais são aqueles em que não existe uma distribuição aleatória entre os sujeitos da pesquisa. Nesse caso, entendemos que o pesquisador não consegue controlar todas as variáveis estranhas existentes. Os estudos pré-experimentais são aqueles em que não existe um grupo de controle, ou seja, não são feitas comparações entre dois ou mais grupos.[7]

13.4 | DESENHOS FATORIAIS

Os desenhos fatoriais são utilizados nos experimentos, pois ajudam a identificar o efeito de variáveis independentes nas variáveis dependentes. Vamos entender o desenho fatorial através de um exemplo. Observe na Figura 13.1 que temos um desenho 3 × 2. Ele desenho envolve dois fatores: preço, que tem duas condições (alto e baixo), e desconto monetário, que tem três condições (monetário, não monetário e sem desconto; este último considerado neutro, pois não será manipulado).

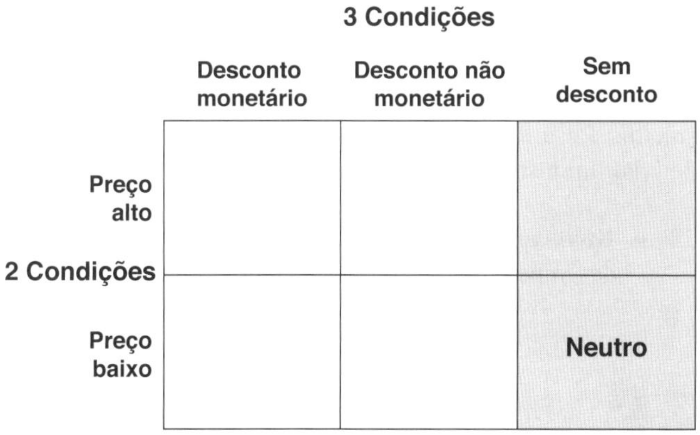

Figura 13.1 Exemplo de desenho fatorial.

Esse desenho fatorial 3 × 2 nos permite explorar seis combinações possíveis, ou seja, seis grupos experimentais. Com esse desenho, podemos fazer seis diferentes tipos de tratamento e esperar a resposta dos participantes. Por exemplo, no primeiro quadrante podemos expor as pessoas a um desconto monetário de um produto com alto preço. No quadrante logo abaixo, podemos expor as pessoas a um desconto monetário de um produto com baixo preço. Apos esses dois tratamentos, podemos comparar os resultados e ver se existem diferenças entre os participantes dos dois grupos experimentais.

O tratamento é uma característica explicativa cuja manifestação pode ser feita em diferentes níveis amostrais, sendo controlado diretamente pelo pesquisador. Pensando em tratamento, há três tipos dentro dos experimentos: (a) desenho entre sujeitos – expor cada sujeito a apenas um tratamento experimental e comparar as medidas entre os sujeitos expostos a diferentes tratamentos; (b) desenho entre sujeitos – expor cada sujeito a todos os tratamentos experimentais e comparar as medidas entre eles; e (c) misto – misturar as duas últimas opções anteriores, expondo os sujeitos a diferentes tratamentos de um ou mais fatores e a todos os tratamentos de outros fatores.

13.5 | A IMPORTÂNCIA DA VALIDADE EM UM EXPERIMENTO

A validade é um conceito importante que devemos empregar nos experimentos em marketing. É entendida como a melhor aproximação disponível para a verdade ou falsidade de uma proposição em um experimento. Nesse sentido, ela se torna uma propriedade das inferências.[8] Existem quatro tipos de validade que devem ser respeitados em um experimento: interna, externa, de conclusão estatística e de construto.

A validade interna estabelece que a variação em um efeito (variável dependente) foi produzida por alterações no nível ou intensidade da variável independente, e não por alguma outra força causal. Nesse sentido, a validade interna está preocupada com a confiança com a qual podemos verificar causa-efeitos a partir da variação dada pelo tratamento entre a variável independente e a dependente.[9] A validade externa analisa se deve ou não uma relação causal observada ser generalizada através de diferentes medidas, pessoas, ambientes e épocas.[10] Já a validade de conclusão estatística preocupa-se com o uso adequado de estatísticas para inferir se as variáveis independentes e dependentes possuem variação, ou seja, a relação entre tratamento e resultados. Por fim, a validade de construto mensura o quanto itens utilizados para medir a manipulação representaram o conceito teórico testado. Nesse caso, a validade de construto considera ou não se as variáveis operacionais utilizadas para observar covariação podem ser interpretadas em termos de fundamentações teóricas.[11]

13.6 | SIMULAÇÕES AMBIENTAIS E A VALIDADE ECOLÓGICA

Um problema metodológico dos experimentos é a necessidade de testar respostas humanas a ambientes que ainda não foram construídos. O melhor meio para examinar as respostas é trazer

194 Capítulo 13

os respondentes para o cenário real, mas, dependendo do experimento, essa abordagem é inviável porque a configuração pode ser muito complexa. Para superar essa dificuldade, as simulações ambientais têm sido extensivamente empregadas para replicar no laboratório ambientes cotidianos que ainda não foram construídos, modificados ou atualizados.[12]

> **Dica**
>
> O efeito placebo é bem comum em experimentos de laboratório. Ele é provocado pela expectativa do respondente de ajudar a execução do experimento. Para evitar a atuação do efeito placebo sobre os resultados, parte da amostra recebe um tratamento com princípio ativo nulo.

O uso de simulações ambientais é justificado apenas quando elas podem representar adequadamente os ambientes. A validade ecológica refere-se à aplicabilidade dos resultados em laboratórios a contextos de vida real não laboratoriais.

Para a aproximação da validade interna e externa, os pesquisadores devem prestar especial atenção aos fatores que podem influenciar a validade ecológica dos vários tipos de simulações ambientais. Por exemplo, em que condições o uso de *slides* e fitas de vídeo com simulações ambientais pode ser considerado apropriado e demonstrar validade ecológica suficiente? Quando são empregadas simulações ambientais de alta validade ecológica, as experiências laboratoriais podem ser realizadas com razoável validade interna e externa.[13]

13.7 ETAPAS DE UM EXPERIMENTO NA PRÁTICA

A estruturação na prática de um experimento é tão rigorosa que podemos dizer que esse tipo de pesquisa revela em sua plenitude a propriedade sistemática do método científico. A elaboração do seu processo compreende um conjunto ordenado de etapas que toda pesquisa científica completa deve cumprir, desde sua origem até a coleta de seus dados, culminando com a consecução de seus objetivos. Como a ideia deste livro é fazer pesquisa na prática, indicamos um passo a passo aqui pode auxiliar o desenvolvimento na prática, sendo dividido em seis etapas, como mostra a Figura 13.2.

A primeira etapa diz respeito ao delineamento experimental, que é o planejamento inicial do que deverá ser feito. Nessa etapa, o pesquisador deve se preocupar em desenvolver o problema de pesquisa. Em muitos casos o delineamento requer um embasamento teórico através de uma hipótese de pesquisa, que é a formulação de uma proposição ou resposta a um problema que deverá ser testado no experimento. A hipótese é derivada de uma teoria por inferência e está associada ao teste de uma proposição teórica através da confirmação ou não no empirismo.

Nessa etapa, sugere-se a criação de um protocolo que tem como objetivo documentar todo o desenvolvimento do experimento. O protocolo é considerado um elemento essencial no experimento e pode gerar reflexões importantes na condução e na análise dos dados.

> **Dica**
>
> Um pesquisador deve dar esclarecimento aos respondentes no fim do experimento. Do ponto de vista ético, é importante que seja esclarecido ao término do experimento o verdadeiro objetivo do estudo. Essa prática é universalmente aceita e é essencial para que um projeto experimental seja aprovado por uma comissão de ética.

O desenvolvimento do instrumento é a segunda etapa de realização do experimento na prática. Especificamente nesse tipo de técnica devemos nos preocupar diretamente com a estruturação das variáveis independentes, dependentes e estranhas, assim como com a clara mensuração de cada uma dessas variáveis sem fazer grandes confusões.

A ideia é que o pesquisador manipule as diferentes variáveis independentes e observe o resultado produzido diretamente sobre a variável dependente, tentando controlar o efeito das variáveis estranhas que podem oferecer explicações alternativas. Para isso, um pesquisador deve criar unidades amostrais e através do emparelhamento manipular as variáveis independentes. Nesse caso, ele estará garantindo a condição de causalidade, pois controla o estímulo na variável independente que será apresentado aos sujeitos. Resumidamente, não devemos esquecer, no momento de criar um instrumento de coleta para o experimento, que:

◆ *Variáveis dependentes* são aquelas que exprimem o desempenho ou o comportamento das unidades.

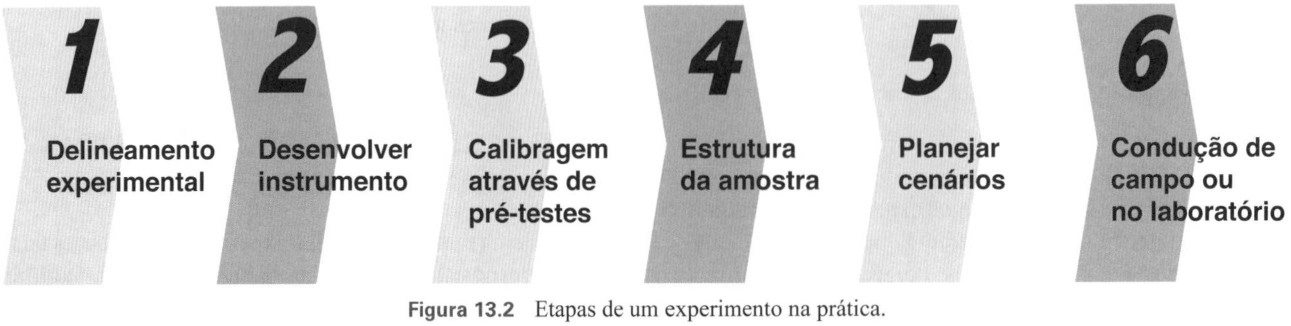

1 Delineamento experimental

2 Desenvolver instrumento

3 Calibragem através de pré-testes

4 Estrutura da amostra

5 Planejar cenários

6 Condução de campo ou no laboratório

Figura 13.2 Etapas de um experimento na prática.

- *Variáveis independentes* são aquelas que afetam o desempenho ou comportamento das variáveis dependentes.
- *Variáveis estranhas* são aquelas que influenciam o resultado proporcionando explicações alternativas à variável independente. Ao controlar as variáveis estranhas, assegura-se que durante o experimento somente o nível do tratamento pode influenciar a causalidade.

A terceira etapa é chamada de calibragem através de pré-teste. Nesse caso, tentamos avaliar se variáveis criadas dentro do experimento estão se propondo a fazer o que foram projetadas a fazer. É aconselhável que o pesquisador aplique o instrumento, simulando o experimento, em uma pequena amostra. Nesse caso, ele deve verificar se o estímulo da variável independente está sendo bem empregado e se a variável dependente está mensurando bem os efeitos. Além disso, uma preocupação que se deve ter nessa situação é tentar controlar as variáveis estranhas.

Com o pré-teste realizado, a próxima etapa é a estruturação da amostra. Nesse caso, o pesquisador deve procurar usar amostras homogêneas, pois elas minimizam a ocorrência de variáveis estranhas que podem interferir nos resultados. Se usarmos amostras heterogêneas, os erros associados à variância podem aumentar e, com isso, prejudicar a eficiência dos testes estatísticos.

Em relação ao tamanho amostral, atualmente as ferramentas estatísticas não paramétricas apresentem soluções para amostras pequenas. Autores afirmam que amostras com mais de 30 casos já tendem a evidenciar características de distribuição normal. Assim, sugere-se que os pesquisadores utilizem ao menos 30 casos em cada condição experimental.

O planejamento dos cenários é iniciado com a escolha do desenho fatorial. Esses desenhos testam o efeito de duas ou mais variáveis independentes sobre as dependentes. Nesse caso, o pesquisador deve procurar uma combinação de todas as condições dos fatores. Para isso, três conceitos devem ser empregados na prática:

- Unidade amostral, que significa o agrupamento de indivíduos a ser estudado.
- Emparelhamento, que consiste na classificação das unidades amostrais em agrupamentos de unidades segundo definição do pesquisador.
- Tratamento, que é uma característica explanatória que se manifesta em uma unidade amostral, sendo imposta e controlada pelo pesquisador.

Por fim, a última etapa é a condução de campo ou de laboratório. Nesse caso, aconselha-se ao pesquisador seguir todas as etapas planejadas, tentando minimizar ao máximo situações que não foram idealizadas nas outras etapas. Na condução, devemos evitar que os sujeitos tenham consciência sobre os estímulos das variáveis independentes e dos efeitos esperados, uma vez que essa consciência pode se tornar uma variável estranha.

Dica	Um cuidado que devemos é ter em um experimento é que os respondentes não tenham consciência do que está acontecendo. Essa consciência pode se transformar em uma variável estranha, pois o respondente irá saber o que está sendo manipulado.

Outro ponto interessante a ser evitado é o efeito placebo. Esse efeito diz respeito à expectativa e à motivação do participante de contribuir com o tratamento. Para evitar a influência do efeito placebo sobre os resultados, é comum utilizar o tratamento neutro sem que o participante saiba.

Do ponto de vista ético, é importante que ao final seja esclarecido para o participante o verdadeiro objetivo do estudo. Essa prática é universalmente aceita e constitui requisito essencial para que um projeto experimental seja aprovado pela comissão de ética. Além disso, é importante questionar o que os participantes entenderam no transcorrer do experimento. Este último item costumamos chamar de *debriefing*.

Notas

[1] Sobel, M. (2000). Causal inference in the social sciences. *Journal of the American Statistical Association*, 95, 647-651.

[2] Hernandez, J. M., Basso, K., & Brandão, M. M. (2014). Pesquisa experimental em marketing. *REMark*, *13*(2), 96.

[3] Banks, S. (1965). *Experimentation in marketing*. New York: McGraw-Hill.

[4] Argyris, C. Actionable knowledge: design causality in the service of consequential theory. *Journal of Applied Behavioural Science 32*(4), 1996.

[5] Tull, D.; Hawkins, D. (1984). *Marketing research*: measurement and method. 3. ed. New York: Macmillan.

[6] Adaptado de: Ryals, L.; Wilson, H. (2005). Experimental methods in marketing research: from information to insight. *International Journal of Market Research*, 47(4), 347-366.

[7] Hernandez, J. M., Basso, K., & Brandão, M. M. (2014). Pesquisa experimental em marketing. *REMark*, *13*(2), 96.

[8] Brewer, M. B. (2000). Research design and issues of validity. *Handbook of research methods in social and personality psychology*, 3-16.

[9] William R. & Shadish, Cook, T. D., & Campbell, D. T. (2002). *Experimental and quasi-experimental designs for generalized causal inference*. Wadsworth: Cengage learning.

[10] Calder, B. J., Phillips, L. W., & Tybout, A. M. (1982). The concept of external validity. *Journal of Consumer Research*, *9*(3), 240-244.

[11] Aronson, E., Timothy, D. W., & Marilynn, B. (1998). Brewer. Experimentation in social psychology. *The Handbook of Social Psychology*, 99-142.

[12] McKechnie, G. E. (1977). Simulation techniques in environmental psychology. In *Perspectives on environment and behavior* (pp. 169-189). Springer US.

[13] Bateson, J. E., & Hui, M. K. (1992). The ecological validity of photographic slides and videotapes in simulating the service setting. *Journal of consumer research*, *19*(2), 271-281.

14

A Ativação de *Priming* em Pesquisas de Marketing[1]

OBJETIVOS DO CAPÍTULO

No final deste capítulo, o leitor deverá ser capaz de:

◆ Entender a importância do uso da ativação de *priming* em experimentos.

◆ Compreender o conceito de *priming*.

◆ Verificar os tipos existentes de *priming*.

◆ Entender o histórico da formação desse conceito.

14.1 | O *PRIMING* NO *DESIGN* DE EXPERIMENTOS

Você já provavelmente ouviu falar que pessoas que moram em países frios são mais fechadas do que as pessoas que moram em países tropicais. Essa é uma hipótese que há muito tempo transita no meio acadêmico e no senso comum. Pesquisadores recentemente fizeram testes que indicam que isso pode ser uma verdade.[2] Em dois protocolos experimentais, uma hipótese semelhante foi testada. A pesquisa foi realizada por dois estudiosos da psicologia experimental, Lawrence Williams, da Universidade do Colorado, e John Bargh, da Universidade de Yale.

O primeiro experimento foi feito em um prédio onde uma pessoa desconhecida (pesquisador) pedia para os participantes do experimento entrarem com ele em um elevador. Quando estavam no elevador, a pessoa apertava o botão do quarto andar e, nesse momento, pedia para o participante que segurasse em sua mão um copo de café quente ou bem gelado. Logo após, ao chegar ao quarto andar, as pessoas eram convidadas a preencher um formulário dando notas referentes a traço de personalidade avaliando a pessoa (pesquisador) que subiu com ele no elevador. Esse formulário continha variáveis que avaliavam itens como: generosidade, alegria, sociável, entre outros. Esses itens poderiam indicar se a pessoa era mais fria ou calorosa. O resultado desse experimento indicou que quem segurava o café nas mãos era mais amável nas avaliações do que as pessoas que seguraram o café gelado.

No segundo experimento, o copo de café foi trocado por palmilhas terapêuticas que eram para ser usadas nas costas. Essas palmilhas terapêuticas estavam quentes ou geladas. Os participantes eram informados de que deveriam testar os produtos e fazer uma avaliação acerca da eficácia deles. Logo após fazer o teste, os respondentes deveriam escolher um brinde (uma bebida ou um sorvete). Os respondentes deveriam escolher se esses brindes deveriam ser dados para eles próprios ou para um amigo. Os resultados apresentaram que na média as pessoas que fizeram o teste com as palmilhas terapêuticas quentes davam o brinde para seus amigos e as pessoas que fizeram o teste com as palmilhas terapêuticas frias davam o brinde para elas mesmas.

Não podemos dizer com esse experimento que pessoas que vivem em lugares frios são menos calorosas que pessoas que moram nos países tropicais. No entanto, podemos imaginar que pessoas que estiveram em contato com objetos mais quentes se tornaram mais amigáveis e calorosas. Isso explica campanhas publicitárias que utilizam como *slogans* "aqueça seu coração".[3]

Vários estudos experimentais semelhantes a esse têm chamado a atenção dos pesquisadores na área de marketing nas últimas três décadas. Pessoas que quando são estimuladas a pensar que são professores têm uma performance superior em um teste matemático do que pessoas que são estimuladas pensar como *hooligans*.[4] Pessoas que quando recebem carga

197

de informações demonstrando características de idosos tendem a andar mais lentamente em um corredor do que pessoas que estavam em um grupo de controle.[5] Em outro experimento, várias fotos de um fictício jogador de futebol americano foram apresentadas em sequência para um grupo de indivíduos. Nessa foto, o jogador estava com uma camisa de futebol americano com o número 54 para baixa ancoragem ou 94 para alta ancoragem. Não era necessário que os indivíduos fizessem nenhum juízo de valor das figuras. No entanto, quando questionados sobre a possibilidade de esse jogador fazer uma quantidade de pontos em uma partida, pessoas que estavam expostas à camiseta 94 mencionaram valores em média mais altos que pessoas que estavam expostas ao número 54.[6]

Os motivos que levaram esses artigos a atraírem os *olhares* de estudiosos em diversas áreas estão associados ao fato de que todos eles utilizam representações sociais ativadas incidentalmente que alteram comportamentos dos sujeitos em um experimento. Essas representações mentais são chamadas de *priming* e, atualmente, estão presentes em mais de 3.500 artigos, dispersos nos principais *journals* de diversas áreas de conhecimento.[7]

Essa quantidade de artigos tem provocado um desconforto teórico devido ao seu processo contraintuitivo, que desperta ceticismo de alguns estudiosos.[8] Esse desconforto teórico advém do fato de que os experimentos com *priming* geram muito mais que resultados. Eles ofertam caminhos de como fazer o *priming*. O fato de alguns autores tentarem entender esses caminhos em vez de analisarem os resultados gera mais confusão que clareza.[9] Esse fato é agravado porque os pesquisadores que trabalham com efeito *priming* têm uma pressão para publicar apenas resultados estatisticamente significativos (viés de publicação), o que leva a um grau de liberdade grande dos pesquisadores para mudar os procedimentos de replicação prática de experimentos.[10] Esse fato gerou certa crise de replicação na academia, o que ocasionou questionamentos na manipulação dos efeitos *primings* em experimentos.[11] Esse grau de liberdade dos pesquisadores em alguns momentos distorce a literatura e ocasiona descrédito em alguns procedimentos.[12]

No entanto, uma revisão recente nos estudos de *priming* demonstrou que esse conceito deixou de ser chocante e controverso e agora é amplamente aceito por diversos pesquisadores sociais. Devido à popularidade da utilização do efeito *priming* em experimentos acadêmicos, "*ele deixou de ser um ajudante de palco para se tornar a estrela do show*".[13] Deve ser por esse motivo que a literatura de gestão nos últimos dez anos vem usando o recurso do *priming* para propor e entender vários fenômenos que ocorrem dentro e fora das organizações.[14]

14.2 CONCEITOS E CARACTERÍSTICAS DA ATIVAÇÃO DO *PRIMING*

Os experimentos realizados com *priming* demonstram já uma longa trajetória nos estudos sociais. Porém, observa-se que o uso do *priming* tem sido feito em diversos formatos diferentes. Apesar da heterogeneidade ao fazer o *priming*, é importante delinear algumas características que são compartilhadas por esses estudos.[15]

O *priming* é um processo que envolve a ativação de representações sociais (traços, estereótipos ou metas) por meio de diferentes exposições de informações incidentalmente.[16] Esse processo de ativação poderá influenciar julgamentos e

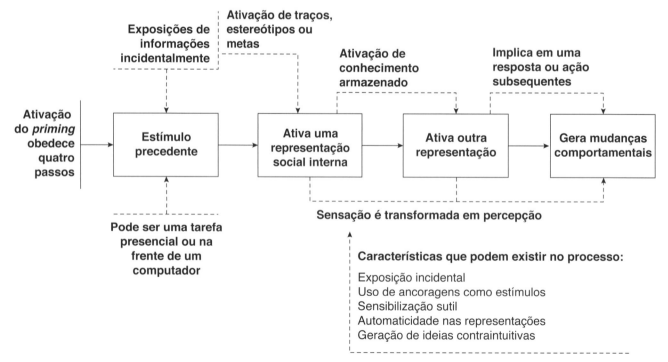

Figura 14.1 Passos para o processo de ativação do *priming*.

comportamentos, pois seus efeitos facilitam algum evento que implica uma resposta ou uma ação subsequente.[17] Desse modo, o *priming* pode ser entendido como um processo que faz com que eventos ou ações sejam influenciados pela ativação de conhecimento armazenado.[18] Com base nessa argumentação, os efeitos *priming* podem ser movidos pelo contato natural através da estimulação ambiental externa que gera representações mentais internas do contexto. Assim, o efeito *priming* é um processo pelo qual a sensação é transformada em percepção,[19] e envolve alguns estímulos de representações mentais de pessoas através de metas sociais, eventos ou situações que, em seguida, influenciam avaliações subsequentes, julgamentos ou ações.[20]

Na prática, a ativação do *priming* obedece a quatro passos importantes: *(i)* o pesquisador apresenta um estímulo precedente (que pode ser uma tarefa presencial ou na frente do computador para o respondente realizar), *(ii)* esse estímulo ativa uma representação interna, *(iii)* as influências da representação interna ativada geram outras representações e *(iv)* essas outras representações ativadas levam a mudanças comportamentais.[21] Esses quatro passos podem ser acompanhados de características importantes: exposição incidental,[22] uso de ancoragens como estímulos, sensibilização sutil que às vezes parece irracional,[23] automaticidade nas representações e geração de ideias contraintuitivas.[24]

A exposição incidental está presente nos processos de ativar o *priming*. O pesquisador deve desenvolver uma tarefa específica, que terá como intenção ativar intencionalmente uma representação interna. Essa ativação acontece por meio de um estímulo precedente, que pode ocorrer pela ancoragem. A ancoragem é uma mera percepção passiva de eventos ambientais que podem acionar processos mentais na ausência de qualquer envolvimento por processos conscientemente intencionais.[25] Nesse sentido, a ancoragem é uma maneira de provocar um efeito *priming* mesmo que esta pareça irrelevante ou pouco significativa.[26]

Tabela 14.1   O que é o *priming*?

É um processo que envolve a ativação de representações sociais (traços, estereótipos ou metas) por meio de diferentes exposições de informações incidentalmente.[27]
Priming é o aumento da acessibilidade de uma representação no nível de percepção, que acaba influenciando ou incorporando certo julgamento, comportamento ou resposta futura.[28]
Ele ocorre automaticamente sem que o indivíduo tenha consciência da sua operação cognitiva, agindo sutilmente em determinados estímulos, que são processados sem nunca ter atingindo a consciência.[29]
É o processo pelo qual uma experiência recente gera de forma automática novas condutas.[30]
É a ativação incidental de determinada estrutura de conhecimento.[31]
Ele ocorre quando um estímulo conhecido como alvo é influenciado pela apresentação prévia de um estímulo idêntico ou similar.[32]
É um processo cognitivo automático que ocorre sem o uso da consciência e demanda pouco esforço do indivíduo.[33]
É um procedimento experimental que ocorre por meio de um estado de ativação alternada de representações particulares ou associações na memória.[34]

O processo de ancoragem pode ser feito de diversas formas: semântica, numérica, por traços, estereótipos, objetivos ou *priming* comportamental. Esse processo pode ser dividido em duas etapas subsequentes: *(i)* ancoragem e ajustes e *(ii)* acessibilidade seletiva.[35] Na ancoragem e ajustes, os participantes do experimento são levados a um ponto de partida (âncora) para fazer um julgamento. Logo após, eles são afastados para recuperar informações relevantes a partir da sua memória.[36] Na acessibilidade seletiva, a ancoragem auxilia no processo de características, que consiste em um certo alvo de julgamento acessível através do processo de ativação anterior.[37]

A ancoragem gera efeitos sutis e automáticos no comportamento dos respondentes. Os estudos em *priming* preocupam-se diretamente com a forma como sinais que ativam a mente a situações sociais podem influenciar sutilmente as respostas das pessoas, mesmo quando os sujeitos não deliberadamente conectam esses sinais a seus pensamentos e ações atuais.[38] Na mente do sujeito de um experimento, os efeitos gerados pelo *priming* não são reconhecidos como motivadores de suas respostas subsequentes. Nesse caso, podemos entender que os sujeitos não têm a intenção de utilizar as representações dos efeitos *primings* como indutoras de suas respostas ou comportamentos. É um fenômeno que ocorre de modo sutil sem a percepção do sujeito.[39]

A automaticidade é um conceito difícil de ser definido, mas traz características marcantes como: ausência da consciência e incontrolabilidade e persistência da influência do *priming* quando os recursos cognitivos são reduzidos.[40] Alguns efeitos *priming* estudados certamente podem ocorrer completamente fora da consciência ou do controle dos sujeitos de uma pesquisa.[41] No geral, esses efeitos são conceitualizados como não conscientes e, por isso, de maneira automática.[42]

Essa automaticidade gera vários tipos de comportamentos nos participantes. Tais comportamentos podem ter aspectos contraintuitivos nos achados de muitas pesquisas. Isso ocorre pois os efeitos contraintuitivos são originados da emoção subliminar e são originadas de forma sutil.[43] Assim, a ativação do *priming* é repleta de efeitos surpreendentes contraintuitivos.

14.3   FORMAS DE ATIVAÇÃO DO *PRIMING*

A forma de ativar o *priming* em um modelo experimental é por meio de um estímulo que influencia em uma resposta comportamental. Esse estímulo pode se dar de duas maneiras distintas: pelo processamento de conteúdo ou pelo processamento cognitivo, como pode ser visto na Figura 14.2.

Quando o estímulo é ativado através de um processamento cognitivo, ele pode gerar automaticamente uma resposta de processamento de conteúdo ou de outro processamento cognitivo. Nesse caso, chamamos de *priming* de processamento cognitivo.

Quando o estímulo é ativado por meio de um processamento de conteúdo, ele pode gerar automaticamente uma resposta de processamento cognitivo ou de outro processamento e conteúdo. Nesse caso, chamamos de *priming* de conteúdo, que na literatura pode ser feito de quatro maneiras distintas: *priming* semântico

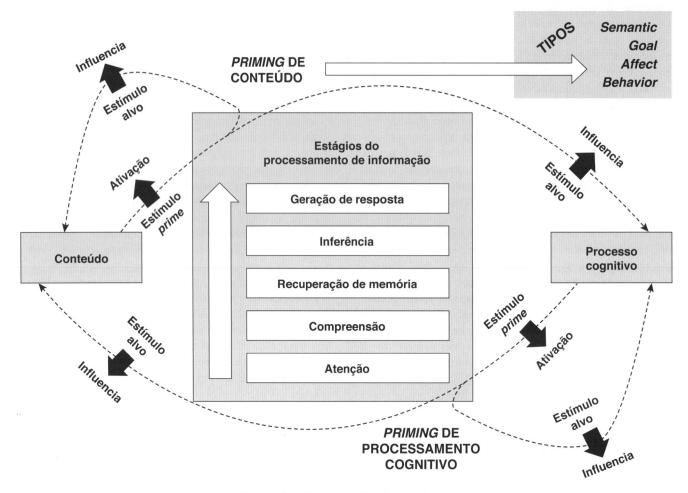

Figura 14.2 Formas de ativação do *priming*.

(do inglês *semantic*), meta (do inglês *goal*), afetivo (do inglês *affect*) e comportamental (do inglês *behavior*).

Esses estímulos ocorrem no processamento de informação e estão associados diretamente à recuperação da memória. No paradigma do *priming*, levamos em conta dois tipos de memória: explícita (ou declarativa) e implícita (ou de procedimentos). A memória explícita refere-se à retenção de experiências sobre fatos e eventos do passado. Nesse caso, o indivíduo tem acesso consciente dos casos. Já a memória implícita é revelada quando uma experiência prévia facilita o desempenho numa tarefa que não requer a evocação consciente ou intencional. Nessa lógica, a memória implícita seria um mecanismo indireto pelo qual se dão os processamentos de *priming*, isso porque o *priming* funcionaria como um gatilho de processamento de informação, gerando sempre uma resposta comportamental.[44]

14.4 ANTECEDENTES E INFLUENCIADORES DA HISTÓRIA DO *PRIMING*

Existe uma longa tradição de estudos na psicologia que analisam o modo como os indivíduos inconscientemente usam as informações para formar atitudes e preferências.[45] Os estudos de *priming* se iniciam em meio a essa longa tradição. Para descrever melhor essa tradição, podemos separá-la em sete períodos: (1) pré-formação: antecedentes que influenciaram somente na década de 1990, (2) formação: a origem nos estudos da ativação das representações, (3) construção do conceito: a influência das tarefas em eventos (não) correlacionados, (4) amadurecimento dos estudos: podemos desconhecer a existência de estímulos, (5) diversificação dos estudos: novas possibilidades de execução de *priming*, (6) ativação de estereótipos: o efeito da representação mental nas ações paralelas e (7) fase da diversificação de mecanismos de execução e de fenômenos estudados.

14.4.1 A pré-formação: antecedentes que influenciaram somente na década de 1990

Antes de falar do surgimento dos estudos de *priming*, é preciso mencionar que o efeito *priming* sofreu grande influência dos estudos de imitação e mimetismo. Esses estudos são datados da década de 1920, tendo as origens nas influências comportamentais da Gestalt, com o psicólogo Koffka, em seu artigo intitulado *"Growth of the Mind: An Introduction to Child Psychology"*, datado de 1921. A Gestalt é uma corrente da psicologia que analisa a forma como pensamos, partindo do pressuposto de que a percepção humana não se forma por pontos isolados, mas sim pelo todo. Por isso, *"gestalt"* é uma palavra alemã que significa *"forma global"*.

Os postulados de Koffka[46] na década de 1920 indicam que tanto crianças como adultos tendem a se comportar fisicamente da mesma maneira, por meio de imitação. Isso ocorre pois perceber o comportamento do outro automaticamente ativa a tendência a comportar-se de forma semelhante. Oitenta anos depois, Dijksterhuis e Bargh[47] resgatam o conceito de mimetismo para explicar como se dá o efeito *priming*. Nesse artigo, os autores descrevem um suposto caso de um motorista que está dirigindo acima do permitido em uma estrada, com a velocidade acima de 85 milhas por hora. Ao parar o carro, o policial pergunta: *O que você acha que está fazendo? Você está assistindo muita Fórmula 1 na TV?* O motorista ponderou sobre a questão por um tempo e respondeu: *Sim!* O policial, presumidamente um fã de Fórmula 1, também balançou a cabeça, sorriu e simpaticamente deu uma multa ao motorista. Dijksterhuis e Bargh, ao fundamentarem conceitos de *priming*, utilizam esse exemplo para indicar que temos uma tendência inata a imitar. Nós sussurramos para alguém que está sussurrando, começamos a falar muito mais alto quando outras pessoas falam alto. Nós coçamos a nossa cabeça ao ver alguém coçar sua cabeça. Andamos mais lentamente na presença de idosos e, sim, na verdade, somos multados por dirigir muito rápido depois que assistimos a uma corrida de Fórmula 1.[48]

Se formos analisar a relação entre o efeito *priming* e o mimetismo, podemos chegar a similaridades interessantes. Por exemplo, o *priming* na sua forma semântica gerou o mesmo ceticismo e as controvérsias do mimetismo, isso porque ambos demonstravam que o comportamento das pessoas poderia ser ativado por representações sociais ativadas. Ambas as correntes indicam que *inputs* da percepção são convertidos automaticamente em saídas comportamentais.[49]

14.4.2 A formação: a origem nos estudos da ativação das representações

O conceito de *priming* começou a ser cunhado de maneira não deliberada após a Segunda Guerra Mundial. Pesquisadores da psicologia cognitiva e social começaram a se interessar pelo fato de que várias pessoas poderiam ser influenciadas por algumas ideias. Nessa época, o pensamento dos autores analisava como as representações sociais ativadas poderiam gerar efeitos indiretos.[50]

Os primeiros estudos propunham a ativação das representações na memória por algum processo de propagação que era oriundo de associações de redes semânticas.[51] Historicamente, a ativação de associações de redes semânticas com intuito de gerar uma resposta comportamental foi feita em 1951 pelo então pesquisador Karl Lashley em um capítulo de um livro denominado *Cerebral mechanisms in behavior*. Esse capítulo tinha como título *"The problem of serial order in behavior"*.[52]

Logo após essa publicação, Allport, em seu artigo denominado *"The historical back-ground of modern social psychology"*,

mencionou ser necessário estudar as influências implícitas. Segundo esse artigo, as influências implícitas semelhantes às explícitas geram estímulos sociais no comportamento e, consequentemente, uma série de impressões, julgamentos e ações.[53]

Tanto Lashley quanto Allport em seus estudos seminais sugeriram que os *primings* de uma forma sutil poderiam afetar o julgamento social sem as pessoas envolvidas terem o conhecimento do assunto. Esses dois autores propuseram a ideia de *priming*, mas de maneira causal.[54] Nos estudos de Lashley e Allport, era apresentada às pessoas uma sequência de palavras ou falas que influenciava diretamente nas falas subsequentes, tornando estas mais rápidas e fluidas. Nesse estudo, o *priming* era entendido como um mecanismo que aumentava a probabilidade de se ter uma resposta comportamental. Por isso, em um primeiro momento tivemos a conceituação de *behavioral priming*.

Poucos anos depois, Storms trouxe uma contribuição importante para os estudos de Lashley e Allport. Em seu artigo, intitulado *"Apparent backward association: a situational effect"*, Storms descobriu que quando os participantes de um experimento memorizavam uma lista de palavras, eles tenderiam em outra tarefa subsequente a associar essas palavras com palavras apresentadas livremente pelo pesquisador.[55]

14.4.3 A construção do conceito: a influência das tarefas em eventos (não) correlacionados

Em um estudo semelhante publicado dois anos após com o título *"The effect of recency and recall on word association"*, Segal e Cofer[56] chegaram às mesmas conclusões que Storms. No entanto, um achado de Segal e Cofer importante foi acrescentado ao estudo de Storms: a primeira tarefa de ativação do *priming* influencia em tarefas não relacionadas subsequentemente. Isso implica dizer que *expor* os participantes a uma lista de palavras aumenta a probabilidade de que essas palavras sejam usadas em outras atividades não correlacionadas, mesmo que os participantes não consigam recuperá-las no final da primeira tarefa. Eles provaram que, se você pedir para as pessoas expostas ao *priming* repetirem as palavras, elas não vão lembrar, mas vão usá-las futuramente em outras atividades.

Nos anos subsequentes da década de 1960 apareceu um conjunto de autores que testou os achados de Segal e Cofer. Isso fez com que o efeito *priming* fosse utilizado em técnicas experimentais, pois uma informação ativada na memória pode influenciar eventos subsequentes, mesmo que o indivíduo seja incapaz de recuperá-la quando solicitado. Por isso, muitos creditam o conceito formal de *priming* ao trabalho publicado por Segal e Cofer.[57]

14.4.4 O amadurecimento dos estudos: podemos desconhecer a existência de estímulos

No final dos anos 1960 e início dos anos 1970, pesquisadores se preocuparam em analisar os processos automáticos do *priming*.

202 Capítulo 14

Os estudos desse período tentavam entender o *priming* por meio de métodos de autorrelatos, nos quais as pessoas que estavam no experimento tentavam explicar por que tinham tais reações com processos de introspecção.[58] No final da década de 1970, essa abordagem de análise do efeito *priming* começou a ser alterada pelos estudos de Nisbett e Wilson, que criticavam o acesso introspectivo como mecanismo para entender o comportamento. No artigo intitulado *"Telling more than we can know: Verbal reports on mental processes"*, os autores declararam que existem diferentes maneiras de estarmos cientes da causa de nosso comportamento. A contribuição desse artigo resume-se a indicar que as pessoas podem desconhecer a existência do estímulo que influenciou a sua resposta e, até mesmo, desconhecer a existência da resposta, pois elas não têm conhecimento do estímulo que afetou sua resposta.[59]

Desse modo, no final da década de 1970 os pesquisadores começaram a assumir que o *priming* influencia o comportamento dos participantes de experimentos por fatores que as pessoas não reconhecem como causa de suas ações. Isso modificou muitos estudos na década de 1980, pois a preocupação central dos pesquisadores deixou de ser a percepção subliminar e focou-se na influência do *priming* no comportamento.

Esses pensamentos, que iriam influenciar os pesquisadores de *priming* nas próximas décadas, receberam uma contribuição importante nos achados de Nisbett e Wilson.[60] No mesmo ano dessa publicação, Higgins e colegas[61] relataram que experiências individuais recentes afetariam, de forma passiva e involuntária, a interpretação do comportamento de uma outra pessoa. Em seu artigo intitulado *"Category accessibility and impression formation"*, os autores descrevem que em uma série de experimentos as pessoas participantes, ao lerem sobre determinada pessoa, tinham opiniões diferentes sobre essa pessoa, pois teriam sido manipuladas anteriormente por diferentes traços. Desse modo, eles corroboram os achados de Nisbett e Wilson, pois demonstram que muitas vezes não percebemos de forma consciente o nosso comportamento.

14.4.5 A diversificação dos estudos: novas possibilidades de execução de *priming*

A década de 1980 inicia-se como uma fase importante de transição nos estudos de *priming*. Autores que seriam expoentes nos próximos anos nos mecanismos de realização de *priming* iniciam esse século repetindo experimentos da década de 1960 e 1970 em que os participantes eram expostos a tarefas verbais aparentemente não relacionadas que levam a comportamentos, ações e julgamentos. Esses conjuntos de estudos ajudaram tais autores a amadurecer a maneira da construção dos efeitos *priming*. Por exemplo, Srull e Wyer[62] demonstraram que traços de personalidade podem ser gerados por categorias conceituais através de códigos de informações que são projetados na memória dos indivíduos. No experimento realizado, alunos de graduação deveriam construir frases de hostilidade ou bondade e, logo depois, avaliar o traço de personalidade de uma pessoa. Desse modo, os autores demonstram que um julgamento subsequente associado à hostilidade ou à bondade está condicionado à acessibilidade de palavras de hostilidade ou amabilidade que ativam a memória. Os resultados sugerem que a acessibilidade é um dos principais determinantes da forma como a informação social é codificada na memória e posteriormente utilizada para fazer julgamentos.

Em outro estudo, Bargh e Pietromonaco[63] demonstraram que acessibilidade a uma categoria de informação na memória associada às características de hostilidade influenciava a seleção e interpretação de informações sociais. Esse estudo foi realizado com 108 estudantes do sexo masculino que eram expostos a quantidades proporcionais (0%, 20% e 80%) diferentes de palavras semânticas relacionadas com hostilidade (hostis, insulto, cruel, insensível, ódio, mágoa, rude, maldição, batida, chicote, soco e facada). Logo após, eles deveriam avaliar traços de uma pessoa que era apresentada. Os traços negativos e de hostilidade dados a essa pessoa foram proporcionais à porcentagem de palavras hostis apresentadas no *priming*. Nesse estudo, Bargh e Pietromonaco ainda perceberam por meio de variáveis de controle que as palavras hostis do *priming* não foram percebidas de maneira consciente. Desse modo, os autores comprovaram que os estímulos sociais que não são percebidos conscientemente podem influenciar no julgamento das pessoas.

Essas pesquisas foram importantes no início da década de 1980, pois incentivaram o uso de outros tipos de *priming* (descrições específicas de comportamento, descrição de experiências emocionais, estereótipos culturais) que partiam do pressuposto de que a exposição de tarefas aparentemente não relacionadas subliminarmente influenciava os julgamentos e comportamentos. Por exemplo, Smith e Branscombe[64] em seu artigo intitulado *"Procedurally mediated social inferences: The case of category accessibility effects"* mencionam que os efeitos *priming* gerados por descrições comportamentais são mais duradouros do que aqueles provocados pela exposição de palavras. Os resultados apresentam que julgamentos de comportamentos sociais são construídos em estruturas de conhecimento que estão armazenadas na memória. Essas estruturas de conhecimento podem ser ativadas e mediadas através de *primings*, sendo formadas por esquemas, estereótipos, protótipos ou *scripts*.

Devine,[65] em seu artigo intitulado *"Stereotypes and prejudice: their automatic and controlled components"*, testou premissas básicas derivadas de um modelo teórico baseado na dissociação de processos automáticos. Nos estudos, foram ativados *primings* de estereótipos culturais e avaliaram-se as implicações na redução de preconceitos. Em seus três estudos, ele demonstrou que pessoas com baixo preconceito conseguiram inibir os pensamentos ativados automaticamente. Esse *priming* foi substituído por pensamentos de igualdade e negação dos estereótipos.

Sinclair e colegas[66] investigaram que experiências emocionais discretamente ativadas através de *priming* produzem efeitos no comportamento de participantes do seu experimento. O experimento continha 215 participantes, e a avaliação do estado de *priming* utilizou uma escala de 20 itens que avaliou o estado emocional dos participantes por meio de varáveis descritivas (exemplo: triste, feliz etc.) e que mensuravam a excitação (exemplo: passivo, ativo etc.).

Os resultados desses estudos de *priming*, que foram publicados na década de 1980 e início dos anos 1990, demonstraram que as pessoas modificam o seu julgamento quando ativadas com *primings* sutis de conhecimento social.[67]

14.4.6 Ativação de estereótipos: o efeito da representação mental nas ações paralelas

A década de 1990 recebeu uma quantidade grande de trabalhos acadêmicos de *priming*, decorrente da evolução dos meios de disponibilização dos artigos na academia, o que acarretou um intercâmbio maior de informações dos pesquisadores. Se em décadas passadas o foco era o exame dos processos específicos pelos quais os efeitos *primings* ocorriam, essa evolução da propagação dos artigos propiciou uma série de descobertas seminais, sugerindo que a mesma ativação acidental de traços particulares ou estereótipos sociais poderia não só alterar a percepção do social e as metas, mas também a promulgação dos comportamentos sociais ativados.[68]

Vários autores verificaram ao prolongamento de ações comportamentais através de *primings*. Em um dos estudos mais famosos dessa época, Bargh e colegas[69] demonstraram que pessoas que recebiam *priming* de estereótipos (americano europeu ou americano africano) tinham comportamentos diferentes em relação à hostilidade em comportamentos futuros. No experimento, os pesquisadores iniciavam mostrando uma foto em preto e branco de um "americano africano" ou de um "americano europeu", a velocidades subliminares de 13 a 26 milissegundos. Os participantes eram expostos *betwen-subject* nessa etapa, ou seja, existia a possibilidade de ver apenas o "americano africano" ou "americano europeu". Em nenhuma hipótese os dois ao mesmo tempo. Logo após, os participantes viam de 4 a 25 círculos coloridos em uma série de telas por dois ou três segundos em um computador. A cada tela era pedido que os participantes dissessem se o número de círculos era par ou ímpar. Uma tarefa bem monótona e desinteressante que era registrada nas teclas do computador.

Depois de 130 apresentações, aparecia uma mensagem de erro na tela do computador dizendo que nenhuma resposta havia sido salva, e que o experimento precisaria ser reiniciado. Sem conhecimento prévio, os participantes tiveram suas faces gravadas, registrando suas reações à mensagem, e, posteriormente, sendo revelado e pedida a autorização deles para utilização do material. As faces foram medidas em um *software* de *facereader* (*facial expression recgnition*).

As expressões faciais foram significativamente mais hostis no grupo experimental que foi exposto às imagens de americano africano do que no grupo exposto às imagens de americano europeu. Nesse experimento, emoções hostis foram eliciadas nos participantes através das imagens, que foram mais facilmente expressas devido ao contexto propício para tal manifestação (a situação de irritabilidade diante do erro do computador). Nesse exemplo, pode-se observar que representações sociais como os estereótipos por meio de diferentes exposições de informações incidentalmente ativam julgamentos e comportamentos, gerando evento que implica uma resposta ou uma ação subsequente.

Em outra pesquisa semelhante, Dijksterhuis e Van Knippenberg[70] demonstram que outros tipos de estereótipos podem afetar ações e se manter em comportamentos futuros, como um teste matemático. O pressuposto desses autores era bem simples: *Dependendo do lugar, indivíduos racionais poderiam se portar como intelectuais renomados ou como vândalos arruaceiros? Será que existem diferentes comportamentos em uma só pessoa? Será que as pessoas se ajustam às situações sociais?* No experimento, pessoas foram expostas a *primings* de estereótipos de professor ou *holigans*. Quando expostos a *priming* de *hooligans* (grupo de pessoas), os respondentes tiveram comportamentos inadequados, semelhantes a conflitos em estádio de futebol, e, quando expostos a *priming* de professores (uma pessoa), os comportamentos foram adequados a uma sala de aula. Segundo os autores, isso aconteceu pois o *priming* de professor gerou representações de inteligência; o de *hooligans*, de estupidez. Em tarefas subsequentes desse experimento, as pessoas que tiveram o *priming* de professor conseguiram notas melhores em testes matemáticos do que os condicionados ao *priming* de *hooligans*.

As descobertas encontradas nos estudos de Bargh e colegas[71] e Dijksterhuis e Van Knippenberg,[72] apesar de testados com estereótipos diferentes e com diferentes procedimentos, demonstram resultados consistentes, pois a ativação de uma representação mental tende a resultar na expressão de um comportamento paralelo. Essas pesquisas na década de 1990 mostraram que os conceitos de traços e estereótipos tornam-se ativos automaticamente na presença de características de comportamento, por meio do uso dos mesmos procedimentos de *priming*. Essas pesquisas foram importantes pois, além de popularizaram as pesquisas nessa área, demonstraram que os pesquisadores poderiam se concentrar menos em investigar os mecanismos de efeitos dos *primings* e mais em explorar os limites desses efeitos através dos comportamentos e dos resultados que se mantinham presentes em ações futuras.

14.4.7 A fase da diversificação de mecanismos de execução e de fenômenos estudados

O século XXI trouxe a consolidação dos estudos de *priming* e o desenvolvimento deles em outras áreas conhecimentos. Com base nos estudos da década de 1990, os artigos acadêmicos de *priming* passam por um processo de diversificação, tanto nos mecanismos de realização quanto nos tipos de fenômenos estudados.

Os tipos de efeito *priming* depois da evolução vivenciada na última década começaram a abranger um número elevado e diversificado de estudos. O que se sabe sobre o potencial deles é que os limites ainda estão por ser explorados. Vários trabalhos recentes mostram a diversificação na execução e nos fenômenos estudados.[73] Gillath e colegas[74] analisaram a relação entre segurança e honestidade. Em seus experimentos, eles acharam que o *priming* de apego à segurança promoveu

204 Capítulo 14

resultados de comportamento como autenticidade, sinceridade e honestidade. Já os *primings* de insegurança promoveram, por sua vez, desonestidade (mentiras e enganos). Lerner e colegas[75] analisaram através de *primings* o impacto das emoções nas decisões financeiras. Para os autores do artigo relacionado à economia comportamental, as emoções específicas poderiam influenciar diretamente as escolhas de um mesmo objeto com preços diferentes. Os resultados demonstram que as emoções geradas através do *priming* podem influenciar as decisões, mesmo quando o dinheiro real está em jogo. Nesse caso, emoções da mesma valência podem gerar efeitos opostos sobre tais decisões.

Shantz and Latham[76] demonstraram em um estudo que uma estratégia automatizada para lidar com o ambiente pode afetar um objetivo desejado de um funcionário. Em um primeiro estudo, eles forneceram a um grupo de funcionários um *priming* semântico com palavras derivadas de conquistas, como triunfo, prevalecer e competir. Logo depois, eles mediram o desempenho dos participantes em relação a uma tarefa e descobriram que os participantes tiveram desempenho superior ao grupo de controle (neutro). Essa técnica de *priming* é denominada supraliminar, pois os participantes estão cientes do *priming* (das palavras semânticas), mas não da meta que está sendo ativada. Em outro estudo, funcionários de um *call center* viam a foto de uma mulher que acabou de ganhar uma corrida. Funcionários que foram expostos a essa foto conseguiram arrecadar mais doações em ligações do que os participantes do grupo de controle.

14.4.8 O futuro do *priming* e a possibilidade de promover pensamentos contraintuitivos

Durante muitas décadas os processos inconscientes foram tratados no marketing com certa desconfiança e ceticismo. Atualmente, com os estudos de *priming*, essa realidade está se modificando. Estamos chegando à conclusão de que muitos processos de decisão do consumidor ocorrem em um nível implícito ou inconsciente, de modo que os consumidores não são capazes de articular as razões para seus comportamentos.

Claramente a vantagem da ativação do *priming* é que ela é utilizada como uma ferramenta em experimentos do marketing para estudar questões associadas aos mecanismos de representações mentais subjacentes que influenciam os julgamentos dos sujeitos a respeito de algum assunto ou objeto. Esses mecanismos de atuação subjacentes do *priming* são contraintuitivos. Isso para pesquisa de marketing é muito bom, pois grande parte das descobertas científicas atualmente começa da intuição do pesquisador, mas tem uma boa influência do contraintuitivo. Sabemos que a intuição pode nos ajudar a criar hipóteses derivadas de pesquisas anteriores homogêneas e desviar do caminho de evolução científica. O problema é que a intuição nos leva a comprovar crenças que a longo tempo estão presentes na academia. Já o contraintuitivo presente no *priming* faz o caminho inverso. Isso pode ser considerado uma vantagem, mas também pode gerar grandes questionamentos da comunidade científica.[77]

Notas

[1] Este capítulo foi elaborado por Wagner Junior Ladeira e Fernando de Oliveira Santini.

[2] Williams, L.E., Bargh, J.A. (2008). Experiencing physical warmth promotes interpersonal warmth. *Science, 322*(5901), 606-607.

[3] Lopes, R.J. Mãos quentes induzem sentimentos gentis nas pessoas, mostra estudo. Disponível em: <http://g1.globo.com/Noticias/Ciencia/0,,MUL833915-5603,00.html>. Acessado em: 05.02.2017.

[4] Dijksterhuis, A., Van Knippenberg, A. (1998). The relation between perception and behavior, or how to win a game of Trivial Pursuit. *Journal of Personality and Social Psychology, 74*(4), 865-877.

[5] Bargh, J.A., Chen, M., & Burrows, L. (1996). Automaticity of social behavior: Direct effects of trait construct and stereotype activation on action. *Journal of Personality and Social Psychology, 71*, 230-244.

[6] Critcher, C.R., Gilovich, T. (2008). Incidental environmental anchors. *Journal of Behavioral Decision Making, 21*, 241-251.

[7] Newell, B.R., Shanks, D.R. (2014). Prime numbers: anchoring and its implications for theories. *Social Cognition, 32*, 88-108.

[8] Earp, B.D., Trafimow, D. (2015). Replication, falsification, and the crisis of confidence in social psychology. *Frontiers in psychology, 6*, 1-11.

[9] Molden, D.C. (2014). Understanding priming effects in social psychology: What is "social priming" and how does it occur? *Social Cognition, 32*, 1-11.

[10] Dijksterhuis, A., Van Knippenberg, A., & Holland, R.W. (2014). Evaluating behavior priming research: Three observations and a recommendation. *Understanding Priming Effects in Social Psychology, Social Cognition, 32*, 196-208.

[11] Stroebe, W., Strack, F. (2014). The alleged crisis and the illusion of exact replication. *Perspectives on Psychological Science, 9*(1), 59-71.

[12] Dijksterhuis, A., Van Knippenberg, A., & Holland, R.W. (2014). Evaluating behavior priming research: Three observations and a recommendation. *Understanding Priming Effects in Social Psychology, Social Cognition, 32*, 196-208.

[13] Higgins, E.T., Eitam, B. (2014). Priming... Shmiming: It's about knowing when and why stimulated memory representations become active. *Social Cognition, 32*, 225-242.

[14] Shantz, A., Latham, G. (2011). The effect of primed goals on employee performance: Implications for human resource management. *Human Resource Management, 50*(2), 289-299.

[15] Klein, S.B. (2014). What can recent replication failures tell us about the theoretical commitments of psychology? *Theory & Psychology, 24*(3) 326-338.

[16] Molden, D.C. (2014). Understanding priming effects in social psychology: What is "social priming" and how does it occur? *Social Cognition, 32*, 1111.

[17] Tulving, E. (1985). How many memory systems are there? *American psychologist, 40*(4), 385.

18 Higgins, E.T. (1996). Knowledge activation: Accessibility, applicability and salience. In E. T. Higgins & A. E. Kruglanski (Eds.), *Social psychology: Handbook of basic principles* (pp. 133-168). New York: Guilford.

19 Bargh, J.A. (2014). Our unconscious mind. *Scientific American, 310*(1), 30-37.

20 Eitam, B., Higgins, E. T. (2010). Motivation in mental accessibility: Relevance of a representation (ROAR) as a new framework. *Social and personality psychology compass, 4*(10), 951-967.

21 Doyen, S., Klein, O., Simons, D. J., & Cleeremans, A. (2014). On the other side of the mirror: Priming in cognitive and social psychology. *Social Cognition, 32*(Supplement), 12-32.

22 Molden, D.C. (2014). Understanding priming effects in social psychology: What is "social priming" and how does it occur? *Social Cognition, 32*, 1-11.

23 Newell, B.R., Shanks, D.R. (2014). Prime numbers: anchoring and its implications for theories. *Social Cognition, 32*, 88-108.

24 Doyen, S., Klein, O., Simons, D.J., & Cleeremans, A. (2014). On the other side of the mirror: Priming in cognitive and social psychology. *Social Cognition, 32*(Supplement), 12-32.

25 Bargh, J.A. (2006). What have we been priming all these years? On the development, mechanisms, and ecology of nonconscious social behavior. *European Journal of Social Psychology, 36*(2), 147-168.

26 Newell, B.R., and Shanks, D.R. (2014). Prime numbers: anchoring and its implications for theories. *Social Cognition, 32*, 88-108.

27 Molden, D.C. (2014). Understanding priming effects in social psychology: What is "social priming" and how does it occur? *Social Cognition, 32*, 1-11.

28 Smith, E.R., Mackie, D.M., & Claypool, H.M. (2014). *Social psychology*. Psychology Press.

29 Gazzaniga, M.S., Heatherton, T. F. (2005). *Ciência psicológica*: mente, cérebro e comportamento. Artmed.

30 Bargh, J.A., & Chartrand, T.L. (2000). The mind in the middle. *Handbook of research methods in social and personality psychology*, 253-285.

31 Bargh, J.A., Chartrand, T.L. (1999). The unbearable automaticity of being. *American psychologist, 54*(7), 462.

32 Tulving, E., & Schacter, D.L. (1990). Priming and human memory systems. *Science, 247*(4940), 301.

33 Posner, M.I., DiGirolamo, G.J. (2000). Cognitive neuroscience: origins and promise. *Psychological bulletin, 126*(6), 873.

34 Schacter, D.L., Buckner, R.L. (1998). Priming and the brain. *Neuron, 20*(2), 185-195.

35 Newell, B.R., Shanks, D.R. (2014). Prime numbers: anchoring and its implications for theories. *Social Cognition, 32*, 88-108.

36 Tversky, A., & Kahneman, D. (1975). Judgment under uncertainty: Heuristics and biases. In *Utility, probability, and human decision making* (pp. 141-162). Springer Netherlands.

37 Newell, B.R., Shanks, D.R. (2014). Prime numbers: anchoring and its implications for theories. *Social Cognition, 32*, 88-108.

38 Loersch, C., & Payne, B.K. (2011). The situated inference model an integrative account of the effects of primes on perception, behavior, and motivation. *Perspectives on Psychological Science, 6*(3), 234-252.

39 Loersch, C., & Payne, B.K. (2011). The situated inference model an integrative account of the effects of primes on perception, behavior, and motivation. *Perspectives on Psychological Science, 6*(3), 234-252.

40 Bargh, J.A. (1994). The four horsemen of automaticity: Intention, awareness, efficiency, and control as separate issues. *Handbook of Social Cognition, 1*, 1-40.

41 Payne, B.K., Jacoby, L.L., & Lambert, A. J. (2004). Memory monitoring and the control of stereotype distortion. *Journal of Experimental Social Psychology, 40*, 52-64.

42 Bargh, J.A., Chen, M., & Burrows, L. (1996). Automaticity of social behavior: Direct effects of trait construct and stereotype activation on action. *Journal of Personality and Social Psychology, 71*, 230-244.

43 Gray, K., & Wegner, D.M. (2013). Six guidelines for interesting research. *Perspectives on Psychological Science, 8*(5), 549-553.

44 Schacter, D.L., & Buckner, R.L. (1998). Priming and the brain. *Neuron, 20*(2), 185-195.

45 Maio, G., Haddock, G. (2014). *The psychology of attitudes and attitude change*. Sage.

46 Koffka, K. (1922). Perception: An introduction to the Gestalt-theorie. *Psychological Bulletin, 19*(10), 531-585.

47 Dijksterhuis, A., Bargh, J.A. (2001). The perception-behavior expressway: Automatic effects of social perception on social behavior. *Advances in experimental social psychology, 33*, 1-40.

48 Dijksterhuis, A., John A.B. (2001). The perception-behavior expressway: Automatic effects of social perception on social behavior. *Advances in experimental social psychology, 33*, 1-40.

49 Wyer, R.S. (2014). *The automaticity of everyday life*: Advances in social cognition. Vol. 10. Psychology Press.

50 Molden, D.C. (2014). Understanding priming effects in social psychology: What is "social priming" and how does it occur? *Social Cognition, 32*, 1-11.

51 Molden, D.C. (2014). Understanding priming effects in social psychology: What is "social priming" and how does it occur? *Social Cognition, 32*, 1-11.

52 Lashley, K.S. (1951). The problem of serial order in behavior. In *Cerebral mechanisms in behavior* (pp. 112-136).

53 Allport, G. W. (1959). *The historical background of modern social psychology*.

54 Molden, D.C. (2014). Understanding priming effects in social psychology: What is "social priming" and how does it occur? *Social Cognition, 32*, 1-11.

55 Storms, L.H. (1958). Apparent backward association: A situational effect. *Journal of Experimental Psychology, 55*(4), 390.

56 Segal, S.J., Cofer, C.N. The effect of recency and recall on word-association. *American Psychologist, 15*(7), 1960.

57 Segal, S.J., Cofer, C.N. The effect of recency and recall on word-association. *American Psychologist, 15*(7), 1960.

58 Molden, D.C. (2014). Understanding priming effects in social psychology: What is "social priming" and how does it occur? *Social Cognition, 32*, 1-11.

59 Doyen, S., Klein, O., Simons, D.J., & Cleeremans, A. (2014). On the other side of the mirror: Priming in cognitive and social psychology. *Social Cognition, 32*(Supplement), 12-32.

60 Nisbett, R. E., Wilson, T. D. (1977). Telling more than we can know: Verbal reports on mental processes. *Psychological review, 84*(3), 231.

61 Higgins, E.T., Rholes, W.S., & Jones, C.R. (1977). Category accessibility and impression formation. *Journal of Experimental Social Psychology, 13*(2), 141-154.

62 Srull, T.K., Wyer, R. S. (1979). The role of category accessibility in the interpretation of information about persons: Some determinants and implications. *Journal of Personality and Social Psychology, 37*(10), 1660.

63 Bargh, J. A., Pietromonaco, P. (1982). Automatic information processing and social perception: The influence of trait information presented outside of conscious awareness on impression formation. *Journal of personality and Social psychology, 43*(3), 437.

64 Smith, E.R., & Branscombe, N.R. (1987). Procedurally mediated social inferences: The case of category accessibility effects. *Journal of experimental social psychology, 23*(5), 361-382.

65 Devine, P.G. (1989). Stereotypes and prejudice: Their automatic and controlled components. *Journal of personality and social psychology, 56*(1), 5.

66 Sinclair, R.C., Mark, M.M., & Clore, G.L. (1994). Mood-related persuasion depends on (mis) attributions. *Social Cognition, 12*(4), 309-326.

67 Molden, D.C. (2014). Understanding priming effects in social psychology: What is "social priming" and how does it occur? *Social Cognition, 32*, 1-11.

68 Higgins, E.T., Eitam, B. (2014). Priming... Shmiming: it's about knowing when and why stimulated memory representations become active. *Social Cognition, 32*(Supplement), 225-242.

69 Bargh, J.A., Chen, M., & Burrows, L. (1996). Automaticity of social behavior: Direct effects of trait construct and stereotype activation on action. *Journal of personality and social psychology, 71*(2), 230.

70 Dijksterhuis, A., Van Knippenberg, A. (1998). The relation between perception and behavior, or how to win a game of trivial pursuit. *Journal of personality and social psychology, 74*(4), 865.

71 Bargh, J.A., Chen, M., & Burrows, L. (1996). Automaticity of social behavior: Direct effects of trait construct and stereotype activation on action. *Journal of personality and social psychology, 71*(2), 230.

72 Dijksterhuis, A., Van Knippenberg, A. (1998). The relation between perception and behavior, or how to win a game of trivial pursuit. *Journal of personality and social psychology, 74*(4), 865.

73 Newell, B.R., Shanks, D.R. (2014). Unconscious influences on decision making: A critical review. *Behavioral and Brain Sciences, 37*(01), 1-19.

74 Gillath, O., Sesko, A.K., Shaver, P.R., & Chun, D.S. (2010). Attachment, authenticity, and honesty: dispositional and experimentally induced security can reduce self-and other-deception. *Journal of personality and social psychology, 98*(5), 841.

75 Lerner, J.S., Small, D. A., & Loewenstein, G. (2004). Heart strings and purse strings carryover effects of emotions on economic decisions. *Psychological science, 15*(5), 337-341.

76 Shantz, Amanda, and Gary P. Latham. (2009). An exploratory field experiment of the effect of subconscious and conscious goals on employee performance. *Organizational Behavior and Human Decision Processes* 109.1, 9-17.

77 Brandt, M.J., IJzerman, H., Dijksterhuis, A., Farach, F.J., Geller, J., Giner-Sorolla, R., & Van't Veer, A. (2014). The replication recipe: What makes for a convincing replication? *Journal of Experimental Social Psychology, 50*, 217-224.

15

O Uso de Rastreamento Ocular nas Pesquisas de Marketing[1]

OBJETIVOS DO CAPÍTULO

No final deste capítulo, o leitor deverá ser capaz de:

◆ Entender o uso das tecnologias de rastreamento ocular no marketing.
◆ Conhecer os conceitos teóricos que fundamentam esse campo de estudo.
◆ Entender as medidas originadas no rastreamento ocular.
◆ Saber usar os resultados derivados das medidas de rastreamento.
◆ Compreender a aplicação do rastreamento nas pesquisas de marketing.

15.1 │ O *EYE TRACKING* COMO FERRAMENTA DE PESQUISA

A cada ano que passa, as pesquisas de marketing têm investido mais em tecnologias de coleta e análise de dados. Isso devido ao fato de as pessoas buscarem sempre produtos mais específicos e sofisticados para atenderem às suas necessidades de consumo. É comum observar as empresas utilizando estratégias para expor os seus produtos de maneira mais eficiente para o cliente. Seja por meio de vitrines mais cativantes, propagandas e promoções mais criativas, embalagens mais modernas e práticas, prateleiras mais harmônicas com exposição de marcas atrativas, entre outras.

Apesar de os gestores de marketing investirem em exposições, muitos não conseguem avaliar a eficiência de suas estratégias. Isso porque não sabemos bem ao certo como as pessoas enxergam as estratégias de exposição de produto. Saber como os consumidores enxergam e interpretam os produtos é fundamental para entender suas necessidades e seus desejos. Acreditamos que cerca de 90% das informações captadas pelas pessoas vêm através do olho humano. Isso implica dizer que boa parte da memória e das interpretações de curto prazo é feita pelo sentido da visão.

Por acreditar que a visão gera informações interessantes para interpretar o comportamento do consumidor, nos últimos cem anos pesquisadores de marketing têm investido nas tecnologias de rastreamento ocular, conhecidas mais pelo termo em inglês *eye tracking*. Essa terminologia diz respeito a um aglomerado de tecnologias que têm o objetivo de registrar e medir os movimentos oculares das pessoas perante um estímulo controlado (ambiente artificial) ou uma cena não controlada (ambiente real). Por meio de registro e mensuração dos movimentos oculares, essa tecnologia é capaz de analisar a atenção visual do consumidor em um dado período de tempo e em um dado espaço.

> **Dica**
>
> As técnicas de rastreamento ocular permitem observar e mensurar o movimento dos olhos quando os consumidores recebem um estímulo visual ou visualizam um produto ou uma cena. Por meio dessas técnicas os pesquisadores podem coletar informações sobre o comportamento da visão de forma objetiva, rápida e não invasiva.

O *eye tracking* é uma tecnologia que auxilia a medir respostas espontâneas para mensagens de marketing, compreendendo o envolvimento cognitivo e capturando informações subconscientes em tempo real. Assim, essa tecnologia pode interpretar eventuais padrões de comportamento visual. Para isso, os *eye trackings* utilizam uma metodologia de reflexão infravermelha da córnea, mensurando a distância e o ângulo da reflexão da luz no centro da pupila para determinar o ponto de fixação do olhar da pessoa.[2]

15.2 UM BREVE PASSEIO NA FISIOLOGIA DO OLHO HUMANO

Carl Jung uma vez disse que *"Tudo depende de como olhamos para as coisas, e não de como elas são em si mesmas"*. Provavelmente ele não estava falando das tecnologias de *eye tracking*. Porém, sua frase demonstra a importância de se estudar os movimentos oculares.

O funcionamento do rastreamento ocular nas pesquisas de marketing exige que os estudiosos e profissionais tenham um breve conhecimento da fisiologia do olho humano. Entendendo aspectos importantes dessa fisiologia, compreenderemos como o olho humano funciona e, por consequência, como os consumidores enxergam as cenas e os estímulos de marketing.

A visão é um dos cinco sentidos das pessoas ao lado do tato, da audição, do paladar e do olfato. O olho humano é o órgão responsável por captar informações através da visão e, para isso, é composto por componentes essenciais. A capacidade de enxergar depende diretamente desses componentes, que desempenham várias funções dentro do globo ocular.

A Figura 15.1 demonstra o formato do globo ocular e os seus principais componentes. O globo ocular fica localizado em uma cavidade óssea e é protegido diretamente pelas pálpebras. No globo ocular, encontramos a córnea, que é uma proteção exterior ao globo ocular, semelhante ao vidro de uma câmera fotográfica ou de um relógio. É na córnea que são refletidos os raios de luz que formam os objetos, iniciando assim o processo de visão.

Atrás da córnea, encontra-se um tecido chamado íris, podendo ter diferentes cores. É esse tecido que dá diferentes tons ao olho humano (olhos azuis, castanhos, pretos, etc.). Dentro da íris, encontra-se a pupila, que é uma bolinha preta por onde enxergamos. A pupila é um orifício por onde passa a luz. Esse componente ocular pode dilatar ou fechar, dependendo diretamente da claridade. Se a claridade for alta, a pupila fica pequena; se estiver escuro, ela se dilata para enxergarmos melhor.

Atrás da pupila, o globo ocular tem outra espécie de lente, chamada de cristalino. Esse componente é uma lente responsável por orientar a passagem de luz até a retina. A retina é uma membrana da parede do olho composta por células nervosas que levam a imagem através do nervo óptico para que o cérebro faça a interpretação das imagens. Essa membrana cobre a face interna do globo ocular.

Internamente na retina existe uma área denominada mácula, responsável pela nitidez. Essa área contém uma maior densidade de fotorreceptores do que o resto da retina, quase o dobro. A área central da mácula é conhecida como fóvea. Essa região é a de máxima acuidade visual da mácula. A fóvea constitui-se numa depressão no centro da mácula, contendo aproximadamente 1,5 milímetros de diâmetro.

A percepção visual é concebida por três partes: fóvea, parafóvea e periférica. A fóvea é a área central da retina. A parafóvea descreve a região em torno da fóvea. A periferia refere-se à região fora da parafóvea.[3] Acuidade na percepção é maior na fóvea, diminuindo na parafóvea e sendo muito fraca na periférica. Com a intenção de ver os objetos mais nitidamente, os consumidores frequentemente movem seus olhos para localizar objetos de interesse na região de maior percepção visual, a fóvea.[4]

Por fim, o nervo óptico é o responsável por conectar as informações entre o olho humano e o cérebro. Na verdade, essas informações são alocadas dentro da retina, e o nervo óptico, através de um fio, carrega impulsos nervosos sensoriais diretamente ao cérebro.

15.3 ELEMENTOS FUNDAMENTAIS NO USO DO *EYE TRACKING*

As metodologias mais comuns de pesquisa de mercado, como questionários e roteiros de entrevistas, são limitadas porque não há garantia de que os respondentes estão sendo honestos ou precisos. As tecnologias de rastreamento ocular tendem a ser mais fidedignas, pois geram mensurações mais objetivas devido a dois elementos centrais para o entendimento do funcionamento do olho humano em relação ao uso do *eye tracking*. O que as pessoas acreditam ser o movimento suave dos olhos nada mais é do que dois componentes muito diferentes de fixações e sacadas.[5] O movimento dos olhos é o movimento mais rápido que o corpo humano pode fazer.

Nesse sentido, há um consenso acadêmico e de mercado de como as pessoas processam visualmente um objeto ou um cenário. O que parecem movimentos concentrados e conscientes dos olhos consiste realmente em fixações imóveis oculares separadas por saltos rápidos.[6]

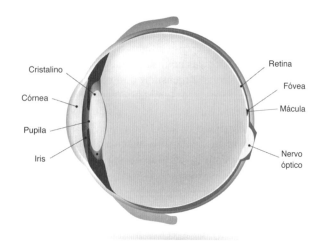

Crédito: Imagem: ttsz | iStockphoto

Figura 15.1 Fisiologia do olho humano.

As **fixações**, do inglês *"eye fixations"*, correspondem aos pontos nos quais o olho humano está relativamente em inércia, ou seja, os pontos nos quais o olho está parado concentrado diretamente em um objeto ou cena específica. As fixações variam no tempo em intervalos de 200-500 milésimos de segundos e estão condicionadas diretamente ao processamento cognitivo das pessoas.

As fixações servem para projetar uma pequena área dentro do campo visual. Dentro do olho, as fixações ocorrem na região da fóvea, uma área do olho com acuidade visual superior às outras.[7] Durante uma fixação, uma área é projetada na fóvea para se ter um processamento visual detalhado. Em qualquer dado momento da fixação, apenas cerca de 8% do campo visual é projetado na fóvea e disponível para processamento mais detalhado.[8]

> **Dica**
>
> Os dois movimentos oculares usados nas tecnologias de rastreamento ocular têm comportamentos distintos, mas que devem ser interpretados em conjunto pelos pesquisadores. Os dois mais comuns são (1) aqueles que mantêm a fóvea em um alvo visual dentro de um ambiente (este é formado por sacadas e movimentos lisos dos olhos) e (2) aqueles em as pessoas estabilizam os olhos durante o movimento da cabeça (este é formado por fixações).

As fixações são consideradas pausas entre as sacadas. Nessa pausa, os olhos ficam relativamente imóveis e é nesse rápido momento que o sistema visual recolhe as informações. A duração das fixações pode ser variável, depende das características da tarefa e das características dos objetivos observados, durando em média cerca de 200 a 400 milésimos de segundos.

As **sacadas**, do inglês *"saccades"*, descrevem os movimentos rápidos que o olho humano faz entre as fixações. As **sacadas** são rápidos saltos balísticos dos olhos, projetados normalmente em um intervalo de 20 a 40 milésimos de segundos, projetando imagens específicas do local para uma região do olho chamada fóvea. A sacada é o movimento mais rápido no corpo humano. Só para se ter uma ideia, os seres humanos fazem cerca de 170 mil sacadas por dia. A visão é em grande parte suprimida durante as sacadas. As sacadas podem auxiliar a entender a visão. Porém, elas podem gerar confusões ou problemas de compreensão.

15.3.1 Nitidez, precisão e acuidade visual

A maioria das informações sobre uma cena é adquirida durante as fixações, pois estas geram a nitidez. A **nitidez** de uma fixação está associada ao grau do campo visual que é afetado diretamente pela precisão. Nesse caso, o termo "nitidez" é sinônimo de clareza. Quando um ser humano fixa o olhar em uma cena de 1 a 2 graus do campo de visão, pode-se dizer que o campo visual é visto com 100% de precisão. Isso é aproximadamente o tamanho da unha de seu polegar em relação ao comprimento do seu braço. Para os estudos com *eye tracking*, a

precisão simboliza a exatidão, o registro e a definição de algo. Desse modo, a precisão da visão humana depende da nitidez. A **acuidade visual** é o parâmetro que mede a nitidez da visão.

Os consumidores tendem a mover rapidamente os olhos na direção de um estímulo de marketing associado a um objeto ou ambiente. Isso acontece porque a acuidade cai rapidamente com o aumento da excentricidade da fóvea.[9] Ter **acuidade** nesse caso significa ter maior intensidade de percepção por meio dos movimentos dos olhos. A acuidade para os estudos de movimento ocular significa ter a capacidade de descobrir e interpretar as coisas que estão confusas, compreendendo uma situação que possa estar oculta. Devido a esse conceito, torna-se interessante estudar os movimentos humanos como indicadores do comportamento humano de aquisição de informação e conhecimento.[10]

15.4 A ATENÇÃO VISUAL E OS MOVIMENTOS OCULARES

Os movimentos oculares seguidos formam um traçado dinâmico no qual é desenhada a atenção da pessoa em um campo visual. A atenção visual é entendida como um holofote que ajuda a entender as cenas e reduz o processamento de eventos. A atenção visual dá-se pelos movimentos motores dos olhos e da cabeça e garante o foco através da iluminação da região desejada no espaço observado.

O foco da atenção visual é feito por meio de um *scanpath* (Caminho de digitalização) sobre o estímulo, consistindo em fixações e sacadas. Essas fixações e sacadas buscam a interpretação da cena, fazendo vários pequenos movimentos oculares corretivos. Desse modo, as medições feitas pelos equipamentos de rastreamento ocular codificam as informações, revelando a quantidade de processamentos aplicados a cenas visualizadas.

No passado, os estudos da atenção visual na literatura de marketing tiveram dificuldades devido ao fato de a atenção ser considerada tão somente uma mera pré-condição pela qual a informação entra em seu caminho nos processos cognitivos. No entanto, estudos da psicologia têm comprovado que a atenção visual não é apenas uma porta de entrada de informações, como sugerido por muitos modelos de tomada de decisão. Na verdade, a atenção pode até estar mais próxima do comportamento real do que a intuição nos informa, e os movimentos oculares podem ser mais do que a ponta do *iceberg*.[11]

> **Dica**
>
> A atenção visual pode ser aguçada em cenas naturais complexas, como a percepção dos elementos de uma prateleira de supermercados ou das características do vestuário em um manequim. As fixações oculares nesses casos são necessárias para a identificação clara do objeto, definindo sua localização e suas características principais.

---

210 Capítulo 15

Ao imaginarmos que os movimentos oculares possam ser a ponta de um *iceberg*, aceitamos que a atenção visual é medida por movimentos oculares complexos que influenciam diretamente a forma pela qual as pessoas processam as informações visuais. Essa atenção visual pode influenciar diretamente a base do *iceberg*, como processo de memória, lembranças e escolhas do consumidor.[12]

15.4.1 A formação do processo cognitivo

Os profissionais de marketing e os acadêmicos compartilham a crença de que a atenção dos consumidores e a escolha da marca estão intimamente relacionadas. Os fabricantes usam o *design* de embalagens para tornar sua marca mais perceptível entre seus concorrentes. Varejistas gerenciam prateleiras e *displays* especiais para chamar a atenção para produtos e marcas que pretendem vender. Essas tentativas baseiam-se no pressuposto de que a atenção visual é uma pré-condição para os processos subsequentes que eventualmente levam à escolha, e que o aumento da atenção visual aumentará a probabilidade de escolha.

Os movimentos oculares são estudados por meio da relação entre olho e mente, em que se sugere que os olhos deixam um rastro dinâmico onde a atenção está sendo dirigida. Embora existam estudos que demonstrem resultados inconsistentes, é aceito que durante uma tarefa de processamento de informações complexa, como a compra de algo importante, movimentos oculares e atenção estão conectados.

Desse modo, o processamento cognitivo visual depende diretamente do movimento ocular, pois a atenção visual é uma forma vital de adquirir informações sobre marcas e produtos nos contextos de escolha do consumidor. Apesar da sua importância, a atenção visual no passado foi desconsiderada na pesquisa de marketing, porque o histórico das pesquisas de marketing evoluiu para uma trajetória focada mais na análise conceitual e perceptual dos estímulos. Não podemos esquecer que a **análise conceitual** e sensorial também se foca na captura da atenção do consumidor. Em um primeiro momento, os consumidores, em uma análise conceitual, integram a informação do estímulo com o seu conhecimento preexistente, tentando correlacionar o evento com os estímulos apresentados. Antes e durante as análises conceituais, os consumidores realizam análises da percepção quando dedicam atenção ao estímulo. Na **análise perceptual**, os consumidores examinam as características sensoriais do estímulo, tais como a forma, a cor e o tamanho. Nesse momento, o consumidor tenta decifrar o estímulo em códigos categóricos, como marca, informações pictóricas e textuais.[13]

As fixações dos olhos são responsáveis por gerar a atenção visual, e o aumento dessa atenção acarreta o crescimento do processamento mental do significado dos objetos (por exemplo, palavra, imagem ou outro estímulo).[14]

Existe uma relação entre a tarefa executada, os processos cognitivos e os mecanismos de movimento dos olhos. As tarefas irão determinar os processos cognitivos que irão mudar os movimentos oculares. Isso implica dizer que os *designs*

experimentais podem influenciar consideravelmente os resultados de um teste de rastreamento ocular, tanto no campo da ciência do consumidor quanto na psicologia. Podemos dizer que os movimentos oculares são influenciados pelo conteúdo e pelo tipo de avaliação executada no experimento.[15]

15.4.2 Teoria da atenção visual do marketing

A teoria da atenção visual do marketing (do inglês "*theory of attention to visual marketing*") declara que quando alguém é exposto a estímulos visuais a atenção é composta por processos de seleção e focalização. Nessa teoria, o significado gerado do estímulo é afetado diretamente pela atenção visual, que pode ser determinada (1) pelas características da pessoa, como traços individuais e motivações (fatores *top-down*), e (2) por aspectos associados ao objeto ou à cena (fatores *down-top*). Esses fatores ascendentes e descendentes determinam a capacidade informativa e a saliência dos estímulos visuais para o consumidor, gerando aspectos atrativos para captar a atenção.[16]

A atenção visual pode operar em uma imagem ou um objeto, recebendo influência de fatores de traços ou estados do consumidor (conhecidos como fatores descendentes, do inglês "*top-down factors*") ou fatores de estímulos de marketing visual (conhecidos como ascendentes, do inglês "*bottom-up factors*").

Os **fatores ascendentes** são aplicados diretamente nos estímulos de marketing e aparecem de forma instantânea na primeira fixação ocular, devido a alguma característica perceptiva que pode estar associada a cor, borda, luminosidade, formas e tamanhos. Por exemplo, um carro que foi polido há pouco tempo tenderá a chamar a atenção em relação a outros carros que não o foram, devido à sua cor, que está bem vibrante; ou um vidro de azeitonas com formato diferente dos outros na prateleira de um supermercado. Esses dois exemplos ocorrem em grande parte de forma involuntária e são expressões claras dos fatores ascendentes na atenção visual.

Os **fatores descendentes** são considerados mecanismos voluntários que orientam a atenção visual. Por exemplo, procurar em um estacionamento de carros a marca Fiat ou procurar um vidro de azeitona na prateleira que você viu no encarte do supermercado. Esses dois exemplos acontecem de forma voluntária e são expressões claras dos fatores descendentes na atenção visual.

Ambos os fatores influenciam a atenção visual pelo aumento seletivo dos recursos visuais que se dá através da supressão seletiva e automática das características diagnosticadas. O aprimoramento seletivo e a supressão das características perceptivas não essenciais acontecem de forma mais voluntária e mais lenta nos fatores descendentes do que nos fatores ascendentes.

Os comerciais e anúncios de TV bem elaborados tentam ativar objetos, cenas ou imagens como resultado do efeito integrado de fatores **ascendentes** e **descendentes**. Nesses casos, a atenção visual se reflete nos movimentos oculares através das informações extraídas durante as fixações, eventualmente contribuindo para estimular os efeitos de marketing e aumentar o interesse do consumidor, gerando o aumento da aprendizagem,

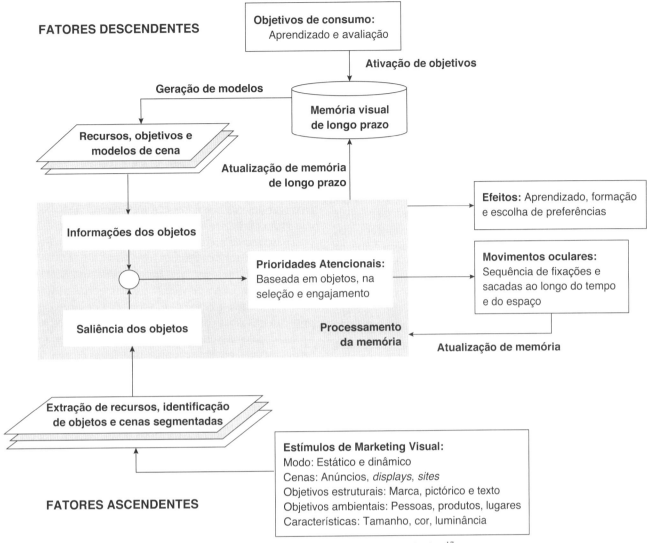

Figura 15.2 Teoria da atenção visual do marketing.[17]

da memória, da formação de preferência, das escolhas e, consequentemente, incrementando as vendas.[18]

Pode haver três limitações ao projetar a atenção visual como uma forma de aquisição de informação para os modelos de tomada de decisão. Em um primeiro momento, talvez a atenção visual não reflita as mesmas adaptações estratégicas no comportamento de aquisição da informação nos modelos tradicionais de tomada de decisão, tão simplesmente porque na atenção visual não há controle deliberado. Em um segundo momento, pode-se pensar que os movimentos oculares refletem processos mentais de ordem superior, que são insustentáveis nos modelos tradicionais de tomada de decisão. Portanto, apenas os processos de pensamento adaptativo capturados pelas metodologias tradicionais seriam relevantes para a escolha do consumidor. Com essa suposição, podemos pensar que a atenção visual não se adapta sistematicamente às restrições existentes no mundo real e que não haveria assim relação sistemática entre a atenção visual e a escolha do consumidor. Terceiro, pode-se supor que os processos perceptivos capturados por movimentos oculares sejam remanescentes de processamento de informação. Essa terceira possibilidade demonstraria que os movimentos oculares podem ser também deliberados, o que implica pensar que as medidas de atenção visual podem conter informações sobre as adaptações estratégicas e as restrições contextuais e que influenciam as escolhas dos consumidores. Nesse caso, para entendermos a relação direta entre movimento ocular e tomada de decisão, temos que entender antes as adaptações estratégicas e as restrições contextuais.[19]

15.4.3 Busca orientada *versus* busca exploratória

As pesquisas de informação visual podem ocorrer através da combinação de dois tipos distintos de comportamento: (1) comportamento de busca orientado por objetivos e (2)

212 Capítulo 15

comportamento de pesquisa exploratória. O comportamento de busca direcionado a objetivos ocorre quando os consumidores usam rotinas de busca armazenadas previamente para coletar informações de maneira deliberada. Em contrapartida, o comportamento de pesquisa exploratória ocorre quando os consumidores são confrontados com múltiplas informações que são expostas sem o seu conhecimento sobre como proceder à coleta de informações.

O modelo de busca orientado por objetivos prevê que a quantidade de tempo gasto visualizando um pedaço de informação ocorre em função da sua relevância para a meta de busca. O modelo de pesquisa exploratória prevê que a atenção do consumidor ocorre em função da quantidade de informações criadas pelos concorrentes não focais. As rotinas de pesquisa exploratória são interessantes porque ajudam a explicar a variabilidade na quantidade de atenção que as pessoas dedicam a determinada peça de informação. Os estudos demonstram que a competição pela atenção exercida por itens não focais pode influenciar a quantidade de tempo que uma pessoa gasta inicialmente olhando para um item focal. Além disso, os resultados demonstram que a rotina de busca exploratória tem um impacto na atenção e nas vendas acima do impacto de uma rotina de busca orientada por objetivo.[20]

15.5 A VISÃO PERIFÉRICA E A ESSÊNCIA DA INFORMAÇÃO

Será que o poeta tem razão quando diz que "*o olho é o espelho da alma*"? Se sim, os movimentos oculares dos consumidores devem conter informações importantíssimas sobre processos de decisão.

A quantidade de informação transmitida através do nervo óptico excede o que o cérebro pode processar. Assim, o cérebro desenvolve mecanismos de atenção que selecionam um subconjunto de informações relevantes para o processamento. Quando a atenção seleciona determinada localização em uma imagem, o processamento se torna aprimorado, e o processamento de outros locais e objetos não selecionados é voluntariamente reduzido ou suprimido.[21]

A essência da informação que coletamos está associada à visão periférica, que é construída no movimento ocular feito durante a fixação inicial. A **visão periférica**, também conhecida como visão tangencial, está associada ao fato de o indivíduo enxergar pontos na sua frente e ao redor do seu campo de visão. Ela acontece fora da mácula, mais especificamente na periferia da retina. Essa região não tem uma quantidade grande de detalhes. Na verdade, a pessoa percebe a presença de movimentos ou objetivos, mas eles não são nítidos. Por isso, dizemos que a percepção da visão periférica é desfocada.

As pessoas estão acostumadas a ter no seu movimento ocular uma experiência de visão suave e ininterrupta, sendo formada por movimentos não cientes de fixações. Nesses movimentos, as fixações oculares, e não a visão periférica, aumentam a memória do objeto analisado.[22]

É fácil fazer um exercício para entender a relação entre essência da informação, fixação e visão periférica. Estique o seu braço e deixe o seu polegar levantado. Agora, olhe fixamente para a ponta da sua unha. Fique por alguns segundos olhando. Sem fazer um movimento abrupto, tente olhar ao redor do seu dedo, sem retirar o olhar da unha. Você irá perceber que ao redor da unha enxergará de forma desfocada. A região da unha para a qual está olhando está direcionada à fóvea, e nela terá a nitidez. O entorno que está desfocado será considerado a região periférica.

Outro exemplo da diferença entre fixação e visão periférica ocorre quando andamos no escuro. Quando um indivíduo locomove-se em um lugar que tem baixa iluminação, ele consegue enxergar objetos que não estão focados, ou seja, que estão na sua visão periférica, sem esbarrar ou tropeçar. Isso acontece pois a luz incide nos olhos de forma retilínea, desse o modo, o que está ao redor fica desfocado.[23]

Os indivíduos, ao fazerem o movimento ocular, podem identificar na visão periférica: as categorias semânticas da imagem, o *layout* espacial e o nível de desordem durante a primeira fixação do olho. Uma categoria semântica poderia ser a prateleira de um supermercado ou o manequim de uma loja. O *layout* espacial podem ser outras prateleiras ou manequins que estão ao redor da categoria semântica. Já o nível de desordem se refere à tentativa que a pessoa tem de reconhecer a visão periférica na primeira sacada. Um maior nível de detalhamento de um objeto (como por exemplo, a marca de um produto na prateleira ou um adereço da roupa do manequim) requer uma fixação mais centrada no objeto.

Nos estudos de movimentos oculares, a primeira fixação em um objeto é chamada de **observação**, do inglês "*noting*", e a segunda é conhecida como **reexame**, do inglês "*reexamination*". A observação é baseada em características do movimento ocular que misturam um alto nível de precisão (através das fixações) e um baixo nível de precisão (através da visão periférica), como a identificação de uma prateleira ou de um manequim. Já o reexame é utilizado para informações mais específicas, como comparação de marca, preços, atributos, entre outros.[24]

15.6 O HISTÓRICO DAS PESQUISAS DE MOVIMENTO OCULAR NO MARKETING

As primeiras pesquisas na área do marketing envolvendo os movimentos dos olhos já completam quase cem anos de existência. Essas pesquisas são importantes por fornecerem a base teórica para os estudos atuais. Para entendermos melhor a contribuição dos estudos de monitoramento ocular para a pesquisa em marketing, podemos dividir esses cem anos em quatro momentos distintos: (1) Pesquisas com propaganda sem o uso de tecnologias sofisticadas, que vão da década de 1920 à década de 1950; (2) pesquisas de evolução técnica sem muitas contribuições na área do marketing, que vão da década de 1940 até meados da década de 1970; (3) popularização dos estudos na área do marketing, que vai da do final da década de 1970 até meados da década de 1990; e (4) diversificação das aplicações de rastreamento ocular, que vai da metade da década de 1990 até os dias atuais.

Existe evidência de que as observações iniciais dos movimentos dos olhos tiveram origem em 1879. No entanto, esse estudo não estava associado ao marketing, mas sim à interpretação dos movimentos dos olhos na leitura. Nessa época, Louis Emile Javal descreveu o ato da leitura por meio de varreduras, em que as pessoas faziam pausas curtas (fixações) e movimentos sacádicos (sacadas). Logo após, Dogne e Cline elaboraram a primeira técnica de *eye tracking*. Apesar de rudimentar, sua técnica seguia os princípios das tecnologias mais modernas, pois os pesquisadores aplicaram um feixe refletido na córnea.[25]

Apesar de não estarem associados ao marketing, conceitos importantes para os estudos futuros do movimento ocular foram analisados, como (1) o fato de que não percebemos a informação durante um movimento ocular, (2) o tempo que leva para iniciar o movimento do olho e (3) o tamanho da região de visão efetiva.[26]

A primeira fase de estudos foi realizada na área de propaganda e tinha uma coleta de dados feita através da observação simples (olho nu) dos movimentos dos olhos. Essas pesquisas não usavam aparelhos mais complexos de movimentos oculares, por isso seus resultados são simplórios, não fornecendo grandes

evidências práticas. Estamos falando de um período pós-Primeira Guerra Mundial, sem muita tecnologia para suportar os achados da época. O primeiro estudo encontrado a respeito do assunto é de Nixon, em 1924, em que foram observados os movimentos oculares dos consumidores que estavam lendo uma revista de anúncios impressos. Essa pesquisa foi publicada em uma revista especializada da psicologia chamada *Archives of Psychology*, e o título do artigo era "*Attention and Interest in Advertising*". A observação dos olhos nessa pesquisa foi feita pelo pesquisador, que ficava escondido em uma caixa atrás de uma cortina.

No início da década de 1930 foram construídos os primeiros equipamentos *eye tracking* com lentes de contato e já quase no fim da Segunda Guerra Mundial houve outro estudo que ajudou a entender o movimento dos olhos, gerando importantes contribuições para os estudos seminais de monitoramento ocular. Em 1940, o pesquisador Karslake publicou um artigo denominado "*The Purdue Eye-Camera: A Practical Apparatus for Studying the Attention-Value of Advertisements*". Esse artigo foi publicado em outra revista especializada da psicologia, denominada *Journal of Applied Psychology*. Karslake usou uma câmera para coletar dados de movimentos oculares em anúncios que apareciam no *Saturday Evening Post*. A grande contribuição desse estudo foi o uso de uma câmera, primitiva para os dias atuais, para analisar movimentos oculares.

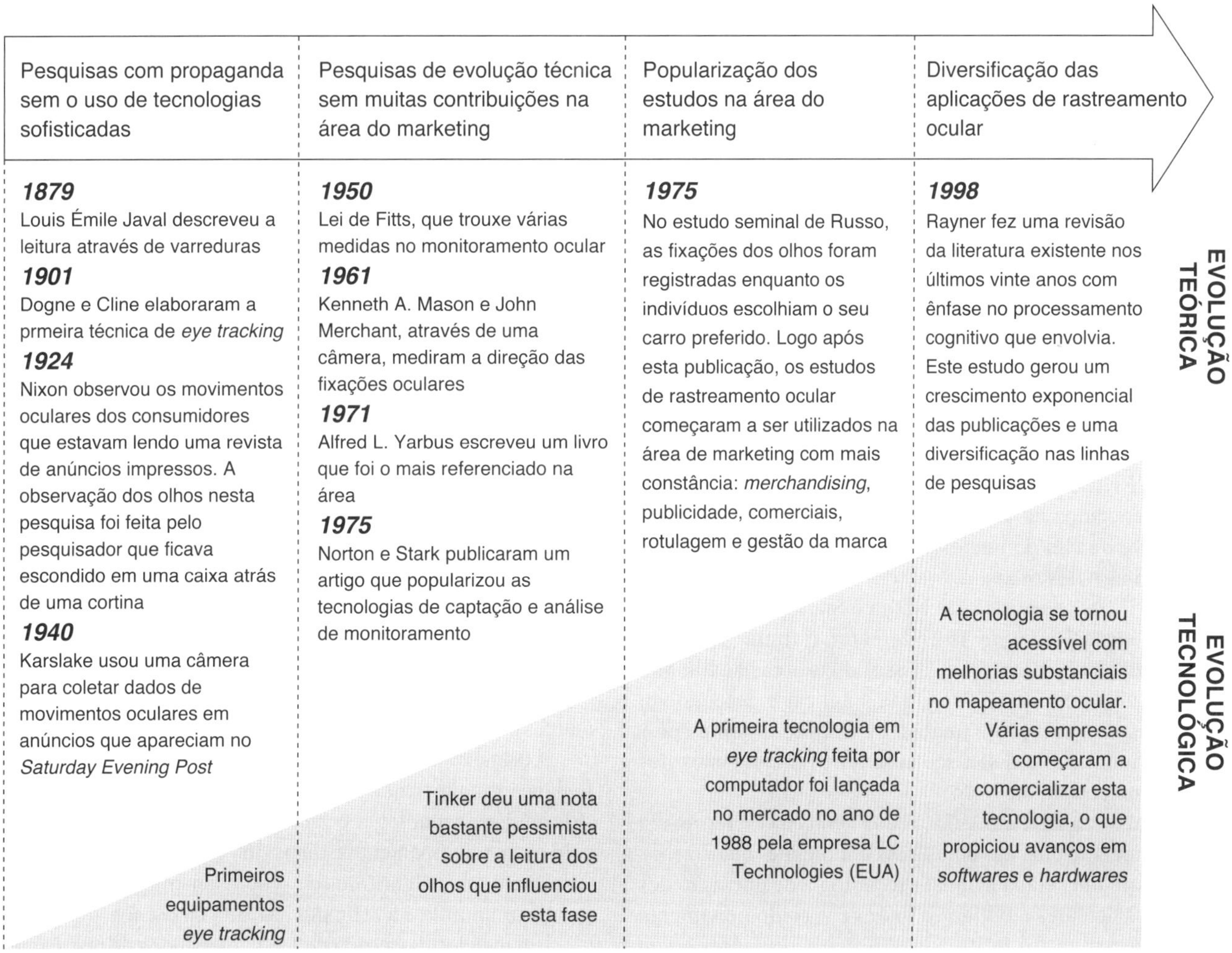

Pesquisas com propaganda sem o uso de tecnologias sofisticadas	Pesquisas de evolução técnica sem muitas contribuições na área do marketing	Popularização dos estudos na área do marketing	Diversificação das aplicações de rastreamento ocular	
1879 Louis Émile Javal descreveu a leitura através de varreduras **1901** Dogne e Cline elaboraram a prmeira técnica de *eye tracking* **1924** Nixon observou os movimentos oculares dos consumidores que estavam lendo uma revista de anúncios impressos. A observação dos olhos nesta pesquisa foi feita pelo pesquisador que ficava escondido em uma caixa atrás de uma cortina **1940** Karslake usou uma câmera para coletar dados de movimentos oculares em anúncios que apareciam no *Saturday Evening Post*	**1950** Lei de Fitts, que trouxe várias medidas no monitoramento ocular **1961** Kenneth A. Mason e John Merchant, através de uma câmera, mediram a direção das fixações oculares **1971** Alfred L. Yarbus escreveu um livro que foi o mais referenciado na área **1975** Norton e Stark publicaram um artigo que popularizou as tecnologias de captação e análise de monitoramento	**1975** No estudo seminal de Russo, as fixações dos olhos foram registradas enquanto os indivíduos escolhiam o seu carro preferido. Logo após esta publicação, os estudos de rastreamento ocular começaram a ser utilizados na área de marketing com mais constância: *merchandising*, publicidade, comerciais, rotulagem e gestão da marca	**1998** Rayner fez uma revisão da literatura existente nos últimos vinte anos com ênfase no processamento cognitivo que envolvia. Este estudo gerou um crescimento exponencial das publicações e uma diversificação nas linhas de pesquisas	**EVOLUÇÃO TEÓRICA**
Primeiros equipamentos *eye tracking*	Tinker deu uma nota bastante pessimista sobre a leitura dos olhos que influenciou esta fase	A primeira tecnologia em *eye tracking* feita por computador foi lançada no mercado no ano de 1988 pela empresa LC Technologies (EUA)	A tecnologia se tornou acessível com melhorias substanciais no mapeamento ocular. Várias empresas começaram a comercializar esta tecnologia, o que propiciou avanços em *softwares* e *hardwares*	**EVOLUÇÃO TECNOLÓGICA**

Figura 15.3 As quatro fases da evolução do estudo de rastreamento.

214 Capítulo 15

Logo após, na década de 1940 os estudos de monitoramento ocular passaram por uma segunda fase, em que tiveram uma grande evolução técnica, apesar de ter existido poucas contribuições na área do marketing. O estudo que inaugura essa fase é o de Fitts et al. (1950), aplicado à engenharia, tendo o título de *"Eye Movements of Aircraft Pilots during Instrument-Landing Approaches"*. Esse estudo foi publicado na revista *Aeronautical Engineering Review* e nele foram examinados os movimentos oculares dos pilotos que desembarcam um avião. Se formos observar esse estudo, ele não tem muita relação com o marketing, porém ele foi importante para o desenvolvimento de futuras pesquisas de aplicabilidade da técnica de monitoramento ocular.

Os estudos de Fitts o auxiliaram a desenvolver um modelo matemático de movimentos baseado em deslocamentos rápidos e objetivos do olho, conhecido como a *"Lei de Fitts"*. Essa lei trouxe implicações importantes para várias medidas utilizadas no monitoramento ocular, como a frequência de fixações usadas para medir a importância de um objeto visualizado.

Essa fase coincidiu com a psicologia experimental e sua fase de análise behaviorista. Por isso, as pesquisas tiveram um foco mais aplicado, com poucos estudos realizados com movimentos de olhos para fazer inferências de processos cognitivos. Além disso, uma publicação feita em 1958 por Tinker no periódico *"Psychological Bulletin"*, intitulada *"Recent studies of eye movements in reading"*, terminou com uma nota bastante pessimista de que tudo o que poderia ser aprendido sobre a leitura dos olhos (dada a tecnologia na época) tinha sido descoberto. Talvez essa opinião tenha sido amplamente divulgada, porque entre o final da década de 1950 e meados da década de 1970 poucas pesquisas com movimentos oculares foram realizadas.[27]

No início da década de 1960 dois professores americanos, Kenneth A. Mason e John Merchant, por meio de uma câmera mediram a direção das fixações oculares através do centro da pupila e da reflexão da córnea. Essa pesquisa foi financiada pela NASA.

Apesar da diminuição dos estudos, essa fase demonstrou um crescimento grande nos conceitos centrais que depois fundamentam o uso das tecnologias de rastreamento ocular. Por exemplo, em 1965, Alfred L. Yarbus escreveu uma obra intitulado *"Eye Movements and Vision"*. Esse livro foi um dos mais referenciados na área, pois demonstrava claramente a relação entre o nível de interesse do indivíduo e o número de fixações feitas pelos olhos.

Em 1971, os pesquisadores Noton e Stark publicaram um artigo na revista *Scientific American* com o título *"Eye Movements and Visual Perception"*. Essas duas obras auxiliaram os pesquisadores na década seguinte a aplicar e desenvolver tecnologias de captação e análise de monitoramento, pois trouxeram uma ampla discussão acerca dos movimentos dos olhos e da percepção da visão.

No final dessa fase, em 1975, Young e Shhena escrevem um artigo considerado uma das obras mais importantes que fazem a transição para uma etapa na qual a tecnologia de gravação dos movimentos oculares auxiliaria a interpretação do movimento ocular. Esse artigo foi intitulado *"Survey of Eye Movement Recording Methods"*. Com essa contribuição, inicia-se a fase da

popularização dos estudos na área do marketing. O seu grande expoente e fundador foi o pesquisador Edward J. Russo. Após um período de relativo silêncio no marketing, um novo ímpeto para o uso do rastreamento ocular veio dos artigos seminais de Russo: *"An Eye Fixation Analysis of Multialternative Choice"*, publicado em 1975, e *"Eye Fixations Can Save the World: A Critical Evaluation and a Comparison between Eye fixations and* Other Information Processing Methodologies", publicado em 1978.

> **Dica** — Os custos da utilização de *eyetrackers* estão ficando relativamente mais baixos com o passar dos anos. Além disso, outros empecilhos, como o tempo de calibração, as condições de exposição natural e a mensuração discreta, estão melhorando com as novas gerações de aparelhos de rastreamento ocular.

No estudo seminal de Russo e Rosen, as fixações dos olhos foram registradas enquanto os indivíduos escolhiam o seu carro preferido entre seis modelos apresentados. As sequências de fixação foram utilizadas para identificar as comparações. Os resultados dos experimentos mostraram: que o processo de escolha do carro foi composto principalmente de comparações, que as estratégias de seleção dos carros baseavam-se principalmente na conveniência do processamento da informação e que os sujeitos mudaram suas estratégias para se adaptarem a diferentes ambientes de tarefas.[28]

Esse artigo trazia conceitos que argumentavam a necessidade de estudar os movimentos oculares na avaliação da eficácia das práticas de marketing, almejando analisar os processos de decisão do consumidor. Em seus estudos, foram comparados cinco modelos de rastreamento dos processos cognitivos, sendo avaliados atributos de desempenho como qualidade, facilidade de uso, preço dos aparelhos, entre outros. Seus resultados demonstram que essa tecnologia é importante e oferece vantagens que outros métodos não têm.[29]

Nessa fase, as pesquisas de rastreamento ocular foram encorajadas também pelo desenvolvimento tecnológico que permitiu sistemas de registro de olhos com medidas mais precisas e mais facilmente obtidas. Após as publicações de Russo e o rápido desenvolvimento das tecnologias no final da década de 1970, os estudos de rastreamento oculares começaram a ser utilizados na área de marketing com mais constância. Estudos com *eye-tracking* surgiram nas áreas de visual *merchandising*, publicidade impressa, comercias de TV, rotulagem, gestão da marca, entre outras.

A primeira tecnologia em eye *tracking* feita por computador foi lançada no mercado em 1988 pela empresa LC Technologies (EUA). Essa tecnologia permitia a integração do *eye tracking* com outros equipamentos, dispositivos e *softwares*, e o desenvolvimento dos algoritmos de processamento de imagem para localizar a pupila e a reflexão baseada na córnea.

Em meados da década de 1990, os estudos de rastreamento ocular tiveram uma contribuição advinda de uma publicação feita pelo autor Keith Rayner da Univesidade de Massachu-setts, no periódico *Psychological bulletin*, intitulado *"Eye movements in reading and information processing: 20 years of research"*. Esse artigo inaugurou a fase da diversificação das aplicações de rastreamento ocular. Nele, Rayner fez uma revisão da literatura existente nos últimos 20 anos com ênfase no processamento cognitivo, que envolvia (1) a descrição das características dos movimentos oculares, (2) a amplitude da percepção visual, (3) a integração da informação entre as sacadas, (4) o controle do movimento ocular e (5) as diferenças individuais na atenção visual.

> **Dica**
> Três pontos centrais indicam que as pesquisas de rastreamento ocular vão crescer muito nos próximos anos. Primeiro, porque boa parte dos estudos realizados até os dias atuais está tendo validade preditiva e sendo publicada em importantes *journals* do marketing. Segundo, o aumento tecnológico que advém da facilidade de gravações de movimentos oculares vem ganhando mercado e trazendo inovações importantes. Por fim, o surgimento de fortes teorias de atenção visual na psicologia cognitiva.

Essa fase, além de popularizar, gerou um crescimento exponencial das publicações e uma diversificação nas linhas de pesquisas com atenção visual. Para se ter uma ideia do aumento expressivo dessas publicações, a área de atenção visual testemunhou um aumento de dez artigos por ano na década de 1990 para mais de duzentos ao ano na década seguinte.[30] No início deste nosso novo século Duchowski e Holmqvist publicaram livros que demonstraram os conceitos teóricos e as aplicações de rastreamento ocular em várias áreas, incluindo engenharia e psicologia, e fornecem uma série de aplicações de marketing também.

15.7 | MEDIDAS DE RASTREAMENTO

O *eye tracking* gera medidas comportamentais de atenção, pois os movimentos dos olhos são fortemente acoplados com atenção visual, tornando-os indicadores eminentes do processo de atenção visual. Os movimentos oculares são medidas comportamentais do processo de atenção visual incontrolável de interesse primário.

As medidas de rastreamento ocular são elaboradas com base diretamente na quantidade, no tempo e na localização das fixações e sacadas. Ao analisar essas medidas, o comportamento de observação dos consumidores pode ser descrito e, em seguida, relações com outros aspectos comportamentais importantes, tais como comportamento de escolha, podem ser feitas. Para um pesquisador fazer o melhor uso do rastreamento ocular, ele deve entender e saber aplicar na prática as principais medidas usadas para analisar o movimento dos olhos.

> **Dica**
> A evidência dos padrões visuais pode ser analisada estaticamente através de medidas oriundas das fixações, movimento dos olhos, piscar de olhos, dilatação da pupila, entre outros comportamentos dos olhos quando estão focalizados em alguma imagem.

Existe um conjunto de medidas básicas que podem dar origem a várias outras existentes. As mais comuns e utilizadas na literatura do marketing são as seguintes:

- *Scanpaths* (sequência de fixações): responsável por descrever a sequência de sacadas-fixações-sacadas em um movimento dos olhos. Ela pode indicar a transição entre as áreas de interesse e eficiência na disposição de elementos. O padrão de fixações e sacadas que ocorrem através de um estímulo em um anúncio ou propaganda também é chamado de *scanpath*.[31]
- **Duração do olhar (*gaze duration, dwell, fixation cluster* ou *fixation cycle*):** é uma medida que avalia a localização espacial de uma série de fixações e sacadas em uma área de interesse.
- **Número total de fixações:** corresponde ao total de fixações feitas pelo olho humano. Essa medida tem-se mostrado negativamente correlacionada à eficiência da procura. Quanto maior (menor) o número de fixações, menor (maior) eficiência da procura. Um maior número de fixações pode indicar, por exemplo, um problema de desorganização de prateleira em supermercado. Um bom indicativo para confirmar se a prateleira do supermercado está desorganizada é avaliar o número de fixações e o tempo das tarefas.
- **Número de fixações em determinada área de interesse:** quanto maior (menor) for a quantidade de fixações em uma determinada área, maior (menor) será a importância dessa área.[32]
- **Tamanho da pupila e taxa de intermitência (piscar dos olhos):** estas medidas podem ser usadas como uma avaliação da carga cognitiva. Taxas maiores de intermitência podem indicar fadiga, e taxas menores indicam uma carga de trabalho maior. O aumento da pupila pode indicar maior esforço cognitivo. O problema de usar essas medidas é que elas são sensíveis a outros fatores externos, como a exposição da luz no ambiente.
- **Duração do olhar fixo em uma área de interesse:** quanto mais (menos) prolongada for a duração, maior (menor) será a dificuldade de interpretação da cena ou do objeto.[33]
- **Tempo transcorrido até a primeira fixação:** é uma medida de atratividade. Quanto menor (maior) o tempo gasto para a primeira fixação, menor (maior) será a atratividade da atenção visual.
- **Densidade espacial das fixações:** uma densidade alta (baixa) de fixações em determinada área pode indicar maior (menor) eficiência na procura visual.[34]

216 Capítulo 15

Essas medidas de rastreamento ocular podem ser conceituadas em diferentes abordagens. Existe um agrupamento que separa as medidas de rastreamento ocular em categorias de acordo com as escalas de medida e os tipos de movimentação ocular. As **escalas de medidas** podem ser divididas em: escala temporal (mensurada pelo tempo percorrido), espacial (mensurada pelo espaço percorrido) e de contagem (mensurada por pontos e movimentos conhecidos). Além disso, podemos classificar as medidas de acordo com os **tipos de movimentação ocular** (fixação, sacada e misto). Dos três tipos de movimento ocular, a fixação e a sacada são os dois tipos principais registrados pelos rastreadores oculares. O tipo misto é uma combinação de fixações e sacadas.

As escalas temporais são aquelas em que o movimento do olho é medido numa dimensão de tempo em algumas áreas específicas de interesse. Nessa escala, são medidos vários índices comuns de rastreio ocular, tais como: duração total da fixação, duração na área de interesse, média da duração da fixação, duração da primeira fixação, tempo da primeira fixação, duração da fixação revisitada, proporção da duração da fixação, duração da sacada, total de tempo de leitura, tempo gasto para a primeira entrada e tempo das visitas. As medidas temporais podem responder às perguntas de "quando" e em "quanto tempo" se dá o movimento ocular e, por consequência, o processamento cognitivo.

Tabela 15.1 Medidas mais comuns utilizadas no *eye tracking*[35]

	Fixações	Sacadas	Misto
Temporal	– Duração total da fixação – Duração na área de interesse – Média da duração da fixação – Duração da primeira fixação – Tempo da primeira fixação – Quantidade de fixações revisitadas – Proporção da duração da fixação	– Duração da sacada	– Total de tempo de leitura – Tempo gasto para a primeira entrada – Tempo das visitas
Espacial	– Posição da fixação – Sequência da fixação	– Distância entre fixações	– Padrão da varredura
Quantidade	– Quantidade total de fixações – Quantidade média de fixações – Duração da fixação revisitada – Probabilidade percentual de fixações	– Quantidade de fixações entre deslocamento	

As escalas espaciais medem o movimento ocular em uma dimensão espacial. Os movimentos dos olhos e comportamentos de varredura são importantes pois revelam o controle dos processos seletivos nas percepções visuais, incluindo a busca visual e a atenção.[36] Essas medidas tratam as coordenadas dos locais, distâncias, direções, sequências, transações, arranjos espaciais ou relações de fixações ou sacadas. Os índices mais comuns utilizados são: posição da fixação, sequência da fixação, distância entre fixações e padrão da varredura. As medidas espaciais podem responder às perguntas de "onde" e "como" se dá o movimento ocular e, por consequência, o processamento cognitivo.

A escala de contagem mede os movimentos dos olhos através da frequência. Essas medidas de contagem são geralmente usadas para revelar a importância do que está sendo observado pelos olhos. As medidas mais utilizadas nas escalas de contagem são: quantidade total de fixações, quantidade média de fixações, quantidade de fixações revisitadas, probabilidade percentual de fixações, quantidade de sacadas e quantidade de fixações entre deslocamento. As Tabelas 15.1 e 15.2 demonstram as relações dessas medidas e seus conceitos centrais.

15.8 PROCESSAMENTO E REPRESENTAÇÃO DOS DADOS

Para um melhor entendimento do funcionamento do rastreamento ocular, podemos dividir sua operacionalização através dos *eye tracking* em duas partes: processamento e representação dos dados.

O processamento dos dados é feito atualmente por rastreamento ocular infravermelho, que tem como vantagens trabalhar dentro de uma resolução temporal e espacial de precisão suficiente para aplicações em pesquisa acadêmicas e de mercados na área do marketing.

> **Dica**
>
> Nos modelos tradicionais de tomada de decisão, a operacionalização da aquisição de informações acontece como uma sequência de "atos" de aquisição de informações discretos, intencionais e controlados. Em contraposição a esse argumento, o monitoramento ocular através do *scanpath* da atenção visual indica que a aquisição de informação não está inteiramente sob controle voluntário, mas parcialmente impulsionada por rotinas de varredura automatizadas e as características da cena.

Tabela 15.2 Definição das medidas geradas no *eye tracking*[37]

Tipo de medida	Medida em inglês	Medida em protuguês	Definição das medidas
Temporal	Total fixation duration	Duração total da fixação	Tempo total gasto nas fixações.
	Gaze duration	Duração na área de interesse	Duração total da fixação dentro de uma área de interesse.
	Average fixation duration	Média da duração da fixação	Média da duração da fixação em cada área de interesse.
	First fixation duration	Duração da primeira fixação	Tempo gasto na primeira fixação.
	Time to first fixation	Tempo da primeira fixação	Tempo gasto desde o início do estímulo até a chegada da primeira fixação.
	Revisited fixation duration	Duração da fixação revisitada	Soma da duração das fixações revisitadas dentro de uma área de interesse.
	Proportion of fixation duration	Proporção da duração da fixação	Proporção de tempo fixado em uma área de interesse comparado com as durações de fixação total ou tempo total da visualização de uma tarefa inteira.
	Saccade duration	Duração da sacada	Soma do tempo das sacadas gastas dentro de uma área de interesse.
	Total reading time	Total de tempo de leitura	Tempo total gasto para uma tarefa visual ou gasto dentro de uma área de interesse.
	First pass time	Tempo gasto para a primeira entrada	Tempo gasto para a primeira entrada em uma área de interesse até sair.
	Re-reading time	Tempo das visitas	Soma do tempo das visitas dentro de uma área de interesse.
Espacial	Fixation position	Posição da fixação	Localização de uma fixação.
	Fixation sequence	Sequência da fixação	Sequência de alocações de fixação nas áreas de interesses.
	Saccade length	Distância entre fixações	Distância entre duas fixações consecutivas.
	Scanpath pattern	Padrão da varredura	Padrão de sequências de fixações.
Quantidades	Total fixation count	Quantidade total de fixações	Contagem do número total de fixações em uma área de interesse ou em uma tarefa.
	Average fixation count	Quantidade média de fixações	Contagem média de fixações em cada área de interesse.
	Revisited fixation count	Quantidade de fixações revisitadas	A soma das fixações revisitadas contadas dentro de uma área de interesse.
	Probability of fixation count	Probabilidade percentual de fixações	Probabilidade percentual de fixação dentro de uma área de interesse em comparação com o número de fixações totais.
	Saccade count	Quantidade de sacadas	Contagem total de sacadas dentro de uma área de interesse.
	Inter-scanning count	Quantidade de fixações entre deslocamento	Número de fixação nos deslocamentos entre áreas de interesse.

Em um primeiro momento, deve-se definir o ambiente e os respondentes que irão fazer parte da coleta de dados. O uso das tecnologias pode ser feito em ambientes fechados e abertos, de forma estática ou dinâmica. Em um segundo momento, deve-se fazer a seleção dos participantes. Nesse caso, qualquer tipo de pessoa está habilitada a participar, exceto pessoas com deficiências oculares ou que estejam com as pálpebras em tamanhos grandes. De modo geral, pessoas que usam óculos ou lentes de contato podem participar normalmente, embora não se recomende o uso de lentes bifocais ou lentes de contatos coloridas.

Como foi dito anteriormente, *eye tracking* são aparelhos que registram os padrões de fixações e sacadas das pessoas para interpretar um estímulo visual. No mercado, hoje existem dois tipos básicos de *eye tracking*: (1) aqueles em que o participante necessita transportar um dispositivo próprio, no caso óculos,

e (2) aqueles que registram o movimento ocular a distância, normalmente colocados e integrados no monitor.

Os dispositivos próprios que são acoplados nos usuários têm como vantagem o fato de serem portáteis, sendo apropriados para ambientes abertos e de forma dinâmica. Além disso, a sua calibração demora pouco tempo. A desvantagem está na análise de dados, por ser um ambiente dinâmico em que o pesquisador não controla os movimentos dos participantes. Desse modo, o participante irá fazer o vídeo com as imagens e, logo depois, o pesquisador terá que editar e preparar a base de dados.

Os dispositivos integrados em monitores ou prateleiras têm como vantagem o fato de serem apropriados para ambientes fechados, estáticos e planejados. Isso faz com que o pesquisador não tenha muito trabalho para editar e preparar os dados, pois não existem muitas varáveis de controle. A desvantagem desse

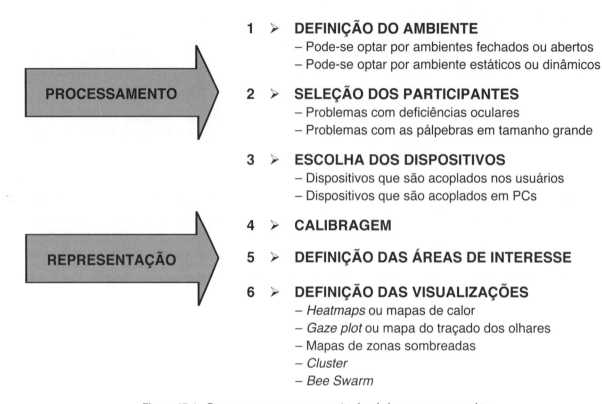

Figura 15.4 Processamento e representação dos dados com o *eye tracking*.

tipo de dispositivo é que ele demora um pouco mais para ser calibrado, gerando em alguns casos várias tentativas, exigindo que o participante tenha mais paciência.

Depois de escolher os dispositivos deve-se fazer a calibração, que é uma operação feita no próprio *software* para estabelecer a relação exata entre os valores indicados por um *eye tracking* e os valores correspondentes aos padrões verdadeiros de visão do respondente.[38] Isso acontece pois os dispositivos precisam ser previamente ajustados às particularidades dos movimentos oculares de cada participante. Essa tarefa é feita por meio da exibição de um ponto na tela, devendo os olhos acompanhar esse ponto durante um tempo limite. Enquanto o olho acompanha o ponto, o *software* grava o centro da pupila e a relação córnea-reflexo em determinadas coordenadas específicas.

Logo após a calibração é feita a coleta de dados e pode-se iniciar a representação dos dados. A representação dos dados começa pela definição das áreas de interesses de fixações e sacadas. Como foi dito anteriormente, os *eye trackings* funcionam como dispositivos ou sensores anexados que registram os movimentos dos olhos, marcando a região observada e o tempo em que os olhos param em cada região, refletindo assim a atenção do observador e os níveis de interesse para cada zona do estímulo visual (Vu et al., 2016). Assim, uma das primeiras tarefas deve ser construir as áreas de interesse do pesquisador.

As áreas de interesse, também conhecidas como AOI (do inglês, "*areas of interest*"), permitem a representação dos dados de forma estática, projetando dados estatísticos que podem compreender o comportamento dos participantes.

A representação e a análise dos dados advindos das medidas de rastreamento podem ser feitas de maneiras distintas, com a utilização de *softwares* de análise de dados. As formas mais comuns encontradas de análise de dados são:

- ◆ *Heatmaps* **ou mapas de calor:** são representações gráficas estáticas que demonstram áreas de maior intensidade, sinalizando os locais onde os usuários fixaram a sua atenção com maior frequência. Esses mapas de calor trazem as áreas com elementos mais atrativos e onde se gerou maior volume de fixações visuais.
- ◆ *Gaze plot* **ou mapa do traçado dos olhares:** são representações gráficas estáticas que demonstram onde o comportamento visual fixou a sua atenção em cada momento. Ele elabora um traçado em formato de linha, demonstrando o traçado visual.
- ◆ **Mapas de zonas sombreadas:** são representações gráficas estáticas que permitem visualizar em detalhe as áreas com maior concentração de fixações visuais no "Mapa de Calor". Eles são úteis para entender a visão periférica nas áreas sombreadas.
- ◆ *Cluster*: são representações gráficas estáticas que revelam as áreas com maior concentração de pontos de fixação durante a observação de uma cena, fazendo uma comparação com outros participantes.
- ◆ *Bee Swarm*: são representações produzidas em formato de vídeo que demonstram o agregado de fixações visuais dos participantes, sob a forma de pontos ao longo da amostragem do estímulo.

15.9 EXEMPLOS PRÁTICOS DE PESQUISA COM *EYE TRACKING*

Durante estes quase cem anos de existência, a coleta e análise através de rastreamento ocular tem sido utilizado em diversos setores. Nos últimos trinta anos, essa tecnologia começou a ser usada em diversas áreas do marketing. Isso acontece pois os *eye trackings* fornecem medidas de atenção visual associadas ao tempo e espaço que podem ser utilizadas para analisar estímulos de marketing, incluindo comerciais de televisão, anúncios impressos, catálogos, *sites* de internet, panfletos, publicidade ao ar livre, materiais de ponto de venda, entre outros.

> **Dica** Pesquisas de decisões apontam que os consumidores quando tomam suas decisões adaptam estrategicamente a aquisição de informações devido às alternativas de escolha e às restrições situacionais.

As técnicas de rastreamento ocular podem ser usadas de diversas maneiras, em vários contextos, para diferentes estudos. Elas fornecem *insights* que podem ajudar os profissionais de marketing a projetarem estratégias mais eficientes para atrair os clientes. Selecionamos aqui exemplos de algumas aplicações do *eye tracking* na área de marketing, sendo divididos em cinco subitens: (1) Prateleiras, *displays* e vitrines, (2) Marcas, rotulagens e embalagens, (3) propagandas e anúncios impressos, (4) propaganda pela internet e (5) comerciais de TV.

15.9.1 Prateleiras, *displays* e vitrines

A validade dos argumentos da atenção visual é apoiada por experimentos que demonstram uma relação entre a atenção às marcas nas prateleiras (medida com o rastreamento dos olhos) e a tomada de decisão na loja.[39] O objetivo do consumidor é selecionar um de vários objetos quando se escolhe ou se tem uma tarefa de buscar algo. No ato decisório, uma tarefa de escolha gera incerteza de preferência, o que precisa ser minimizado, ou seja, os consumidores precisam decidir qual objeto escolher entre as alternativas disponíveis. No ato decisório, em uma tarefa de busca, a incerteza espacial é uma dificuldade para o consumidor, ou seja, o fato de o objeto de interesse não estar claro cria dificuldade de localização para o cliente.[40]

Em um estudo realizado em prateleiras de supermercado com bens não duráveis foi constatado que a varredura dos movimentos oculares completos gerava três estágios diferentes no processo de escolha: orientação, avaliação e verificação. Esse estudo de laboratório usou prateleiras de supermercados e observação direta de movimentos oculares nas gravações de vídeo através de um espelho unidirecional. O formato dos estudos consistiu numa visão geral da apresentação do produto. Na etapa de avaliação foram feitas comparações diretas entre dois ou três produtos alternativos. A orientação consistiu em uma visão geral da exibição do produto, embora também tenha havido uma triagem inicial de alternativas. O estágio de avaliação, de longe o mais longo, foi dominado por comparações diretas entre dois ou três produtos alternativos. A última etapa, dedicada à verificação do tamanho de marca escolhido tentativamente, examinou principalmente alternativas com pouca ou nenhuma fixação anterior. A maior familiaridade com uma categoria de produtos levou a um processo de escolha mais curto e focado em menos alternativas, mas esses efeitos limitaram-se à fase de avaliação. A etapa de verificação envolveu um exame mais aprofundado da marca que tinha sido escolhida. Nessa etapa, os modelos de análise das estratégias planejadas das alternativas de escolha dos consumidores foram refutados. Em particular, a verificação foi avaliada na última etapa em que os consumidores participaram. Os resultados são totalmente compatíveis com a visão geral de que o processo de escolha é construído para se adaptar ao ambiente de compra imediato.[41]

Outro estudo demonstrou que existe uma relação direta entre o impacto da pressão do tempo e a motivação da tarefa na atenção visual durante a escolha de marcas diferentes. A análise dos movimentos oculares revelou que a atenção visual se adapta rapidamente às diferenças na pressão de tempo e na motivação da tarefa. Sob alta pressão de tempo, os consumidores aceleraram a aquisição de informação, por ter uma diminuição na duração média das fixações oculares. Além disso, os participantes filtraram informações omitindo informações textuais descritas nas embalagens. Na pressão de tempo elevada, os consumidores também mudaram as estratégias de processamento por atributo, indicando um número crescente de sacadas entre marcas. Consumidores altamente motivados diminuíram a aquisição de informação, indicado por períodos de fixações médias mais longos, e processamento por atributo reduzidos, indicado por níveis reduzidos de sacadas. Quando a motivação era alta, os consumidores omitiram menos marcas e mais objetos pictóricos. Isso revela que a informação relevante para o consumidor com alta motivação durante a escolha da marca é considerada textual, e não pictórica. Os resultados desse estudo demonstram o potencial do uso da análise de movimentos oculares para inferir processos cognitivos mais elevados. Nesse caso, o movimento ocular é determinado pela importância de fatores individuais e das tarefas, com implicações importantes para o pré-teste do projeto de embalagens e prateleiras. Eles também mostraram que a preferência da marca pode ser prevista a partir de padrões de movimentos oculares.[42]

A ligação entre a atenção visual e a memória para marcas no ponto de compra também foi estudada. Isso é de interesse para os comerciantes, pois eles planejam suas vendas através de reconhecimento e da memória de marca, adequando a estrutura da publicidade no ponto de venda para essas necessidades. Esse estudo demonstra o impacto do marketing no ponto de compra sobre o modelo de tomada de decisão de atenção visual e a escolha de marcas conhecidas e desconhecidas. Os dois estudos rastreiam os movimentos oculares dos consumidores enquanto eles escolhem uma marca em uma prateleira de supermercado e medem a lembrança dessa marca. O estudo 1 demonstra que o reconhecimento da marca é impulsionado pela familiaridade da marca e influencia a tarefa de escolha. O estudo 2 mostra

220 Capítulo 15

que o reconhecimento de marca não pode ser usado como um indicador para a atenção de uma marca. Essa pesquisa também mostra que uma única fixação ocular pode criar efeitos de iniciação indireta, inibindo ou aumentando a recordação de marcas relacionadas, dependendo da relativa acessibilidade na memória das marcas e dos alvos iniciais. Por fim, essa pesquisa mostra que alguns achados bem estabelecidos da pesquisa publicitária não se estendem à memória para marcas no ponto de compra. Esse estudo permite estimar o valor visual e a equidade baseada na memória e sua sensibilidade aos fatores de marketing, marca e ponto de vendas. O impacto da equidade visual é maior para as marcas com menor capital baseado na memória.[43]

Em outro estudo foram analisadas as relações entre o tamanho dos produtos em exposições nas prateleiras, e a quantidade de atenção dedicada a eles foram estudadas por meio do rastreamento ocular. Essa pesquisa revelou a influência dos mecanismos *bottom-up* na competição pela atenção e demonstrou a influência do *layout* do *display*, bem como do tamanho do objeto e da excentricidade do ponto de fixação na atenção. Os resultados concluíram que a competição por atenção criada por produtos que cercam um produto focal pode influenciar em dois aspectos importantes no momento na compra: (1) na quantidade de tempo que uma pessoa gasta olhando para o presente e (2) na probabilidade de que a pessoa vai se recordar das informações sobre o produto. Essa pesquisa tem implicações importantes para as estratégias de *merchandising* visual, publicidade e *layout* de página de catálogo.[44]

Em dois estudos feitos com manequins em lojas foi analisada através do rastreamento ocular a presença ou ausência de uma cabeça humanizada. O estudo 1 demonstra que, em lojas físicas, a presença de uma cabeça humanizado aumenta a intenção de compra para a mercadoria indicada no manequim. No entanto, em lojas *on-line*, os estilos de manequim com e sem cabeças humanizados são igualmente eficazes. O estudo 2 confirma os resultados e indica que nas lojas físicas que têm como clientes pessoas com menos conhecimento deve-se usar o manequim com cabeça. Porém, em lojas com clientes que têm mais conhecimento de moda (peritos), deve-se usar manequins sem a cabeça, pois esses consumidores estão preocupados com os detalhes do produto. Assim, os acessórios são mais propensos a ser vistos por especialistas quando o manequim não tem cabeça.[45]

15.9.2 Marcas, rotulagens e embalagens

A atenção visual utilizada na publicidade mostrou ter efeitos sistemáticos sobre a memória da marca.[46] Além da marca, outros atributos do produto demonstram-se importantes na atenção visual. Estudos têm sido feitos com a tarefa de visualização livre na qual varia a atenção impulsionada para estudar como os atributos de embalagens (*layout*, rótulo nutricional etc.) afetam o comportamento do consumidor. Desse modo, esses estudos sugerem como desenvolver projetos de embalagens e marcas mais eficientes e apropriados.

Em um estudo foi demonstrado que os consumidores têm uma variabilidade no padrão de fixações e sacadas decorrente da restrição do tempo de tomada de decisão e da motivação existente para escolha de uma marca. Isso foi comprovado ao analisar os movimentos oculares dos consumidores enquanto escolhiam entre seis marcas diferentes de embalagens de shampoo. Os dados dos movimentos oculares dessa pesquisa revelam que durante a escolha do shampoo os consumidores se adaptam à pressão do tempo, acelerando a sequência de varredura visual (*visual scanning*), filtrando informações e alterando sua estratégia de varredura. Os consumidores com alta motivação na tarefa filtravam menos as informações da marca e mais informações pictóricas (imagens). Os consumidores sob pressão do tempo filtram mais a informação textual do shampoo e menos as informações pictóricas (imagens). Os resultados revelam que a marca mais escolhida: (1) recebe significativamente mais sacadas intramarcas e intermarcas e (2) tem durações de fixação mais longas do que as marcas não escolhidas, independentemente da pressão de tempo e das condições de motivação da tarefa.[47]

Em um estudo feito em prateleiras, descobriu-se que o preço não teve nenhum efeito sobre a atenção, mas que as marcas de alto preço eram mais susceptíveis de serem lembradas. Além disso, constatou-se que os consumidores se fixam no preço muito menos do que na marca, e não notam o preço se não tiverem antes notado a marca. Esse estudo demonstrou que ganhar atenção na loja nem sempre é suficiente para impulsionar as vendas. Por exemplo, as posições de prateleira superior e média ganham mais atenção do que as posições de prateleira baixa. Contudo, apenas as posições da prateleira superior conseguiram avaliar a marca.[48]

Em um estudo experimental, foram expostos 88 consumidores a 65 anúncios impressos de duas revistas para avaliar a memória. O rastreamento ocular mensurou a frequência das fixações nas marcas, objetos pictóricos e de texto de cada anúncio. Logo após, foram solicitados a identificar as marcas em uma tarefa de memória perceptiva. A precisão e a latência da memória foram avaliadas. Uma contribuição desse estudo foi que os autores forneceram uma explicação do processamento que ocorre para armazenar informações em memória de longo prazo. Os seus estudos descrevem o processo pelo qual as fixações oculares em anúncios impressos levam à memória para as marcas anunciadas. Em cada fixação, um pedaço de informação é extraído do anúncio e a quantidade de informações nele contidas varia de forma aleatória entre anúncios e consumidores. Desse modo, a memória de longo prazo é gerada por várias fixações dos anúncios.[49]

No setor de alimentos, a técnica de rastreamento ocular tem sido aplicada principalmente nas pesquisas que envolvem embalagens. Os tempos de permanência nas áreas demarcadas de atenção dos consumidores podem demonstrar os principais atributos de uma embalagem.[50]

Existem certos elementos da embalagem de produtos alimentares que podem gerar maior atenção visual. Um exemplo é a superfície dentada de certas embalagens que dispersam o olhar. Essas associações são relacionadas às bordas da embalagem, sugerindo que esses estímulos "secundários" também captam a atenção (Piqueras-Fiszman et al., 2013). Em outro estudo, testaram-se diferentes sistemas de rotulagem que podem ajudar as decisões dos consumidores por alimentos: o formato da tabela nutricional, o formato de orientação das quantidades diárias

(GDAs) e o formato do semáforo (TL). O método de rastreio dos olhos foi combinado com uma abordagem experimental. Os participantes (N = 98) foram aleatoriamente designados para um dos três formatos e foram solicitados a avaliar a saúde de cinco alimentos de diferentes categorias. Os dados de rastreamento ocular sugerem que os participantes precisavam de mais tempo para processar o formato GDA em comparação com o formato de semáforo e o formato de tabela de nutrição. Além disso, os participantes processaram o formato do semáforo de forma mais eficiente do que a tabela de nutrição. No que diz respeito ao processamento da informação, o formato do semáforo foi melhor do que os outros dois formatos. Os participantes foram perguntados como eles perceberam a salubridade dos produtos alimentares. O GDA, o TL e os formatos de tabela de nutrição não resultaram em avaliações substancialmente diferentes dos produtos. De uma perspectiva de processamento de informação, o formato TL tem vantagens sobre os outros dois formatos, pois é uma maneira amigável ao consumidor de comunicar informações nutricionais.[51]

Em um estudo feito com *snacks* de chocolates, foi observado que no período de 1,5 segundos o sistema de leitura dos olhos dos consumidores tende a priorizar a parte superior esquerda das embalagens. Quando o *design* da embalagem é congruente com ambos os padrões, o efeito é amplificado e o caminho de varredura da maioria dos usuários é previsível. Quando o *design* da embalagem não segue esses padrões, o *scanpath* é menos certo e os dados são influenciados pelo tamanho da superfície do elemento.[52]

Em outra pesquisa, o nome do produto em um rótulo atraiu seis vezes mais a atenção do que o selo de produção orgânica. Esse estudo verificou que as ilustrações captaram mais atenção do que as restrições de saúde na embalagem, mesmo que a ilustração não tivesse nada a ver com o produto. O estudo encontrou evidências para dividir os consumidores em dois perfis: um baseado no conhecimento alimentar geral e outro usando o conhecimento relacionado aos rótulos de sinalização.[53]

Em outra área de estudo, a de medicamentos, foi investigada a importância dos avisos de embalagem nas prateleiras demonstrando que eles não eram facilmente vistos. Segundo esse estudo, a rotulagem dos medicamentos de venda livre (OTC) é essencial para o seu uso seguro e eficaz, e alguns avisos devem ser lidos no ponto de venda (POP). O objetivo de tal estudo foi quantificar a notoriedade desses avisos. 61 participantes examinaram os pacotes de cinco analgésicos disponíveis comercialmente para avaliar a proeminência e a evidência desses avisos. Os dados avaliados incluíram (i) o tempo gasto examinando os avisos em comparação com outras áreas do rótulo, (ii) a capacidade de recuperar informações dos OTC vistos e (iii) a legibilidade dos avisos relativos a outros elementos dos rótulos. Os dados de rastreamento ocular indicaram que os avisos eram vistos por menos participantes e por menos tempo do que outros elementos dos pacotes.[54]

15.9.3 Propagandas e anúncios impressos

Os estudos dos movimentos oculares em anúncios impressos têm uma metodologia de análise diferente dos estudos que envolvem tarefas de tomada de decisão e escolhas. Ao se analisar os anúncios impressos, verifica-se a percepção da cena, semelhante aos estudos da psicologia, pois normalmente envolve a integração de vários objetos na cena em um todo significativo. Já as tarefas de tomada de decisão e escolhas têm como objetivo selecionar um objeto em um conjunto de vários objetos em uma exibição.[55]

O rastreamento ocular é uma ferramenta útil para estudar a percepção do consumidor e o comportamento, obtendo informações de forma rápida e objetiva.[56] Por isso, sua utilização na área da propaganda sempre foi recomendada. Além de demonstrar como fazer uma propaganda mais eficiente, os estudos nessa área ajudaram a consolidar conceitos e a fazer apontamentos teóricos importantes para os estudos em rastreamento ocular.

Uma indicação preliminar de que a atenção está associada às vendas foi fornecida em um experimento que observou que um dos dois anúncios que as pessoas olhavam mais tempo em um experimento de rastreamento de olho também atingiu vendas mais elevadas.[57]

Na década de 1970, em um estudo seminal na área de marketing, 60 respondentes foram expostos a quatro cenários de propagandas diferentes em períodos fixos de seis segundos. Em dois cenários, foram criadas manipulações pictóricas (das imagens e não dos textos) para invocar excitação (leve ou intensa). Assim, examinou-se a influência das emoções como fatores de cima para baixo e da manipulação pictórica para induzir esses efeitos de cima para baixo. O número médio de fixações na área pictórica dos dois tipos de anúncios foi de 3,9 e 5,5, respectivamente. Esses estudos demonstram que houve mais acúmulo de informação sob maior excitação. No entanto, as fixações no objeto de texto dos anúncios não foram afetadas, indicando que a ativação não foi transferida para outros objetos do anúncio. Esse fato evidencia que existe uma falta de integração conceitual entre as áreas de manipulação pictórica e textual.[58]

Logo após, uma pesquisa foi realizada para verificar se existia uma relação entre os dados de fixação, a capacidade de discriminar entre diferentes anúncios impressos e a capacidade de prever qual dos vários anúncios teve o maior número de vendas. Os pesquisadores selecionavam três elementos de *design* de anúncio: desenhos, textos e informações sobre preços. A proporção de tempo gasto em cada um desses elementos de *design* e a sequência em que foram visitados foram analisadas. Além disso, foram avaliados relacionamentos de padrões de movimento ocular com o envolvimento, a familiaridade como um fator de influência de cima para baixo e com a intenção de compra com um desejável efeito de baixo para cima. Além disso, a combinação de dados do rastreamento ocular com dados de interesse de compra demonstrou a melhor propaganda visualizada.[59]

A utilização do rastreamento ocular na análise de páginas amarelas ajudou muito a desenvolver o campo de propagandas. Em uma pesquisa os dados de movimentos oculares foram avaliadas 48 empresas em uma lista telefônica. Nesse estudo foram considerados: variações na cor (vermelho/preto), presença de gráficos (sim/não), tipo de fonte (negrito/simples) e tamanho do anúncio (pequeno/grande e padrão/coluna). O tamanho do anúncio teve um efeito forte, pois os consumidores notaram

222 Capítulo 15

apenas 25% dos anúncios publicitários na lista. Os participantes fixaram a cor antes dos anúncios, pois notaram mais anúncios coloridos que anúncios não coloridos. Além disso, eles visualizaram 42% mais os anúncios em negrito do que anúncios simples. Esses resultados suportam a importância de características perceptivas básicas, tais como cor e tamanho. Os consumidores passaram 54% mais tempo visualizando anúncios das empresas que eles acabaram escolhendo, o que demonstra a importância da atenção para o comportamento de escolha subsequente.[60]

Uma pesquisa semelhante a essa foi feita tentando comparar diferenças culturais na percepção visual. Essa pesquisa *cross-cultural* examinou a relação entre dados de movimentos oculares de consumidores chineses envolvidos na escolha de produtos em uma página amarela através do *e-commerce*. Todos os analisados eram da China e liam e falavam mandarim. Os resultados são baseados em 15.820 fixações oculares, 3.510 visualizações de anúncios e 64 participantes. Os participantes notaram 90% dos anúncios gráficos de quarto de página, mas apenas 6% dos anúncios em destaque. Eles notaram mais anúncios coloridos que anúncios não coloridos. Os consumidores gastaram duas vezes mais tempo visualizando anúncios para empresas que acabaram escolhendo. O tamanho do anúncio teve a maior influência na escolha, seguido pelos gráficos e, em seguida, pela cor. Os resultados são consistentes com os resultados anteriores para páginas amarelas nos Estados Unidos, demonstrando pouca ou nenhuma diferença cultural em atenção aos anúncios. Essa pesquisa concluiu que, apesar da cultura diferente e de diversos estímulos publicitários, os resultados indicaram padrões semelhantes às pesquisas ocidentais.[61]

Outro estudo analisou a influência dos aspectos espaciais e de objetos do *layout* na atenção visual em anúncios. Nesse experimento foram avaliados 149 consumidores por meio da visualização livre. Esses consumidores foram expostos a 10 anúncios impressos de detergentes e produtos cosméticos, enquanto seus movimentos oculares foram registrados com rastreamento ocular infravermelho. Os consumidores estavam sentados cerca de dois metros de uma tela de projetor na qual os anúncios eram exibidos. Nesse experimento, eles podiam ir para o próximo anúncio pressionando um botão ao lado de sua casa. A duração média do olhar nessas condições foi de 7,2 segundos. Esse estudo demonstrou que o centro dos anúncios era fixado com muito mais frequência, com durações de olhar mais longas do que os lados periféricos. Além disso, o canto superior direito estava fixado com as durações de olhar mais curtas, o que sugere que esse local foi apenas explorado rapidamente em vez de ter havido uma análise em profundidade. Além disso, sua pesquisa indicou uma sequência preferencial *scanpath* inicial no meio, indo para o topo e, depois de outras etapas, terminando no canto inferior direito, onde muitas vezes a marca ou o *slogan* estão localizados. Análises adicionais revelaram que o número de diferentes objetos publicitários que estavam em área de interesse foi identificado. No entanto, essas identificações foram feitas em momentos distintos. No total seis foram identificados: manchete, marca, produto, corpo do texto, pessoas e objetos. Essas áreas de interesse não foram fixadas rapidamente. Após 2 segundos em média quatro áreas tinham sido fixadas. Após

oito segundos, seis objetos tinham sido fixados. Isso sugere que os participantes visualizam rapidamente os anúncios antes de atendê-los em detalhes, pois mais tarde retornam para fazer um melhor entendimento do anúncio.[62]

A incerteza é algo que sempre esteve presente nas avaliações da atenção visual. Um estudo demonstra que, ao explorar visualmente anúncios impressos, a atitude dos consumidores se alterna entre dois estados. A ideia é que, durante a percepção da cena, as pessoas tentam reduzir dois estados de incerteza: (1) qual é a identidade dos vários objetos na cena e (2) como estes contribuem para o significado geral da cena. Esses dois estados de incerteza fazem com que se tenha um mecanismo de atenção detalhada e focal. Supõe-se que nesses dois estados a atenção conduza os movimentos oculares entre globais e locais. Assume-se que os indivíduos fazem sacadas mais curtas no estado local do que no global. O modelo foi estimado em dados de movimentos oculares coletados em um estudo de 69 consumidores expostos a 17 anúncios impressos em seu contexto natural. Os participantes quase sempre começaram no estado de atenção local (com uma probabilidade de mais de 90%), mas a probabilidade de terminar a exposição aos anúncios é muito maior quando no estado de atenção global (23%). Durante a exposição a um anúncio, os participantes saltam entre os estados locais e globais 2,6 vezes em média e tendem a gastar mais tempo no local (1,13 segundos) do que no estado global (0,22 segundos). Ao alternar entre a atenção local e global, o problema da interpretação da cena visual complexa é dividido em uma sequência de interpretações localizadas mais simples das regiões mais salientes e informativas.[63]

Além da incerteza, a transferência de atenção também foi avaliada. Em um estudo foi analisado um total de 1.363 anúncios impressos em 3.600 consumidores. A captura de atenção foi operacionalizada com a porcentagem de participantes fixando um objeto (marca, figura e texto) de anúncio selecionado pelo menos uma vez. A transferência de atenção foi operacionalizada como o efeito da duração do olhar para um dos objetos publicitários no olhar para os outros objetos, comparável à operacionalização. A imagem é superior na captura da atenção, independentemente do seu tamanho. O objeto de texto capta melhor a atenção em proporção direta ao seu tamanho de superfície, ou seja, a atenção para o texto aumenta mais com o aumento do seu tamanho. A marca transfere a atenção para os outros objetos com mais eficiência. Esse estudo encontrou pouca ou nenhuma transferência do objeto pictórico para a marca e para objetos de texto. A familiaridade com a marca mostrou reduzir a atenção para o objeto de marca, mas simultaneamente aumentou a atenção para o objeto de texto, em vez de ter um efeito uniforme em todos os objetos.[64]

Outro ponto interessante de estudos através do rastreamento ocular foi o envolvimento com os anúncios impressos. Em um estudo foram criados cenários experimentais. Metade dos participantes foi instruída a prestar atenção especial aos anúncios de carro, e a outra metade foi orientada a prestar atenção especial aos anúncios de cuidado da pele. Em ambos os cenários, os participantes foram expostos aos anúncios de carro e de cuidado da pele. Desse modo, foram estudados os efeitos de cima para baixo, manipulando instruções de tarefas.

Os espectadores tendem a gastar mais tempo olhando o texto (cerca de 70%) do que a parte de imagem do anúncio, e passaram mais tempo olhando para o tipo de anúncio para o qual eles foram instruídos a prestar atenção. As durações de fixação e os comprimentos de sacada foram ambos mais longos nas imagens (pictóricas) do que no texto, no entanto foram feitas mais fixações no texto. Os participantes tendiam a ler as letras maiores (nas manchetes) primeiro, depois as menores (no texto do corpo) e, em seguida, observavam a foto. Embora alguns dos resultados do estudo possam ser causados por efeitos da apresentação, sendo os participantes especificamente instruídos a prestar atenção aos anúncios, uma conclusão valiosa é que a atenção aos anúncios é fortemente influenciada pelas instruções da tarefa.[65]

Esse estudo demonstrou o nível de envolvimento com o anúncio. Em outro estudo, foi avaliada a repetição de propagandas e o grau de atenção dos participantes, analisando a relação entre a atenção durante exposições repetidas de propagandas impressas. Os resultados mostram que a duração da atenção em repetições de publicidade diminui significativamente em até 50% em média. As repetições foram feitas por meio de três exposições, imitando propagandas populares de alto impacto. Essas medidas são vitais para a compreensão do desgaste intencional e do impacto da repetição na eficácia publicitária. Os resultados dos estudos mostram que (1) a duração da atenção diminui significativamente nas repetições publicitárias e (2) os trajetos digitais atencionais, medidos através de sacadas, permanecem constantes em repetições advindas e em condições experimentalmente induzidas e naturalmente correntes. Os resultados apoiaram a teoria *scanpath* em que as probabilidades de caminhos entre objetos publicitários permaneceram bastante constantes em repetições.[66] Essa teoria foi postulada por Noton e Stark e diz que as sequências de fixações que ocorrem após a primeira exposição de estímulos estacionários recorrem a exposições subsequentes.[67]

Outro estudo analisou a familiaridade com os anúncios e as fixações feitas pelo olho. A Originalidade dos anúncios é usada comumente em publicidade para quebrar a desordem competitiva. Em um experimento foi estudada a influência da originalidade e familiaridade dos anúncios por meio da fixação dos olhos dos consumidores sobre a marca, os textos e os objetos pictóricos das propagandas. Os efeitos positivos da originalidade podem desaparecer rapidamente quando o anúncio se torna familiar e a novidade desaparece. O rastreamento ocular por infravermelho foi aplicado para coletar dados de fixação ocular de 119 consumidores através de duas revistas de público geral contendo 58 propagandas de página inteira. As propagandas originais atraíram mais atenção do que marcas anunciadas várias vezes. As propagandas originais e familiares atraíram a maior quantidade de atenção à marca anunciada, o que melhorou a memória subsequente da marca também.[68]

Outra pesquisa analisou como se dá o caminho da memória nos efeitos ascendentes e descendentes, comparando a estabilidade dos *scanpaths*. Essa estabilidade é devida ao fato de que existe um armazenamento visual e espacial dos caminhos na memória. Portanto, um efeito de cima para baixo gera mais estabilidade de *scanpaths* do que de baixo para cima.[69] Em

outro estudo, foi demonstrado o efeito de *scanpaths* gerado pela desorganização na publicidade. Em um experimento, consumidores foram expostos a 1.500 anúncios que estavam desorganizados, pois vários anúncios apareciam juntos em uma única página. Esse estudo demonstra que o *design* pode ser significativamente melhorado para atrair mais atenção para toda a exibição do anúncio, diminuindo o tamanho das imagens e aumentando os tamanhos de promoção e os elementos de preços em particular.[70]

15.9.4 Propagandas pela internet

As propagandas e os anúncios feitos pela internet também começaram a invadir os estudos de monitoramento ocular. Isso devido ao fato de o uso da internet demandar uma grande atenção visual do usuário e também por ela ter se tornado uma mídia privilegiada para a propaganda.

Um estudo analisou por que os usuários evitarem olhar para os anúncios na internet, conhecido pelo fenômeno de "*cegueira de banners*". Esse argumento se refere ao fato de as pessoas não lembrarem dos anúncios que viram ao navegar em uma página da internet. Nesse estudo foi investigado se os usuários da internet evitam olhar para anúncios inseridos em um *site* de pesquisa; usou-se uma análise dos movimentos oculares para verificar se o conteúdo do anúncio é mantido na memória. Os resultados mostram que a maioria dos participantes fixa os anúncios pelo menos uma vez durante a visita ao *site*. Além disso, embora a congruência entre o anúncio e o conteúdo editorial não tenha influenciado a duração da fixação no anúncio, os anúncios congruentes foram mais bem memorizados do que os anúncios incongruentes. Esse estudo fornece *insights* para se construir anúncios em *sites* e reter as pessoas durante a visita a ele.[71]

Em outra pesquisa feita em *display* pela internet, foi detectada a importância dessa estratégia como ferramenta poderosa para capturar a atenção dos clientes. O estudo teve mais de 13.500 clientes observados aproximando exposições especiais. Os resultados mostram que um varejista pode melhorar a eficácia de uma tela combinando os produtos com material POP diferente, bem como melhorando o *design* da tela.[72]

Em outra pesquisa, descobriu-se que as animações *on-line* chamaram mais a atenção do espectador em anúncios verticais do que em anúncios horizontais. O estudo examina o impacto da animação e do formato do anúncio na atenção e memorização de anúncios *on-line*. A atenção do consumidor para uma variedade de anúncios no mundo real foi medida com rastreamento de olhos, e a memória de anúncios foi avaliada com testes de reconhecimento e de *recall*. Os resultados sugerem que, em média, a animação teve pouco ou nenhum efeito sobre a atenção. No entanto, observamos um forte efeito de interação entre animação e formato de anúncio, o que sugere que o efeito da animação é condicionado pelo formato do anúncio. A animação tem um impacto positivo na atenção aos arranha-céus, mas uma negativa na atenção aos *banners*. Quanto à memorização, a animação melhorou os efeitos de reconhecimento, principalmente para os *banners*. Surpreendentemente, os consumidores poderiam reconhecer anúncios sem terem olhado para eles, o que sugere

224 Capítulo 15

que os consumidores *on-line* são especialmente parcimoniosos em alocar sua atenção focal e seus recursos de memória para anúncios irrelevantes quando eles estão envolvidos em outras tarefas.[73]

No mesmo cenário, mas agora estudando as taxas de cliques em um *site*, foi realizada uma pesquisa. Sabe-se que as taxas de cliques ainda são uma medida de eficácia da publicidade na internet. Esse estudo mostra que as taxas de cliques estão caindo com o tempo. Esse declínio pode levar a dois pontos centrais: (1) os *banners* digitais são ineficazes e (2) o que os anunciantes podem fazer para melhorar sua eficácia? Para responder a essas perguntas, utilizou-se um dispositivo de rastreamento de olhos para investigar a atenção dos internautas na publicidade *on-line*. Nesse estudo, foi utilizada uma escala de lembrança, reconhecimento e conscientização dos usuários da internet sobre *banners* publicitários. A pesquisa sugere que a razão pela qual as taxas de clique são baixas é que os usuários realmente evitam olhar para *banners* durante suas atividades *on-line*. A pesquisa também mostra que os *banners* têm um impacto sobre a medida tradicional baseada na memória de eficácia. Dessa forma, afirma-se que os anunciantes devem confiar mais em medidas tradicionais de valor da marca, como o reconhecimento da marca ou a lembrança da publicidade.[74]

O boca a boca eletrônico também foi avaliado, mas no contexto das redes sociais. Esse trabalho demonstra que muito pouco se sabe sobre a dinâmica que afeta a atenção do consumidor nos ambientes *on-line*. Nesse cenário, realizou-se uma experiência com 28 pessoas que demonstra os antecedentes contextuais da atenção no boca a boca eletrônico positivo, negativo e neutro para marcas de luxo e não luxo em uma plataforma de mídia social. Usando o monitoramento ocular, descobriu-se que a valência da mensagem interage com o tipo de marca, pois afeta a atenção de forma diferente.[75]

Em outro cenário, foi estudado o uso de marcas humanas na percepção da qualidade das decisões dos consumidores em um ambiente de compras *on-line*. Para isso, foi utilizada a atenção visual como técnica de rastreamento ocular. Foram utilizados 38 participantes recrutados em uma universidade na Coreia do Sul. Os resultados demonstraram que o emprego de marcas humanas em uma loja *on-line* influencia a percepção dos consumidores sobre a qualidade da decisão. Em segundo lugar, os resultados suportam uma diferença significativa na percepção da confiança do produto entre os dois níveis de qualidade de decisão percebidos. Por fim, pode-se dizer que o tipo de produto influencia a percepção da confiança dos consumidores em relação ao produto. Esse estudo demonstrou que o emprego de marcas humanas pode melhorar os processos de tomada de decisão dos consumidores e melhorar a qualidade de suas decisões, reduzindo o esforço cognitivo e apelando para os consumidores emocionalmente através de escolhas heurísticas. Além disso, pode aumentar a confiança para os produtos e levar os consumidores a pensar positivamente sobre a qualidade das decisões que tomam.[76]

A relação entre emoção e atenção é mensurada nos consumidores ao visualizarem anúncios de vídeo na internet. Esse estudo avalia a alegria e a surpresa através da detecção automatizada da expressão facial para uma amostra de anúncios. Eles avaliaram a concentração de atenção pelo rastreamento ocular e pela retenção do espectador, registrando o comportamento dos olhos. Isso permite testes de previsões sobre a interação dessas emoções e diferenças de atenção interpessoais em cada ponto no tempo da exposição. Surpresa e alegria efetivamente se correlacionam com a atenção dos espectadores. O efeito da alegria é assimétrico, com maiores ganhos para aumentos do que para perdas. Usando essas descobertas, os autores desenvolvem trajetórias de emoção representativas para apoiar o *design* de anúncios e testes.[77]

Por fim, em outro estudo foi analisada a percepção das miniaturas (conhecidas pelo termo inglês de "*Thumbnails*") em *websites* de varejo. Estas são usadas para atrair internautas a entrar em outras páginas de uma loja virtual. Quando os consumidores visualizam a miniatura, ficam susceptível a ativar uma rotina de movimento ocular (escaneamento) na memória. A presença da rotina e a sua influência na varredura dos consumidores de miniaturas foram suportadas pelos resultados de um experimento de rastreamento ocular. A experiência mostra que os consumidores processam informações nas regiões das miniaturas em maior extensão e mais rapidamente do que nas regiões em que há um produto específico. Ao demonstrar diferentes níveis de processamento de itens localizados na tela, os resultados têm implicações de marketing significativas.[78]

15.9.5 Comerciais de TV

Os estudos de *eye tracking* em comerciais de TV são difíceis de executar, pois as cenas não estão estáticas, uma vez que os olhos movem-se sobre imagens que também se movem. A coleta e análise de tais dados de atenção é um desafio, o que pode ser uma das razões para a escassez comparativa de pesquisas nessa área. Entretanto, alguns estudos fizeram grandes contribuições nesse campo.

Em um estudo foi analisada a atenção dos espectadores ao assistirem aos comerciais de televisão. Essa pesquisa foi realizada com quatro espectadores que estavam sendo monitorados pelo rastreamento ocular. Os seus resultados sugerem que a preferência do produto não é um fator importante para a atenção aos anúncios de TV. Nesse caso, a atenção é influenciada: (1) por fatores de *design* de baixo para cima, (2) pela frequência de mudança de cena e (3) pelo uso de celebridades.[79]

Em um estudo clássico de rastreamento ocular na televisão foi monitorada a atenção visual das placas de publicidade que ficavam em torno de um campo de futebol americano. Nesse estudo foi investigado o processamento acidental de cartazes de anúncio e sua lembrança e memorização. Os estudos descobriram que os participantes não olham para os painéis publicitários substancialmente e, por isso, são incapazes de se recordar deles e reconhecê-los.[80]

A relação entre audição e visão foi estudada em um experimento com espectadores de comerciais de TV. O estudo caracterizou padrões de olhar para cenas com e sem sons. Os resultados demonstraram que os padrões de olhar dos participantes foram afetados pela informação auditiva.[81]

Um estudo de marcas e comerciais de TV mostra que os produtos de marca recebem mais atenção dos telespectadores do que os produtos sem marca, independentemente do tamanho dele. Os dados foram coletados em 31 comerciais para quase 2.000 participantes (Teixeira et al, 2012). Outro estudo analisa a relação entre atenção e engajamento nos comerciais de TV, propondo uma nova definição de engajamento, que é independente da atenção. O engajamento é definido como a quantidade de sentimento subconsciente que é gerado quando um anúncio está sendo processado na TV. Esse estudo mostra que as marcas fortes podem ser construídas sem a necessidade de altos níveis de atenção que a publicidade normalmente exige. Os resultados demonstram que, embora a propaganda na TV se destaque pela construção de marcas fortes, os comerciais no ar recebem menos da metade da atenção da publicidade impressa. Isso confirma que a publicidade na TV tem um engajamento alto, mas um baixo nível de atenção.[82]

Outro estudo compara o movimento dos olhos dos expectadores em anúncios de TVs em tempo real e em reprises. Os resultados indicam que os espectadores de publicidade em tempo real se recordam mais dos anúncios. Os dados de rastreamento de olho mostram que os espectadores na reprise passaram muito mais tempo com os olhos no centro da tela e também mostraram uma quantidade menor de atividade de processamento visual durante a visualização.[83]

Notas

[1] Este capítulo é de autoria de Wagner Junior Ladeira e William Jardim.

[2] Young, L.R., & Sheena, D. (1975). Survey of eye movement recording methods. *Behavior Research Methods & Instrumentation*, *7*(5), 397-429.

[3] Lai, M.L., Tsai, M.J., Yang, F.Y., Hsu, C.Y., Liu, T.C., Lee, S.W.Y., & Tsai, C.C. (2013). A review of using eye-tracking technology in exploring learning from 2000 to 2012. *Educational Research Review*, *10*, 90-115.

[4] Liversedge, S.P., Findlay, J.M. (2000). Saccadic eye movements and cognition. *Trends in cognitive sciences*, *4*(1), 6-14.

[5] Lai, M.L., Tsai, M.J., Yang, F.Y., Hsu, C.Y., Liu, T.C., Lee, S.W.Y., & Tsai, C.C. (2013). A review of using eye-tracking technology in exploring learning from 2000 to 2012. *Educational Research Review*, *10*, 90-115.

[6] Chandon, P., Hutchinson, J.W., Bradlow, E.T., & Young, S.H. (2009). Does in-store marketing work? Effects of the number and position of shelf facings on brand attention and evaluation at the point of purchase. *Journal of Marketing*, *73*(6), 1-17.

[7] Chandon, P., Hutchinson, J.W., Bradlow, E.T., & Young, S.H. (2009). Does in-store marketing work? Effects of the number and position of shelf facings on brand attention and evaluation at the point of purchase. *Journal of Marketing*, *73*(6), 1-17.

[8] Wedel, M., Pieters, R. (2008). A review of eye-tracking research in marketing. In Malhotra, N.M. (Ed.), *Review of Marketing Research*, Vol. 4, Chapter 5, pp. 123-147.

[9] Wedel, M., Pieters, R. (2008). A review of eye-tracking research in marketing. In Malhotra, N.M. (Ed.), *Review of Marketing Research*, Vol. 4, Chapter 5, pp. 123-147.

[10] Russo, J. E., Leclerc, F. (1994). An eye-fixation analysis of choice processes for consumer nondurables. *Journal of Consumer Research*, *21*(2), 274-290.

[11] Russo, J.E. (1978). Eye fixations can save the world: a critical evaluation and a comparison between Eye fixations and other information processing methodologies. In *Advances in Consumer Research*, ed. H.K. Hunt. Ann Arbor, MI: Association for Consumer Research, pp. 561-570.

[12] Chandon, P., Hutchinson, J.W., Bradlow, E.T., & Young, S.H. (2009). Does in-store marketing work? Effects of the number and position of shelf facings on brand attention and evaluation at the point of purchase. *Journal of Marketing*, *73*(6), 1-17.

[13] Pieters, R., Warlop, L. (1999). Visual attention during brand choice: The impact of time pressure and task motivation. *International Journal of Research in Marketing*, *16*(1), 1-16.

[14] Huddleston, P., Behe, B.K., Minahan, S., & Fernandez, R.T. (2015). Seeking attention: an eye tracking study of in-store merchandise displays. *International Journal of Retail & Distribution Management*, *43*(6), 561-574.

[15] Vu, T. M.H., Tu, V.P., & Duerrschmid, K. (2016). Design factors influence consumers' gazing behaviour and decision time in an eye-tracking test: A study on food images. *Food Quality and Preference*, *47*, 130-138.

[16] Wedel, M., Pieters, R. (2008). A review of eye-tracking research in marketing. In Malhotra, N.M. (Ed.), *Review of Marketing Research*, Vol. 4, Chapter 5, pp. 123-147.

[17] Huddleston, P., Behe, B.K., Minahan, S., & Fernandez, R.T. (2015). Seeking attention: an eye tracking study of in-store merchandise displays. *International Journal of Retail & Distribution Management*, *43*(6), 561-574.

[18] Wedel, M., Pieters, R. (2008). A review of eye-tracking research in marketing. In Malhotra, N.M. (Ed.), *Review of Marketing Research*, Vol. 4, Chapter 5, pp. 123-147.

[19] Pieters, R., Warlop, L. (1999). Visual attention during brand choice: The impact of time pressure and task motivation. *International Journal of Research in Marketing*, *16*(1), 1-16.

[20] Janiszewski, C. (1998). The influence of display characteristics on visual exploratory search behavior. *Journal of Consumer Research*, *25*(3), 290-301.

[21] Wedel, M., Pieters, R. (2000). Eye fixations on advertisements and memory for brands: A model and findings. *Marketing science*, *19*(4), 297-312.

[22] Pieters, R., Warlop, L., & Wedel, M. (2002). Breaking through the clutter: Benefits of advertisement originality and familiarity for brand attention and memory. *Management Science*, *48*(6), 765-781.

[23] Henderson, J.M., Hollingworth, A. (1999). High-level scene perception. *Annual review of psychology*, *50*(1), 243-271.

[24] Chandon, P., Hutchinson, J.W., Bradlow, E.T., & Young, S.H. (2009). Does in-store marketing work? Effects of the number and

position of shelf facings on brand attention and evaluation at the point of purchase. *Journal of Marketing, 73*(6), 1-17.

[25] Goldberg, H., Kotval, X.P. (1999). Computer Interface Evaluation Using Eye Movements: Methods and Constructs. *International Journal of Industrial. Ergonomics, 24*, 631-645.

[26] Rayner, K. (1998). Eye movements in reading and information processing: 20 years of research. *Psychological bulletin, 124*(3), 372.

[27] Rayner, K. (1998). Eye movements in reading and information processing: 20 years of research. *Psychological bulletin, 124*(3), 372.

[28] Russo, J.E., Rosen, L.D. (1975). An eye fixation analysis of multialternative choice. *Memory & Cognition, 3*(3), 267-276.

[29] Russo, J.E. (1978). Eye fixations can save the world: a critical evaluation and a comparison between eye fixations and other information processing methodologies. In *Advances in Consumer Research*, ed. H.K. Hunt. Ann Arbor, MI: Association for Consumer Research, pp. 561-570.

[30] Wedel, M., Pieters, R. (2008). A review of eye-tracking research in marketing. In Malhotra, N.M. (Ed.), *Review of Marketing Research*, Vol. 4, Chapter 5, pp. 123-147.

[31] Noton, D., Stark, L. (1971). Eye movements and visual perception. *Scientific American, 224*, 34-43.

[32] Fitts, P.M., Jones, R.E., & Milton, J.L. (1950). Eye movements of aircraft pilots during instrument-landing approaches. *Aeronautical Engineering Review, 9*(2), 24-29.

[33] Goldberg, H., Kotval, X.P. (1999). Computer interface evaluation using eye movements: methods and constructs. *International Journal of Industrial. Ergonomics, 24*, 631-645.

[34] Fitts, P.M., Jones, R.E., & Milton, J.L. (1950). Eye Movements of Aircraft Pilots during Instrument-Landing Approaches. *Aeronautical Engineering Review, 9*(2), 24-29.

[35] Lai, M.L., Tsai, M.J., Yang, F.Y., Hsu, C.Y., Liu, T.C., Lee, S. W. Y., & Tsai, C.C. (2013). A review of using eye-tracking technology in exploring learning from 2000 to 2012. *Educational Research Review, 10*, 90-115.

[36] Lai, M.L., Tsai, M.J., Yang, F.Y., Hsu, C.Y., Liu, T.C., Lee, S.W.Y., & Tsai, C.C. (2013). A review of using eye-tracking technology in exploring learning from 2000 to 2012. *Educational Research Review, 10*, 90-115.

[37] Lai, M.L., Tsai, M.J., Yang, F.Y., Hsu, C.Y., Liu, T.C., Lee, S.W.Y., & Tsai, C.C. (2013). A review of using eye-tracking technology in exploring learning from 2000 to 2012. *Educational Research Review, 10*, 90-115.

[38] Wedel, M., Pieters, R. (2008). A review of eye-tracking research in marketing. In Malhotra, N.M. (Ed.), *Review of Marketing Research*, Vol. 4, Chapter 5, pp. 123-147.

[39] Russo, J.E., Leclerc, F. (1994). An eye-fixation analysis of choice processes for consumer nondurables. *Journal of Consumer Research, 21*(2), 274-290.

[40] Wedel, M., Pieters, R. (2008). A review of eye-tracking research in marketing. In Malhotra, N.M. (Ed.), *Review of Marketing Research*, Vol. 4, Chapter 5, pp. 123-147.

[41] Russo, J.E., Leclerc, F. (1994). An eye-fixation analysis of choice processes for consumer nondurables. *Journal of Consumer Research, 21*(2), 274-290.

[42] Pieters, R., Warlop, L. (1999). Visual attention during brand choice: The impact of time pressure and task motivation. *International Journal of Research in Marketing, 16*(1), 1-16.

[43] Wedel, M., Pieters, R. (2000). Eye fixations on advertisements and memory for brands: A model and findings. *Marketing science, 19*(4), 297-312.

[44] Janiszewski, C. (1998). The influence of display characteristics on visual exploratory search behavior. *Journal of Consumer Research, 25*(3), 290-301.

[45] Lindström, A., Berg, H., Nordfält, J., Roggeveen, A. L., & Grewal, D. (2016). Does the presence of a mannequin head change shopping behavior? *Journal of Business Research, 69*(2), 517-524.

[46] Wedel, M., Pieters, R. (2000). Eye fixations on advertisements and memory for brands: A model and findings. *Marketing science, 19*(4), 297-312.

[47] Pieters, R., Warlop, L. (1999). Visual attention during brand choice: The impact of time pressure and task motivation. *International Journal of Research in Marketing, 16*(1), 1-16.

[48] Chandon, P., Hutchinson, J.W., Bradlow, E.T., & Young, S.H. (2009). Does in-store marketing work? Effects of the number and position of shelf facings on brand attention and evaluation at the point of purchase. *Journal of Marketing, 73*(6), 1-17.

[49] Wedel, M., Pieters, R. (2000). Eye fixations on advertisements and memory for brands: A model and findings. *Marketing science, 19*(4), 297-312.

[50] Vu, T. M.H., Tu, V.P., & Duerrschmid, K. (2016). Design factors influence consumers' gazing behaviour and decision time in an eye-tracking test: A study on food images. *Food Quality and Preference, 47*, 130-138.

[51] Siegrist, M., Leins-Hess, R., & Keller, C. (2015). Which front-of-pack nutrition label is the most efficient one? The results of an eye-tracker study. *Food Quality and Preference, 39*, 183-190.

[52] Huddleston, P., Behe, B.K., Minahan, S., & Fernandez, R.T. (2015). Seeking attention: an eye tracking study of in-store merchandise displays. *International Journal of Retail & Distribution Management, 43*(6), 561-574.

[53] Sørensen, H.S., Clement, J., & Gabrielsen, G. (2012). Food labels – an exploratory study into label information and what consumers see and understand. *The International Review of Retail, Distribution and Consumer Research, 22*(1), 101-114.

[54] Bix, L., Bello, N.M., Auras, R., Ranger, J., & Lapinski, M.K. (2009). Examining the conspicuousness and prominence of two required warnings on OTC pain relievers. *Proceedings of the National Academy of Sciences, 106*(16), 6550-6555.

[55] Wedel, M., Pieters, R. (2008). A review of eye-tracking research in marketing. In Malhotra, N.M. (Ed.), *Review of Marketing Research*, Vol. 4, Chapter 5, pp. 123-147.

[56] Vu, T.M.H., Tu, V.P., & Duerrschmid, K. (2016). Design factors influence consumers' gazing behaviour and decision time in

an eye-tracking test: A study on food images. *Food Quality and Preference*, *47*, 130-138.

[57] Treistman, J., Gregg, J.P. (1979). Visual, verbal, and sales responses to print ads. *Journal of Advertising Research*, *19*(4), 41-47.

[58] Witt, D. (1977). Emotional Advertising: The Relationship Between Eye-Movement Patterns and Memory – Empirical Study with the Eye-Movement Monitor Ph.D., University of Saarland.

[59] Treistman, J., Gregg, J.P. (1979). Visual, verbal, and sales responses to print ads. *Journal of Advertising Research*, *19*(4), 41-47.

[60] Lohse, G.L. (1997). Consumer eye movement patterns on yellow pages advertising. *Journal of Advertising*, *26*(1), 61-73.

[61] Lohse, G.L., & Wu, D.J. (2001). Eye movement patterns on Chinese yellow pages advertising. *Electronic Markets*, *11*(2), 87-96.

[62] Leven, W. (2013). Blickverhalten von Konsumenten: Grundlagen, Messung und Anwendung in der Werbeforschung (Vol. 30). Springer-Verlag.

[63] Liechty, J., Pieters, R., & Wedel, M. (2003). Global and local covert visual attention: Evidence from a Bayesian hidden Markov model. *Psychometrika*, *68*(4), 519-541.

[64] Pieters, R., & Wedel, M. (2004). Attention capture and transfer in advertising: Brand, pictorial, and text-size effects. *Journal of Marketing*, *68*(2), 36-50.

[65] Rayner, K., Rotello, C.M., Stewart, A.J., Keir, J., & Duffy, S.A. (2001). Integrating text and pictorial information: eye movements when looking at print advertisements. *Journal of Experimental Psychology: Applied*, *7*(3), 219.

[66] Pieters, R., Warlop, L. (1999). Visual attention during brand choice: The impact of time pressure and task motivation. *International Journal of Research in Marketing*, *16*(1), 1-16.

[67] Noton, D., Stark, L. (1971). Eye movements and visual perception. *Scientific American*, *224*, 34-43.

[68] Pieters, R., Warlop, L., & Wedel, M. (2002). Breaking through the clutter: Benefits of advertisement originality and familiarity for brand attention and memory. *Management Science*, *48*(6), 765-781.

[69] Harris, C.M. (2003). On the reversibility of Markov scanning in free viewing. *Vision Search*, *2*, 123-135.

[70] Pieters, R., Wedel, M., & Zhang, J. (2007). Optimal feature advertising design under competitive clutter. *Management Science*, *53*(11), 1815-1828.

[71] Hervet, G., Guérard, K., Tremblay, S., & Chtourou, M.S. (2011). Is banner blindness genuine? Eye tracking internet text advertising. *Applied cognitive psychology*, *25*(5), 708-716.

[72] Nordfält, J. (2011). Improving the attention-capturing ability of special displays with the combination effect and the design effect. *Journal of Retailing and Consumer Services*, *18*(3), 169-173.

[73] Kuisma, J., Simola, J., Uusitalo, L., & Öörni, A. (2010). The effects of animation and format on the perception and memory of online advertising. *Journal of Interactive Marketing*, *24*(4), 269-282.

[74] Drèze, X., Hussherr, F.X. (2003). Internet advertising: Is anybody watching? *Journal of interactive marketing*, *17*(4), 8-23.

[75] Daugherty, T., Hoffman, E. (2014). eWOM and the importance of capturing consumer attention within social media. *Journal of Marketing Communications*, *20*(1-2), 82-102.

[76] Wook Chae, S., Chang Lee, K. (2013). Exploring the effect of the human brand on consumers' decision quality in online shopping: An eye-tracking approach. *Online Information Review*, *37*(1), 83-100.

[77] Teixeira, T., Wedel, M., & Pieters, R. (2012). Emotion-induced engagement in internet video advertisements. *Journal of Marketing Research*, *49*(2), 144-159.

[78] Lam, S.Y., Chau, A.W. L., & Wong, T. J. (2007). Thumbnails as online product displays: how consumers process them. *Journal of Interactive Marketing*, *21*(1), 36-59.

[79] Aoki, H., & Itoh, K. (2000). Analysis of cognitive attitudes to commercial films on basis of eye tracking data. In: *Proceedings of the human factors and ergonomics society annual meeting 44*(1), 38-41.

[80] d'Ydewalle, G., Tamsin, F. (1993). On the visual processing and memory of incidental information: Advertising panels in soccer games. In D. Brogan, A. Gale, & K. Carr (Eds.), *Visual search 2*: Proceedings of the 2nd international conference on visual search, pp. 401-408.

[81] Aoki, H., Ito, K. (2001). Analysis of Cognitive Processes during Viewing of Television Commercials Based on Semantic Structure of Scenes and Eye Movement Data. *Journal of Japan Industrial Management Association*, *52*(2), 101-116.

[82] Heath, R. (2009). Emotional engagement: How television builds big brands at low attention. *Journal of Advertising Research*, *49*(1), 62-73.

[83] Siefert, C., Gallent, J., Jacobs, D., Levine, B., Stipp, H., & Marci, C. (2008). Biometric and eye-tracking insights into the efficiency of information processing of television advertising during fast-forward viewing. *International Journal of Advertising*, *27*(3), 425-447.

16

O Uso do SPHINX para Análise de Dados[1]

OBJETIVO DO CAPÍTULO

No final deste capítulo, o leitor deverá ser capaz de:

◆ Entender o uso do Sphinx para análise de dados.

Atuando no mercado brasileiro desde 1995, a Sphinx é representante exclusiva do *software* Sphinx® no Brasil e atua também na América Latina. Conta com uma equipe franco-brasileira de excelência, que tem cooperado para aportar, a pesquisadores, analistas e executivos, no mundo gerencial e no mundo da educação, soluções para pesquisa, exploração e análise de dados.

O *software* Sphinx tem como vocação ser simples e robusto ao mesmo tempo. Simples por permitir que indivíduos com diferentes níveis de conhecimento sobre pesquisa, estatística e análise de dados possam interagir com o ele e serem parte do processo de estruturação, coleta, preparação e análise dos dados. Robusto por permitir análises uni, bi e multivariadas, possibilitando ao investigador analisar seus dados em profundidade.

A organização lógica do *software* envolve a compreensão dos quatro estágios de uma pesquisa: estruturação do questionário, coleta dos dados, preparação dos dados para a análise, análise propriamente dita e divulgação dos resultados. Dessa forma, ele conduz o investigador por essas diferentes etapas, provendo os meios necessários para que cada uma seja finalizada da melhor forma possível.

Dentro de cada ambiente, o usuário irá encontrar uma forma semelhante de operar, em que os recursos estarão sempre na barra superior e os resultados serão apresentados na parte inferior da tela.

Um ponto importante tange à origem dos dados. O *software* Sphinx tem como objetivo dar suporte a todo o processo de pesquisa, no entanto, caso a base de dados já exista em Excel ou num formato que tenha algumas regras de organização, estes poderão ser importados diretamente para o formato Sphinx.

Estando convertida a base de dados, todas as ferramentas ficam disponíveis para preparação e análise dos dados.

16.1 A ELABORAÇÃO DE UM QUESTIONÁRIO

Ao elaborar um questionário no *software* Sphinx, deve-se ter em mente que essa fase inicial de definição de questões, desvios, grupos, partes é elemento-chave em todas as demais fases, seja de análise, seja de preparação dos dados.

Com esse enfoque, uma das etapas é justamente transpor aquilo que está no papel para o meio eletrônico, ou seja, formatar o questionário dentro do *software*. Para isso, é importante distinguir e classificar corretamente a questão em um dos tipos disponibilizados pelo *software*.

O Sphinx caracteriza as questões entre os tipos a seguir:

◆ Fechada: deve ser aplicada em perguntas em que há uma lista preestabelecida de opções, ou seja, o sistema disponibiliza categorias e o respondente poderá escolher uma (fechada única) ou "n" (fechada múltipla) categorias.
  - Ex.: Fechada única – Você é brasileiro?
    Sim / Não
    Fechada múltipla – Quais esportes pratica?
    Futebol / Natação/ Tênis / Basquete / Outro(s)
◆ Escalar: semelhante à fechada única, este tipo de variável permite listar uma escala (nominal, numérica, mista, crescente), em que o respondente deverá escolher uma

229

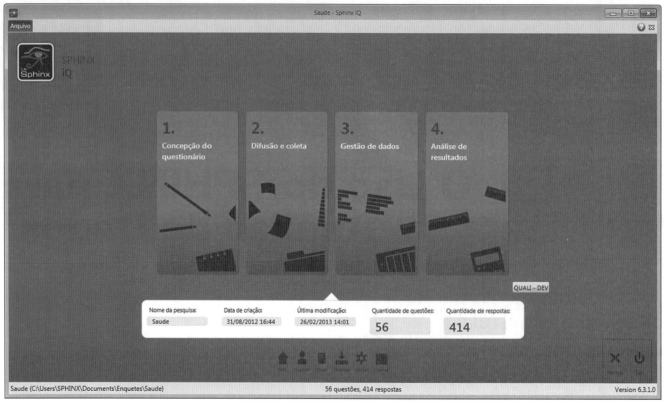

Figura 16.1 Estágios da pesquisa.

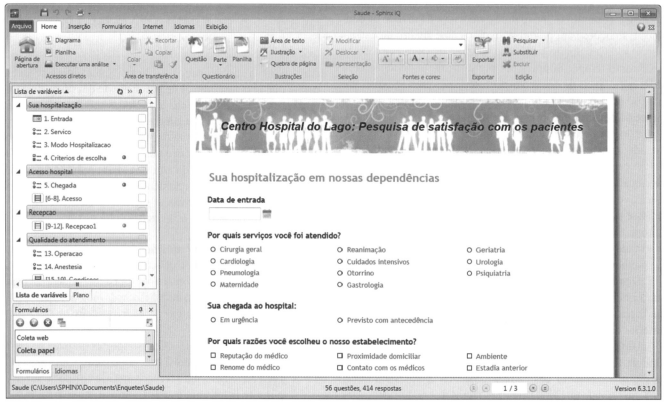

Figura 16.2 Tela do estágio 1 – estruturação do questionário.

O Uso do SPHINX para Análise de Dados 231

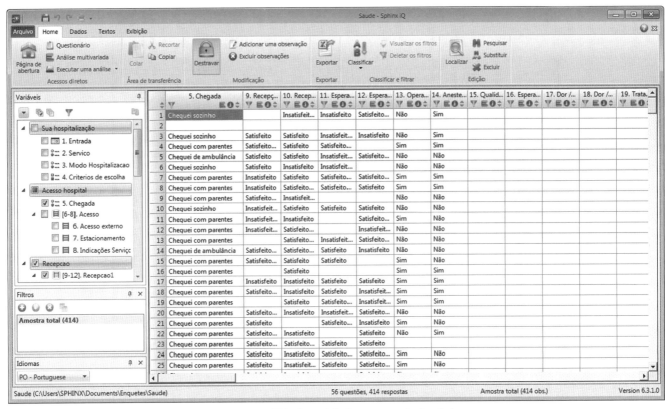

Figura 16.3 Tela do estágio 3 – preparação dos dados.

opção de resposta. No entanto, este tipo permite atribuir valores às categorias, possibilitando uma análise diferenciada (média, desvio-padrão).
- Ex.: Nível de satisfação com a tonalidade?
  Satisfeito / Indiferente / Insatisfeito
♦ Texto/Código: variáveis do tipo texto armazenam todo tipo de resposta não estruturada, ou seja, textos, números, códigos. Isso permite aos respondentes se expressarem livremente. Já os códigos servem para segmentar um tipo específico de resposta, estruturada, que permite segmentar e identificar de acordo com um dicionário.
- Ex.: Texto – Qual sua opinião sobre nossos serviços?
  Código – Por favor, informe seu CEP:
♦ Numérica: responsável por armazenar números inteiros ou fracionados. Permite uma análise segmentada por faixas ou mesmo uma análise simples, com média, mediana, desvio-padrão (nas análises univariadas).
- Ex.: Qual seu gasto mensal com alimentação?
♦ Data/hora: este tipo de variável armazena datas completas ou apenas segmentos (como mês/ano, hora/minuto), e permite cálculos com base nesses dados – obter a idade de um indivíduo a partir de sua data de nascimento.
- Ex.: Data de entrada/saída do hóspede:

Em todas as questões, é possível definir alguns parâmetros específicos para cada questão, basta acessar a aba CONTROLES no ambiente de criação, onde será possível definir as condições de apresentação, obrigatoriedade, limites de preenchimento (valores mínimos, intervalos de preenchimento, quantidade mínima de marcações, entre outras opções).

Exercício sugerido:

♦ Criar uma pesquisa com uma questão de cada tipo.
♦ Explorar os controles de cada tipo de variável.

16.2 FORMATAÇÃO DA APRESENTAÇÃO DO QUESTIONÁRIO

Atualmente, dadas as opções de formatação, da importância do apelo visual para captar a atenção dos indivíduos, a aparência da pesquisa, bem como sua estrutura (sua organização, linha de condução), têm um impacto direto na participação e na receptividade por parte dos respondentes. Esses são aspectos que muitas vezes são desconsiderados no processo global da pesquisa, mas que acabam impactando a taxa de resposta, bem como a correta compreensão das questões, afetando, por conseguinte, o resultado final.

No planejamento da pesquisa você deve escolher uma forma de coleta (autoaplicável; suporte de um entrevistador; internet) e programar o formulário de acordo com as especificidades de cada meio. Ou seja, deve-se prever todos os detalhes, como instruções, indicativos coloridos, legendas informativas, e assim por diante.

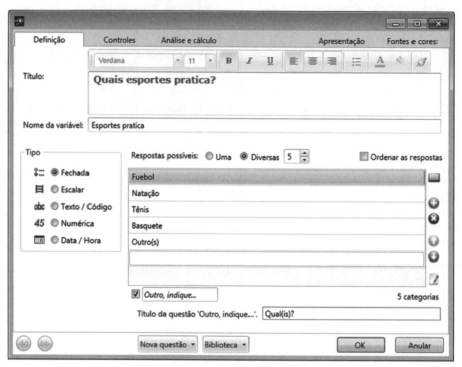

Figura 16.4   Definição das questões.

Figura 16.5   Controle.

O *software* Sphinx permite que sejam gerenciados diferentes formulários para uma mesma pesquisa, ou seja, se há diferentes públicos, pode-se ter configurações diferentes, com alertas específicos para um ou outro público, ou, ainda, no caso de uma coleta em diferentes meios. Atualmente há suporte para as seguintes formas de coleta: papel (simples ou leitura via *scanner*), *web*, tela ou *smartphones* (*tablets*).

O Uso do SPHINX para Análise de Dados 233

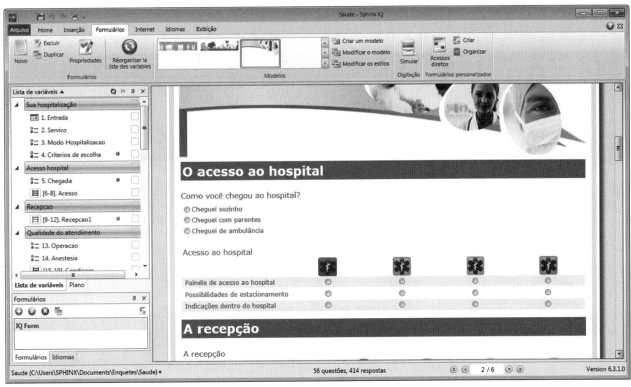

Figura 16.6 Formulário.

O *software* automaticamente cria um modelo de formulário, simples e direto, em função do método de coleta selecionado. No entanto, é possível modificar todos os detalhes que envolvem a questão: fonte, cor, tamanho, obrigatoriedade, condições de apresentação – para isso basta alterar as propriedades de cada questão.

WEB

Caso o método de coleta escolhido tenha sido a internet, seja por convite via *e-mail*, seja por disponibilização do *link* diretamente em uma página, o Sphinx publica diretamente seu questionário em um servidor (preparado para receber pesquisas compatíveis com o Sphinx).

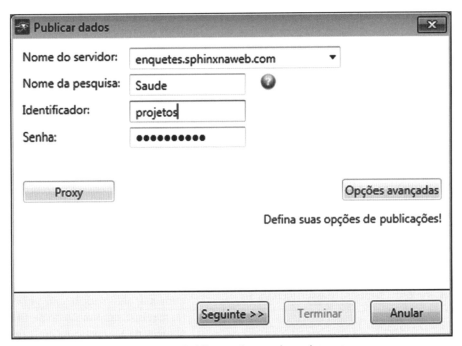

Figura 16.7 Publicação de pesquisa na internet.

E disponibiliza *links* de acesso diretos, os quais podem ser divulgados aos respondentes.

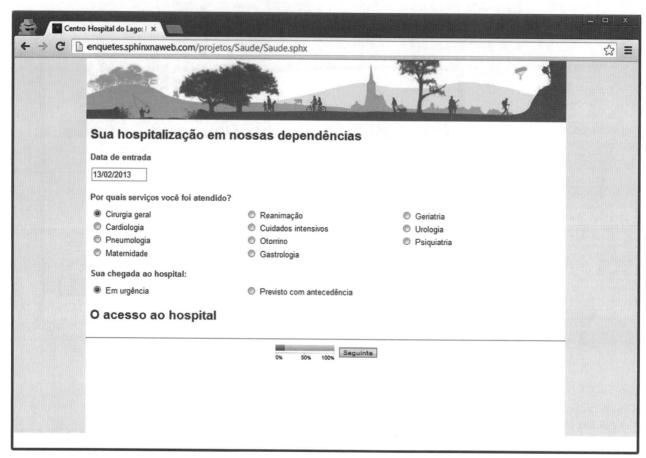

Figura 16.8   Acesso à pesquisa na internet.

Exercício sugerido:

- Criar um formulário de cada tipo (*web*, papel, tela).
- Inserir logotipos, modificar cabeçalho e inserir instruções.
- Publicar uma pesquisa na conta de testes do servidor da SPHINX Brasil e disponibilizar a algumas pessoas para preenchimento.

16.3   PREPARAÇÃO DOS DADOS

Esta é uma etapa de suma importância para a o resultado da pesquisa, pois é a partir deste ponto que os dados serão transformados, novos dados gerados, para dar suporte às análises. Quando se fala em preparação dos dados, deve-se ter em mente que algumas variáveis oferecem mais do que simplesmente o dado original. Por exemplo, uma questão do tipo data (data de saída de um produto) pode ser analisada sob diferentes aspectos, como dia da semana, mês, trimestre, semestre (e assim identificar alguma sazonalidade).

O *software* disponibiliza algumas funções que permitem essa transformação dos dados:

- Transformar uma variável: por vezes é necessário transformar uma variável para que possa ser obtida determinada análise, determinado gráfico. Assim, esta função permite converter uma variável fechada múltipla em "n" fechadas únicas. Ou então agrupar categorias de uma mesma variável, criando grupos maiores. Para cada tipo de variável o *software* oferece recursos diferentes, inerentes ao tipo de dado registrado.
- Combinar variáveis: em alguns cruzamentos, por vezes é preciso cruzar três ou quatro variáveis ao mesmo tempo. Como se trata de um plano, não é possível indicar ao sistema mais que duas variáveis para um cruzamento. No entanto, é possível combinar questões, de modo que o sistema crie uma nova variável com o conjunto das categorias das questões indicadas, possibilitando que este seja cruzado posteriormente com outra questão – possibilitando que três questões estejam em uma mesma tabela.
- Calcular uma variável: muito usado quando se deseja alimentar automaticamente uma variável que fica oculta, mas que, em função do perfil de resposta, vai sendo alimentada automaticamente, categorizando as respostas em diferentes perfis.

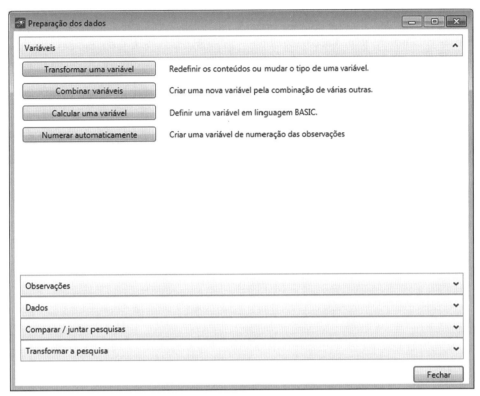

Figura 16.9 Preparação dos dados.

- Numerar automaticamente: permite numerar todas as respostas que estiverem na base de dados.

Ainda há outras funções, menos usuais, mas que possibilitam ao investigador adaptar e preparar os dados para a etapa de análise dos dados. É importante salientar que algumas dessas funções podem afetar definitivamente o banco de dados, assim sendo, recomenda-se fortemente que antes de iniciar qualquer processo de preparação de dados seja feita uma cópia de segurança dos arquivos da pesquisa.

Ainda, quando possível, o usuário deve sempre optar por criar uma nova variável em vez de substituir a variável original, isso permitirá guardar o registro original e ainda assim contar com um novo dado para a análise.

Alguns exemplos de preparação de dados de acordo com o tipo de variável:

- Fechada: agrupar categorias para criar grupos de análise ou então alterar a ordem de apresentação das categorias para algo específico.
- Escalar: em algumas análises os investigadores sentem necessidade de agrupar, por exemplo, itens da escala que sejam negativos e itens que sejam positivos, criando assim uma variável categórica única: positivo × negativo.
- Texto/Código: especificamente sobre as variáveis código, como em um CEP, de posse da estrutura do CEP, é possível segmentar posições específicas do dado, obtendo assim, com base em um dicionário preestabelecido, a listagem de municípios ou estados.
- Numérica: com relação às questões numéricas, por terem um conjunto muito amplo de respostas, é possível criar novas variáveis baseadas no intervalo (ex.: de 18 a 30 anos), em vez de trabalhar com o dado bruto (idade específica).
- Data/hora: o sistema identifica, automaticamente, com base na data informada, o dia da semana, mês, semestre, trimestre, entre outros, possibilitando o agrupamento das datas em grandes grupos, os quais poderão ser cruzados com outras variáveis categóricas ou numéricas.

Exercício sugerido:

- Agrupar categorias de uma mesma variável.
- Transformar uma questão numérica em uma variável fechada escalar.

16.4 PREPARAÇÃO DE VARIÁVEIS TEXTO

Diferentemente das demais variáveis, os dados desestruturados, em formato de texto livre, implicam um envolvimento diferente do investigador, que não apenas a extração de tabelas e gráficos, ainda que esse muitas vezes seja o resultado final. Tratando-se de um *software*, o qual possui uma vocação quantitativa, o suporte às análises qualitativas busca gerar novos dados categóricos que permitam ao pesquisador obter um panorama das respostas.

No entanto, isso não impede que o investigador utilize as opções de filtros, visualização de variáveis de contexto e assim proceda às análises com maior profundidade, seguindo os preceitos da análise do discurso, registros de etnografias e outras técnicas de análise qualitativa.

A análise de conteúdo, uma das técnicas de análise qualitativa, possui uma ferramenta específica para operacionalizar o protocolo de categorização das respostas. O resultado é, ao final, uma nova variável, fechada múltipla, que servirá para armazenar as categorizações feitas pelo pesquisador ao longo do processo de análise dessas variáveis.

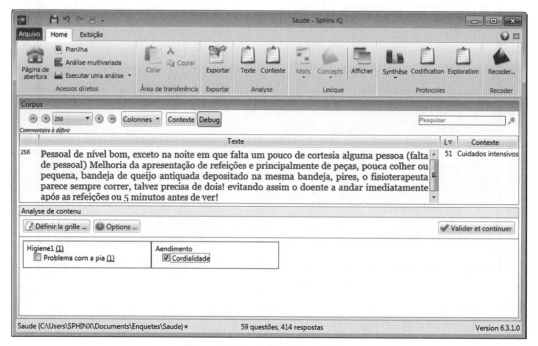

Figura 16.10 Análise de conteúdo.

Complementando, ainda é possível obter uma listagem completa de todas as palavras que foram utilizadas pelos respondentes e, a partir dessa visualização, iniciar um processo prévio de categorização, o qual poderá ser revisado e complementado pela técnica de análise de conteúdo.

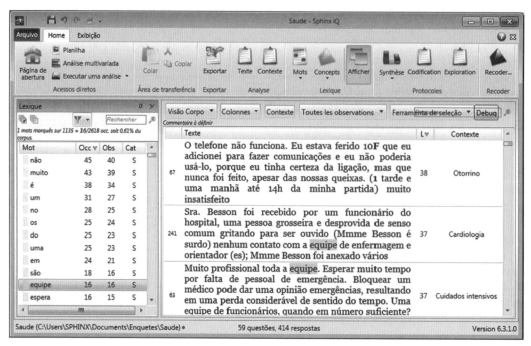

Figura 16.11 Atelier lexical.

Ou então ter acesso às respostas em sua forma original, mas segmentadas por alguma variável que foi coletada, como, por exemplo, setor, unidade, departamento, região, e proceder à leitura detalhada de cada resposta.

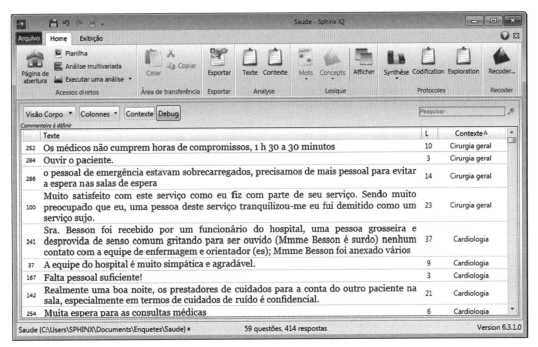

Figura 16.12 Verbatim de questões texto.

É importante ressaltar que muitas vezes a análise de texto terá diferentes etapas, algumas delas apoiadas diretamente pelo *software* Sphinx, outras utilizando o *software* como uma etapa intermediária, a qual permitirá a compreensão de determinada resposta em função do seu contexto, e que enriquecerá a análise realizada pelo pesquisador.

Exercício sugerido:

- Categorizar uma variável texto utilizando a ferramenta de análise de conteúdo.
- Iniciar uma análise pela lista de palavras e complementar com a análise de conteúdo.
- Filtrar textos por uma variável fechada única.

16.5 ANÁLISES E RELATÓRIO

O *software* Sphinx possui uma série de ferramentas que permitem ao investigador trabalhar com os seus dados de forma simples, mas com riqueza e profundidade. Como todo *software*, o Sphinx disponibiliza testes e funcionalidades que trabalham com os diferentes tipos de questões com que o *software* trabalha, no entanto, a análise e interpretação deve ser do indivíduo, por isso recomendamos a leitura atenta dos capítulos que abordam os testes estatísticos e a sua interpretação, bem como das regras de aplicação.

Como forma de organização, o *software* apresenta a possibilidade de extrair resultados de acordo com o tipo de questões, ou seja, uma variável do tipo numérico permitirá testes e análises que podem não estar contempladas para uma variável fechada única.

238 Capítulo 16

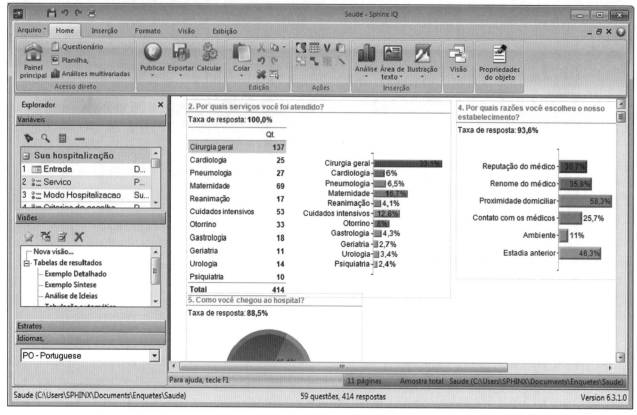

Figura 16.13 Análise univariada de dados.

Todas as funções de análise estão na barra superior, onde será possível, além das análises univariadas (basta acrescentar a variável disponível no lado esquerdo na página em branco), gerar tabelas cruzadas e tabelas de médias (botão Análise).

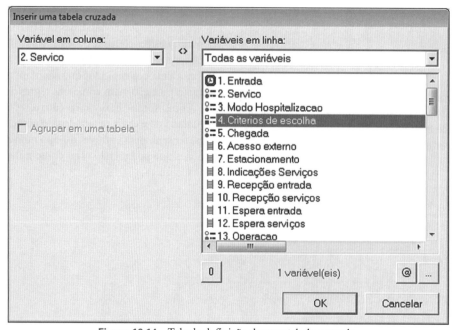

Figura 16.14 Tela de definição de uma tabela cruzada.

A seguir, os principais testes que podem ser obtidos em análises uni e bivariadas:

Média	Moda	Mediana	Qt. de valores diferentes	Taxa de resposta
Mínimo-Máximo	Soma	Desvio-padrão	Percentis	Alfa de Cronbach
Qui-quadrado	Análise de variância	Correlação	Tese de Fisher	Regressão linear

Análises multivariadas:

Regressão linear múltipla	Regressão logística	Regressão PLS	Análise de variância	Equações estruturais
Classificação hierárquica ascendente	Classificação K-Means	Análise de componentes principais	Análise fatorial das correspondências múltiplas	

Além disso, é possível definir uma série de filtros, os quais podem ser aplicados de forma dinâmica, à medida que a análise ocorre. Assim, é possível aproveitar o esforço de criação de determinado relatório e replicar em diferentes públicos (a mesma base, mas segmentada por alguma variável-filtro).

Outro ponto importante é a possibilidade de extrair os diferentes relatórios criados diretamente para um documento Word ou PowerPoint.

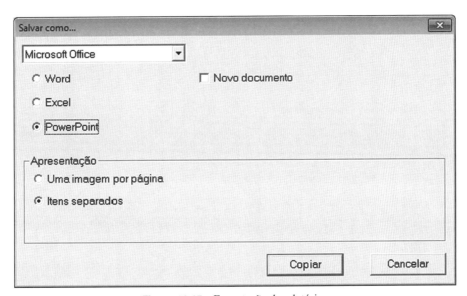

Figura 16.15 Exportação de relatórios.

Exercício sugerido:

- Elaborar um relatório com análises univariadas com diferentes formatos de gráficos e tabelas.
- Elaborar um relatório de análises bi e multivariadas de acordo com os dados disponíveis.
- Exportar os relatórios para o PowerPoint.

Nota

[1] Este capítulo é de autoria de Fernando Kuhn Andriotti e Ricardo Simm Costa.

Glossário

ABORDAGEM BIVARIADA: Permite a análise simultânea de duas variáveis, determinando se as diferenças entre a distribuição dessas variáveis são estatisticamente significativas.

ABORDAGEM MULTIVARIADA: São aquelas em que os dados são registrados e comparados através de mais de duas variáveis para um conjunto de indivíduos ou objetos.

ABORDAGEM UNIVARIADA: É aquela em que se analisa separadamente cada variável, ou seja, um conjunto de dados quantitativos de uma variável é analisado separadamente dos outros.

ALEATORIEDADE: Procedimento de escolha dos indivíduos de uma amostra através do acaso.

AMOSTRA: É um conjunto de dados que consiste apenas em uma parte das observações de uma população.

AMOSTRA DE GRUPOS MAIS ESPECIFÍCOS OU RAROS: Amostras com grupos menores e mais específicos, como, por exemplo: representantes grupos étnicos, famílias com alta renda, idosos, entre tantos outros que têm membros em mercados de consumo mais restritos.

AMOSTRAGEM ALEATÓRIA BIETÁPICA: É um processo estratégico que mistura o processo aleatório e a localização das pessoas selecionadas.

AMOSTRAGEM ALEATÓRIA SIMPLES: É processo de amostragem aleatório em que se retira uma parcela da população sem uma preocupação direta com as diferenças ou agrupamentos de pessoas existentes, ou seja, o procedimento é direto.

AMOSTRAGEM ESTRATIFICADA: É processo de amostragem que tem como característica central a diferenciação entre os elementos que compõem a população através da aleatoriedade.

AMOSTRAGEM NÃO PROBABILÍSTICA: É aquela em que não se selecionam aleatoriamente as pessoas em uma população.

AMOSTRAGEM PELA INTERNET: São amostras coletadas via internet, sem a presença física do pesquisador no local.

AMOSTRAGEM POR CONGLOMERADOS: É uma variação da amostragem aleatória simples, que consiste em dividir uma área em blocos, no caso aqui denominados conglomerados homogêneos, e sortear aleatoriamente elementos comuns a esses grupos.

AMOSTRAGEM POR CONVENIÊNCIA: É processo de amostragem em que o pesquisador seleciona as pessoas a serem pesquisadas da maneira mais conveniente ou por estarem disponíveis em algum lugar.

AMOSTRAGEM POR DIVERSIDADE: É processo de amostragem que seleciona os indivíduos de uma população pelas suas preferências, motivações e atitudes.

AMOSTRAGEM POR ESPECIALIDADE: É processo de amostragem em que os representantes das amostras têm um conhecimento específico e, por isso, devem ser os selecionados de uma população.

AMOSTRAGEM POR JULGAMENTO: É processo de amostragem em que o pesquisador vai escolher as pessoas que vão fazer parte da amostra pelo seu próprio julgamento.

AMOSTRAGEM POR MODA DA POPULAÇÃO: Procedimento em que se procura selecionar entrevistados que estejam em torno da moda da distribuição normal da população.

AMOSTRAGEM POR MULTIETAPAS: É todo o processo de amostragem que envolve o somatório de outras técnicas, sejam estas probabilísticas ou não probabilísticas.

AMOSTRAGEM POR OBJETIVO EM MENTE: É processo de amostragem em que existe uma seleção de pessoas com base em critério estabelecido previamente pelo pesquisador.

AMOSTRAGEM POR QUOTAS: É processo de amostragem em que a escolha das pessoas é feita através de conveniência ou do julgamento do pesquisador, respeitando quotas da população.

AMOSTRAGEM PROBABILÍSTICA: É aquela em que se selecionam aleatoriamente as pessoas em uma amostra.

242 Glossário

AMOSTRAGEM SISTEMÁTICA: Este tipo de amostra é diferente da amostragem simples. É uma amostra que vai se completando com o tempo, pois está condicionada pelo primeiro sorteio.

AMOSTRAGEM *SNOWBALL*: É processo de amostragem em que o pesquisador vai pedir ao pesquisado que indique alguém para ser entrevistado.

AMOSTRAS COM INFERÊNCIA ESTATÍSTICA: É o processo pelo qual as amostras estudadas são representativas da população teoricamente estimada.

AMOSTRAS EMPARELHADAS: São os casos em que existe relação entre amostras, ou seja, estas são formadas por indivíduos que estão nas duas amostras.

AMOSTRAS INDEPENDENTES: São os casos em que não existe relação entre os elementos das amostras. Nesse caso, a probabilidade de um elemento pertencer a mais de uma amostra é nula.

AMPLITUDE TOTAL: É a diferença entre o maior e o menor valor observado.

ANÁLISE DE ARTEFATOS: É uma técnica que vai além da análise de conteúdo, pois documenta as dimensões, características e propriedades existentes em um ambiente de análise de consumo.

ANÁLISE DE *CLUSTER*: É uma técnica multivariada que agrupa indivíduos ou objetos em grupos de maneira que os objetos de um mesmo grupo sejam mais similares entre si do que em outros grupos.

ANÁLISE DE CONTEÚDO: É um conjunto de técnicas de análise das comunicações que utiliza procedimentos sistemáticos e objetivos de descrição de conteúdos de mensagens, procurando conhecer aquilo que está por trás das palavras a cujo estudo se dedica.

ANÁLISE DE REGRESSÃO MÚLTIPLA: É uma técnica estatística usada para analisar a realização entre uma única variável dependente (variável que está sendo prevista ou explicada) e diversas variáveis independentes (variáveis que explicam a variável dependente).

ANÁLISE DE RESULTADOS: Tem como função apresentar as informações contidas na coleta de dados feita na pesquisa científica.

ANÁLISE DE VARIÂNCIA (ANOVA): É uma técnica recomendada para testar hipóteses que determinam se existe diferença estatisticamente significativa entre as médias de três ou mais grupos.

ANÁLISE FATORIAL: É um nome genérico dado a uma classe de métodos estatísticos multivariados que tem como propósito definir uma estrutura implícita em uma matriz de dados.

ANALISTA DE PESQUISA: É o indivíduo responsável pelo contato direto com o cliente, fazendo o papel da supervisão direta da preparação do problema de pesquisa, coleta e análise dos dados.

ANEXOS: Local de apresentar qualquer material que auxiliou na construção da pesquisa.

APARATO TECNOLÓGICO: É um conjunto de dados, sistemas, ferramentas e técnicas, como *software* e *hardware* de apoio, pelos quais uma organização reúne e interpreta informações relevantes da empresa e do ambiente, transformando-as em base para a ação de marketing.

APRESENTAÇÃO ESCRITA: É um documento formal e personalizado que representa o relatório de pesquisa.

APRESENTAÇÃO ORAL: Trata-se de uma apresentação em que o pesquisador divulgará os principais resultados para o contratante, fornecendo a possibilidade de debate e esclarecendo dúvidas no momento.

ARTEFATOS DE CONSUMO: São materiais que influenciam no consumo, como marcas, logotipos, *folders*, matérias publicitárias, músicas, pacotes, embalagens anúncios, panfletos, *websites*, entre outros.

ASSISTENTE DE PESQUISA DE MARKETING: É o responsável pela atividade de nível operacional e técnico, como coleta de questionário, transcrição de entrevistas, formatação de documentos, entre outros.

BANCO DE DADOS: É um agrupamento de dados brutos feitos pelo pesquisador, tendo uma disposição que auxilie no armazenamento e processamento de informações.

BRIEFING INICIAL: É uma reunião de encerramento para entregar ao contratante da pesquisa o problema a ser pesquisado e a proposta de pesquisa a ser realizada para a resolução do problema.

CARGA DE INFORMAÇÃO: É entendida como uma variedade de estímulos que um indivíduo recebe.

CARTA DE AUTORIZAÇÃO: Documento formal que indica os principais responsáveis pela pesquisa. Neste documento, são formalmente transferidos os direitos das informações contidas no relatório para o contratante.

CARTA DE FINALIZAÇÃO DE ENTREGA DO RELATÓRIO: Documento formal que é direcionado ao contratante da pesquisa. Nele são informados o fim da pesquisa e uma síntese dos seus principais achados.

CATEGORIZAÇÃO: Este procedimento agrupa dados, tendo como norma as características em comum existentes entre eles, classificando-os por semelhança ou analogia.

CAUSALIDADE: É um princípio pelo qual causa e efeito são estabelecidos entre duas variáveis.

CENSO: É quando uma amostra é igual à população.

CLIENTE: É o responsável por encomendar uma pesquisa.

CÓDIGO DE CONDUTA ÉTICA: é um aglomerado de diretrizes e regras que estabelecem procedimentos operacionais para a prática ética por parte dos pesquisadores e sua equipe.

COEFICIENTE DE CORRELAÇÃO DE PEARSON: Mede o grau de correlação (positiva e negativa) entre duas variáveis.

COLETA DE DADOS POR OBSERVAÇÃO SISTEMÁTICA: É uma técnica que registra, de forma sistemática e organizada, os padrões de comportamento das pessoas, objetos e eventos, tendo como intenção obter informações sobre o fenômeno mencionado no problema de pesquisa.

CONFIABILIDADE: Refere-se à consistência da medida, ou seja, ela é o grau em que uma variável ou conjunto de variáveis é consistente com o que se quer medir.

CONHECIMENTO CIENTÍFICO: É aquele que menciona que a interpretação dos fenômenos está pautada em sua regularidade e que, devido a esse fato, pode ser testado objetivamente em qualquer momento.

CONHECIMENTO DO SENSO COMUM: É aquele conhecido também como empírico ou vulgar e emana da experiência cotidiana das pessoas.

CONHECIMENTO FILOSÓFICO: é considerado racional e sistemático, pois parte de hipóteses oriundas de observações cotidianas.

CONHECIMENTO TEOLÓGICO: Baseia-se nos fundamentos da crença, doutrina e da fé, contendo argumentações sagradas que são explicadas pelo sobrenatural.

CONSIDERAÇÕES FINAIS E RECOMENDAÇÕES: Nesta parte o pesquisador irá disponibilizar as conclusões e opiniões com base nas informações geradas nos resultados da pesquisa.

CONTINUUM: Disposição de valores ou atributos que representam estímulos posicionados e ordenados logicamente.

CONVERSÃO DE DADOS: É o processo de modificar a forma inicial dos dados passando-os a um formato apropriado, pensando sempre em atingir os objetivos da pesquisa.

CREDIBILIDADE: é vista como um atributo ou propriedade de uma fonte emissora de informação, e tanto uma pesquisa quanto o próprio instituto de pesquisa são fontes emissoras de informação.

CRITÉRIO DAS QUADRAS VIZINHAS: É um critério de contagem para coleta de amostra utilizado em residências. Quando uma quadra se torna difícil de ser localizada, a mais próxima ou vizinha deve ser procurada.

CRITÉRIO DE CONTAGEM NOS EDIFÍCIOS: É um critério de contagem para coleta de amostra utilizado em edifícios. Inicia-se a partir do térreo até o último andar, considerando cada apartamento um domicílio.

CROSSTABS: Consiste em cruzar os dados de duas variáveis distintas e obter uma combinação de resultados, gerando novas informações.

CURTOSE: É o grau de achatamento de uma distribuição em relação a uma distribuição padrão, denominada curva normal.

DADOS COLETADOS DE CONSUMO: Descrição socioeconômica e dos padrões de semelhanças e diferenças dos comportamentos.

DADOS PRIMÁRIOS: São aqueles que ainda não foram coletados antes, estando em posse dos pesquisadores, e que são coletados com o propósito de atender às necessidades específicas da pesquisa em andamento.

DADOS SECUNDÁRIOS: São aqueles que um dia já foram coletados, tabulados, ordenados e analisados e estão à disposição dos interessados.

DADOS SECUNDÁRIOS ACESSÍVEIS: São aqueles aos quais o pesquisador tem acesso livre.

DADOS SECUNDÁRIOS COM CREDIBILIDADE: São aqueles em que a fonte de origem da informação deve ser confiável.

DADOS SECUNDÁRIOS OPORTUNOS: São aqueles em que os dados não devem estar desatualizados.

DADOS SECUNDÁRIOS PRECISOS: São aqueles em que os dados devem estar corretos.

DADOS SECUNDÁRIOS RELEVANTES: São aqueles que devem abordar a questão de pesquisa.

DELINEAMENTO DA PESQUISA: Diz respeito ao planejamento inicial do projeto científico, focando na construção das primeiras etapas do trabalho e estimando a previsão de coleta de dados e a interpretação dos resultados.

DELINEAMENTO EXPERIMENTAL: É o planejamento de um conjunto de procedimentos que especifica as unidades de teste, as variáveis independentes, dependentes e estranhas.

DESCRIÇÃO DOS MÉTODOS: Etapa do relatório de pesquisa na qual há a descrição dos procedimentos metodológicos, como: construção dos instrumentos, definição da amostragem, forma de coleta de dados, técnicas e *softwares* utilizados para analisar os dados.

DESCRIÇÃO DOS RESULTADOS: É a parte em que o pesquisador irá descrever as principais informações levantadas na coleta de dados primários e secundários.

DIFERENÇAS DISCRIMINATÓRIAS: Capacidade que as pessoas têm de medir um mesmo estímulo no *continuum*.

DIFERENCIAL COMPORTAMENTAL: É uma variação da escala de diferencial semântico. Nela é utilizada uma escala desenvolvida para avaliar o comportamento dos entrevistados em relação às suas ações futuras.

DIRETOR DE PESQUISA DE MARKETING: É o responsável por comandar o projeto de pesquisa, liderando e integrando as equipes de trabalho.

DISTRIBUIÇÃO DE FREQUÊNCIA: É um conjunto de dados organizados por meio da totalização do número de vezes que tal valor ocorre, dentro de uma tabela ou gráfico.

DOMICÍLIOS: São formados por todas as pessoas que vivem debaixo de um mesmo teto: casais, filhos, parentes, colegas que dividem o imóvel, entre outros.

EFEITO *HALO*: É a possibilidade de que um item possa interferir no julgamento sobre outros fatores, contaminando o resultado geral.

ELICITAÇÃO: É uma técnica de coletar dados junto a pessoas que detêm informações para construção de um produto, serviço ou sistema mental, usando recursos como fotos e vídeos.

ENTREVISTA: É uma técnica de pesquisa que permite que o pesquisador desenvolva uma estreita relação com as pessoas envolvidas.

ENTREVISTA COM ESPECIALISTAS: É uma técnica de pesquisa realizada com pessoas que entendem diretamente dos assuntos pesquisados, conhecidos como *experts*.

244 Glossário

ENTREVISTA DE INTERCEPÇÃO: É uma técnica de pesquisa que permite o questionamento de perguntas aos respondentes na rua, por isso é muitas vezes conhecida como enquete em pessoas de rua.

ENTREVISTA DIRETA: É aquela em que o objetivo da pesquisa é manifestado para o entrevistado, ou seja, antes de acontecer a entrevista o pesquisador informa o respondente o que acontecerá.

ENTREVISTA EM GRUPO: Neste tipo de entrevista, pequenos grupos respondem simultaneamente às questões, de maneira informal.

ENTREVISTA EM PROFUNDIDADE: É uma técnica de pesquisa que permite o aprofundamento do assunto através de diversas perguntas.

ENTREVISTA ESTRUTURADA: É a forma de interação em que o entrevistado segue um roteiro previamente estabelecido, no qual o entrevistado não tem liberdade para desenvolver cada situação, ou seja, neste caso, o entrevistado segue religiosamente o que o roteiro está dizendo, sem alterar, omitir ou adicionar perguntas no momento da entrevista.

ENTREVISTA ESTRUTURADA DIRETA: É aquela que utiliza um roteiro formalizado, constituído de questões que não são disfarçadas. As informações são pedidas de maneira ordenada e sistemática (formuladas com antecedência).

ENTREVISTA ESTRUTURADA NÃO DIRETA: É aquela em que o entrevistador adapta-se ao pesquisador, pois não tem um roteiro previamente formulado.

ENTREVISTA *FACE TO FACE*: É aquela feita pessoalmente, tendo uma relação direta entre entrevistador e entrevistado, tendo como principal vantagem a possibilidade de obter uma amostra que atinja todas as unidades com mais segurança.

ENTREVISTA INDIRETA: É aquela em que as técnicas são fundamentadas na projeção. Por isso, ela é recomendada em situações que geram certo desconforto ao entrevistado.

ENTREVISTA INDIVIDUAL: É aquela em que se tenta conhecer as motivações e atitudes diante de temas sensíveis ou muito técnicos.

ENTREVISTA NÃO ESTRUTURADA: É aquela em que a interação não segue parcialmente um roteiro previamente estabelecido.

ENTREVISTA PELA INTERNET: É aquela em que o pesquisador envia um esquema de entrevista estruturada (padronizada) pela internet.

ENTREVISTA PESSOAL EM DOMICÍLIO: É aquela conduzida diretamente na residência do respondente. No entanto, pode ser respondida também no local de trabalho do indivíduo.

ENTREVISTA POSTAL: É aquela em que se envia o roteiro de entrevista pelo correio para o entrevistado.

ENTREVISTADOR EM *FOCUS GROUP*: É um condutor nas pesquisas qualitativas que tem por obrigação proporcionar a interação, responsabilizando-se pelas informações coletadas.

ERRO ASSOCIADO ÀS RESPOSTAS FORNECIDAS PELOS ENTREVISTADOS: É o erro por constrangimento ou vergonha quando os entrevistados acabam preenchendo os formulários com respostas incorretas.

ERRO DE DETECÇÃO DOS SINTOMAS DA PESQUISA: É o erro de interpretação quando é feita a reunião de *briefing* e o contratante da pesquisa tenta explicar ao contratante o que está acontecendo e qual é o cenário que o levou a contratar a pesquisa.

ERRO DE GESTÃO: Ocorre quando o responsável pela pesquisa falha na responsabilidade de delegar a execução de uma tarefa a alguém.

ERRO DE PREENCHIMENTO DO FORMULÁRIO: É o erro que acontece devido à distração do entrevistador.

ERRO DE PROCESSAMENTO DOS DADOS: É um erro de tabulação de dados.

ERRO DE SELEÇÃO DA AMOSTRA: É um erro administrativo causado pelo planejamento e pela execução indevida de um procedimento de amostragem.

ERRO ENVOLVENDO OS PROCEDIMENTOS DE AMOSTRAGEM: É gerado quando a população não é representada pela amostra coletada.

ERRO ESTATÍSTICO: Erro que acontece quando um resultado gera uma significância estatística quando o que na verdade aconteceu foi uma obra do acaso.

ERRO SISTEMÁTICO: Significa algum tipo de vício no processo de pesquisa realizado, podendo ocorrer por causas humanas ou inerentes às técnicas de pesquisa.

ESCALA: É um espectro contínuo que representa uma estrutura quantitativa.

ESCALA DE ALPERT: Escala que tem por finalidade comparar dois objetos, produtos ou marcas dentro de um *continuum* predeterminado pelo pesquisador.

ESCALA DE RAZÃO: É aquela que possui quantidades absolutas em vez de relativas a zero absoluto, em que determinado atributo está ausente.

ESCALA GUTTMAN: Escala utilizada quando se quer determinar ordem de grandeza entre os atributos que avaliam um objeto.

ESCALA INTERVALAR: É aquela que organiza os objetos de acordo com as suas magnitudes, distinguindo o arranjo ordenado em unidades de intervalos iguais.

ESCALA LIKERT: Escala que mensura uma resposta através de cinco pontos, variando de "discordo totalmente" a "concordo totalmente".

ESCALA NOMINAL: É aquela na qual os números ou as letras atribuídos aos objetos servem como rótulos de identificação ou de classificação.

ESCALA ORDINAL: É aquela que organiza os objetos ou as alternativas de acordo com sua magnitude em um relacionamento ordenado.

ESCALA OSGOOD: Escala conhecida como Diferencial Semântico (DS) que mensura uma resposta através de sete pontos cujos extremos são associados a características bipolares.

ESCALA STAPEL: Escala que mensura uma resposta através de dez pontos que vão de -5 a +5, não existindo um ponto neutro.

ESCALA THURSTONE: Escala para avaliar atitude envolvendo duas etapas principais. Na primeira etapa, um grande número de características é descrito para abranger toda a gama de opiniões possíveis, e os elementos são dimensionados no que diz respeito aos pontos negativos e positivos para uma dada atitude. Na segunda etapa, participantes são convidados a indicar declarações com relação às dimensões das atitudes, com a qual concordam ou discordam, escolhendo assim as melhores dimensões.

ESCALAS GRÁFICAS: São escalas em que o respondente tem a possibilidade de responder classificando os objetos dentro de uma reta sinalizada por dois extremos.

ESCALAS ITEMIZADAS: São aquelas em que o respondente já tem números associados a uma categoria. Essas categorias já são previamente associadas a termos e posicionadas na escala.

ESCORE DE DETERMINÂNCIA: É a multiplicação dos escores de importância pelos escores de diferenciação.

ESCORE DE DETERMINÂNCIA MÉDIO: É o cálculo médio dos escores de determinância individuais da amostra.

ESTATÍSTICA DESCRITIVA: É aquela que descreve as condições das variáveis através de gráficos e tabelas.

ESTATÍSTICA INFERENCIAL: É aquela que tem como objetivo obter ou formular inferências, predições ou decisões sobre uma população com base em informações contidas em uma amostra.

ESTUDO DE CASO: É uma forma de analisar cuidadosamente as situações a fim de poder identificar e avaliar as variáveis endógenas (que a *priori* estão dentro do modelo estudado) e exógenas (que a *priori* estão fora do modelo estudado).

ÉTICA: É considerada um ramo do campo da filosofia e do pensamento cotidiano que lida com atitudes e questões relacionadas com o que é moralmente certo ou errado.

ÉTICA NA PESQUISA DE MARKETING: É conhecida como o conjunto de padrões e princípios em relação ao que é aceitável ou certo ou o que é errado ou inaceitável durante a realização de uma pesquisa.

ÉTICA NO MARKETING: É entendida como um padrão de conduta e de moral vigente, permitindo a distinção entre o certo e o errado, o aceitável e o inaceitável.

ETNOGRAFIA: É uma técnica que não depende da aplicação de questionários e roteiro de entrevistas, pois é realizada através do contato cotidiano entre pesquisador e participantes. Esta técnica requer um pesquisador que interaja com os indivíduos pesquisados, observando diariamente o que está acontecendo no cotidiano dos participantes.

EXPERIMENTO: É uma técnica utilizada costumeiramente em abordagens causais, para mensurar as relações causais/efeitos entre variáveis.

EXPERIMENTO DE CAMPO: É um tipo de experimento que é realizado fora do laboratório.

EXPERIMENTO DE LABORATÓRIO: É um tipo de experimento em que ocorrem algumas atividades e tarefas cuidadosamente projetadas e controladas em um ambiente físico.

EXPERIMENTO PÓS-FATO: É um experimento no qual um grupo recebe intervenção e é comparado a outro grupo (semelhante a esse primeiro grupo) no qual a intervenção não ocorreu. O grupo de controle é escolhido de forma a coincidir com o grupo experimental, se possível em todas as variáveis hipotetizadas.

FAMÍLIA: É um subgrupo dentro de uma classificação mais ampla, que chamamos de domicílio nos estudos de pesquisa de marketing.

***FOCUS GROUP*:** É uma técnica que reúne um grupo de indivíduos que são incentivados e estimulados a compartilhar suas opiniões e preocupações.

***FOCUS GROUP* COM ANÁLISE DE UM GRUPO**: É uma modalidade de *focus group* utilizada quando o moderador divide os entrevistados em dois grupos. Um primeiro grupo observa os comentários do segundo grupo e, logo após, o primeiro grupo discute e analisa as interações feitas pelo segundo grupo.

***FOCUS GROUP* COM CLIENTES:** É uma modalidade de *focus group* utilizada quando são selecionados clientes da empresa contratante para representar os respondentes.

***FOCUS GROUP* COM MODERADORES EM CONFLITOS:** É uma modalidade de *focus group* utilizada quando dois moderadores estimulam as discussões de dois grupos ao mesmo tempo, confrontando as opiniões entre os participantes.

***FOCUS GROUP* MODERADO PELOS RESPONDENTES:** É uma modalidade de *focus group* utilizada quando algum ou alguns entrevistados são convidados no exato momento da dinâmica a moderar o debate.

***FOCUS GROUP* POR TELECONFERÊNCIA OU *ON-LINE*:** É uma modalidade de *focus group* em que se empregam meios de telecomunicação para a realização do debate.

***FOCUS GROUP SHORT*:** É uma modalidade de *focus group* em que o moderador resolve reduzir o número de participantes.

***FOLLOW-UP*:** É um reencontro para que o cliente tenha chance de tirar as dúvidas com relação ao relatório que foi entregue, sendo possível esclarecer informações adicionais.

FORÇA CULTURAL: É responsável por agrupar o conjunto de valores, ideias e atitudes que são compartilhadas por um grupo em determinado período.

FORÇA DEMOGRÁFICA: É a definição de características de uma população através de seus valores, envolvendo etnia, ocupação, gênero, idade, nível de escolaridade e renda.

FORÇA ECONÔMICA: São as condições macroeconômicas que afetam as empresas e os consumidores, como renda do consumidor, inflação, crescimento econômico, entre outros.

FORÇA REGULADORA: Consiste nas restrições imposta por governos às ações de empresas e consumidores.

FORÇA TECNOLÓGICA: São as possíveis inovações e invenções que têm como objetivo facilitar a vida de empresas e consumidores.

246 Glossário

FREQUÊNCIA: Indica o número de ocorrência de um evento através de um determinado intervalo.

FUNCIONÁRIOS TRANSFUNCIONAIS: São os funcionários que são alocados temporariamente nos projetos de pesquisa. Esses funcionários são oriundos de vários departamentos da empresa contratante, como produção, financeiro, recursos humanos, marketing, entre outros.

FUNDAMENTAÇÃO TEÓRICA: É a construção de um entendimento inicial do problema de pesquisa, através de livros, artigos científicos, entre outros, que representam o conjunto de conhecimentos de determinado assunto.

GROUNDED THEORY: É uma técnica qualitativa que pesquisa um fenômeno sem uma teoria a ser testada, mas, ao contrário, apenas com base em induções oriundas da análise sistemática de dados.

HIPÓTESE: É um conceito que traz uma ou várias suposições que antecedem a constatação dos fenômenos.

INCENTIVO: É o oferecimento de benefícios ou prêmios para motivar as pessoas a responderem aos questionários.

INCENTIVO DIRETO: Um produto gratuito, um brinde ou um cupom de desconto poderia ser dado a quem responder toda a pesquisa.

INCENTIVO INDIRETO: Um sorteio de um prêmio.

INCERTEZA: É uma propriedade do nosso conhecimento acerca dos eventos, e não do evento em si, que menciona a falta de conhecimento a respeito de um resultado ou ação.

INFERÊNCIA NÃO PARAMÉTRICA: Difere das paramétricas, pois não utiliza distribuição de resultados que não obedeçam à normalidade.

INFERÊNCIA PARAMÉTRICA: É aquela em que os resultados são normalmente distribuídos dentro da curva normal.

INQUÉRITO PESSOAL: É o método de coleta de dados em que o pesquisador pessoalmente incentiva um participante a responder a todas as questões e preencher o questionário.

INSTRUMENTO DE COLETA DE DADOS: É um documento através do qual questionamentos serão apresentados aos respondentes. Nele são registradas as respostas e os dados obtidos.

INSTRUMENTOS AUTOADMINISTRADOS: São instrumentos que são aplicados sem a presença direta do pesquisador na coleta de dados.

INTELIGÊNCIA DE MARKETING: É um conjunto de conhecimentos derivados das atividades mercadológicas que estão no ambiente de marketing.

INTERPRETAÇÃO DE DADOS QUALITATIVOS: É usada quando há documentos, observações ou entrevistas que demonstram comportamento da vida real das pessoas ou descrições de manifestações que não podem ser refletidas através de documentos padronizados.

INTERPRETAÇÃO DE DADOS QUANTITATIVOS: Caracteriza-se pelo emprego da quantificação nas modalidades de coleta de dados e no tratamento destes por meio de técnicas estatísticas.

INTERROGAÇÃO DE EXPERTS: É uma fase que complementa naturalmente a busca de informações secundárias em uma pesquisa de marketing.

INTRODUÇÃO DO RELATÓRIO DE PESQUISA: A parte em que se apresenta a pesquisa. Nela devemos mencionar o problema de pesquisa, os objetivos e a justificativa para a realização da pesquisa.

LATÊNCIA DA VOZ: É o tempo que o entrevistado leva para responder a uma pergunta. O tempo de resposta pode ser diretamente associado à incerteza.

LAYOUT DO QUESTIONÁRIO: É o design ou desenho da aparência geral do instrumento entregue ao respondente.

LEI DO JULGAMENTO COMPARATIVO DE THURSTONE: Um procedimento que incita um indivíduo a julgar os estímulos em pares, identificando qual dos estímulos tem maior valor para ele.

LEI DOS GRANDES NÚMEROS: É suposição que menciona que, quanto maior a amostra, maior a probabilidade de as respostas erradas serem compensadas.

LIMPEZA DO BANCO DE DADOS: É a retirada dos missing value do banco de dados.

LINGUAGEM: É o sistema na qual os indivíduos manifestam seus sentimentos e ideias através da fala, escrita ou sinais convencionais.

LINGUAGEM GESTUAL: É um conjunto de movimentos que tem significados comuns a muitas pessoas.

LINGUAGEM SUBLIMINAR: É algo que está baixo do limiar (menor intensidade de estímulo capaz de produzir uma reação), ou seja, não é identificado através das capacidades de detecção humana; é, na verdade, imperceptível.

LINGUAGEM VERBAL: É o fato de o pesquisador se comunicar na mesma língua dos entrevistados.

MAPEAMENTO DAS TENDÊNCIAS AMBIENTAIS: Consiste na interpretação das ameaças e oportunidades de possíveis negócios das empresas.

MARKETING: É um conjunto de atividades responsável pela criação de trocas, de modo que satisfaçam os consumidores e atinjam os objetivos organizacionais.

MÉDIA: É o quociente da divisão da soma dos valores das variáveis pelo número deles.

MEDIANA: É o número que se encontra no centro de uma série de números, estando estes dispostos em uma ordem.

METER: Nome dado ao aparelho que capta as informações em pesquisa de audiência.

MÉTODO QUALITATIVO: É aquele que não adota um instrumental estatístico como base do processo de análise de um problema. Ele pode ser entendido através da compreensão e dos significados situacionais apresentados pelos entrevistados, em lugar da produção de medidas quantitativas.

MÉTODO QUANTITATIVO: É aquele que tem como característica o emprego da quantificação nas modalidades de coleta e tratamento das informações por meio de técnicas estatísticas.

MINDCAM: É uma abordagem de coleta de dados através de vídeos.

MISSING VALUES: São informações atípicas que podem gerar dados perdidos.

MODA: Valor que ocorre com maior frequência em uma dada série de valores.

MODELAGEM DE EQUAÇÕES ESTRUTURAIS: Pode ser entendida como uma técnica que examina uma série de relações através de um conjunto de métodos que identifica variáveis latentes, utilizando um conjunto de técnicas multivariadas, examinando múltiplas relações de dependências, simultaneamente entre essas variáveis.

MODERADOR: É a pessoa responsável por promover o debate entre os indivíduos encorajando vários tipos de respostas em um *focus group*.

MULTIDISCIPLINARIDADE: É um conjunto de disciplinas que são trabalhadas simultaneamente para entender um fenômeno.

NEUROMARKETING: Pode ser considerado uma área do marketing que estuda o consumo, tentando entender os desejos, os impulsos e as motivações através das reações neurológicas que são determinadas por estímulos que vêm do ambiente externo.

OBJETIVO GERAL: É aquele que norteia a estrutura do trabalho, tendo como função representar uma possível resposta ao problema de pesquisa.

OBJETIVOS: São considerados sentença que tem em sua composição verbos no infinito, que dão sentido de ação ao problema de pesquisa.

OBJETIVOS ESPECÍFICOS: É o caminho para se chegar ao objetivo geral, por isso deve ser estruturado ordenadamente a fim de dar suporte à execução da pesquisa.

OBSERVAÇÃO: Consiste em um registro sistemático dos padrões de comportamento de consumidores, objetos e eventos a fim de obter informações sobre o fenômeno de interesse.

OBSERVAÇÃO ATRAVÉS DA ANÁLISE DE CONTEÚDO: É aquela em que o pesquisador analisa o conteúdo manifesto de uma comunicação feita por um indivíduo ou grupo de indivíduos.

OBSERVAÇÃO ATRAVÉS DE ANÁLISE DE TRAÇOS: É aquela em que a coleta está fundamentada nos traços físicos ou nas evidências de um comportamento passado.

OBSERVAÇÃO ATRAVÉS DE AUDITORIA: É aquela em que o pesquisador investiga algum tipo de marca, produto ou embalagem na residência do consumidor. O pesquisador examina os registros físicos na residência, sendo contabilizados os itens encontrados.

OBSERVAÇÃO DISFARÇADA: É aquela em que os pesquisadores não sabem que estão sendo observados.

OBSERVAÇÃO ESTRUTURADA: É aquela em que os comportamentos a serem observados e os métodos pelos quais serão avaliados são claramente definidos e manifestados aos participantes.

OBSERVAÇÃO HUMANA: É aquela em que as pessoas são observadas no seu cotidiano, como, por exemplo, ao comprar determinado um produto.

OBSERVAÇÃO MECÂNICA: É aquela que não utiliza a percepção humana diretamente. É auxiliada por aparelhos eletrônicos.

OBSERVAÇÃO NÃO ESTRUTURADA: Envolve o monitoramento de um pesquisador de todo e qualquer fenômeno, sem especificar antecipadamente os detalhes.

OBSERVAÇÃO NATURAL: É aquela em que se tem uma mensuração do comportamento no ambiente natural.

OBSERVAÇÃO PLANEJADA: É aquela em que o comportamento é observado em um ambiente artificial, como, por exemplo, em um loja em que os elementos são manipulados.

OUTLIERS: São observações atípicas que parecem ser inconsistentes com o restante dos dados encontrados na amostra.

PÁGINA INICIAL DO RELATÓRIO: Página que deve conter a identificação de quem realizou a pesquisa (se for uma empresa contratada, deve ser colocada a marca desta).

PAINEL: É uma técnica que permite coletar os dados periodicamente e de maneira ininterrupta. Este tipo de técnica é realizado através do levantamento de dados padronizados em uma dada amostra ao longo de um período de tempo regular.

PARCIMÔNIA: É a negociação de interesses entre os contratantes e os respondentes em uma pesquisa de marketing.

PEOPLE METERS: Identifica, além da sintonia, o registro da audiência individual nas pesquisas de audiência.

PERCENTIS: Os 99 valores que separam uma série em cem partes iguais.

PERGUNTAS DE CHECKLIST: São semelhantes às de múltipla escolha, mas neste caso mais de uma resposta pode ser assinalada.

PERGUNTAS DE CLASSIFICAÇÃO: São aquelas que têm a estrutura de múltipla escolha, podendo ser feitos vários *rankings*.

PERGUNTAS DE CONSEQUÊNCIA: São aquelas que exigem do entrevistado a construção de um argumento, através de um exemplo hipotético em sua mente.

PERGUNTAS DE MÚLTIPLA ESCOLHA: São aquelas em que os respondentes têm uma série de variáveis que podem afetar a escolha.

PERGUNTAS DE RANKING: São aquelas em que existe uma variedade de respostas. Nestas respostas o respondente vai marcar as que acha corretas, dando uma hierarquia de valores para as que considera mais importantes.

PERGUNTAS DESCRITIVAS: São aquelas que devem ser feitas no início de uma entrevista, pois são indicadas para medir diretamente o comportamento dos entrevistados. Na prática, estas são mais fáceis de responder, por isso são estratégicas para "quebrar o gelo" inicial da entrevista.

PERGUNTAS DICOTÔMICAS: Permitem aos entrevistados escolher uma dc duas respostas, que são geralmente opostas.

248 Glossário

PERGUNTAS FORÇADAS: São aquelas que permitem aos entrevistados escolher uma de duas respostas, que são geralmente opostas.

PERGUNTAS NÃO DIRECIONAIS: São perguntas realizadas com o intuito de encontrar um aspecto positivo ou negativo na resposta. A diferença deste tipo de pergunta para a causal é que esta se preocupa apenas com a relação existente entre as variáveis, não focando na implicação de causa e efeito.

PERGUNTAS NO FORMATO CAUSAL: São perguntas que indicam como uma variável influencia outra variável pesquisada.

PESQUISA APLICADA: É a busca de soluções e oportunidades para as empresas e seus gestores através do método científico.

PESQUISA-BASE: Aprofunda os conhecimentos no campo de marketing, contribuindo com a explicação de fenômenos associados a ele.

PESQUISA BIBLIOGRÁFICA: É uma técnica de coleta de dados que procura fontes de conhecimento acadêmicas que relacionam periódicos sobre determinado tema estudado.

PESQUISA CAUSAL: É uma pesquisa que tem a função de estudar se determinado comportamento poderá ser ou não alterado por certa mudança, sendo estudada a relação de causa e efeito em determinado fenômeno.

PESQUISA *CROSS-CULTURAL*: Pesquisa realizada em diferentes países.

PESQUISA DE MARKETING: É o processo que visa à obtenção, à coleta, ao processamento e à análise das informações, para a tomada de decisão no marketing.

PESQUISA DE OPORTUNIDADE DE VENDAS: Tem como objetivo avaliar a estrutura e a organização comercial da empresa. Pode envolver a melhor forma de divisão geográfica da área de vendas, remuneração dos vendedores e atuação da equipe de vendas.

PESQUISA DE PREVISÃO: Analisa as características futuras do mercado, dimensionando o potencial de retorno financeiro do empreendimento a curto, médio e longo prazos. A pesquisa de preço analisa a elasticidade dos preços dos produtos e serviços, procurando otimizar o preço no mercado. A pesquisa eleitoral analisa a intenção de voto, assim como a percepção de cada candidato.

PESQUISA DE PRODUTOS: Tem por objetivo identificar o potencial de produtos ou a necessidade de modificações nos produtos existentes. Além disso, testa novos produtos e identifica os seus diferenciais competitivos entre os concorrentes. A pesquisa de distribuição tem como objetivo identificar os melhores canais de distribuição e verificar o desempenho e a eficiência dos canais existentes.

PESQUISA DE PROPAGANDA: Tem por objetivo avaliar a eficiência das campanhas publicitárias e das peças promocionais. A pesquisa de segmentação identifica e agrupa diferentes consumidores, caracterizando o perfil socioeconômico e o potencial de consumo de cada um, a partir da análise de hábitos e padrões comportamentais.

PESQUISA DE SATISFAÇÃO: Tem como objetivo identificar e entender o perfil de clientes de determinado mercado, analisando a relação entre expectativa e experiência de consumo. A pesquisa de imagem avalia o impacto das estratégias de marketing e comunicação sobre a imagem da empresa e de seus produtos e serviços.

PESQUISA DESCRITIVA: É uma abordagem que tem como finalidade principal a descrição das características de determinado fenômeno, estabelecendo relações entre as variáveis existentes no estudo.

PESQUISA DESCRITIVA DE CAMPO: É uma pesquisa descritiva caracterizada pela média profundidade e amplitude dos estudos.

PESQUISA DESCRITIVA DE LEVANTAMENTO DE CAMPO: É uma pesquisa descritiva que tem como característica central grande amplitude e pouca profundidade da coleta.

PESQUISA DOCUMENTAL: É uma técnica de coleta de dados realizada com documentos considerados cientificamente autênticos.

PESQUISA EM DOMICÍLIOS: É a coleta de dados que ocorre nos domicílios onde as pessoas residem.

PESQUISA NO PONTO DE VENDA: Revela dados imediatos sobre o cliente que está visitando a loja ou sobre as diversas variáveis que influenciam as vendas. Já a pesquisa de mídia descobre qual a melhor maneira de atingir o público-alvo, se um jornal, uma revista, rádio, TV, internet, entre outros.

PESQUISA PELA INTERNET: É um tipo de técnica de coleta de dados em que o levantamento dos dados é autopreenchível e publicado em um determinado *website*.

PESQUISA PELO QUIOSQUE INTERATIVO: É aquela em que a coleta de dados é realizada por um computador com tela sensível ao toque. É comum ver esses quiosques em exposição, em conferências de negócios, em aeroporto ou em outros locais de tráfego intenso para conduzir um levantamento interativo.

PESQUISA POR CORRESPONDÊNCIA: É um método de coleta de dados através do autopreenchível, pois é enviado para os respondentes pelo correio.

PESQUISA POR *E-MAIL*: É um método de coleta de dados questionários, em que estes são enviados por *e-mail*.

PESQUISA POR TELEFONE: É uma coleta de dados em que se tem um questionário feito pelo telefone, com o auxílio de um telefonista.

PESQUISA TRANSACIONAL: É uma pesquisa que leva em conta várias etapas estruturadas no tempo; através dessas etapas são feitas comparações entre os períodos analisados.

PESQUISA TRANSVERSAL: É uma pesquisa que leva em conta apenas o momento da realização, sem a preocupação de se traçar a evolução do fenômeno pesquisado.

PESQUISADOR: Pode ser entendido como qualquer pessoa física e jurídica que realiza e é responsável por uma pesquisa.

PESQUISAS DE MARKETING EXPLORATÓRIAS: São aquelas que têm como finalidade encontrar dados iniciais sobre um problema de pesquisa.

PESQUISAS ESTRATÉGIAS: São aquelas realizadas em novos projetos, programas e decisões de caráter estratégico.

PESQUISAS RELÂMPAGO: São planejadas e executadas para fornecer resultados objetivos em pouco tempo, quando alguma medida necessita ser tomada diante de evento ou fato novo e de grande impacto social, mas sobre o qual ainda não se sabe a reação das pessoas.

PHOTO ELICITATION TECHNIQUE (PET): É uma técnica de pesquisa que permite o desenvolvimento de mapas mentais a respeito das percepções e intenções de consumo do indivíduo com base em fotos.

POPULAÇÃO: É considerada o agrupamento de todos os elementos de um grupo de interesse da pesquisa, dentro de sua totalidade, ou também um conjunto que representaria todas as dimensões de interesse da pesquisa·

PRÉ-TESTE: É a aplicação de um questionário a um conjunto de pessoas para que possam avaliar a eficiência do instrumento.

PROBLEMA: É entendido como um fenômeno que ainda não foi resolvido ou que esta em vias de ser resolvido.

PROBLEMA DE PESQUISA: Pode ser interpretado com uma pergunta que por enquanto não tem respostas.

PROCESSO DE AUTODRIVING: É um processo para estudar fotografias, em que os participantes (respondentes) selecionam fotos e entregam ao pesquisador no momento da entrevista, trazendo assim estímulos relacionados à sua própria vida.

PROCESSO DE PESQUISA DE MARKETING: São as etapas que compõem o planejamento, a elaboração e a realização da pesquisa de marketing.

QUARTIS: Valores de uma série que a dividem em quatro partes iguais.

QUASE EXPERIMENTO: É um experimento que aplica controle experimental total, através de abordagem qualitativa de análise de dados.

QUESTIONÁRIO: É um tipo de instrumento de coleta de dados em pesquisa de marketing preenchido pelos informantes, sem necessitar da presença direta do pesquisador.

QUESTIONÁRIO DUAL: É uma técnica utilizada para medição de atributos e construção de questionário, considerada semiestruturada.

QUESTÕES ABERTAS: São perguntas em que se dá um grau de liberdade total para o respondente responder às indagações feitas.

QUESTÕES FECHADAS: São questões que fornecem opções para serem respondidas, não podendo o respondente extrapolar o que está nas respostas.

QUESTÕES SEMIABERTAS: São perguntas que contêm uma quantidade de respostas fechadas, porém existe a possibilidade de o respondente expressar algo ainda na pergunta.

REGISTRO: É qualquer documento, minuta ou solicitação em formato de proposta, questionário, identificação de entrevistado, lista, formulário, folha de registro, gravação de áudio, audiovisual ou filme, tabulação ou impressão de computador, disco ou outro meio de armazenamento, fórmula, diagrama, relatório, entre tantos, que estão relacionados a qualquer projeto de pesquisa de marketing, no todo ou em parte.

RELAÇÃO CAUSAL: É um grau suficiente de associação entre as duas variáveis, ou seja, que uma variável ocorra antes da outra.

RELATÓRIO DE PESQUISA: É um documento elaborado pelo pesquisador com o intuito de divulgar e comunicar os resultados da pesquisa para quem encomendou o projeto.

REPERTORY GRID: É uma técnica também conhecida como Tríade de Kelly, específica para a construção de questionário, na qual o pesquisador poderá encontrar um conjunto de variáveis mensuráveis que contenham características e atributos sobre determinado assunto, consistindo na comparação aleatória de possíveis objetos e fazendo com que o pesquisador gere características e atributos em uma escala.

REPRESENTATIVIDADE EM UMA AMOSTRA: Significa dizer que o segmento coletado tem característica semelhante à população na qual ele se enquadra.

RESUMO EXECUTIVO: Traz informações sintetizadas de todo o relatório de pesquisa.

ROTEIRO DE ENTREVISTA: É um instrumento de pesquisa utilizado para a realização de pesquisas exploratórias, com o intuito de obter informações para se construir uma pesquisa descritiva quantitativa.

SET METERS: Identificam a sintonia dos canais nas pesquisas de audiência.

SHOPPERS: São pesquisadores que se passam por clientes e tentam comprar um produto ou serviço da empresa contratante em seu estabelecimento. Logo depois, eles fornecem um relatório detalhando como foi a experiência no estabelecimento.

SIMULAÇÕES: Conjunto de técnicas de manipulação de um modelo que reproduz uma situação real, tendo o objetivo de encontrar algumas alternativas de soluções úteis, sob o plano de situação real que é simulada.

SISTEMA DE INFORMAÇÃO EM MARKETING (SIM): Consiste em pessoas, equipamentos e procedimentos para reunir, classificar, analisar, avaliar e distribuir as informações necessárias, oportunas e precisas para os tomadores de decisões de marketing.

SLEEPER EFFECT (EFEITO DE ADORMECIMENTO): É o fato de as pessoas tenderem a esquecer algum acontecimento, desassociando a fonte emissora da informação vinculada.

SUMÁRIO DO RELATÓRIO DE PESQUISA: Indica a divisão dos próximos capítulos com as subseções que o compõem.

SURVEYS: São pesquisas realizadas por instrumentos que são respondidos por uma série de variáveis predeterminadas.

TABELA DE CONTINGÊNCIA: É uma distribuição de frequência conjunta das observações sobre dois ou mais conjuntos de variáveis.

TÉCNICA DE PESQUISA DELPHI: Corresponde a uma abordagem exploratória que tem como intuito reunir a opinião de um grupo de experts sobre determinado assunto e coletar as suas ponderações.

250 Glossário

TÉCNICA DE REPRESENTAÇÃO DE PAPÉIS: É aquela em que o entrevistado é convidado, através da pergunta, a imaginar uma cena que uma terceira pessoa responda.

TÉCNICA DE RESPOSTAS ALEATÓRIAS: É uma técnica de coleta de dados responsável por gerar aleatoriamente duas distribuições normais, sendo utilizada quando o respondente vê-se diante de um tema que lhe traz constrangimento.

TÉCNICA *LADDERING*: É uma técnica *one-on-one* na qual se faz uma entrevista em profundidade para desenvolver as associações significativas dos atributos dentro da cadeia meio--fim de consumo.

TÉCNICA PROJETIVA: É técnica que obtém informações através de outras formas que não a verbal, como associação de palavras, completar frases e até testes de desenhos animados.

TENDENCIOSIDADE: É uma intenção (consciente ou inconsciente) de impor uma ideia ou opinião diferentemente das existentes.

TENDENCIOSIDADE A BUSCAS PELA EXTREMIDA-DE: Respondentes tendem a marcar as colunas que estão nos extremos, à direita ou à esquerda de uma escala.

TENDENCIOSIDADE A FICAR EM CIMA DO MURO: Ocorre quando o respondente marca todas as respostas do meio do questionário para não criar desconforto com o seu posicionamento.

TENDENCIOSIDADE DA INFLUÊNCIA DO PESQUISA-DOR: Acontece no momento de uma entrevista ou da aplicação de um questionário. Talvez um comentário do pesquisador no momento de contato com o respondente possa influenciá-lo e fazer com que ele mude de opinião.

TENDENCIOSIDADE DA PERGUNTA REVERSA: É o viés de resposta que acontece quando se modifica a direção das afirmações em um questionário, sendo utilizadas expressões como "não", "inversamente", "contrário", entre outras.

TENDENCIOSIDADE DE CONCORDÂNCIA COM TO-DAS AS PERGUNTAS: É um viés em que alguns respondentes têm o hábito de concordar com todas as perguntas que estão sendo feitas, tendo o receio de criar uma reação de desconforto com a discordância.

TENDENCIOSIDADE DE QUEM ESTÁ SUBSIDIANDO A PESQUISA: Este viés acontece quando o entrevistador diz para o entrevistado qual empresa ou marca encomendou a pesquisa. E, logo após, os respondentes demonstram uma inclinação a responder por estarem influenciados por essa empresa ou marca.

TENDENCIOSIDADE DO POSICIONAMENTO SOCIAL DO ENTREVISTADO: Ocorre quando os entrevistados mentem nas respostas com o intuito de demonstrar um *status* ou prestígio social diferente do que têm na realidade.

TENDENCIOSIDADE DOS GRANDES QUESTIONÁ-RIOS: Quando o questionário é extremamente extenso, antes de chegar ao fim o respondente pode desistir de responder às perguntas e assinalar ao acaso as respostas subsequentes.

TENDENCIOSIDADE PELA HIERARQUIA DAS PER-GUNTAS: Algumas pessoas tendem a responder a algumas perguntas com base em uma pergunta que as influenciou no início do questionário.

TENDENCIOSIDADE POR UM RESPONDENTE: Ocorre com frequência em *focus group* no qual existe sempre o posicionamento mais crítico de uma pessoa.

TEOREMA DO LIMITE CENTRAL: Toda soma de variáveis aleatórias independentes de média finita e variância limitada é aproximadamente normal, com a condição de que o número de termos da soma seja suficientemente grande.

UNIDADES DE TESES: São indivíduos, organizações ou outras entidades cuja resposta às variáveis independentes ou tratamentos está sendo examinada.

VALIDAÇÃO ESTRUTURAL DAS CODIFICAÇÕES: Grau em que uma codificação representa aquilo a que está se propondo a medir, ou seja, a categorização está precisa.

VALIDADE: Refere-se ao grau pelo qual o instrumento consegue medir verdadeiramente as construções que ele está destinado a medir.

VALIDADE DE CONTEÚDO: É a avaliação do grau de correspondência entre os itens selecionados para construir uma escala múltipla e sua definição conceitual.

VARIÁVEIS DEPENDENTES: São as variáveis que medem o efeito das variáveis independentes sobre as unidades de teste.

VARIÁVEIS ESTRANHAS: São todas as outras variáveis, excluindo as independentes, que afetam a resposta das unidades de teste. São variáveis que o pesquisador tenta controlar para que não afetem o experimento.

VARIÁVEIS INDEPENDENTES: São variáveis ou alternativas que são manipuladas e cujos efeitos são medidos e comparados.

VIDEOGRAFIA: Técnica de coleta de dados que captura as descrições verbais e faciais na experiência de consumo.

VIÉS: Significa uma tendência de as pessoas envolvidas na pesquisa adotarem ou assumirem uma perspectiva em relação à outra.

***ZALTMAN METAPHOR ELICITATION TECHNIQUE* (ZMET):** É uma técnica de pesquisa que utiliza metáforas, símbolos e outras comunicações não verbais para entender o comportamento das pessoas, com o principal objetivo de evocar metáforas (imagens sensoriais) dos consumidores.